KARL BARTH
PREDIGTEN 1911

KARL BARTH · GESAMTAUSGABE

Im Auftrag der Karl Barth-Stiftung
herausgegeben von Peter Zocher

I. Predigten

PREDIGTEN 1911

T V Z

THEOLOGISCHER VERLAG ZÜRICH

KARL BARTH

PREDIGTEN 1911

herausgegeben von
Eberhard Busch und Beate Busch-Blum

T V Z

THEOLOGISCHER VERLAG ZÜRICH

Gedruckt mit Unterstützung der Karl Barth-Stiftung.

Die Betreuung des Bandes durch das
Karl Barth-Archiv wurde ermöglicht
vom Schweizerischen Nationalfonds zur Förderung
der wissenschaftlichen Forschung.

Bibliografische Informationen der Deutschen Nationalbibliothek

Die Deutsche Nationalbibliothek verzeichnet diese Publikation
in der Deutschen Nationalbibliografie; detaillierte bibliografische Daten
sind im Internet über http://dnb.d-nb.de abrufbar.

ISBN 978-3-290-17827-7

INHALT

1) Biographisches

Karl Barth hielt die hier gesammelten Predigten 1911, in dem Jahr, in dem er 25jährig wurde. Gerade in diesem Jahr stellten sich mancherlei Änderungen in seinem Lebenslauf ein. Er kam her von der Theologie seiner Lehrer. Es waren vor allem Wilhelm Herrmann, bei dem er über das Gebet nach Calvin hatte promovieren wollen, und Adolf von Harnack, der schon mit Karls Vater Fritz Barth befreundet war und der ihm Johann Wolfgang von Goethe ans Herz gelegt hatte. Doch in seinen Predigten von 1911 ist zu merken, wie er durch das Hören auf die Heilige Schrift und in der Wahrnehmung sowohl der Situation seiner Predigthörer wie der Zeitgeschehnisse weitergeführt wurde. Die Predigten sind recht ausführlich. Denn die Predigt ist nach der reformierten Tradition in der Schweiz der zentrale Akt im Gottesdienst. Man sagt zum Gottesdienstbesuch daher, «mr goht z'Predig».

Bis zum Juni 1911 wirkte Barth als pasteur suffragant in der deutschsprachigen reformierten Gemeinde in Genf. Seine Predigten hielt er neben der großen Kirche St. Pierre im Temple de l'Auditoire, der einst der Hörsaal für Calvins Vortrag seiner Bibelauslegungen war. Auf dessen Kanzel trug Barth seine Predigten vor. Er glaubte, sie in dessen Sinn zu halten, obwohl und indem sein geistiges Vorbild Friedrich Schleiermacher war. Sein Vorgesetzter war zunächst der ökumenisch aktive Pfarrer Adolf Keller, der indes im Oktober 1909 an die Zürcher Peterkirche berufen war. Bis in Genf sein Nachfolger Paul Walter eingesetzt war, war Barth allein für den Predigtdienst verantwortlich.

In seinen Predigten suchte er ein gehobenes Bildungs-Bürgertum unter den Gliedern seiner Gemeinde anzusprechen. Sie beziehen daher oftmals historische, philosophische und literarische Kontexte mit ein. Er wandte dabei seine eigene Bildung an. Wie seine Predigten so nahm Barth auch den Konfirmandenunterricht sehr ernst, den er wie Vorlesungen für Laien gestaltete. Er trug sie in 35 Lektionen vor, zu denen er jeweils einen Leitsatz diktierte. Einer lautete etwa so: «Der Weg zu Jesus und der Weg zum Lebensinhalt kann nicht wie eine Wissenschaft oder wie ein Beruf gelehrt und gelernt werden. Die christliche Gewissheit ist eine Erfahrung des innern Lebens[,] und Gott führt jeden seinen besondern Weg.»[1] Zudem machte Barth viele Hausbesuche und erfuhr dabei Manches, was er dann in den Predigten besprach. Oder er griff es auf in Artikeln in dem «Gemeinde-Blatt für die Deutsche reformierte Gemeinde Genf.»

Es waren namentlich zwei Ereignisse, die ihm damals nachhaltig zu denken gaben. Im Februar beeindruckte ihn der amerikanische Studentenführer John Mott, als er in Genf sprach. «Er hat nur eine Melodie, wie der alte Dessauer, aber die ist gut: *Evangelisation*, die Menschheit für Jesus und Jesus für die Menschheit.»[2] Barth kam auch in der Predigt vom 26. Februar 1911 darauf zu sprechen.[3] In anderer Weise reagierte er auf einen Vorfall in Genf. Es handelte sich um einen förmlichen Volksaufstand am 28. April im Namen der Freiheit und des Fortschritts zugunsten von sittlicher Laxheit. Insbesondere trieb ihn der von ihm vernommene Satz des Genfer Staatsrats Henri Fazy zu einem grundsätzlichen Widerspruch: «Nous respectons la religion, mais qu'on nous laisse en repos!» Es ging dabei um Glückspiele, was für Barth eine konkrete Spitze von Alkoholismus, Mammonismus und Libertinismus war.[4] In seiner Predigt am 7. Mai 1911 befasste er sich mit diesem Vorfall.[5]

Am 2. April hielt er seine Probepredigt im aargauischen Safenwil, das erst seit 40 Jahren eine selbständige Kirchgemeinde war. Der Predigttext Mt. 5,10–12 setzte dabei eine ernste Note: «Selig sind, die um Gerechtigkeit willen verfolgt werden...». Kurz danach wurde er dort als Pfarrer der reformierten Kirchgemeinde mit großer Zustimmung gewählt. Das Presbyterium, die sogenannte «Kirchenpflege», und die weiteren Glieder der Kirchgemeinde sahen dem neuen Pfarrer freudig-gespannt entgegen. Am 3. Juli 1911 zog Barth in dem Pfarrhaus in

[1] K. Barth, *Konfirmandenunterricht 1909–1921*, hrsg. von J. Fangmeier (Gesamtausgabe, Abt. I), Zürich 1987, S. 57–106, dort S. 61 (i. Orig. hervorgehoben).

[2] K. Barth, *Vorträge von John Mott* (1911), in: V.u.kl.A. 1909–1914, S. 285–287, dort S. 286.

[3] Siehe unten, S. 78.

[4] Vgl. K. Barth, *Wir wollen nicht, dass dieser über uns herrsche* (1911), in: V.u.kl.A. 1909–1914, S. 320–328, Zitat: S. 321. Vgl. auch a.a.O., S. 310–319.

[5] Siehe unten, S. 143–157.

Safenwil ein, am folgenden Sonntag, 9. Juli, wurde er nachmittags von seinem Vater mit einer Predigt über 2.Kor. 4,1f. in sein Amt eingeführt; der Sohn predigte im gleichen Gottesdienst über Joh. 14,24 und bezog das Wort über Jesus dabei kühn auf sich: «Das Wort, das ihr höret, ist nicht mein, sondern des Vaters, der mich gesandt hat.» Er sagte dazu programmatisch, «dass ich Euch nicht von Gott rede, weil ich einmal Pfarrer bin, sondern dass ich Pfarrer bin, weil ich von Gott reden *muss*...».[6]

Bei seiner Antrittspredigt in Safenwil war auch eine Reihe von Verwandten und Freunden und namentlich auch seine geliebte 17jährige Braut anwesend, Nelly Hoffmann. Mit ihr hatte er sich wenig zuvor noch in Genf verlobt, nachdem er eine Woche zuvor um ihre Hand angehalten hatte. In Rorschach, wo ihr Vater Verwalter eines Guts und einer der Staatsschreiber war,[7] war sie als jüngste von fünf Schwestern geboren. Von dort war ihre Mutter nach dem frühen Tod ihres Vaters 1905 nach Genf gezogen. Sie gehörte zum ersten Jahrgang von Karl Barths Unterweisungsschülern und war von ihm an Himmelfahrt 1910 konfirmiert worden. Nach ihrer Verlobung verzichtete sie auf ihr angestrebtes Musikstudium und bereitete sich unter Anleitung ihrer Mutter Anna Elisabeth Hoffmann in Genf auf ihre zukünftige Rolle als Ehe- und Pfarrfrau vor. Ihr Bräutigam vermisste sie in dieser Zeit sehnlich. Ihre Vermählung fand im März 1913 statt.

Schon gleich anderntags nach seiner Amtseinführung wanderte Karl Barth in das benachbarte Uerkheim, um mit dem dortigen Pfarrer Paul Schild den Plan für eine Zusammenarbeit zu besprechen. Auch knüpfte er bald Kontakt mit dem katholischen Kollegen Arnold Grolimund in einem Nachbarort. Er betätigte sich nach vielen Seiten.[8] Im Winter hielt er Gemeindebibelstunden und wurde Mitglied im Blaukreuzverein. In der Kirchenpflege wirkte als deren «Aktuar».

[6] Siehe unten, S. 199.

[7] Den «von»- Zusatz zu ihrem Namen hatte die Familie schon zuvor im 19. Jahrhundert abgelegt (Information des Rorschacher Historikers Dr. Louis Specker).

[8] Zu Barths ersten Safenwiler Monaten vgl. P. Zocher, *«Hier hat man das erfreuliche Gefühl, nötig zu sein.» Der neue Pfarrer Karl Barth und die Gemeinde Safenwil im Jahre 1911*, in: ZDT 31 (2015), Nr. 2 (erscheint voraussichtlich im Oktober 2015).

Er übernahm zeitweise den Unterricht in der Haushaltungsschule mit Kursen über Gesundheitslehre und Buchführung und war Mitglied der «Schulpflege», in der er sich auch für das Turnen von Mädchen einsetzte. Seinem Vater berichtete er: «Es fällt mir auf, wie ganz anders man hier als Pfarrer mitten im Volksleben drinsteht, nolens volens, als in Genf. Man kann hier als Pfarrer einfach Alles werden und machen, [...]. Mir ist diese Situation ganz erwünscht, lieber als die an anderen Orten, wo man mit seinen ‹christlichen› Bestrebungen so nebenab steht und froh sein muss, wenn die Leute etwas von Einem wollen.»[9]

Barth sah doch auch hier seine entscheidende Aufgabe in der des Predigens. Er schrieb seine Predigten wörtlich aus, aber las dann sein Manuskript nicht vor, sondern sprach frei zu den Anwesenden. Die Predigten wurden nun merklich volksnäher, auch wenn sie Gottfried Keller, Johann Wolfgang von Goethe und Friedrich von Schiller als bekannt voraussetzten. Er ging darin immer wieder auch auf politische Vorkommnisse und dörfliche Alltagsereignisse ein. Es ist ersichtlich, dass er bei der Vorbereitung neben der Bibel und dem Gesangbuch auch die Zeitung, vielmehr verschiedene Zeitungen aufgeschlagen vor sich hatte. Er tat dies in der Grundüberzeugung, dass die alten Bibeltexte aktuell zu den heutigen Menschen, ja, direkt zu den unter der Kanzel versammelten Leuten sprechen. Gerade darum tauchen in den Predigten Anzeichen auf, dass sich sein Denken zu wandeln begann. Das Bildungsideal, das in Goethe seinen Maßstab hat, begann hinter den Problemen der Arbeitswelt der Safenwiler Menschen zurückzutreten. In der Predigt am 3. Advent ist sogar davon die Rede, es gelte zu «*wählen*» – zwischen dem Lebensziel Goethes, das «abseits von den Nöten» liegt, oder dem Jesu, der sich gerade diesen Nöten zuwendet. Damit deutet sich an, was für Barth schon in seinem ersten Jahr in Safenwil wichtig wurde.

In diesem Dorf wohnten nämlich nebst einigen Bauern vor allem Fabrikarbeiter und -arbeiterinnen, die zumeist in der Strickerei, Färberei, Weberei und Dampfsäge am Ort angestellt waren. Diese Industrien waren in der Hand von zwei Fabrikbesitzern. Vom Konfirmandenalter an mussten die Menschen beiderlei Geschlechts über

---

[9] Brief an Fr. Barth vom 21.9.1911 (KBA 9211.90).

12 Stunden Tag für Tag in den Fabriken arbeiten. Und sie verdienten dabei kaum genug für den Lebensunterhalt. Der neue Pfarrer stand bald wie selbstverständlich auf Seiten der armen Leute. Vom Oktober an hielt er Vorträge im Arbeiterverein. Hohe Wellen schlug sein Vortrag in diesem Kreis am 17. Dezember 1911 über «Jesus Christus und die soziale Bewegung». Darin erklärte er, dass die Kirche Jahrhunderte lang gegenüber der sozialen Not versagt habe – im Gegensatz zu Jesus, für den es nur einen solidarischen, sozialen Gott gegeben habe. Nach ihm müsse man «ein Gemeinschaftsmensch, ein Genosse werden [...], um überhaupt ein Mensch zu sein».[10] Nachdem der Vortrag in der sozialistischen Tageszeitung «Freier Aargauer» veröffentlicht war, regte sich Widerspruch. Der Fabrikant Walter Hüssy reagierte mit einem scharfen publizistischen Angriff auf ihn. Der Präsident der Safenwiler Kirchenpflege reichte seinen Rücktritt ein. Über die freundliche Stimmung der ersten Zeit zog eine Gewitterwolke auf. Barth aber ließ es sich nicht verdrießen, für die gerechte Sache einzustehen. In seinen Predigten ging er kaum darauf ein. Er meinte, man könne hier nicht ständig «politisch» reden, sondern nur gezielt in konkreten Fällen. Aber in seinen Predigten war der Grund gelegt für sein Eintreten für bedrohte Mitmenschen.

2) Dank der Herausgeber

Für ihre Hilfe bei der Erstellung und Kontrolle der Register und weiteren Recherche- und Korrekturarbeiten ist den Mitarbeitern im Karl Barth-Archiv, Michael Braunschweig und Dominic Schneider zu danken. Dem Leiter des Archivs, Dr. Peter Zocher, danken wir recht herzlich für die sorgfältige Durchsicht und seine Verbesserungen an dem von uns ausgearbeiteten Editionstext. Überdies ist den Mitarbeitern des Theologischen Verlags Zürich für die gute verlegerische Betreuung und der pagina GmbH, Tübingen, für ihre akkurate Arbeit bei der Satzerstellung zu danken.

Friedland, im Sommer 2015   *Beate Busch-Blum und Eberhard Busch*

---

[10] K. Barth, *Jesus Christus und die soziale Bewegung* (1911), in: V.u.kl.A. 1909–1914, S. 380–409, dort S. 407.

3) Zu dieser Edition

Dieser Band enthält die 39 Predigten des Jahres 1911, von denen Barth das erste Drittel im ersten Halbjahr in Genf, die übrigen 26 Predigten im zweiten Halbjahr in Safenwil gehalten hat. Sie sind mit den Nummern 56–94 versehen; Kasualansprachen aus diesem Jahr sind nicht erhalten. Die im Karl Barth-Archiv aufbewahrten Manuskripte sind auf unlinierte Bögen geschrieben, die eine Höhe von 22,5 cm und eine Breite von 36 cm haben und einmal quergefaltet sind. Alle Predigten des Jahres 1911 sind in sauberer, deutscher Handschrift komplett ausgeschrieben. Für die Genfer Predigten benötigte Barth in der Regel vier solcher Bögen, beschrieb alle 16 Seiten – und manchmal noch eine weitere eines fünften Bogens; in Safenwil genügten ihm für die dort gehaltenen 26 Predigten überwiegend drei Bögen, deren zwölf Seiten er jeweils füllte. Dreimal beschrieb er dort lediglich elf Seiten, neunmal brauchte er für eine oder zwei weitere Seiten einen vierten Bogen.

Den Predigttext hat Barth jeweils der Predigt vorangestellt und durch Unterstreichungen zumeist des ganzen Textes, mitunter auch nur der in ihm enthaltenen wörtlichen Rede oder von Teilen davon, hervorgehoben. Barth folgte jeweils der Fassung der von ihm benutzten revidierten Ausgabe der Luther-Übersetzung von 1892 (9. Abdruck, Halle/S. 1899); er hatte ein Exemplar davon zu Weihnachten 1900 von seinem Patenonkel Karl Sartorius geschenkt bekommen.

Überwiegend – in Genf immer – notierte Barth links oder rechts oben auf der ersten Seite des Manuskripts die Liednummern für den Gottesdienst, die sich nach dem 1890/91 eingeführten Gesangbuch für die evangelisch-reformierte Kirche der deutschen Schweiz (GERS) richteten; sie werden in dieser Ausgabe unterhalb der jeweiligen Predigt mitgeteilt, die Liednummern im Gesangbuch der Evangelisch-reformierten Kirchen der deutschsprachigen Schweiz (RG) von 1998 bzw. im (deutschen) Evangelischen Gesangbuch (EG) von 1992 sind hinzugefügt, soweit die Lieder dort enthalten sind. Nur während seiner Zeit in Genf hat Barth außerdem ebenfalls oben auf der ersten Seite des Manuskripts die Bibelstelle(n) für die Lesung(en) im Gottesdienst aufgeschrieben.[11] Auch diese Angaben finden sich in dieser Ausgabe unterhalb der jeweiligen Predigt.

---

[11] Dass er dies gerade in Genf – und dann nicht mehr – tat, mag auf den

Die Transkription der Manuskripte war Sache der Herausgeber und wurde im Karl Barth-Archiv überprüft. Die sehr wenigen unsicheren Worte sind mit einem [?] oder mit einer Anmerkung versehen. Orthographie und Interpunktion wurden nach den für die Gesamtausgabe gültigen Regeln modernisiert. Abkürzungen sind in der Regel ausgeschrieben, lange Passagen ohne Gliederung häufiger durch Herausgeber-Absätze untergliedert. Diese orientieren sich in vielen Fällen an Gedankenstrichen, die Barth eingefügt hatte, und sind erkennbar an einem senkrechten Strich hinter dem letzten Satzzeichen des Absatzes. Unterstreichungen mit Tinte werden durch Kursivsatz wiedergegeben, andere Unterstreichungen Barths sind in den Manuskripten dieses Bandes nicht enthalten. Eckige Klammern im Predigttext – in der Regel handelt es sich um Bibelstellennachweise – markieren stets Zusätze der Herausgeber.

Basel, im Juli 2015   *Peter Zocher*

dortigen Einfluss Adolf Kellers zurückzuführen sein, der mit der Einführung einer zusätzlichen Lesung im Gottesdienst dessen ansonsten eher sparsame liturgische Gestaltung aufwerten wollte; vgl. M. Jehle-Wildberger, *Adolf Keller (1872–1963). Pionier der ökumenischen Bewegung*, Zürich 2008, S. 60. Zur Gottesdienstgestalt in Safenwil vgl. Predigten 1915, S. VIII–XI.

ABKÜRZUNGEN

Die Abkürzungen von Reihen- und Zeitschriftentiteln richten sich nach *Abkürzungen Theologie und Religionswissenschaften nach RGG⁴*, hrsg. von der Redaktion der RGG⁴ (UTB 2868), Tübingen 2007, bzw. S. M. Schwertner, *IATG²*. *Internationales Abkürzungsverzeichnis für Theologie und Grenzgebiete. Zeitschriften, Serien, Lexika, Quellenwerke mit bibliographischen Angaben*, 2., überarbeitete und erweiterte Auflage, Berlin / New York 1992. Darüber hinaus werden verwendet:

BSLK.NE
Die Bekenntnisschriften der Evangelisch-Lutherischen Kirche. Vollständige Neuedition, hrsg. von I. Dingel im Auftrag der Evangelischen Kirche in Deutschland, Göttingen 2014.

Büchmann
G. Büchmann, *Geflügelte Worte. Der klassische Zitatenschatz*, unveränd. Taschenbuchausgabe der 43., neu bearb. und aktualisierten Ausgabe von W. Hofmann, München 2007.

Busch
E. Busch, *Karl Barths Lebenslauf. Nach seinen Briefen und autobiographischen Texten*, München 1975; unveränderte Neuauflage Zürich 2005.

Bw. Thurneysen I
K. Barth / E. Thurneysen, *Briefwechsel*, Bd. 1: *1913–1921*, bearb. und hrsg. von E. Thurneysen (Gesamtausgabe, Abt. V), Zürich 1973.

EG
[Deutsches] *Evangelisches Gesangbuch* (eingeführt ab 1993).

KBA
Karl Barth-Archiv Basel.

GERS
Gesangbuch für die Evangelisch-reformierte Kirche der deutschen Schweiz (eingeführt 1890/91).

O.Br. 1909–1935
K. Barth, *Offene Briefe 1909–1935*, hrsg. von D. Koch (Gesamtausgabe, Abt. V), Zürich 2001.

O.Br. 1945–1968
K. Barth, *Offene Briefe 1945–1968*, hrsg. von D. Koch (Gesamtausgabe, Abt. V), Zürich 1984.

Predigten 1915
K. Barth, *Predigten 1915*, hrsg. von H. Schmidt (Gesamtausgabe, Abt. I), Zürich 1996.

RG	*Gesangbuch der Evangelisch-reformierten Kirchen der deutschsprachigen Schweiz* (eingeführt 1998).
Röhrich I–V	L. Röhrich, *Lexikon der sprichwörtlichen Redensarten*, Bd. 1–5, Freiburg/Br. / Basel / Wien 1994.
V. u. kl. A. 1909–1914	K. Barth, *Vorträge und kleinere Arbeiten 1909–1914*, hrsg. in Verbindung mit H. Helms und Fr.-W. Marquardt von H.-A. Drewes und H. Stoevesandt (Gesamtausgabe, Abt. III), Zürich 1993.
V. u. kl. A. 1914–1921	K. Barth, *Vorträge und kleinere Arbeiten 1914–1921*, hrsg. in Verbindung mit Fr.-W. Marquardt (†) von H.-A. Drewes (Gesamtausgabe, Abt. III), Zürich 2012.

PREDIGTEN 1911

Genesis 1,5b

Und es wurde Abend; und es wurde Morgen: der erste Tag.

Liebe Freunde!

Das Wort, das ihr eben gehört habt, steht unter den ersten Zeilen in unsrer Bibel am Ende jenes merkwürdigen Berichtes, in dem erzählt wird, wie es kam, dass es Licht wurde auf der Welt [Gen. 1,2–5]. Am Anfang war Gott, das ist dabei die Hauptsache. Und Gott schuf Himmel und Erde. Aber die Erde war noch wüst und leer, und Finsternis lag auf dem Ozean. Eines aber ist schön und tröstlich und beruhigend auch an der Wüste und an der Finsternis: der Geist Gottes schwebte über den Wassern. Und weil es so ist, ist das Wüste und das Finstere in der Welt ein bloßer Schein, nicht die letzte Wahrheit. Gott ist doch gegenwärtig. Und er braucht jetzt bloß das erlösende Wort zu sprechen, so vergeht der Schein. Gott spricht das erlösende Wort: Es werde Licht! Und wenn Gott redet, so ist seine Rede Tat: es ward Licht. Jetzt ist Beides da, das Licht und die Finsternis, vom Licht aber heißt es, dass Gott Freude daran hatte, er sah, dass es gut war. Und darum trennt er beide. Das Ziel seines Wollens ist nicht das Wüste und Finstere und auch nicht ein unbestimmtes Gemisch von Wüstem und Schönem, von Finsterem und Lichtem, sein Ziel ist nur das Schöne und nur das Licht. Darum trennt er, aber er scheidet nicht, er vernichtet das Wüste und Finstere nicht, denn das Licht Gottes ist nicht selbstverständliches, totes Licht, sondern lebendiges, werdendes Licht. Es besteht eine bestimmte organische, notwendige Verbindung zwischen Finsternis und Licht; es kann ja nicht anders sein, weil Gott am Anfang von beidem steht. Und diese Verbindung ist nun die Grundordnung der Welt Gottes. Der gegenwärtigen Finsternis hat Gott das zukünftige Licht entgegengestellt. Der Weg des Lebens führt vom einen zum andern, und nur da ist Leben, wo dieser Weg wirklich gegangen wird, wo es Licht *wird*, denn auch das Leben ist nichts Totes und Selbstverständliches. Und Gott nannte das Licht Tag, die Finsternis aber nannte er Nacht. Er will den Tag und nur den Tag, aber auch die Nacht ist in seiner Hand, weil er will, dass der Tag auf die Nacht folge. Sonst würden wir den Tag nicht verstehen. Wir möchten wohl, dass es nur Licht und Tag gäbe, wir denken wohl, wir hätten es anders gemacht, wenn wir die Welt geschaffen hätten. Gott hat es anders gedacht und anders gemacht, und wenn wir leben wollen, dann muss sein Gedanke und sein Wille unser Gedanke und unser Wille werden, nicht umgekehrt. Darum lautet Gottes Ordnung über seine Welt, über das Lichtwerden und Tagwerden, nach dem wir uns sehnen: *Es wurde Abend und es wurde Morgen.* Zuerst der Abend, dann der Morgen, nicht umgekehrt. So wurde der erste Tag.

So kommt das Licht in die Welt. Und so verläuft der Weg des Lebens. Das ist so, nicht weil es einmal so über uns verhängt ist, sondern weil der Tag und das Licht und das Leben wirklich und buchstäblich Tag und Licht und Leben sind, d. h. etwas Werdendes, Bewegtes, Wachsendes, Vordringendes, und nicht glatte Selbstverständlichkeiten; weil Gott nicht geschaffen hat, sondern schafft, weil er nach dem ersten: Es werde! nicht gestorben oder in den Ruhestand getreten ist, sondern lebt und wirkt in Ewigkeit. Es ward Abend und es ward Morgen: der erste Tag. Und wie es beim ersten Tag geschah, so beim zweiten und dritten, so bei allen Tagen bis herunter auf unsre Tage. Immer stand Gott am Anfang von Allem, und das war die Hauptsache, immer ließ er es nach der Finsternis Licht werden, immer wurde es Abend und wurde Morgen, und so ist der Tag geworden.

* * *

Was soll dieses Wort über Gottes Schöpfung an unserm Neujahrsmorgen? Es soll zu uns reden von Gottes Gedanken über uns, die nicht unsre Gedanken sind [vgl. Jes. 55,8], und doch sind es die Gedanken des Friedens [vgl. Jer. 29,11] und der Freundlichkeit, die wir nötig haben.

> Wir gehn dahin und wandern
> Von einem Jahr zum andern.[1]

Das haben wir diese Nacht wieder getan, der eine in Einsamkeit, der andre im frohen Kreise seiner Freunde und Angehörigen, der eine in

---

[1] Aus Strophe 2 des Eingangsliedes; s. unten, S. 17.

Betrübnis, der andre in Fröhlichkeit. Wir haben einen Abend hinter uns, dessen Art uns mehr zu denken gibt als ein gewöhnlicher, und wir stehn jetzt an einem Morgen, dessen Bedeutung Keinem ganz gleichgiltig ist, auch wenn er sich die Willkürlichkeit und Zufälligkeit unsrer Kalenderrechnung klargemacht hat. Und so haben wir's in einem Sinn auch erlebt, was unser Bibelwort sagt: es wurde Abend und es wurde Morgen, und dann war der erste Tag da, der erste Tag des neuen Jahres, das jetzt geheimnisvoll fragend vor uns liegt wie die weißen Blätter des Notizenheftes oder Geschäftsbuches, das wir uns für die neue Periode angeschafft haben. Vielleicht können auch wir Alles das, was uns in solchen Stunden innerlich bewegt, auseinanderlegen in Abendgedanken und Morgengedanken. Wir sehen zurück und wir sehen vorwärts. Wir sind jetzt hier zusammengekommen, um uns vor dem Auge Gottes und im Grund unsrer Herzen zu besinnen darüber, was das heißt und bedeutet, dass wir wandern von einem Jahr zum andern. Wir möchten einen guten Gedanken, einen Trost, eine Verheißung, eine Kraft mitnehmen auf den Weg, den wir zu gehen haben. Denn wir möchten, dass das Jahr, in das wir eingetreten sind, ein wahres und wirkliches *Lebens*jahr für uns werde. Es kann und es wird das werden, wenn wir die rechte Brücke finden vom Abend zum Morgen, wenn wir die Verbindung verstehen, die nach Gottes Ordnung besteht zwischen beiden, wenn wir sehen, was uns der Schöpfungsbericht der Bibel sagt, dass Gott am Anfang von Allem steht.

✳   ✳   ✳

Zuerst: *Es ward Abend.* Wir sehen zurück auf das, was hinter uns liegt, und indem wir das tun, werden Wenige unter uns sein, die ganz frei sind von einer gewissen Wehmut. Das kann verschiedene Gründe haben. |

Zunächst ganz einfach das Bewusstsein, dass *die Zeit vergeht.* Der Zeiger der Uhr, der so unaufhaltsam fortschreitet, kommt uns zu Stunden wohl vor wie ein Zerstörer und Feind des Lebens, des innersten Lebens in uns. Denn er führt uns, und er hat das auch im vergangenen Jahr wieder getan, hinweg aus schönen, freundlichen Lebensperioden und Erfahrungen in die trüberen Gegenden der Sorge und Traurigkeit oder auch einfach in den unerfreulichen Alltag zurück.

Wir besinnen uns an gute Stunden und Tage, die wir erlebt haben, an große, herrliche Stimmungen und Gefühle, die wir empfanden. Wenn damals der Zeiger stillgestanden wäre, dann wäre Alles gut gewesen. Aber er ist nicht stillgestanden. Die Zeiten änderten sich, und wir änderten uns mit ihnen.[2] Es ist Abend geworden. |

Und da sind Andere, die macht das Vergehen der Zeit, an das sie heute denken, traurig gerade aus dem entgegengesetzten Grunde. Ihnen bereitet nicht die Veränderung ihres Lebens Wehmut, sondern die Unbeweglichkeit und Unveränderlichkeit ihrer Zustände, daran sie müde sind. Sie sehen die Zeit verrinnen, sie vergleichen damit, wie wenig anders es mit ihren Sorgen, mit den Wünschen, mit ihren Fehlern geworden ist. Sie haben eine Last getragen manches Jahr, jetzt ist wieder ein Jahr gegangen und ein andres gekommen; aber die Last ist immer noch da. Und so sehen sie sehnsüchtig und wehmütig der verrinnenden Zeit nach, wie die Kinder den segelnden Wolken nachsehen, und möchten wohl auch sagen, wie es im Kinderbuch heißt: Wenn nur Etwas käme und mich mitnähme![3] |

Vielleicht ist sogar das Eine oder Andre[4] unter uns, dem sein Leben überhaupt zur Last geworden ist, und wenn es jetzt wieder in ein neues Jahr hinübergeht, so denkt es dabei: ach, warum muss ich immer noch da sein? Es schleppt sein Leben mit sich, wie es das seit Jahren gewohnt ist, aber es kommt ihm vor, dies Leben sei eine hohle, vertrocknete Schale geworden; es geht ihm, wie es sogar einem Mann wie dem Apostel Paulus gegangen ist, es sehnt sich danach, dass dies Wanderzelt abgebrochen würde, es hat Lust abzuscheiden [vgl. Phil. 1,23]. Und darum sind seine Gedanken am Neujahrstage Abendgedanken und kaum etwas Anderes.

[2]   Dictum von Kaiser Lothar I. (817–855) : Tempora mutantur, et nos mutamur in illis ; vgl. Büchmann, S. 421.

[3]   Im Gedicht «Vom Büblein, das überall mitgenommen hat sein wollen» von Fr. Rückert (Erstdruck 1813; Werke., hrsg. von G. Ellinger, Bd. 1, Leipzig / Wien 1897, S. 275f.) heißt es fünf Mal: «Ich kann [bzw. mag] nicht mehr; / Wenn nur was käme / und mich mitnähme!» Obwohl dem Büblein sein Wunsch jedes Mal erfüllt wird, findet es immer wieder einen Grund, ihn erneut zu äußern.

[4]   Schweizerdeutsch für: der / die Eine oder Andere.

Aber es liegt noch mehr in diesem «Es ward Abend» als der Gedanke an die verrinnende Zeit, der uns so oder so wehmütig macht. Wir möchten, dass das Leben uns etwas bringt, dass es uns freudig und gut mache, dass es einen *Inhalt* habe, dass wir sagen können: ich habe nicht umsonst gelebt, ich habe mir etwas gewonnen und erobert, das der Arbeit, des Nachdenkens und Sorgens wert ist. Und da kommt einem ernsthaften Menschen am Neujahrstag von selbst der Gedanke: Ist das vergangene Jahr im rechten Sinn ein *Lebens*jahr gewesen? Habe ich 365 Tage gelebt oder bin ich bloß 365 Tage dagewesen? Und dann hält er Musterung unter den Dingen, die ihm da passiert sind, die mit oder ohne seinem Wollen in sein Leben hineingetreten sind. Was haben sie uns gebracht? Was haben wir damit gemacht? Vielleicht haben sie uns eine ganze Menge Gelegenheiten gebracht, fröhlich und gut zu werden, ja, wenn wir's genau nehmen, werden wir sagen müssen, sie haben uns ausnahmslos alle solche Gelegenheiten gebracht. Es ist uns etwas Schönes geschenkt worden, von dessen Besitz wir uns nichts träumen ließen, als wir das letzte Mal Neujahr feierten. Gottes Güte hat uns an einer innern oder äußern Gefahr vorbeigeleitet, vor der wir zu Tode erschrocken wären, wenn wir sie heute vor einem Jahr vorausgesehen hätten. Es ist ein Mensch in unser Leben hineingetreten, aus dessen Augen und Worten und Taten uns eine große Freundlichkeit, eine innere Befreiung, eine tapfere Aufforderung entgegentrat, so dass es uns war, als würden wir von einer starken Hand ergriffen und emporgerissen. Unser eigenes inneres Leben hat eine bedeutende Wendung genommen, wir haben uns einen Entschluss abgerungen, wir haben eine Fessel unseres moralischen Lebens abgeworfen und nach etwas Besserem die Hand ausgestreckt. Oder wir haben auf dem geheimnisvollen Gebiet unsrer Seele eine befreiende, vorwärtsbringende Entdeckung gemacht, wir haben uns Gott näher gefühlt als jemals zuvor. Alles Gelegenheiten, fröhlich und gut zu werden, und ich sage es noch einmal: das vergangene Jahr hat für dich und mich geradezu gewimmelt von solchen Gelegenheiten, Alles, einfach Alles, was uns passiert ist, hatte die Eigenschaft, in dieser oder jener Weise so auf uns zu wirken. Zahllose Samenkörner sind da in unsre Herzen gefallen in guten und noch viel mehr in schlimmen Tagen. Es fragt sich jetzt nur: was haben wir damit gemacht? Und wenn wir uns das aufrichtig fragen, dann verändert sich freilich das Bild. Es wimmelt nun auch von Gelegenheiten, aber von verpassten Gelegenheiten. Wir haben das Gute, was uns geschenkt wurde, in die Tasche gesteckt, wie wenn es so sein müsste, aber wir sind dadurch nicht selber gut geworden. Wir haben uns vor allerlei Gefahren des Leibes und der Seele bewahren lassen, aber wir haben den Ruf zur Sammlung und Konzentration überhört, der in der Gefahr und in der Bewahrung an uns erging. Wir sind mit guten Menschen zusammengetroffen, mit mehr als Einem ganz sicher, aber wir haben es vorgezogen, an ihnen zu nörgeln und [zu] kritisieren, uns wie die Schnecke in ihr Haus zurückzuziehen, statt uns von ihnen geben zu lassen, was sie zu geben hatten. Wir haben in einem moralischen Zwiespalt den Sieg über uns selbst gewonnen, vielleicht nicht ohne Zaudern und nicht, ohne einige Schrammen davonzutragen, aber es war schließlich doch ein Sieg. Aber als wir der einen Versuchung glücklich entronnen waren, wurden wir siegesgewiss, sicher und schläfrig und wurden die Beute einer andern schwereren und kamen vom Regen in die Traufe[5], so dass auch auf den moralischen Inhalt des ersten Sieges ein eigentümlich zweifelhaftes Licht fiel. Oder wir sind durch Erlebnisse und Nachdenken tiefer eingedrungen in die Geheimnisse Gottes und der Seele, aber unsre Entdeckung wurde uns zu einer frommen Spielerei, sie machte uns selbstgefällig und eigensinnig, das «Näher zu Gott»[6] verkehrte sich in sein Gegenteil. Und wenn wir nun so den Ertrag im Ganzen mustern, wenn wir Plus und Minus gegeneinander verrechnen wie ein gewissenhafter Kaufmann, wenn wir fragen: war's ein Lebensjahr, das Jahr 1910?, dann mag's uns wohl wieder bedenklich und wehmütig zu Mute werden, dann mag's auch vom Bild unsres innern Lebens heißen: es ward Abend, es wurde das Licht spärlich und die Schatten lang, und wir haben keinen Anlass, uns zu rühmen.

Und nun müssen wir gleich noch einen weitern Kreis ziehen. Wir haben bis jetzt so geredet, als wäre das die wichtigste und dringendste Angelegenheit, dass wir, d. h. du und ich, ein inhaltsvolles, fröhliches

---

[5] «Vom Regen in die Traufe kommen» steht redensartlich dafür, dass man ein Übel zu vermeiden sucht und dabei in ein noch schlimmeres gerät; vgl. Röhrich IV, S. 1235f.

[6] Vgl. den besonders in der englischsprachigen Welt weitverbreiteten Choral: «Nearer, my God, to Thee» / «Näher, mein Gott, zu dir», der auf dem gleichnamigen Gedicht von S. Fl. Adams basiert (1841).

und gutes Leben bekommen. Das ist auch wahr. Aber es ist doch nur die eine Seite der Wahrheit, und zwar die weniger wichtige oder besser gesagt: sie ist das Mittel zu einem höhern Zweck. Wir zwei sollen rechte Menschen werden, damit Gottes Ehre erfüllt werde, damit sein Reich komme. Das ist das Werden und Wachsen des ewigen Lichtes, von dem wir am Anfang geredet haben. Das ist das Wichtige und Dringende, dass Gottes Herrlichkeit sich offenbare, dass das Licht durchdringe, unser Leben mit seiner besondern Entwicklung ist dabei nur ein Glied in der Kette des Ganzen, im Reich des lebendigen Gottes, das in der Welt begründet ist und wird und wächst. Wir sind nichts ohne das Ganze, und auf das Ganze müssen wir unsern Blick wenden. Und wenn wir nun auf das Große, Ganze der Herrlichkeit Gottes, der Güte, Wahrheit und Schönheit sehen, wie sie sich entfaltet oder entfalten sollte in der Menschheit, in der Welt, im Dasein überhaupt, dann möchte wohl auch da die Jahreswende Anlass werden zu trüben Gedanken. Es sind zu allen Zeiten nicht die schlechtesten Christen gewesen, die gebetet haben: es vergehe die Welt und es komme dein Reich.[7] Die Gläubigen zur Zeit des Paulus haben es gedacht, und es denken es heute wieder Viele, dass das Übermaß des Bösen jetzt voll, dass das Ende aller Dinge nahe sei. Es besteht kein Zweifel, dass die Zivilisation unsres Zeitalters an den wichtigsten Punkten Zeichen der Fäulnis aufweist. Ich denke an die Spannung der sozialen Gegensätze, die durch all unsre humanitären Bestrebungen doch mehr gemildert als in ihrer Wurzel aufgehoben wird. Ich denke an die Stellung der Frauen im öffentlichen und privaten Leben, die hier zu einer unwürdigen, kraft- und saftlosen Abhängigkeit und dort zu einer unangenehmen, marktschreierisch-aufdringlichen Selbständigkeit geworden ist. Ich denke an die Entartung des Vergnügens, in dem man seine Erholung von der Arbeit sucht, an die Literatur und an das Theater, in denen weite Kreise ihre Bildung und Zerstreuung finden. Ich denke an die unerträgliche Verflachung der Interessen, wie sie uns in jedem Zeitungsblatt entgegentritt, an die immer bewusster und allgemeiner werdende Indifferenz dem Leben gegenüber, keineswegs nur in den sogenannten untern Klassen, sondern gerade in den Kreisen, die sich

---

[7] Vgl. Didache 10,6 (zur Wiedergabe Barths s. O.Br. 1945–1968, S. 101, Anm. 24).

selbst zu den guten rechnen. Stehn wir nicht vor einer immer weiter um sich greifenden Herabminderung der geistigen Ansprüche, die wir an uns selbst und an die andern stellen? Müssen nicht auch wir, die wir vielleicht über dem allgemeinen Niedergang zu stehen meinen, uns einfach schämen, sobald wir unser Geistesleben mit dem früherer Zeiten, z. B. mit der gewaltigen Epoche, die Deutschland vor 100 Jahren erlebt, oder mit der wachen Regsamkeit der Reformationszeit vergleichen? Wie würden *wir* derartige energische Querstriche durch alle unsre angebliche Kultur wie das Erdbeben von Lissabon[8] oder wie die napoleonischen Kriege[9], wie würden *wir* dergleichen geistig ertragen und verarbeiten? Ich meine, man hat nicht mit Unrecht gesagt, es sei über unsrer Zeit eine Abendstimmung,[10] eine Gewitterschwüle innern

---

[8] Am 1. November 1755 wurde Lissabon durch ein Erdbeben, bei dem über 30 000 Menschen ums Leben kamen, weitgehend zerstört. Zu den in vielfacher Hinsicht gravierenden geistesgeschichtlichen Auswirkungen dieses Ereignisses vgl. *Die Erschütterung der vollkommenen Welt. Die Wirkung des Erdbebens von Lissabon im Spiegel europäischer Zeitgenossen*, hrsg. von W. Breidert, Darmstadt 1994.

[9] Ab 1792 bis 1815 kam es im Gefolge der Französischen Revolution zu den sogenannten «Koalitionskriegen» zwischen Frankreich und seinen europäischen Machtrivalen, an denen Napoleon ab 1796 als Heerführer beteiligt war. Im engeren Sinn als «Napoleonische Kriege» bezeichnet werden die Feldzüge ab 1799.

[10] Vgl. P. Natorp, *Religion? Ein Zwiegespräch*, in: *Weltanschauung: Philosophie und Religion*, hrsg. von M. Frischeisen-Köhler, Berlin 1911, S. 305–325, dort S. 309: «Wir armen Erdparasiten – ist's nicht uns schon Weltendämmerung, wenn über unsere Parasitenwelt das Abendrot hereinbricht, das unserm Tag die Nacht des ewigen Schweigens ankündet? [...] Wehen nicht schon die kältenden Abendlüfte, steigen nicht die gespenstischen Nebel schon herauf, die uns und allen Menschen den Tod ansagen?» Es ist gut denkbar, dass Barth über seine guten Verbindungen nach Marburg schon Kenntnis von diesem Text des dort lehrenden Natorp hatte: Zwar wurde der Sammelband erst 1911 veröffentlicht, doch ist das Vorwort auf «Herbst MCMX» datiert (a.a.O., S. XVIII) und Natorp hatte seinen Beitrag gar schon ein Jahr zuvor fertiggestellt; er urteilte bereits in einem Brief vom 2. Februar 1910: «Ich schrieb im Herbst etwas nieder, was so schroff war, dass ich es nur unter einer Art Fiktion einem etwas exaltierten Menschen in den Mund zu legen wagte», und: «Aber wo ich nur hinblicke – in unserer Generation begegne ich überall dieser Stimmung, oft aber auch bei viel Jüngeren» (zit. nach: N. Bruhn, *Vom Kulturkritiker zum ‚Kulturkrieger‘. Paul Natorps Weg in den ‚Krieg der Geister‘*, Würzburg 2007, S. 50.52).

Zerfalls, wie sie ähnlich nur in Rom in den Zeiten vor seinem Untergang dagewesen ist. Muss es vielleicht völlig Nacht werden über uns aus dem Abend, wie es dort gegangen ist, damit der Tag Gottes wieder anbreche?

Es ward Abend. Das ist die Gegenwart, die Gegenwart des Menschen, wenn wir dem Ablauf der Zeit nachsinnen, wenn wir in uns sehen nach dem Inhalt unsres Lebens und um uns nach der Entwicklung der Welt. Und nun haben wir keine andre Sicherheit für uns und unsre Welt als die, dass der Weg Gottes vom Abend zum Morgen führt. Es steht aber auch so, dass wir Gottes Ehre und Herrlichkeit noch gar nicht auf den Grund gekommen sind, solange wir das nicht verstanden haben, dass sein Licht aufgehen muss aus der Finsternis, dass es mit uns und der Welt vom gegenwärtigen Abend zum zukünftigen Morgen geht. Das ist das Geheimnis Gottes. Und wenn wir dies Geheimnis nicht nur verstanden, sondern an uns erlebt haben, dann haben wir Gott, dann fangen wir an zu leben.

* * *

Und es wurde Morgen. Das ist nun das Zweite. Es war auch so eine Zeit der Abendstimmung und Kulturmüdigkeit, wie wir sie heute wieder haben, als Jesus von Nazareth unter die Menschen trat. Und nun ist er merkwürdigerweise nicht zu ihnen gegangen, um ihnen zu sagen: Seht da die langen widrigen Schatten, die auf all eurem Leben und all eurer Zivilisation liegen, seht, wie die Sonne eurer guten Vorsätze und Wünsche, eurer Religion und Philosophie untergeht, seht, wie es Abend wird. Sondern er hat ihnen gesagt: Das Reich Gottes ist da, gerade jetzt. Habt jetzt Freude und fürchtet euch nicht! Tut nur die Augen auf! Denn die Klarheit des Herrn umleuchtet euch [vgl. Lk. 2,9], ohne dass ihr's wisst. |

Ich will es an zwei Beispielen aus den Evangelien deutlich machen, wie das zuging, dass Jesus gerade jenem abendlichen, müden, innerlich leeren Geschlecht zum Morgenglanz der Ewigkeit[11] geworden ist. Einmal lesen wir: «Da die Sonne untergegangen war, brachten alle, die Kranke hatten mit allerlei Übeln, dieselben zu ihm, er aber legte jedem

---

[11] Lied von Chr. Knorr von Rosenroth (RG 572; EG 450).

von ihnen einzeln die Hände auf und heilte sie» [Lk. 4,40]. Das Wesen
Jesu könnte uns nicht deutlicher werden als in dem Bilde, das dieses
Wort vor uns zeichnet. Über den Bergen Galiläas im Westen ist das
Licht des Tages verschwunden, kaum liegt noch ein letzter Widerschein auf den Kuppeln und Türmen von Kapernaum; über den See
Genezareth schleichen die weißen Nebelschleier, und da sind Menschen, zahllose Menschen, in denen es seit Jahren auch dunkel geworden ist, Dunkelheit von Krankheit und Armut und Sünde. Die
kommen in endlosem Zug zu dem Mann, der helfen kann, und der
sagt ihnen nicht: es ist Abend, ich will euch morgen helfen, er ver-
tröstet sie nicht auf eine bessere Zukunft, sondern er lässt die Zukunft
Gegenwart werden, er legt ihnen die Hände auf, es geht Kraft von ihm
aus, sie werden geheilt. Was für ein Morgen muss dieser Abend für
jene Menschen gewesen sein. In der Dämmerung ist ihnen das Licht
aufgegangen, in der Tiefe des Leides ist ihnen Gott begegnet. Ohne
Dämmerung hätten sie nicht verstanden, was Licht ist, und ohne das
Leid hätten sie die Freude nicht verstanden. Zu den Kranken und
Müden kommt Gott, mit dem Abend fängt der Tag an, ist das nicht
wunderbar? Aber zu diesem Bilde müssen wir sofort ein Anderes
hinzunehmen. Wieder ist's die Geschichte von einer unbegreiflichen
Hilfe, die Jesus den Menschen bringt. Ein Einziger ist es diesmal, ein
armer Blinder. Die Jünger richten bei seinem Anblick die lieblose und
oberflächliche Frage an Jesus: Wer hat gesündigt, dieser oder seine
Eltern, dass er blind geboren ist? [Joh. 9,2] Und da gibt Jesus die
gewaltige Antwort: weder das eine noch das andre, sondern dieser
Mann ist blind geboren, «dass die Werke Gottes offenbar würden an
ihm. Ich muss wirken die Werke des, der mich gesandt hat, solange es
Tag ist, es kommt die Nacht, da niemand wirken kann. Dieweil ich bin
in der Welt, bin ich das Licht der Welt» [Joh. 9,3–5]. Diese Antwort
lässt uns in Jesu innerste Seele hineinsehen. Das Übel ist dazu da,
damit die Hilfe komme, die Finsternis ist dazu da, damit es Licht
werde. Der Weg Gottes führt vom Abend zum Morgen. Und nun
kommt die Hilfe, nun wird es Licht, und die Hilfe und das Licht
besteht im *Wirken*. Auch Jesus hat die Abendschatten gesehen, tiefer
und gründlicher als irgend einer, aber er bleibt nicht bei der Melan-
cholie stehen. Stehen bleiben, das wäre der Tod, dann würde der
Abend zur Nacht, da niemand wirken kann, da Alles aufhört. Und

darum gibt Jesus die Losung aus: Wirken, solange es Tag ist! Licht sein, solange wir in der Welt sind! Und diese Losung hat Jesus nicht nur gepredigt, sondern gelebt und den Seinen unwiderstehlich eingeflößt als das Kostbarste, was er ihnen zu bringen hatte. So ist er unter die Abendmenschen getreten. Er hat sie nicht gescholten darüber, dass es bei ihnen Abend war, und er hat auch den Abend nicht ignoriert, aber er hat ihnen Morgenkraft gegeben am Abend, Kraft zum Sieg über das Dunkle, Traurige, Schwere und Kraft zum Schaffen für das Gute. Und wenn wir jetzt Beides zusammenfassen, können wir es verstehen, warum Jesus die größte Offenbarung der Herrlichkeit Gottes ist: er hat den Menschen geholfen, und er hat sie sogleich zu Helfern gemacht, er hat sie gesund gemacht, aber zu gesunden Schaffern, er hat ihnen Mut gemacht gegenüber der Welt, aber der wurde zugleich zum Mut für Gott, der wirkt, solang es Tag ist, nicht trotzdem, sondern *weil* es Abend ist. Solches Leben hat er ausgegeben an die Seinen, weil solches Leben in ihm selbst war. Etwas Größeres hat Gott uns nicht zu sagen. Carlyle hat die berühmte Forderung formuliert: Arbeiten und nicht verzweifeln.[12] Es ist eine gute Forderung, aber Jesus hat tiefer gesehen. Er würde gesagt haben: Nicht verzweifeln, sondern arbeiten; denn er wusste, dass wir erst mit der Gegenwart, mit dem Bösen und Traurigen in uns und um uns ins Reine kommen müssen, wenn wir hindurch sollen zu einem guten, zukunftskräftigen Arbeiten, er verstand jenes Gottesgesetz von Abend und Morgen, das wir nicht umkehren dürfen.

Und nun wollen wir unsre Abendgedanken, die uns gekommen sind, als wir auf das vergangene Jahr zurücksahen, vor diesen Jesus bringen, damit Morgenglanz hineingehe, damit sie fröhliche und tapfere Zukunftsgedanken werden für das neue Jahr.

Da haben wir uns in der Entwicklung der Welt und der Menschheit umgesehen und kamen zu der bangen Frage: wo bleibt der Fortschritt im Ganzen des Reiches Gottes? Oder müssen wir einer großen Ka-

---

[12] Mit den Worten: «Work and despair not» beendete Thomas Carlyle seine Antrittsrede als Rektor an der Universität Edinburgh am 2. April 1866; in der deutschen Übersetzung wurden sie für den Titel einer Sammlung von Carlyles Werken verwendet, die bis 1910 bereits in über 100 000 Exemplaren erschienen war: Th. Carlyle, *Arbeiten und nicht verzweifeln. Auszüge aus seinen Werken*, übers. von M. Kühn / A. Kretschmar, Düsseldorf 1902.

tastrophe entgegengehen, damit Gottes Ehre in der Welt an den Tag komme? Wenn wir mit solchen Gedanken beschäftigt sind, dann kommt Jesus zu uns, nicht um uns über die Zukunft aufzuklären, er hat einmal selbst gesagt, dass die ausschließlich in Gottes Hand sei [vgl. Mk. 13,32], aber um uns zu zeigen, was das heißen will, dass wir und unsre Welt in der Hand des allmächtigen Gottes sind. Er kommt, um es uns spüren zu lassen, dass diese Hand, ob sie uns wohltut oder straft, die Hand eines lieben Vaters ist. |

Wenn wir Jesus ansehen, dann wird es uns unmöglich, in der Menschheit nur ein Bild der Fäulnis und des Todes zu sehen, gerade wie es ihm selber unmöglich gewesen ist. Wir werden dann die unzähligen Gruben und vertünchten Gräber [vgl. Mt. 23,27] auf den Feldern unsres öffentlichen und privaten Lebens nicht übersehen, aber wir sehen dann auch die Hilfe, sehen das neue Leben, das allerorten aus den Ruinen blüht.[13] Es hat nie eine Zeit gegeben, in der Jesus so viele nicht bloß gewohnheitsmäßige, sondern bewusste und überzeugte Freunde und Nachfolger gehabt hat wie die unsrige. Ist das Abend? Nein, das ist Morgen, und damit es Morgen werde, mussten und müssen wir durch den Abend von viel Kritik und Indifferenz hindurch. Es hat nie eine Zeit gegeben, in der so allgemein, wenn auch oft in wunderlichen Hüllen, das Sehnen nach Aufrichtigkeit und Wahrheit der verborgene Pulsschlag der Menschheit war, wie wir es heute sehen. Das ist Morgen am Abend. Aber weil es Morgen am Abend ist, müssen wir es sehen, dass noch viele Tempel der Unaufrichtigkeit und Scheinwahrheit, an denen vielleicht unser Herz hängt, zerschlagen werden, vorher kann der Tag nicht kommen. Es hat noch nie eine Zeit gegeben, wo das soziale Verpflichtungsbewusstsein so viele Köpfe und Hände in Bewegung gesetzt hat, oben und unten, wie in unsrer Zeit. Die sogenannten guten alten Zeiten, die Zeiten der angeblichen allgemeinen Frömmigkeit und Sittlichkeit wussten von diesen Rechten und Pflichten nichts, unsre Zeit weiß es und wird es wissen. Aber damit es dazu komme, mussten die formlosen patriarchalischen Verhältnisse der guten alten Zeit zerfallen, wir mussten das

---

[13] Fr. Schiller, *Wilhelm Tell*, 4. Aufzug, 2. Szene:
  Das Alte stürzt, es ändert sich die Zeit,
  Und neues Leben blüht aus den Ruinen.

19. und 20. Jahrhundert erleben mit all der sozialen Ausbeutung, mit all dem sozialen Kampf, den sie uns gebracht haben. Wäre es nicht Abend geworden, so könnte uns kein Morgen aufgehen. |

Er legte ihnen die Hände auf und heilte sie, nicht am Morgen, sondern am Abend, als die Sonne untergegangen war [vgl. Lk. 4,40]. Das ist das Werk der Hilfe, das Gott an uns treibt, und diese Hilfe dürfen wir sehen und erfahren, weil wir Jesus sehen und erfahren dürfen. Und eben darum wird unsre Freude an Gottes Hilfe nicht beschaulich, sondern tätig aussehen. Ich muss wirken die Werke des, der mich gesandt hat, solange es Tag ist [Joh. 9,4]. Gott tröstet und hilft uns, indem er uns zu tätigen Menschen macht. Wir sollen und wollen die Abendschatten nicht ignorieren, aber wir sollen und wollen denken: Dieweil ich in der Welt bin, bin ich das Licht der Welt [Joh. 9,5]. Du und ich, die wir nun einmal Kinder dieser merkwürdigen Zeit sind, wir sind, weil uns geholfen ist, Träger der Ehre Gottes, und nun kommt Carlyles «Arbeiten» zu seinem[14] Recht: Vorwärts an unsre Aufgabe! Wem geholfen ist, wer die heilende Hand Gottes an sich verspürt, der ist ein Strahl der Morgensonne auf dem Abendfeld, der leuchtet, und wenn Alles um ihn Finsternis würde. Und wenn 99 von den 100 Samenkörnern, die ein guter Mensch auswirft auf Hoffnung, ins Unfruchtbare fielen, es ist an dem einen genug und übergenug, das aufgeht und Frucht bringt [vgl. Mt. 13,1–9 parr.], denn wo einer wirkt für die Zukunft, da wirkt Gott, da wird und wächst sein Reich, und wenn die Welt in Trümmer fiele.

Und mit dieser Jesusbotschaft von der Gotteshilfe und von der Selbsthilfe müssen wir nun auch in die Nöte unsres persönlichen Lebens hineinleuchten. Du stehst vor unerfreulichen Resultaten, wenn du das Fazit des vergangenen Jahres ziehst? Du hast eine Menge Gelegenheiten, gut und fröhlich zu werden, verpasst? Du hast unerfreuliche Gedanken, Abendgedanken über dich selber? Das ist recht, wenn es so ist. Das ist das Zeichen, dass du für Gott reif bist, vorher weißt du es nämlich nicht. Solange wir nicht offenkundig Defizit gemacht haben, merken wir gar nicht, dass wir nicht stehen, wie wir sollten, und darum lässt es Gott oft zu unsrem eigenen Besten ge-

---

[14] Im Manuskript steht – am Schluss der einen Zeile und am Anfang der neuen – «seinem» irrtümlich doppelt.

schehen, dass wir in ein grobes Defizit geraten. Es ist mit unserm innern Leben wie mit der Gotthardbahn: es muss auf große Strecken durch Tunnels gehen, wenn wir die Steigung, die nötig ist, überwinden wollen.[15] Und nun ist's wunderbar, wie wir nun in der Tat vorwärtskommen, nicht in den Momenten stolzer moralischer Höhe, sondern in den Momenten, wo wir uns unsrer Niederlage bewusst werden. Es ist da, wie wenn eine geheime Kraft in uns entbunden würde, die vorher geschlummert hat. Indem wir in der Tiefe zu sein meinten, dürfen wir plötzlich auf eine überwundene Steigung zurückblicken, wie ein unverdientes Geschenk kam der Fortschritt über uns und in uns. Das muss das Geheimnis Jesu gewesen sein, dass er es verstand, die Niederlagen der Menschen in Siege zu verwandeln, und darum war er und ist er der Heiland der Sünder und nicht der Gerechten. Es wurde Abend und es wurde Morgen, und *dann* war der Tag da. Aber eben: was uns in solchen Augenblicken geschenkt wird, das ist wieder nicht Beschaulichkeit, sondern Tatkraft. Weil es Abend ist, *dürfen* wir wirken, solange es Tag ist. Zur großen Sünderin hat Jesus gesagt: Ich verurteile dich nicht. Das war seine Hilfe, damit hat er ihr das Vertrauen zu sich selbst wiedergegeben, hat ihre Niederlage in Sieg verwandelt, aber nun stellt er sie sofort auf ihre eigenen Füße: Gehe hin und sündige hinfort nicht mehr [Joh. 8,11]. *Wirken dürfen*, das ist unsre Zukunft, das ist der Morgen, der den Tag bringt. Ich las von einem Bauern in [der] Steiermark, dem war sein Haus abgebrannt und nun stand er vor dem rauchenden Aschenhaufen. Aber er stand nicht melancholisch und elegisch davor, sondern er suchte und fand unter der Asche seine Axt, machte einen neuen Stiel daran und fing auf der Stelle an, ein neues Haus zu bauen. So geht es zu, wenn's am Abend Morgen wird.

Und der Fluss der Zeit, dem wir wehmütig nachsehen? Und unser Leben in dieser Zeit, dessen wir müde geworden sind? – Ja, können wir jetzt überhaupt noch so fragen? Seht, wir wollen das neue Jahr

---

[15] Die 1882 komplett fertig gestellte, gut 200 km lange Strecke der Gotthardbahn verbindet Immensee und Chiasso und ist bis heute die kürzeste Bahnverbindung zwischen Nordwesteuropa und Italien. Um die Steigung zu bewältigen, wurden beiderseits des Haupttunnels unter anderem sogenannte Spiral- oder Kehrtunnel gebaut. Bei der Fertigstellung war der Gotthard-Scheiteltunnel mit 15 km Länge der längste Tunnel der Welt.

antreten mit Dank gegen Gott, dass er die Zeit vergehen, dass er es Abend werden lässt. Würde der Zeiger stillstehn in unsern großen, guten Momenten, in den Stunden unsrer Freude, dann würden wir aufhören zu leben. Nun rückt aber der Zeiger vor und die Zeit vergeht, und es kommen andre, traurige Momente und Stunden. Daraus wollen wir nehmen, dass Gottes Güte uns zum Leben führt, in den Abend hinein, gewiss, aber um den Abend wird es Licht sein [Sach. 14,7], wie es in einem Prophetenwort heißt, am Abend erwartet uns der Morgen. Und wenn du deiner Last müde geworden bist und gerne fortgehen möchtest aus dieser Welt, dann sieh nicht den Wolken nach und der fliehenden Zeit, sondern dann sieh deine Last an, ob nicht eine freundliche Hilfe Gottes darin verborgen sei, an die du noch gar nicht dachtest, dann freue dich, dass dir ein langer Abend beschieden ist, an dem du viel erfahren kannst von Gottes Abendsegen und an dem du in deinem ganz kleinen Kreise viel wirken kannst, solange es Tag ist.

Es wurde Abend und es wurde Morgen, der erste Tag. Mit diesem Gottesgedanken wollen wir jetzt ins neue Jahr hinein. Es ist Alles darin, was wir nötig haben: das Vertrauen und der Gehorsam, das nicht Verzweifeln und das Arbeiten. Und damit dieser Gottesgedanke in uns Wahrheit werde, dazu bedarf es des Einen und nur des Einen, dass der, dessen Geburt wir an Weihnacht gefeiert haben, in uns wachse und zunehme. Gott walte es, dass über und in uns am Abend der Morgen aufgehe.

Amen.

Lieder:
Nr. 67: «Nun lasst uns gehn und treten» von P. Gerhardt, Strophen 1–5.8.11f. (RG 548; EG 58, jeweils Strophen 1f.4f.7.11.14f.)
Nr. 66: «Hilf, Herr Jesu, lass gelingen» von J. Rist, Strophen 1.4.6 (EG 61,1.6 [Strophe 4 aus GERS durch eine andere Strophe ersetzt])

Lesungstext: Ps. 90

2.Korinther 12,7–10

Auf dass ich mich nicht der hohen Offenbarungen überhebe, ist mir
gegeben ein Pfahl ins Fleisch, nämlich des Satanas Engel, der mich mit
Fäusten schlage, auf dass ich mich nicht überhebe. Dafür habe ich
dreimal den Herrn gefleht, dass er von mir wiche; und er hat zu mir
gesagt: *Lass dir an meiner Gnade genügen; denn meine Kraft ist in den
Schwachen mächtig.* Darum will ich mich am allerliebsten rühmen
meiner Schwachheit, auf dass die Kraft Christi bei mir wohne. Darum
bin ich gutes Muts in Schwachheiten, in Schmach, in Nöten, in Verfolgungen, in Ängsten, um Christi willen; *denn wenn ich schwach bin,
so bin ich stark.*

Liebe Freunde!

Es ist wahrscheinlich unter uns Allen kein Einziges, das sich nicht
an Momente oder Stunden seines Lebens zu erinnern wüsste, in denen
ihm das wahre Ziel seines Daseins zum Greifen deutlich vor Augen
gestanden ist. Es ist sachlich gleichgiltig, ob wir dieses Ziel unsres
Daseins die «ewige Seligkeit» nennen, wie es in der christlichen Kirche
von alters her üblich gewesen ist, ob wir davon reden als von dem
«wesentlichen Schauen Gottes», wie es die mystischen Gottesfreunde
im Mittelalter taten, als vom «Leben aus Gott», wie eine kürzlich
erschienene Predigtsammlung betitelt ist,[1] oder schlankweg als vom
«Leben», wie es heutzutage manche religiöse Kreise tun, die sich in
ihrem Denken und Empfinden himmelweit von der Frömmigkeit der
offiziellen Kirchen geschieden glauben. Es ist doch mit etwas andern
Worten jedes Mal dieselbe Sache, von der die Rede ist. Es handelt sich
überall um den normalen Zustand des Menschendaseins, um einen
Zustand, in dem aller Schein und alle Unbeständigkeit, die uns jetzt
stören, verschwunden wären, um einen Zustand, in dem wir unaus-

---

[1] Fr. Rittelmeyer / Chr. Geyer, *Leben aus Gott. Neuer Jahrgang Predigten*,
Ulm 1911.

sprechlich und unwidersprechlich sicher wären: jetzt bin ich, was ich sein soll; jetzt bin ich auf dem letzten, tiefsten Grund der Wahrheit und Wirklichkeit angelangt; jetzt lebe ich, jetzt schaue ich Gott von Angesicht zu Angesicht [vgl. Apk. 22,4]; jetzt ist die Ewigkeit da. «Ewige Seligkeit», «Erkenntnis Gottes», «Leben aus Gott» oder einfach «Leben», das sind Alles nur Namen für diesen einen Zustand. Und nun sage ich: wir Alle haben schon zu Zeiten diesen Zustand zum Greifen deutlich vor uns gesehen. Das wird meistens so zugegangen sein, dass wir eines andern Menschen gewahr wurden, der jenem Lebenszustand um einen Schritt näher war als wir selbst. Das kann ein Mensch aus unsrer Umgebung gewesen sein, es kann aber auch ein längst Verstorbener sein, dessen Bekanntschaft wir aus Büchern von ihm oder über ihn gemacht haben. Beim Einen mag es sein Vater oder seine Mutter sein oder sein Freund, beim Andern Goethe oder Beethoven oder Luther oder Franz von Assisi, bei Andern noch Andre. Der wäre sehr zu bedauern, der gar keinen Menschen namhaft zu machen wüsste, der ihm irgendeinmal, und wäre es auch nur vorübergehend, die Augen geöffnet, nicht über dies und das, sondern über das Letzte und Größte, was es zu sehen gilt, über die Richtung, in der er zu marschieren hätte, wenn er immer täte, wie er sollte.

Ein Jeder muss sich seinen Helden wählen,
Dem er die Wege zum Olymp hinauf
Sich nacharbeitet.[2]

Solche Menschen, die uns zu Helden werden, stellen uns die Seligkeit, das Leben, sie stellen uns Gott vor Augen, sie geben uns eine Richtung an. Wir fühlen uns von ihrem Dasein, von ihren Worten und Werken ergriffen. Wir denken: dahin möchte ich auch. Aber wenn wir uns so gewiss Alle an Zeiten und Stunden erinnern, wo uns etwas davon aufging, was Lebensinhalt und Lebensziel wäre, dann kennen wir auch Alle die Frage, die sich nun sofort einstellen muss: *Wie komme ich dazu?* Denn etwas Anderes ist es, ein schönes, wahrhaftiges, ewiges Leben vor sich zu sehen, etwas Anderes, es sich anzueignen. Ich sehe etwas Großes, Wertvolles zunächst im Spiegelbild eines meiner Mitmenschen. Wie wird es mein Besitz? |

[2] J. W. von Goethe, *Iphigenie auf Tauris*, 2. Aufzug, 1. Auftritt; dort: «Ein jeglicher muss seinen Helden wählen, […].»

Wie komme ich dazu? Das ist die Frage, die wir Alle kennen. Und das ist die Frage, an der sich die Geister scheiden. Die *Einen* sind von vornherein träge; sie sagen gleich: ich komme doch nicht dazu! und lassen dann die Sache auf sich beruhen. Mit denen wäre ein Wörtlein für sich zu reden; es soll aber heute nicht geschehen. Ich darf annehmen, dass wenigstens unter den Kirchgängern, vielleicht aber auch sonst die *Andern* zahlreicher sind. So versetzt die Frage: Wie komme ich dazu? die einen zeitweise wenigstens, die andern eigentlich fortwährend in die lebhafteste innere Bewegung. Sie haben das größte Etwas vor sich ge[se]hen, die Seligkeit oder das Leben, oder wie wir's nennen wollen. Sie merken auch: so ohne Weiteres kann man sich das nicht aneignen, eine Selbstverständlichkeit ist solcher Besitz nicht. Aber es[3] lässt ihnen keine Ruhe, sie möchten doch etwas tun. Und nun fragt sich nur: Was? Denn zwischen ihnen und ihrem Ziel erhebt sich eine ganze Reihe von Schwierigkeiten und zwar aus ihrem eigenen Innern heraus, die mit frommen Wünschen noch nicht überwunden sind. Der Eine hat einen zu starken Willen, wie er denkt, und dieser starke Wille ist von Natur auf ganz Anderes gerichtet als auf das wahre Leben, das er sich auch gerne aneignen möchte. Der Zweite hat einen zu schwachen Willen und vermag es nicht, sich zu sammeln aus der Zerstreuung und sich auf das Eine zu richten. Der Dritte klagt: ich denke zu viel und fange dann immer wieder an zu zweifeln, so schön mir auch ein Leben aus Gott vor Augen gestellt wird. Und der Vierte meint umgekehrt: ich denke zu wenig; ich vermag es nicht zu fassen und zusammenzureimen, was ich von den verschiedenen Pfarrern höre, was ich in den verschiedenen Büchern lese; ich komme nicht nach. Und so gibt es sehr Viele, für die ist dieses «Wie komme ich dazu?» eine sehr große, und zwar eine offene Frage. Das ist immer so gewesen. In früheren Zeiten sind viele ernsthafte Menschen mit dieser Frage ins Kloster gegangen, um da in einer strengen Ordnung des äußern und innern Lebens ihren Willen und ihre Gedanken zerbrechen und dirigieren zu lassen. Man hat aber mehr als ein Beispiel dafür, dass gerade ernsthafte Menschen mit alledem doch nicht dazu gekom-

---

[3] Im Mskr. ist dieses Wort wohl verbessert, ohne dass allerdings eine Durchstreichung klar erkennbar wäre; ursprünglich scheint Barth «sie» geschrieben zu haben; der letzte (nachträglich hinzugefügte?) Buchstabe ist aber eindeutig ein «s».

men sind. Wir Protestanten haben wenigstens im Grundsatz darauf verzichtet, von einer solchen religiösen Technik Gebrauch zu machen. Ein Rest davon findet sich freilich auch noch in unsrer Mitte. Es ist euch vielleicht auch schon so ergangen: Wir haben uns vielleicht lange innerlich mit jener Frage herumgeschlagen, und es ist umsonst gewesen, wir finden keinen Halt. Und nun begegnet uns irgend ein Gedanke, eine Lehre von recht handfester Art, vielleicht von einem kraftvollen Menschen persönlich oder in einem Buch vorgetragen. Wir müssen uns sagen: Eigentlich könnte ich das nicht glauben und annehmen; aber wir haben die Unordnung in unserm innern Leben herzlich satt, wir erinnern uns, dass Jesus einmal gesagt hat: Selig sind, die nicht sehen und doch glauben [Joh. 20,29], oder an das Wort Schillers: Du musst glauben, du musst wagen,[4] und so wagen wir den Sprung ins Dunkle, wir entschließen uns zu glauben, obwohl wir eigentlich nicht glauben, und reden uns ein, damit sei unser Friede mit Gott und mit uns selbst hergestellt. Ich will auf die Gefahren dieses protestantischen Restes katholischer Religionstechnik hier nicht eingehen, aber ich würde sie niemandem empfehlen; denn jenes Jesuswort vom Nicht-Sehen und Doch-Glauben müssen wir in das Licht des andern stellen, wo es heißt, dass die Gott anbeten, ihn im Geist und in der Wahrheit anbeten sollen [Joh. 4,24]. Wir können es mit dem Geist und mit der Wahrheit nicht genau genug nehmen.

Aber was dann? Ihr dürft von mir nicht erwarten, dass ich euch an Stelle des alten ein neues Rezept verschreibe über die Art, sich ein seliges Leben anzueignen. Es gibt dafür überhaupt kein Rezept. Denn es handelt sich dabei nicht um etwas, was wir tun, sondern um etwas, was Gott an uns tut. Das, was wir bei der Sache zu lernen und uns

---

[4] Aus Strophe 4 von Fr. Schillers Gedicht «Sehnsucht» (Erstdruck 1802; Sämtliche Werke, Bd. 1, München 1962³, S. 411):
Einen Nachen seh ich schwanken, / Aber ach! der Fährmann fehlt.
Frisch hinein und ohne Wanken, / Seine Segel sind beseelt.
Du mußt glauben, du mußt wagen, / Denn die Götter leihn kein Pfand,
Nur ein Wunder kann dich tragen / In das schöne Wunderland.
Vgl. auch J. von Eichendorffs Gedicht «Die Brautfahrt» (Erstdruck 1816; Werke, München 1970, Bd. 1, S. 302–305), Strophe 5 (S. 303):
Du mußt glauben, du mußt wagen, / Und, den Argonauten gleich,
Wird die Woge fromm dich tragen / In das wunderbare Reich;
Mutig streitend mit den Winden, / Muß ich meine Heimat finden!

anzueignen haben, besteht darin, die Augen noch weiter zu öffnen als vorher, um Gottes Tun zu sehen und zu verstehen. Und nun haben wir in unserm Text ein einzigartig tiefes und schönes Bild von Einem, dem über Gottes Tun die Augen aufgegangen sind. Das wollen wir etwas genauer ansehen und einige Punkte daraus entnehmen, auf die wir bei unsrer großen Frage zu achten haben.

*   *   *

Erstens müssen wir, wenn wir nach einem seligen Leben, nach Leben aus Gott Verlangen tragen, einmal genau darauf achten, ob es wirklich Leben aus *Gott* ist, was wir dabei suchen. Ein so gewaltiger, tiefgegründeter Gottesmann wie der Apostel Paulus hat da noch auf der Höhe seines Lebens Beobachtungen an sich selbst gemacht, die uns vielleicht auch nicht fremd sind. Wenn wir nämlich lesen, was unsrer Stelle vorangeht, dann hören wir von einer Stunde aus seinem Leben, da er eine wunderbar hohe, innere Erfahrung gemacht. Ich ward entzückt, sagt er in der Ausdrucksweise, in der man damals von den unsichtbaren Dingen redete, bis in den dritten Himmel [2.Kor. 12,2], ja bis ins Paradies [2.Kor. 12,4[5]]. Kaum weiß er, ob er selber es wirklich gewesen, er redet von sich selber wie von einem dritten; alles Bewusstsein seiner Leiblichkeit sei verschwunden gewesen, nur die unaussprechliche Ruhe Gottes habe er gefühlt und Worte gehört, die kein Mensch sagen kann [2.Kor. 12,4]. Er wusste sich im Besitz der Seligkeit in jenen unbeschreiblichen Augenblicken und er umfasste diese Seligkeit mit der ganzen Glut seines prophetischen Wesens, das gewiss hoch über dem lauen, farblosen Gefühlsleben von uns Durchschnittsmenschen steht, aber wir dürfen sein Erlebnis doch nicht außer allen Zusammenhang mit *unserm* Seelenleben stellen, wenn wir das Folgende recht verstehen wollen. Es mag sehr nüchtern tönen, wenn wir unsre Erfahrungen neben jene innere Offenbarung des Paulus stellen, von der er noch nach 14 Jahren nur mit stammelndem Entzücken zu reden weiß. Und doch *machen* wir tatsächlich Erfahrungen, die in unserm Leben die Bedeutung jener Offenbarung im

[5] Revidierter Luther-Text 1892; in neueren Fassungen jeweils «entrückt» statt «entzückt».

Leben des Paulus einnehmen. Wir sind hoffentlich Alle schon zu Zeiten recht *zufrieden* gewesen. Das ist etwas sehr Gewöhnliches und doch gehört es hieher, denn es versteht sich bekanntlich gar nicht von selbst, dass wir zufrieden sind. Zu Zeiten aber waren wir es. Ob wir dabei gerade an Gott dachten oder nicht, ist hier gleichgiltig. Tatsächlich war es uns zu Mute wie an einem schönen Sommertag, wo kein Wölklein am Himmel steht. Unsre Umstände haben sich glücklich gefügt und wir fühlten aufs Innigste: das Leben ist doch schön, das Leben hat doch Sinn und Wert. Oder wir wissen Alle von Momenten, wo wir *Genugtuung*, Satisfaktion empfanden über unsre Arbeit. Wir hatten etwas geleistet und wir freuten uns daran in der Gewissheit, dass wir noch mehr leisten würden. Wir hatten handgreifliche Beweise, dass wir etwas ausrichteten, und sagten uns wieder: das Leben ist doch schön, es ist etwas Gewaltiges, so wirken zu dürfen, wie ich es darf. Das ist eine sehr berechtigte Seligkeit, und wir dürfen vielleicht annehmen, dass auch jenes Erlebnis der Gottesnähe, das Paulus gemacht hat, mit seiner ebenso rastlosen wie erfolgreichen Missionsarbeit in diesem innern Zusammenhang stand. Oder ich erinnere an das, was in der modernen Literatur mit einem etwas unklaren Ausdruck *Lebensgefühl* genannt wird. Es ist damit gemeint jenes unmittelbare Bewusstsein von Freude, Kraft und Wahrheit, wie es – nicht alle Menschen, aber Viele an den Werken der Natur, der Kunst oder Wissenschaft erleben.[6] Ich las diese Woche einen Brief eines jungen Mannes

---

[6] Zum Begriff «Lebensgefühl» in den genannten, verschiedenen Kontexten vgl. beispielsweise H. Mann, *Die Göttinnen. Die drei Romane der Herzogin von Assy*, Bd. 3: *Venus* (1903; Heinrich Mann Studienausgabe in Einzelbänden), Frankfurt/Main 1987, S. 145f.: «Denn auch das Leiden ruft sie, und empfängt es gern. Freiheitssucht! Kunstfieber! Sie stak tief im zweiten, da sagte ich ihr das furchtbare dritte voraus: Liebeswut! Aber alles ist ihr recht, was hohes Lebensgefühl schafft. Alles ist ihr Spiel, zum Zwecke einer schönen Geste und eines starken Schauers. Kein Rausch raubt sie für immer, keinem Unglück kann sie je erliegen, keine von allen Enttäuschungen wird sie in Zweifel stürzen, am Leben oder an der eigenen Wünschenswürdigkeit»; Gr. Meisel-Hess, *Die sexuelle Krise. Eine sozialpsychologische Untersuchung*, Jena 1909, S. 127f.: «Die Bejahung des eigenen Ich von irgendeiner Stelle der Welt ist notwendig, damit das Individuum den Mut behalte, dieses Ich zu ertragen. Die sicherste Bestätigung des eigenen Ich kommt durch die Liebe. Wer sich geliebt fühlt, fühlt sich bejaht, und aus dieser Bejahung kommt das höchste Lebensgefühl.

aus einer deutschen Großstadt, dem man es deutlich anspürte, wie sogar der bloße kräftige Gedanke an die erhabene Schönheit unsrer Schweizerberge, die er nie gesehen, sein inneres Dasein steigerte und erhob weit über die Schranken eines kleinlichen Alltagslebens.[7] |

Also wir machen, mag unser geistiges Leben noch so mittelmäßig sein, wir *machen* tatsächlich Erfahrungen, auf die wir später zurückblicken wie der Apostel auf das seinige mit dem Gedanken: ich war dem seligen Leben einmal so nahe, als man nur sein kann, ich besaß es doch einmal, was so köstlich ist! Aber wir müssen nun die Beobachtungen, die Paulus an sich selbst gemacht hat, gleich noch weiter verfolgen und mit den unsrigen vergleichen. Überraschenderweise hören wir nämlich, dass Paulus deutlich der Meinung gewesen ist, jenes Offenbarungserlebnis sei zwar etwas undenkbar Schönes und Großes gewesen, aber es habe zugleich eine ernstliche *Gefahr* für seine wahre Seligkeit bedeutet. In der Zeit, da er jene Briefstelle schrieb, ist diese Gefahr zwar offensichtlich überwunden, er blickt jetzt von einer höhern Warte aus darauf zurück, aber er sagt doch ausdrücklich, dass sie dagewesen sei, nämlich die Gefahr der *Überhebung*, wie er das nennt. Offenbar ist er in gewissen Stunden einer eigentümlichen, sehr menschlichen Versuchung unterlegen, nämlich der Versuchung zur

[...] Was Wunder, daß der natürlichste Instinkt der Kreatur sich immer wieder dagegen auflehnt, sich dieses Glück entraffen zu lassen, diese Bedingung seines eigenen Seins sich schmälern zu lassen, sei es von welchen Göttern oder Götzen immer».

Zurückführen lässt sich die Hochschätzung des Begriffes zu einem guten Teil auf die verbreitete Rezeption von Gedanken Nietzsches; vgl. etwa Fr. Nietzsche, *Unzeitgemäße Betrachtungen. Zweites Stück: Vom Nutzen und Nachteil der Historie für das Leben*, Sämtliche Werke. Kritische Studienausgabe in 15 Bänden, hrsg. von G. Colli / M. Montinari, Bd. 1, München / Berlin 1999, S. 243–334, dort S. 331: «Und hier erkenne ich die Mission jener *Jugend*, jenes ersten Geschlechtes von Kämpfern und Schlangentödtern, das einer glücklicheren und schöneren Bildung und Menschlichkeit voranzieht, [...]; und das gewährleistende Anzeichen ihrer eignen kräftigeren Gesundheit soll gerade dies sein, dass sie, diese Jugend nämlich, selbst keinen Begriff, kein Parteiwort aus den umlaufenden Wort- und Begriffsmünzen der Gegenwart zur Bezeichnung ihres Wesens gebrauchen kann, sondern nur von einer in ihr thätigen kämpfenden, ausscheidenden, zertheilenden Macht und von einem immer erhöhten Lebensgefühle in jeder guten Stunde überzeugt wird.»

[7]   Nicht ermittelt.

Verwechslung zwischen Gott und sich selbst, um es kurz zu sagen. Die gewaltigen Augenblicke, die er innerlich erlebt hatte, brachten ihn auf den Gedanken: *ich* muss doch ein gewaltiger Mann sein, dass ich dergleichen erlebe. In der Erinnerung an jene Offenbarung trat ihm seine eigene Person leise und unvermerkt in den Vordergrund, er buchte sein Erlebnis als eine einzig dastehende Würdigung von Seiten Gottes, und vielleicht ist das auch bereits diesem oder jenem Menschen gegenüber als eine gewisse selbstbewusste *Eitelkeit* zum Vorschein gekommen. Man denke sich, was gefolgt wäre, wenn Paulus dieser in ihren Anfängen gewiss sehr unschuldigen Versuchung nachgegeben hätte. Seine ganze Missionsarbeit als das Werk eines geistlichen Egoisten, wie Muhamed einer gewesen ist, der ja Ähnliches erlebt hat! Welch ganz anderes, unerfreuliches Bild würden die Anfänge unsrer Religion uns heute bieten, wenn Paulus dort definitiv zu einem selbstbewussten Genießer der Nähe Gottes geworden wäre! Wenn wir vorhin etwas Mühe gehabt haben, in unserm Leben Parallelen zu der hohen Offenbarung des Paulus aufzuweisen, so wird es uns jetzt, wo wir von der Gefahr der Überhebung reden, umso leichter. Wir wissen Alle, wie schmal die Grenze ist zwischen Zufriedenheit und Selbstzufriedenheit, zwischen Genugtuung und Eitelkeit, zwischen dem, was wir Lebensgefühl nannten, und unwahrer Einbildung, und wie leicht und mitunter fast bewusstlos wir diese Grenze passieren. Das ist dann jedes Mal die Überhebung, von der Paulus redet. Statt dass wir den innern und äussern Frieden, den wir erlangt haben, oder die Freude an unserm eigenen Schaffen oder die großen Eindrücke, die von andersher kommen, *rein* auf uns wirken lassen, als Mittel, die uns kräftigen und fördern sollen, stellen wir uns selbst breit in die Mitte, wir lassen es uns wohl sein, wie man wohl zu sagen pflegt, und damit werden sie uns geradezu zu Gefahren, wie es Paulus sehr richtig empfunden hat. Die Überhebung, die wir uns leisten, wird dann unmittelbar zu einem *Herunterrutschen auf die tierische Stufe des Lebens*, die sich dadurch auszeichnet, dass der Lebensinhalt oder die Seligkeit im eigenen Wohlsein gesucht wird.

Und nun wollen wir anhand dieser Beobachtungen des Paulus gleich den ersten Punkt feststellen, auf den es für uns ankommt, wenn uns die Frage: Wie komme ich dazu? zu schaffen macht. Der erste Punkt ist eine Gegenfrage, und sie lautet: *Was suchst du? Gott oder dich selbst?* Wir haben gesehen: Seligkeit und unselige Überhebung, Leben aus Gott und geistliche Eigensucht liegen sehr nahe beieinander. Hast du dir den Unterschied zwischen Beiden schon überlegt? Könnte es nicht sein, dass das Hindernis, das dich von der Seligkeit trennt, keineswegs dein starker oder schwacher Wille, deine vielen oder wenigen Gedanken sind, wie du meinst, sondern deine zu wenig geöffneten Augen, die dich Gott und das Leben nicht recht erkennen lassen, die dich zu dem Irrtum veranlassen, das sei die Seligkeit, wenn es dir wohl sei? Ja, wenn's das ist, dann kannst du noch lange suchen. Du kannst dann die höchsten Offenbarungen oder Zufriedenheiten, Satisfaktionen und Lebensgefühle gehabt haben, das hilft dir in diesem Fall gar nichts, weil du sie missverstehst. Noch einmal: Was suchst du, wenn du die Seligkeit suchst? Gott oder dich selbst? Das Rechtsein oder das Wohlsein? Wenn es das Letztere ist, dann musst du dir erst von Gott die Augen auftun lassen.

✻   ✻   ✻

Und nun wollen wir gleich einen Schritt weiter gehen und sehen, wie Gott das macht… *Auf dass ich mich nicht der hohen Offenbarungen überhebe, ist mir gegeben ein Pfahl ins Fleisch, nämlich des Satanas Engel, der mich mit Fäusten schlage, auf dass ich mich nicht überhebe. Daher ich dreimal dem Herrn gefleht habe, dass er von mir wiche, und er hat zu mir gesagt: Lass dir an meiner Gnade genügen!* Ich sage: Da sehen wir, wie Gott uns die Augen öffnet und was er uns dann zeigt.

Zunächst ist's klar, dass der «Pfahl im Fleisch», von dem Paulus hier redet, eine leibliche Krankheit bedeutet, unter der er offenbar nicht andauernd, aber zu gewissen Zeiten gelitten haben muss. Man[8] hat diese Stelle mit andern aus den Briefen des Paulus verglichen, in denen von seinem Gesundheitszustand die Rede ist,[9] und hat interessante Untersuchungen darüber angestellt, welcher Art diese Krankheit gewesen sein möchte.[10] Wir interessieren uns hier mehr für die

[8] Das Wort scheint im Original falsch geschrieben.

[9] Vgl. bes. Gal. 4,14.

[10] Besonders ausführlich beschäftigte sich Heinrich August Wilhelm Meyer in seinem Kommentar mit der Übersetzung und den «zum Theil sehr wunderlichen Erklärungsversuchen» von 2.Kor. 12,7 und kam zu dem Schluss,

innere als für die äußere Seite der Sache und lassen darum jene Frage
auf sich beruhen. Soviel ist klar: Paulus hat zu Zeiten schwer gelitten
und er war geneigt, dieses Leiden nicht bloß als ein lästiges, aber na-
türlich-notwendiges Übel zu verstehen, sondern er schreibt es einem
Angriff des Reiches der Finsternis gegen ihn und sein Werk zu, er
redet davon als von einem Engel des Satan, der zu ihm gesandt sei, um
ihn mit Fäusten zu schlagen. Wir müssen zum Verständnis dieser Äußerung an das Vorhergehende denken. Paulus hat die hohe Offenbarung erlebt, diese Offenbarung ist ihm, wir wissen nicht in welchem
Maße, zur Versuchung geworden, sich selbst in den Mittelpunkt zu
stellen, wahrscheinlich ohne dass er dessen gewahr wurde, gerade wie
es uns auch geht. Da kommt in dies selige Leben plötzlich etwas ganz
Anderes störend herein. Jenes leibliche Übel macht sich bemerkbar,
ihm ist es, wie wenn ihm ein Pfahl, ein Dorn, ein Stachel ins Fleisch
getrieben würde, den er nun nicht mehr loswerden kann. Ein Angriff
des Bösen, ein Werk des Abgrunds muss dies Übel sein, denkt er. Wie
könnte es anders sein? Ist er nicht der Mann Gottes, durch den Gott
unter den Menschen wirkt, ist er nicht im dritten Himmel gewesen?
Also ist das Übel, das *ihn* jetzt trifft, ein Angriff, ein Unrecht, eine
Beleidigung gegen *Gott*, eine gottwidrige Empörung im Reiche der
Natur. Achten wir darauf, wie *wir* uns zu derartigen Störungen in
unserm Leben verhalten, so werden wir uns in diesem Bild leicht wiedererkennen. Wir wissen das doch: jene großen, schönen Momente in
unserm Leben, die Momente der Zufriedenheit, der Satisfaktion, des

«dass Paulus irgend ein schmerzvolles leibliches Übel an sich trug, welches ihm
als vom Satan zugefügt erschien. [...] Weiter gehende Vermuthungen gerathen
in's Blaue hinein» (H. A. W. Meyer, *Kritisch exegetisches Handbuch über den
zweiten Brief an die Korinther* [KEK 6], Göttingen 1862⁴, S. 305.307; vgl.
a.a.O., S. 301–307). Meyer hat bis hin zur gegenwärtigen Kommentierung des
Verses «die wesentlichen Auslegungsmodelle [...] vorweggenommen»
(Fr. W. Horn, *Die Kommentierung des 2. Korintherbriefes in ‚Meyers Kommentar‘*, in: *Der zweite Korintherbrief. Literarische Gestalt – historische Situation – theologische Argumentation*, FS D.-A. Koch, hrsg. von D. Sänger,
Göttingen 2012, S. 84–103, dort S. 100). Vgl. auch W. Bousset, *Der zweite
Brief an die Korinther*, in: SNT 2: *Die Briefe. Die johanneischen Schriften*,
Göttingen 1907, S. 141–190, dort S. 186: «Paulus war demnach Epilepti-
ker.» – Die Kommentare von Meyer und Bousset finden sich in der Bibliothek
Karl Barths.

Lebensgefühls sind vergänglich. Sie sind auf unsrer Lebensreise eigentlich bloß schöne Inseln, die spärlich genug gesät sind und die wir bald wieder verlassen müssen. Und dazwischen liegt das weite, graue Meer, das alle möglichen Unfälle und Zwischenfälle in sich birgt. Was machen wir mit diesen Zwischenfällen? Nicht wahr, es liegt uns sehr nahe, vielleicht nicht gerade an Wirkungen des Satan, aber im Grunde doch dasselbe zu denken wie Paulus, nämlich: das ist etwas ganz Unerhörtes, dass *mir* so etwas passieren kann. Wir nehmen das Übel nicht als das, was es ist, sondern als ein himmelschreiendes Unrecht, als etwas Queres, Unnatürliches, Lebenswidriges. Wir standen doch eben so fest und so hoch innerlich. Ist es nicht eine klägliche Zerstörung, wenn nun durch Krankheit oder andres Unglück unsre innere Stärke und Höhe zerschmettert wird? Ist es nicht auch ein Unrecht gegen *Gott*, was *uns* da passiert? *Muss* Gott uns nicht helfen, dem wir doch vorher so nahe waren? Vielleicht haben wir dann auch schon getan, was dort Paulus tat, er sagt: ich habe *dreimal den Herrn gebeten*, dass das Übel von mir wiche. Und wir wollen gleich hinzunehmen, was zwar nicht wörtlich dasteht, was aber aus dem Ganzen deutlich hervorgeht: das Gebet des Paulus um Erlösung von seinem Übel ist *nicht* erhört worden. Wir bitten etwas von Gott, und Gott gibt es uns *nicht*. Die peinliche Störung und Verwüstung unsres Lebens *bleibt*. Was geschieht nun? Wir stehen hier vor dem großen kritischen Wendepunkt, an dem sich das Schicksal unsres innern Lebens entscheidet. *Entweder* wir verrennen uns nun in den Gedanken: Gott *muss* mir helfen; ich stehe ihm zu nahe, als dass diese Störung und Verwirrung, an der ich jetzt leide, sein endgiltiger Wille sein könnte. Wenn Gott in der Welt herrscht und nicht das Böse, dann muss es mir gut gehen, denn ich habe immer das Gute gewollt. |

Wir wollen diesen Weg nicht gehen; denn er führt uns mit absoluter Sicherheit ins Dickicht. Warum? Weil ein solches Gebet im Grunde kein Gebet ist, es mag so eifrig und dringend sein, als es will. Denn beten heißt Gott suchen, heißt seinen Willen suchen und sich im Kampf mit sich selbst diesem Willen ein- und unterordnen. Wenn wir dagegen denken und beten: Gott muss mir helfen, dann kämpfen wir nicht gegen uns selbst, sondern gegen Gott, dann denken und beten wir: *mein* Wille geschehe, dann hört unser Gebet auf, Gebet zu sein, es wird zu einem Selbstgespräch, durch das wir uns wohl auf kurze Zeit etwas Trost suggerieren können, das uns aber keine Hilfe bringt. Paulus ist schließlich den *andern* Weg gegangen. Auch nicht von vornherein. Er hat dreimal gebetet, erzählt er, und offenbar zuerst auch in dem Sinn: Gott *muss* mir mein Übel abnehmen! *Mein* Wille geschehe! Und sein Wille geschah *nicht, trotz* seines Gebetes. Aber nun ist eine Verwandlung vor sich gegangen in ihm. Er hat innerlich eine unendlich weite Strecke zurückgelegt, von einem Pol des innern Lebens zum andern, könnte man sagen. Es war genau die Strecke, die zwischen seinem Willen und dem Willen Gottes lag. Und auf dem Punkte, an dem er nun angelangt ist, heißt es nicht mehr: Herr, lass das Übel von wir weichen, sondern: Herr, ich lasse mir *an deiner Gnade genügen*.

Wir müssen uns genau vergegenwärtigen, was sich da ereignet hat und was sich da in uns ereignet, wenn wir diesen, den guten Weg gehen oder besser: geführt werden. Was ist dann das, was da in uns gestört und wohl auch verwüstet wird, wenn wir einen «Pfahl ins Fleisch» bekommen, wie Paulus sagt, d. h. wenn irgend ein leibliches oder geistiges Übel schwererer Art uns trifft? Wir sind, wie gesagt, sehr schnell bereit zu sagen, unser Innerstes, Wertvollstes, unser eigentliches Leben werde da gestört. Das zeigt sich dann darin, dass wir z. B. erklären, das Leben mache uns jetzt keine Freude mehr, wir hätten es satt und dergleichen. Dazu braucht es manchmal noch gar keine gewaltigen Schicksalsschläge; es ist vielleicht mehr als eins unter uns, das sich an Stunden zu erinnern wüsste, wo es durch ein Zahnweh nicht nur aus der Ruhe, sondern sehr ernsthaft aus der Seelenruhe gebracht wurde. Das ist sicher: in solchen Stunden zeigt es sich, wo wir selbst unser Innerstes, Bestes, unsre Seele haben, nicht nach unsern Worten und theoretischen Überzeugungen, sondern in Tat und Wahrheit. Wenn die Freude am Wohlsein unsrer Person heimlich der Mittelpunkt unsres innern Lebens war, dann kommt jetzt das Übel über uns wie eine Katastrophe, denn es nimmt uns gerade dieses Wohlsein. Wenn uns jene Verwechslung passiert ist zwischen Gott und uns selbst, dann meinen wir wohl auch im Übel einen Angriff des Bösen, ein himmelschreiendes Unrecht zu erkennen, denn zweifellos richtet sich das Übel direkt gegen uns. Und Gott erhört unser Gebet um Befreiung nicht. Warum nicht? Weil sich gerade durch dies Dableiben des Übels, wie es Paulus erfahren hat, der heilsame Prozess an uns vollzieht, den wir nötig haben. Würde es uns weggenommen, dann wäre es in der Tat bloß eine Störung gewesen. Wir würden uns dann wieder aufrichten und denken: jetzt ist mir wieder wohl und Alles ist gut und ich bin auch gut. So aber bleibt es und ist nicht bloß eine Störung, sondern eine Zerstörung. Was wird zerstört? Wir denken, es sei unsre kostbare Seele, und fragen entrüstet, wie Gott das zulassen könne. In Wirklichkeit ist es all das Gestrüpp wie Selbstzufriedenheit, Eitelkeit und Einbildung, das sich in den guten Tagen in uns angesammelt hat. Mit dem Wohlsein, das uns in den Zeiten der Gottesnähe erfüllte und das uns nachher zur Hauptsache wurde, ist es vorbei. Das Ich, das sich feierlich auf den Thron Gottes gesetzt hat, wird langsam, aber sicher heruntergedrängt, wir haben keine Freude mehr an uns selbst. Und nun weist uns das Übel mit starker Hand hin auf das, was übrig bleibt, auf das, was nicht zerstört werden kann wie unser Wohlsein und unsre Freude an uns selbst. Je gründlicher wir hier verletzt werden, desto dringender werden wir genötigt, uns auf das Andre zu besinnen. Und damit wandern wir von einem Pol zum Andern. So ist's Paulus ergangen. Er lernte aufmerken auf das, was übrig blieb in ihm selber, nachdem ihm Alles Andre verleidet war. Und das, was da übrig blieb in ihm selbst, war die *Gnade.* |

Dies Wort hatte für ihn einen sehr bestimmten Sinn. Die Gnade Gottes ist es, die den Menschen zu einem *rechten* Menschen macht, die ihn befreit von der Willkür und Knechtschaft seiner Triebe und Neigungen und die sein Leben verwandelt in ein Leben des Gehorsams und der Liebe. Diese heilsame Gnade war dem Paulus erschienen in der Person Christi. Im Bilde des Gekreuzigten hatte sie ihn angefasst als eine Macht, als ein Faktor von unvergleichlicher Kraft und Realität. Jene Verwandlung der Willkür in Gehorsam, der Selbstsucht in Liebe, sie hatte in ihm angefangen, er verkündete sie den Andern als das Beste und Schönste, was es gebe. Aber der alte Mensch, der Ichmensch war auch noch da und wirkte auch mit Kraft und auch mit Realität, oft mit größerer als der Christusmensch. Zwei Seelen wohnten in seiner Brust, wie er es einmal ergreifend geschildert hat.[11] Da kommt ihm sein großes Leid zu Hilfe und verleidet ihm jenen Ichmenschen, *dass es eine Art hatte*, und nun ist der Sieg da. Nun hat der

[11] Vgl. Röm. 7,15.19; vgl. auch J. W. von Goethe, *Faust I*, V. 1112 (Vor dem Tor).

Christusmensch das Übergewicht. Lass dir an meiner Gnade genügen! Halte dich an das, was übrig bleibt, an die Wirkung des gekreuzigten Christus in dir, an das *Rechte,* das dir in ihm geschenkt wurde, an das noch so kleine Licht von reinem Gottesgehorsam und reiner Menschenliebe, das sein Feuer in dir angezündet hat. *Hier* sind die starken Wurzeln deiner Kraft. Hier ist das Leben. Ja und nun seht, meine Freunde, auf diese Gnade dürfen wir auch rekurrieren und wir müssen darauf rekurrieren, wenn es gut kommen soll. Wenn der alte Mensch zerstäubt, wird der neue wach.[12] Er braucht bloß wach zu werden, die Gnade ist da, sie schlummert verborgen in uns. In unsrer Taufe ist es uns Allen versichert worden, dass wir unter der Wirkung Christi stehen dürfen. Es ist da kein Einziges unter uns, in dem nicht ein kleiner Anfang des Christusmenschen, ein kleiner Anfang von göttlicher Gerechtigkeit, von dem Gehorsam und der Liebe Christi lebte. Es braucht bloß wach zu werden. Lass dir daran genügen. Zieh dich darauf zurück, und wenn es noch so spärlich und bescheiden wäre. Das sei das Zweite, was wir heute festhalten wollen: *Der feste Punkt, auf den wir uns stellen müssen, ist das kleine Gebiet in uns, das mit unserm Ich nichts zu tun hat, das kleine Stück unbedingter Herrschaft Gottes,* das (verborgen und mit Gestrüpp bedeckt vielleicht) in jedem von uns aufgerichtet ist. Halt dich daran mit aller Macht. Alles Andre, und wären es Entzückungen bis in den dritten Himmel, sind dem gegenüber wertlos.

❊   ❊   ❊

Und nun müssen wir darauf achten, wie uns durch diese *kopernikanische* Umkehrung der Betrachtungsweise das Konzept und die Maßstäbe für unser Leben verändert werden. Wir sind immer wieder geneigt, die Gottesnähe oder das wahre Leben in solchen starken,

---

[12] Vgl. die in der Weimarer Ausgabe seiner Werke überlieferte, ungeachtet ihrer dann umstrittenen Herkunft im 19. und zu Beginn des 20. Jahrhunderts vielzitierte vorletzte Strophe zu J. W. von Goethes Gedicht «Selige Sehnsucht» (Erstdruck: 1819; vgl. Weimarer Ausgabe I/6, 1888, S. 372f.; in späteren Ausgaben in der Regel nicht abgedruckt):
Lange hab ich mich gesträubt / Endlich gab ich nach!
Wenn der alte Mensch zerstäubt, / Wird der neue wach!

freudigen, innern Zuständen und Momenten zu suchen, wie wir sie geschildert haben. So ist es gewiss auch Paulus ergangen. Ja, nun tut sich uns ein ganz neues Gesichtsfeld auf. Gewiss sind jene Momente und Zustände etwas Großes und Schönes. Aber wer verbürgt uns, dass sie nicht vergiftet sind oder nur zu geschwind vergiftet werden können durch jene Neigung unsres Ichmenschen zur Selbstzufriedenheit, zur Eitelkeit, zur Einbildung? Wenn wir auf Gottes wirksame Gnade rekurrieren, dann wird das anders, wenn wir im Gehorsam und in der Liebe Christi das Leben gefunden, dann ist das Ich ausgeschaltet, denn mit beiden hat dies Ich nichts zu schaffen.

Dann haben wir aber vor Allem die gewaltige Lebensgewissheit: *meine Kraft ist in den Schwachen mächtig.* Wir sagten es ja schon. Die Zeiten der Schwachheit, des Dunkels, der Trübsal sind im Leben der meisten Menschen viel ausgedehnter und wirksamer als die Zeiten jener sogenannten Höhepunkte. Kann es da etwas Größeres geben, als dass wir wissen dürfen, was Paulus wusste, wozu er sich in heißem Kampf durchrang: *Wenn ich schwach bin, so bin ich stark?* Warum stark? Weil wir dann auf den unerschütterlichen Grund des Lebens zurückgedrängt werden, wo es nicht mehr heißt: *Ich* muss selig sein, *mir* muss es innerlich wohl sein, *ich* muss von Gott mit hohen, freudigen Empfindungen und Gefühlen erfreut werden, sondern *Gott* muss regieren, *sein* Wille muss in mir zur Erfüllung kommen, *sein* Reich muss in mir und durch mich aufgerichtet werden; wo es nicht mehr heißt: auf *mich* kommt's an, *ich* muss allerlei Zufriedenheiten und Satisfaktionen und Lebensgefühle an mir erfahren, *ich* bin der Mann, sondern: ich muss *lieben*, ich bin schlechterdings für den Andern da, ich muss leuchten in meiner kleinen Ecke, und Alles, was mir Schönes und Großes innerlich geschenkt wird, ist dazu nur ein Mittel. Dieser unerschütterliche Lebensgrund ist die Kraft Christi, die unaufhaltsam wirkt. Sie schlummert einen Dornröschenschlaf in uns, sie muss erwachen, und sie erwacht, wenn der alte Mensch zerstäubt, wenn uns das Reich genommen wird, da Fried und Freude lacht,[13] wenn wir schwach sind. Und ich wiederhole es: diese Gnade Gottes in

---

[13] Vgl. aus Strophe 3 des Liedes «Wie soll ich dich empfangen» von P. Gerhardt (RG 367; EG 11):

Als mir das Reich genommen, / wo Fried und Freude lacht,
bist du, mein Heil, gekommen / und hast mich froh gemacht.

der Kraft Christi, die du in dir trägst, mag so spärlich und bescheiden und unbeholfen sein als möglich, sie ist tatsächlich mächtiger als ein ganzer Scheffel voll Lebenskraft oder Gottesbewusstsein, das doch nur ein feines Gewand unsres Ichmenschen ist. Denn wenn ich mit Menschen- und mit Engelzungen redete und hätte die Gnade nicht, die in der Liebe wirksam ist, so wäre ich ein tönend Erz oder eine klingende Schelle [vgl. 1.Kor. 13,1]. Wir dürfen es getrost wiederholen, was Paulus in seiner kräftigen, paradoxen Art gesagt hat: *ich will mich am allerliebsten rühmen meiner Schwachheit*, und: *ich bin guten Muts in Schwachheiten, in Schmach, in Nöten, in Verfolgungen, in Ängsten.* Denn wenn wir schwach sind und wenn wir das wissen, dann werden wir von Gottes gewaltiger Hand reduziert auf das Eine, was not ist. Dann erwacht die Kraft Christi und wohnt bei uns, dann sind wir stark, wie Paulus stark gewesen ist, nicht trotz seines Leidens, sondern weil ihn das Leiden den Weg von sich selbst zu Gott führte.

Wollen wir nun *noch* fragen: Wie komme ich dazu? Wie komme ich zu einem rechten, seligen Leben, wie es mir im Spiegelbild anderer Menschen als leuchtendes Ziel vor die Augen getreten ist? Sieh, wenn du so fragst, so zeigt das, dass du es bis jetzt am falschen Ort gesucht und deshalb, wie es recht ist, am falschen Ort nicht gefunden hast. Sei du froh über dieses Resultat. Es gibt nichts Befreienderes als die Entdeckung, dass einem alle Wege verrannt sind. Jesus hat die Hungernden und Sehnsüchtigen und Fragenden selig gesprochen, nicht die Satten oder Halbsatten. Denn das sind die, die reif sind für das selige Leben, weil ihr alter Mensch mit all seinen Einbildungen reduziert ist, je näher dem Nullpunkt, desto besser, und in denen nun der neue Mensch erwachen kann. Wenn du schwach bist, so bist du stark.

Du klagst über deinen schwachen Willen, der so unbestimmt ist und kein Ziel recht zu ergreifen vermag. Sieh, damit hat Gott dir viel Eigenmächtigkeit und Borniertheit erspart, zu denen du einen starken Willen brauchen würdest, wenn du ihn hättest. Halte dich an den Gehorsam Christi, der auch in dir schlummert, in den kleinen, täglichen Dingen zuerst; tritt nur einmal hinüber auf den andern Pol deines Wesens; jener Gehorsam wird wachsen, wenn er einmal erwacht ist, und du wirst in deiner Schwäche stärker sein als ein Napoleon mit all seinem Willen.

Du klagst umgekehrt über deinen zu starken Willen, der so starr und steif auf ungute Dinge gerichtet ist. Du empfindest diese Stärke mit Recht als eine Schwäche. Aber sieh, gerade mit dieser Schwachheit wirst du auf einen Nullpunkt geführt, wie es dem jungen trotzigen Paulus vor Damaskus gegangen ist [vgl. Act. 9,8f.]. Dein Wille musste so starr und steif sein, damit dir das Ungute ebenso starr und steif verleidet werde, damit du lernest, die Hand ausstrecken wie ein willenloses Kind nach der Liebe Christi, die wirkliche Stärke ist.

Du sagst: ich denke zuviel, und aus dem vielen Denken kommen die Zweifel. Ja, lieber Freund, du *musst* eben zweifeln, du *musst* unsicher sein; denn weil du unsicher bist, verlangst du nach der Wahrheit, und nur wenn du jetzt unsicher bist, wirst du zur Wahrheit gelangen, während die Sichern, auf diesem oder jenem Grund stehenden, wie man zu sagen pflegt, sehr oft der Wahrheit am Fernsten sind.

Und du sagst: ich denke zu wenig, ich komme nicht nach, ich vermag es nicht zu fassen, was man mir von allen Seiten sagt. Ja, bei dir steht's eben umgekehrt. In deiner Gedankenschwachheit liegt eine Lebenskraft verborgen, die manchem Professor fehlt. Du bist mit deiner Art an die kindlich-schlichte Unterwerfung *gegen* Gott gewiesen, dessen Stimme in deinem Innern auch du zu fassen vermagst.

Ja, wie kommen wir dazu?, liebe Freunde. Nicht indem wir auf unsre Stärke, auf die Höhe unsres innern Lebens pochen, nicht indem wir auf hohe Freudenoffenbarungen in unserm Innern warten. Beides ist schön und groß, und wir wollen dankbar sein, wenn es uns zuteilwird. Aber der Weg zum Leben ist ein anderer. Wir kommen dazu, indem wir unsre Schwachheiten, unsre Hindernisse nicht abschütteln und nicht ignorieren, sondern ihnen auf den Grund gehen und die Gnade entdecken und ergreifen, die darin gerade für uns verborgen ist.

Wenn ich auch gar nichts fühle
Von deiner Macht,
Du bringst mich doch zum Ziele
Auch durch die Nacht.[14]

---

[14] Aus Strophe 3 des Liedes «So nimm denn meine Hände» von J. Hausmann (RG 695; EG 376 [dort jeweils «gleich» statt «gar» und «führst» statt «bringst»]).

Ja, *gerade* durch die Nacht kommen wir zum Ziele. Denn unsre Schwachheiten sind nicht Angriffe des Bösen, sondern durch sie zerstört der lebendige Gott unsern alten Menschen und seine Interessen und Illusionen, und wenn das geschehen ist, fängt das Regiment der Gnade an, unter dem wir frei sind von uns selbst, um frei zu sein zum Wirken für das Rechte.

Wenn wir schwach sind, sind wir stark.

Und wir kommen dazu, indem wir danach fragen.

Amen.

Lieder:

Nr. 43: «Morgenglanz der Ewigkeit» von Chr. Knorr von Rosenroth, Strophen 1–3 (RG 572; EG 450)

Nr. 289: «Nicht menschlicher Rat» von A. Knapp, Strophen 1.4.5

Nr. 281: «Fortgekämpft und fortgerungen» von J. K. Lavater, Strophen 1.7.8 (RG 691)

Lesungstext: Ps. 42–43

Matthäus 5,3

Selig sind, die da geistlich arm sind; denn ihrer ist das Himmelreich.

Meine Freunde!

Man hat oft versucht auszumalen, wie es wäre, wenn Jesus in unsre heutige Welt wiederkäme und was er zu uns und unsern Verhältnissen sagen würde. Meistens hat man dabei den Nachdruck darauf gelegt, dass da die Unzähligen, die sich heute «Christen» nennen, merken würden, wie lax ihr christliches Gewissen und wie lau ihr christlicher Glaube sei. Man hat hingewiesen auf den krassen Gegensatz zwischen der formlosen Weltlichkeit der allermeisten Christen und dem unerbittlichen Ernst der sittlichen Forderungen Jesu. Dieser Gegensatz war schon die Grundidee von *Sören Kierkegaard*, der um die Mitte des vorigen Jahrhunderts die kirchlichen Gläubigen Dänemarks und dann auch Deutschlands durch ein unangenehm deutliches Entweder-Oder aufschreckte.[1] Und vor 10–12 Jahren hat das Büchlein eines Amerikaners, wenn ich nicht irre, namens *Sheldon*, betitelt «In den Fußstapfen Jesu»[2], auch bei uns großes Aufsehen erregt. Es schildert sehr anschaulich in Form einer Erzählung aus dem Großstadtleben, wie es zugehen würde, wenn einmal auch nur eine Hand voll Menschen in ihrem Denken und Tun Ernst machen würden mit der Frage: Was würde Jesus an meiner Stelle tun? Auch da war die Meinung die, dass sich bei dieser Frage ein himmelweiter Unterschied auftun würde zwischen dem Denken und Leben der sogenannten Christen und dem

---

[1] [S. Kierkegaard], *Enten – Eller. Et Livs-Fragment*, udgivet af V. Eremita, 2 Teile, Kopenhagen 1843; eine deutsche Übersetzung erschien erstmals 1885: *Entweder – Oder. Ein Lebensfragment, hrsg. von V. Eremita (S. Kierkegaard)*, 2 Teile, Leipzig 1885.

[2] Ch. M. Sheldon, *In His Steps: What Would Jesus Do?*, New York 1896, dt.: *In seinen Fußtapfen. Was würde Jesus thun?*, übers. von E. Pfannkuche, Göttingen 1900; schon 1911 vielfach wiederabgedruckt und bis heute weltweit in 30 Millionen Exemplaren verbreitet.

Denken und Leben eines wirklichen Jüngers Jesu. Wir hören da, wie ein reicher Kaufmann, ein Zeitungsredakteur, eine vornehme Dame, auch ein Pfarrer und andere Leute sich diese Frage zum Grundsatz ihres täglichen Handelns machen, wir hören, wie sie dadurch in die erstaunlichsten Konflikte mit den Menschen ihrer Umgebung kommen, die doch auch Christen zu sein meinen, und wie es sich darin zeigt, dass jener christliche Grundsatz im größten Gegensatz steht zu dem landesüblichen allgemeinen Auch-Christentum. Wir hören aber auch, wie eine solche Denk- und Handlungsweise wirken müsste auf die Menschen wie der Sauerteig im Mehl [vgl. Mt. 13,33]. Es wird erzählt, wie das öffentliche und private Leben einer ganzen Stadt davon ergriffen wird und wie daraus der Anfang eines nicht bloß gedachten und gewünschten, sondern sichtbaren und greifbaren Reiches Gottes auf Erden entsteht.

Das sind tapfere und das sind wichtige Gedanken, meine Freunde. Es steht in der Tat so, dass die Nachfolge Jesu entweder eine Veränderung, ja, eine Revolution unsres Lebens bedeutet, oder sie bedeutet gar nichts. Ein Christentum, das bloß in der sonntäglichen Erbauung eines christlichen innern Lebens bestehen wollte und nicht in der werktäglichen Erbauung eines christlichen äußern Lebens, wäre kein Christentum. Aber wenn wir den Sinn dieser Revolution recht verstehen wollen, dann müssen wir doch tiefer graben, als es in jenem sehr lesenswerten und anregenden Büchlein von *Sheldon* geschieht. Dort werden der Kaufmann, der Redakteur, die vornehme Dame, der Pfarrer, der Arbeiter, die Waschfrau vor die Frage geführt: Was würde Jesus an meiner Stelle tun? Und dabei entdecken sie dann, dass wirkliches Christentum und ihr bisheriges weltliches Leben total verschiedene Dinge sind. Das ist gut. Aber ich weiß nicht, ob ich den eigentümlich englisch-amerikanischen Geist dieser Schrift nicht verstehe, wenn ich der Meinung bin, etwas Anderes wäre noch besser und dringender, nämlich dass einmal nicht bloß die sogenannten weltlichen Christen, die Auch-Christen oder wie man die große Menge, für die Kierkegaard so böse Worte hat, nennen mag, sondern die wirklichen, die frommen Christen vor die Frage gestellt würden: Was würde Jesus dazu sagen? Zu unsrer christlichen Frömmigkeit? Zu unserm innern und äußern Leben? Zu unsrem Gemeinschafts- und Kirchenwesen? Zu unsrer christlichen Pflichterfüllung am Alltag? Zu unsrer christlichen Wohltätigkeit? Wohlverstanden, ich rede jetzt nicht von oberflächlicher, äußerlicher Frömmigkeit, sondern von der rechten und aufrichtigen. Ich rede von Menschen, die in irgend einem Sinn Jesu Gebote gehört haben und bemüht sind, ihnen nachzuleben, vielleicht nicht mit der Energie, wie jener Amerikaner sie beschreibt, aber doch in der gleichen Richtung, und die in solchem Leben im Geist Jesu einen wachsenden, wertvollen innern Besitz gefunden haben. Ich hoffe, in diesem Sinn gehören wir Alle zu den aufrichtigen, rechten, bewussten Frommen. Aber was würde Jesus dazu sagen?

Es sind uns Worte von ihm erhalten, die sind geeignet, im Leben gerade der aufrichtigen Frommen noch ganz andere Revolutionen hervorzubringen als jene Veränderungen im Weltleben der Auch-Christen und Namenchristen. Zu diesen Worten gehört die erste Se-ligpreisung der Bergpredigt, die wir eben gehört haben. *Selig sind, die da geistlich arm sind.* Das heißt nicht: Selig sind die Beschränkten und Unwissenden!, auch nicht: Selig sind die Reinen!, wie man etwa schon hat auslegen wollen,[3] sondern, ob es uns gefällt oder nicht: *Selig sind, die wissen, dass sie nicht fromm sind!* Ich meine, wenn wir uns vor ein solches Wort Jesu stellen, merken wir, dass zwischen ihm und uns bewussten Christen vielleicht ein ebenso großer Gegensatz besteht wie[4] zwischen ihm und den oberflächlichen Auch-Christen, ja, wer weiß, ob sich nicht das ganze Verhältnis umkehrt, ob nicht jene an die erste Stelle rücken und wir an die zweite. Auf alle Fälle werden wir

[3] Vgl. etwa J. O. Thieß, *Das Neue Testament oder die heiligen Bücher der Christen. Neu übersetzt mit einer durchaus anwendbaren Erklärung*, Bd. I: *Matthäus*, Leipzig / Gera 1794[2], S. 155: «Das sind, sagt er zuerst, ‹die arm am Geiste sind, Menschen, deren Geist bis dahin nicht sehr bearbeitet worden ist, die nicht viele Kenntnisse, auch von der Religion, nach dem hergebrachten Lehrbegriffe nämlich, erlangt haben [...]›»; R. Falke, *Buddha – Mohammed – Christus: ein Vergleich der drei Persönlichkeiten und ihrer Religionen*, Teil 2: *Vergleich der drei Religionen*, Gütersloh 1897, S. 29: «Zahllos sind seine Kinder. Es sind die geistlich Armen, die Leidtragenden, die Sanftmütigen, die da hungern und dürsten nach Gerechtigkeit, die Barmherzigen, die reines Herzens sind, die Friedfertigen, die um seinetwillen Verfolgten. Alle diese bilden sein Reich auf Erden; sie tragen dasselbe inwendig in sich. Für den Reichen ist es schwer hineinzukommen, man muß es annehmen wie ein Kind. Den kindlich Reinen, den Unmündigen offenbart er sich am liebsten, aber den Klugen und Weisen verbirgt er sich.»
[4] Mskr.: doppeltes «wie» am Ende und Beginn einer Zeile.

angesichts eines solchen Wortes gerade mit unserer bewussten, aufrichtigen Frömmigkeit vor eine Frage gestellt, die weit tiefgehender und schwerer ist als die Frage, ob unser äußeres Leben im Beruf und im Verkehr mit den Menschen Jesusmäßiger Art sei. Ich will's versuchen, diese Frage an einigen Beispielen klar zu machen.

Ihr erinnert euch an das Calvinjubiläum, das vor zwei Jahren hier gefeiert wurde.[5] Und ihr erinnert euch an die Protestbewegung gegen die Enzyklika des Papstes im vergangenen Sommer.[6] Beides waren Anlässe, bei denen es zum Ausdruck kam, dass Unzählige freudig und bewusst auf ihr protestantisches Christentum etwas halten. Wir brauchen uns jetzt nicht dabei aufzuhalten, dass allerlei Phrase und Mache hier wie dort dabei war. Es besteht doch kein Zweifel, dass im einen wie im andern Fall ein Kern von aufrichtigem, frommem Enthusiasmus zum Vorschein kam. Aber ich will jetzt nur einmal die *Frage* aufstellen: Was würden alle diese aufrichtigen und bewussten Protes-

[5] Vom 2. bis 7. Juli 1909 fanden in Genf Feierlichkeiten anlässlich des 400. Geburtstags Johannes Calvins statt. Vgl. *Les Jubilés de Genève en 1909*, fasc. 1–3, Genf 1909; M. Sallmann, *Reformatoren und Heilige als Brennpunkte konfessioneller Gedächtniskulturen: Martin Luther, Karl Borromäus und Johannes Calvin im Vergleich*, in: Schweizerische Zeitschrift für Religions- und Kulturgeschichte, Jg. 103 (2009), S. 99–116, dort S. 111–114.

[6] Die 300. Wiederkehr der Heiligsprechung von Karl Borromäus hatte Papst Pius X. 1910 zum Anlass genommen, die antimodernistische Enzyklika «Editae saepe» zu erlassen, die sog. «Borromäus-Enzyklika», in der die Reformation als Wurzel des Modernismus gebrandmarkt und die Reformatoren als «Feinde des Kreuzes Christi» und Menschen «mit irdischer Gesinnung, deren Gott der Bauch war», bezeichnet wurden. Die Proteste vor allem in Deutschland gegen diese Enzyklika waren nach dem Bekanntwerden solcher Auszüge so groß, dass von der Veröffentlichung einer amtlichen deutschen Übersetzung abgesehen wurde (lat. Text: AAS 2 [1910], S. 357–380). Insgesamt nicht im selben Ausmaß kam es auch in der Schweiz, und hier vor allem in Genf, zu Protestkundgebungen und polemischen Reaktionen wie der des Dogmatikers und Pastors an St. Pierre, Georges Fulliquet (1863–1940), der am 24. Juni 1910 einen Vortrag vor über 2000 Zuhörern hielt; vgl. M. Delgado, *Die Borromäus-Enzyklika «Editae saepe» Pius' X. vom 26. Mai 1910 und die Folgen*, in: *Karl Borromäus und die katholische Reform. Akten des Freiburger Symposiums zur 400. Wiederkehr der Heiligsprechung des Schutzpatrons der katholischen Schweiz*, hrsg. von M. Delgado / M. Ries (Studien zur christlichen Religions- und Kulturgeschichte, 13), Freiburg/CH / Stuttgart 2010, S. 340–362, dort bes. S. 353f.

tanten gesagt haben, wenn jetzt plötzlich Jesus unter sie getreten wäre mit dem Wort: Selig sind, die da geistlich arm sind! Selig sind, die wissen, dass sie nicht fromm sind! Ob man wohl getrosten Gewissens dies Wort über unsre Aufrufe und Resolutionen hätte schreiben können? – Oder denkt an eine Evangelisationsversammlung[7], wie ihr sie wohl Alle schon mitgemacht habt. Da sind auf der einen Seite die Getreuen und Überzeugten, die nun mit dem Neuen Testament in der Hand bemüht sind, die Andern, die Nicht-Überzeugten, die «Ungläubigen», wie man wohl zu sagen pflegt, herüberzuziehen. Denkt euch, Jesus käme in eine solche Versammlung und würde das eine Wort sprechen: Selig sind, die da geistlich arm sind. Ja, da ist doch mindestens Anlass zu *fragen*: Auf welcher Seite steht er nun, auf Seite der «Gläubigen», die wissen, dass sie fromm sind, oder auf Seite der «Ungläubigen», die wissen, dass sie nicht fromm sind?

Oder da ist ein Mann, der sein ganzes Leben irgend einem guten Werk gewidmet hat. Er will nicht da sein, um sein Brot zu verdienen, sondern er will dem Herrn dienen, vielleicht an der Jugend, vielleicht an den Armen, vielleicht an den Trinkern. Wenn irgend einer bewusst mit der Frömmigkeit praktischen Ernst macht, so ist er's. Und nun träte Jesus zu ihm und sagte ihm: Selig sind, die da geistlich arm sind! Was dann? Ich will die Frage nicht beantworten, aber ich stelle sie.

Oder ich will einmal mich selbst als Beispiel nehmen. Ich sitze an meinem Schreibtisch und studiere ein gutes Buch. Ich spüre es förmlich, wie ich daran wachse und zunehme, ich sehe Dinge, ich begreife Zusammenhänge, die ich vorher nicht gesehen und begriffen. Ich merke, wie sich über alledem ein gewisser Reichtum nicht nur an guten Gedanken, sondern an Leben in mir sammelt. Sagte ich nicht eben Reichtum? Und wenn nun plötzlich Jesus zu mir käme und sagte das Eine zu mir: Selig sind, die da geistlich arm sind. Was würde ich ihm antworten?

[7] Insgesamt waren Evangelisationen oder ähnliche Veranstaltungen in der damaligen Schweiz ein weit verbreitetes Phänomen; speziell in Genf war vom 27. Oktober bis 6. November 1910 der Missionsprediger Ludwig Henrichs im Rahmen einer Evangelisationswoche aufgetreten (vgl. V.u.kl.A. 1909–1914, S. 219f.222). Kurz bevor standen die Vorträge John Motts in der Schweiz, zu denen Barth Stellung nahm in: K. Barth, *John Mott und die christliche Studentenbewegung* (1911), in: a.a.O., S. 266–284; ders., *Vorträge von John Mott* (1911), in: a.a.O., S. 285–287.

Oder nehmen wir als Beispiel uns Alle, wie wir hier versammelt sind. Wir sind dabei, uns zu «erbauen», wie man das wohl zu nennen pflegt. Wir möchten hier durch Singen und Beten und Anhören des Wortes eine Art religiöser Nahrung zu uns nehmen, oder ein kleines Stück Gold, das wir dann während der Arbeit und Sorge der Woche ausmünzen möchten. Das gelingt uns nicht immer, vielleicht gehen wir öfters leer aus als befriedigt; aber wir wollen einmal annehmen, es gelingt uns. Irgend ein richtiger Gedanke oder ein tiefes Gefühl hat uns ergriffen. Du sagst zur Nachbarin: Heute habe ich etwas bekommen und genommen, und erfüllt davon gehst du zur Tür hinaus. Aber unter der Türe begegnet dir Jesus und sagt wieder nur das Eine: Selig sind, die da geistlich arm sind! Ja, ist das nicht gerade das Gegenteil von der Erbauung, daran du dich jetzt freust?

Ich wollte mit dem Allem zunächst nur sagen, dass es nicht nur bei dem Leben und Treiben der sogenannten Weltleute, sondern auch bei unserm Besten, bei unsrer Frömmigkeit, mindestens ein gewisses Befremden, einen dunklen Gegensatz gibt, wenn wir mit der Frage: Was würde Jesus dazu sagen? daran herantreten. Und ihr werdet mit dem einverstanden sein, was ich sagte, dass es wichtig und dringend ist, zu fragen, was würde Jesus zu meinem Tun und Denken im Bureau und in der Werkstatt, im Gesellschaftszimmer und in der Küche sagen, dass es aber noch dringender und noch wichtiger ist, zu fragen: was sagt er zu meinen aufrichtig frommen und erhabenen Augenblicken, überhaupt zu der kleinen oder großen Seite in unserm Wesen, die wir Gott zugewendet haben, zu dem spärlichen oder reichlichen Besitz an geistlichem Leben, den wir gesucht und gefunden haben? Er sagt dazu: Selig sind, die da geistlich arm sind. Wir müssen merken und verstehen, warum uns das gegen den Strich geht und warum es doch wahr ist. Und die *zweite Revolution*, die es bei diesem Merken und Verstehen Jesus gegenüber dann gibt, wird sich als gründlicher und folgenschwerer erweisen als irgend eine andre.

*　*　*

Zuerst wollen wir sehen, warum uns dies Wort: Selig sind, die da geistlich arm sind, gegen den Strich geht. Wir würden sagen: Selig sind, die da geistlich reich sind. Gerade das sagten die aufrichtigen Frommen zur Zeit Jesu auch. Und diese aufrichtigen Frommen der damaligen Zeit waren die berühmten *Pharisäer*. Es ist über diese Pharisäer in unzähligen christlichen Predigten viel Böses gesagt worden. Wir sind es vom Schulunterricht her gewöhnt, von ihnen zu denken und zu reden als von einer Bande von ausgemachten Muckern und Heuchlern. Es hat sogar einen gewissen Reiz zu beobachten, wie manche Christen zu den Pharisäern des Neuen Testaments akkurat dieselbe Stellung einnehmen, wie der Pharisäer im Tempel zum Zöllner [vgl. Lk. 18,9–14]: Gott, ich danke dir, dass ich kein Dieb und Mörder bin und auch kein Pharisäer. In Wirklichkeit steht die Sache so, dass weitaus die meisten aufrichtigen Frommen unsrer Zeit damals höchst wahrscheinlich zu den Pharisäern gehört hätten. Pharisäer heißt nämlich auf Deutsch einfach «*die Eifrigen*»[8], und der Eifer dieser Leute war so wenig wie der Eifer der Frommen von heutzutage ohne Weiteres Heuchelei. Sondern sie waren mit aufrichtigem Fleiß dabei, Alles zu tun, was ein frommer Mensch tun muss. Sie standen innerlich unter dem Eindruck der gewaltigen Notwendigkeit, dass der Mensch Gott irgendwie gehorchen müsse. Und gerade wie es in jenem amerikanischen Büchlein in christlichem Sinn geschieht, so betonten sie in ihrem Sinn: der Gehorsam gegen Gott müsse ein Gehorsam des täglichen Lebens sein. Und so schnürten sie selbst ihr ganzes Dasein ein in ein Netzwerk von hunderterlei großen und kleinen Geboten über die Reinheit, über den Sabbat, über das Gebet, über das Almosengeben. Ein richtiger Pharisäer konnte kaum einen Schritt tun oder eine Hand rühren, ohne an die Beobachtung dieses oder jenes Gottesgebotes zu denken. Und das war nicht bloß ein schöner Grundsatz, sondern da waren wirklich zahlreiche Menschen – nicht bloß Schriftgelehrte, wie wir leicht denken, sondern Leute aus verschiedenen Berufsarten –, die solche richtigen Pharisäer waren und ihr Leben mit peinlichster Gewissenhaftigkeit danach einrichteten. Ich erinnerte eben an die Schrift von *Sheldon*[9]. |

---

[8] Dahinter steht im Manuskript ein nachträglich mit Bleistift eingefügtes Fragezeichen, das die hier gebotene Übersetzung zurecht in Frage stellt: Das im Hebräischen für Pharisäer gebrauchte Wort *peruschim* wird im Deutschen gewöhnlich mit «die Abgesonderten» übersetzt.

[9] Vgl. Anm. 2.

Es besteht da aber noch eine weitere Ähnlichkeit. Auch die Pharisäer, die Eifrigen zur Zeit Jesu, hatten für ihr Tun noch einen andern Grund als den Gedanken, dass der Mensch Gott gehorchen müsse. Auch sie machten sich folgende Überlegung: Wenn einmal ganz Israel so leben wird wie wir, dann ist das Reich Gottes nicht mehr bloß ein schöner Wunsch, sondern dann wird es eine sichtbare, greifbare Wirklichkeit. Und darum sind wir, die jetzt so eifrig tun, was das Gesetz befiehlt, der hoffnungsvolle Anfang des sichtbaren Gottesreiches, eine schöne Insel inmitten der bösen Welt. Ja, ich wiederhole es: die Grundsätze der Pharisäer, die Stimmungen und Hoffnungen, die sie dabei bewegten, waren etwas durchaus Ernsthaftes und Aufrichtiges, und gerade wenn wir auch gern aufrichtig fromm sein möchten, haben wir gar keinen Anlass, schnell zu sagen: Ich bin kein Pharisäer!, sondern wir tun besser, uns zu überlegen, wie weit etwa *unsre* Grundsätze und Stimmungen mit denen jener Leute verwandt sein möchten. Gewiss, es kommt uns heute merkwürdig vor, dass die Frömmigkeit in korrektem Gehorsam gegen Gebote über das Händewaschen, über die Arbeitsruhe am Sonntag, über das Verzehnten des Besitzes und dergleichen bestehen soll. Wir sind auch sehr schnell bereit, über Alle, deren Christentum sich unter Anderem in dergleichen äußern Dingen ausdrückt, z. B. im regelmäßigen Kirchenbesuch, den Stab zu brechen. Insofern sind wir gewiss keine Pharisäer. Aber dieser Unterschied ist gar nicht so wesentlich, als wir leicht denken. Wenn wir sagen: Gottlob, ich bin kein Pharisäer und kein Pietist, und denken dabei an solche Dinge, so sind wir selbst viel äußerlicher, als wir meinen. Sondern das Wesen des Pharisäers besteht darin, dass er Folgendes denkt: *1.* ich tue, was recht ist, *2.* wenn einmal alle Menschen tun würden wie ich, dann wäre die Welt in Ordnung, *3.* weil noch nicht alle Menschen so tun wie ich, so bin ich mit meinem Tun der hoffnungsvolle Anfang einer bessern Welt. Ich denke, in diesem Spiegel können wir uns Alle mit unsrer Frömmigkeit, unsrer *aufrichtigen* Frömmigkeit, meine ich, wiedererkennen. Es können sich sogar solche darin wiedererkennen, deren Religion in dem berühmten Grundsatz besteht: Tue recht und scheue niemand![10] |

---

[10] Sprichwort, das sich bereits im 17. Jahrhundert als eine von 100 «Lebensregeln» findet, «die jeder Christ, der sich des heiligen Nachtmahls würdiglich

Wir denken auch: *1. Ich tue, was recht ist.* In der verschiedensten Weise. Der Erste sagt: Ich bin ein guter Protestant und stehe zu meiner Sache. Der Zweite sagt: Ich habe den rechten alten Glauben und weiche nicht davon. Der Dritte sagt: Ich bin ein braver, brauchbarer Mann, ich denke fast gar nicht an mich und fast nur an die Andern. Der Vierte sagt: Ich bin gescheit und mache mir über Gott und Welt meine eigenen, tiefen Gedanken. Der Fünfte sagt: Ich arbeite den ganzen Tag und verdiene ehrlich und redlich mein Brot. Wir denken aber auch: *2. Die Welt wäre bald in Ordnung,* wenn einmal Alle so wären wie ich. Es gibt nichts Naheliegenderes und Beseligenderes für uns, wenn wir einmal angefangen haben, Gott oder unserm Gewissen, oder wie wir's nennen wollen, zu gehorchen, als dieser Gedanke: Wären nur Alle wie ich. Dabei teilen sich die Menschen in Pessimisten und Optimisten. Auch unter den *alten* Pharisäern hat es beiderlei gegeben. Die Einen denken es mürrisch und verdrießlich: Ach, leider Gottes, es geht krumm mit der Welt; es sind eben nicht alle wie ich. Besonders unter alten Leuten ist diese Klasse reichlich vertreten. Die Andern, die Optimisten, in der Regel wohl die Jungen, denken: Die Welt muss aber *werden* wie ich! und gehen dann mit ihren Ideen und Lehren und Unternehmungen ins Zeug, um die Welt in Ordnung zu bringen. Und weil wir so denken, denken wir wie die alten Pharisäer auch: *3. Ich bin der erfreuliche Anfang einer bessern Welt.* Mag Alles um mich herum erbärmlich und schlecht und langweilig sein – ich stehe fest wie der Fels im Meer, denken wir. Ich rage mit meinem innern Besitz über die Dutzendköpfe der großen Menge heraus. Ich bin etwas Anderes, Besseres als sie. Ich bin ein Wellenbrecher des heiligen Geistes oder des Fortschritts inmitten eines argen Geschlechts.

gebraucht, zu sorgfältiger Fortsetzung seines Glaubens und Lebens stets vor Augen haben muß»: «Fürchte Gott, thue recht, scheue niemand – was kann dir der Staub thun?» (J. Rittmeyer, *Himmlisches Freudenmahl. Ein Communionbuch von J. Rittmeyer, P. zu Helmstädt, † 1698,* aufs neue hrsg. von T. Siegmund [= Ph. Räthjen], Leipzig [1860]², S. 246.254). Vgl. auch Fr. Schiller, *Wilhelm Tell,* dritter Aufzug, erste Szene: «Mir soll sein böser Wille nicht viel schaden, / Ich tue recht, und scheue keinen Feind.» Kurz nach dieser Predigt entstand: K. Barth, *Tue recht und scheue niemand! (Keine Abhandlung, aber sonst zum Nachdenken),* in: Gemeinde-Blatt für die Deutsche reformierte Gemeinde Genf, Jg. 7, Nr. 42 (9.3.1911), S. 1–3; V.u.kl.A. 1909–1914, S. 288–292.

44

Meine Freunde, wenn das die eigentlichen Kennzeichen des Pharisäers sind, und es sind sie, dann werden doch wohl wenige von uns den Mut haben zu behaupten: Ich gehöre ganz und gar nicht zu dieser Gesellschaft. Von mir selbst müsste ich wenigstens bekennen, dass ich öfter dazu als nicht dazu gehöre. Und darum meinte ich: Wir würden wie die alten Pharisäer sagen: Selig sind, die da geistlich reich sind, selig sind, die das Rechte tun und niemand scheuen, die gute Überzeugungen und Grundsätze haben und danach tun. Selig sind die Frommen, die Gesinnungstüchtigen, die Ehrenmänner, die Gemeinnützigen, die Tiefsinnigen, die moralisch Gebildeten. In alle diese Gedanken hinein, die den Meisten von uns wohl gar nicht pharisäisch vorkommen, weil sie uns fast so selbstverständlich sind wie die Luft, kommt nun das Wort Jesu: Selig sind, die da geistlich arm sind! hinein wie ein Klang aus einer andern Welt. Er trifft uns umso erstaunlicher und befremdender, als wir ja mit unsrer Frömmigkeit und Tüchtigkeit bereits in der andern, bessern Welt zu sein glaubten. Wir sind ja nicht mehr leichtsinnig und oberflächlich, nicht mehr faul und genusssüchtig, sondern wir tun, was recht ist, und haben das zugehörige Bewusstsein davon. Und nun werden uns auf einmal alle Maßstäbe umgekehrt und es heißt: Selig sind, die da geistlich arm sind. Wenn wir an diesem Wort noch nie Anstoß genommen haben, dann sind wir uns selbst und dem Evangelium Jesu noch nicht auf den Grund gekommen.

*   *   *

Wir wollen jetzt sehen, wie Jesus dies Wort gemeint hat und warum er doch Recht hat. Jesus hat unter den Menschen seiner Zeit und seiner Umgebung Leute gesehen, die waren schlechterdings nicht fromm, deren inneres und äußeres Leben war das direkte Gegenteil von dem aufrichtigen Eifer der Pharisäer. Das waren die Leute, die aus irgend einem Grund Alles das oder das Meiste von dem nicht tun konnten, was damals als das Tun eines frommen Menschen galt. Da waren zunächst ganz einfach die äußerlich Armen, deren ganzes Leben darauf gerichtet sein musste, ihr spärliches Brot zu verdienen. Ja, unter solchen Umständen war es wohl schwer oder unmöglich, die minutiösen Vorschriften z. B. über den Sabbat innezuhalten. Da waren überhaupt die kleinen, vielbeschäftigten Leute. Wo sollten [sie] die Muße und

Stimmung hernehmen zu den umständlichen Reinigungen und Gebeten und Fastenübungen, wie das Gesetz und seine Auslegungen sie von einem gläubigen Israeliten forderten? Da waren aber auch besser situierte Leute wie die besonders berühmt gewordenen Zollbeamten, israelitische Leute, die im Dienste des verhassten römischen Oberherrn und seiner fürstlichen Vasallen standen und schon dadurch verdächtig waren, denen es überdies erst recht unmöglich sein musste, das Gesetz innezuhalten, wie es sich gebührte, kamen sie doch durch ihr Amt beständig in Berührung mit den für unrein gehaltenen Heiden und waren außer Stande, das alle Tage wieder in der vorgeschriebenen Weise gutzumachen. Weiter waren da die Samariter, ein unter den Juden lebendes halbjüdisches Volk, die zwar denselben Gott verehren wollten wie Israel; aber von den Gottesdiensten im Tempel zu Jerusalem wollten sie nichts wissen.[11] So gab's eine ganze Menschenklasse in Israel, die der rechten Frömmigkeit einfach fernstand, und wenn wir die gewiss Unzähligen hinzunehmen, die sich zwar bemühten, Eifrige zu sein, die aber im täglichen Leben der Fülle von göttlichen Geboten einfach nicht nachkommen konnten, so können wir sagen, dass wahrscheinlich die ungeheure Mehrzahl im Lande zu dieser Klasse gehörte. Die Frommen aber, die Pharisäer, hatten für diese Mehrzahl der Unfrommen einen bezeichnenden Ausdruck; sie nannten sie «den großen Haufen, der nichts vom Gesetz weiß». Und es ist uns überliefert, dass es unter ihnen üblich war, noch deutlicher davorzusetzen: «*Verflucht* ist der große Haufe, der nichts vom Gesetz weiß» [vgl. Joh. 7,49]. Das bedeutete wohl weniger, wie es nach unsrem Sprachgebrauch klingt, dass sie sie geradezu hassten, wohl aber, dass sie aus der beträchtlichen Höhe ihres geistlichen Reichtums, ihrer rechtschaffenen Frömmigkeit, mit großem Bedauern und tiefer Geringschätzung auf jene geistlich Armen herunterblickten.[12] |

[11] Die Samaritaner bilden eine sich auf den Pentateuch berufende Religionsgemeinschaft, die sich dadurch von den Juden abgrenzt, dass einerseits die Prophetenbücher und die weiteren späten Bücher der jüdischen Bibel für sie nicht verbindlich sind und andererseits als Heiliger Berg nicht der Zion, sondern der Berg Garizim bei Nablus/Sichem gilt (vgl. Joh. 4,20; vgl. auch unten, S. 339f.).

[12] Das mit ὄχλος hier gemeinte hebräische 'Am ha-Areṣ «verkörpert als Schlagwort im Munde der Pharisäer die breite Masse bzw. die ihr entstam-

Solche geistlich Armen stehen auch uns Pharisäern von heutzutage gegenüber. Es gibt Unzählige, die stehen alledem, was wir Frömmigkeit, gute Gesinnung, bürgerliche Ehrbarkeit und Brauchbarkeit, religiöse und moralische Bildung nennen, gegenüber mit dem stillen Gefühl: ja, das Alles ist wohl recht schön, aber das ist nichts für mich. Es hat mir diese Woche jemand gesagt: ich habe keine Zeit für die Religion. Das mag manchmal eine Ausrede sein, aber ich glaube, in vielen Fällen ist etwas dahinter. Schon ganz äußerlich: eine Hausfrau, die keine Magd halten kann, hat es z. B. schwer, am Sonntag für die Kirche frei zu werden. Nun kann man sich ja auch zu Hause gute Gedanken machen, aber nicht wahr, es ist oft eine schwere Sache, sich inmitten der dringenden Angelegenheiten des Lebens die Muße und Stimmung dazu zu bewahren? Unter Unzähligen sind die recht spärlich gesät, die es verstehen, sich durch Lektüre der Bibel oder anderer guter Bücher zu erbauen. Besondere gute Werke zur Fürsorge für die Andern, Gedanken und Arbeit für die Mission und dergleichen, das ist etwas für die, welche Zeit und Vermögen haben. So ist da ein ganzes Heer, deren Besitz an innerem Leben, an guter Gesinnung, an Ewigkeitsgedanken auf ein verschwindend kleines Maß zusammengeht. Sie können nicht sagen, wie wir Pharisäer: ich tue, was recht ist, denn sie wissen, dass sie nichts besonders Gutes und Rechtes tun, sondern nur, was nötig ist. Sie können nicht sagen: wären nur Alle wie Ich, sie denken vielmehr: gottlob, dass es Leute gibt, die sich um Alles das kümmern, worum ich mich nicht kümmern kann; sie werden schon Recht haben. Sie können auch nicht auf die Meinung kommen: ich gehöre zur geistigen Crème der Gesellschaft, sondern sie wissen, dass sie am Schwanz marschieren, und sind froh, wenn sie ohne größere Unfälle gerade so durch das Leben in dieser Welt hindurchkommen.

menden Einzelpersonen, die in ihrer Lebenshaltung dem nomistischen Ideal von der Heiligung des gesamten Lebens nicht entsprachen», und drückt an dieser Stelle – abweichend vom ursprünglichen Gebrauch in der rabbinischen Literatur – «nicht nur ein religiöses Urteil […], sondern zugleich auch soziale Verachtung» aus (R. Meyer, Art. «ὄχλος D. Der neutestamentliche Sprachgebrauch», in: ThWNT V, S. 585–590, dort S. 589f.). Vgl. auch H. A. W. Meyer, *Kritisch exegetisches Handbuch über das Evangelium des Johannes* (KEK 2), Göttingen 1862⁴, S. 271, der zur Stelle von der «gränzenlosen Verachtung des Jüdischen Gelehrtenstolzes gegen die ungelehrte Menge» spricht.

Es sind auch bei uns gar nicht bloß finanziell Arme, sondern Leute aus allen Klassen irgendwie in diesem Fall. Und wir Andern mit unsern «höhern Interessen» irgendwelcher Art denken dann auch gerne: das ist eben der große Haufe, das sind die «Viel zu Vielen», wie Nietzsche sagte,[13] das sind die Gleichgiltigen, die Oberflächlichen, die Langweiligen, die Unnützen und Unerfreulichen. Zum Glück gehöre ich nicht dazu, denken wir.

Und nun kommt Jesus und sagte heute, wie er's damals gesagt hat, nicht von den Pharisäern, nicht von uns, sondern von all diesem Volk: *Selig sind sie, denn ihrer ist das Himmelreich!* Selig sind sie, denn zu ihnen kann das Reich Gottes kommen, nicht trotzdem, sondern *weil* sie geistlich arm sind. Was hat Jesus an diesen Leuten gefunden, dass er so Großes von ihnen sagen kann? Wir müssen vor Allem antworten, dass er etwas *nicht* bei ihnen gefunden hat, und das ist das Selbstbewusstsein, das Ichgefühl, das in den meisten Menschen nicht verschwindet, sondern erst recht erwacht, wenn sie sich zu Frömmigkeit und guter Gesinnung, zu höhern Interessen erheben. Das kann sonderbar erscheinen, denn wir denken, dies höhere Leben bestehe so recht eigentlich in der Überwindung von allem Egoismus. Das ist auch wohl wahr. Der Mensch weiß auf dieser Stufe, dass er nicht vom Brot allein lebt [vgl. Mt. 4,4], der Blick eröffnet sich ihm auf die Genüsse des geistigen Lebens, zu diesen Genüssen gehört es dann auch, dass er ein soziales Wesen sein darf, dass er arbeitend eingreifen darf in die große Maschinerie der menschlichen Gesellschaft. Der sinnliche Egoismus des natürlichen Menschen scheint in der Tat beseitigt. Und doch ist er's tatsächlich noch nicht; er lauert auf dieser höhern Stufe in einer höhern, gefährlicheren Form als das Selbstbewusstsein der Frömmigkeit und Gesinnungstüchtigkeit. Das Bild der alten und neuen Pharisäer zeigt uns diese gefährlichere, weil verhüllte Form des Egoismus. Ihr habt vielleicht beachtet, welche Rolle bei der Schilde-

---

[13] Vgl. Fr. Nietzsche, *Also sprach Zarathustra. Ein Buch für Alle und Keinen*, Sämtliche Werke. Kritische Studienausgabe in 15 Bänden, hrsg. von G. Colli / M. Montinari, Bd. 4, München / Berlin 1999, S. 226f.: «Ach! Immer sind ihrer nur wenige, deren Herz einen langen Mut und Übermut hat; und solchen bleibt auch der Geist geduldsam. Der Rest aber ist *feige*. Der Rest: das sind immer die Allermeisten, der Alltag, der Überfluß, die Viel-zu-Vielen – diese alle sind feige!» Vgl. auch a.a.O., S. 55.62.91.

rung, die wir machten, das Wörtlein *Ich* spielte: *Ich* tue, was recht ist, täten nur Alle wie *Ich, Ich* bin die schöne Insel im Meer der bösen Welt!! Ich, Ich, Ich! Und dieses Ich des Frommen und des braven Mannes ist vom Reiche Gottes unendlich viel ferner als der naive Egoismus des zweifelichen[14] Menschen, der einen Tag um den Andern verlebt um seines Brotes willen. Denn es ist wohl gut, wenn ich tue, was recht ist, aber wenn ich nun darum *weiß*, wenn ich betone: *Ich* tue, was recht ist, dann ist das das Zeichen, dass mir im Grunde das Tun des Rechten das Zweitwichtige ist, oder vielmehr: dass es für mich nur das Relief bildet, von dem sich die Trefflichkeit *meiner* Person vorteilhaft abheben soll. Und darunter leidet dann das Tun des *Rechten*. Das sah man bei den alten Pharisäern. Sie taten, was Gottes Gebote befehlen, aber sie wussten auch: *wir* sind die, die Gottes Gebote erfüllen, und darüber wurde ihre Gerechtigkeit vor Gott im Nu zur Ungerechtigkeit. Denn weil es ihnen bei ihrem ganzen Gottesdienst mehr auf sich selbst ankam als auf Gott, machte es ihnen keine Beschwerde, neben der exaktesten Pflichterfüllung hart und lieblos gegen Witwen und Waisen zu sein. Und gerade so geht es uns auch. Das Bewusstsein: *ich* bin der fromme, tüchtige, brauchbare, fortgeschrittene Mann vergiftet unsre besten Grundsätze. Unsre Arbeit wird dadurch zur Routine, unsre Ideen werden zu wertlosen Halluzinationen, unsre Gefühle zu inhaltlosen Spielereien. Und darum ist Jesus mit Recht der Meinung gewesen: Selig sind Alle die, die aus guten Gründen nicht sagen können: *Ich* tue das Rechte. Die sind dem Himmelreich ganz nahe. Denn denen fehlt jenes Ichgefühl, das das größte Hindernis ist für das Himmelreich. Gewiss, sie stecken tief in Oberflächlichkeit und Gedankenlosigkeit, und diesen Zustand wollte Jesus weder bestätigen noch beschönigen, aber durch diesen Zustand ist ihnen auch all die innere Gloriole genommen, mit der wir unser besseres Ich so gern umgeben und durch die wir nur weiter vom Ziel kommen. Sie sind davon weg und zurückgedrängt auf ein, fast möchte ich sagen, unbewusstes Tun des Rechten. Was ist göttlicher, das Tun eines amerikanischen Milliardärs, der am Ende seines Lebens sein Vermögen an gemeinnützige Werke vergibt, oder das Tun einer alten Frau, die mir sagte: ich bin jetzt 70 Jahre alt, ich hätte es nicht mehr absolut nötig zu arbeiten, aber ich *muss* arbei-

---

[14] Althochdeutsch für: «zweifelnd», «voller Zweifel».

ten, ich könnte nicht anders? Was ist göttlicher, das innere Leben eines aufrichtig frommen Menschen, der täglich bewusst mit Gott verkehrt und redet, oder die reine Liebe und Anhänglichkeit zueinander, die ich bei einem Ehepaar in einem Hinterhof angetroffen habe, das seine Jugendliebe um ein halbes Jahrhundert hinter sich hat? Ist da Frömmigkeit? Ist da tüchtige Gesinnung? Ist da irgend etwas Hervorragendes? Nein, aber da ist das Himmelreich.

Weiter mag es wohl in einem Sinn wahr sein, dass es gut wäre, wenn Alle Menschen «geistlich reich» wären wie wir. Das ist wahr, wenn Gott es sagt. Du bist fromm, du bist brav, du bist tiefsinnig, du bist dies und das. Wenn etwas an diesen Qualitäten ist, dann ist es allerdings Gottes Wille, dass alle Menschen so werden wie du. Aber wenn du selbst das sagst: Wären nur Alle wie ich!, dann gibst du dich einer erbärmlichen Illusion hin. Du verwechselst dann das, was Gott in dir wirkt, mit dir selber. Du wirst dann, wie wir sahen, entweder ein grämlicher Pessimist, der immer denkt: *Mein* Licht scheint in der Finsternis, und die Finsternis hat es nicht begriffen [vgl. Joh. 1,5]. Oder du wirst ein oberflächlicher Optimist, der meint, es werde schon Alles gut kommen dadurch, dass du den Mund auftust. Beides fließt aus derselben Einbildung, als ob es in der Welt auf unsre kleinen Persönchen ankomme und nicht auf Gott. Die, welche wissen: ich bin *nicht* fromm, ich bin *nicht* brav, ich bin *nicht* tiefsinnig, sind auch hier der Wahrheit näher. Man kann da beobachten, dass Leute, die von Lebensphilosophie gar nichts wissen, denen das *Wort* «Gott» vielleicht seit ihrer Konfirmation nicht mehr über die Lippen gekommen ist, tatsächlich die großartigere, und ich sage ausdrücklich: tatsächlich die *frommere* Weltanschauung haben als die Philosophen und die Frommen. Sie wissen: auf mich kommt es nicht an, gottlob gibt es bessere Leute als ich, sie wissen: die Welt kann es ohne mich machen, ich bin in der ganzen Maschine ein sehr kleines, unbedeutendes Rad, das auch fehlen könnte. Aber wenn wir die Sache mit den Augen Gottes übersehen könnten, würden wir merken, dass die Welt es doch nicht ohne sie machen könnte; denn das kleine Rad läuft, der Schuhmacher und die Waschfrau tun ihre Pflicht, ohne links noch rechts zu sehen. Sie haben keine Gesinnungen und keine Ideen dabei, sie tun nichts besonders Hervorragendes damit, sie sind geistlich arm, daran besteht kein Zweifel; aber ihrer ist das Himmelreich, sie *sind* Gottesmenschen, weil sie wissen, dass sie es nicht sind.

Und endlich mag es wohl nach dem Urteil Gottes richtig sein, dass die Frommen, die innerlich Lebendigen, der Anfang einer bessern, höhern Menschheit sind. Aber wir gehören nur dazu, wenn wir nach unsrem eigenen Urteil nicht dazu gehören. Denn zu einem rechten göttlichen Leben gehört unweigerlich der Fortschritt; wir hören aber auf fortzuschreiten, sobald wir den Wahn haben, dass wir zur Elite der Menschheit gehören. Es ist schon manches Menschen Leben innerlich daran zu Grunde gegangen, dass er nicht mehr merkte, dass Andere ihm gehörig überlegen seien. Ja, dieser Elitewahnsinn war die Mauer, die schon die alten Pharisäer von Jesus trennte. Bei den «geistlich Armen» wird man ihm nicht begegnen, sie haben ja keinen Anlass dazu. Im Gegenteil: das sind die Menschen, die ganz aufs Empfangen von Andern angewiesen sind. Sie leben geistig auch nicht von der Luft, sondern von dem Wenigen, was ihnen zugänglich ist. Aber die Beobachtung ist schon oft gemacht worden, wie gerade diese Enterbten des geistigen Lebens sich das Wenige, was sie in der Schule, aus Büchern, aus Predigten oder Zeitungen erfasst haben, verarbeiten in einer Weise, wovon wir Andern, Besitzenden keine Ahnung haben. Und es wird uns aus dieser natürlichen Empfänglichkeit deutlich, warum Jesus von diesem großen Haufen der Unfrommen reden konnte als von den Hungernden und Dürstenden nach Gerechtigkeit [vgl. Mt. 5,6], ja, als von den Stürmern und Drängern, die das Himmelreich mit Gewalt an sich reißen [vgl. Mt. 11,12]. Selig sind sie, sagt er, sie sind geistlich arm, aber weil sie geistlich arm sind, ist ihrer das Himmelreich.

*   *   *

Was wir gesagt haben, waren doch nur Andeutungen über die ungeheure Veränderung aller Begriffe, die durch dies Wort Jesu vollzogen wird. Aber was sollen *wir* dazu sagen? Ich sagte am Anfang, wir hier gehören wohl in der großen Mehrzahl auf die andre Seite, zu denen, die «geistlich Reiche» zu nennen wären. Denn wir sind in irgend einem Maß bewusste Christen, sonst wären wir wohl nicht hier, wir gehören überhaupt zu denen, die auf einen bestimmten Besitzstand von innerem Leben, von geistigen Gedanken, von frommen und überhaupt außeralltäglichen Gefühlen blicken dürfen. Was sollen wir tun, wenn es nun heißt, und mit Recht heißt: Selig sind, die da geistlich arm sind? Ob es das Beste wäre, alle Kirchen zu schließen, alle Arbeiten für das geistige und leibliche Gemeinwohl einzustellen, alle Bücher zu verbrennen, jeden geistig seiner Wege gehen zu lassen? Das wäre eine wörtliche, aber falsche Auslegung des Wortes Jesu. Denn das würde bedeuten eine Verleugnung und Vernachlässigung des Reichtums – nicht unsres Reichtums –, aber des Reichtums Gottes, dessen Verwalter wir sind an unserm kleinen oder großen Anteil höhern geistlichen Lebens. Der eine Knecht hat fünf Pfunde empfangen, der andre zwei, der dritte eins, mit denen sollen wir arbeiten, und wehe uns, wenn wir sie im Schweißtuch vergraben [vgl. Lk. 19,12–26]. – Wohl aber wollen wir uns die wahre Meinung Jesu mit der ganzen Gewalt, die in seinem Wort liegt, ins Herz schreiben lassen in doppeltem Sinn:

1. Wenn wir uns innerlich reich fühlen, wenn wir etwas besitzen in unserm Innern, wenn wir etwas leisten und ausrichten in der Welt, dann wollen wir uns sagen: Selig sind, die da geistlich arm sind. Das will sagen: *mein* Verdienst ist das Alles, was ich bin und habe, nicht, zu einem rechten Menschen machen mich auch die ausgezeichnetsten Qualitäten noch nicht. Sondern was mich zum rechten Menschen macht, ist das, was ich mit den Armen am Geist gemeinsam habe, die einfache Pflichterfüllung und die einfache Empfänglichkeit. Darum, wenn wir getan haben Alles, was wir zu tun schuldig sind, wollen wir sprechen: wir sind unnütze Knechte [Lk. 17,10]. Denn die Gerechtigkeit des Menschen vor Gott steht nicht im Besitzen, sondern im Erwerben.

2. Wenn die bösen Tage kommen, wenn unser innerer Friede, unsre Freude an uns selbst gestört oder zerstört wird, dann wollen wir dankbar sagen: Selig sind, die da geistlich arm sind. Das ist dann der Fall des kranken Paulus, dessen Gebet nicht erhört wurde [vgl. 2.Kor. 12,8f.[15]], wo wir durch den Untergang unsres innern Reichtums zurückgeführt werden auf das Eine, was not ist [vgl. Lk. 10,42], auf den spärlichen Anfang von Gottesvertrauen und Gottesgehorsam in uns, auf die heilsame Gnade Gottes, die uns in Christus erschienen ist [vgl.

[15] Über diesen Text hatte Barth zwei Wochen zuvor gepredigt (vgl. oben, S. 18–35).

Tit. 2,11]. In diesem spärlichen Anfang ist das Himmelreich für uns Alle, für die geistlich Armen und für die geistlich Reichen.

Amen.

Lieder:

Nr. 25: «Großer Gott, wir loben dich» von I. Franz nach dem «Te Deum laudamus» (4. Jahrhundert), Strophen 1f.7–9 (RG 247, 1f.9–11; EG 331, 1f.9–11 [jeweils mit Textabweichungen])

Nr. 214: «Aus tiefer Not schrei ich zu dir» von M. Luther, Strophen 2f.5 (RG 83; EG 299)

Lesungstext: Jes. 42,1–16

Matthäus 5,4

Selig sind, die da Leid tragen; denn sie sollen getröstet werden.

Liebe Freunde!

Wenn wir die Seligpreisungen verstehen, deren zweite uns heute beschäftigen soll, dann verstehen wir, wer Jesus war, dann verstehen wir das Evangelium[1]. Nietzsche hat bekanntlich von der «Umwertung aller Werte»[2] geredet, die durch den Übermenschen vollzogen werde. Nun, wenn wir die Umwertung aller Werte sehen wollen, die durch Christus in der Welt und durch das Leben in Christus in uns vollzogen wird, dann müssen wir uns seine Seligpreisungen ansehen. Denn nirgends wird es uns so deutlich wie hier, dass unser inneres und äußeres Leben etwas vollständig Anderes, Neues wird, wenn einmal

---

[1] Es folgt ein Satzteil, den Barth dann aber durchgestrichen hat: «oder um mich gelehrt auszudrücken: dann verstehen wir das ‹Wesen des Christentums›» (vgl. A. von Harnack, *Das Wesen des Christentums. Sechzehn Vorlesungen vor Studierenden aller Fakultäten im Wintersemester 1899/1900 an der Universität Berlin gehalten*, Leipzig 1900; kommentierte Neuausgabe: ders., *Das Wesen des Christentums*, hrsg. und kommentiert von Tr. Rendtorff, Gütersloh 1999).

[2] Vgl. etwa Fr. Nietzsche, *Götzen-Dämmerung oder Wie man mit dem Hammer philosophirt*, Sämtliche Werke. Kritische Studienausgabe in 15 Bänden, hrsg. von G. Colli / M. Montinari, Bd. 6, München / Berlin 1999, Bd. 6, S. 55–161, dort S. 101f.: «Das Christenthum, aus jüdischer Wurzel und nur verständlich als Gewächs dieses Bodens, stellt die *Gegenbewegung* gegen jede Moral der Züchtung, der Rasse, des Privilegiums dar: – es ist die *antiarische* Religion par excellence: das Christenthum die Umwerthung aller arischen Werthe, der Sieg der Tschandala-Werthe, das Evangelium den Armen, den Niedrigen gepredigt, der Gesammt-Aufstand alles Niedergetretenen, Elenden, Missrathenen, Schlechtweggekommenen gegen die ‹Rasse› [...]»; ders., *Ecce homo. Wie man wird, was man ist*, a.a.O., S. 255–374, dort S. 365f.: «Aber meine Wahrheit ist *furchtbar*: denn man hiess bisher die *Lüge* Wahrheit. – *Umwerthung aller Werthe*, das ist meine Formel für einen Akt höchster Selbstbesinnung der Menschheit, der in mir Fleisch und Genie geworden ist.»

Christus darin König geworden ist. Vor 14 Tagen stellten wir uns jenes grundlegende Wort vor Augen: «Selig sind, die da geistlich arm sind.»[3] Ich habe unterdessen von verschiedenen Seiten gehört, dass man sich über die Auslegung, die ich diesem Wort gab, aufgehalten hat. Es sei den geistlich Armen zu sehr Recht und den geistlich Reichen zu sehr Unrecht gegeben worden. Vielleicht haben auch Andre diese Empfindung geäußert oder doch im Stillen gehabt, ohne dass es mir zu Ohren gekommen ist. Ich bin froh darüber, wenn es so ist. Denn wenn ich das Wort Jesu so ausgelegt hätte, dass Alle zufrieden mit den Köpfen genickt hätten, dann könnte ich jetzt sicher sein, dass ich es unrichtig ausgelegt habe. Nun sehe ich, dass man widersprochen hat und merke daraus, dass ich der Meinung Jesu wenigstens einigermaßen nahe gekommen bin. Denn es gehört dies Wort zu den Worten Jesu, die wir einfach nicht verstehen, solange wir dabei nicht die Lust verspüren, kräftigen Widerspruch einzulegen. Selig sind, die da geistlich arm sind – heißt: Selig sind, die wissen, dass sie innerlich, an Frömmigkeit und guten Werken nichts oder wenig besitzen. Die sind dem Himmelreich nahe, während die, welche wissen, dass sie etwas oder viel von diesen Dingen besitzen, dem Himmelreich ferne sind. Selbstverständlich muss uns ein solcher Satz ungewohnt und unangenehm vorkommen, er ist mir manchmal auch unangenehm. Und ich sagte bereits, dass dadurch alle unsre Begriffe verändert, alle unsre Lebensmaßstäbe umgekehrt werden. Wo man Jesus recht kennen lernt, ist es anders gar nicht möglich. |

Aber nun ist dies erste «Selig» eigentlich doch bloß die *Überschrift* zu einer Reihe von näher ausführenden Gedanken Jesu, die uns dieselbe Wahrheit ebenso widerspruchsvoll freilich, aber angewandt nach bestimmten einzelnen Seiten vorstellen und die in den nächsten und besonders wieder in der letzten Seligpreisung ausgesprochen sind. Selig sind, die da Leid tragen, hören wir; selig sind die Sanftmütigen, selig sind, die hungert und dürstet nach Gerechtigkeit, dann selig sind, die um Gerechtigkeit willen verfolgt werden. Das sind Alles Leute, denen etwas fehlt. Es fehlt ihnen an äußerem Glück, an Selbstbewusstsein, an Frieden mit Gott, an Frieden mit den Menschen. Aber wir müssen dabei immer an das Erste denken: das Alles sind Leute, die

[3] Siehe oben, Predigt vom 29. Januar 1911 (Nr. 58).

geistlich arm sind. Sie wissen, dass ihnen bei all jenen Dingen nicht bloß dies und das fehlt, sondern Alles: Freude und Kraft und Genugtuung und Mut. Und jedesmal sagt Jesus von ihnen: Selig sind sie!, während wir geneigt wären, jedesmal zu sagen: Selig sind die, die wissen, dass sie Alles das *haben*, was jenen fehlt. Wir wollen nun die verschiedenen Seiten der Sache, die Jesus da angedeutet hat, eine nach der andern vornehmen. Vielleicht rücken wir dabei seinem merkwürdigen Gedanken gegenüber langsam vom Widerspruch zur Wahrheit vor, und vielleicht gelingt es uns, dabei ein tieferes Verständnis zu gewinnen für das Geheimnis seiner Person und für das Geheimnis des Christuslebens, das in uns, den Bürgern seiner Gemeinde, schlummert und dessen Weckung und Entfaltung unser Ziel und unsre Berufung ist.

✳ ✳ ✳

Heute stehen wir vor dem Wort: *Selig sind, die da Leid tragen.* Wenn einer Leid trägt, dann sagt man schon in der Sprache des täglichen Lebens: es fehlt ihm etwas. Und zwar fehlt ihm das, was man in einem vielsinnigen Wort das *Glück* zu nennen pflegt. Es fehlt ihm an Gesundheit, es fehlt ihm an Geld, es fehlt ihm an lieben Menschen. Und wenn uns nun eines von diesen Dingen oder alle durch die Wandlungen des Lebens genommen sind, wenn das Leid um Verlorenes auf uns liegt wie ein schwerer Alp, dann ist es uns wohl allen schon vorgekommen, wer wir auch seien, dass wir uns plötzlich mitten in den Reihen jener «geistlich Armen» befanden, d. h. unter den Menschen, die Gott nur noch ganz von ferne sehen und die zum Leben keine Zuversicht und Freudigkeit mehr haben. Der Zusammenhang zwischen dem Leidtragen und jener Gottes- und Lebensarmut ist ja sehr einfach. Es erhebt sich dazwischen die uralte Menschheitsfrage: *Warum lässt der gute Gott das böse Unglück zu?* Tief im Blut sitzt uns die Vorstellung: wo ein rechtes Leben ist, wo geistlicher Reichtum ist, wo Gott ist, da muss auch das Glück sein. |

Die Anschauungsweise der Pharisäer zur Zeit Jesu kann uns auch diesmal wieder als charakteristisches Beispiel dienen. Sie stellten, wie es die Juden von altersher gern taten, ungefähr folgende Rechnung auf: der gerechte Mensch ist von Gott gesegnet, innerlich und äußerlich, an seinem Glück erkennt man, dass er ein Gerechter, ein Reicher am Geist ist. Wogegen das Unglück eine Strafe Gottes ist, an seinem Unglück erkennt man den Unglücklichen als einen Ungerechten. Nach dieser Theorie kam für sie jener Unterschied zwischen Gerechten und Ungerechten in Israel vielfach hinaus auf den Unterschied zwischen den glücklichen Wohlbehäbigen und den weniger glücklichen untern sozialen Klassen. Reichtum an Geist, an Gerechtigkeit, an Gott und Reichtum an Geld und Glück betrachteten sie zwar nicht direkt als dasselbe, aber doch das zweite als die notwendige Folge des ersten. Und so war ihnen auch die Armut an Geld und Glück die bedauerliche notwendige Folge der Armut an Geist und Gerechtigkeit. Diese Anschauungsweise mag uns sehr steif und hölzern vorkommen, wenn man's so heraussagt, aber wir wollen uns auch diesmal davor hüten, rasch zu sagen: so denken wir nicht. Denn tatsächlich denken wir auch so. Wir können es nach zwei Seiten beobachten, dass es so ist. *Wenn wir glücklich sind*, wenn es uns wohl ist, wenn es uns gut geht, dann machen wir laut oder leise auch folgende Rechnung: Nun ja, das ist ganz in der Ordnung, dass es mir gut geht. Das ist das Zeichen, dass Gott mit mir zufrieden ist oder dass ich ein rechter Mensch bin. Ich bin wohlgesinnt, und darum gehört es sich, dass ich in irgend einem Sinn auch wohlsituiert bin. Und von der andern Seite beobachten wir dieselbe Denkweise an uns, *wenn wir unglücklich sind*. Wie? fragen wir dann. Was habe ich gegen Gott getan, dass es mir jetzt so schlecht geht? Das ist die Frage, die sich notwendig aus jener Theorie vom Glück des Gerechten ergibt. Sie hat schon bei den Israeliten ihre Rolle gespielt. Viele Psalmen und besonders das Buch Hiob geben davon ein ergreifendes Zeugnis. Und sie kommt auch uns immer wieder in die Quere, auch wenn wir noch so gefördert und reif sind. Im Glück fühlen wir uns Gott nahe, im Unglück fühlen wir uns von Gott verlassen. Im Glück kommt uns das Leben schön und sinnvoll vor, im Unglück wird es uns trostlos und rätselhaft. Im Glück reden wir gerne von dem unermüdlichen Streben nach dem Guten um des Guten willen, im Unglück fangen wir an zu rechnen: warum sorgt Gott nicht dafür, dass es mir gut *geht*, wenn ich doch gut zu *sein* mich bemühe? Und so machen wir es genau, wie es in dem Liede heißt:

Du denkst in deiner Drangsalshitze,

Dass du von Gott verlassen seist,
Dass ihm nur der im Schoße sitze,
Den alle Welt für glücklich preist.[4]

So sind wir so gut wie die alten Juden der Meinung: Selig, von Gott begnadet sind die, denen es gut geht, die das Glück haben, und es kommt uns ebenso unerwartet und gegen den Strich wie jenen, wenn wir nun aus dem Munde Jesu hören: *Selig sind, die da Leid tragen.*

*   *   *

Dieser Behauptung müssen wir nun auf den Grund gehen. Jesus begründet sie, indem er hinzufügt: *denn sie sollen getröstet werden.* Das klingt nun für unsre Ohren leicht etwas allgemein, und ich kann mir denken, dass schon mancher Leidtragende, Traurige und Bekümmerte über diesen Spruch hinweggelesen hat mit dem Gefühl: Ja, was sagt mir nun das, Trost? Ich kann mich eben nicht trösten und auch nicht trösten lassen. Das kommt davon, dass das Wort «Trost» in unsrer Sprache vielfach einen abgeschliffenen und völlig unzureichenden Sinn bekommen hat. Man redet von Trost im Unglück, Trost im Sterben, Trost an Gräbern und denkt dabei fast immer nur an etwas Besänftigendes, Glättendes, Beruhigendes gegenüber den hochgehenden Wogen des Schmerzes, der Angst, der Trauer. Man stellt sich den Trost vor so wie eine Art Öl, das zwar den Sturm nicht zum Schweigen bringt, aber doch die Wellen etwas weniger sich rühren lässt, das zwar die Wunden nicht heilt, aber doch den Schmerz für eine Weile zum Schweigen bringt. Gerade wer schon wirkliches Leid durchgemacht, wird sich an die Empfindung erinnern, die er dabei gehabt: Ich mag von diesem Trostöl nichts wissen. Wir werden dabei unter Umständen sogar das lebhafte Gefühl haben: es wäre etwas Kurzsichtiges, Schläfriges, Unwahrhaftiges, Unrechtes, mich jetzt einfach trösten zu lassen, d. h. mein Leid zu vergessen und kurzerhand wieder mehr oder weniger ruhig zu sein.

Ja, was heißt denn das: «Trost» und «trösten»? Wir sagten, das Leid bestehe darin, dass uns irgendwie das Wohlsein und Glück bedroht

[4] Aus Strophe 5 des Liedes «Wer nur den lieben Gott lässt walten» von G. Neumark (GERS 268; mit Textabweichungen: RG 681; EG 369).

oder genommen ist. Dann würde Trost im Allgemeinen bedeuten, dass uns das Fehlende irgendwie *ersetzt* würde. Und eben dieser *Ersatz*, den uns der Trost bieten soll, ist nun die kritische Sache. Man sagt von diesem oder jenem Menschen: er hat sich geschwind getröstet. Das wird bedeuten: er hat zwar Unglück gehabt, er hat etwas verloren, aber er hat für das Verlorene rasch wieder Ersatz gefunden in einem *andern Glück*. Manche Menschen haben die Fähigkeit, sich nach jeder Störung, die ihr Glück trifft, wieder in die Höhe zu richten wie Gummibälle, so dass man sie nach Kurzem wieder herumgehen sieht, flott und froh, als wäre nichts geschehen. Man wird sagen dürfen, dass es beim Trost einem wirklichen Leid gegenüber nicht so zugehen kann, und wir haben wohl alle instinktiv das Gefühl, dass solche Menschen um ihre Fähigkeit nicht zu beneiden sind. Andre haben zwar solche Fähigkeit von Natur nicht, aber sie meinen, das Heil liege darin, dass sie sie sich erwerben. Sie suchen krampfhaft über das Leid hinwegzukommen, sich zu zerstreuen, ihre Gedanken auf andere Dinge zu lenken, Trost in dem und jenem Ersatzglück zu finden. Wir haben auch hier das richtige Gefühl, dass es nicht wohlgetan ist, sich so mit dem Leid abzufinden. Dass es ein richtiges Gefühl ist, wird jeder merken, der selbst im Fall wirklichen schweren Leides ist. Es ist eine faule Sache, wenn man uns da sagt: du hast zwar ein Kind verloren, aber du hast ja noch drei andre, tröste dich! Du bist zwar um dein Vermögen gekommen, aber du kannst ja vom Rest noch genug behaglich leben, tröste dich! Du bist zwar krank, aber du wirst ja gut verpflegt, tröste dich! Es geht dir zwar jetzt seit Jahren schlecht, aber sei nur zufrieden, morgen kommt's vielleicht besser, tröste dich! Das sind so Trostöle, für die sich jeder, der ein wirkliches Leid zu tragen hat, offen oder im Stillen bedanken wird. – |

Aber es gibt noch eine andre Art, uns selber oder andre zu trösten, die ebensowenig zum Ziel führt. Ich meine die Redeweise, das Übel, das uns treffe, sei eben ein *Schicksal*, und es sei das Beste, sich darein zu ergeben. Das Leid sei nun einmal über uns verhängt, und nun heiße es eben still halten. Auch in diesem Fall suchen wir Trost darin, dass wir die Lücke, die das Leid in unser Leben gerissen, so gut es gehen will, auszufüllen suchen durch die Vorstellung einer unwiderstehlichen Macht, in deren Gewalt wir sind. Sich so zu trösten, das war schon der Rat, den die stoischen Philosophen des Altertums den Leidenden gaben,[5] und es ist zu allen Zeiten für Viele der Weisheit letzter Schluss gewesen, dass es gelte, das Unerforschliche ruhig zu verehren.[6] Andere sagen nicht «Schicksal», sondern «Gott», aber sie stellen sich Gott doch nicht anders vor denn als eine Art Schicksal, nämlich als eine uns völlig ferne und fremde und darum sinnlose, aber eben als eine unwiderstehliche und unentrinnbare Macht, die uns Menschen hier auf Erden aus unbekannten Gründen eine Weile herumwimmeln, hierhin und dorthin laufen, uns freuen und leiden, leben und sterben lässt wie ein Kind im Frühling mit Maikäfern spielt. Ob wirklich ein Trost in dieser Vorstellung liegt? Ob die unerbittliche Notwendigkeit, unter die wir uns beugen, ein Ersatz ist für das verlorene Glück? Man hat unserm *Calvin* oft vorgeworfen, dass das Gesicht seines Gottes die Züge dieses starren Schicksalsbegriffs trage.[7] Aber gerade Calvin weist immer wieder darauf hin, dass Gott und das Schicksal völlig zweierlei Dinge sind, dass es ein sogenanntes Schicksal überhaupt nicht gibt, wenn wir es nicht selbst als Götzen aufrichten.[8] Und er hat

[5] Vgl. K. Vorländer, *Geschichte der Philosophie*, Bd. 1: *Altertum, Mittelalter und Übergang zur Neuzeit* (PhB 105/1), Leipzig 1908²: «Alles in der Welt folgt mit Naturnotwendigkeit auseinander; diese unerbittliche Notwendigkeit nennt der Mensch auch Verhängnis [...] oder Schicksal» (a.a.O., S. 152f.); «Das Ziel des Menschen, das ihm allein innere Befriedigung und Glück bringen kann, muß daher sein, [...], der *Natur gemäß* zu leben. [...] das Vernunftlose gehorcht der ewigen Notwendigkeit aus ehernem Zwange, das Vernünftige aber fügt sich der Naturordnung aus freier Selbstbestimmung» (a.a.O., S. 154; beide Zitate im Exemplar, das Barth seit seiner Marburger Zeit besaß, teilweise unterstrichen).

[6] Vgl. J. W. von Goethe, *Maximen und Reflexionen*, Goethes Werke (Hamburger Ausgabe), Bd. 12: *Schriften zur Kunst; Schriften zur Literatur; Maximen und Reflexionen*, hrsg. von W. Weber / H. von Einem / E. Trunz, München 1973⁷, S. 467: «Das schönste Glück des denkenden Menschen ist, das Erforschliche erforscht zu haben und das Unerforschliche ruhig zu verehren.»

[7] Schon Calvin selbst reagierte auf solche Vorwürfe: «Qui huic doctrinae invidiam facere volunt, calumniantur esse dogma Stoicorum de fato; quod et Augustino exprobratum aliquando fuit. [...] Dogma vero ipsum falso nobis ac malitiose obiectatur. Non enim cum Stoicis necessitatem comminiscimur ex perpetuo causarum nexu et implicita quadam serie, quae in natura contineatur; sed Deum constituimus arbitrum ac moderatorem omium, [...].» (Inst. I,16,8; CR 30, col. 151 [in Barths Exemplar teilweise unterstrichen und am Rand mit dem Zusatz versehen: «Schicksal oder Zufall?»]).

[8] Vgl. etwa Inst. I,16,2.5f.8f.; III,7,10; J. Calvin, *Commentarius in Acta Apostolorum*, in: CR 76, col. 1–574, dort col. 405f.

einmal sehr fein gezeigt, warum der Gedanke an ein Schicksal als wirklicher Trost im wirklichen Leid durchaus nicht in Betracht kommen kann. Wenn wir uns nur unterwerfen, weil wir müssen, sagt er, dann denken wir dabei selbst, dass wir uns *nicht* unterwerfen würden, wenn wir *nicht* müssten.[9] Wenn wir uns mit der starren Notwendigkeit trösten, ob wir sie nun das Schicksal oder Gott nennen, so ist das nur das Eingeständnis, dass wir uns zwar auflehnen, dass wir aber einsehen, dass es fruchtlos ist. Ob diese unwillige Willigkeit etwas Tröstliches an sich hat? Ob der Sklave einen Ersatz für die verlorene Freiheit findet in dem Gedanken, dass seine Kette zu stark ist, als dass er sie zerreißen könnte? – |

Es ist nun ganz klar, dass *Jesus*, als er vom Getröstetwerden der Leidtragenden redete, damit weder auf ein Ersatzglück noch auf das eherne Schicksal hat hinweisen wollen. Ja, in manchen christlichen Leichenpredigten und seelsorgerlichen Ermahnungen sieht es so aus, als ob der «Trost der Religion»[10] schließlich auf das Eine oder das Andere hinauslaufe. Wenn das Eine oder das Andre Jesu Meinung gewesen wäre, dann hätte er sagen müssen: Selig sind, die da Leid tragen, *wenn* sie getröstet sein werden. Nun sagt er aber: *denn* sie sollen getröstet werden. Und in diesem *denn* kommt es deutlich zum Ausdruck, dass die Seligkeit, die er meint, nicht *hinter* dem Leid, auch nicht *trotz* dem Leid, sondern *im* Leid zu suchen und zu finden ist.

Dies zu verstehen, und noch mehr: zu praktizieren, setzt Eines voraus, nämlich dass wir mit dem Gedanken an Gott nicht bloß spielen, sondern Ernst machen. Diese Voraussetzung war bei Jesus erfüllt, und darum konnte er so reden. Paulus hat die Athener an die ihnen

---

[9] Vgl. Inst. III,8,11.

[10] Besonders im 19. Jahrhundert beliebte Formulierung im Zusammenhang mit Leichenpredigten oder Predigten anlässlich von Unglücksfällen; vgl. etwa: Fr. D. E. Schleiermacher, *Ueber die Benuzung öffentlicher Unglüksfälle* (Predigt über Röm 8,28, gehalten am 23.11.1806), in: ders., *Predigten. Erste bis Vierte Sammlung (1801–1820)*, hrsg. von G. Meckenstock, Kritische Gesamtausgabe, Abt. III, Bd. 1), Berlin 2012, S. 278–294, dort S. 279: «Darum indem ich mich bemühen will, den Trost der Religion mitzutheilen, auch für die Umstände, die uns jetzt drükken, […].» Vgl. z. B. auch: Fr. S. G. Sack, *Rath und Trost der Religion bei dem Tode unsrer verewigten Königin*, Berlin 1810; S. Baur, *Reden und Betrachtungen an den Gräbern der Christen*, Ulm 1819, dort S. 305–311: «III. Trost der Religion unter harten und langwierigen Leiden».

bekannte und doch nicht bekannte Tatsache erinnert, dass Gott nicht ferne ist einem jeglichen unter uns; denn in ihm leben, weben und sind wir [Act. 17,27]. Das war im Leben Jesu eine *bewusste* Tatsache, und zwar die grundlegende Tatsache für all sein Denken und Reden und Handeln. Er *lebte in Gott*. Das heißt nicht: dass er sich durch eine geheimnisvolle Spekulation und Versenkung mit dem fernen, fremden Machtwesen verbunden wusste, als das wir Gott so oft ansehen, sondern das heißt, dass seine Seele hell und klar erfüllt und bestimmt war von der Gerechtigkeit und von der Wahrheit, vom Gehorsam und von der Liebe. Es war seine Speise, sein Lebenselement, einen solchen Willen zu haben [vgl. Joh. 4,34]. Das heißt mit Gott Ernst machen. Und aus diesem innern Zustand folgte für ihn mit Gewalt das Zweite. Den Gott, der in ihm lebte, sah er *wirksam in Allem*. Die Lilien auf dem Feld und die Sperlinge auf dem Dach sind in seiner Hand [vgl. Mt. 6,26.28], und wohlverstanden: das ist nicht die Hand eines unbekannten, ehernen Schicksals, sondern die Hand des Vaters der Gerechtigkeit und der Liebe. Überall ist es das Reich *dieses* Gottes, das kommt und unwiderstehlich vorrückt. Weil Gott in ihm war, fand er Gott in der Welt. |

Und nun müssen wir noch einen Schritt weiter vordringen in das Geheimnis seines innern Lebens. Wenn *wir* solche Worte hören und lesen wie die von den Lilien und von den Sperlingen, für die der himmlische Vater sorgt, wenn *uns* das so gesagt wird von der absoluten Güte Gottes, dann pflegen wir uns eben gleich umzusehen nach Merkmalen dafür, dass es den Naturwesen, den Menschen und uns selbst vor Allem auch wirklich gut gehe, dass sie glücklich seien in der Hand des guten Gottes. Und da finden wir nun bei uns selbst und bei Andern viel öfter das Gegenteil. Und so kommt es zu jener Frage: wie verträgt es sich mit der Güte Gottes, dass es uns und andern *nicht gut geht*? Es ist nun merkwürdig, dass Jesus das Übel in der Welt: das Leid, den Kummer, den Schmerz der Menschen wohl gesehen und auch an sich selber erfahren hat, und doch ist jene Frage nie über seine Lippen gekommen. Im Gegenteil: er hat von sich selber gesagt: Des Menschen Sohn *muss* leiden [vgl. Mt. 17,12; Mk. 9,12], und er hat den Andern gesagt, wie wir gehört haben: *Selig* sind, die da Leid tragen. Jesus hat für Freude und Glück aller Art tiefes Verständnis gehabt, daran lassen uns allerlei kleine Züge, die uns von ihm überliefert sind, nicht zweifeln, aber wenn wir das Ganze seines Lebens übersehen, bemerken wir, dass er die Wirksamkeit der Güte Gottes nicht wie wir in erster Linie in der Freude und im Glück gesehen hat, sondern merkwürdigerweise *gerade* im Leid. Hier zeigt es sich mit größter Deutlichkeit, was für ein Unterschied besteht zwischen Jesus und uns. Er beruht, wie ich sagte, darauf, dass Jesus mit Gott Ernst machte, während wir das gewöhnlich nicht tun. Wenn *wir* von Gottes Güte reden und nach ihren Spuren im Leben suchen, dann denken wir uns Gott unwillkürlich und immer wieder so, als ob er ungefähr dasselbe wäre wie die Natur. Wir verwechseln das Leben aus Gott, das wir auch in uns zu haben meinen, mit unserm natürlichen Lebenstrieb. Da suchen wir dann die Wirksamkeit Gottes, wie es dem natürlichen Lebenstrieb entspricht, darin, dass es uns und Andern gut gehe. Und wenn es nun uns und Andern *nicht* gut geht, kommen wir notwendig in jene Konflikte mit Gott, von denen die Rede war. *Jesus* dagegen hielt sich mit Macht an den Gott der Wahrheit und Gerechtigkeit, und seine Güte fand er *da* wirksam, wo Wahrheit und Gerechtigkeit gefördert wird. Und so kam er zu dem uns so ungeheuerlichen Gedanken, dass Gottes Güte sich mächtiger und sicherer in unserm Leid als in unsrer Freude erweise. Denn wenn er sich fragte: wie werden die Menschen sicherer wahr und gerecht, wie kommen sie sicherer in die Gemeinschaft mit Gott, durch das Glück oder durch das Unglück, dann kam er zu der Antwort, zu der wir auch kommen müssen, wenn wir aufrichtig sind: wir kommen dazu, so wie wir sind, sicherer durch das *Unglück*. Darum hat er selbst in seinem Ende am Kreuz nicht die Katastrophe, sondern die Krönung, den Sieg, den Triumph seines Lebens gesehen. Und darum konnte er selbst zu den Andern sagen: Folget mir nach! Nehmet Euer Kreuz auf Euch [vgl. Mt. 10,38; 16,24 parr.]! Selig sind, die da Leid tragen, denn sie sollen getröstet werden. Und der Trost liegt nicht in dem, was *hinter* dem Leid kommt, und er besteht nicht *trotz* des Leides, sondern er liegt *im* Leid. Denn der Trost ist Gott selbst, der Gott der Wahrheit und Gerechtigkeit, er nimmt uns etwas weg, um sich selbst, um sein göttliches Leben an die Stelle zu setzen. |

Jesus hat diesen alle unsre Begriffe umkehrenden Gedanken eine gewaltige Darstellung gegeben in seinem Gleichnis vom armen Lazarus [vgl. Lk. 16,19–31]. Zwei Bilder zeigt uns dies Gleichnis. Zuerst das Bild von Glück und Unglück, wie es nach menschlicher Anschauungsweise aussieht. Hier der Reiche, dem es gut geht, der alle Tage herrlich und in Freuden lebt, und dort der Arme, der von allen Übeln geplagt ist und froh ist über die Brocken, die von des Reichen Tisch fallen. Wir würden keinen Moment zaudern zu sagen: jener lebt im Sonnenschein der Güte Gottes und diesem gegenüber versagt sie in der unbegreiflichsten Weise. Aber nun kommt das zweite Bild: Glück und Unglück im Auge Gottes. Von dem Glücklichen hören wir, dass er im Urteil Gottes in der Hölle und in der Qual ist. Er ist mit all seinem Wohlsein von Gott durch die gewaltigste Kluft geschieden, unerreichbar ferne von ihm. Von Lazarus dagegen heißt es: er hat Böses empfangen, nun aber, d. h. im Urteile und vor den Augen Gottes, wird er getröstet. Es ist auffällig genug, dass Jesus kein Wort verliert über die moralischen und religiösen Qualitäten der beiden Menschen. Er sagt weder vom Reichen, dass er ein Geizhals oder ein Lump, noch von Lazarus, dass er besonders fromm und rechtschaffen gewesen. Er konzentriert mit seinen zwei Bildern unsre Aufmerksamkeit auf die eine Tatsache, dass Gottes Güte gerade nach umgekehrtem Maßstab wirksam ist, als wir es annehmen.

Wir müssen aber noch tiefer eindringen in den Tatbestand, dass Gottes Trost im Leid selbst liegt und dass darum, die da Leid tragen, die wirklich Seligen sind. *Im* Leid tritt Gott in unser Leben ein, das ist Jesu Meinung vom Trost der Leidtragenden. Denn *im* Leid und *durch* das Leid erzieht er uns zu seiner Wahrheit und Gerechtigkeit. Und darum dürfen wir *im* Leid die besondere väterliche Güte Gottes erkennen, denn das ist die Wirksamkeit der väterlichen Güte Gottes, nicht dass er es uns *gut gehen*, sondern dass er uns *gut werden* lässt.

Wir wollen einige Punkte nennen, auf die wir dabei achten müssen. Einmal ist das Leid, das uns trifft, das große Werkzeug, mit dem Gott uns zur *Selbsterkenntnis* bringt, d. h. zur Revision unsres innern Lebens mit der Frage, ob es etwas tauge oder nicht, zur Unterscheidung dessen, was vergänglich, und dessen, was unvergänglich ist. Wir sind freilich gern geneigt, anzunehmen, dass wir zu solcher Selbst- und Lebenserkenntnis auch auf anderem Wege gelangen können. Es gibt wohl nur ganz wenige Menschen, die sich in diesen Dingen nicht ein kleines System von Gedanken und Prinzipien zurecht gemacht haben. Das ist auch ganz recht so. Aber wenn uns diese Gedanken mehr bedeuten als eine Spielerei, dann muss es uns auch recht sein, wenn sie ernsthaft auf die Probe gestellt werden. Und diese ernsthafte Probe bringt uns nur das Unglück. Im Unglück sagt uns Gott das einfache Wort: Mach jetzt deine Theorie zur Praxis. Es ist eine gute Sache, wenn wir uns in den Tagen des Glücks freuen an dem Gedanken der väterlichen Vorsehung Gottes, aber erst in den Tagen des Unglücks zeigt es sich, ob diese gute Sache wirklich unser Eigentum und nicht bloß ein geliehenes Schmuckstück ist. *Calvin* schildert einmal sehr drastisch, wie trefflich wir es verstehen, beim Leichenbegängnis eines Andern oder auf dem Friedhof an den Gräbern Anderer zu philosophieren über die Vergänglichkeit des Lebens, über das Eintagsfliegendasein des Menschen und über die Ewigkeit.[11] Ob diese gute Philosophie unser Lebensbesitz ist, müsste sich zeigen in der Stunde, wo wir selbst dem Tod in die Augen sehen. Es ist eine gute Sache, wenn wir in den Zeiten, wo unsre Angelegenheiten gut gehen, die Nächstenliebe zum Panier erheben, aber erst, wenn es nicht mehr gut um uns steht, wird es sich zeigen, ob sie wirklich die Direktion unsres Lebens ist oder ob unsre Weisheit dann nicht plötzlich ganz anders lautet, nämlich, wie man es in solchen Fällen oft hören kann: So, jetzt denke ich aber nur noch an mich selbst. Im Unglück wird unser Vertrauen zu Gott, unsre Ewigkeitshoffnung, unser sittlicher Gehorsam, – unser Glaube, mit einem Wort, geläutert wie das Gold im Feuer, wie es im 1. Petrus-Brief heißt [vgl. 1.Petr. 1,7]. Ja, und wenn nun diese Läuterung auf eine große Niederlage unsres innern Lebens hinausläuft? Und wenn nun unsre Philosophie, unsre Glaubenssätze und Prinzipien dabei in sich zusammensinken wie ein Häuflein Asche, wenn wir gewahr werden, wie ganz, ganz klein unser tatsächlicher Lebensbesitz ist? Wollen wir nun lamentieren, wollen wir sagen, dass unser Unglück ein Übel ist, oder dürfen wir nicht gerade in unserm Unglück Gottes Güte wirksam sehen, die das wertlose, ja schädliche Gestrüpp, die die Schlingpflanzen ausreißt, damit der Baum des Lebens wieder wachsen kann? – |

---

[11] Vgl. Inst. III,9,2: «Si effertur funus aliquod, vel inter sepulera ambulamus, quia tunc oculis observatur mortis simulacrum, egregie, fateor, de vitae huius vanitatae philosophamur. [...] Si quis interim proverbium occinat, hominem animal esse ἐφήμερον, fatemur id quidem, sed ad eo nulla attentione, [...]» (CR 30, col. 524; im Exemplar Barths sind beide Sätze unterstrichen).

Und das führt uns nun gleich auf das Zweite. Solange es uns gut geht, ist unser inneres Leben fast notwendig ein wunderliches Durcheinander von *göttlicher Gerechtigkeit und menschlicher Sünde*. Ihr müsst bei dem Wort Sünde nicht gleich an dies und jenes grobe Vergehen oder Laster denken. Die Sünde besteht schließlich einfach darin, dass wir unserm natürlichen Trieb nachgeben, der uns heißt, den Inhalt und Wert unsres Lebens in unsern Interessen zu sehen und zu suchen, also nicht in dem, was recht ist, sondern in dem, was uns gefällt. Gewiss, daneben haben wir auch höhere Aspirationen, nicht nur in Gedanken, sondern in Wirklichkeit. Es sind göttliche Kräfte in uns wirksam, hier mehr, dort weniger, es spielt in unserm Leben der Gehorsam und die Liebe Jesu eine gewisse Rolle, es ist, bewusst oder unbewusst, Manches in uns, was wirklich Gerechtigkeit vor Gott ist – es kann ja nicht anders sein, da die Verheißung, die wir in unsrer Taufe empfangen, wahr ist, da wir aufgenommen sind in die Gemeinschaft des Gehorsams und der Liebe Jesu, da wir von Jugend an unter den stärkern oder schwächern Einflüssen seines Reiches, seiner Gemeinde gestanden sind. Aber die Sünde ist auch noch da, die Selbstsucht, die Interessiertheit ist auch noch wirksam in uns. Und so sind wir ein merkwürdiges Gebilde von Göttlichkeit und Menschlichkeit, und solange es uns gut geht, bleiben wir es auch; denn das Glück bestätigt unsre Tendenz, den Wert und Inhalt des Lebens in unsrem Wohlsein zu sehen. Aber nun kommt das Unglück und macht in das Durcheinander unsres Lebens einen empfindlichen Einschnitt. Wieder liegt uns nichts näher, als dass wir uns durch die Hitze, die uns begegnet, befremden lassen, wie es in der vorhin genannten biblischen Schrift heißt [vgl. 1.Petr. 4,12], als widerfahre uns etwas Seltsames, etwas Ungeheuerliches und Ungehöriges. In Wirklichkeit ist der Einschnitt kein Attentat auf unser Leben, sondern die Operation, die wir nötig haben. Es wird uns unser Wohlsein beschnitten, damit das Gute in uns sich entfalten könne. Es wird der Schutt unsres Interessenlebens weggeräumt, damit der Schatz des wahren Gehorsams und der wahren Liebe, der darunter lag, an die Sonne komme. Es wird unser Ich, unser Selbst erbärmlich klein gemacht, damit die Größe Gottes in unser Leben eintreten könne. Wieder stehen wir da vor dem Bild des kranken Paulus,[12] der sich von seinem Unglück mit Fäusten schlagen

---

[12] Barth hatte vier Wochen zuvor über 2.Kor. 12,7–10 gepredigt (s. oben,

lassen muss, damit er sich an der Gnade genügen lasse [vgl. 2.Kor. 12,7–9]. – |

Aber das, was da übrig bleibt, wenn Gott uns tröstet durch das Leid, wenn seine Güte im Leid uns auf die Gnade zurückführt, was da übrig bleibt, das ist nun nicht eine untätige Gelassenheit, ein einfaches Stillhalten. Denn wenn man dem lebendigen Gott still hält, dann gibt's Bewegung, dann wird die Gnade, an der man sich genügen lässt, sofort zu einer *Wirksamkeit*. So sehen wir es schon im Haushalt der Natur. Das gewaltige Vergehen und Sterben, das sich da in jedem Augenblick vollzieht, endet doch in Wirklichkeit niemals mit Leblosigkeit und Tod, sondern im Sterben erzeugt sich beständig neues Leben. Die Elemente gehen unter, aber sie gehen unter, um in neuen Verbindungen neue Kräfte zu entfalten. So sehen wir es im äußern Leben, wie der Körper des Menschen oft eine akute Erkrankung nötig hat, um nachher wieder in voller Gesundheit dazustehen, wie der Fortschritt der menschlichen Unternehmungen, der menschlichen Kultur überhaupt, geradezu bedingt ist durch ihre Hindernisse, durch Katastrophen und Zwischenfälle aller Art. Möchte man es angesichts gewisser Quartiere unsrer Großstädte, in denen die Menschen seit Jahrhunderten leben wie in Särgen, nicht manchmal geradezu wünschen, dass da einmal eine gehörige Feuersbrunst ausbräche, damit dann etwas Besseres an die Stelle gesetzt werden könnte? Und so steht es nun auch in unserm innern Leben. Es liegen da auch so Energien in uns verborgen: Gehorsamskräfte, Wahrheitskräfte, Liebeskräfte, aber sie sind gebunden an die unwichtigen Elemente, und solang sind sie leblos und unnütz. Aber nun kommt die Gluthitze des Unglücks hinzu und befreit sie aus der unnatürlichen Verbindung, und so nun werden sie aktiv, nun fangen die Totengebeine an, sich zu rühren [vgl. Hes. 37,1–14]. Es ist uns Allen schon so gegangen: Wir mussten in Enttäuschungen und deprimierende Erfahrungen aller Art hinein, um mit unserm Leben auf einen festen Grund zu kommen. Die Wahrheit musste uns zweifelhaft werden, um sich uns, vom Irrtum gereinigt, als wirkliche Wahrheit darzustellen. Die Liebe musste leiden, um vollkommene Liebe zu werden. Unser Wille musste seine Schranken kennen lernen, um als

S. 18–35) und zwei Wochen zuvor schon einmal auf diesen Text zurückverwiesen (s. oben, S. 52, bei Anm. 15).

guter Wille wirksam zu werden. Nehmen wir statt aller Beispiele gleich das gewaltigste: Jesus musste leiden und sterben, um den Seinen sein wahres Antlitz zu zeigen, um ihnen als Messias und König und wirksamer Erlöser zu begegnen. Und dieses Beispiel führt uns nun gleich zu der höchsten und wichtigsten Erkenntnis des Trostes Gottes im Leiden. – |

Wertvoll wird unser Leben erst dadurch, dass es wertvoll wird *für Andere*, dass wir in irgend einem Sinn Führer und Wegweiser für Andere werden. Zu dieser höchsten Lebensaufgabe werden wir durch das Leid hergerichtet. Es hat mir jüngst jemand, dem ich in seiner Betrübnis zusprechen wollte, geantwortet: Ja, Sie sind jung, Sie haben nicht erfahren, was ich erfahren habe, trösten könnte mich nur Jemand, der gelitten hat, was ich leide. Man kann streiten über die Berechtigung dieses Ausspruchs, aber er geht jedenfalls hervor aus einer tiefen und berechtigten Regung des menschlichen Herzens. Unsre schönsten Gedanken und Theorien helfen dem Andern nichts, solange sie nicht erprobt und erhärtet sind in der Praxis. Diese Erprobung dessen, was wir sind, kommt aber nicht durch das Glück, sondern durch das Unglück. Und so werden wir durch das Unglück zubereitet zur Erfüllung unsrer obersten Bestimmung. Ist es ein Versagen der Güte Gottes, wenn er uns leiden lässt? Nein, es ist die Güte Gottes in ihrer höchsten Energie, die da wirksam ist.

Selig sind, die da Leid tragen, denn sie sollen getröstet werden. Gehören wir auch dazu, meine Freunde? Von Leid irgendwelcher Art werden ja wohl die Meisten von uns zu sagen wissen. Aber wie steht's mit dem Trost, dem Gottestrost, der den Leidtragenden verheißen ist? Warum ist er nicht kräftiger und wirksamer in unserm Leben? Wir sind doch nicht mehr im Fall des alten Simeon im Tempel, dass wir auf den Tröster Israels erst warten müssten [vgl. Lk. 2,25]. Das Wort Jesu vom Trost im Leid, von der Gotteskraft des Schmerzes ist uns Allen bekannt, und die Tat Jesu, sein williger Tod am Kreuz steht vor unser aller Augen. Der Weg vom Tode zum Leben ist geöffnet, die Erlösung ist geschehen. Warum gehen wir den Weg nicht? Warum tun wir, als wären wir unerlöst? Es fehlt daran, dass Christus mit seinem Wort und seiner Tat nicht bei uns und in uns ist, sondern weit weg vor 2000 Jahren in Palästina, dass wir uns wohl zu Zeiten an seinem Bild erbauen, statt dass wir sein Bild in uns zum Wort und zur Tat kommen lassen. Dass er *für uns* geredet hat, das wird uns dann eine Gotteskraft, wenn er *in uns* redet, und dass er *für uns* gelitten hat und gestorben ist, das wird uns dann zur Gotteskraft, wenn er *in uns* leidet und stirbt. Ich will dir sagen, was das praktisch bedeutet. Du stehst jetzt dem Willen Gottes, der dir Leid zugefügt hat, gegenüber wie einer fremden Macht. Und nun sagst du entweder: Der Wille Gottes gefällt mir nicht, und zerrst ungeduldig an deiner Kette. Oder du sagst: Der Wille Gottes gefällt mir nicht, und darum will ich mich nach diesem und jenem Ersatz für mein Leid umsehen. Oder du sagst: Der Wille Gottes gefällt mir nicht, aber es ist mein Schicksal so; ich muss mich ducken. Auf alle diese Arten von Verhalten bleibt Gottes Trost aus. Denn es ist töricht, gegen den allmächtigen Willen Gottes zu bellen; es ist leichtsinnig, ihm durch Zerstreuung aus dem Weg zu gehen; es ist stumpfsinnig, ihn als ein ehernes Schicksal zu behandeln. Jesus hat von dem Allen nichts getan, sondern er hat gesagt: Der Wille Gottes gefällt mir. Der Wille Gottes ist der gute Wille. Der Wille Gottes sei mein Wille. Das ist das Geheimnis seiner Person. Und das ist das Geheimnis des Leidens. Und das Geheimnis des seligen Lebens. Sich nicht mehr *neben* Gott zu stellen, sondern in Gott und seinem Willen unterzutauchen wie in einem Strom und von den Wellen dieses Stromes sich tragen zu lassen.

> Lass mich ganz verschwinden,
> Dich nur sehn und finden.[13]

Das ist der Trost Gottes, meine Freunde, und das ist die Seligkeit im Leid.

Amen.

Gebet

Herr, wir bitten ich, du wollest unsre Leiden mit deinem Trost erfüllen, damit wir leiden als Jünger Jesu. Wir bitten dich nicht, dass du uns frei machest von Schmerzen; denn unsre Schmerzen sind deine Freundlichkeit. Aber wir bitten dich, lass uns in den Leiden unsres Lebens nicht ohne den Trost deines Geistes; denn dann würden wir unter deinem Fluch stehen. Wir möchten nicht deinen Trost empfan-

---

[13] Aus Strophe 5 des Liedes «Gott ist gegenwärtig» von G. Tersteegen (GERS 174,5; RG 162, 4; EG 165,5).

gen, ohne zu leiden; denn [14]das wäre[14] das zukünftige Leben der Herrlichkeit. Wir möchten aber auch nicht leiden ohne Trost, denn das wäre das Leben des Todes. Sondern wir bitten dich, Herr, dass wir miteinander erfahren die Leiden des Lebens um unsrer Sünde willen und den gnädigen Trost deines Geistes; denn das ist der rechte Zustand der Jünger Jesu. Gib uns, dass wir Schmerz und Trost miteinander an uns erfahren, damit wir endlich dahin kommen, nur noch deinen Trost ohne den Schmerz des Lebens zu erfahren. Ohne die Gegenwart deines eingeborenen Sohnes müssten wir leiden, ohne getröstet zu werden; durch die Gnade deines eingeborenen Sohnes dürfen wir jetzt leiden und Trost empfangen; in der Herrlichkeit deines eingeborenen Sohnes erwartet uns eine ungetrübte Seligkeit. Das ist der wunderbare Weg, den du deine Geschöpfe gehen lässest. Du hast uns aus der Tiefe in die Höhe geführt, lass uns nun weiter wandern, damit wir endlich vom Hohen zum Höchsten gelangen. Das, Herr, ist die Gnade, um die wir dich bitten!

(Blaise Pascal)[15]

Unser Vater…

Lieder:
Nr. 1: «Allein Gott in der Höh' sei Ehr'» von N. Decius, Strophen 1–3 (RG 221; EG 179 [jeweils mit Textabweichungen])
Nr. 251: «Wenn Christus, der Herr, zum Menschen sich neigt» von N. Kaiser, Strophen 1–3
Nr. 261: «Was mein Gott will, gescheh' allzeit!» von Albrecht von Preußen, Strophen 1.2.4 (RG 669; EG 364 [jeweils mit Textabweichungen])

Lesungstext: Lk. 16,19–31

[14-14] Im Mskr. ursprünglich, dann durchgestrichen: «im Leiden liegt».
[15] Das Gebet ist eine wohl von Barth selbst angefertigte, sehr freie Übertragung von Bl. Pascal, *Pensées sur la religion et sur quelques autres sujets*, nouvelle édition conforme au véritable texte de l'auteur et contenant les additions de Port-Royal indiquées par des crochets, Paris [1867], S. 341f. : Prière pour demander à Dieu le bon usage des maladies, Nr. 11 (ders., *Oeuvres Complètes*, texte établi et annoté par Jacques Chevalier, Paris 1954, S. 611f.).

Genf, Sonntag, den 26. Februar 1911
(Estomihi)

Matthäus 5,5

Selig sind die Sanftmütigen; denn sie werden das Erdreich besitzen.

Meine Freunde!

Wer sind die «Sanftmütigen», von denen Jesus hier redet, und in was besteht die Sanftmut, die er selig preist? In der Sprache, die Jesus redete, hatte das Wort, das er da braucht, einen ganz bestimmten Sinn, und beim Anhören wussten die Leute gleich, wovon die Rede war. Wir sind nicht ganz so einfach daran. Wir bezeichnen Alles Mögliche mit «sanftmütig» und «Sanftmut», was mit dem Sinn des Wortes Jesu gar nichts zu tun hat. Und wenn wir ihn verstehen wollen, müssen wir darum zuerst einen Schacht graben, um uns über seinen Sinn klar zu werden. Ich will zwei Arten von sogenannter Sanftmut nennen, die mit der Sanftmut, die Jesus selig preist, nichts zu tun haben. –|

Die eine besteht darin, dass man einen *sanften Charakter hat*, wie man wohl zu sagen pflegt. Man versteht darunter die Art und das Benehmen eines Menschen, der von Natur kein starkes oder gar kein Selbstbewusstsein hat, der sich nie oder selten eine eigene Meinung erlaubt, der überall nachgibt und in Alles sich zu fügen weiß. Verdient ein solcher Mensch, selig gepriesen zu werden? Ja oder Nein. Es kann sein, dass sich mit seiner natürlichen Sanftmut die Sanftmut, die Jesus meint, verbunden hat. Dann Ja. Dann ist er selig zu preisen. Es kann aber auch sein, dass er bei aller Unselbständigkeit und Nachgiebigkeit seines Wesens von der Sanftmut Jesu keine Ahnung hat. Dann Nein. Es kann dann umgekehrt sein, dass ein von Natur selbstbewusster und trotziger Mensch der Seligkeit Jesu näher steht als jener. Ein solcher «sanfter Charakter» ist zunächst eine Naturanlage wie eine andere. Ob der betreffende Mensch deshalb gerade selig zu nennen ist, kommt darauf an, was er damit macht. Denn wenn Jesus diese und jene Menschen wegen bestimmter Eigenschaften selig preist, dann meint er nicht ihre Naturanlagen, sondern etwas Erworbenes und Erkämpftes, etwas, was ihnen in den Erfahrungen des Lebens geworden und geschenkt worden ist. In diesem ersten Fall von Sanftmut ist es also eine *Frage*, ob sie mit der Sanftmut, die Jesus meint, etwas zu tun hat. Und wenn wir zu den von Natur sanften Charakteren gehören, wollen wir uns diese Frage bei dem Anlass ans Gewissen legen. – |

Im zweiten Fall von sogenannter Sanftmut haben wir es nicht mit einer Frage zu tun, sondern es ist ohne Weiteres klar, dass sie das Gegenteil ist von der Sanftmut Jesu und der Seligkeit, die er ihr zuschreibt. Hier haben wir es mit denen zu tun, die nicht von Natur sanft sind, die sich aber so geben, als wären sie es. Da entsteht dann das Bild, das Molière in seinem Tartuffe entworfen hat, das Bild des Menschen, der aus lauter Sanftmut nicht in Stiefeln, sondern in Filzpantoffeln geht, der nie eine Tür zuschlägt, der nicht redet, sondern lispelt.[1] Und wer die Schriften von Charles Dickens kennt, wird sich an die berühmte Gestalt des Uriah Heep erinnern, dieses Schlaumeiers, der sich sein Leben lang innerlich und äußerlich verrenkt, um als recht sanft und bescheiden zu erscheinen.[2] Das ist ja sicher: solche Sanftmutskünstler kommen oft im Leben erstaunlich vorwärts, und der Erfolg ihres Kriechens und Duckmäuserns könnte einem vorkommen wie eine üble Karikatur auf die Verheißung unsres Textes: sie werden das Erdreich besitzen. Aber ich denke, wir werden sie weder um ihre Sanftmut noch um die dadurch erworbene angebliche Seligkeit beneiden. Die Eine ist so verächtlich wie die Andere, ganz abgesehen davon, dass solche Leute mit Beidem schließlich das kläglichste Fiasko zu erleben pflegen. Jedenfalls wird Niemand auf den Gedanken kommen, dass Jesus uns mit seiner Seligpreisung der Sanftmut die sanftmütige Rückgratlosigkeit und Anpassungsgewandtheit eines Tartuffe oder eines Uriah Heep habe empfehlen wollen, so wenig das

[1] «Der Tartuffe oder Der Betrüger» («Tartuffe ou L'imposteur») ist eine Komödie Molières, die in ihrer endgültigen Form 1669 in Paris uraufgeführt wurde; in der Figur des frömmelnden, betrügerischen Tartuffe wird in ihr religiöse Heuchlerei angeprangert, die nur der Durchsetzung eigener Interessen dient.

[2] In Ch. Dickens, *David Copperfield or The Personal History, Adventures, Experience and Observation of David Copperfield the Younger of Blunderstone Rookery,* London 1849/50, ist Uriah Heep der heuchelnde, intrigante und betrügerische Angestellte in der Anwaltskanzlei von David Copperfields Mentor.

Wort: «Selig sind, die da geistlich arm sind» eine Empfehlung der Borniertheit und der sittlichen Grundsatzlosigkeit bedeutet.

* * *

Wir müssen uns also klar machen, dass Jesus weder eine selbstverständliche noch eine gemachte Sanftmut selig gepriesen hat, sondern einen Zustand, zu dem der Mensch durch die Erfahrungen des Lebens erzogen worden ist, zu dem er sich hat erziehen lassen. Jesus ist weder ein Verehrer des Natürlichen noch des Unnatürlichen gewesen, wohl aber macht er uns aufmerksam auf das Wirken Gottes im wirklichen Leben, in dem, was tatsächlich geschieht, in den notwendigen Erfahrungen und Entwicklungen, die wir mit unsern natürlichen Anlagen, mit unsern Wünschen und Befürchtungen, mit unsern Bestrebungen und Hinderungen durchzumachen haben. Er sieht Menschen, die geistlich arm sind, die wenig besitzen an innerem Leben, an sichtbarer Gerechtigkeit vor Gott und den Andern, und er preist sie selig. Er meint damit nicht die natürliche Teilnahmlosigkeit allem Höhern, Geistigen gegenüber, und er meint damit nicht, dass man sich, um ein seliger Mensch zu sein, künstlich auf einen derartigen Zustand zurückschrauben müsse, sondern er verheißt den geistlich Armen das Himmelreich, weil er auch in der innern Armut unzähliger Menschen Gottes erziehende Kraft wirksam sieht und weil er den Andern, den Reichen und Gerechten sagen will, dass das Bewusstsein solcher Armut auch für sie zur Erziehung für das Himmelreich unumgänglich nötig ist. Wir haben nun die erste Klasse dieser geistlich Armen kennen gelernt in denen, die Leid tragen. Auch da besteht die Seligkeit, die Jesus ihnen zuspricht, nicht schon in ihrem natürlichen Schmerz, und erst recht meint er nicht, dass sie in allerlei künstlich zu Stande gebrachten Schmerzempfindungen zu suchen sei. Wohl aber preist er sie selig, weil er im natürlichen Leid des wirklichen Lebens Gottes väterliche Güte wirksam sieht, und sie *sind* selig, sie *haben* den Trost Gottes im Leid, indem sie die Wirksamkeit Gottes anerkennen und ergreifen, indem sie Gottes Willen zu ihrem Willen machen, also indem sie sich erziehen *lassen*. Gerade so steht es nun mit der zweiten Klasse von geistlich Armen, die uns heute beschäftigt, mit den *Sanftmütigen.*

Auch das sind Leute, denen durch den Kampf und die Niederlagen des Lebens etwas ganz oder teilweise abhanden gekommen ist, nämlich das *Selbstbewusstsein*. Selbstbewusstsein ist das durchaus schöne und rechtmäßige Gefühl des Wertes der eigenen Person. Wenn ein Mensch anfängt, das Leben ernst zu nehmen durch Beherrschung seiner eigenen Natur, durch die Arbeit, durch sein Eingreifen in das Leben der Menschen, dann besteht gerade dies Ernstnehmen darin, dass er selbstbewusst wird. Er hört auf, gelebt zu werden, sondern er lebt, er hört auf, sich schieben zu lassen, sondern er schiebt. Er entdeckt bei dieser Entwicklung zum sittlichen Wesen sich selbst, seine Menschenpflicht, sein Menschenrecht, eben damit aber auch seine Menschenwürde, seinen Wert. Dieses moralische Selbstbewusstsein muss sich dann nach zwei Seiten zeigen: Erstens, wir werden sicher und unabhängig gegenüber dem Urteil und der Stellung der andern Menschen über uns und zu uns. Wenn sie uns geringschätzen oder ablehnen oder ignorieren, dann darf und soll ein selbstbewusster Mensch denken: Umso schlimmer für sie. Mein inneres Leben ist meine Burg. Was ich vor mir selbst wert bin, das vermögen sie nicht anzugreifen. Sie nagen bloß an der Schale. Und zweitens wird sich das berechtigte moralische Selbstbewusstsein äußern in der Art unsres Wirkens, unsres Auftretens, Redens und Handelns unter den Menschen. Einem Menschen, der im sittlichen Kampf selbstbewusst geworden ist, wird man das ohne Weiteres anspüren. Er weiß, dass er etwas in die Waagschale zu werfen hat, dass sein Wort und seine Tat nicht Nullen sind, sondern Faktoren von bestimmter Kraft und bestimmter Geltung im Leben. Und es haben von dieser Seite die Energie des Willens und das Verantwortlichkeitsgefühl ihre Quelle im Selbstbewusstsein. Es ist somit gar nicht zu leugnen, dass das Bewusstsein des Wertes und der Geltung der eigenen Person bei der Bildung unsres Lebens, bei der Bildung für das Himmelreich für Gott eine wichtige und notwendige Rolle spielt. Wer noch nie in diesem Sinn selbstbewusst geworden ist, der ist noch nicht aus dem Schlaf erwacht, der hat noch nicht begonnen, persönlich zu leben. Auch Jesus ist durchaus der Meinung gewesen, dass der Mensch zu diesem Selbstbewusstsein erzogen werden müsse. Und wenn irgend einer die Züge eines starken Selbstbewusstseins im geschilderten Sinn getragen hat, so war es Jesus selbst.

Und nun sagt er trotzdem: *Selig sind die Sanftmütigen!* Und er meint damit unzweifelhaft: Selig sind die, deren Selbstbewusstsein bedroht, erschüttert, vielleicht fast abhanden gekommen ist. Ich verstehe dies Wort so: Das Selbstbewusstsein, so notwendig es ist, ist nicht der höchste Punkt der Entwicklung unsres innern Lebens. Sind wir auf dem Punkte Selbstbewusstsein angelangt, wie wir ihn eben geschildert, dann geht es von da aus nicht einfach in grader Linie weiter zu immer höherem und reicherem Selbstbewusstsein, sondern, wenn es überhaupt vorwärts geht mit uns, dann macht unser Weg jetzt eine ziemliche scharfe Ecke. Auf dieser neuen Strecke Weges sind die Sanftmütigen auf der Wanderung. Das sind also Menschen, die sehr wohl wissen, was Selbstbewusstsein ist, aber sie sind von da aus weiter geführt worden. Sanftmütig heißt nicht schlapp, nicht weichlich, nicht indolent sein, heißt nicht einen Wachs- oder Teigcharakter haben, im Gegenteil: die wirklich Sanftmütigen sind vielleicht auf einer höhern Stufe des Selbstbewusstseins gestanden als mancher, der meint, er sei von Erz und Eisen, aber dann ist ihr Weg nicht geradeaus gegangen, sondern er hat jene Biegung oder Brechung gemacht, und nun ist allerdings das Selbstbewusstsein nicht mehr das Höchste in ihrem Leben. Sondern das Höchste in ihrem Leben ist nun eine *Ehrfurcht*, wenn wir es einmal allgemein ausdrücken wollen. Ich bin ehrfürchtig, wenn ich etwas Größeres anerkenne und mich ihm unterordne, als ich selbst bin. Wenn eine Macht in mein Bewusstsein tritt, die stärker ist als die Macht meines Selbst. Wir reden noch nicht davon, ob solche Ehrfurcht etwas Gutes und Nötiges ist, ob das Beste in unserm Leben vielleicht erst nach dieser Biegung des Weges kommt. Jesus ist dieser Meinung gewesen. Wir stellen jedenfalls einmal fest: die Ehrfurcht liegt jenseits des Selbstbewusstseins, um zur Ehrfurcht zu gelangen, müssen wir hinaus über das Selbstbewusstsein, müssen wir «geistlich arm» werden, wie es zuerst hieß, diesmal gerade an diesem Punkt, an unserm schönen und rechtmäßigen Selbstbewusstsein. Dieses Armwerden ist die Sanftmut, von der Jesus redet. Wir wollen zunächst einfach einmal zusehen, wie das zugeht.

Auch der selbstbewussteste Mensch macht in seinem Leben Momente durch, in denen jenes berechtigte Gefühl seines eigenen Wertes *bedroht* wird. Es kommen ihm Gedanken, er macht mit sich oder Andern Erfahrungen, die geeignet sind, ihm diesen seinen Wert zweifelhaft erscheinen zu lassen. Er hat nun ganz Recht, wenn er sich gegen diese Bedrohung zur Wehr setzt, indem er sich so oder so in seinem Selbstbewusstsein zu behaupten sucht. Entweder indem er sich klar macht, dass die Bedrohung nur scheinbar ist, z. B. dass die Vorwürfe, die er sich selbst [macht] oder die Andern ihm machen, im Grunde nicht zutreffen, dass sie nur die Schale, nicht den Kern seines Wesens berühren, oder dass die Erinnerung an früher begangene Fehler ihn nicht zu stören braucht, indem er unterdessen innerlich weiter gekommen ist und sie nicht mehr begehen würde. In solchen Fällen kann sein Selbstbewusstsein unerschüttert und ungebrochen bleiben, weil es der Bedrohung tatsächlich überlegen ist. Aber es ist trotzdem Niemandem zu raten, bei solchen Bedrohungen sein Selbstbewusstsein à tout prix durchsetzen zu wollen. Denn es gibt andere Fälle, in denen das Selbstbewusstsein à tout prix einfach zur Lüge würde. Das sind die Fälle, wo umgekehrt die Bedrohung unserm Selbstbewusstsein tatsächlich überlegen ist, wo es uns tatsächlich ans Lebendige geht. Es gilt, diese Fälle als solche klar ins Auge zu fassen. Es liegt hier für uns Alle eine gefährliche Klippe. Wenn wir in solchen Fällen uns einfach flott und froh hinstellen: Ich bin sicher und ich bleibe sicher! Ich habe Recht und ich behalte Recht!, dann laufen wir in eine Sackgasse, wir kommen in Konflikt mit dem wahren Bestand unsres Selbstbewusstseins, wir werden borniert in unserm Gedankenleben und setzköpfig[3] in unserm Willen, auf alle Fälle unterbinden wir damit die Bewegung unsres innern Lebens. |

Es *gibt* also Bedrohungen unsres Selbstbewusstseins, und vielleicht sind sie viel zahlreicher, als wir so denken, die wir nicht abschütteln dürfen, sondern wo es das einzig Richtige ist, sich dadurch erschüttern und brechen und geistlich arm machen zu lassen. Wir erinnern uns Alle an gewisse Situationen unsres Lebens, wo wir in unglaublicher Weise schief gedacht und gehandelt haben. Es geht uns noch jetzt so, dass wir die Fäuste ballen möchten gegen uns selber, wenn wir daran denken. Es sind vielleicht viele Jahre darüber verstrichen, und doch steht uns unsre Dummheit oder unser Unrecht von damals noch jetzt zum Greifen lebendig vor Augen. Ja, was ist denn das Aufregende an solchen Erinnerungen? Wäre es einfach eine Erinnerung an

---

[3] Oberdeutsch für: starrköpfig.

Kinderstreiche, über die wir jetzt hinaus sind, dann würden wir schwerlich noch jetzt die Faust machen, obwohl Erinnerungen darunter sein können, die bis in die Kinderzeit hinaufgehen. Das Aufregende besteht aber darin, dass wir spüren, dass wir unter gleichen Umständen möglicherweise wieder ganz gleich handeln und denken würden. Dieselben Triebe und Schwachheiten, die uns damals irregeführt, fühlen wir noch jetzt in uns lebendig. Es mag über unsern einstigen Fehler äußerlich längst Gras gewachsen sein, in Wirklichkeit ist er noch da, ist er noch lebendig, wir sind noch nicht über ihn hinaus. Können wir angesichts solcher Tatsachen, die im Leben von Keinem von uns ganz fehlen, einfach fortfahren mit einer Handbewegung zu sagen: «Mein Haus ist meine Burg.[4] Ich weiß, was ich wert bin»? Oder sind solche Tatsachen nicht eine ernsthafte und überlegene Bedrohung unsres Selbstbewusstseins, des Gefühls unsres eigenen Wertes? Ist ein reduziertes, gebrochenes Selbstbewusstsein in diesem Fall nicht besser als ein intaktes, ungebrochenes? – |

Die andere Art, sich gegen die Bedrohungen unsres Selbstbewusstseins zur Wehr zu setzen, ist zunächst ebenfalls durchaus rechtmäßig, ja, notwendig. Wir anerkennen dann, dass tatsächlich eine Bedrohung vorliegt, dass wir es mit einem überlegenen Angreifer zu tun haben. Aber wir versuchen es, ihm zu begegnen. Wir verstärken unsre Mauern und Schanzen, wir suchen unser Selbstbewusstsein zu vertiefen und zu bereichern, den Wert unsrer Persönlichkeit zu erhöhen durch ernste Arbeit an uns selbst, an unserm Charakter, unsrer Erkenntnis, unserm Willen, unsern Fähigkeiten. Und so antworten wir auf die Anfechtungen von innen und von außen mit der Tat. Das ist schon besser und in einer ungeheuren Anzahl von Fällen ist es zunächst das Einzige, was zu empfehlen ist. In der Konkurrenz des materiellen und geistigen Lebens, die unser Selbstbewusstsein erdrücken will, heißt das probate Mittel: Schaffen, sich nicht unterkriegen lassen. Und in den Konflikten des innern Lebens, wenn wir vor unsern eigenen Niederlagen stehen, heißt es: sich auf die Wache stellen, Halt, Wer da! rufen, sich wehren, unter Umständen auch davonlaufen und Hilfe

---

[4] Englisches Sprichwort: «My home is my castle.» Es geht zurück auf Edward Cooke (1572–1634), der einen alten, auch im deutschen Recht enthaltenen Grundsatz so formulierte; vgl. Büchmann, S. 270.

holen, auf alle Fälle: etwas tun. Wer vor drei Wochen den Studenten-apostel John Mott gehört hat, wird sich erinnern, dass diese Gedanken wie ein kräftiger Zugwind durch alle seine Vorträge gingen.[5] Die Amerikaner sind uns überhaupt nach dieser aktiven, willensmäßigen Seite des innern Lebens weit voran. Aber ich glaube doch nicht, dass damit das letzte Wort gesprochen ist, dass ich mir sage: ich will wollen. Denn wenn dieses Wollen nicht vorzeitig zur Ruhe kommt in der Sackgasse, die wir vorhin geschildert, nämlich auf einem Punkt, wo wir uns à tout prix sagen: Ich habe Recht und behalte Recht, dann kommen wir auch mit ihm an eine Grenze, wo wir unser Selbstbe-wusstsein trotz Allem nicht aufrechterhalten können. Ich denke an die zahllosen Fälle, wo wir trotz all unsrer Anstrengungen nicht leis-ten können, was wir leisten sollen und wollen. Jeder Mensch hat seine bestimmten Schranken, an die er früher oder später einmal anrennt, wo er merken muss: *Ich* komme nicht hinüber, Schranken seines Ver-standes, seiner Handlungskraft, seiner Fähigkeiten, ebendarum aber auch Schranken seines Wertes, seiner Persönlichkeit. Und er muss nach außen, im Verkehr mit den Andern erfahren: Ich kann mich nicht durchsetzen, wie es mein Selbstbewusstsein erforderte. Andere sind mir voran, Andere sind tonangebender als ich, es kommt nicht so sehr viel darauf an, ob ich mein Gewicht in diese oder jene Waagschale werfe. Ich sage, an solche Grenzpunkte unsres Wollens kommen wir früher oder später Alle, und wenn jetzt die Behauptung des Selbst-bewusstseins durch den Willen das letzte Wort wäre, dann ist das Ende die Resignation oder die Verzweiflung. Es ist aber nicht das letzte Wort.

Es gibt den Niederlagen des Selbstbewusstseins gegenüber eine Haltung, die ist weder ein kraftloses Aufgeben seiner persönlichen Würde, noch eine kurzsichtige Einbildung, weder Untätigkeit noch eine nach vergeblichem Ringen eintretende Resignation. Diese Hal-tung besteht darin, dass wir uns eingestehen: mein Selbstbewusstsein *ist* gestört, der Wert meiner Persönlichkeit *ist* in Frage gestellt, ich *habe* eine Niederlage erlitten. In diesem Eingeständnis liegt nun die Anerkennung einer Macht, die uns überlegen ist, hier kann die Ehr-furcht anfangen. Und zwar ist das nicht etwa die Ehrfurcht vor dem

<hr />

[5]   Vgl. oben, S. 40, Anm. 7.

Widrigen und Bösen, dem wir erlegen sind. Sondern es ist die Macht des Guten, mit der unser Selbstbewusstsein da zusammengestoßen ist. Es war uns eine Aufgabe gestellt, eine Frage vorgelegt; wir unternahmen es mit Selbstbewusstsein, sie zu lösen, da rannten wir uns den Kopf blutig. Wir mussten einsehen, dass das Gute, das von uns gefordert ist, größer ist als das, was wir leisten können. Solange wir diese Einsicht nicht gewonnen haben, kann von Ehrfurcht in uns keine Rede sein. Solange wir bei einem Menschen nicht gespürt, vielleicht unangenehm gespürt haben, dass er uns überlegen ist, haben wir keine Ehrfurcht vor ihm. Gerade so stehen wir zu Gott. Wir müssen in den Niederlagen und Enttäuschungen unsres innern Lebens merken, dass er uns überlegen ist, dass er mehr von uns fordert, als wir aufbringen können, dann fangen wir an, ihn zu respektieren, vorher steht uns dazu im Grunde unser eigenes, berechtigtes Selbstbewusstsein in der Sonne.[6] Ich glaube sogar: der Glaube an Gott, die Erkenntnis Gottes fängt überhaupt erst an auf dem Punkt, wo wir durch die Niederlagen unsres Selbstbewusstseins um jene Ecke geführt werden. Vorher mag uns der Gedanke an Gott gleichsam als Ziel unsres Strebens vorangeleuchtet und den Weg gewiesen haben. Wenn unser Streben eine Störung, einen Bruch erfahren hat, dann werden wir gewahr, dass Gott eine Macht, eine Kraft ist, und zwar eine Macht, die unsrer Macht gewaltig, unendlich überlegen ist. Dann fangen wir an, dankbar und empfänglich zu werden für die Gewissheit, dass wir *trotz* unsrer Fehler und Unvollkommenheiten zu Gott gehören dürfen. Dann bekommt aber auch unser moralisches Selbstbewusstsein erst den tiefen, nachhaltigen, unermüdlichen Ernst, der es verhindert, sich selbst aufzugeben oder sich über sich selbst zu täuschen, untätig zu werden oder gegenüber den Aufgaben, die über unsre Kraft gehen, zu verzweifeln. Es hat deshalb seinen tiefen Sinn, dass die Gottesdienste besonders in unsern reformierten Kirchen seit den Tagen der Reformation eröffnet werden mit dem Bekenntnis, dass wir leider viel gesündigt haben.[7] Wenn wir das eingesehen haben, dass unser morali-

---

[6] Wohl eine Anspielung auf Diogenes von Sinope (ca. 405 – ca. 320 v. Chr.). Nach Plutarch, *Alexandros* 14, antwortete er Alexander dem Großen, der ihm einen Wunsch erfüllen wollte, lediglich mit der Bitte, er möge ihm aus der Sonne gehen; vgl. Büchmann, S. 378.

[7] Vgl. etwa J. Calvin, *La Forme des prières ecclésiastiques* (1542), CR 34,

sches Selbstbewusstsein gestört und gebrochen ist, *dann* sind wir in der Lage, Gottes Liebe einzusehen und zu ergreifen. Diese beschämende und niederdrückende Einsicht unsrer Schranken, unsrer Niederlagen, die den Keim der Ehrfurcht vor der Größe Gottes in sich trägt, ist die *Sanftmut*, von der Jesus redet. Wir sehen, wie weit sie entfernt ist von der natürlichen und der künstlichen Sanftmut, an die wir beim Klange dieses Wortes zu denken gewöhnt sind. Wir ahnen jetzt aber auch, wie Jesus dazu kommt, die Sanftmut, die Störung des Selbstbewusstseins selig zu preisen.

Um von der Ahnung zur Gewissheit zu kommen, müssen wir dem zweiten Teil seines Wortes näher treten. Selig sind die Sanftmütigen; *denn sie werden das Erdreich besitzen.* Das weckt nun zunächst wieder eine Menge Fragen in uns auf. Dass die Sanftmut, die Erkenntnis der Schranken und Niederlagen unsres Selbstbewusstseins, die notwendige Vorbereitung ist fürs Himmelreich, das lassen wir uns vielleicht sagen. Dass wir ohne sie mit Gott nicht ins Reine kommen, das sehen wir ein. Dass es in unserm innern Leben um diese Ecke gehen muss, wenn es vorwärts gehen soll, das haben wir vielleicht an uns selbst schon erfahren. Aber nun hören wir ausdrücklich, dass die Sanftmütigen nicht nur auf dem rechten und notwendigen Weg zu Gott, sondern auf dem Weg zur Macht in der Welt, im äußern, sichtbaren Leben seien. Das kehrt uns wieder einmal alle unsre Begriffe um. Wir sind gewohnt, aufs Säuberlichste zu unterscheiden zwischen Gott und der Welt, zwischen Innerm und Äußerm, zwischen Himmelreich und Erdreich. Was uns hier recht ist, ist uns dort gar nicht ohne Weiteres billig. Es hat mir letzthin ein junger Mann mit verdankenswerter Offenheit gesagt: «Wenn man in Genf zu leben hat, geht's nicht so direkt in den Himmel, als Sie meinen.» Und so denken wir wohl auch umgekehrt: Wenn man direkt in den Himmel will, kann man nicht in Genf leben. Wenn man Ernst machen will mit dem gebrochenen Selbstbewusstsein, dann wird man auf alle Fälle nicht das Erdreich besitzen, man wird dann nicht einmal gute Geschäfte machen und bei den Menschen etwas gelten. Sondern die etwas gel-

Sp. 173–184, dort Sp. 173f. (auch in: *Calvin Studienausgabe*, hrsg. von E. Busch u. a., Bd. 2: *Gestaltung und Ordnung der Kirche*, Neukirchen-Vluyn 1997, S. 160/161–180/181, dort S. 162/163).

ten und sich durchsetzen, die gute Geschäfte machen, die das Erdreich erwerben und besitzen, das sind die ungebrochen Selbstbewussten, die, sei's aus Naivetät[8], sei's aus Einbildung, durch dick und
dünn gehen und nicht rechts noch links sehen in der Gewissheit: Ich
bin der Mann, der Alles kann. Das scheint nun Alles zunächst ganz
richtig zu sein und der tatsächlichen Erfahrung des Lebens zu entsprechen. Die Sichern, die Selbstbewussten, die mit den Scheuklap-
pen sind es, die im Leben, auf den Gewässern des Erdreichs obenauf
schwimmen wie die Fettaugen auf der Suppe. *Sie* führen das große
Wort überall, wo sie hinkommen, *sie* sitzen in allen Behörden, *sie*
verstehen Alles und machen Alles, *sie* sind die Stützen der Gesellschaft. Großartig, beneidenswert, nicht wahr? Man mag ja wohl einwenden, dass sie ein wenig borniert seien in Bezug auf sich selbst und
ihre Qualitäten, aber offenbar steht's eben so, dass ein wenig von
dieser Borniertheit, die das Gegenteil von der Sanftmut ist, unentbehrlich ist, wenn es darauf ankommt, das Erdreich zu besitzen, sich
im Leben zu behaupten und durchzusetzen. Die Sanftmut mag gut
sein fürs Himmelreich, für das innere Leben, fürs Erdreich ist Borniertheit und Setzköpfigkeit empfehlenswerter. Jesus hat dann eben
an diesem Punkt Unrecht, er hat da über etwas geredet, was nicht zu
seiner Kompetenz gehörte.

Wirklich? Ja, was heißt denn *das Erdreich besitzen*, wenn wir der
Sache auf den Grund gehen? Ganz richtig verstehen wir darunter das,
dass man sich behaupte und durchsetze in diesem gegenwärtigen,
sichtbaren, wirklichen Leben. Es handelt sich um die Frage, wer in
diesem Leben die eigentlich Mächtigen sind. Sind das die Selbstbewussten à tout prix oder die mit dem erschütterten Selbstbewusstsein?
Wir haben allerlei gesehen, was für das Erstere zu sprechen schien,
und doch ist es nicht richtig. Die eigentlich Starken, die Sieger im
Leben sind die Andern. In Italien sind zwei berühmte Türme, die
jedem Kunstfreund bekannt sind, beide viele Jahrhunderte alt: der
Campanile in Venedig und der Turm von Pisa. Beide wurden errich-
tet auf einem gefährlichen, weil unsoliden und nachgiebigen Terrain.
Das zeigte sich schon in alter Zeit bei dem Turm von Pisa. Er hat sich
auf der einen Seite gesenkt, bis er im Boden auf Widerstand stieß. Er

[8]   Ältere Form von: Naivität.

ist seitdem als der schiefe Turm berühmt geworden. Aber obwohl er schief ist, oder vielmehr weil er schief geworden ist, *steht* er jetzt, und es erwartet kein Mensch seinen Einsturz, denn er hat durch das Schiefwerden sein Fundament gefunden. Während alledem ist der Turm auf der Lagune von Venedig durch all die Jahrhunderte kerzengerade dagestanden, obwohl sein Terrain nicht besser, sondern schlechter war. Da bekam er vor einigen Jahren plötzlich Risse und Sprünge, und es war kein Halten, in kurzer Zeit kam die Katastrophe, er fiel zusammen.[9] Wem wollen wir gleichen, dem Turm von Pisa oder dem Turm von Venedig? Auf bedenklichem Terrain stehen wir Alle, unser Selbstbewusstsein *ist* bedroht durch unsre lebendig wirksamen Fehler, durch die Schranken unsrer Persönlichkeit, durch die Überlegenheit Anderer. Wer ist nun der Stärkere, wer hat die größere Kraft für die Sorgen und Aufgaben des Lebens, der, dessen Selbst gebrochen ist und der eben damit sein Fundament gefunden hat, die Ehrfurcht vor einer Macht, die größer ist als er, oder der Andre, der flott und froh immer recht hat, der Alles weiß und Alles kann? Wir wissen es, die Sicherheit des Letztern ist ein *Schein*, während die Unsicherheit des Erstern in Wirklichkeit Sicherheit ist. Der Letztere[10] *scheint* das Erdreich zu besitzen, zu gelten im Leben, es zu etwas zu bringen, beim Erstern ist es Wahrheit. Der Letztere *scheint* zu stehen, solange er nicht gefallen ist, der Erstere steht, nachdem er gesunken ist. |

Ich will ein banales Beispiel nennen: Zwei Geschäftsleute stehen vor dem notwendigen Fallit. Der Eine sagt sich: mein Selbstbewusstsein verbietet mir, es zum Fallit meines Hauses kommen zu lassen, und darum wendet er an erlaubten und unerlaubten Mitteln an, was er anwenden kann, um den Stand der Dinge zu verschleiern, solange als möglich. Der Zweite geht, sobald er einmal gesehen hat, wie die Sache steht, aufs Stadthaus und meldet Konkurs an. Mit dieser Anerkennung seiner Niederlage erreicht er es, dass er auf einer solideren

---

[9] Der Campanile di San Marco war 1902 während notwendig gewordener Restaurierungsarbeiten eingestürzt, wurde seit 1903 in alter Gestalt wiederaufgebaut und am 25. April 1912 wieder eröffnet.

[10] In Barths Manuskript steht in diesem und im folgenden Satz statt «Letztere» jeweils «Erstere» und umgekehrt, was im Kontext sinnentstellend und wohl auf ein Versehen zurückzuführen ist.

Grundlage neu anfangen kann und dass er mit seiner neuen Arbeit dem Andern um so viel Monate oder Jahre voran ist, als der unterdessen sein Selbstbewusstsein und seine Firma scheinbar noch behauptet. Es mag aber sein, dass dieses Beispiel zu sehr nach Geschäftsklugheit riecht, mit der wir die Verheißung Jesu sicher nicht vermengen wollen. Wir wollen darum höher steigen. Ist es dir noch nie so gegangen: du warst mit einem Menschen in Meinungsverschiedenheit. Ihr habt Beide aufs Lebhafteste und Gewandteste euren Standpunkt verteidigt. Da gibt plötzlich der Andre nach. Er sagt zu dir: ich habe mich geirrt, ich sehe, dass ich das und das nicht halten kann, ich bitte um Verzeihung. Ist es dir da nicht fast unangenehm durch alle Nerven gelaufen: jetzt ist *er* der Stärkere, jetzt hat er etwas vor mir voraus? Sind dir da nicht plötzlich deine eigenen Gründe und Argumente etwas fadenscheinig vorgekommen? Hattest du da nicht das Gefühl, dass du trotz deinem Recht Unrecht habest? Woher kommt das? Der Andre hat die geheimnisvolle Kraft der bewussten Niederlage für sich. Sein Turm hat sich gesenkt, aber jetzt steht er. Ich denke weiter daran, wie es im geistigen Leben zuzugehen pflegt. Da mag's oft genug auch so aussehen, als ob die Selbstbewussten, die auf alle Fragen eine fix und fertige Antwort[11] haben, die, denen man es anspürt, dass sie nicht mehr lernen, sondern nur noch lehren wollen, und die darum tatsächlich das große Wort führen, als ob die die eigentlichen Besitzer des Erdreichs, die Führer und Helden des Geisteslebens seien. In den religiösen Fragen, in der Erziehung, in der Literatur mag es oft genug so aussehen, als ob die Korkstöpsel, die obenauf schwimmen, zugleich die Magnetnadeln des Guten und des Fortschritts seien. Neben ihnen sind Andere, die treten nicht so sicher auf, die wissen nicht auf Alles zu antworten, die machen wohl auf Manche den Eindruck der Charakterlosigkeit, weil sie immer nur zu fragen, zu suchen, zu lernen scheinen. Woher kommt es? Sie haben ihre Grenzen kennengelernt, sie sind die Wege der verschiedenen möglichen Ideen und Richtungen zu Ende gegangen und haben gesehen, dass es da mehr Sackgassen und Labyrinthe gibt, als die oberflächliche Sicherheit der Andern meint. Sie sind dadurch zurückgedrängt auf ein verhältnismäßig kleines Gebiet von geistiger Sicherheit

[11] Mskr.: «Antworten»; von den Hrsg. korrigiert.

und eignen sich deshalb schwerlich zu Wortführern und Rufern im Streit. Aber wo ist die tatsächliche Lebensmacht, was wird sich schließlich in der Entwicklung durchsetzen: die große Gewissheit der Selbstbewussten oder die kleine Gewissheit derer, die ihre Schranken kennengelernt haben? – |

Es ist gerade in den letzten Jahren oft darauf hingewiesen worden, dass der *Calvinismus* im Gegensatz zu dem weltfremden Luthertum und vollends zum Katholizismus sich vom 16. bis zum 18. Jahrhundert als eine Macht von außerordentlicher Weltbeherrschungs- und Weltüberwindungskraft erwiesen hat.[12] Aus dem Calvinismus sind Politiker von der weltmännischen Energie und Umsicht eines Wilhelm von Oranien[13], eines Oliver Cromwell[14] und Männer der exakten zuverlässigen Wissenschaft wie Immanuel Kant[15] hervorgegangen. Aus der Schule der Schüler Calvins kamen die Pioniere europäischer

---

[12] Vgl. etwa folgende wegweisende Arbeiten, von denen die wissenschaftliche Diskussion auf Jahrzehnte hinaus beeinflusst werden sollte: W. Sombart, *Der moderne Kapitalismus*, Leipzig 1902; M. Weber, *Die protestantische Ethik und der Geist des Kapitalismus*, in: Archiv für Sozialwissenschaften und Sozialpolitik, Jg. 20 (1904), S. 1–54 / Jg. 21 (1905), S. 1–110 (umgearbeitete Fassung in: ders., *Gesammelte Aufsätze zur Religionssoziologie*, Bd. 1, Tübingen 1920, S. 17–206; kommentierte Neuausgabe: ders., *Die protestantische Ethik und der Geist des Kapitalismus. Vollständige Ausgabe*, hrsg. und eingeleitet von D. Kaesler, München 2010³).

[13] Wilhelm von Oranien (1533–1584) trat 1573 zum Calvinismus über und war als Heerführer im niederländischen Unabhängigkeitskrieg gegen Spanien einer der Mitbegründer der staatlichen und religiösen Freiheit der Niederlande.

[14] Oliver Cromwell (1599–1658) war seit 1628/29 bekennender Puritaner und wurde als Vorkämpfer gegen eine absolutistische Monarchie 1653 zum Lordprotektor von England, Schottland und Irland ernannt.

[15] Immanuel Kant, in einem pietistisch geprägten Elternhaus aufgewachsen, war von 1747–1750 Hauslehrer bei dem reformierten Prediger Daniel Ernst Andersch. Über eine dort sicher mögliche Beeinflussung (so etwa L. Richter, *Immanenz und Transzendenz im nachreformatorischen Gottesbild* [FSThR 1], Göttingen 1955, bes. S. 121) hinaus ist eine direkte reformierte Prägung Kants nicht belegt. Stellvertretend für die enge Beziehung, in der die deutsche Diskussion um die Jahrhundertwende Kant und den Protestantismus vielfach stehen sah, sei hingewiesen auf: Fr. Paulsen, *Kant, der Philosoph des Protestantismus*, Berlin 1899; J. Kaftan, *Kant, der Philosoph des Protestantismus*, Berlin 1904.

Zivilisation in Nordamerika und die Begründer des modernen Handels am Rhein und in Holland. Wir machen heute Calvin gern den Vorwurf, durch seine Lehre von der Unfreiheit des Willens, von der absoluten Alleinwirksamkeit Gottes sei das Selbstbewusstsein und die Lebenskraft des Menschen erniedrigt und erdrückt worden. Wie reimen sich nun diese Lehren mit den angeführten Tatsachen? Besteht hier ein Zusammenhang oder nicht? Ist der Calvinismus *trotz* der Prädestinationslehre eine Kulturmacht ersten Ranges geworden oder *wegen* der Prädestinationslehre? Ich meine nicht *trotz*, sondern *wegen*![16] Denn indem diese Menschen es furchtlos zu Ende dachten, dass der Mensch gar nichts sei, gar nichts könne und wisse, was bleibenden Wert habe, trat, wie wir's heute geschildert haben, in ihre Herzen, in ihre Köpfe, in ihre Gewissen die *Ehrfurcht*: Gott ist Alles. Dieser Gott aber ist der Gott der Wahrheit, des Rechts und der Arbeit. Es gibt heute wie damals keine größere Kulturmacht und Weltmacht als Menschen, die in der Gewissheit leben, dass Gott Alles ist. Und zu dieser Gewissheit kommen wir, wenn wir um die Ecke unsres Weges gehen, wo das Selbstbewusstsein zurückbleibt.

Selig sind die Sanftmütigen, denn sie werden das Erdreich besitzen. Ich glaube, es ist wichtig, dass Jesus hier gerade vom Erdreich redet. Gewiss werden sie auch das Himmelreich besitzen. Aber das Himmelreich und das Erdreich sind nach der Meinung Jesu nur die zwei Seiten derselben Sache, nämlich des Reiches Gottes in den Menschen und bei den Menschen. Hätte er hier gesagt: sie werden das Himmelreich besitzen, so würden wir ihn und die Sanftmut, die er selig preist, vielleicht nicht recht ernst nehmen. Denn unser Selbstbewusstsein, das in der Sanftmut zur Ehrfurcht werden soll, hat es zunächst mit dem Erdreich zu tun, mit diesem wirklichen sichtbaren Leben, mit unsern Wünschen und Anliegen, mit unserm Verkehr mit Andern hier in diesem Leben. Und nun stellt uns Jesus vor die Tatsache, dass die Sanftmut die wahre Macht gerade in diesem Leben ist. Er will aber auch damit nichts Anderes, als uns in eindringlichster Weise auf den Weg zu Gott stellen.

[16] So auch Max Webers These, vgl. etwa Weber, *Aufsätze*, Bd. 1 (Anm. 12), S. 102–113.

Diesen Weg oder diese Wegstrecke gehen wir dann, wenn wir verstehen lernen, was das heißt: Aus der *Tiefe* rufe ich, Herr, zu dir [Ps. 130,1]![17]

Amen.

Lieder:
Nr. 159: «Fahre fort» von J. E. Schmidt, Strophen 1–3 und 4–6.
Nr. 296: «Hinab geht Christi Weg» von A. Ingolstetter, Strophen 1–2.

Lesungstext: Ps. 130

---

[17] Beginn des von Barth als Lesungstext für diesen Gottesdienst ausgewählten Psalms 130.

Matthäus 5,6

*Selig sind, die da hungert und dürstet nach der Gerechtigkeit; denn sie
sollen satt werden.*

Liebe Freunde!

Es gibt unzählige Menschen, die innerlich hungern und dürsten, die
an der Stelle ihres Herzens, wo Gott sein sollte, eine große Lücke
verspüren. Äußerlich merkt man ihnen vielleicht nichts oder wenig an.
Sie leben und lassen leben,[1] sie arbeiten und genießen, sie trauern und
sie freuen sich, Alles wie Andre auch, und nur, wer sie genau kennt,
vermag es, bisweilen wie durch einen Spalt hinunterzusehen in die
große Leere, in das tiefe Unbefriedigtsein ihres Daseins. Es gibt kaum
etwas Erschütternderes als den Anblick dieses innern Hungers im
Menschenherzen, und wie oft hat man diesen Anblick. Ich sagte: bei
Manchen weiß er sich zu verbergen, sie verbergen ihn wohl auch vor
sich selber. Aber Manchen sieht er aus den Augen, wie der leibliche
Hunger. Es berührt uns in ihrem Wesen, während sie vielleicht in
ihrem Benehmen heiter, geschäftig und lebhaft sind, etwas von der
großen Monotonie der innern Langeweile, der Verdrossenheit, der
Resigniertheit gegenüber dem Leben. Sie gleichen Einem, der im Ruf
großen Reichtums steht. Man kommt in sein Haus, und in der Tat, da
steht eine mächtige Kiste, schön verziert und schwer zum Heben. Ihr
Besitzer bestätigt uns, dass sie voll Gold ist. Aber nachher, unter vier
Augen, flüstert er uns ins Ohr, dass er den Schlüssel dazu verloren hat.
Menschen, die leben, aber sie haben keinen Schlüssel zum Leben. Ein

---

[1]   In den allgemeinen Sprachgebrauch eingegangene Toleranz-Maxime, die
sich bei vielen Klassikern findet; vgl. etwa G. E. Lessing, *Leben und leben
lassen. Ein Projekt für Schriftsteller und Buchhändler* (Erstdruck: 1800; ders.,
Werke, hrsg. von H. G. Göpfert u. a., Bd. 5: *Literaturkritik, Poetik und Phi-
lologie*, München 1973, S. 781–787); J. W. von Goethe, *Egmont*, erster Aufzug
(Armbrustschießen); Fr. Schiller, *Wallenstein. Wallensteins Lager*, Sechster
Auftritt (Jäger. Wachtmeister. Trompeter).

blühender, essender, trinkender und arbeitender Körper, ein aufge-
weckter, denkender, strebsamer Geist vielleicht, aber es fehlt gerade
an dem, was dem Menschen Freude an dem Allen geben würde. Eine
Blume im Wasserglas, sie wird sich noch einige Tage öffnen und schließen, sie wird noch einige Zeit schön aussehen, wie die Blumen auf dem
Feld, aber sie ist abgeschnitten, es fehlt die Wurzel, es fehlt die Erde, es
fehlt darum die Lebenskraft. Es mag nur auf den ersten Blick zweifelhaft erscheinen, ob das, was solchen Menschen fehlt, gerade Gott
sei, ob die Lücke in ihrem Herzen, die sie verspüren und die man
ihnen anspürt, gerade die Stelle ist, wo Gott hingehörte. Manche werden sagen, dass sie mit Gott fertig seien, dass sich ihnen der Gedanke
an Gott überhaupt mehr oder weniger als eine Einbildung erwiesen
habe, dass er ihnen nichts biete, dass das, was ihnen fehle, irgend etwas
Anderes sei, aber nicht gerade Gott. Andre glauben an Gott oder sie
meinen es wenigstens, sie zweifeln nicht an seinem Dasein und auch
nicht daran, dass er für unser Leben Einiges zu bedeuten habe. Aber
im Grunde sind sie im selben Fall wie jener andre auch. Sie sagen in
ihrem Sinn auch: mit Gott bin ich in der Ordnung, auf dieser Seite
stimmt es, aber ... |

Ja, wo fehlt es denn, bei den Einen wie bei den Andern, bei denen,
die von Gott nichts wissen wollen, und bei den Andern, die von Gott
allerlei zu wissen behaupten, und die doch Beide in akkurat der gleichen Weise im innersten Zentrum ihres Lebens leer sind, Reiche mit
verschlossenem Schatzkasten, abgeschnittene Blumen, tote Lebendige? Der Hunger und Durst, den sie leiden und den wir sie leiden
sehen, ist vielleicht der Mangel an einer befriedigenden Lebensaufgabe,
vielleicht der Mangel an gesundem Selbstbewusstsein, vielleicht der
Mangel an lieben und vor Allem verständnisvollen Menschen, vielleicht – und das kommt heute häufig vor – der Mangel an einer zu
Ende zu denkenden, geschlossenen Weltanschauung. Wir können die
Frage auf sich beruhen lassen, ob das Alles im Grunde der Hunger
und Durst nach Gott ist oder nicht. Wir sagen: natürlich ist er's. Denn
wenn es einem Menschen so in irgend einer Weise gerade in dem
Mittelpunkt seines Lebens fehlt, dann fehlt es ihm eben an Gott. Aber
der Name, den man der Sache gibt, ist ja schließlich gleichgiltig, die
Hauptsache ist der Zustand selbst, in dem wir Viele sich befinden
sehen, dieser Zustand des innern Hungerns und Dürstens. Kann man

ohne Weiteres von ihnen sagen, was wir im Worte Jesu hören: *Selig sind sie?* Sind sie im Grunde dem Leben, der Wahrheit oder Gott doch nahe, näher vielleicht als andere, weil es ihnen zwar fehlt an jenem geheimnisvollen Mittelpunkt des Herzens, aber sie blicken doch mit sehnsüchtigen Wünschen aus nach dem und jenem, was sie in die Lücke stellen möchten, nach einer Lebensstellung, nach Persönlichkeitsbewusstsein, nach einem gleichartigen Menschen, nach kräftigen Gedanken? |

Heißt's von solchen: *Selig sind sie?* Ich glaube, es würde ein rechtes Advokatenkraftstück bedeuten, wenn man das behaupten und beweisen wollte. Und wenn wir solche Menschen selbst danach fragen würden, sie würden uns, sie, die es doch wissen müssten, mit einem schmerzlichen Lächeln antworten: Selig? Nein, das nun gerade nicht. Auch der *Grund* würde ja bei ihnen nicht stimmen, den Jesus für dies «Selig sind sie» angegeben hat: denn *sie sollen satt werden.* In unzähligen Fällen geht von jenen heißen Wünschen keiner in Erfüllung. Wir hungern und dürsten nach diesem und jenem, was uns Kraft und Mittelpunkt und Schlüssel zu einem befriedigenden Leben zu sein scheint, aber wir werden nicht satt, wir bekommen es nicht:

Sehnend breit ich meine Arme
Nach dem teuren Schattenbild,
Ach, ich kann es nicht erreichen,
Und das Herz bleibt ungestillt.[2]

Und *wenn* wir es bekommen, fängt dann nicht jenseits der Erfüllung die neue Sehnsucht an, geht es uns nicht wie den Entdeckern von Amerika, die das gelobte Land Indien gefunden zu haben meinten, bis sie eines Tages an das Ufer eines neuen gewaltigen Ozeans gelangten, der sie von ihrem Ziele trennte? So würde die Seligpreisung Jesu weder auf das Hungern und Dürsten, noch auf das Sattwerden passen. Aber das kann uns auch nicht wundern. Wir haben das wichtigste Wort in unserm Text bis jetzt noch nicht beachtet.

Das Wort heißt *Gerechtigkeit.* Ob die Hungernden und Dürstenden, von denen wir bis jetzt geredet, Hungernde und Dürstende nach Gerechtigkeit sind? Man kann eben auf recht verschiedene Weise

[2] Aus Strophe 3 von Fr. Schillers Gedicht «Der Jüngling am Bache» (Erstdruck 1803; Sämtliche Werke, Bd. 1, München 1962³, S. 406f.).

Sehnsucht haben nach Gott, nach dem Leben, nach der Wahrheit, oder wie man das nennen will, was uns den innern Halt gibt und was so Viele in sich vermissen. Gewiss, alle jene Dinge, die wir genannt haben, hängen mit Gott sehr nahe zusammen, wo Gott in einem Menschen ist, da können sie nicht fehlen. Aber solange unser Hungern und Dürsten bloß nach jenen hohen und schönen Dingen geht, gleichen wir einem Menschen, der in das Haus eines Andern ginge, sich an seinen Mittagstisch setzte und es sich mit ihm wohl sein lassen wollte, ohne ihn zu kennen und ohne Notiz von ihm zu nehmen. Wir suchen dann wohl Gottes Gaben, aber nicht Gott selbst; wir suchen die Wirkungen des Lebens, aber nicht das Leben selbst; wir suchen den Segen und die Kraft der Wahrheit, aber nicht die Wahrheit selbst. Diese Verwechslung ist der große Nebel, in dem so viele sogenannte Gottsucher und Lebenskünstler von heutzutage herumtappen. Sie merken nicht, dass das, was ihnen fehlt und was sie suchen, aus einer Quelle fließt, wie es solche gibt, die an einem bestimmten Ort aus der Erde kommt und dann sofort wieder in der Erde verschwindet. Wer von ihrem Wasser trinken will, der darf nicht nach ihren Abläufen suchen, obwohl ihm das vielleicht bequemer wäre, er darf auch nicht verlangen, dass es auf Flaschen abgezogen zu ihm gebracht werde. Sondern er muss sich selber zur Quelle begeben oder er muss sich, was vielleicht bei den Meisten von uns zutreffender ist, dahin tragen lassen, wie der Gichtbrüchige in Kapernaum zu Jesus gebracht wurde [vgl. Mk. 2,3]. Aber zur Quelle muss er. Die Sehnsucht nach diesen und jenen schönen Dingen hilft uns gar nichts, solange wir sie an den Abflüssen statt an der Quelle suchen, solange wir uns nach den Gaben sehnen statt nach dem Geber, nach den Wirkungen statt nach der Ursache, nach dem Segen statt nach dem Vater.

Die Quelle, die Ursache, nach der wir fragen müssen, ist die Gerechtigkeit und der Vater, der Geber, zu dem wir uns aufmachen müssen, ist der Gott der Gerechtigkeit. Ich glaube, den Hoch- oder Tiefstand unsres innern Lebens, unsrer Frömmigkeit, unsres Verhältnisses zu Gott können wir, wie man an einem Barometer abliest, entnehmen aus dem starken oder schwachen Klang, den dies Wort «Gerechtigkeit» oder das, was es ausdrückt, in uns erweckt. Sieht man aufs Ganze, so gibt es heutzutage zweifellos viele, sehr viele innerliche, fromme, gottsuchende Menschen. Aber ich weiß nicht, ob ich mich irre, es kommt mir vor: die Menschen suchen bei Gott allerlei Anderes, aber nicht gerade Gerechtigkeit. Vielleicht liegt hier eine Wurzel der Tatsache, warum wir in den wichtigsten Beziehungen ein so wenig tiefes und schwächliches Geschlecht sind. Es hat Zeiten und Menschen gegeben, bei denen Beides anders war. Ich denke z. B. an die Frömmigkeit der Menschen, die die Psalmen des Alten Testaments geschrieben haben. Kaum finden sich in diesen Zeugnissen innerer Erfahrung zwei Seiten, auf denen das Wort Gerechtigkeit *nicht* vorkäme. Und die Sache ist überall da. Sei's, dass Gottes Gerechtigkeit verherrlichet wird, sei's, dass der Sänger darum betet, sei's, dass er sich ihrer freut als eines bereits gewonnenen Besitzes. Und die Kehrseite ist ganz deutlich. Weil für diese Menschen die Gerechtigkeit die Lebensfrage und die Gottesfrage ist, weil sie an die Quelle gehen, darum haben sie Alles das an innerem Besitz, was wir bei Gott suchen, ohne an Gottes Quelle gehen zu wollen. Darum finden sie für die Freude an Gottes Gaben Worte wie die des 23. Psalms: Mir wird nichts mangeln..., und ob ich wanderte im finstern Tal, fürchte ich kein Unglück... Gutes und Barmherzigkeit werden mir folgen mein Leben lang [Ps. 23,1.4.6]. Oder wir nehmen die Briefe des Paulus vor mit der Frage: was sucht *dieser* Mann bei Gott? Was ist *sein* Lebensziel, um das sich sein Denken und Empfinden dreht? Und wieder begegnet uns das Eine: Gerechtigkeit. Seine große Frage ist beständig die: wie wird der Mensch gerecht?[3] Und zu seiner großen Antwort: *in Christus*, kommt er, weil er in Christus Gottes Gerechtigkeit offenbar geworden sieht. Aber weil er Gott in der Gerechtigkeit sucht und findet, darum kann er dann auch solche Triumphlieder der innern Sicherheit und des innern Reichtums anstimmen wie das in Röm. 8: Denen, die Gott lieben, müssen alle Dinge zum Besten dienen... Ist Gott für uns, wer mag wider uns sein?... Ich bin gewiss, dass nichts uns zu scheiden vermag von der Liebe Gottes [Röm. 8,28.31.38f.]. Paulus kann von diesen Dingen, nach denen wir oft so hilflos hungern und dürsten, so reden, weil er zuerst gehungert und gedürstet hat nach Gerechtigkeit. Er kann sich seines Hauses freuen, weil es auf einen Felsen gegründet ist [vgl. Mt. 7,25]. Und wenn wir herausmöchten aus der Leerheit und Unbefriedigtheit unsres innern Daseins, wenn wir möchten, dass Jesu:

[3] Vgl. bes. Röm. 3,21–31.

Selig sind sie! auf unser Hungern und Dürsten zutrifft, dann müssen wir unsrerseits ausschauen lernen nach diesem Felsen und nicht verlangen, ein Haus ohne Fundament zu bauen und womöglich noch mit dem Dache anzufangen.

Was heißt denn das, «Gerechtigkeit»? Wir müssen Achtung geben, dass wir ja nicht zu wenig darunter verstehen, sonst könnte uns das Wort Jesu unter den Händen wieder kraftlos und unwahr werden. – Man hat die Gerechtigkeit, nach der wir hungern und dürsten sollen, verstehen wollen als die Gerechtigkeit unsres moralischen Lebens. Die Gerechtigkeit wäre das, was wir sonst etwa Pflicht und Schuldigkeit nennen. Ganz gewiss gehört das auch zur Gerechtigkeit, und ohne das gibt es keine. Aber ich glaube nicht, dass Jesus uns, wenn er uns *das* hätte sagen wollen, gesagt hätte, wir sollten hungern und dürsten nach unsrer Pflicht und Schuldigkeit, sondern er hätte uns gesagt, dass wir sie erfüllen und tun sollen. Den Dingen, die wir tun können und tun sollen, gegenüberstehen mit dem Gefühl der Leerheit, des Hungerns und Dürstens, das ist nicht der Geist Jesu, das ist überhaupt kein guter Geist. Wenn *das* der Grund unsrer innern Unbefriedigtheit ist, dann ist ihm leicht abzuhelfen; wenn wir keine dringenderen Pflichten haben, im Notfall mit Holzhacken oder einer andern gehörigen Pflicht, die wir uns schaffen. –|

Moderner ist eine andre Auslegung. Man hat daran erinnert, dass Jesus es in Galiläa und sonst mit dem niedern und niedersten Volk, mit der sozialen Klasse zu tun hatte, die im Gegensatz zu den frommen Pharisäern nicht nur geistlich, sondern überhaupt arm und elend waren, also mit denen, die im Leben nicht zu ihrem Recht kamen. Von denen hätte er dann gesagt: Selig seid ihr, die ihr hungert und dürstet nach eurem Menschenrecht zum Leben, zur Freude, zum Genuss. Selig seid ihr, denn ihr sollt satt werden. Das Reich Gottes bringt euch Gerechtigkeit und Recht. Ihr versteht wohl ohne Weiteres, warum man gerade in unsrer Zeit auf diese Auslegung gekommen ist.[4] Haben wir doch seit einem halben Jahrhundert und mehr eine gewaltige Bewegung vor Augen, die sozialistische Arbeiterbewegung, die in ihrem

---

[4] Vgl. z. B.; H. Kutter, *Gerechtigkeit (Römerbrief Kap. I–VIII). Ein altes Wort an die moderne Christenheit*, Berlin 1905; L. Ragaz, *Das Evangelium und der soziale Kampf der Gegenwart*, Basel 1906.

Kern wirklich nichts Anderes ist als ein Hungern und Dürsten der gesellschaftlich Zurückgestellten oder Enterbten nach ihrem Menschenrecht, nach einem ebenbürtigen Platz an der Sonne.[5] Ob es so gehen wird, wie Viele meinen, dass dieser Kampf um die soziale Gerechtigkeit in Zukunft noch viel mehr als in der Vergangenheit das gesamte materielle und geistige Leben beherrschen wird, das getraue ich mich nicht zu entscheiden. Aber das ist sicher, dass im gegenwärtigen Moment die wichtigsten sittlichen Fragen des öffentlichen und privaten Lebens, ich erinnere nur an die Fürsorge für die schulentlassene Jugend, an die Frauenfrage und Alles, was damit zusammenhängt, an die Alters- und Unfallversicherung, an die Ruhetagsfrage, an die Alkoholfrage, dass Alles das gegenwärtig mit der Frage der sozialen Gerechtigkeit aufs Engste zusammenhängt und eigentlich erst aus ihr hervorgegangen ist.[6] Wer wollte leugnen, dass diese soziale

[5] Wohl eine Anspielung auf den zur vielgebrauchten Redewendung gewordenen Satz des deutschen Reichskanzlers Fürst Bernhard von Bülow (1849–1929), den dieser am 6. Dezember 1897 in einer Reichstagssitzung im Blick auf die Besitzergreifung von Kiautschou aussprach: «Wir wollen niemand in den Schatten stellen, aber wir verlangen auch unseren Platz an der Sonne» (*Stenographische Berichte über die Verhandlungen des Reichstags, IX. Legislaturperiode, V. Session: 1897/98*, Bd. 1, Berlin 1898, S. 60).

[6] Die hier angedeuteten Kämpfe um verschiedene Aspekte der sozialen Gerechtigkeit und Gleichberechtigung wurden in der Schweiz seit der zweiten Hälfte des 19. Jahrhunderts ausgefochten. Vor 1900 standen dabei vor allem die Begrenzung der überlangen Arbeitszeiten, das Verbot von Kinderarbeit und von Nacht- und Sonntagsarbeit von Frauen und Jugendlichen im Vordergrund. Ab etwa 1900 wurde verstärkt auch die Gleichberechtigung der Frauen gefordert, die 1904 von der 1888 gegründeten Sozialdemokratischen Partei in ihr Programm aufgenommen wurde. Am 13. Juni 1911 wurde das Gesetz über die Kranken- und Unfallversicherung verabschiedet, die – nach Referendumsniederlagen – allerdings erst 1914 (Krankenversicherung) bzw. 1918 (Unfallversicherung) eingeführt wurden. Das Schweizerische Zivilgesetzbuch, das damals als das modernste in Europa galt, wurde Ende 1907 von der Bundesversammlung angenommen und trat am 1.1.1912 in Kraft. Sein Verfasser, der Berner Jurist Eugen Huber (1849–1923), «sah den sozialen Gehalt des neuen Zivilgesetzbuchs darin, mit den Mitteln des Privatrechts für die Schwachen einzustehen» (A. Prêtre, Art. «Sozialgesetzgebung», in: *Historisches Lexikon der Schweiz*, Bd. 11, Basel 2012, S. 658f., dort S. 658); vgl. zum Ganzen: Th. Maissen, *Geschichte der Schweiz*, Baden 2010, S. 214f.226. Besonders mit der Lage der Arbeiterschaft befasste sich gute zwei Jahre später Barth selbst

Gerechtigkeit, das Menschenrecht im weitesten Sinn, tatsächlich eine unbedingt notwendige Seite der religiösen Gerechtigkeit ist. Und wer wollte die tadeln, die sich deshalb als Christen verpflichtet fühlen, Sozialisten zu werden, so gut wie Andre in ihrer besonderen Lage die Verpflichtung empfunden haben, als Christen Abstinente zu werden?[7] Und doch wäre es wieder zu wenig gesagt, und es *ist* zu wenig gesagt, wenn man behauptet, die Gerechtigkeit, die Jesus gemeint hat und von der in der Bibel überhaupt die Rede ist, bestehe darin, dass jeder zu seinem Recht komme und dass der ohne Weiteres selig zu preisen sei, der hungere und dürste nach seinem Menschenrecht oder nach dem Menschenrecht Anderer. Auch da wäre zu sagen, dass Hungern und Dürsten nicht der richtige Ausdruck wäre. Die Stellung, die wir im Geiste Jesu zu der sozialen Gerechtigkeit, zu unsern eigenen Rechten und zu denen Anderer einnehmen sollen, ist nicht das Hungern und Dürsten, sondern das Schaffen. Wir sehen dann auch, dass die wirklichen und nicht bloß gefühlsmäßigen Sozialisten, die Christen darunter so gut wie die Andern, keineswegs hungern und dürsten, sondern an allerlei bestimmten Punkten etwas *tun,* um die soziale Gerechtigkeit herbeizuführen, gerade wie wir gesagt haben, dass wir nach unsrer Pflicht und Schuldigkeit nicht hungern und dürsten, sondern sie *erfüllen* sollen.

Die Gerechtigkeit, nach der die Psalmsänger, nach der ein Paulus verlangt haben und in der sie die Seligkeit gefunden, die wir bei uns vermissen, steht höher. Wollen wir sie zu Gesicht bekommen, dann müssen wir über alles, was von uns angestrebt und erreicht werden kann, hinaufsteigen zum Thron Gottes selbst. «Deine Gerechtigkeit ist eine *ewige* Gerechtigkeit» [Ps. 119,142], lesen wir in einem Psalm. Dieses «ewig» müssen wir ins Auge fassen. Von ewigen Pflichten und von ewigen Menschenrechten kann man nicht reden, wenn man

ausführlich in: K. Barth, *Die Arbeiterfrage* (1913/14), in: V.u.kl.A. 1909–1914, S. 573–682.

[7] Weil seiner Meinung nach der Alkoholkonsum die Arbeiter von ihrer eigentlichen Not ablenkte, sah Barth eine «Verzahnung der Arbeiterfrage mit der des Alkoholismus» (Busch, S. 83); entsprechend engagierte er sich wenig später in Safenwil im Blaukreuzverein, dem wichtigsten Exponenten der schweizerischen Abstinenzbewegung, dessen örtliche Leitung er übernahm; vgl. unten, S. 377, Anm. 2; V.u.kl.A. 1909–1914, S. 559f.

nicht Phrasen machen will. Denn jede Pflicht, die wir erfüllen, ist nur eine Vorstufe zu höhern Pflichten und jedes Menschenrecht, um das wir kämpfen, ist nur eine Abschlagszahlung für weitere, höhere Menschenrechte. Das weiß jeder, der nach diesen beiden Beziehungen ein waches, lebendiges Gewissen hat. Unser Schaffen und Tun kann bei keinem Erfolg, den wir anstreben und erreichen können, zur Ruhe kommen, wenn wir nicht innerlich faulen und vermodern sollen. Aber gerade die Tatsache, dass es so ist, beweist, dass es eine ewige Gerechtigkeit gibt. Jenseits von Allem, was wir suchen und finden, erstreben und erreichen, schaffen und tun können, steht ein Ziel, das uns zeitlebens nicht zur Ruhe kommen lässt. Dieses Ziel ist nicht *eine* Pflicht, sondern *die* Pflicht, es ist nicht *ein* Recht, sondern *das* Recht, es ist nicht *ein* Ziel, sondern *das* Ziel. Wir müssen uns eingestehen, dass wir es nicht erreichen *können*, und doch leben wir nicht, wenn wir es nicht erreichen *wollen*.[8] Wir brauchen bloß der Bedeutung scheinbar so einfacher Worte wie «wahr» und «gut» etwas weniger oberflächlich nachzusinnen, als wir es in der Regel tun, so leuchtet uns dieses Ziel unendlich lockend und verheißungsvoll und doch in unerbittlicher Ferne entgegen. Dieses Ziel ist die ewige Gerechtigkeit. Es ist Gott selber. Und diese jenseitige Gerechtigkeit, dieser jenseitige Gott, er scheint uns anzuziehen, indem er uns abstößt. Wir möchten, indem wir seiner gewahr werden, zugleich jauchzen:

---

[8] In diesen Ausführungen finden sich Anklänge an W. Herrmann, *Ethik*, Tübingen 1909⁴; vgl. a.a.O., S. 23: «Je mehr wir unser Wollen in der Arbeit für einen Zweck aufgehen lassen, desto lebendiger sind wir»; S. 87: «Denn wenn er [scil. der Mensch, der sich die sittliche Aufgabe stellt] innere Selbständigkeit schon zu betätigen meint, so sieht er in allem, worin er hinter der sittlichen Aufgabe zurückbleibt, seine Schuld. [...] Also das Ende des sittlichen Kampfes führt zu einem Aufgeben dessen, wodurch das Wollen wahrhaftig werden soll, weil er in seinem Anfang von der Voraussetzung eines wahrhaftigen Wollens oder eines eigenen Lebens getragen ist»; S. 135: «Nur in dem, was uns mit Jesus Christus verbindet, ist uns unsere Zukunft deutlich. Wir werden vollkommen gesinnt sein wie er, werden in der Kraft seines Geistes leben, und er wird völlig gegenwärtig sein. Das ist alles sittliches Ideal, aber durchglüht von den Erinnerungen an die geschichtliche Gestalt Jesu» (die Sätze sind in Barths insgesamt stark bearbeitetem Exemplar unterstrichen).

Ich habe nun den Grund gefunden,
Der meinen Anker ewig hält;[9]

und seufzen:

O Ewigkeit, du Donnerwort,
O Schwert, das durch die Seele bohrt,
O Anfang sonder Ende,
O Ewigkeit, Zeit ohne Zeit,
Ich weiß vor großer Traurigkeit
Nicht, wo ich mich hinwende.[10]

Diese jenseitige Gerechtigkeit, die uns erhebt und niederdrückt zur selben Zeit, die ein zugleich herrliches und furchtbares Geheimnis ist, sie ist die Quelle, zu der wir gehen müssen. Sie ist die Quelle der Gottesgerechtigkeit, deren Rauschen sich mahnend und strafend in jedes Menschen Brust ankündigt. Und in Einzelnen, Großen ist sie immer wieder hervorgebrochen wie ein Bergbach: in den Propheten Israels, in Männern wie Sokrates und Plato, so dass die Andern aufmerkten und zugleich begeistert und erschüttert dessen gewahr wurden, was in ihnen selbst sich vollzog, des erhabenen und doch so entsetzlichen Suchens nach dem, was grenzenlos und unbedingt wahr und gut ist. Und nun sind gegenüber dieser Gottesgerechtigkeit, die wir nicht erreichen *können* und die wir doch erreichen *sollen,* zwei Stellungen möglich. Und je nach dieser Stellung scheiden sich alle Menschen klar und deutlich in zwei Gruppen. Beiderlei Menschen hat auch Jesus vor sich gehabt, als er damals jenes Wort von der Gerechtigkeit sprach. Im Gleichnis vom Pharisäer und Zöllner hat Er die Beiden gezeichnet [vgl. Lk. 18,9–14].

Entweder wir treten vor Gott hin und zählen ihm auf: ich bin nicht wie Andre, die schlechter sind, ich faste zweimal in der Woche, ich gebe den Zehnten von Allem, was ich habe. Das heißt, wir finden uns mit der ewigen Gerechtigkeit ab, indem wir sie aus *der* Pflicht in *eine* Pflicht verwandeln, indem wir uns statt dessen, was wir nicht erreichen können, mit dem zufrieden geben, was wir erreichen können.

---

[9] Anfang eines Liedes von J. A. Rothe (GERS 229; EG 354).

[10] Beginn der ersten Strophe eines Liedes von J. Rist, das sich in vielen älteren Gesangbüchern findet (z. B. *Evangelisches Kirchen-Gesangbuch oder Sammlung der vorzüglichsten Kirchenlieder*, Halle 1842, Nr. 517), aber nicht mehr in GERS, RG oder EG.

Das kann auf sehr verschiedene Weise geschehen. Einige finden sich mit Gott ab, indem sie in die Kirche gehen, Andre tun dasselbe, indem sie sich an allerlei Wohltätigkeit oder Gemeinnützigkeit beteiligen, Andre, indem sie dies und das glauben, wie sie sagen, noch Andre, indem sie sagen: Ich tue recht und scheue niemand.[11] Es ist doch immer dasselbe. Wir denken: Pah, ich kann nicht *alles* tun, was ich sollte, ich will jetzt *Etwas* tun, dafür lasst mich in Zukunft in Ruhe. Wir machen es wie gewisse Schuldner, die ihre Gläubiger durch eine Abschlagszahlung einzuschläfern versuchen und die Rückzahlung der Hauptsumme auf den 30. Februar versprechen.[12] Diese Art vorzugehen, hat unzweifelhaft ihre Vorteile. Dem Pharisäer, der in dieser Weise Gott zufrieden stellte, konnte es wohl sein, ja, er konnte noch auf Andre heruntersehen, die nicht so viel fertig brachten wie er. Sobald wir nämlich aufgehört haben, uns um das Ziel zu kümmern, das ewig *über* uns steht, fangen wir an, uns *nach unten* zu vergleichen, und das erhöht dann unsre befriedigte Stimmung noch beträchtlich. Hunger und Durst nach Gerechtigkeit leiden wir dann jedenfalls nicht mehr. Wir sind ja voll von Gerechtigkeit bis an den Hals. – |

Dieser Klasse von Menschen steht nun eine andere gegenüber. Die machen die Gottesgerechtigkeit nicht zu irgend einer Menschengerechtigkeit. Sie anerkennen: es ist unendlich viel mehr von mir verlangt, als ich leisten und aufbringen kann, aber sie anerkennen auch: es ist wirklich von mir verlangt, und markten nichts davon ab. Darum stehen sie «*von ferne*» wie der Zöllner im Tempel und wissen nichts vorzubringen als das Eine: Gott sei mir Sünder gnädig! [Lk. 18,13] Sie wissen, dass keine Abschlagszahlung genügen kann, dass keine Vollkommenheit, die sie aufbringen, an das ewige Ziel der Wahrheit und des Guten heranreicht, und darum hungern und dürsten sie so nach diesem Ziel, nach der ewigen Gottesgerechtigkeit, ohne die sie nicht leben und die sie doch nicht selbst aufbringen können. Ja, meine Freunde, was ist Alles innere Hungern und Dürsten, von dem wir vorher geredet, neben *diesem* Hunger und Durst? Was sind alle Lücken, die wir in unserm Innern verspüren, neben *dieser* Lücke? Sind es

---

[11] Vgl. oben, S. 43f., Anm. 10.
[12] Redewendung, die zum Ausdruck bringen soll, dass es keine Rückzahlung geben wird.

nicht lauter Lappalien, das, wonach wir vom Dasein unbefriedigten Menschen uns sehnen, neben diesem letzten, obersten, aber unerreichbaren Ziel der Gerechtigkeit, das uns aus den Wörtlein «wahr» und «gut» entgegenblitzt und das ewig unser Gewissen beunruhigt? Sind all jene Lücken bei uns nicht bloß die Ausläufer der einen, großen Lücke, die in unserm Dasein klafft, die Lücke, wo die Ewigkeit der Wahrheit und der Güte hineingehörte! Was wollen wir tun? Wollen wir den Weg des Pharisäers gehen, uns damit beruhigen, dass wir tun, was Pflicht und Recht ist, soweit sie uns erreichbar scheinen, und im Übrigen den lieben Gott einen guten Mann sein lassen[13]? Oder wollen wir die ewige Unruhe auf uns nehmen, die uns droht, wenn wir die ewige Gerechtigkeit in ihrer ganzen Erhabenheit anerkennen, so dass wir nichts mehr zu sagen haben als: Gott sei mir Sünder gnädig!?

Selig sind sie, denn sie sollen satt werden!, hat Jesus von denen gesagt, die den letzten Weg gehen, und nicht vom Pharisäer, sondern vom Zöllner hören wir im Gleichnis: er ging gerechtfertigt hinab in sein Haus [Lk. 18,14]. Merkwürdig: solange wir nach diesem und jenem hungern und dürsten, nach jenen Dingen, die wir genannt, von denen wir uns Frieden und Ruhe für unser inneres Leben versprechen, solange werden wir nicht satt, solange wäre es ein Unsinn, uns selig zu preisen. Wir wissen es aus Erfahrung. Und doch handelt es sich dort doch verhältnismäßig um recht kleine Lücken und um kleine Dinge, die wir vermissen. Wenn sich aber die kleine Lücke in uns zum Abgrund erweitert, wenn wir merken, dass uns nicht nur dies und jenes fehlt, sondern eins und Alles, dass wir wahr und gut sein sollten in einem Maße, wie wir es nicht erfüllen *können – dann* heißt es plötzlich trotz des Abgrundes und über den Abgrund hinweg: Seligkeit! Sattwerden! Und wie es eine Tatsache ist, die wir Alle schon erfahren haben, dass unser *kleiner* Hunger und Durst nicht gestillt wird, so ist es eine Erfahrung, die uns von Unzähligen bezeugt wird und die wir auch machen können, dass der *große* Hunger und Durst, der Hunger und Durst nach der ewigen Gerechtigkeit Gottes, der wir «von ferne» gegenüberstehen, zur Seligkeit, zum Sattwerden wird. Da komme Einer und ergründe, warum es so ist! Nur ahnend können wir dieses Wunder des innern Lebens zu ergreifen suchen. Was hat der Zöllner

---

[13] Redewendung im Sinne von: nichts tun, sich um nichts kümmern.

vor dem Pharisäer voraus, was gibt ihm die Seligkeit, die jener nicht kennt? *Jener* ist fromm und rechtschaffen, er ist mit seinem Gewissen und mit Gott in Ordnung, und er weiß es, *er* weiß nichts, als dass er ein Sünder ist. Wir können zunächst nur sagen, dass er vor dem Andern das schärfere Auge für die Ewigkeit der Forderung Gottes voraus hat. Und seine Einsicht, dass sein Wollen und Vollbringen dieser Forderung nicht gerecht werden kann, erfüllt ihn mit Schauer und Entsetzen. So ist es auch dem Zachäus ergangen [vgl. Lk. 19,1–10], so den verlorenen Frauen, die zu Jesus kamen [vgl. Lk. 7,37–50; Joh. 8,1–11], so dem heidnischen Hauptmann von Kapernaum [vgl. Lk. 7,1–10]. Aber nun machten sie eines Tages in ihrem Innern die Entdeckung, dass die ewige Gerechtigkeit, vor deren Erhabenheit sie gezittert, die ewige *Liebe* ist. *Vorher* stand ihnen Gott gleichsam gegenüber als der unerbittliche Lehrer und Richter, *jetzt* fühlten sie plötzlich Gott auf ihrer Seite als den gütigen Vater. *Vorher* hörten sie nur ein: Du sollst! mit einer strafenden Wucht, wie es keinem Pharisäer in den Sinn kam, sie lagen erdrückt am Boden, überwältigt von der Überlegenheit der Gerechtigkeit Gottes, *jetzt* fühlten sie sich von derselben ewigen Gerechtigkeit auf die Füße gestellt und befanden sich, ehe sie darum wussten, auf dem Marsche nach dem ewigen Ziel mit einer Kraft und Bestimmtheit, von der sich auch kein Pharisäer träumen ließ. *Vorher* war Gott das unbegreifliche, ewig strenge Wesen außer ihnen, wie er es für die große Mehrzahl der Juden und Heiden immer gewesen ist, *jetzt* wurde er, ebenso unbegreiflich, aber ergreifbar, das befreiende, vorwärts treibende Leben in ihnen. |

Dieselbe rätselhafte Erfahrung haben aber auch zahllose Menschen außerhalb der biblischen Geschichte gemacht. Wo wirkliche Erhebung zu Gott, wo immer wirkliches Leben sich eingestellt hat, da ist das große Hungern und Dürsten vorangegangen. Ich habe schon das letzte Mal an den Grundgedanken unsrer Reformatoren erinnert, dass der Mensch von sich selber untüchtig sei zu allem Guten.[14] Das pflegen die heutigen Christen meist in den Hintergrund zu stellen oder gar zu bestreiten. Sie wollen nicht Hungernde und Dürstende sein

---

[14] Vgl. oben, S. 79f., Anm. 7. Im dort angeführten Bußgebet zu Beginn des Gottesdienstes bekennen die Anwesenden, sie seien «inutiles à tout bien» (CR 34, col. 173; *Calvin-Studienausgabe*, Bd. 2, S. 162, Z. 8).

nach der Gerechtigkeit Gottes, sondern Satte und Besitzende. Sie merken nicht, dass sie sich damit in die Gesellschaft des Pharisäers begeben, der auch nicht untüchtig sein will vor Gott, sondern allerlei zu erzählen weiß von seinem Fasten zweimal in der Woche usf. Sie gehen aber eben damit auch der Gottes- und Lebensgewissheit, der Gottes- und Lebens*freude* eines Luther und Calvin verlustig. Weil sie der Tiefe des menschlichen Elends Gott gegenüber und der Höhe der ewigen Gerechtigkeit aus dem Weg gehen, ist ihnen auch die Erkenntnis der Tiefe der göttlichen Liebe und der unendlichen Größe seiner Gnade gegen uns abhanden gekommen. Die Reformatoren haben die erste Erfahrung ernst genommen, und *darum* ist ihnen die zweite zuteil geworden. Sie haben gehungert und gedürstet und *darum* sind sie satt geworden. Noch einmal: der Zusammenhang dieser beiden Erfahrungen ist ein innerer Vorgang, der aller Erklärung spottet. Er ist unerklärlich wie das Leben selbst, gerade weil er wahr und wirklich ist. Wir können ihn nur beschreiben, indem wir sagen: Wenn wir der ewigen Forderung, die an uns gestellt ist, auf den Grund gehen, so entdecken wir, dass sie ein ewiges Geschenk ist. Aber ich weiß, dass das die Beschreibung eines *Erlebnisses* ist und kein Rezept, wie es zu machen ist. Für Erlebnisse gibt es eben keine Rezepte.

Aber eines können wir sagen: dieses Erlebnis des Sattwerdens der wahrhaft Hungernden und Dürstenden ist ein Vorgang, dem keine Religion und keine Philosophie etwas Ähnliches an die Seite zu stellen hat. Die es gemacht haben, sagen uns Alle, dass es in irgend einem Sinn eine Wirkung der *Person Jesu* war. Im Angesicht Jesu sind jene Menschen in Galiläa zusammengebrochen unter dem Bewusstsein, dass Gott ihnen fern sei, und im Angesicht Jesu sind sie wieder aufgestanden im Bewusstsein der unendlichen Nähe der Liebe des Vaters. Die unmittelbare Gottes- und Lebenskraft, der wir bei unsern Reformatoren begegnen, war nicht das Resultat ihres wissenschaftlichen Nachdenkens, aber es war das Resultat ihrer Entdeckung Jesu, in dem ihnen zugleich erschütternd und befreiend entgegentrat, was der Mensch sein sollte und was der Mensch sein darf. Und wo immer Menschen in der Tiefe ihres Herzens die Erfahrung gemacht haben, dass die ewige Gerechtigkeit die ewige Liebe ist, da war es im Angesichte Jesu, das ihnen in ihrer Erziehung, in der Bibel, im Verkehr mit jesusmäßigen Menschen entgegengetreten ist. Es ist einfach eine Tatsache, was Jesus nach dem Johannesevangelium schon selbst von sich gesagt hat: «Ich bin das Brot des Lebens. Wer zu mir kommt, den wird nicht hungern, und wer an mich glaubt, den wird nimmermehr dürsten» [Joh. 6,35]. Es ist eine Tatsache, die auch bei uns, wenn wir hungern und dürsten, Tatsache werden darf und soll. Wir müssen nur das «zu Jesus kommen» und «an Jesus glauben» recht verstehen. Wir müssen zu ihm gehen, wie wir zu einem Freund gehen, wir müssen an ihn glauben, wie wir einem Freund glauben, so nämlich, dass wir ihm vertrauensvoll Einfluss auf uns gewähren. Dann vollzieht sich in uns jener Lebensvorgang, dass uns die ewige Gerechtigkeit aus einer Forderung zu einem Geschenk wird. Und das ist dann das Sattwerden, die Seligkeit. Amen.

Lieder:

Nr. 215: «Allein zu dir, Herr Jesu Christ» von J. Schneesing, Strophen 1–3 (RG 208; EG 232 [jeweils mit Textabweichungen und der Verfasserangabe: K. Hubert]).

Nr. 352: «Ich hab' von ferne, Herr, deinen Thron erblickt» von J. T. Hermes, Strophen 1–3 und 4–5.

Lesungstext: Ps. 51.

Matthäus 5,10–12

Selig sind, die um Gerechtigkeit willen verfolgt werden; denn ihrer ist das Himmelreich. Selig seid ihr, wenn euch die Menschen um meinetwillen schmähen und verfolgen und reden allerlei Übels wider euch, so sie daran lügen. Seid fröhlich und jubelt; es wird euch im Himmel wohl belohnt werden. Denn also haben sie verfolgt die Propheten, die vor euch gewesen sind.

Meine Freunde!

Das Evangelium der Passionszeit, in die wir eintreten, führt uns wieder vor das Bild des gekreuzigten Christus. Es ist derselbe Christus, den wir auch das Jahr über verkündigen, aber in keinem Zuge seines Lebens ist sein Wesen so deutlich und machtvoll ausgeprägt, nirgends ist das Große, Neue, das er uns gebracht hat, so klar und ergreifend wie auf dieser letzten Strecke seines Weges, von da an, wo er einbiegt in das Dunkel des Gartens Gethsemane bis zu der Stunde, wo er mündet in der Ewigkeit, wo der müde Wanderer seinen Geist in des Vaters Hände befiehlt [vgl. Lk. 23,46]. Dass da etwas Großes und Bedeutungsvolles zu uns rede in diesem Tod des Gerechten unter den Händen der Ungerechten, das hat noch niemand ernstlich bezweifelt. Man kann die Gebote der Bergpredigt Jesu unpraktisch und schwärmerisch nennen; man kann an sein kindliches Vertrauen zu Gott, dem allmächtigen Vater, nüchtern prüfend und grübelnd herantreten und sagen: ich sehe die Sache anders an; man kann über seinem Anspruch, Gottes Sohn zu sein, verständnislos die Achseln zucken. Das Alles kann man, wenn man will. Aber man kann nicht an Jesu Kreuzestod denken ohne das Gefühl, dass der Mann, der da gelitten hat und gestorben ist, uns überlegen sei und dass aus seinen gebrochenen Augen und aus seinen Wunden etwas zu unserm innersten Herzen redet, eine

---

[1] Es handelt sich um die Probepredigt Barths in seiner zukünftigen Gemeinde; vgl. oben, S. VIII.

Verheißung, eine Forderung, die wir vielleicht lieber überhören möchten und die wir doch nicht zum Schweigen bringen können. Denn wenn es auch nur die Hochachtung wäre vor dem Mute der Überzeugung, der auch vor dem Tode nicht zurückschreckt, was uns vor dem Bilde des Gekreuzigten ergreift, so ist darin doch schon enthalten, dass wir dies Bild heimlich mit uns selbst vergleichen, dass wir uns fragen, ob wir solchen Mut gegebenen Falles auch hätten, und noch weiter: ob wir überhaupt Überzeugungen haben, die es wert wären, gegebenen Falls bis in den Tod vertreten zu werden. |

Ich wiederhole: diese stille Predigt des Kreuzes Christi hört jeder, der seiner ansichtig geworden ist. Er kann sie dann überhören wollen, aber er kann ihr nicht ganz ausweichen. Sie sagt uns: da war Einer, der war etwas, der hatte etwas in sich. Sie fragt uns: was bist du? Was hast du in dir? Und sie ladet uns ein: Komm! Du darfst auch etwas sein! Du darfst auch etwas in dir haben! Das Letzte ist das Wichtigste. Im Kreuze Christi ist uns nicht nur ein erhabenes Heldenbild vor die Seele gestellt und nicht nur eine bohrende Frage: Was bist *du* wert, Mensch, neben diesem Helden? Sondern es ist eine Lebensbotschaft darin verborgen, die lautet: du darfst auch ein Held werden, die Hochachtung, die dir der gekreuzigte Jesus vielleicht wider Willen abnötigt, dürftest du vor dir selbst haben, die Kraft und das Leben, die du ihm anspürst, dürften *deine* Kraft und *dein* Leben werden. Es steht mit dem Kreuze Christi nicht so, wie ein moderner französischer Maler es dargestellt hat: er hat den Gekreuzigten gezeichnet in seiner Qual und in seiner Größe, ihm gegenüber aber eine schöne Frauengestalt, die die Menschheit darstellt, die mit ihrer Arbeit und ihrem Vergnügen beschäftigt ist.[2] Darunter aber steht das Wort: dir der Himmel, mir die Erde. So machen wir's, wenn wir die Predigt des Kreuzes Christi überhören wollen. Wir bewundern dann zwar irgendwie seine Größe, aber wir sagen: bleib mir vom Leibe! du gehörst in den Himmel, ich aber gehöre auf die Erde. Merken wir nicht, was für ein vernichtendes Urteil wir damit über uns selbst aussprechen? Sondern so steht es mit dem Kreuze Christi, dass darin der Himmel auf die Erde gekommen ist, zu den Menschen, in ihre Arbeit und in ihr Vergnügen hinein als die Macht der Freiheit und der Erlösung. Wo das Kreuz Christi auf-

[2] Nicht ermittelt.

gerichtet ist, da soll es nicht mehr Himmel und Erde geben als zwei getrennte Welten, sondern nur noch das eine Reich Gottes, die eine Welt des Lebens. So steht es mit dem Kreuz Christi, wie es Johann Sebastian Bach in der Matthäuspassion [die wir in der kommenden Woche in unsrer Stadt zu Gehör bekommen werden][3] in ergreifenden Tönen geschildert hat:

Ich will dir mein Herze schenken,
Senke dich, mein Heil, hinein![4]

Das Kreuz Christi ist eine Lebensbotschaft, weil sie uns nicht nur einen Vorgang schildert, der vor vielen Jahrhunderten und in weiter Ferne von uns sich zugetragen, sondern der sich in all seiner Größe und Schönheit an uns und in uns ereignet, wenn wir es nur zulassen, *dass* er sich ereignet. Diese Lebensbotschaft des Kreuzes Christi verkündigt uns nun auch unser Textwort. Es sagt uns: *Selig sind, die um Gerechtigkeit willen verfolgt werden! Selig seid ihr, wenn euch die Menschen um meinetwillen schmähen und verfolgen! Freuet euch und jubelt!* Jesus hat uns in allen Beziehungen seines Lebens zu seiner Nachfolge eingeladen: Er heißt uns, auf Gott vertrauen, wie er auf ihn vertraut hat [vgl. Mt. 6,25–34; Joh. 14,1], er heißt uns, sanftmütig sein, wie er sanftmütig gewesen ist [vgl. Mt. 5,5; 11,29], er heißt uns, die Brüder lieben, wie er uns geliebt hat [vgl. Joh. 15,12]. Aber auch auf der höchsten Stufe seines Lebens, da, wo er sich anschickt, unter den Händen der Sünder zu leiden um der Gerechtigkeit willen, lässt er uns nicht hinter sich zurück, sondern sagt uns: ihr dürft auch leiden um der Gerechtigkeit willen, ihr dürft auch geschmäht und verfolgt werden. Selig seid ihr, wenn ihr das an euch erfahrt! Freuet euch und jubelt! Die Kraft und Größe und Überlegenheit, die uns im Bilde des Gekreuzigten begegnet, auch wenn wir vielleicht recht oberflächlich hinsehen, sie sind also nicht etwas Fernes und Vergangenes, sondern sie sollen in uns wahr und gegenwärtig, sie sollen *unsre* Kraft, *unsre*

[3] Dieser Satzteil ist von Barth selbst eingeklammert und ist nur in der Genfer Predigt vorgetragen worden.

[4] Arie für Sopran aus J. S. Bachs Matthäuspassion (BWV 244). Barth wirkte, wie schon im Juni 1910 in Bern (vgl. Busch, S. 68), an der Aufführung mit; ausweislich seines Kalenders nahm er an den freitäglichen Proben recht regelmäßig teil. Die öffentlichen Aufführungen fanden statt am 11. und 12. April 1911.

Größe, *unser* Leben und *unsre* Überlegenheit werden. Und sie werden es, wenn wir leiden um der Gerechtigkeit willen, wie er um der Gerechtigkeit willen gelitten hat. Von der Kraft und Seligkeit dieses Leidens wollen wir heute reden.

*   *   *

Selig sind, die um Gerechtigkeit willen verfolgt werden! Dies Wort mag wohl die, die es zuerst aus Jesu Mund gehört haben, die Jünger und das Volk auf dem Berg von Galiläa, fremdartig und unbegreiflich berührt haben, gerade wie sie zunächst sicher vor lauter Rätseln gestanden sind, wenn Jesus ihnen sagte: Selig sind die geistlich Armen [Mt. 5,3]! Selig sind, die da Leid tragen [Mt. 5,4]! Selig sind, die hungert und dürstet nach Gerechtigkeit [Mt. 5,6]! Von dem Allem würden sie, und wir wahrscheinlich mit ihnen, von sich aus immer gerade das Gegenteil gesagt haben: Selig sind die geistlich Reichen! Selig sind die Glücklichen! Selig sind, die schon gerecht sind! Und so würden sie, und wir mit ihnen, die letzte Seligpreisung vermutlich anders abfassen, als Jesus es getan hat; wir würden sagen: Selig sind, die um ihrer Gerechtigkeit willen und mit ihrer Gerechtigkeit in der Welt obenaus schwingen, die sich durchsetzen und Anerkennung finden bei Groß und Klein, bei Guten und Bösen. Aber wir brauchen das bloß so auszusprechen, um ohne Weiteres jedenfalls einmal das einzusehen, dass Jesus guten Grund hatte, so *nicht* zu sprechen. Denn wo sind die, die um ihrer Gerechtigkeit willen sich in der Welt durchgesetzt und um ihrer Gerechtigkeit willen bei der Welt Anerkennung gefunden? Die guten und gerechten Menschen aller Zeiten würden dann nicht zu denen gehören, die Jesus selig gepriesen hat, denn sie haben seit den Tagen der Propheten Israels nicht Anerkennung, sondern Geringschätzung, Schmähung und Verfolgung unter den Menschen gefunden. Es ist eine erstaunliche Tatsache, dass Jeder, der die wirkliche Wahrheit und das wirkliche Gute vertreten hat, bei der überwiegenden Mehrzahl der Menschen nicht Ruhm und Ehre, sondern das Gegenteil damit geerntet hat. |

Davon reden die Lebensgeschichten aller großen Denker und Entdecker. Das kann man aber sozusagen alle Tage beobachten. Wo einer einen Anlauf nimmt, ein rechter Mensch zu sein, z. B. indem er eine schlechte Gewohnheit ablegt oder eine gute sich aneignet, wo einer mit einer Idee oder mit einem Unternehmen hervortritt, die mit der Oberflächlichkeit und dem Eigennutz der großen Menge zur Abwechslung einmal nichts zu tun hat, da kann man sicher sein, bald eine Anzahl Anderer um ihn versammelt zu sehen, die bemüht sind, ihm zu zeigen, wie sie mit den Achseln zucken, wie sie das, was ihn bewegt, für eine Schrulle halten. Und wenn er nun weitergeht, wenn sie durch sein Tun in dem Geleise ihrer Gewohnheiten gestört werden, wie das überall der Fall ist, wo die wirkliche Wahrheit und das wirkliche Gute im Spiel sind, da wird aus dem Achselzucken rasch genug erst das Auslachen und dann das Steinewerfen. Ich weiß wohl: manchem guten und gerechten Menschen ist es anders gegangen. Er hat sich durch Fleiß und Beharrlichkeit behauptet und durchgesetzt, er hat Anerkennung bei den Menschen gefunden, er hat schließlich wohl gar eine große Rolle gespielt in der Welt, die ihn zuerst verachtete und mit Steinen bewarf. Ich will nicht davon reden, dass dabei leider Manchem das Beste und Höchste, das in ihm war, verloren ging, dass die Anerkennung, die er fand, erkauft war dadurch, dass er mit den Wölfen zu heulen, sich den Menschen anzupassen wusste. Es gibt gottlob auch Fälle, wo der Gerechte zu seinem Recht kommt ohne das. Aber das ist sicher, dass daneben unzählige Fälle stehen, wo der Gerechte überhaupt nicht zu seinem Recht kommt, wo er sein ganzes Leben darauf wartet, Anerkennung von den Andern zu finden, aber sie bleibt aus, und der Gerechte stirbt. Nachher geht es dann vielleicht den Menschen auf, was er gewesen und geleistet, nachher zeigt sich das, was er gedacht und getan, als gut und heilsam, nachher schmückt man sein Grab als das Grab eines Propheten [vgl. Mt. 23,29]. Aber was hat er nun davon? |

Wenn das die Seligkeit ist, dass man Anerkennung findet bei den Menschen, dass man unter ihnen steht als ein Geachteter und Gefeierter, dann ist er nicht selig gewesen. Wenn das die Seligkeit ist, dass die Leute vor einem den Hut abnehmen und zueinander sagen: Seht da, den großen, bedeutenden Mann!, dann ist Jesus selbst der unseligste aller Menschen gewesen, denn die Anerkennung, die er bei der Welt fand, bestand darin, dass die ihn nicht nur warten ließ auf ihren Beifall, sondern ihn ans Kreuz schlug, um vor ihm sicher zu sein. Er hatte also wohl Recht, wenn er *nicht* sagte, was uns auf den ersten

Blick besser gefallen würde: Selig sind, die's mit ihrer Gerechtigkeit in der Welt gewinnen. Er hat es darum nicht gesagt, weil man es mit der Gerechtigkeit in der Regel in der Welt *nicht* gewinnt. Die Gerechtigkeit ist eine undankbare Sache, wenn man es damit ernst nimmt, und wenn das die Seligkeit ist, dass man den Leuten wohl gefällt, dann verdient man sich mit der Gerechtigkeit nicht die Seligkeit, sondern das Gegenteil. – |

Aber wenn das so ist, dann ist es doch nur umso unbegreiflicher, dass Jesus nun sagt: Selig sind, die um Gerechtigkeit willen *verfolgt* werden. Denn wenn wir von den Menschen mit unsrer Gerechtigkeit geringgeschätzt, geschmäht und verfolgt werden, dann werden wir zunächst kaum geneigt sein zu sagen, dass uns dabei sehr selig zu Mute ist, angenehm ist es auf alle Fälle nicht. Da kommt nun Alles darauf an, was das heißt: Seligkeit. Auch das Geistlich-Arm-Sein, das Leidtragen, das Hungern und Dürsten nach Gerechtigkeit sind kaum sehr angenehme Zustände und doch preist Jesus sie selig. Warum diese Merkwürdigkeit, die uns in allen diesen Sprüchen begegnet? Offenbar wollte Jesus sagen: In diesen für uns so unangenehmen Zuständen, gerade in denen ist Gottes Macht und Gottes Güte wirksam. Wenn ein Mensch einsieht, dass er geistlich arm ist, wenn er Leid trägt, wenn er der Gerechtigkeit Gottes von ferne gegenübersteht und danach hungert und dürstet wie der Zöllner im Tempel, dann hat Gott ihn in der Arbeit, dann ist's das Zeichen, dass sein Leben beginnt, etwas nutz und wert zu werden. Und so steht's auch, wenn wir um der Gerechtigkeit willen verfolgt werden. Gewiss, das ist kein Los, das uns erfreulich und wünschbar scheint, aber gerade in diesem fatalen Schicksal ist die Kraft der Liebe Gottes wirksam. Wir wollen versuchen, uns klar zu machen, was das sagen will. *Selig sind, die um Gerechtigkeit willen verfolgt werden.* Selig sind sie! Warum? Weil sie Gott auf ihrer Seite haben und weil sie selbst auf der Seite Gottes stehen. Wo ein Mensch das von sich sagen kann, der *ist* selig, und wenn die ganze Welt gegen ihn stünde. Denn wo ein Mensch ringt und kämpft danach, ein rechter Mensch zu sein, wo die Wahrheit und das Recht ihre Stimme erheben in der Welt, wo Altes vergeht und etwas Neues, Besseres wird, wo Quellen hervorbrechen aus dem trockenen Gestein, da ist Gott selbst im Spiel, das dürfen wir vor Allem wissen. Gott sieht dem, was da geschieht, nicht von ferne zu, sondern er wirkt selber in dem, was gute Menschen wirken. In der ganzen Welt und in jedem Augenblick vollzieht sich diese stille Arbeit Gottes. Sie schreitet vor[an], und niemand kann sie hindern, aber es ist keine leichte Arbeit. Denn das Licht scheint in der Finsternis, und die Finsternis hat es nicht begriffen [Joh. 1,5]. Die Welt *kann* zwar das Licht nicht hindern, immer wieder wird sie überwunden und damit selbst auf eine höhere Stufe geführt, aber was sie nicht kann, das *versucht* sie doch immer wieder. Wo etwas Gutes sich regt unter den Menschen, da stehen die Weltmächte der Beschränktheit, des Eigennutzes, der Oberflächlichkeit auf, um es zu erdrücken und zu ersticken. So muss die Güte und die Wahrheit leiden unter den ohnmächtigen Versuchen der Menschen. So *leidet Gott selbst* in der Welt, die seine Gaben verkennt und zurückweist. Aber nun stoßen wir auf ein Geheimnis: Gott ist am Größten und Mächtigsten, seine Liebe ist am *Wirksamsten* gerade da, wo er *leidet*. Denn indem er leidet unter den törichten Anstrengungen der Welt, überwindet er sie. Er vernichtet sie nicht zur Strafe für ihren Widerstand, er vergilt das Böse mit Gutem [vgl. Röm. 12,21], er gewinnt sie, er heilt sie, er führt sie zum Lichte gerade *durch* sein Leiden. Er leidet *für sie*. |

Jesus hat das in einem wundervollen Bild erklärt, indem er gesagt hat: Ein Weib, wenn sie gebiert, so hat sie Traurigkeit; denn ihre Stunde ist gekommen; wenn sie aber das Kind geboren hat, denket sie nicht mehr an die Angst um der Freude willen, dass ein Mensch zur Welt geboren ist [Joh. 16,21]. Die Liebe Gottes zu uns gleicht der Mutterliebe. Sie leidet an ihrem Kinde, aber sie leidet *für* das Kind, und ihre Traurigkeit wird in Freude verwandelt, denn durch ihr Leiden wird ein Mensch zur Welt geboren. Und wenn nun ein Mensch zu leiden hat um der Gerechtigkeit willen, um der Wahrheit und des Rechtes willen, dann heißt das, dass er Anteil bekommt an diesem heilsamen Leiden Gottes. Wo Gott *wirkt*, da *leidet* er auch, und weil Gott in einem gerechten Menschen wirkt, darum darf er mit ihm leiden. *Seid fröhlich und jubelt; es wird euch im Himmel wohl belohnt werden. Denn also haben sie verfolgt die Propheten, die vor euch gewesen sind.* Um seiner Gerechtigkeit willen muss der Gerechte hinein in die Traurigkeit Gottes; denn der Jünger ist nicht über seinem Meister [vgl. Mt. 10,24]; aber darum darf er dann auch hinein in die Freude Gottes, und Gottes Freude besteht darin, dass der Welt geholfen wird. Der Gerechte muss leiden unter der Verfolgung der Menschen; aber was er leidet, leidet er *für* die Menschen, die ihn verfolgen. Das ist die Kraft und die Seligkeit des Leidens um der Gerechtigkeit willen, dass wir dadurch Träger und Botschafter werden der leidenden Liebe Gottes, wie es die Propheten gewesen sind. Das haben die christlichen Märtyrer der ersten Jahrhunderte an sich erfahren. Ihr Blut wurde vergossen, aber es wurde eine Aussaat. Der Anblick ihrer Qualen gewann immer mehr Menschen für Christus. Was ihr Leben und ihre Lehre nicht vermochte, das vermochte ihr Leiden und Sterben. Nach jeder Verfolgung und Hinrichtung drängten sich neue Massen zum Reiche Gottes, und die eben Henker und Beifall klatschende Zuschauer gewesen, standen jetzt in vorderster Reihe der Bekenner.[5] Die Märtyrer hatten gelitten, aber nicht umsonst, sie hatten *für die Andern* gelitten. Sie waren Träger und Botschafter der leidenden Liebe Gottes. Ist solches Leiden um der Gerechtigkeit willen nicht der Freude und des Jubels würdig? – |

Das haben Alle die erfahren, die etwas Gutes, das den Menschen noch neu war, unter den Menschen vertreten haben. Damit das Gute sich durchsetze und behaupte, dazu mussten zuerst alle Widerstände und Hindernisse, die sich dagegen erheben konnten, zu Worte kommen und sich entfalten. Unter diesen Widerständen und Hindernissen hatten dann die Bahnbrecher und Pioniere zu leiden, schwer zu leiden oft. Aber es war immer ein Leiden, das nicht umsonst geschah. Denn indem die Welt ihren Widerwillen austobte in der Verfolgung, verlor ihr Widerwille seine Kraft, wie die Biene im Stich ihren Stachel verliert, und nun war die Bahn frei für das, was die Pioniere und Bahnbrecher zu bringen hatten. Sie hatten gelitten, aber sie hatten gelitten für die Welt, die sie zuerst verfolgte. Sie waren Träger und Botschafter der leidenden Liebe Gottes. Ich denke daran, wie vor 20 Jahren die

[5] Vgl. Tertullian, Apol. 50,13–15, CChr.SL I, S. 171: «Nec quicquam tamen proficit exquisitior quaeque crudelitas vestra; inlecebra est magis sectae. Plures efficimur quotiens metimur a vobis; semen est sanguis Christianorum. Multi apud vos ad tolerantiam doloris et mortis hortantur ut Cicero in Tusculanis, ut Seneca in Fortuitis, ut Diogenes, ut Pyrrhon, ut Callinicus. Nec tamen tantos inveniunt verba discipulos quantos Christiani factis docendo. Illa ipsa obstinatio, quam exprobratis, magistra est. Quis enim non contemplatione eius concutitur ad requirendum quid intus in re sit? quis non, ubi requisivit, accedit? ubi accessit, pati exoptat, ut totam dei gratiam redimat, ut omnem veniam ab eo compensatione sanguinis sui expediat?»

Heilsarmee gerade in unserem Land mit Spott und Hohn und Verfolgung begrüßt worden ist.[6] Das ist heute anders geworden. Jedermann, bis auf die ganz Bornierten, erkennt heute, dass es sich dabei im Kern der Sache um etwas Gutes handelt, und viele Hunderte genießen heute die Früchte der damals leidenden Liebe. – |

Das ist aber auch eine Erfahrung, die wir Alle machen können. Wenn du zu einem Menschen gehst und bringst ihm etwas Rechtes und Gutes, dann darfst du nicht erwarten, dass er einfach mit beiden Händen zugreift und Dankeschön sagt. Sondern wenn man Eisen hämmert, dann gibt's Funken, und wenn man einen Menschen mit der Wahrheit und mit dem Recht beunruhigt, dann gibt's Widerspruch. Und die Funken und der Widerspruch treffen den, der hämmert und der die Wahrheit redet. Denn in dem Andern erwachen in diesem Augenblick alle die Mächte seines Innern, seine Selbstsucht, seine Oberflächlichkeit, seine Trägheit, sein Eigendünkel, die das Licht der Wahrheit und des Rechtes zu scheuen haben. Indem du ihm zu nahe trittst, explodiert das Alles gleichsam, und du darfst dich nicht wundern, dass du von den Trümmern getroffen wirst, dass du unter seinem Widerstand zu leiden hast. Sei vielmehr froh darüber, du leidest in diesem Augenblick *für ihn*. Denn damit die Wahrheit und das Recht in ihm Platz greifen können, müssen erst seine schlechten Neigungen in die Luft fliegen. Das ist im Augenblick schmerzlich für dich. Aber es ist oft genug so: je heftiger der Widerspruch ausbricht, umso sicherer hat in seinem tiefsten Innern das Gute Wurzel gefasst. Von diesem Widerstand des natürlichen Menschen weiß jeder Vater, jede Mutter, jeder Lehrer schon bei den Kindern zu erzählen. Sie wollen nicht, sie machen ihnen Mühe, sie behandeln sie, als ob sie ihre Feinde wären, aber indem der Erzieher dies Unangenehme auf sich nimmt, hilft er dem Kind, er leidet *unter* ihm, aber leidet *für* das Kind. Er wird ein Träger und Botschafter der leidenden Liebe Gottes. *Selig sind, die um Gerechtigkeit willen verfolgt werden.* Gerade daran, dass sie verfolgt werden, dürfen sie erkennen, dass Gott auf ihrer Seite steht und sie auf

[6] Zu dem heftigen und teils gewalttätigen Widerstand in der Schweiz und besonders auch in Genf gegen die 1882 begonnene Arbeit der Heilsarmee unter Führung ihrer Marschallin, Catherine Booth, vgl. Th. Kolde, Art. «Heilsarmee», in: RE³ 7, S. 578–593, dort S. 582, Z. 22–60; R. Pfister, *Kirchengeschichte der Schweiz*, Bd. 3: *Von 1720 bis 1950*, Zürich 1985, S. 277f.

Gottes Seite. Denn auch Gott muss in der Welt leiden, aber gerade in seinem Leiden entfaltet sich die höchste Wirksamkeit seiner Liebe zu den Menschen. Und wenn *wir* leiden, so haben wir Teil an seiner Wirksamkeit. Wir leiden mit ihm und helfen dadurch den Menschen. Das ist die Seligkeit.

⁕   ⁕   ⁕

Aber nun ist da ein Umstand, der ist wohl geeignet, uns einen Augenblick inne halten zu lassen, uns zur tieferen Erfassung der Freudenbotschaft, die uns dies Wort Jesu bringt, anzuleiten. Jesus hat nicht einfach gesagt: Selig sind, die verfolgt werden! Selig seid ihr, wenn euch die Menschen schmähen und verfolgen! Selig seid ihr, wenn sie allerlei Übels wider euch reden! Sondern es heißt: Selig sind, die *um Gerechtigkeit willen* verfolgt werden. Selig seid ihr, wenn euch die Menschen *um meinetwillen* schmähen und verfolgen und reden allerlei Übles wider euch, *so sie daran lügen.* Um Gerechtigkeit willen, um meinetwillen, so sie daran lügen! Wenn alle diese Voraussetzungen da sind, *dann* heißt es von denen, die verfolgt sind: Selig sind sie! *Dann* dürfen sie sich dessen freuen, dass Gott auf ihrer Seite steht und sie auf Gottes Seite. *Dann* trifft das zu, dass sie *durch* ihr Leiden *unter* den Menschen Mitarbeiter Gottes sind *an* den Menschen. Wie steht es bei uns mit jenen Voraussetzungen?

Wir wollen einmal von der andern Seite an die Sache herantreten. Wenn das wahr ist: Selig sind, die um Gerechtigkeit willen verfolgt werden! – und wir haben gesehen, in welch umfassendem Sinne das wahr ist –, dann muss auch das Andre wahr sein: die um der *Gerechtigkeit* willen verfolgt werden, die missachtet und unterdrückt werden auf Grund der *Lüge* oder des Irrtums der Menschheit, die erkennt man daran, dass sie selig sind, dass sie sich freuen und jubeln, wie Jesus ausdrücklich sagt. – |

Es gibt unzählige Menschen, die sich verachtet und geringgeschätzt fühlen von den Andern. Denen kann und soll das Wort Jesu von der Seligkeit derer, die verfolgt werden, *wohltun.* Aber zugleich richtet nun Jesus mit diesem Wort eine sehr ernstliche Frage gerade an sie: Woher mag es kommen, fragt er sie, dass ihr *nicht* selig seid, trotzdem ihr euch verfolgt fühlt, dass ihr euch nicht freut und nicht jubelt, trotzdem man euch verachtet, dass ihr vielmehr jammert und klagt gegen jedermann, der euch anhören will, oder dass ihr euch missmutig und in dem verdrossenen Gefühl, ein verkanntes Genie zu sein, in die Ecke stellt und der ganzen Welt ein böses Gesicht macht? Von den Märtyrern der alten Christenheit, die ich vorhin erwähnte, hören wir, dass sie mit lauten Freudenliedern ihrem schrecklichen Tod entgegengingen. Woher mag es kommen, dass es bei uns, wenn wir uns von den Menschen verfolgt oder verkannt fühlen, in der Regel anders steht? Klipp und klar lautet jetzt die Anfrage Jesu an uns: Werdet ihr wirklich um *Gerechtigkeit* willen verfolgt? *Lügen* die Menschen wirklich, wenn sie allerlei Übles wider euch reden? Ich meine, wenn wir diese Fragen ehrlich[7] auf uns wirken lassen, dann werden auch die, die sich ganz arg verachtet und verfolgt fühlen, dann werden auch die ganz großen verkannten Genies unter uns die Entdeckung machen, dass es seinen guten Grund hat, wenn sie zur Seligkeit, zum sich Freuen und Jubeln nicht aufgelegt sind. Es mag wohl so sein, und wir wollen es gerne annehmen, dass es wirklich etwas Rechtes und Gutes ist, was sie vertreten – manchmal täuschen wir uns zwar auch darin –, aber sie sollen sich einmal fragen, ob es wirklich ihre Gerechtigkeit, ob es die Wahrheit und das Recht, das sie vertreten, ist, was bei den Andern Anstoß erregt, was sie über uns die Achseln zucken und zu uns sagen lässt: Ich mag dich nicht! Meine Freunde, es ist hier eine fast unendliche Reihe von Selbsttäuschungen verborgen, die wir gut tun, uns bis auf den Grund einzugestehen. Es hat schon mancher, der einen Prozess verloren hat, gemeint, er sei jetzt ein Märtyrer des Rechts, und er war doch nur ein Märtyrer seiner Selbstsucht; denn er hat im Grund nicht um das Recht gekämpft, sondern eben um sein Recht, während ihn ein ähnliches Unglück seines Nachbars ganz kühl gelassen hätte. Da ist's wohl begreiflich, dass er jetzt zu Freude und Jubel nicht die Stimmung findet. Es hat schon mancher, der mit seinen Ideen und Überzeugungen ausgelacht wurde, gemeint, er sei ein Märtyrer der Wahrheit und womöglich ein zweiter Christus, und er war doch nur ein Märtyrer der beschränkten oder unliebenswürdigen Art, wie er die Wahrheit vertreten hat, der Kurzsichtigkeit oder des Eigendün-

---

[7] Mskr.: «auf ehrlich»; das überzählige «auf» wurde von den Hrsg. gestrichen.

kels, mit der er die Wahrheit den Menschen aufdrängen wollte. Leider Gottes gibt es z. B. gerade so viele beschränkte und unliebenswürdige Christen oder Abstinente oder Sozialisten z. B., die ihre guten und großen Sachen in einer Weise vertreten und an den Mann bringen, dass die Menschen dadurch für das Gute und Große nicht gewonnen, sondern davon abgestoßen werden, weil sie sich sagen: So einer wie der will ich auf alle Fälle nicht werden. Was Wunder, wenn solche angebliche Märtyrer der Wahrheit dann nichts spüren von der Freude, die Jesus denen, die um Gerechtigkeit willen verfolgt werden, nicht nur verheißen, sondern zur Pflicht gemacht hat. Ich habe vorhin als Beispiel die Eltern und Lehrer genannt, die bei ihrem Erziehungswerk unter dem Widerstand der Kinder zu leiden haben. Ja, aber in wie unzähligen Fällen sind die Fehler und Schwächen der Kinder, unter denen Eltern und Lehrer zu leiden haben, nur das Echo und der Abklatsch ihrer eigenen Fehler. Die Kinder haben unter den schlechten Seiten ihrer Erzieher gelitten, und nun geben sie das Leiden, ohne es bewusst zu wollen, mit Zins und Zinseszins ihren Erziehern zurück. Und was vom Verkehr mit den Kindern gilt, das gilt erst recht vom Verkehr mit den Erwachsenen. – |

Ja, wenn das so steht, meine Freunde, dann haben wir allen Anlass, uns selbst gegenüber aufmerksam zu sein, gerade wenn wir von den Menschen Anfechtung zu erleiden haben. Wir werden dann nicht gleich denken, die Majestät der göttlichen Gerechtigkeit werde verfolgt, wenn *wir* verfolgt und verachtet werden. Es hat dann im Grunde kein Einziger Anlass, sich durch das, was die Menschen ihm antun, verletzt zu fühlen, wohl aber allen Anlass, bei sich selbst einzukehren und sich zu fragen, ob die Verletzung der Ehre Gottes, die er beklagt, nicht in ihm selbst ihren Grund und Anfang habe. Denn er wird sich sagen müssen, dass er solange, als er sich noch verletzt fühlt, solange er sich ärgert und ein böses Gesicht macht, offenbar noch gar nicht um der Gerechtigkeit willen, sondern um seiner eigenen Sünde willen, um es deutlich zu sagen, angefochten und verachtet wird. Wer wirklich um der Gerechtigkeit willen verfolgt wird, der freut sich und jubelt, weil er ein gutes Gewissen hat, weil er weiß, dass er leidet um des Gehorsams gegen Gott willen, und weil er weiß, dass gerade durch sein Leiden der gute Wille Gottes an den Menschen vollzogen wird. Wer wirklich um der Gerechtigkeit willen verfolgt wird, der kann dann gar nicht mehr eigensüchtig, beschränkt und unliebenswürdig sein, sein Leiden, das ihm die Andern zufügen, bekommt dann jene bezwingende Kraft, die das Gift der Welt in sich aufnimmt, damit die Welt vom Gifte frei werde.

In diesem Falle sind wir in der überwiegenden Mehrzahl nicht. Aber in diesem Fall war Jesus Christus. Wir leiden nicht schuldlos, aber er hat schuldlos gelitten. Wir leiden nicht nur um der Gerechtigkeit willen, er tat es. Und darum sehen wir zu ihm hinauf als zu dem, der *für uns* gelitten, der unsre Sünde getragen hat. Denn von seinem unschuldigen Tod unter den Händen der Ungerechten ist die Kraft ausgegangen, durch die es uns möglich wird, nach unsern schwachen Kräften teilzuhaben an der leidenden Liebe Gottes, Mitarbeiter Gottes zu sein in der Aufgabe, um Gerechtigkeit willen verfolgt zu werden, und Mitgenossen seiner ewigen Seligkeit. Von ihm her, in der Nachfolge seines Leidens und Sterbens haben wir das, was wir aus uns selbst nicht hätten. Und darum fassen wir Alles das, was sein Wort uns heute gesagt hat und was sein Tod uns nicht nur gesagt, sondern geschaffen hat, zusammen in die eine große Forderung und Verheißung: Leide dich[8], aber leide dich als ein guter Streiter Jesu Christi.

Amen.

Lieder:
Nr. 107: «Wenn dir, dein Zion, Palmen streuet» von K. Menzel, Strophen 1–3.
Nr. 117: «O Lamm Gottes, unschuldig» nach N. Decius von S. Franck (RG 437 [Textabweichungen]; EG 190.1 [nur Strophe 1]).
Nr. 170: «Die Sach' ist dein, Herr Jesu Christ» von S. Preiswerk, Strophen 1–2 (RG 801).

Lesungstext: Joh. 16

---

[8] Die erste und letzte Zeile der zweiten Strophe des Liedes «Fahre fort» von J. E. Schmidt (GERS 159), das Barth am 26. Februar 1911 hatte singen lassen (vgl. oben, S. 86) lauten: «Leide dich, leide dich!»

Lukas 23,33–34

Und als sie kamen an die Stätte, die da heißt Schädelstätte, kreuzigten
sie ihn daselbst und die Übeltäter mit ihm, einen zur Rechten und
einen zur Linken. Jesus aber sprach: *Vater, vergib ihnen; denn sie
wissen nicht, was sie tun.*

Meine Freunde!

Wenn wir uns vertiefen in die Betrachtung der Geheimnisse und
Offenbarungen des Kreuzes Christi, dann geht es uns wie Einem, der
in einer klaren Nacht seine Augen gen Himmel richtet. Er sieht dann
wohl Sterne und Sternbilder, deren Lauf und Art und Namen er mit
mehr oder weniger großer Kenntnis zu deuten weiß. Aber jenseits der
bekannten Gestirne nimmt er eine Unzahl Anderer wahr, von denen
nur noch die Astronomen Kunde haben, und dann gibt's auch da noch
einmal ein Jenseits von unendlich fernen und unermesslichen Sonnen-
systemen und Welten, die noch nie eines Menschen Auge gesehen und
die doch unzweifelhaft da sind und leuchten. Ich sage, so geht es uns
mit dem Ereignis des Tages von Golgatha: Man wird nicht fertig damit. Wir haben uns von Kind an an diese oder jene Deutung dieses
Ereignisses gewöhnt, aber wenn wir älter werden, dringen wir tiefer
ein, wir machen Erfahrungen, die uns das Kreuz Christi von unge-
ahnten neuen Seiten zeigen, und je ernsthafter dann solche Erfahrungen sind, desto mehr müssen wir zur Erkenntnis kommen, dass da
jenseits dessen, was wir begreifen und verstehen, noch Lebensgeheim-
nisse verborgen sind, die auch wahr und die auch wirksam sind, obwohl unsre Augen sie nicht sehen können! Man kann den Tod Jesu
den größten Märtyrertod nennen, den die Menschheit gesehen, man
kann in ihm das Urteil erkennen, das die Sünde über sich selbst ausgesprochen, man kann sagen, dass mit diesem Tod der Freiheit eine
Gasse gebrochen worden sei,[1] und man kann in ihm das Sühnopfer,

---

[1] Der Sage nach soll Arnold Winkelried in der Schlacht von Sempach 1386
den Sieg der Schweizer gegen die überlegene Armee des österreichischen

die Versöhnung der Menschheit mit Gott erkennen. Das Alles ist richtig. Aber ob wir nun den Eindruck, den uns die Tatsache des Karfreitags macht, in diese oder jene Worte kleiden, es bleibt immer noch etwas übrig, was sich in keinen Worten erschöpfen lässt und was doch größer ist, als alle Worte es sagen könnten, gerade wie die Unendlichkeit der Welt nicht das ist, was wir sehen, sondern das, was wir nicht sehen. Das hat schon Paulus erkannt, als er sagte, das Kreuz Christi sei den Juden ein Ärgernis und den Griechen eine Torheit [1.Kor. 1,23]. Er wollte damit sagen, die innerste und größte Bedeutung der Tatsache des Karfreitags könne man nicht ausrechnen und beweisen, und wer *darauf* ausgehe, der werde sich daran stoßen oder darüber lachen. Er hat aber weiter gesagt, es handle sich da um eine *Gotteskraft*, die man *glauben*, das will sagen: die man tatsächlich in sich aufnehmen, an sich erfahren, die man als eine Tatsache in seinem eigenen Leben konstatieren könne.

Wenn wir also heute in besonderer Weise des Wortes vom Kreuz gedenken, dann wollen wir uns ehrlich gestehen, dass hier das Innerste und Größte nicht ausgerechnet und bewiesen, ja nicht einmal ausgesprochen werden kann; denn das Innerste und Größte ist das, was sich in unserm Herzen vollzieht. Ich glaube auch, dass für Viele das heilige Abendmahl, das wir nachher feiern, das wirksamere Mittel für diesen Vorgang ist als alle Worte, und was wir mit Worten tun können, das besteht nur darin, dass wir gemeinsam versuchen, an die Schwelle des Geheimnisses heranzutreten, wo die Worte aufhören und wo das selige Leben anfängt. Dazu leitet uns auch das Wort Jesu selbst an, das ich zum Gegenstand unsrer Betrachtung gewählt habe: *Vater, vergib ihnen, denn sie wissen nicht, was sie tun.* Man versteht es gewöhnlich als eine Äußerung der wunderbaren Menschenliebe Jesu, als eine Erfüllung dessen, was er selbst von uns verlangt: Liebet eure Feinde, segnet, die euch fluchen, tut wohl denen, die euch hassen, bittet für die, die euch beleidigen und verfolgen [Mt. 5,44[2]]. Das

Herzogs Leopold III. ermöglicht haben, indem er mit dem Ruf: «Der Freiheit eine Gasse!» auf die Österreicher zustürmte, viele Lanzen auf sich zog und so eine Lücke in die geschlossene Phalanx riss. Vgl. zur weiteren Rezeption Büchmann, S. 184.

[2] In der Fassung der von Barth benutzten revidierten Ausgabe der Luther-Übersetzung von 1892; neuere Ausgaben bieten eine kürzere Form.

scheint uns auf den ersten Blick wenigstens zum Begreiflichen zu gehören. Das gehört zu den Sternen am Himmel, die wir zu kennen meinen, um das vorhin gebrauchte Bild noch einmal anzuwenden. Aber wir brauchen in dieses einfache Gebetswort bloß etwas tiefer einzudringen, so stehen wir bereits wieder vor jenem Geheimnis, wo das Ausrechnen und Beweisen und Erklären ein Ende hat. Ist die menschliche Sünde und Verworfenheit nicht gerade in der Kreuzigung Jesu auf einen Höhepunkt gekommen wie nie zuvor? Besteht die Sünde nicht gerade darin, dass die Menschen mit Wissen und Wollen nicht das Gute, sondern das Böse tun [vgl. Röm. 7,19]? |

Und auf der andern Seite: Wenn Jesus in der Stunde, wo er zweifellos Gott am Nächsten war, in der Stunde, wo er den Gehorsam und die Liebe seines Lebens am Kreuz besiegelt, – wenn er in dieser Stunde betet: Vater, vergib ihnen! – ist das dann bloß eine fromme, menschenfreundliche Regung seines Innern oder muss diesem Gebet nicht eine Antwort Gottes entsprechen? Dann wären auch die, die das Schrecklichste und Unnatürlichste getan, die den Herrn der Herrlichkeit gekreuzigt [vgl. 1.Kor. 2,8], nicht ausgeschlossen, sondern aufgenommen gewesen in Gottes verzeihende Liebe. Muss das nicht alle unsre Begriffe von Gut und Böse umstürzen, wenn wir es auf uns anwenden? So stoßen wir überall auf Punkte, die uns zu denken geben und mit denen wir mit unserm Denken nicht fertig werden. Und doch strahlt uns gerade aus diesem Wort etwas entgegen von der stillen, wirksamen Leuchtkraft, die mit der Person Jesu und zumeist mit seinem Kreuz in die Welt gekommen ist. Wir spüren es, wenn wir dies Wort hören, dass wir im Hause unsres Vaters sind, dass etwas in der Welt anders geworden ist, seit ein solches Wort in solchen Umständen gesprochen werden konnte. Sehen wir es? Spüren wir es, liebe Freunde? Hören wir aus diesem Wort Jesu am Kreuz heraus das seligmachende Wort vom Kreuz, von der Erlösung, vom Frieden, der seit dem Karfreitag in dieser Welt eine Stätte gefunden? Wir wollen einander darin zu helfen suchen, indem wir zusammen einige der Wege betreten, die von diesem Wort aus in das geheimnisvolle Innere des Reiches Gottes führen.

＊　　＊　　＊

Manche haben gesagt, mit der Bitte: Vater, vergib ihnen! habe Jesus nur an die römischen Kriegsknechte gedacht, die in stumpfer Pflichterfüllung ihr schauderhaftes Henkeramt an ihm ausübten. Es seien ja auch bei ihnen Züge der allgemeinen menschlichen Brutalität und Verdorbenheit an jenem Tage zum Vorschein gekommen, aber im Ganzen hätten sie doch von Allen am Wenigsten gewusst, was sie taten, und seien für das Entsetzliche, was durch ihre Hände geschah, am Wenigsten verantwortlich zu machen. Gewiss hat Jesus auch von ihnen gedacht und gesagt: «sie wissen nicht, was sie tun», aber wenn er nur sie gemeint hätte, würde er nicht gesagt haben: Vater, *vergib* ihnen! Denn wo Vergebung nötig ist, da muss *Sünde* geschehen sein; gerade das aber, was jene Soldaten in Ausübung ihrer Pflicht taten, hat Jesus sicher nicht als Sünde beurteilt. Auch die Quelle seines Leidens an jenem Tag war ja zum Wenigsten das, was jene ihm zufügten: die äußere Erniedrigung, die beschimpfende Gleichstellung mit ehrlosen Verbrechern, die körperliche Qual und der leibliche Tod. Das Alles, so schwer es sicher auf ihm gelegen hat, waren ja schließlich bloß die Mittel, mit denen die Sünde an jenem Tag gearbeitet und durch die sie über das Licht zu triumphieren gehofft hat. Und so waren auch jene Henkersknechte bloß die Instrumente der Sünde und in ihrem Innern vielleicht nicht ferne vom Reich Gottes [vgl. Mk. 12,34]. Jesus hat das Böse wie das Gute nicht in den äußern Handlungen der Menschen gesehen, sondern in dem Zustand ihrer Herzen, in der Schuld oder Unschuld des innern Lebens, aus der die äußern Handlungen hervorgehen. Und *darunter* hat er am Karfreitag unsäglich gelitten, dass er in dem, was die Menschen ihm antaten, eine Offenbarung und Wirkung sehen musste der entarteten Bosheit ihres verborgensten Inwendigen. An der hatten auch jene direkten äußern Urheber seines Leidens Anteil, ihre schadenfrohe Rohheit ist ein beredtes Zeugnis dafür; aber ihre Sünde war doch nur ein Tropfen in dem Meer der menschlichen Sünde überhaupt, dessen Wellen an jenem Tag über dem Haupt des Sündlosen zusammenzuschlagen schienen. Da sind seine Nächsten gewesen, die Jünger, die ihn als dankbare Freunde und Schüler auf seinem Heilandsweg begleitet hatten und die dann doch in der entscheidenden Stunde nicht mit ihm wachten und beteten und darum in Anfechtung fielen und ihn in Verworrenheit und Feigheit verließen [vgl. Mt. 26,40–45.56]. Da war Jerusalem, die Stadt Gottes, dessen

Kinder er so oft hatte versammeln wollen um das Eine, was nottut, und der er doch zuletzt das furchtbare Wort sagen musste: Ihr habt nicht gewollt [Mt. 23,37]. Da waren seine erklärten und offenen Feinde, die Männer der Kirche, die für den Tempel Gottes eiferten, damit ihnen der Geist Gottes nicht unangenehm werde. Da war der Vertreter der öffentlichen Gerechtigkeit, des weltlichen Staates, der es vorzog, seine Hände in Unschuld zu waschen [vgl. Mt. 27,24] und sich in vornehme Indifferenz zu hüllen, statt Recht Recht sein zu lassen. Und wie wenn all die Schuld, die sich in dem Tun dieser Leute offenbarte, sich in einer Person hätte zusammenfassen wollen, war da der verlorene Sohn, der in einer unseligen Vermischung höchster Hoffnungen und niedrigster Instinkte vom begeisterten Jünger zum erklärten und tätigen Feind und Verräter wurde. Und der Kreis derer, die für das Kreuz Christi verantwortlich sind, erweitert sich ins Unermessliche, wenn wir von der Feigheit, der Stumpfheit, der Feindschaft, der Indifferenz, dem Verrat, die dort wirksam gewesen sind, die Linien weiter ziehen zu den Trieben und Motiven, die in den Menschen überhaupt, die in *uns* erwachen und losbrechen, wenn Gott uns zu nahe kommt, wie er jenen Menschen in Jesus in beunruhigender Weise zu nahe gekommen ist. Wir können dann kaum anders, als in jenen, von Petrus bis zu Judas, unsre geistigen Verwandten erkennen, uns mit ihnen solidarisch erklären, uns eingestehen, dass wir an ihrer Stelle von uns aus kaum viel anders gehandelt haben würden, jedes in seiner Weise. Die Untat des Karfreitags ist die Untat des Menschen, ist unsre Untat und sie besteht darin, dass wir das Licht sehen, dass wir aber sagen: ich *will* es nicht sehen. Ob wir uns dabei bloß die Augen zuhalten oder ob wir uns bemühen, das Licht auszublasen, macht im Grundsatz keinen Unterschied. Zum Kaiphas oder Judas mag nicht jeder veranlagt sein – er ist dafür ein Petrus, ein Pilatus oder einer von dem gaffenden Volk, besser ist er darum um kein Haar. Denn der Mensch richtet, was vor Augen ist, Gott aber siehet das Herz an [1.Sam. 16,7]. Und wenn wir uns jetzt zurückversetzen in die Seele des leidenden Christus, dann ahnen wir, worunter er am Kreuz gelitten hat. Wir stehen dann gerichtet und vernichtet vor der Wahrheit, die uns Johann Sebastian Bachs Tonwerk in dieser Woche in so gewaltiger Weise gepredigt hat:[3]

---

[3] Vgl. oben, S. 104, Anm. 4.

Was ist die Ursach aller dieser Plagen?
Ach, meine Sünden haben dich geschlagen.
Ich, mein Herr Jesu, habe dies verschuldet,
Was du erduldet.[4]

Jesus hat es dieser Stunde mitansehen müssen, wie das innere Elend der menschlichen Art, dessen Überwindung sein ganzes Leben geweiht war, erst seine volle Höhe erreichte. Er war gekommen, den Menschen aus der Not zu helfen, und nun vergrößerten die Menschen die Not ins Unendliche, indem sie den Helfer zum Schweigen brachten. Nicht was man ihm persönlich zufügte, war das Leid seiner Seele, sondern das, was die Menschen dadurch sich selber zufügten. Denn er lebte ja nicht für sich, sondern eben für die Menschen. Er wusste, dass *sein* Leiden in Wirklichkeit *ihr* Leiden war, weil es ihre Schuld offenbarte. Und so konnte er den Frauen, die ihn auf dem Wege nach Golgatha weichmütig beklagten, antworten: «Ihr Töchter Jerusalems, weinet nicht über mich, sondern weinet über euch selbst und eure Kinder!» [Lk. 23,28] Er für sich persönlich wusste, dass er in seinem Leiden den guten Willen des Vaters erfüllte, und er wusste sich in allem Leiden geborgen im Vertrauen zu der Güte dieses Vaters. Aber das musste sich wie ein Felsblock auf seine Seele legen, was dabei aus den Andern werden sollte. So hatte er schon früher in Bezug auf den Judas gesagt: Des Menschen Sohn gehe zwar dahin, wie von ihm geschrieben stehet; doch wehe dem Menschen, durch welchen des Menschen Sohn verraten wird [Mt. 26,24]. Das galt auch von all den Andern, das gilt auch von uns: Wehe dem, durch welchen des Menschen Sohn verraten wird! Es wäre ihm besser, dass er nie geboren wäre. Und so war gerade das Innerste und Größte von alledem, was am Karfreitag auf seiner Seele lag, nicht das eigene, sondern fremdes Leiden, das schwere Gebrechen der Menschheit, das sich gerade in seinem Kreuze in all seiner Hoffnungslosigkeit offenbarte, unsre Sünde und ihre Strafe, die uns nirgends so deutlich werden kann wie angesichts seines Kreuzes. Und mit dieser Last auf dem Herzen tritt er nun in all der Qual seines beginnenden Todeskampfes vor Gott und betet:

---

[4] Strophe 2 (in RG und EG Strophe 3) des im Gottesdienst gesungenen Liedes «Herzliebster Jesu, was hast Du verbrochen» (s. unten am Ende dieser Predigt) wird in Nr. 19 von Bachs Matthäuspassion rezitiert.

Vater, vergib ihnen! Stelle du selbst das, was hier zerstört wird, wieder her! Rechne ihnen die ungeheure Entfernung von dir, in die sie sich jetzt begeben haben, nicht an, sondern ziehe sie mit deiner Kraft wieder an dich! Schlage du selbst die Brücke, die sie von der Schuld und Strafe ihrer Sünde zu deinem seligen Leben führe. Vater, vergib ihnen! Und Jesus fügt hinzu: *Denn sie wissen nicht, was sie tun.*

*   *   *

Was soll dieses Letzte? Auf den ersten Blick klingt es wie eine Entschuldigung, und das Wort wird oft so angewendet, als ob nur eine Entschuldigung darin läge. Jesus hätte dann damit das sagen wollen: die Menschen seien in ihrer Bosheit gar nicht zurechnungsfähig und darum auch nicht verantwortlich. Das würde uns nun vielleicht wohl passen, wenn wir da hören würden, dass die Schlechtigkeit des Menschen im Grunde immer nur eine Unwissenheit sei. Gott hätte dann in der Tat nichts Eiligeres zu tun, als uns immer wieder zu vergeben, weil wir ja doch nicht wissen, was wir tun. Dabei würde sich leben lassen. Aber ich glaube nicht, dass das Wort Jesu den Sinn hat, uns das Leben in diesem Sinn leicht zu machen. Es würde sonst rein unbegreiflich, wie Jesus von Judas und dann zu den Frauen von Jerusalem jene schneidend harten und ernsthaften Worte hätte sagen können. Und es würde weiter unbegreiflich, wie Jesus in diesen letzten Tagen, von Gethsemane bis Golgatha, unter einer Last hätte wandern und fast unter ihr zusammenbrechen können, die doch nur eine eingebildete, scheinbare Last gewesen wäre. Denn wenn die Sünde der Menschen, die ihm dort zu schaffen machte, bloß eine Folge der Unwissenheit gewesen, wenn darin von vornherein ihre Vergebung und Verzeihung begründet gewesen wäre, dann wäre ja damit das Schwerste am Leiden Jesu, jenes fremde Leiden, das sein Inneres marterte, ein bloßer Schein gewesen. Man kann aber noch weiter gehen und sagen: wenn das Jesu Anschauung gewesen wäre, dass Gott die Sünde von vornherein vergeben müsse, weil der Mensch nicht wisse, was er tue, dann würde er kaum seine Lebenszeit, geschweige denn sein Leben an die Überwindung der Sünde und an das Kommen des Reiches Gottes gesetzt haben. Wozu das, wenn der Mensch trotz der Sünde mit Gott in Ordnung ist, wenn Gott ihm vergibt, weil er ja doch nicht weiß, was er tut?

Und was für Jesus galt, das würde dann auch für uns gelten: Wenn das der Weisheit letzter Schluss wäre, dass alles gut und in Ordnung ist, weil wir ja doch nicht wissen, was wir tun, dann könnten wir allen guten Willen, alle Anstrengungen und Kämpfe um höhere Erkenntnisse und um höheres Leben begraben. Wir brauchten uns selbst nicht mehr zu verurteilen, sondern könnten uns beruhigen bei dem Gedanken, dass Gott mit uns zufrieden, dass unser Leben ein rechtes, gutes Leben sei, auch wenn wir im tiefsten Sumpfe stecken. Das wäre bequem, und es lebt auch tatsächlich mancher nach diesem Konzept. Aber es wäre und es ist auch der Tod alles Lebens. – |

Denn es liegt wohl eine Entschuldigung in dem Wort Jesu, aber die verstehen wir erst, wenn wir die Anklage und das Urteil, die auch darin liegen, in ihrem ganzen Gewicht haben auf uns wirken lassen. Und wenn wir das getan haben, lernen wir vorsichtig umgehen mit der Entschuldigung, die es zu gleicher Zeit enthält. *Sie wissen nicht, was sie tun!* Kann man im Grunde etwas Schrecklicheres von Menschen sagen als das? Das Leben besteht darin, dass wir wissen, was wir tun, das will sagen, dass unsre Gedanken und Handlungen geleitet sind nicht von den blinden Instinkten unsrer Natur, sondern vom Licht der Vernunft. Je höher ein Mensch sich innerlich entwickelt, desto mehr muss Alles, was zu jenen Instinkten gehört, die Faulheit und die Selbstsucht vor Allem, zurücktreten, desto mehr muss die Gotteskraft der Vernunft[5] sein Leben durchsäuern, desto mehr muss er wissen, was

---

[5] Der Gedanke, dass die menschliche Vernunft göttlichen Ursprungs bzw. eine göttliche Kraft sei, ist in der Philosophie schon seit der Antike verbreitet. Aufgenommen und zugespitzt auf das Gegenüber von Vernunft und Offenbarung wird er von G. W. Leibniz, *Discours de la conformité de la foi avec la raison*, in: *Essais de théodicée sur la bonté de dieu, la liberté de l'homme et l'origine du mal*, nouvelle Edition par M. L. de Neufville, Bd. 2, Amsterdam 1734, S. 1–69, dort S. 26 (§ 29): «la lumière de la Raison n'est pas moins un don de Dieu que celle de la Revelation» (im Exemplar Barths unterstrichen).

Bei Theologen lassen sich Beispiele für die explizite Rede von der Vernunft als einer «Gotteskraft» vor allem seit der ersten Hälfte des 19. Jahrhunderts finden; vgl. etwa C. J. A. Bormann, *Die Lehre von den Zwecken oder die Teleologie*, Berlin 1824, S. 114: Der Mensch ist, «als das Ebenbild Gottes», dazu bestimmt, «mit der ihm verliehenen Gotteskraft (Vernunft) alles vor ihm Geschaffene zu beherrschen»; *Rezension zu: Zeitschrift für wissenschaftliche Theologie, 1. Heft, 1826 / 2. Heft, 1827*, in: *Allgemeine Kirchenzeitung*, Jg. 7,

er tut. Was da schlummert in den unbewussten Tiefen unsrer Seele, das gehört nicht zu uns, gehört nicht zu unsrem Leben, solange wir nicht davon wissen und Stellung dazu nehmen. Und wenn es die besten Triebe und Motive wären, *gut* sind sie erst dann, wenn wir mit Wissen und Willen «ja» dazu sagen, sie uns zu eigen machen. Und das Böse in uns, unsre Fehler und Schwächen, sind freilich immer Reste der alten Unwissenheit. Wir stecken dann auch in der Faulheit und in der Selbstsucht drin. Wir wissen nicht, was wir tun. Aber ist das eine beruhigende Hirtenschalmei, wenn wir das von uns sagen müssen? Ich meine vielmehr: wir sagen damit von uns oder Andern das denkbar Traurigste, was wir sagen können. Wir sagen damit, dass wir das nicht sind, was wir sein sollten und könnten. Wir verurteilen und degradieren uns selbst, und ich wollte den sehen, der in diesem Urteil noch etwas Beruhigendes, Entschuldigendes, Angenehmes finden wollte. Es hat sich schon mancher seiner Fehler und Schwächen gerühmt, aber auch der verkommenste Mensch lehnt sich innerlich dagegen auf, dass er gar nicht mehr wisse, was er tue, dass er bewusstlos, sinnlos, dem Zustande des Tieres oder der Pflanze ebenbürtig geworden sei. Und doch werden wir nichts Anderes finden, als dass unsre Fehler und Schwächen, unsre Sünden solche Bewusstlosigkeiten sind. Das entschuldigt uns nicht, denn indem wir uns verurteilen, sagen wir selbst, dass es anders sein könnte. Die Anklage und das Urteil, das Verzeihen und die Strafe sind da immer eins und dasselbe.

Und nun hat *Jesus* von denen, die ihn kreuzigten, gesagt: Sie wissen nicht, was sie tun. Damit wollte er nicht ihre Schuld bestreiten oder abschwächen, sondern er hat da in einem Wort ihr ganzes Elend zusammengefasst: Sie wussten nicht, was sie taten, das war ihre Schuld. Und das war die Schuld, die er am Kreuz getragen, die Ursache des Größten und Tiefsten in seinem Leiden. An sich selber hat er es jetzt erfahren, was es mit dieser Unwissenheit der Menschen, mit ihrer Sünde auf sich habe. Sie wollten nicht heraus aus ihren natürlichen Instinkten; beim einen war's die Zaghaftigkeit, beim andern die Selbstzufriedenheit, beim dritten die Habsucht, beim vierten die

1828, Sp. 185–199 (= *Theologisches Literaturblatt zur Allgemeinen Kirchenzeitung*, Nr. 23/24, 19./21.3.1828), dort Sp. 185: «Zwingli bezeichnet (nach dem jetzigen richtigen Sprachgebrauche) die Vernunft als die den Menschen und Engeln gegebene Gotteskraft, Gott und göttliche Dinge zu erkennen».

Gleichgiltigkeit, beim fünften die Brutalität. Und doch war's bei Allen dasselbe: Sie wollten nicht wissen, was sie taten; sie wollten sich durch das Licht der wahren Menschheit, der göttlichen Vernunft, das in Jesus unter sie getreten war, nicht stören lassen. Und nun ist es, wie wenn Jesus in diesen letzten Stunden, wo sein Licht noch leuchten kann, diese ganze verkehrte menschliche Art in beide Hände nähme und so vor Gott brächte: Vater, sieh, so sind sie, die du mir gegeben hast [vgl. Joh. 10,29; 17,6.9]! So ist die Welt, die zu deinem Reiche werden sollte. Sie wissen nicht, was sie tun, weniger als je. Es liegt in der Art, wie Jesus hier vor Gott tritt, etwas von dem Seufzer Zwinglis: Herr, nun heb den Wagen selbst.[6] *Vergib ihnen!* Nicht darum bittet hier Jesus, dass Gott ein Auge zudrücken möchte gegenüber der Schuld, der Unwissenheit der Menschen. Vergeben heißt bei Gott nicht vergessen, sondern geben. Gib ihnen die Kraft und die Freiheit, die die Schuld aufhebt, gib ihnen die Erkenntnis anstelle der Unwissenheit. Jesus kennt und anerkennt die ganze Größe des menschlichen Verderbens; er denkt nicht daran, davon auch nur eine Kleinigkeit in Abrede zu stellen, aber er weiß auch, dass bei Gott Kräfte sind, die noch stärker sind als das menschliche Verderben, und er weiß, dass Gott sein letztes Wort noch nicht gesprochen. Um dieses letzte Wort bittet er jetzt.

* * *

Und nun ist diese letzte und höchste Fürbitte Jesu für die Menschen in der Tat mehr gewesen als eine fromme Regung und Bewegung seines Inwendigen. Die Stunden, die er da im Leiden unter den Gebrechen der Menschheit zugebracht, sind zu einem Wendepunkt geworden. Es verhält sich so, wie es Paulus später auf dem Markt von Athen ausgesprochen: Gott hat die Zeiten der Unwissenheit übersehen, nun aber gebietet er allen Menschen an allen Enden, Buße zu tun [Act. 17,30].

---

[6] «Herr nun heb den Wagen selb» ist das 1529 entstandene sogenannte «Kappelerlied» Zwinglis, das als in «Kriegsgefahr» zu singendes Lied in das erste nachreformatorische Gesangbuch Zürichs aufgenommen wurde: *Kirchengesang der gemeinen und gebreüchlichen Psalmen, Festgesangen und geistlichen Liederen,* nach der teütschen Melodey für die Kirchen Zürych zuosamen getruckt, Zürich 1598, S. CCVII (modernisiert: RG 792).

Und dieser Wendepunkt kam nicht durch irgend eine neue, unerhörte, plötzliche Offenbarung, nicht durch eine Stimme vom Himmel und nicht durch das Auftreten von zwölf Legionen Engeln [vgl. Mt. 26,53]. Sondern Jesus der Gekreuzigte, in der Tiefe seines Leidens unter der Sünde der Menschen, er selbst wurde der Wendepunkt. Er selbst hat das noch geahnt und gewusst; denn die Reihe der kurzen Worte, die er am Kreuz gesprochen und die den gewaltigen Kampf widerspiegeln, der in seinem Innern vor sich ging, schließt mit dem triumphierenden: Es ist vollbracht [Joh. 19,30]! Was sein Leben begonnen hatte und was jetzt scheinbar vernichtet am Boden lag, das hat gerade sein Tod unter den Menschen begründet und vollendet: die Herrschaft Gottes, die ewige Gerechtigkeit des Herzens, das Regiment der Liebe und der Selbstverleugnung, von der er so oft geredet. Seine Worte hatten die Sünde, die Unwissenheit wohl untergraben, aber nicht beseitigt. Seit seinem Tod ist sie in sich selbst zusammengebrochen. Denn von seinem Bild am Kreuz ist der Eindruck ausgegangen, dass Alles das, was er gebracht, nicht Illusion sei, sondern die letzte Wahrheit. |

Ein erstes schwaches Aufleuchten dieses Eindrucks haben wir in dem Worte jenes römischen Hauptmanns vor uns, der beim Anblick des Todes dieses angeblichen Verbrechers in das Wort ausbricht: Wahrlich, dieser ist ein Gottes-Sohn gewesen [Mt. 27,54]. Und es liegt eine tiefsinnige Symbolik in dem Bericht des Evangeliums, dass sich im Augenblick des Todes Jesu die Gräber geöffnet hätten, dass die Leiber der Heiligen auferstanden und in die heilige Stadt gegangen seien [vgl. Mt. 27,53]. Das helle und klare Zeugnis aber von diesem Eindruck sind die Ereignisse des Ostermorgens, wie wir sie immer deuten und verstehen wollen. Da sind auf alle Fälle eine ganze Anzahl Menschen aus solchen, die nicht wissen, was sie tun, zu etwas Neuem geworden, zu Menschen, die einen festen Punkt kennen, die die Kraft gefunden haben zu wissen, was sie tun, und zu tun, was sie wissen. Da sind Menschen, die aus dem vorigen Elend heraus sind, die mitten im Reich Gottes leben schon in dieser Welt, die angefasst sind von der ewigen Gerechtigkeit, Menschen, die etwas gespürt haben von der unendlichen Liebe Gottes und die nicht mehr anders können als diese Liebe wieder auszustrahlen, weiterzugeben in ihren Worten und Taten, in ihrem ganzen Wesen an die Andern. Und was da in ihnen entstanden ist, das haben sie nicht aus sich selbst geschöpft, sondern es ist eine Wirkung des gekreuzigten Christus. Sie erkennen jetzt: er musste leiden, er hat unsre Schuld getragen, während wir in die Irre gingen, aber das kommt uns nun zu Gute. Denn die Tiefe seines Leidens hat uns die Größe des Lebens offenbart. Sein Leiden um der Gerechtigkeit willen hat uns unauslöschlich gezeigt, was Gerechtigkeit ist. Unsre Sünde und unsre Strafe ist auf ihm gelegen, damit wir Frieden hätten, und durch seine Wunden sind wir geheilt [vgl. Jes. 53,5].

Jesu Gebet: Vater, vergib ihnen! hat sich erfüllt, indem er gebetet hat. Gott selbst hat sein letztes und größtes Wort zu uns geredet, hat den Felsen der Kraft und der Erkenntnis in die Fluten unsres Elends und unsrer Unwissenheit hineingestellt, indem dieses Wort gesprochen wurde. Die Vergebung, will sagen, die Gabe Gottes, ist nun da, und sie ist wirksam. Und wo sie wirksam ist, da heißt es nicht mehr: sie wissen nicht, was sie tun, denn sie besteht ja gerade darin, dass wir wissen dürfen, was wir tun. Eine *neue* Situation ist damit in der Welt geschaffen. Der Mensch kann jetzt mit sich selbst und mit Gott in Ordnung kommen. Was das für das Geschlecht bedeutet hat, das Jesus ans Kreuz gebracht, ist im Einzelnen schwer zu sagen. Von den 11 Jüngern wissen wir es. Von den römischen Soldaten weiß wenigstens die fromme Sage allerlei zu erzählen.[7] Und sicher sind unter den Massen, die am Pfingstfest den Weg zu Gott fanden, Unzählige gewesen,

[7] Nach der lateinischen Überlieferung wischte der Soldat, welcher nach Joh. 19,34 die Seite Jesu am Kreuze mit seiner Lanze öffnete, so dass Blut und Wasser herausflossen, die vom Blut beschmierte Lanze ab und bekam dabei Blut an seine Hände, mit denen er versehentlich seine Augen berührte. Daraufhin soll er mit größter Schärfe nicht nur Irdisches, sondern auch Himmlisches gesehen haben. Er ließ sich bald darauf von den Aposteln taufen und nahm den Namen Longinus an. Im Zuge der Christenverfolgungen soll er um 68 in Kappadokien das Martyrium erlitten haben; er wird als Heiliger verehrt (15. März), ist Patron der Schmiede und helfe bei Augenleiden und zur Blutstillung schwerer Wunden. In der griechischen Überlieferung wird auch der bei der Kreuzigung anwesende Hauptmann, der Jesus als «Sohn Gottes» bzw. «frommen Menschen» bekannte (vgl. Mk. 15,39; Lk. 23,47) und sich ebenfalls bald darauf taufen ließ, Longinus genannt und am 16. Oktober verehrt. An diesem Tage soll er, nachdem er der Legende nach seine Verfolger drei Tage lang bewirtet hatte, mit zwei Gefährten enthauptet worden sein. Vgl. Art. «SS. Longinus miles, Longinus Centurio», in: *Vollständiges Heiligen-Lexikon*, hrsg. von J. E. Stadler u. a., Bd. III, Augsburg 1869, S. 856–861; A. Chr. Sellner, *Immerwährender Heiligenkalender*, erweiterte Ausgabe, Frankfurt/Main 1998, S. 159f.

die 40 Tage vorher mitgerufen hatten: Lass ihn kreuzigen [Mt. 27,22]. Aber auch für einen Kaiphas und Judas und Pilatus wäre die neue Situation dagewesen, auch für sie wäre die Vergebung und das neue Leben offen gewesen. Warum sie sie nicht ergriffen, wer kann das sagen? Gottes Vergebung ist nicht eine Notwendigkeit, sondern ein freies Erlebnis, und wir stoßen hier auf das Geheimnis, dass viele berufen, aber wenige auserwählt sind [Mt. 22,14]. – |

Deutlicher und wichtiger ist aber, was diese neue Situation für uns bedeutet. Für uns ist es nämlich ganz klar, dass wir nicht mehr unter dem Worte stehen: Sie wissen nicht, was sie tun, sondern unter dem erfüllten Gebet Jesu: Vater, vergib ihnen. Gott hat uns vergeben und geholfen, er hat uns in der Dunkelheit unsrer Unwissenheit den Weg Jesu aufgetan, damit wir daran *glauben*, damit wir in Gehorsam und Liebe und Selbstverleugnung diesen Weg *gehen*. Sind wir auf diesem Weg, den die Jünger am Ostermorgen betreten haben, dann haben wir den Frieden mit Gott, um den Jesus am Kreuz für uns gerungen. Das ist eine Freudenbotschaft. Aber auch eine Mahnung von tiefem Ernst: Die Schuld ist von uns genommen, aber mit der Schuld auch die Entschuldigung. Denn wenn in dem Wort: sie wissen nicht, was sie tun! auch eine gewisse Entschuldigung lag, wenigstens für unsre Begriffe, so bestand sie darin, dass jene Menschen Gottes letztes und höchstes Wort, den Tod Jesu, noch nicht gehört hatten. Diese Entschuldigung fällt für uns dahin, «der Erlöser hat sie mit ans Kreuz genommen», wie *Schleiermacher* in einer Predigt über diesen Text gesagt hat.[8] Wir stehen unter der vollen Wirkung der vergebenden Gotteskraft, die vom Kreuze Christi ausgegangen ist, wir haben von dorther die bestimmteste Erkenntnis dessen, was Leben heißt, und wenn wir nun trotzdem die Sünde und den Tod vorziehen, dürfen wir uns nicht dahinter

[8] Fr. D. E. Schleiermacher, *Über das Geheimniss der Erlösung. Predigt am Charfreitage den 27. März 1812 Nachmittags. Über Lucas 23,33–34*, in: Kritische Gesamtausgabe, Abt. 3: *Predigten*, Bd. 4: *Predigten 1809–1815*, hrsg. von P. Weiland, Berlin / New York 2011, S. 474–481, dort S. 480: «Keiner, der der Sünde dient, keiner der Jesum zum zweitenmal kreuzigt, indem er irgend wie sein Werk gefährdet, [...], keiner kann sich entschuldigen, daß er nicht wisse, was er thue, der Erlöser hat diese Entschuldigung mit sich ans Kreuz genommen, und sie darf nach seinem Leiden nicht mehr gelten für die, die sich nach seinem Namen nennen [...].»

verschanzen, dass wir nicht wissen, was wir tun. Nur insofern gilt dies Wort auch von uns, als die Wirkung jener vergebenden Gotteskraft uns noch nicht völlig ergriffen hat, als wir mit einem guten Teil unsres Wesens immer noch außerhalb ihres Strahlenkreises stehen. In jedem von uns ist noch ein Stück Judenland und Heidenland, größer oder kleiner, wo es heißt: er weiß nicht, was er tut. Und da brauchen wir allerdings Entschuldigung. Aber da dürfen wir nun nicht in unsrer Unwissenheit stehen – da würden wir uns in einem unheilvollen Kreis bewegen –, sondern bei Gott, der uns unsre Unwissenheit wegnimmt, indem er uns zu Jüngern des Gekreuzigten macht, bei der Quelle der Vergebung, die uns im Kreuze Christi eröffnet ist.

Von der Vergebung redet uns der Karfreitag. Es ist ein Tag, der uns in die Tiefe führt, wenn wir ihn ernst nehmen. Aber in die Tiefe müssen wir steigen, um Gottes unaussprechliche Gabe in Empfang zu nehmen, die uns auf die Höhe führt. Wir tun dann nichts Anderes, als was Christus selbst getan hat und gehen mit ihm den Weg vom Tode zum Leben.

Amen.

Lieder:

Nr. 111: «Herzliebster Jesu, was hast Du verbrochen» von J. Heermann, Strophen 1–3 (RG 440,1.3–4; EG 81,1.3–4)

Nr. 112: «O Haupt, voll Blut und Wunden» von P. Gerhardt, Strophen 1–2.4 und 8–9 (RG 445,1–2.4 und 7–8; EG 85,1–2.5 und 9–10)

Lesungstext: Jes. 53

64

Genf, Sonntag, den 23. April 1911
(Quasimodogeniti)

Lukas 24,31

Da wurden ihre Augen geöffnet, und sie erkannten ihn. Und er verschwand vor ihnen.

Liebe Freunde!

Was in diesen paar Worten gesagt ist, das habe ich schon erfahren. Und ich bin sicher, dass die Meisten von euch es so oder so auch schon erfahren haben: *Ihre Augen wurden geöffnet, und sie erkannten ihn – und er verschwand vor ihnen.* So geht's zu, wenn Gott mit uns redet, wenn er unsern Verstand erleuchtet, unser Gewissen antreibt, unser Herz entzündet: Wir sehen, wir erkennen, und er wird unsichtbar, er verschwindet wieder vor uns. Eigentlich müsste es nicht so sein, dass wir Gottes Stimme nur so dann und wann zu uns reden hören. Bei Jesus ist es nicht so gewesen, er hat ihn immer gehört, er lebte, webte und war in Gott [vgl. Act. 17,28] und seinem verborgenen Wort. So müsste es bei uns auch sein. Aber es ist eben nicht so. Wir hören ihn gleichsam nur in abgerissenen Sätzen: Hier ein Anstoß zum Glauben, hier eine Weckung der Liebe, dort eine Unterstützung und Kräftigung der Hoffnung [vgl. 1.Kor. 13,13]. Dann kommen wieder andre Klänge: die Gedanken und Sorgen des Lebens, die Zwischenreden der Mitmenschen, die wechselnden Gefühle und Stimmungen unsres eigenen Innern. Da heißt's denn auch alle Augenblicke wieder: Und er verschwand vor ihnen. Oft, wenn's gerade am Schönsten wäre, wenn wir gerade denken, das Höchste ergriffen zu haben. Das sind immer kritische Momente in unserm Leben, und es kommt viel darauf an, dass wir verstehen, was sie uns zu sagen haben. Manche Menschen erleben sie und merken kaum, was mit ihnen und in ihnen vorgegangen ist. Manche erleben sie und merken es wohl, dass Gott jetzt wieder verschwunden ist, aber sie nehmen das so hin, als ob es selbstverständlich wäre, wie sie sich längst an den selbstverständlichen Wechsel von Sonntag und Werktag gewöhnt haben. Und wieder andre erleben sie und merken, was vorgeht, und das Herz blutet ihnen darüber, es ist

ihnen jedes Mal zumute wie bei einer Katastrophe, wenn die Weihe-
stunden, in denen Gott zu ihnen geredet hat, wieder auslaufen in das
nüchterne Einerlei des Alltags. Wir beneiden die ersten nicht um ihre
Gefühllosigkeit und Ruhe. Wer kaum etwas davon merkt, was das
heißt: er verschwand vor ihnen, dem ist kaum ein sehr lebhaftes und
großes Bild oder Wort Gottes vor der Seele gestanden, sonst könnte er
nicht einfach gelassen sein, wenn es wieder verschwindet. Und darum
wird auch die Selbstverständlichkeit, mit der die Zweiten die Sache
hinnehmen, kaum das Rechte sein. |

Es gibt doch schwerlich etwas Dürftigeres und innerlich Haltlo-
seres als die Art vieler Menschen, dem lieben Gott so am Karfreitag
oder Ostern oder auch sonst ab und zu im schwarzen Rock einen
Besuch zu machen, ihn scheinbar rasch zu Worte kommen zu lassen,
um dann wieder zur Tagesordnung des gewohnten Kehrums von Arbeit und Vergnügen überzugehen, als ob es sich von selbst verstünde,
dass es, wenn die Festtage vorbei sind, bei ihnen ganz deutlich heißt:
und er verschwand vor ihnen. Aber so sicher das Alles oberflächlich
und töricht ist, so sicher empfinden wir doch wohl, dass auch das
Dritte nicht das Richtige sein kann, dass wir händeringend dastehen,
[a]kraftlos wie vor einer Katastrophe[1], wie ein Kind vor seinem zerbrochenen Spielzeug, in den Stunden, wo die großen, innern Erlebnisse aufhören, wo Gott seinen Mund scheinbar schließt, wo wir dastehen wie vor einem niedergefallenen Vorhang im Theater, der der
Fülle der Gesichte[2], die noch eben auf uns eindrang, ein Ende macht.
Sicher ist es höher und besser, wenn uns das Herz darüber wehtut, als
wenn wir es gleichgiltig oder selbstverständlich über uns ergehen lassen. Aber das Höchste und Beste ist es noch nicht. Und weil die gleichgiltigen und selbstverständlichen Christen, die es gelassen und füglich
hinnehmen, dass am Ostermontag Gott wieder verschwindet vor ihnen bis zum Bettag oder bis zur nächsten Ostern, weil sie heute doch
nicht hier sind, wollen wir uns nicht lange aufhalten damit, auszu-

---

[1-1] Mskr.: «wie vor einer kraftlosen Katastrophe».
[2] Gehobener Ausdruck für: eine Vielzahl von Eindrücken. Vgl. J. W. von
Goethe, *Faust* I, V. 519–521 (Nacht):

> Es wird mein schönstes Glück zunichte!
> Dass diese Fülle der Gesichte
> Der trockne Schleicher stören muss!

machen, was dieses Verschwinden Gottes für sie bedeutet, sondern gleich versuchen, vom Bessern zum Besten, vom Hohen zum Höchsten vorzudringen, also von den schmerzlichen und wehmütigen Gefühlen zu dem besondern Wort Gottes, das er gerade damit an uns richtet, dass er oft scheinbar schweigt und uns allein lässt, dass wir auch, wenn wir ihn mit allem Ernst gesucht und mit aller Freude gefunden haben, so oft wieder die Erfahrung machen müssen: er verschwand vor ihnen. Denn es ist ein besonderes Wort Gottes an uns auch in dieser Erfahrung verborgen, und wir müssen uns nur die Ruhe nehmen, es zu entdecken. |

Dazu kann uns von vornherein die Tatsache Mut machen, dass auch die Jünger Jesu in den Stunden und Tagen, wo sie das Höchste erlebt haben, nämlich die Auferstehung des Herrn, mehr als einmal diese Erfahrung gemacht haben. Sie sind davon gewiss auch schmerzlich und wehmütig berührt gewesen, aber wir sehen auch deutlich, dass der Schmerz und die Wehmut bei ihnen nicht das Letzte gewesen sind. Sie erzählen selbst – in unserm Textwort sind es die zwei, die nach Emmaus gegangen sind –, dass die Erscheinung Jesu des Auferstandenen plötzlich aufgehört habe, verschwunden sei, als ob Alles, was sie erlebt, bloß eine Einbildung, eine Halluzination ihrer aufgeregten Sinne gewesen sei – aber wir merken dann doch wieder ihrem ganzen späteren Verhalten an, dass dies Verschwinden nicht das Letzte war, dass Jesus bei ihnen blieb in einem viel höheren und besseren Sinn, als sie es vorher vielleicht gewünscht. Gewiss und mit Recht werden wir es also als etwas Abnormes, als etwas, was nicht so ist, wie es sein sollte, empfinden, wenn wir die Erfahrung machen, dass unsre Gotteserlebnisse oft in so unerfreulicher Weise aufhören, dass Gott gleichsam schweigt und unsichtbar wird vor unsern innern Augen und Ohren, dass wir mitten aus der Offenbarung, die uns noch lange nicht zu Ende scheint, wieder auf die nüchterne, nichtssagende Straße des Lebens gestellt werden, aber wir dürfen auch in diesem Fall wissen, dass Gott der Herr auch das Abnorme, das, was nicht ist, wie es sollte, das Unerfreuliche in der Hand hält und nach seinem Willen braucht, der ein guter Wille ist. Diese Erfahrung haben die Jünger von Emmaus gemacht, und wir dürfen sie auch machen.

*   *   *

Zuerst heißt es, dass *ihre Augen geöffnet* wurden. Was das heißen will, davon haben wir in den Passions- und Ostertagen geredet. Die Erkenntnis kam über sie, dass der gekreuzigte Christus nicht ein Unterlegener, sondern der Sieger war. Vorher, am Abend des Karfreitags, an jenem Samstag, der dazwischen lag, am Morgen des Ostersonntags, während bereits unter manchen Jüngern und Jüngerinnen andere Stimmen laut wurden, und noch auf ihrem Gang nach Emmaus hinaus war es jenen Zweien zu Mute gewesen, wie wenn jetzt Alles zu Ende sei. Jesu Lebenswerk lag zerschmettert am Boden. Die vorher Gläubige gewesen, waren jetzt zu mutlosen Zweiflern geworden, und die Zweifler gewesen, zu offenen Feinden und Verächtern. Die kleine Schar der Freunde war zersprengt, der Leib Jesu ins Grab gelegt. Wie war's mit dem Reich Gottes? Kein Engel war vom Himmel gekommen, um zu hindern, was geschehen, kein Naturereignis hatte die Ungläubigen verschlungen, bevor sie triumphierten. Es ist vollbracht, so dachten wohl auch jene zwei, aber in anderem Sinn als Jesus: es ist zu Ende, es ist vorbei, unsre Hoffnungen und Ideale sind gescheitert. Und nun ist auch über sie das Ostererlebnis gekommen, von dem sie am Morgen kopfschüttelnd die stammelnden und verworrenen Berichte der Frauen angehört hatten. Das Resultat jenes Nachmittags war für sie das direkte Gegenteil seines Anfangs. Sie kommen zur Erkenntnis: was da geschehen ist, das ist ja nicht das Ende, sondern der Anfang. Christus hat freilich gelitten, aber *musste* leiden, damit Gottes Wille erfüllt werde. Was scheinbar ein Sieg der Sünde ist, das ist ja der Sieg Gottes. Und darum heißt's jetzt nicht: aus und fertig mit der Welt, mit dem Guten, mit all dem, was Jesus in uns geweckt und angeregt, sondern: vorwärts und hinein ins Reich Gottes, das gerade durch diesen scheinbaren Untergang unvertilgbar begründet ist. Denn dieser Jesus hat mit seinem *Tod* ein für alle Mal gezeigt und offenbart, was *Leben* ist. Etwas Größeres hätte er gar nicht vollbringen können, als so zu enden. Indem er nach unsrer Meinung die Beute des Todes und der Vergänglichkeit wurde, hat er uns Leben und Unvergänglichkeit gebracht, indem er nach unsrer Meinung der Sünde, dem Bösen erlag, hat er den Weg zu Gott für uns gebahnt und aufgetan. Und darum ist dieses Sterben *ein Schein* gewesen,[3] wir spüren's ja,

---

[3]   Vgl. M. Luther, *Predigt am Ostermontag Nachmittag* (28. März 1524):

wie dieser Gekreuzigte lebt und wie uns selbst sein Leben erfasst. Wir legten ihn mit Tränen nieder,[4] aber angesichts dessen, was auf Golgatha geschehen, müssen die Tränen versiegen. Wir seufzten mit ihm unter der Macht der Sünde, an der wir uns mitschuldig wussten, aber sein Leiden unter der Sünde, sein Gehorsam und seine Liebe, die er gerade darin bewiesen, hat ja die Macht der Sünde, unsrer Sünde gebrochen. Indem er zu Grabe ging, hat er die Herrschaft des Grabes zerstört. Der Tod ist nicht das letzte Wort in einer Welt, die *diesen* Tod gesehen. Hölle, wo ist dein Sieg? Tod, wo ist dein Stachel? [1.Kor. 15,55] Gott sei Dank, der uns den Sieg gegeben in Jesus Christus [1.Kor. 15,57], in dem gekreuzigten Christus. Er ist auferstanden, er lebt, er wirkt, sein Gehorsam und seine Liebe haben uns nun endlich, endlich ergriffen und besiegt. Unsre Augen sind geöffnet, wir erkennen ihn! |

Ich sage, das war das innere Resultat jenes Nachmittags für die Zweie, und damit sind sie umgekehrt nach Jerusalem, um es den Andern zu sagen, wie ein Bächlein dem Strome zueilt, dem Strome des Christusevangeliums, der nun bald hervorbrechen sollte, um alle Welt zu überfluten, um das dürstende Land zu befruchten. Wie wir uns das Erlebnis im Einzelnen zu denken haben, das jene Zwei wie vorher und nachher die andern Jünger Jesu zu diesem Resultat geführt hat, das werden wir nie ausmachen können. Das Evangelium erzählt uns anschaulich, dass Jesus selbst auf dem Wege zu ihnen getreten sei, mit ihnen geredet und sich mit ihnen zu Tische gesetzt habe. Aber wenn es berichtet, dass die Jünger ihn zuerst gar nicht, sondern erst im letzten Moment erkannt hätten, wenn wir weiter auf dieses plötzliche Verschwinden achten, so legt es uns selbst nahe, uns den Vorgang als ein Ereignis von der Art zu denken, wie wir sie in der ganzen Bibel finden, wo Menschen etwas Außerordentliches mit Gott erlebt haben, nämlich menschlich gesprochen als ein Gesicht, als eine Vision, göttlich gesprochen als eine Offenbarung. Sie haben nicht nur an Jesus gedacht und sich nicht bloß seiner erinnert, sondern sie haben ihn mit Augen gesehen. Die Umwandlung und Neuschöpfung, die sich in ihrem In-

«Putabamus quidem mortuum vere fuisse, sed iam videmus fuisse spledorum, nur ein schein gewesen sein» (WA 15, 528,30f.).

[4] Vgl. den Schlusschor der Matthäuspassion (s. oben, S. 104, Anm. 4) von J. S. Bach: «Wir setzen uns mit Tränen nieder».

nern vollzog, die Erkenntnis Christi, des Gekreuzigten, setzte auch ihre leiblichen Sinne in Bewegung. Und was sie sahen, den lebendigen Jesus, das begründete und bestärkte wieder ihre innere Erkenntnis. Sie sahen ihn, nicht wie ich hier euch sehe oder ihr mich – ein Kaiphas oder Pilatus hätten lange auf jener Straße gehen können, sie hätten ihn nicht gesehen –, sondern so wie Jesajas den Thron Gottes gesehen hat [vgl. Jes. 6,1–4], so wie später Paulus vor Damaskus den Gekreuzigten gesehen hat als den Auferstandenen [vgl. Act. 9,1–6]. Es war ein Schauen in der Verzückung und Begeisterung, wie es Menschen zu allen Zeiten in den großen Stunden ihres Lebens erlebt haben. Und es war ein Schauen in Wahrheit, so sicher das, was damals in ihrem Innern vorging, Wahrheit war: das Aufgehen ihrer Augen, die Erkenntnis, dass Christus, der Gekreuzigte, der Weg zum Vater sei [vgl. Joh. 14,6], das Ergriffenwerden von seiner Kraft und von seinem Wesen. Das war das Erlebnis der Jünger von Emmaus, wie es ähnlich das Erlebnis aller Jünger in jenen Ostertagen gewesen ist, wie es einige Jahre später Paulus noch erlebt hat. Es war eine Revolution radikalster Art, die sich in ihnen vollzogen hat. Gott hat da eingegriffen in ihre Lebensgeschichte, wie es nicht alle Tage der Fall ist, nicht durch einen magischen Zauberschlag, sondern indem er das Bild des gekreuzigten Nazareners in ihren Seelen durchdringen, in ihrem Denken, Handeln und Fühlen Gestalt gewinnen ließ. Paulus hat später diese Revolution in feurigen Zungen beschrieben: Ist jemand in Christo, sagt er, so ist er eine neue Kreatur, das Alte ist vergangen, siehe, es ist Alles neu geworden [2.Kor. 5,17]. Und ein andermal: Ich lebe, aber nun nicht ich, sondern Christus lebt in mir [Gal. 2,20]. Das war das Ostererlebnis der Männer des Neuen Testaments, sage ich. – |

Ich würde mich hüten, ohne Weiteres hinzuzufügen: Dieses Erlebnis habe ich auch gemacht, oder euch zu sagen, dass ihr es auch schon gemacht habt oder noch machen werdet. Von einem Augustin oder Luther könnte man es sagen, aber nicht von den Meisten von uns. Wir erleben den innern Vorgang, dass Christus von uns Besitz ergreift, in einer unendlich viel matteren, farbloseren Form. Wir sind dabei angewiesen auf die Stärkung und Belebung, die auf uns ausgeht von den Erlebnissen jener Größeren und Stärkeren und Lebendigeren, als wir es sind, und merken dabei, wie nötig wir immer wieder die Bibel und die Geschichte überhaupt haben. Aber wenn wir uns so bescheiden in den Hintergrund stellen vor den einzigartigen Erfahrungen, die größere Zeiten und Menschen als die unsrigen und wir aufzuweisen haben, so bleibt es Gott sei Dank doch dabei: Wir erleben in unsrer Weise auch, was sie erlebt haben, dass uns die Augen aufgehen, dass wir Christus erkennen und von Christus ergriffen werden. Ich glaube, wenn wir uns das vor Augen halten, was die Jünger Jesu von Karfreitag bis Ostern erlebt haben, so dürfen wir ein Ostererlebnis und darum eine Stimme Gottes, eine Tat Gottes in unserm Leben überall da erkennen, wo sich etwas, was uns traurig gemacht hat, in eine Quelle des Lebens und der Freude verwandelt, wenn es bei uns in irgend einem Sinn Nacht geworden ist und wenn uns dann in der Nacht das ewige Licht aufgeht, das wir am heitern Tage nicht wahrgenommen hätten. Jesu Seligpreisungen aus der Bergpredigt sind in dieser Hinsicht die allerwirksamste Osterbotschaft und die einfachste Anweisung für uns, das Ostererlebnis auch zu machen. |

Ich darf jetzt an die Reihe von Betrachtungen erinnern, in der wir uns mit diesen Worten beschäftigt haben.[5] Wir sahen dabei jedes Mal im Grunde dasselbe: Das Leben führt uns äußerlich und hauptsächlich innerlich in Lagen, die uns nicht gefallen. Wir müssen erkennen, dass wir an Geist, an höherem persönlichem Wert nicht reich, sondern arm sind. Wir werden entblößt von dem, was die Menschen und wir selbst Glück nennen. Wir verlieren den Mut, uns aufrichtig und trotzig hinzustellen in ungebrochenem Selbstbewusstsein. Wir erblicken ein ewiges Ideal von Güte und Wahrheit, aber indem wir es erblicken, müssen wir uns sagen, dass wir unheilbar von ihm entfernt sind. Wir müssen es erfahren, dass der Stumpfsinn und die Bosheit der andern Menschen auch unserm besten Streben Schranken auferlegt, dass der Gerechte verfolgt werden muss, und wenn wir der Sache auf den Grund gehen, entdecken wir, dass wir selber mit schuld sind an diesem Zustand, dass wir selber die Wahrheit durch Ungerechtigkeit darniederhalten [vgl. Röm. 1,18] und uns über die Verfolgung nicht einmal so sehr beklagen dürfen. Das sind Karfreitagserkenntnisse, das sind Erfahrungen, die uns bald mit Donnerstimme, bald mit leisem, boshaftem Geflüster einzureden scheinen, dass uns das Reich genommen ist, wo Fried und Freude lacht.[6] |

[5] Vgl. oben, S. 36–114, die Predigten vom 29. Januar, 12. Februar, 26. Februar, 19. März und 2./9. April 1911.

Aber nun hat Jesus vor alle diese Erfahrungen ein Selig! gesetzt. Das versetzt uns zunächst in starre Verwunderung, in ungläubiges Kopfschütteln, gerade wie es zunächst den Jüngern von Emmaus gegangen ist gegenüber der Erkenntnis, dass das Kreuz Christi seine Auferstehung sei, dass er leiden *musste*, um in seine Herrlichkeit einzugehen [vgl. Lk. 24,26]. Aber wir sind auch bei der Betrachtung aller jener traurigen und dunklen Erfahrungen auf die geheimnisvolle Wahrheit gestoßen, dass der Weg des Lebens, der aufwärts führt, zunächst in ein Tal geht, dessen finstere Klüfte und Engpässe uns freilich mit den schlimmsten Befürchtungen erfüllen. Aber es ist wirklich der Weg des Lebens. Es war nicht eine Illusion von Jesus, wenn er alle jene erstaunlichen «Selig sind sie!» mit solcher siegesgewissen Bestimmtheit ausgesprochen hat. Unzählige, die auch keine Apostel und Reformatoren gewesen sind, sondern einfache, trockene Menschen wie wir, haben jene geheimnisvolle Wahrheit nicht nur erkannt, sondern erlebt. Sie sind geistlich arm geworden [vgl. Mt. 5,3], und indem sie allen geistigen Zierrat ihres Innern abgelegt, indem sie alles geistliche Flügelschlagen gründlich verlernt haben, haben sie das Himmelreich gefunden. Sie haben Leid getragen [vgl. Mt. 5,4], aber sie haben im Leid die wirksame Güte Gottes erfahren, ihr Schmerz ist ihnen zur Herrlichkeit geworden, weil er sie vorwärts geführt hat. Sie sind zusammengebrochen in ihrem Selbstbewusstsein, aber dieser Zusammenbruch war die Aufrichtung ihres Gottesbewusstseins, ihres Lebens. Sie haben gehungert und gedürstet nach Gerechtigkeit, aber hungernd und dürstend sind sie satt geworden [vgl. Mt. 5,6]. Sie haben Verfolgung erlitten um der Gerechtigkeit willen [vgl. Mt. 5,10], aber sie sind dadurch Gottes Mitarbeiter geworden an der Erlösung der Welt. Das alles sind Ostererlebnisse, von denen wir nicht nur hören und lesen, die wir nicht nur bewundern und uns daran erbauen, sondern die wir *machen* können. Es ist die wunderbare und vor Gott doch so einfache Verwandlung der traurigen Erfahrung in eine Le-

---

[6] Vgl. Strophe 3 aus P. Gerhardts Adventslied «Wie soll ich dich empfangen» (GERS 90; vgl. RG 367; EG 11):
  Als mir das Reich genommen,
  Wo Fried und Freude lacht,
  Bist du, mein Heil, gekommen
  Und hast mich froh gemacht.

bens- und Freudenerfahrung. Es ist bei uns wie bei den Jüngern Jesu eine völlige Umkehrung unsrer gewöhnlichen Betrachtungsweise – mehr als das: eine Revolution, eine Umwertung aller Werte[7]. In diesem Vorgang ergreift Christus Besitz von uns, wieder nicht unter magischen Zauberschlägen, sondern konkret und real und praktisch so, dass das Kreuz uns zur Auferstehung wird, «denn wenn wir so in seines Todes Bild hineingewachsen sind, so wird das auch mit seiner Auferstehung geschehen» [Röm. 6,5]. Und diese Verwandlung wird dann sofort zur Begründung eines neuen Lebensstandes. Alle jene Erfahrungen bestehen ja gerade darin, dass wir Anstöße empfangen, Gott zu suchen, den Menschen zu helfen, uns selbst zu verleugnen, zu beherrschen, zu erziehen. So sind die Jünger zu Aposteln geworden, und so werden wir aus Menschen zu rechten Menschen. Aber das wird bei uns wie bei ihnen so zugehen, dass uns einmal oder auch mehrmals, aber eben nicht alle Tage, in einzelnen Momenten und Wendepunkten die Erkenntnis aufgeht wie ein Blitz, was es mit unsern scheinbar traurigen Erlebnissen in Wirklichkeit auf sich habe, dass aus den dunkeln Erfahrungen das Licht des Selig sind sie! in all seiner Erstaunlichkeit und Herrlichkeit hervortritt. Das sind dann jedes Mal die Christuserscheinungen, die *uns* zuteilwerden. Mancher sieht sie auf dem Krankenbett, mancher an den Gräbern seiner Lieben, mancher in den Hindernissen und Niederlagen seiner Arbeit, mancher in den Erfahrungen, die er bei seiner Selbsterziehung macht. Das sind die Osterglocken, die Stimmen Gottes, die sich in unserm Leben vernehmen lassen, das Christusevangelium vom Kreuz, das eine Gotteskraft ist.

*　*　*

Aber nun geschieht es, dass diese Osterglocken, diese Stimmen Gottes plötzlich zu verstummen scheinen, dass das Christusevangelium in uns nicht mehr klingt, sondern nur noch nachklingt. Wird es *ver*klingen? Werden unsre Ostererlebnisse zu den vielen Erfahrungen gehören, die erst mächtig tönend schallten, dann aber wie alles Irdische nicht bestehen, sondern verhallen?[8]

[7] Vgl. oben, S. 54, Anm. 2.
[8] Vgl. aus der vorletzten Strophe von Fr. Schillers Gedicht «Das Lied von

Bei den Jüngern in Emmaus ist gerade in dem Moment, wo die Ostererkenntnis in ihnen endgiltig und kräftig durchbrach, das Ereignis eingetreten, das das Evangelium mit dem kurzen Wort beschreibt: *Und er verschwand vor ihnen.* Wie wir uns auch ihr Erlebnis im Einzelnen denken wollen, ob es äußerlicher und greifbarer oder innerlicher und geistiger Art gewesen ist – auf alle Fälle hat es aufgehört. Wir hören nichts Näheres darüber, was das für einen Eindruck bei ihnen erzeugt habe. Auf alle Fälle hat es eine starke Dosis von Enttäuschung in die Seligkeit des Erlebnisses, das sie eben gemacht, hineingebracht. Wunderbar! Im Moment, wo sie Jesus erkennen, wird er wieder unsichtbar. Musste es ihnen nicht zu Mute sein, wie einem Schiffer, der eben seinen Kahn im schützenden Hafen anlegen will – da ergreift ihn eine ungeheure, zurückflutende Welle und führt ihn wieder aufs offene Meer hinaus. War jetzt nicht plötzlich wieder Karfreitag geworden, jetzt, wo die Offenbarung aus, wo die Verzückung und Begeisterung des Erlebnisses zu Ende war? Wir wissen von jenen zweien, dass die Enttäuschung über dies Verschwinden jedenfalls nicht das Vorherrschende geblieben ist, auch nicht bei den andern Jüngern, die es gleichfalls erleben mussten, dass die Christuserscheinungen seltener wurden und schließlich aufhörten. Im Gegenteil: sie haben erkannt, dass Sinn und Ordnung in diesem Verschwinden war, und haben sich nur um so fester an den lebendigen Jesus gehalten, auch als es mit den Erscheinungen aus war. – |

Wir erfahren nun auch etwas von diesem Verschwinden, aber *wir* sind offenbar nicht sicher, wie wir damit fertig werden! Es ist etwas vom Schmerzlichsten und Rätselhaftesten in unserm Leben, dass jene einzelnen großen Momente, wo wir im Kreuz die Auferstehung erleben, wo die Seligkeit uns ergreift, die Jesus in der Bergpredigt schildert, eben nur einzelne Momente sind. Es leuchtet etwas in mir auf von dem Himmelreich, das denen beschieden ist, die geistlich arm sind, aber dann beginne ich plötzlich doch wieder zu leiden darunter,

der Glocke» (Erstdruck 1799; Sämtliche Werke, Bd. 1, München 1962³, S. 429–442, dort S. 441):
> Und wie der Klang vergehet,
> Der mächtig tönend ihr entschallt,
> So lehre sie, daß nichts bestehet,
> Daß alles Irdische verhallt.

dass ich so gar nicht reich bin. Ich ergreife die Hand, die mich im Leiden schlägt, als die Hand des Vaters, der es gut meint, aber indem ich mich daran freuen will, ist das Leid doch wieder da, und ich bin nicht selig. Ich werde satt im Hungern und Dürsten nach Gerechtigkeit, aber dann meldet sich doch wieder die sehnsüchtige Qual, die diesem Hungern und Dürsten von Natur innewohnt. Ich freue mich, Gottes Genosse im Leiden um Gerechtigkeit willen zu sein, aber dann meldet sich doch wieder ein Rest von Unbefriedigung darüber, dass ich unterliegen und nicht siegen soll. Ich habe da allemal den Auferstandenen gesehen, aber dann hieß es auch bei mir: er verschwand vor mir. Das Ostererlebnis, das ich mit meiner traurigen Erfahrung gemacht, hörte auf; der Schwung und die Erhebung, die meine Seele genommen, ließen nach, und die traurige Erfahrung blieb zurück als das, was sie war. Es schien wieder Karfreitag geworden und die Woge des Lebens flutete zurück, bevor ich festen Fuß gefasst. Nicht wahr, so ist es uns Allen schon mehr als einmal ergangen. Wie Vielen mag es gerade in den letzten acht Tagen im Stillen so ergangen sein: sie haben in der Karfreitags- oder Osterpredigt oder bei der Feier des heiligen Abendmahls etwas empfangen, was ihnen Freude und Antrieb war, eine Lösung und Erleuchtung für ihr Leben, aber dann ist die große Welle gekommen, und die frohe Botschaft ist wieder in weiter Ferne: Er verschwand vor ihnen. Es klingt noch etwas nach in ihnen, aber es droht zu verklingen. Was nun?

Da gilt es nun vor Allem Eines festzustellen: Grund und Ursache solchen Verschwindens müssen wir sofort *bei uns selbst* suchen. Uns steigt die bittere Frage auf die Lippen: warum sehe ich jetzt nichts mehr von der Güte Gottes in meinem Leben, wo ich sie eben zu sehen meinte? War denn Alles Illusion? Wir wollen diese Frage nicht an Gott richten, meine Freunde, sondern an uns selbst. Regte sich da nicht eben, als du die Hand nach der Seligkeit ausstrecken wolltest, etwas von deinem alten Menschen, etwas, was noch nicht mit Christus gestorben ist, ein Stück Eitelkeit oder Selbstsucht oder Lieblosigkeit oder Faulheit? Meinst du im Ernst, dass dein Ostererlebnis bestehen kann neben diesen Regungen? Ist's nicht ganz in der Ordnung, dass es vergeht, wenn du die Voraussetzung, den Karfreitag, noch so ungründlich erlebt hast? Seht, wenn uns dies rätselhafte Verschwinden Gottes aus unserm Leben zu gar nichts anleiten würde als zu diesen Fragen, so wäre es schon ein inhaltsreiches Wort Gottes an uns. – |

Es liegt aber noch mehr darin. Wir können wohl theoretisch sagen, dass es schön wäre, alle Tage beständig Ostern zu erleben, wie es den Jüngern geschah oder wie es uns geschieht in den großen Momenten, wo eine der Seligpreisungen Jesu auf uns zutrifft. Aber wenn wir vor dem stehen, so wie wir sind, müssen wir uns sagen, dass uns ein solch fortdauerndes Erleben gar nicht gesund wäre. Wir sollten freilich beständig auf der Menschheit Höhe wandeln, beständig in der Seligkeit des Gottschauens [vgl. Mt. 5,8]. Aber wenn uns das *jetzt*, da wir noch nicht reif sind dafür, durch ein Wunder widerführe, wir würden daran zu Grunde gehen. Und wenn wir's künstlich zu erzwingen suchen, so würden wir gespreizte, unnatürliche, unglückliche Menschen. Ihr erinnert euch, wie Paulus einmal von sich sagt, ihm sei ein Dorn ins Fleisch gegeben, damit er sich der hohen Offenbarungen nicht überhebe [vgl. 2.Kor. 12,7].[9] Das ist der weitere Sinn jenes Verschwindens, das uns ängstigt: es erzieht uns zur *Demut*, zur Vorsicht gegen uns selbst, die wir, so wie wir sind, sehr nötig haben. – |

Es *erzieht* uns, sagte ich eben. Das führt uns auf etwas Weiteres. Unser Leben, auch unser neues Leben, das im Kreuze erweckt worden ist, ist nicht ein Zustand, sondern eine *Entwicklung*, und zwar eine Entwicklung, die wir uns vielleicht am Besten in Form einer Spirallinie denken: Wir kommen scheinbar immer wieder an dieselben Punkte: das sind auf der einen Seite die Ostererlebnisse, wo Christus von uns Besitz ergreift, und das sind auf der andern Seite die Momente, wo es heißt: er verschwand vor ihnen. Es sind doch nur scheinbar dieselben Punkte, die wir da immer wieder berühren, in Wirklichkeit dürfen wir jedes Mal eine Stufe höher steigen! Es geht in die Enttäuschung hinein, aber gerade damit kommen wir wieder in eine Situation, wo Jesus von uns sagen würde: Selig seid ihr, wenn ihr diese traurige Situation zu brauchen wisst. Nun geht uns das vielleicht auf, wir erleben wieder Auferstehung, unsre Augen werden geöffnet, wir erkennen ihn – aber wir dürfen nicht denken, dass wir nun fertig seien. Das Leben führt uns weiter. Bereits liegt das Erlebnis hinter uns, wir blicken wehmütig darauf zurück, auch das Misstrauen und die nach-

---

[9]   Vgl. oben, S. 18–35, die Predigt vom 15. Januar 1911.

trägliche Enttäuschung werden uns nicht erspart, wenn wir nun merken, dass der Gipfel noch nicht erreicht ist. Ich meine, wir wollen nicht zu lange zurücksehen, der Kultus der Erinnerung wie der Verdruss in der Erinnerung dienen zu gar nichts, sondern nun heißt's vorwärts, wenn's sein muss auch ohne besondere Erlebnisse. So haben es die Jünger dort auch gemacht, und so wird's recht sein. Schließlich ist ja der Sinn unsres Lebens nicht der, dass wir angestoßen und getrieben werden, sondern dass wir uns tatsächlich bewegen. In jenen Erlebnissen ergreift uns Gott in Christus, aber wenn sie nun aufhören, so ist das nicht eine Katastrophe, sondern einfach das Zeichen, dass nun probiert werden soll, wie weit wir wirklich ergriffen sind, wie weit Jesu Vertrauen und Hilfsbereitschaft und Lebensernst unser geworden seien. Es gleicht dieses scheinbare Verschwinden dem wichtigen Akt in der Erziehung des Kindes, wo die Mutter es zum ersten Mal allein von einem Stuhl zum andern laufen lässt, oder dem andern, wo es das Vaterhaus verlässt, um auf eigenen Füßen zu stehen. Wir wollen das nicht nur wehmütig hinnehmen, wie es ist, sondern wir wollen sagen: es ist recht so. Denn ich kann nun Alles zusammenfassen, indem ich sage: Gott will im letzten Grunde gar nicht, dass wir ihn *erl*eben, wie man heutzutage so oft sagen hört, sondern das, was er uns in jenen Offenbarungen *erl*eben lässt, das soll uns dazu dienen, ihm zu *leben*. Wir sollen selbständig werden. Jesus soll in uns Gestalt annehmen, als ob wir selbst es wären. Und um uns dazu zu erziehen, lässt uns Gott oft scheinbar allein. Ich erinnere noch einmal an Jesus selbst, um euch zu zeigen, wohin Gott uns führen will und welche Wege er dabei einschlägt. In Jesu eigenem Leben haben die Verzückungen und Begeisterungen eine sehr geringe Rolle gespielt. Sein Bild zeigt uns wenig von hohen, besondern Erlebnissen, aber viel von einem hohen, besondern Leben, das schön und gleichmäßig erfüllt war von dem, wonach wir in einzelnen Momenten dürstend die Hand ausstrecken. Er pilgert nicht von einer Gotteserfahrung zur andern wie wir, aber ist in seinem Denken und Tun voll von bearbeiteter, angewandter, fruchtbar gemachter Gotteserfahrung. Er war auferstanden, bevor er gestorben war. Und weil es so war, war er der Sohn Gottes. Er war das, was wir werden sollen.

Einmal hat auch er das erfahren, wie schmerzlich es sein kann, wenn Gott uns selbständig macht und uns scheinbar verschwindet.

Aber gerade in dieser Stunde ist ihm Gott in Wirklichkeit am Nächsten gewesen. Es war die Stunde, da er in den rätselhaften Ruf ausgebrochen ist: Mein Gott, mein Gott, warum hast du mich verlassen? [Mt. 27,46]

Amen.

Lieder:

Nr. 43: «Morgenglanz der Ewigkeit» von Chr. Knorr von Rosenroth, Strophen 1–3 (RG 572; EG 450).

Nr. 139: «Die Lerche stieg am Ostermorgen» von E. Geibel, Strophen 1–3 u. 4–5.

Lesungstext: Lk. 24,13–35.

65

Genf, Sonntag, den 7. Mai 1911
(Jubilate)

Johannes 8,34.36

Wer Sünde tut, der ist der Sünde Knecht.
So euch nun der Sohn frei macht, so seid ihr recht frei.

Liebe Freunde!

Vor acht Tagen, als eben die Wogen der Erregung wegen des Kursaals am Höchsten gingen,[1] hat die bekannte hiesige Zeitung «Le Genevois» einen Artikel gebracht,[2] dessen Inhalt ich euch in Kürze mitteilen will. «Kann man von einer Kuh den Gesang der Nachtigall erwarten?», hieß es da. «Oder kann man einen Vogel melken? Ebenso wenig darf man vom Menschen ein moralisches Leben verlangen. Es liegt nun einmal in seiner Natur die Neigung zum Alkohol, zur Sinnlichkeit und zum Hazardspiel. Que voulez vous y faire?[3] Es ist so. Die übergroße Mehrzahl der Menschen will[4] nun einmal nichts davon wissen, dass man sich das Leben versauern müsse, um am Tag nach seinem Tod mit der Freude anzufangen. Die sogenannten moralischen Gesetze haben immer nur dazu gedient, diesen Tatbestand zu verschleiern. Moralisch leben würde nur heißen, seinen Neigungen im

---

[1]   Im April 1911 hatte der Schweizer Bundesrat die Schließung des «Cercle des Étrangers» im Genfer Kurhaus angeordnet, weil dort entgegen dem Spielbankverbot der Schweizer Bundesverfassung Glücksspiele stattfanden; gegen diese Entscheidung erhob sich in der Genfer Bevölkerung, aber auch in den höchsten politischen Kreisen der Stadt, ein Sturm der Entrüstung. Die Vorgänge und Reden, auf die Barth im Folgenden Bezug nimmt, sind ausführlicher geschildert in zwei Artikeln, die er dazu für die «Basler Nachrichten» und das «Kirchenblatt für die reformierte Schweiz» geschrieben hat: K. Barth, *Pour la dignité de Genève*, in: V.u.kl.A. 1909–1914, S. 310–319; ders., *Wir wollen nicht, daß dieser über uns herrsche*, in: a.a.O., S. 320–328.
[2]   Ein Abdruck des Artikels *Le règne de Tartufe* (gez.: Trilby) findet sich a.a.O., S. 323.
[3]   Wörtliches Zitat aus dem in der vorigen Anmerkung genannten Artikel Trilbys, den Barth hier ansonsten in einer freien Übersetzung wiedergibt.
[4]   Mskr.: «wollen».

Geheimen zu frönen. Wir sind eben nur zur Heuchelei fähig. Und darum heißt Moral predigen nichts Anderes, als uns zu immer ärgeren Heuchlern zu machen. Mehr kommt bei der Moral und dem Predigen nicht heraus.» –|

Man kann dem Mann dankbar sein, dass er so deutlich geredet hat. Was er geschrieben hat, ist aber auch sonst bemerkenswert. Er anerkennt zuerst gleichsam ganz von Weitem, dass ein Leben, nach den sittlichen Gesetzen eingerichtet, an sich denkbar und lebenswert wäre. Aber dann fügt er rasch hinzu: Lasst uns in Ruhe damit, wir kommen tatsächlich ohne Wein, Weib und Spiel doch nicht aus und wollen lieber das eingestehen, als Sittlichkeit heucheln. Ich sage, das heißt deutlich und mit einer gewissen erfreulichen Ehrlichkeit geredet, wie es nicht immer der Fall ist bei denen, die für Interessen und Instinkte von der Art kämpfen, wie sie der «Genevois» und seine Freunde von der Gasse damals vertreten haben. Aber ich weiß einen andern Mann, der in jenen Tagen noch einen Schritt weiter gegangen ist. Aus dem Munde des höchsten Magistrats unsres Kantons[5] konnte man inmitten von 8000 beifalltobenden Menschen den Standpunkt vertreten hören, es handle sich in dem Kampf für Tingeltangel und Rösslispiel nicht nur um die Interessen der vielleicht an sich ein wenig bedauerlichen Schwachheit der menschlichen Natur, wie es jener Artikelschreiber hinstellt, sondern um das herrliche *Prinzip* der *Freiheit* und des *Fortschritts*. Diese Prinzipien seien erschüttert worden durch das Verbot des Absinths.[6] Heute greife man uns den Cercle des étranger[7] an, morgen werde man uns mit Maßregeln gegen die öffentlichen Häuser kommen.[8] Gegen Alles das gelte es nun aufzustehen wie ein Mann. Also wieder diese Dreieinigkeit von Alkohol, Hazard und

---

[5] Gemeint ist Jules Perréard (1862–1930); 1905–1913 Genfer Großrat, 1906–1912 Regierungsrat, 1911 Präsident des Regierungsrates.

[6] Ein Absinth-Verbot war am 7. Oktober 1910 in allen Kantonen der Schweiz in Kraft getreten; vgl. J. Grellet, Art. «Absinth», in: HBLS I, S. 71f.

[7] Siehe oben, Anm. 1.

[8] In *Pour la dignité de Genève* (Anm. 1) hatte Barth nach einem gleichnamigen Artikel aus der Genfer Zeitung «La Suisse. Dernières Nouvelles de la Nuit» (Jg. 14, Nr. 101, 29.4.1911, S. 9) folgenden Satz Perréards zitiert: «demain nous aurons la question des femmes, car nous verrons reprendre la campagne pour la suppression des maisons de tolérance» (V.u.kl.A. 1909–1914, S. 316).

Sinnlichkeit. Der «Genevois» erklärt sie als unvermeidliche Neigungen unsrer Natur, der Herr Staatsratspräsident stempelt sie zu bedrohten Heiligtümern eines freien Volkes. Man will nicht nur machen, was man will, sondern sieht die wahre Freiheit und den wahren Fortschritt darin, dass jeder immer mehr machen kann, was er will, während alle Einschränkung[9] dieser Freiheit unserer hellen Zeiten unwürdig ist und in die finstere Epoche Calvins gehört.

Was haben wir dazu zu sagen, meine Freunde? Wir haben dazu zu sagen, was Jesus dazu gesagt haben würde: *Wer Sünde tut, der ist der Sünde Knecht, wenn euch nun der Sohn frei macht, so seid ihr recht frei.* Wir wiederholen dies Wort nicht, weil es in der Bibel steht, und auch nicht darum, weil wir als Mômiers[10], und wie man uns sonst noch genannt hat, einmal gewöhnt sind, so zu reden, sondern weil in diesem Wort ein ewiges Gesetz des menschlichen Lebens enthalten ist, gegen das man protestieren, lärmen, pfeifen und Brandreden halten und dem man sich doch nicht entziehen kann, weil es sich an den Menschen vollzieht mit derselben Exaktheit und Sicherheit, mit der es nach den Gesetzen der sichtbaren Natur Herbst und Frühling wird.

*   *   *

Das Wort *«Sünde»* ist meines Wissens in den Kämpfen, die uns bewegt haben und noch bewegen, weder von der einen noch von der andern Seite gefallen. Und doch habe ich noch keine Angelegenheit des öffentlichen Lebens hier oder anderswo erlebt, wo man mit solcher Bestimmtheit und Klarheit wie diesmal sagen konnte: es handelte sich um einen Kampf für oder gegen die Sünde. – |

In andern Fällen sind oft Recht und Unrecht wunderlich genug auf beide Seiten verteilt, so dass es einem anständigen und feinfühligen Menschen schwerfallen muss, Partei zu ergreifen, will er sich nicht selber einseitig und borniert vorkommen. Man vertritt in solchen Fäl-

---

[9] Mskr.: «Einschränkungen»; von den Hrsg. in Angleichung an die Verben des Satzes geändert.

[10] «Mucker»; Spottname für die Anhänger der Genfer Erweckungsbewegung. Vgl. V. u. kl. A. 1909–1914, S. 312, Anm. 7, und a.a.O., S. 321: «So hießen bis jetzt die Freikirchlicher und Pietisten – Stündeler würde man in der deutschen Schweiz sagen –, [...].»

len seine Sache gegen Gegner, die man zwar als im Irrtum befindlich, aber als ehrenhafte und edelgesinnte Menschen beurteilen kann. Man kämpft in solchen Fällen mit dem stillen Bewusstsein, dass, unter einem bestimmten Gesichtspunkt gesehen, auch der Gegner Recht hat, man sagt sich vorsichtig: meine Ideen sind zwar *meine* Wahrheit, aber nicht die *ganze* Wahrheit. Man fühlt sich im letzten Grund mit dem Gegner einig darin, dass man mit ihm das Rechte will und streitet bloß um die richtige Form, das Rechte auszudrücken und durchzusetzen. Ich denke da besonders an Kämpfe auf geistigem Gebiet, an den Streit der sogenannten Weltanschauungen, an die sogenannten Atheisten, Materialisten und «Ungläubigen», an Leute wie Nietzsche, mit denen sich mancher Pfarrer alle Sonntage meint herumschlagen zu müssen. Ich glaube nicht, dass dabei etwas Anderes herauskommt, als dass die Zuhörer das Gefühl bekommen: gottlob, ich bin weder ein Zöllner und Sünder noch ein Atheist und Ungläubiger, und dieses Gefühl ist jedenfalls im Evangelium nicht als christlich vorgesehen. Es handelt sich da um verschiedene Anschauungen, nicht um die Stellung zur ewigen Wahrheit. Denn diese Wahrheit ist keine Anschauungsweise, meine Freunde, sondern ein Zustand der Seele, eine Lebensrichtung. Es gibt sogenannte Ungläubige, die diese Lebensrichtung haben, und es gibt sogenannte Gläubige, die sie durchaus nicht haben. – |

In dem Fall dagegen, von dem wir reden, kann von einer bloßen Verschiedenheit der Anschauungsweise, von einem gleichberechtigten, eventuell besseren Gegner in keinem Sinn die Rede sein, sondern hier handelt es sich klipp und klar darum, was gelten soll in unserm privaten und öffentlichen Leben, die Sünde oder die Wahrheit. Es heißt jetzt nicht für oder gegen Nietzsche und Häckel[11] und die moderne Ethik, sondern für oder gegen die Sünde. Eben weil die Frage aber so heißt, sollen wir von vornherein dagegen geschützt sein, dass wir uns als Pharisäer neben unsre Gegner stellen mit dem zufriedenen Gefühl: Ich gerecht, du ungerecht. Ich kann zu dem Materialisten Häckel sagen: ich habe Recht und du hast Unrecht, aber ich kann nicht zu einem Menschen, den ich sündigen sehe, sagen: ich bin ge-

[11] Ernst Haeckel (1834–1919), Zoologe, Philosoph und Freidenker, der über seine auf den Ideen Darwins beruhende Abstammungslehre die sozialethische Diskussion um 1900 stark beeinflusste.

recht und du bist ungerecht. Wenn es heißt: für oder gegen die Sünde, dann ist unsre eigene Person in keinem einzigen Fall geborgen im Schatten frommer Denkungsart, sondern sie ist durchaus mit in Frage. Wir haben es deshalb hier weder mit den Herren Staatsräten, noch mit dem Genfer Gassenpöbel, noch mit den Croupiers und Hintermännern des Kursaals als solchen zu tun, sondern einzig und allein mit der *Sünde*, die sich da in so selten deutlicher Weise Luft gemacht hat und in der wir ebensowohl unsre als ihre Sünde zu erkennen haben. Denn es *ist* die *Sünde* und nichts Anderes, was sich da Luft gemacht hat, daran ist keinen Augenblick zu zweifeln. Die Sünde aber ist nicht das fatale Hirngespinst einiger Mômiers, die das Leben nicht kennen, sondern die sehr reale Macht der Gedankenlosigkeit, der Faulheit und der Selbstsucht, die wir alle Tage an uns selbst und an Andern wahrnehmen können, wie sie an der Arbeit ist, die Menschen zu entmündigen, ihren Geist und Körper zu zerrütten, den Fortschritt und das höhere Leben der Völker zu hemmen und zu zerstören. Nenne man sie mit einem andern Namen, diese Macht, wenn man will, aber mache man sich klar, dass sie da ist.

Erstens als die Macht der *Gedankenlosigkeit*. «Sie wissen nicht, was sie tun», haben wir am Karfreitag gehört.[12] Die Sache, von der wir reden, bietet gerade für diese Seite der Sünde das schlagendste Beispiel. Wer es einmal beobachtet hat, mit welch steinerner Gleichgiltigkeit der Croupier am Spieltisch seine Arbeit besorgt, weiß, was ich meine. Und der Mann ist schließlich nur ein Symbol des Ganzen. Die Gedankenlosigkeit ist ja geradezu das Prinzip des Hazardspiels. Zum Sport braucht's Übung und Gewandtheit, zum Schachspiel braucht's Nachdenken und Aufmerksamkeit, sogar zum Kartenspiel ist einige Geistesgegenwart nötig, aber wenn einer bei Rössli und Boule angelangt ist, so heißt das, dass er seinen Geist in die Ferien geschickt hat, wenn er überhaupt welchen hatte, denn dazu braucht's nichts, aber auch gar nichts als ein tüchtiges Stück Geld und den nötigen Stumpfsinn, um ein Vergnügen zu finden an dem Bauen auf die Wechselfälle des blinden, törichten Zufalls. Man kann das harmlos finden, man kann sagen, es liege eine Erholung für den angestrengten Geist in zeitweiliger völliger Gedankenlosigkeit. Aber man möge sich einmal

[12] Siehe oben, S. 115–128, die Predigt vom 14. April 1911.

fragen, wie *oft* die Fehltritte unsres Lebens damit angefangen haben, dass wir beschlossen, nur einmal so recht gedankenlos zu sein. Wir tun diesen Schritt von der Würde unsrer Menschheit herunter nie ungestraft; es ist tatsächlich die Sünde, die schon hier anfängt. Und was die Erholung betrifft, die angebliche, so ist es eine merkwürdige Tatsache, dass nicht die großen, vielbeschäftigten Denker, sondern gerade die's am Wenigsten nötig hätten, ihre Erholung darin suchen, die Vernunft in dieser oder jener Weise zeitweilig zu beurlauben. Sehen etwa die Leute, die den Kursaal besuchen, die vornehmen und die geringen, sehen sie aus, als ob sie an Überanstrengung ihres Geistes litten? Und wir, wenn wir uns in anderer Weise laufen lassen, wenn wir uns dem Zufall überlassen, den Launen unsrer Leidenschaften, dem Hin- und Hergeschwätz der Mitmenschen, dem Getriebe des Lebens, statt uns zusammenzunehmen und über unser Leben zu herrschen, geschieht das, weil wir in solchen Augenblicken zu viel oder zu wenig Geist und Gedanken haben? Machen wir uns doch nichts vor! Wir wissen ganz gut und ganz abgesehen von allen Moralgesetzen, dass das nicht so sein sollte, und wenn wir's doch tun, so geschieht es uns ganz recht, wenn wir uns selber wie jener Artikelschreiber mit der Kuh vergleichen, die keine Nachtigall ist. In der Tat. Das Bild ist gut gewählt.

Zweitens ist die Sünde die Macht der *Faulheit*. Die gehört mit der Gedankenlosigkeit eng zusammen. Im Kursaal und sonst. Die Leute, die sich um die Roulette versammeln, sind entweder solche, die soviel Geld haben, dass sie nicht mehr wissen, was damit anfangen, oder solche, die zu wenig haben und sich auf mühelose Weise welches verschaffen möchten. Auf alle Fälle sind sie Faulenzer: sie warten darauf, dass der Zufall ihnen etwas gebe, statt zu arbeiten. Das ist wieder menschlich ungemein verständlich, darin hat der Artikelschreiber ebenfalls recht. Wenn wir uns laufen lassen, wie ich sagte, dann heißt das eben, dass wir die Dinge an uns herankommen lassen, statt selbst die Dinge in Angriff zu nehmen. Wir sagen dann auch: «que voulez vous y faire? wir sind einmal so!», lassen uns treiben und beeinflussen und tyrannisieren von unsern Instinkten und erwarten von ihren Zufälligkeiten das große Glück. Wenn ich zu Hause sitze und ins Blaue starre, ob mir eine gute Predigt vielleicht durch den Geist zugetragen werde, statt mich hinzusetzen und zu arbeiten, dann heißt das, dass ich Roulette spiele, auf Deutsch, dass ich faul bin. Wenn ein Arbeiter sein Geld ins Wirtshaus trägt und denkt, in kranken oder alten Tagen werde sich die Sache dann schon von selbst machen, dann heißt das wieder Roulette spielen, auf Deutsch: faul sein. Wenn eine Mutter es versäumt, ihre Kinder nicht nur zu nähren und zu kleiden, sondern zu Menschen zu erziehen, die etwas taugen, in der Hoffnung, das werde sich dann schon finden, wenn sie größer seien, die spielt Roulette, die ist auf Deutsch faul. Wir spielen, meine Freunde, überall da, wo wir uns leben lassen, statt selber zu leben.[13] Und wir sind in diesem Spiel Spieler und Rössli zugleich: wir setzen unser Glück auf den Zufall und wir werden herumgewirbelt, dass es eine Art hat, und es geschieht uns recht so. Ein solches Leben nennt die Bibel Sünde, weil es der Tod des Lebens ist.

Und die Sünde ist drittens die Macht der *Selbstsucht*. Und damit kommen wir zur Hauptsache. Selbstsüchtig ist der Mensch, der sich selbst für den Rheinstrom hält und Alles Andre, Menschen und Dinge, für die Flüsse und Bäche, die nur dazu da sind, den Rhein immer breiter und majestätischer werden zu lassen. Die allermeisten von uns sind solche Menschen, und dass es so ist, das ist das schwere Leiden, an dem wir laborieren. Wir betrachten die Menschen, mit denen wir es zu tun haben, nicht als selbständige Wesen, nicht in ihrem eigenen Wert. Statt dass wir ihnen Respekt und Interesse entgegenbringen, fragen wir: was werde ich von ihnen haben? und behandeln sie demgemäß. Wenn wir berufen sind, irgend eine Stellung unter den Andern einzunehmen, dann fragen wir nicht: Was kann ich jetzt für Andere, für das Ganze tun?, sondern wir betrachten die Sache ganz unter dem Gesichtspunkt unsrer persönlichen Zänkereien und Stänkereien. Die Sünde, von dieser Seite gesehen, ist immer eine Sorte Größenwahn, und es leidet Mancher daran, der sich für geistig sehr normal hält. Und jetzt ist's, wie wenn man diesen Größenwahn der Selbstsucht express noch in einem Treibhaus kultivieren wollte, wenn man die Leute zu einem Spiel verführt, dessen ganze Pointe darin besteht, dass neun verlieren, damit einer gewinne. Gerade als ob wir's nötig hätten, uns noch extra zu der Lebensrichtung erziehen zu lassen,

---

[13] Was es heißt, selbst zu leben, statt gelebt zu werden, hatte Barth ausführlicher entfaltet in der Predigt vom 26. Februar; vgl. oben, S. 74.

die spricht: Die Andern da sollen nur tapfer ihre Fränkli einsetzen, sie sollen nur arbeiten, sich plagen, mir schon recht, die Hauptsache ist, dass ich womöglich der bin, der zum Schluss einkassiert. Als ob wir's nötig hätten, uns so recht wie auf dem Theater den Gedanken vordemonstrieren zu lassen, dass das große Glück des Lebens darin bestehe, dass einem der große Croupier des sogenannten Schicksals Geld und Ehre und Vergnügen und Annehmlichkeiten aller Art zuspiele, während die neun andern lange Gesichter machen können. Ich habe es nicht nötig, es erst noch zu beschreiben, wie klein und erbärmlich und verächtlich der Mensch vor sich selbst und den Andern wird, wenn ihn *diese* Lebensrichtung und *dieser* Gedanke beherrschen. Ihr wisst das selber.

Und nun? Haben wir im Hazardspiel, dessen Erhaltung die 8000 vom vorletzten Freitag um der Würde Genfs willen gefordert haben, haben wir darin eine Erscheinungsform der Sünde vor uns oder ist das eine diskutierbare Frage? Ich meine, wer – nicht die Andern! sondern: sich selbst zu beurteilen weiß, der weiß auch, was er davon zu halten hat. Er wird darin die Motive der Gedankenlosigkeit, der Faulheit, der Selbstsucht wiedererkennen, die er in seinem eigenen Innern zum Schaden seiner Seele, seines Lebens wirksam sieht, er wird sich sagen: Dies Ding gehört zu *den* Dingen, die *nicht sein sollen*, und er wird demgemäß Partei ergreifen. Denn hier ist der Punkt erreicht, wo die Neutralität eine Unwahrhaftigkeit würde.

✳   ✳   ✳

Aber wir müssen der Sache noch weiter nachgehen. Jesus hat gesagt: *Wer Sünde tut, der ist der Sünde Knecht.* Und weil man die Lebenswahrheit dieses Wortes an der Affäre, von der wir reden, studieren kann, wie sonst kaum in dieser Klarheit, darum habe ich sie auf die Kanzel gebracht. Wer Sünde tut, der ist der Sünde Knecht! Jesus hat nicht gesagt: wer Sünde tut, dem geht's schlecht, wer Sünde tut, der kommt in die Hölle oder dergleichen. So würde ein moderner Evangelist reden. Jesus sieht die Strafe der Sünde darin, dass der, der sie haben wollte, sie haben muss. So hat auch Paulus am Anfang des Römerbriefs die Folge der Sünde darin gefunden, dass Gott die Menschen *dahingegeben* hat in ihrer Herzen Gelüste [vgl. Röm. 1,24]. Die

Sünde ist ihre eigene Strafe. Ich glaube, solange wir das nicht verstanden und uns angeeignet haben, wissen wir noch gar nicht, was es mit der Sünde auf sich hat und warum wir gegen sie Ernst machen müssen. Wir werden dann immer offen oder heimlich argumentieren wie jener wunderbare Philosoph im «Genevois», es lohne sich nicht, es sich wegen der Aussicht auf den Lendemain de la mort hier sauer werden zu lassen.[14] Wir müssen aber einsehen, dass es tatsächlich die Sünde ist, die unser Leben sauer und erbärmlich macht und dass das Gericht über die Schlechtigkeit nicht hintendrein kommt, sondern in der Schlechtigkeit selbst liegt, dadurch eben, dass sie den Menschen schlecht macht. Es braucht zu dieser Einsicht keine einzige theologische Argumentation, sondern wir können einfach die Tatsachen unsres Falles reden lassen.

Ich sagte, der Anfang der Sünde überhaupt und in diesem besonderen Fall sei die *Gedankenlosigkeit*. Nun ist der Gewalthaufe gekommen, die obersten Magistrate der Republik haben sich an die Spitze gestellt und haben erklärt: diese Sache ist unser Palladium und Heiligtum, diese Sache ist unsre Sache. Was ist der Erfolg gewesen: Ein Triumph der Gedankenlosigkeit, der unsre Stadt vor der ganzen Schweiz lächerlich gemacht hat. Ich brauche bloß an die von jedem Sinn und Witz verlassenen Refrains und Laterneninschriften zu erinnern, an denen das Volk sich an jenem Abend erfreut hat, an das blöde Evangelium von den Mômiers, denen man das Handwerk legen müsse, während einige noch hellere Geister verlangten, man müsse sie ins Wasser werfen, an den stürmischen Beifall, den diese für die Dummen berechnete Parole bei den Tausenden gefunden hat. Ich erinnere daran, wie man während zweieinhalb Stunden Reden gehalten hat, ohne einen einzigen wirklichen Gedanken vorzubringen, sondern lauter Phrasen und Gewäsch, das das Papier nicht wert war, das man nachher damit bedruckt hat. Ich erinnere an das Wort eines höchstgestellten Magistraten, den sein Alter hätte klüger machen dürfen, es sei der Tag dieser Demonstration das Herrlichste, was er in seiner 40jährigen Karriere erlebt.[15] Wahrhaftig, es hat sich da gezeigt, dass

---

[14] Vgl. Trilby, *Le règne de Tartufe* (Anm. 2): «Déplorable ou non, le fait est que vous n'arriverez jamais à obtenir des hommes qu'ils se rendent l'existence amère afin que le lendemain de leur mort ouvre pour eux une ère de bénédictions et de joies.»

[15] Vgl. Barth, *Pour la dignité de Genève* (Anm. 1), S. 317f.: «Endlich der

eine gedankenlose Sache auch nur gedankenlos vertreten werden kann, dass, wer Sünde tut, der Sünde Knecht ist. Es ist nicht nötig, für Alles das noch eine besondere Strafe in Aussicht zu nehmen. Wer so lebt und redet und handelt wie diese Leute, der ist gestraft genug. Es ist die Selbstauflösung des Lebens in der traurigsten Form, was sich da gezeigt hat. Und täuschen wir uns nur nicht. Wir vollziehen dieselbe Selbstauflösung an uns in den Momenten und Zeiten unsres Lebens, wo wir uns in irgend einer Weise in einen Geisteszustand begeben, der darin besteht, dass der Geist aufhört. Indem wir's taten, empfanden wir das Gericht, das in unsrer Tat lag. Es ist noch nie etwas Gutes aus solchen Momenten hervorgegangen, wohl aber sind es die dunklen Flecken in unsrer Vergangenheit, und ihre Spuren reichen hinein in unsre Gegenwart und Zukunft; denn wer Sünde tut, der ist der Sünde Knecht.

Die zweite Seite der Sünde, die ich nannte, war die *Faulheit*. Sie besteht darin, dass wir unser Leben vom Zufall regieren lassen, statt vom guten Willen, das heißt von dem lebendigen Gott. Und wieder besteht nun die Strafe dafür recht eigentlich darin, dass Gott uns und unser Tun ganz gehörig dem Zufall überlässt, dass er seinen Geist der Vernunft und des Wollens von uns zurückzieht und uns, wie ich schon sagte, während wir zu spielen meinten, selbst zu Spielbällen werden lässt. Oder heißt das nicht zum Spielball werden, wenn man, um seine Sache zu vertreten, dazu verurteilt ist, stundenlang hinter einer Trommel und einer Laterne herzulaufen, in dumpfem Drang einer unterbewussten Erregung, wenn man dazu verurteilt ist, sich aus einer Persönlichkeit in ein Stück von 8000 zu verwandeln, einen Abend lang als einer von 8000 nicht zu denken oder zu arbeiten, sondern sich heranzitieren, sich in Vorurteilen bestärken, sich als ein Stück Sturmbock für die wohlbewussten Interessen einiger Faiseurs[16] gebrauchen zu lassen? Heißt das nicht, für seine Faulheit mit Faulheit bestraft wer-

zweite Hauptclou, […]: Henri Fazy, l'honorable magistrat (das sind sie alle, alle ehrenwert). Er ergeht sich in kräftiger Wiederholung des Bernermotivs, des Mômiersmotivs und des Geldsackmotivs und erklärt, daß er […] in den 40 Jahren seiner politischen Karriere keine Manifestation von solcher Pracht wie die heutige erlebt habe.»

[16] Frz. bzw. veralteter deutscher Sprachgebrauch für: «Macher», «Anstifter».

den, wenn die, die für die Andern verantwortlich sein sollten, selber hineingerissen werden in die dumpfen Instinkte der Masse, wenn aller Unterschied verloren geht zwischen Führenden und Geführten, weil in Wirklichkeit keiner führt, sondern beide geführt und zwar an der Nase geführt werden, die Unteren von den Oberen und die Oberen von den Untern? Von einem faulen Baum sind nur faule Früchte zu erwarten [vgl. Mt. 7,18]. Die Faulheit verteidigen, heißt selber faul werden. Was der Mensch säet, das wird er ernten [Gal. 6,7], und wer Sünde tut, der ist der Sünde Knecht.

Und nun haben wir drittens das tiefste Wesen der Sünde in der *Selbstsucht* gefunden. Und wieder muss es jetzt heißen: Wer selbstsüchtig ist, der ist der Selbstsucht Knecht. Die Selbstsucht straft sich selbst damit, dass sie es schließlich zu nichts Anderem bringt als zu Taten und Worten der Selbstsucht. Indem die Sünde ihren Gipfel erreicht, wird sie ihre eigene Strafe. Das können wir an uns selbst schlechterdings alle Tage erleben. Es mag wohl so aussehen, als ob wir manchmal auch aus selbstsüchtigen Motiven, aus Eitelkeit und Habsucht zum Beispiel, etwas wirklich Gutes ausrichteten; aber tatsächlich ist es nicht so. Auch in den besten Taten, die die Selbstsucht scheinbar hervorbringt, lauert die Schlange, die uns schließlich stechen wird [vgl. Gen. 3,15]. Ich kann mich mein Leben lang scheinbar mit dem Wohl Anderer beschäftigen, wenn ich das doch nur tue, um mich selbst zu kultivieren, so wird das eines Tages zum Vorschein kommen, und ich bin gerichtet. Die Demaskierung bleibt nicht aus, meine Selbstsucht wird eines Tages hüllenlos als Selbstsucht dastehen und daran ihre Strafe finden. Eine solche Demaskierung haben wir in der letzten Woche miterlebt. Oder ist es da etwa nicht zum Vorschein gekommen, dass das bedrohte Heiligtum, um das man jammerte, nichts Anderes als der Geldsack war? Die angeblich angegriffene Freiheit war tatsächlich das angegriffene Interesse. Man redet von öffentlichem Wohl, aber man meint in sehr durchsichtiger Weise sein eigenes Wohl. So haben sich dieselben Leute für den Absinth und für die öffentlichen Häuser zur Wehr gesetzt, angeblich im Namen der Freiheit, in Wirklichkeit, weil man sich nicht in seinen Annehmlichkeiten und in seinen Einnahmen stören lassen wollte. Ganz offen ist es auch diesmal gesagt worden: die dignité de Genève besteht darin, dass wir uns ungeniert lustig machen können und dass die Fremden zu uns kommen, um recht viel Geld da zu lassen. Dem haben alle andern Rücksichten zu weichen. Man will nicht das, was recht ist, man macht nicht die *Erziehung* der Menschen zum obersten Gesichtspunkt, sondern ihre Belustigung und Bereicherung, man will, was einem passt. Man kommt aus der Selbstsucht nicht mehr heraus, man ist der Sünde Knecht geworden und hat vor den Ohren der ganzen Schweiz bekennen müssen: wir sind das, und wir wollen das bleiben. Wirklich, eine ärgere Strafe als dieser innere Zustand ist nicht wohl auszudenken, und ich meine, sie ist umso ärger, je wohler es den Leuten in diesem Gesinnungssumpf zu sein scheint.

* * *

Und nun wollen wir vor diesem Bild der Sünde und Sündenknechtschaft, in dem wir so oder so unser eigenes Bild wiedererkennen, nicht lange Moral predigen. Das Moralische ist selbstverständlich, nämlich die *Erkenntnis* des Moralischen. Dass es *nicht recht* ist, gedankenlos, faul und selbstsüchtig zu sein, das braucht nicht bewiesen zu werden, das wissen die Redner und Schreier vom vorigen Freitag ganz genau, das wissen wir Alle. Aber am *Tun* des Moralischen hapert's bei ihnen und uns, *das* ist nicht selbstverständlich. Und darum richten wir jetzt angesichts jenes fatalen Zusammenhanges zwischen Sünde und Sündenknechtschaft, unter dem wir Alle leiden, das Wort auf, das aus diesem Zusammenhang herausführt, weil es uns sagt, wie es zum *Tun* des Moralischen kommt. *Wenn euch nun der Sohn frei macht, so seid ihr recht frei.* Wenn der Sohn Gottes einen Menschen ergreift, ihn zu seinem Eigentum macht, in ihm redet und handelt, dann ist jene Kette gebrochen, die da heißt:

Das eben ist der Fluch der bösen Tat,

Dass sie fortzeugend Böses muss gebären.[17]

Dieser Mensch ist dann nicht mehr unter dem Bann, der mit mathematischer Notwendigkeit böser Ursache böse Wirkung folgen

[17] Vgl. Fr. Schiller, *Die Piccolomini*, 5. Aufzug, 1. Auftritt:
In steter Notwehr gegen arge List
Bleibt auch das redliche Gemüt nicht wahr –
Das eben ist der Fluch der bösen Tat,
Dass sie, fortzeugend, immer Böses muss gebären.

lässt, er ist dann nicht mehr böse und darum des Bösen Knecht. Sondern es ist jetzt eine neue freie Ursache in sein Leben hineingetreten. Und wie die Sünde nur Sünde verursachen kann in hoffnungsloser Logik der Tatsachen, so trägt die neue freie Ursache, die mit dem Sohn Gottes in unser Leben tritt, notwendig die Wirkungen der Freiheit in sich. Die Sünde macht uns zum Knecht der Sünde. Der Sohn Gottes macht uns recht frei.

Er macht uns aber darum frei und er ist darum der Sohn Gottes, weil er selbst frei ist. Was dieses Wort «frei» bedeutet, geht uns auf, wenn wir sein Bild neben unser eigenes, das wir eben kennengelernt haben, stellen. – |

Neben unsre Gedankenlosigkeit die lebendige, ununterbrochene Richtung seines innern Bewusstseins: *Ich kenne den Vater* [Joh. 10,15]. Dieser eine, Alles umspannende Gedanke ist der Ausgangspunkt wie das Ziel seines Lebens gewesen. Er erkennt den Vater der Gerechtigkeit und der Liebe in seinem eigenen Innern, und von daher bekommt sein Leben Inhalt, Weg und Aufgabe. Er erkennt den Vater im Leben der stummen Natur, in den Vögeln und Lilien, die nicht säen und ernten und doch ihre Nahrung finden [vgl. Mt. 6,26]. Er erkennt ihn in den verborgenen Regungen der Menschenseelen und kann ihnen darum sagen: Ich verurteile dich nicht [Joh. 8,11]! und: Du bist nicht ferne vom Reich Gottes [Mk. 12,34]. Er erkennt ihn aber auch in dem, was wir als ein dumpfes Schicksal beurteilt hätten, in seinem Leiden und Sterben, und sagt von seinem Todesgang, dass er gerade jetzt zu seiner Herrlichkeit eingehe [vgl. Lk. 24,26]. Um diesen einen Gedanken seines Lebens: ich kenne den Vater! hat er wohl gekämpft und gerungen, aber er hat ihn keinen Augenblick in Urlaub geschickt, wie wir es tun, und darum ist sein Leben ein gedankenvolles Leben gewesen. – |

Neben unsrer Faulheit, die den Zufall walten lässt statt den guten Willen, stellen wir den Zug seines Charakters, der in dem Wort zum Ausdruck kommt: *Ich muss wirken die Werke des, der mich gesandt hat* [Joh. 9,4]. Mit diesem Wort ist aller Zufall und alles Sichgehenlassen ausgeschaltet. Es gibt für ihn nur das Regiment Gottes und den guten Willen, und Beides ist für ihn nicht zweierlei: es heißt jetzt nicht mehr Natur hier – Geist dort, Äußeres hier – Inneres dort, denn er hat das Regiment Gottes in seinen Willen aufgenommen, sein Wille ist gut, weil er will, was Gott will, und in diesem freudigen Bewusstsein kann er in tiefster Wahrhaftigkeit sagen: Alle Dinge sind mir übergeben von meinem Vater [Mt. 11,27]. Und darum war sein Leben ein Leben der Tat und der Arbeit. –|

Schließlich und zuoberst aber tritt vor unsre Selbstsucht seine Liebe und Selbstverleugnung, die spricht: *Des Menschen Sohn ist gekommen, zu suchen und selig zu machen, was verloren war* [Lk. 19,10]. Vor dieser einen Pflicht und Aufgabe gegenüber den Menschen muss nun Alles zurücktreten, was der Versucher auch ihm zugeflüstert, das Verlangen nach Besitz und Ehre, die Furcht vor Verfolgung und Leiden. Er fühlt sich als Schuldner gegenüber den unsterblichen Seelen der Menschen. Er weiß, dass er diese Schuld nur einlösen kann, indem er alle Wünsche für seine Person energisch in die zweite Linie stellt. Er sagt nicht, ich will neben meinen sonstigen Angelegenheiten auch noch ein gutes Werk an den Menschen tun, sondern er gibt sich selbst, er macht das Werk an den Menschen zu seiner Lebensangelegenheit. Es gibt da nicht wie bei uns diese Zweiteilung: Hier ich und dort der Andre, und darum auch nicht unsre Unterscheidung zwischen dem, was mir hilft oder schadet, und dem, was dem Andern hilft oder schadet. Sondern er macht sich mit dem Andern eins. Er wirft das Recht und die Wahrheit, die in ihm leben, ohne Nebengedanken, ohne interessierte Vorsicht und Zurückhaltung hinein in die Seele der Andern, nicht nur mit Worten, sondern mit Taten, zuletzt in der Tat seines Todes. Und darum ist sein Leben ein Leben der Liebe.

Und nun komme man uns, meine Freunde, mit der Behauptung, Freiheit und Fortschritt bestünden darin, dass man ungeniert gedankenlos, faul und selbstsüchtig sein dürfe!! Wir haben gesehen, wie dieser Satz sich selber richtet, weil, wer Sünde tut, der Sünde Knecht ist. Aber er löst sich auf in Luft und Rauch, wenn wir ihm in Jesus das Bild der Freiheit gegenüberstellen. Und was sollen wir erst sagen zu dem andern, es sei eine Heuchelei, den natürlichen Banden der Freude entgehen zu wollen?! Wahrhaftig, wir können ihn umkehren und sagen: es ist eine Heuchelei, dergleichen zu behaupten. So könnte ein blinder Heide reden oder einer, der die erkannte Wahrheit nicht kennen will. Denn wer von der Tatsache, dass ein Mensch wie Jesus gelebt hat, auch nur hat läuten hören, muss wissen, dass es möglich ist, frei und zwar recht frei zu werden. Das ist ja gerade das, was wir an Jesus haben, dass wir an ihm sehen dürfen, dass ein offenes Nein gegen die Sünde und ein offenes Ja für das Gute auf *dieser* Erde, in *diesem* Leben – es handelt sich wahrhaftig bei Jesus nicht um den Lendemain de la mort – möglich und wirklich ist. Indem wir ihn erkennen, macht er uns frei. Um ein Ja und um ein Nein handelt es sich, ich wiederhole es. Wir *können* es aussprechen, denn der Sohn Gottes ist nicht ferne einem jeglichen unter uns [vgl. Act. 17,27]. Aber wir *sollen* es auch, wir sollen heraus aus der Heuchelei der Redensarten und Kompromisse, hinein in die ganze Wahrheit, in die rechte Freiheit. Und wenn die Angelegenheit, von der wir sprachen, geholfen hat, uns die Augen zu öffnen für dieses Können und Sollen, dann können wir Gott dankbar sein dafür, dass sie gekommen ist. Wenn euch der Sohn frei macht, so seid ihr recht frei.

Amen.

Lieder:

Nr. 35: «Dir, dir, Jehovah, will ich singen» von B. Crasselius, Strophen 1–3 (RG 243; EG 328 [jeweils Textabweichungen; in EG: «Dir, dir, o Höchster, will ich singen»])

Nr. 300: «Schafft mit Ernst, ihr Menschenkinder» von L. A. Gotter, Strophen 1.2.5.

Nr. 157: «Ein feste Burg ist unser Gott» von M. Luther, Strophen 2–3 (RG 32; EG 362)

Lesungstexte: Eph. 4,17–5,16 u. 6,10–17

Konfirmation[1]

1.Timotheus 6,12

*Kämpfe den guten Kampf des Glaubens und ergreife das ewige Leben,
zu dem du berufen bist.*

Meine lieben jungen Kameraden!

Wenn ich euch heute, am Schluss unsres Unterrichts noch einmal
einen Gedanken, einen Grundsatz, eine Wahrheit mitgeben darf mit
der Bitte, sie nicht zu vergessen, sondern aufzuschreiben, nicht aufs
Papier, sondern in eure Köpfe und Herzen, dann soll's das sein, was
ihr eben in dem Wort des Apostels gehört habt: *Du bist berufen zum
ewigen Leben!* Ich möchte, dass jeder Einzelne von euch aus all den
Dingen, die wir seit dem Herbst zusammen besprachen, das Eine
herausgehört habe und jetzt lebendig vor sich habe, die große Botschaft an seinen innersten Menschen: Du bist berufen zum ewigen
Leben! Ich möchte, dass ihr das mitnehmt, wenn ihr nachher aus der
Kirche ins Freie tretet, wenn die Konfirmation vorüber ist, dies Eine:
Du bist berufen zum ewigen Leben! Dass es, wenn ihr morgen und
übermorgen wieder an eure Arbeit geht, wenn ihr nun als konfir-
mierte Menschen euren Lebensweg fortsetzt, wenn ihr am Geldverdienen seid oder am Vergnügen, im Ernst oder in der Freude, dass es
da immer wieder vor euch aufsteige und euch nicht verlasse: Du bist
berufen zum ewigen Leben! Dass es euch verfolge als eine Erinnerung, die ihr nicht loswerden könnt, auch wenn ihr allerlei Anderes
wieder vergessen habt, dass es euch störe und beunruhige, wenn ihr
gemeine und schlechte Wege gehen wollt, und dass es euch ermutige
und stärke, wenn ihr ernsthaft und tapfer seid: Du bist berufen zum
ewigen Leben.

---

[1] Laut Barths Taschenkalender handelte es sich um die «Konfirmation der
Knaben».

Berufen! Das will heißen: Du hast eine Zukunft, die auf dich wartet, die für dich bestimmt ist. Vorwärts marsch! ergreife sie; denn sie gehört dir. Man kann jungen Leuten wie uns doch nichts Schöneres und Erfreulicheres sagen als, dass wir eine Zukunft haben. Ihr seid berufen! Da muss es uns sein, wie wenn wir jetzt an einem goldenen Sommermorgen in ein schönes Land hinauszögen und sängen dazu das Lied der Wandergesellen:

Wohlauf, die Luft geht frisch und rein;
Wer lange sitzt, muss rosten.
Den allersonnigsten Sonnenschein
Lässt uns der Himmel kosten.[2]

So muss es einem zu Mute sein, der berufen ist. Er spürt: ich kann und darf nicht sitzen oder liegen bleiben. Es reißt ihn unwiderstehlich vorwärts. Er kann nicht darauf warten, ob etwas käme, das ihn mitnähme.[3] Er hat einen Ruf gehört, das heißt ja berufen sein, und nun hat er schon zusammengepackt und das Gewehr angehängt und bricht auf wie der Soldat, wenn Alarm gemacht wird.

Meine lieben Freunde! Es kommt für die Gestaltung eures künftigen Lebens *Alles* darauf an, dass ihr in dieser jetzigen gegenwärtigen Periode eures Lebens Burschen seid, die einen Ruf gehört haben für ihre Zukunft, Burschen, die jetzt nicht mit gefalteten Händen und schläfrigen Augen warten, was da komme, die auch nicht der Zukunft entgegenbummeln mit den Händen in den Hosen, sondern die jetzt bereits abmarschiert sind mit festem Schritt und Tritt dem Leben entgegen, das auf euch wartet, zu dem ihr berufen seid. |

Und zwar heißt es: berufen zum *ewigen* Leben. Ich weiß ganz gut, an was ihr etwa denkt, wenn ihr in die Zukunft seht, und möchte euch eure Gedanken ja nicht verleiden. Da steht im Vordergrund die Freude darüber, dass ihr jetzt bald *Groß sein* sollt. Vorläufig ist ja eure Situation in der Schule und bei der Arbeit äußerlich nach wie vor der Konfirmation dieselbe. Aber innerlich ist's doch nicht dieselbe. Ihr seid jetzt wie Soldaten, die schon das Korporalpatent in der Tasche

[2]   Mit diesen Zeilen beginnt das «Wanderlied» von J. V. von Scheffel (ders., *Werke. Kritische Ausgabe in vier Bänden*, hrsg. von Fr. Panzer, Bd. 1, Leipzig / Wien 1917, S. 40f.).
[3]   Aus Fr. Rückerts Gedicht «Vom Büblein, das überall mitgenommen hat sein wollen» (s. oben, S. 6, Anm. 3).

haben. Bald, bald wird das anders. Das Abzeichen kommt auf den Ärmel, der Schüler wird zu einem gelernten Mann, der Lehrling zum Gesellen. Immer weniger kann man euch dreinreden in euer Leben, immer mehr dürft ihr machen, was ihr wollt, immer mehr selbständige, freie Leute sein. Nicht wahr, auf all das freut ihr euch? Und mit diesem Übergang vom Kind zum Erwachsenen verbindet sich dann alles Übrige. Da ist die Welt der *Arbeit*, in die ihr eintreten sollt. Ihr ahnt schon jetzt, dass es etwas ganz Anderes, Schöneres ist, als ein kleines, ganz kleines Rad in das große Getriebe der menschlichen Tätigkeit einzugreifen, als bloß sich selber und seiner Ausbildung zu leben. Die rechte Lebensfreude kommt erst mit diesem Schaffen und Eingreifen, und so schön das abwechselnde Träumen und Lernen der Jugendzeit ist, ihr werdet es schon gemerkt haben, es gibt etwas *noch* Schöneres, und das ist das Gefühl, dass wir an ganz bestimmten Punkten im Leben der Andern brauchbar, nötig, unentbehrlich sind. Dieses Gefühl bekommt man mit der selbständigen Arbeit, welcher Art sie auch sei. Und was soll ich noch weiter ausführen, was ihr jetzt Alles von der Zukunft erwartet, der Eine lebhafter, der Andre weniger: *Freude*, wachsende *Erkenntnis*, schöne und interessante *Erlebnisse* und Erfahrungen. |

Ich sage euch: ganz recht, das Alles erwartet euch, freuet euch darüber! Aber wenn ihr euch freuen wollt darauf, dann seht hin auf das *ewige Leben*, das über und hinter dem Allem verborgen ist. Das könnt ihr ja gut verstehen. Damit, dass ihr jetzt als Erwachsene zählt z. B., ist's noch nicht getan, damit, dass ihr euch frei und selbständig fühlt, auch noch nicht. Auch die Berufsarbeit an und für sich ist noch nicht sicher etwas Herrliches, und erst recht muss es sich noch zeigen, ob die Freude, die das Leben euch bringen wird, wahrhafte Freude sein wird, ob die Erkenntnisse, die ihr machen werdet, euch bereichern oder enttäuschen werden, ob die Erlebnisse und Erfahrungen, an denen es euch nicht fehlen wird, euch vorwärts tragen werden oder rückwärts wie eine große Flutwelle. Würden wir nur an all das denken, was ich genannt, so müssten wir vielleicht doch schließlich die Achseln zucken und sagen: Man weiß nicht, wie es kommen wird. Es ist schon aus manchem goldenen Sommermorgen ein Gewitternachmittag und ein Regenabend geworden. Es ist schon Mancher mit geblähten Segeln und flatternden Fähnlein auf den See hinausgefahren und nicht mehr oder sehr zerzaust nach Hause gekommen. Man könnte angesichts dieses ganzen Bildes nicht mit der Sicherheit sagen, die ich euch wünsche: ich bin berufen! Vorwärts ins Leben hinein!, denn dieses Bild könnte sich plötzlich auch in ein Schreckensbild verwandeln. |

Aber nun sage ich euch heute noch einmal: dass hinter und über dem Allem das ewige Leben verborgen ist. Freut euch der Freiheit, der ihr nun entgegengeht! Füllt euren Platz aus in der Gesellschaft der Menschen, damit man jedem von euch einmal den Ehrentitel geben könne: er ist ein Arbeiter gewesen! Tut die Augen weit auf für den goldenen *Überfluss* der Welt[4], für alle Wahrheit und Schönheit, die ihr ergreifen, verstehen und genießen könnt! Aber das Alles wird dann mit Sicherheit geschehen, wenn ihr in alledem im letzten Grund das ewige Leben sehet und sucht. Ihr sollt nicht nur freie und selbständige Menschen werden, um tun zu können, was euch passt. Die Freiheit des Schlendrians ist die übelste Unfreiheit. Sondern ihr soll frei sein, um zu tun, was recht ist. Ihr sollt nicht Arbeiter werden, weil es eben so sein muss, sondern weil ihr es wollt; nicht bloß, weil es euch zusagt, sondern weil ihr etwas ausrichten wollt; nicht bloß weil Arbeit die Tasche füllt, sondern weil jede Arbeit ein Beitrag ist ans Allgemeine, weil der Mensch dabei seine hohe Bestimmung erfüllt, ein Baustein zu sein für das Reich Gottes. Ihr sollt auch nicht dies und das erleben und erkennen in der Zukunft, was euch vielleicht Freude zu machen scheint einen Tag oder auch ein Jahr lang. Sondern ich wünsche euch die großen Erlebnisse und Erkenntnisse, die unsere Seele umwandeln, erneuern, verankern [?], die Erlebnisse und Erkenntnisse Gottes, wo ein stiller, tiefer Friede in uns einzieht und doch zugleich eine Feuerkraft uns berührt und ergreift und hinwegträgt über Alles das, was der Reinheit und Güte unsres Lebens noch im Wege ist. Das ist die Zukunft des ewigen Lebens, zu der ihr berufen seid.

Und noch ein Wort möchte ich jetzt unterstreichen und hervorheben. Es heißt: *Du* bist berufen zum ewigen Leben. Ich hoffe, dass ihr in dem hinter uns liegenden Unterricht etwas herausgehört habt von

---

[4] Aus der vierten Strophe von G. Kellers «Abendlied» (ders., *Sämtliche Werke in acht Bänden*, Bd. 2, Berlin 1961, S. 35):
  Trinkt, o Augen, was die Wimper hält,
  Von dem goldnen Überfluß der Welt!

diesem *Du*. Es hat sich bei alledem, von dem wir geredet, nicht um interessante Theorien gehandelt über Gott und die Welt und den Menschen. Sondern es hieß da auf Schritt und Tritt direkt für Jeden von euch: *Du* bist der Mann [2.Sam. 12,7], von *dir* ist die Rede, *du* bist berufen zum ewigen Leben. Seht einmal. Wenn es sich jetzt handeln würde um den Reichtum oder um die Gelehrsamkeit oder um die Berühmtheit, dann könnte ich jetzt nicht kommen und jedem Einzelnen von euch mit aller Bestimmtheit sagen: Du bist dazu berufen. Denn es ist mindestens eine sehr fragliche Sache, ob ihr dazu berufen seid, reiche, gelehrte oder berühmte Männer zu werden. Eins aber ist keinen Augenblick zweifelhaft, nämlich das, dass jeder von Euch berufen ist zum ewigen Leben. Bei allem Andern, auch bei den schönsten und größten Dingen, die das Leben bietet, ist immer gerade das *Du* das Unsichere, da ist immer die Frage da, ob wir dazu verurteilt sind, sie bloß von ferne zu bewundern mit dem Gedanken: das *wäre* wohl schön, ist aber nichts für mich, oder ob wir sie ergreifen und besitzen und in unserm eigenen Leben Freude daran haben können. Wir Alle müssen in den wichtigsten Beziehungen des Lebens, seinen schönsten Gaben gegenüber unendlich oft vor verschlossenen Türen stehen, und über den Türen steht geschrieben: Dieses ist nichts für dich. Das ist eine Erfahrung, die ihr in der einen oder anderen Weise Alle machen werdet. Handelt es sich dagegen um das ewige Leben, also um die Wahrheit des Herzens, um die Reinheit des Willens, um die Strammheit und die Opferwilligkeit des Charakters, um den innern Wert unsres Lebens mit einem Wort, dann ist mit einmal gerade das *Du* das Sichere. Da heißt's nicht mehr: das ist leider gerade für dich nichts, da musst du dich mit dem Zusehen begnügen, sondern da heißt's: da bist gerade du dazu berufen. Gerade du, ob du nun Handwerker oder Bäcker oder auf dem Bureau bist, gerade du sollst ein Mensch mit einem solchen ewigen Leben in sich werden. Ob du nun reich oder arm bist, ob begabt oder weniger begabt, das ist ganz gleich: *Du* bist berufen zum ewigen Leben. Und weil das ewige Leben nicht nur das Höchste ist von allem, was man nennen kann, sondern weil es das Eine ist, was auch all die andern Dinge im Grunde erst schön und groß machen kann, was so recht der Schlüssel ist zu den wahren Reichtümern des Lebens, so haben wir allen Anlass, Gott dankbar zu sein, dass er uns gerade in dieser einen notwendigen Sache mit Du anruft und zu sich zieht, jeden Einzelnen, wie er ist.

Ich habe euch gezeigt, liebe Konfirmanden, woher wir diese großen, wichtigen Lebenserkenntnisse haben und wie wir dazu kommen.
Wir haben uns immer wieder mit dem Mann beschäftigen müssen, der
wie kein Anderer den Menschen gezeigt hat, dass sie berufen seien für
eine herrliche Zukunft, dass diese Zukunft bestehe in einem Leben des
Gottesgehorsams und der Menschenliebe, wie er selbst es lebte, und
der unermüdlich den Klugen und den Dummen, den guten und den
schlechten Menschen nachgegangen ist, um ihnen zu sagen: *Du*, gerade *du* bist zu dieser Zukunft berufen. Das Alles hat er nun auch zu
uns gesagt. Als ihr noch klein wart, seid ihr ohne euer Wissen und
Wollen zu dieser Zukunft berufen worden durch die heilige Taufe.
Gott hat euch, jedem von euch, da gleich ein großes Geschenk mit ins
Leben gegeben, indem er euch hat geboren werden und aufwachsen
lassen in einer Welt und Umgebung, durch die unzählige Wirkungen
Jesu an euch gekommen sind, durch die bereits auch euer inneres Leben ganz anders gestaltet worden ist, als es zum Beispiel bei einem
Heidenkind der Fall gewesen wäre. Und das Alles, ohne dass ihr's
euch klar bewusst waret in den meisten Hinsichten. Dieses Unbe-
wusste soll nun aufhören. Ihr sollt nun mit klaren Augen und festen
Händen Gottes Gabe in Empfang nehmen, nicht mehr bloß als etwas,
was ihr ererbt habt, sondern als etwas, was ihr erwerben wollt, um es
selbst zu besitzen.[5] Ihr habt bei eurer Taufe eine Königskrone in die
Wiege gelegt bekommen, wie es wohl in alten Zeiten bei fürstlichen
Kindern getan wurde; nun hört das Spiel auf und ihr sollt die Krone
aufs Haupt setzen und den Thron besteigen. Ihr seid bis jetzt getragen
und getrieben worden von dem Strome des Lebens, der von Jesus
ausgegangen ist, nun sollt ihr anfangen, selber in diesem Strome zu
schwimmen. Die Wahrheit und die Liebe, die er in die Welt gebracht,
ist euch allen auf allerlei Wegen zu Gute gekommen, ohne Jesus wäre
keiner von euch, was er ist; nun aber soll seine Wahrheit und seine
Liebe *eure* Wahrheit und *eure* Liebe werden, sollen ein Stück, und
zwar das Herzstück von eurem innern Leben werden. Bis jetzt hat
Christus euch ergriffen, nun sollt ihr anfangen, auch ihn zu ergreifen.

[5] Vgl. J. W. von Goethe, *Faust I*, V. 682f. (Nacht):
   Was du ererbt von deinen Vätern hast,
   Erwirb es, um es zu besitzen.

Bis jetzt stand sein Bild vor euch, vielleicht als das Bild eines Mannes, den ihr respektiert, hochgeachtet und verehrt habt, nun soll das Bild dieses Mannes anfangen, in euch zu leben, in euch Gestalt anzunehmen, euer Leben zu verwandeln mit eurer bewussten Überzeugung und Willensentscheidung. Bis jetzt habt ihr den Kindlein geglichen, die Jesus zu sich rief mit den Worten: Lasset sie zu mir kommen, denn ihrer ist das Himmelreich [vgl. Mt. 19,14], jetzt sollt ihr anfangen, den Jünglingen und Männern zu gleichen, die dem Meister ins Auge sehen in ihrer Schwachheit, aber auch im Gefühl einer großen entschlossenen Freudigkeit: Herr, du weißt alle Dinge, du weißt, dass ich dich lieb habe [Joh. 21,17]! Ihr sollt euch mit einem Wort den Weg Jesu jetzt nicht mehr bloß führen oder fahren oder schleppen lassen, sondern ihr sollt diesen Weg jetzt selber gehen wollen. Es soll jetzt von euch nicht mehr heißen: sie glauben, was ihnen die Mutter und der Pfarrer gesagt haben, sondern: sie glauben, was sie selbst erfahren, erlebt, erkannt haben. Sie *glauben*! Da haben wir das große Wort. Das ewige Leben, zu dem ihr berufen seid, ist das Leben des Glaubens, und das, worauf es jetzt, und nicht nur heute, sondern für euer ganzes Leben, ankommt, das ist, dass ihr anfanget und immer besser lernet zu *glauben*. |

Und nun lasst mich's euch noch einmal mit aller Energie in Erinnerung rufen, was das heißt: glauben. Glauben heißt nicht: mit seinem Verstand und Kopf annehmen, dass allerlei, was man euch gesagt, Wahrheit sei. Sondern Glauben heißt: Inwendig umgekehrt sein, so dass aus dem alten, borstigen, selbstsüchtigen, faulen Menschen ein Jünger und Nachfolger Jesu Christi geworden ist und täglich neu wird. Das ist Glaube und nichts Anderes. Denn es kann einer denken und sagen: es ist wahr, dass es einen Gott gibt, es ist wahr, dass Jesus für mich gelebt hat und gestorben ist, und es hilft ihm gar nichts, dass er so denkt und redet, er ist doch ein Ungläubiger, denn es fehlt seinem innern und äußern Leben die Ähnlichkeit mit dem Bilde Christi. Und es kann umgekehrt ein anderer denken und sagen: Mein Kopf und Verstand wehren sich gegen jene Dinge, die ich für wahr annehmen soll. Aber sein Leben, seine Denk- und Fühlweise, sein Charakter, seine Wirksamkeit sind tatsächlich Abbilder des Lebens Jesu. Ich sage euch, dieser steht vor Gott gerecht da *vor* jenem [vgl. Lk. 18,14]. Lasst in dieser Stunde alles Fragen nach dem, was wahr und nicht wahr ist an den Gedanken über Gott, die ihr in eurem bisherigen

Leben und auch in unserm Unterricht kennengelernt habt.[6] Ob ihr sie annehmt oder nicht, das ist vorderhand wirklich ganz gleichgiltig. Sondern *darauf* kommt's an, dass ihr euch klipp und klar die Frage stellt: Soll Jesus, seine Denkweise, seine Willensart in meinem Leben gelten oder nicht? Ja oder Nein. Wo's Ja heißt, und wenn's noch so bescheiden und zaghaft wäre, da ist der Glaube. Wo's Nein heißt oder wo man zu träge ist, sich diese Frage zu stellen, da ist der Unglaube. Wenn's also darauf ankommt, dass Jesu Leben sich abdrückt in unserm Leben, wie ein Stempel im weichen Wachs, dann ist vor Allem das die Art des Glaubens, dass wir mit einer großen innern Freudigkeit und Sicherheit durch unser Leben gehen, weil wir das ruhige Zutrauen haben, dass Alles, was uns äußerlich widerfahren kann, aber auch das Auf- und Abwogen unsrer innern Stimmungen, nicht das Spiel eines Schicksals oder Zufalls ist, sondern uns zum Guten dienen muss, weil es eine Handlung Gottes in unserm Leben ist. Dies Zutrauen ist dann nur ein anderes Wort dafür, dass wir Gott gehorsam sein, dass wir den guten Weg des rechten Lebens gehen wollen, ohne uns durch Zwischenfälle, die von außen oder innen kommen, das Konzept verderben zu lassen. Der Weg des rechten Lebens aber, den ich eben nannte, wird der Weg der Liebe sein, auf dem man zuerst an die Andern und dann an sich denkt. Das ist die goldene Regel des Glaubens. Denn Jesu Wesen war die Liebe zu den andern, und man kann nicht an ihn glauben, sein Jünger sein, ohne getränkt und erfüllt zu sein von dieser Liebe, die nicht das Ihre sucht [vgl. 1.Kor. 13,5]. Seht, meine lieben Konfirmanden, wenn ihr von diesen beiden Seiten der Sache etwas gemerkt und erkannt und erfahren und erlebt habt, wenn ihr in euch etwas verspürt von der Sicherheit des Zutrauens zu Gott und wenn man euch etwas anspürt von der Liebe, die im Reich Gottes gilt, wenn es euch ist: ja, in dieser Richtung will ich nun marschieren, hier muss irgendwo das Ziel meines Lebens liegen, dann steht ihr jetzt am Anfang des Glaubens, am Anfang eures Jüngerberufes, dann dürft ihr uns nachher frei und fröhlich mit «Ja» antworten. Mehr verlangt Gott nicht von euch in dieser Stunde und in dieser eurer jetzigen Lebensperiode.

[6] Dieser Satz ist im Mskr. mit einer mit Bleistift gezogenen Schlängellinie unterstrichen.

Aber eins müsst ihr euch nun recht klar machen. Der bescheidene Anfang eures Glaubens, mit dem ihr jetzt hieher gekommen seid – und unser aller Glaube ist solch ein bescheidener Anfang –, er soll euch eine ernsthafte und große Sache sein. Ich habe euch schon gesagt, dass ihr in das ewige Leben, zu dem ihr berufen seid, nicht hineinschlendern könnt. Ich füge jetzt hinzu, dass man auch nicht hineinlaufen kann. Sondern wer hinein will, der muss sich hineinkämpfen. *Kämpfen!* Da haben wir das, womit Paulus in der Ermahnung an seinen Schüler Timotheus den Anfang gemacht hat: Kämpfe den guten Kampf des Glaubens! hat er ihm geschrieben. Freundlich und heiter und lockend hat es vorhin getönt: Du bist berufen zum ewigen Leben, nun aber kommt's wie scharfer Trompetenton dazu: Kämpfe! Als guter Freund hat Jesus sich uns angeboten, um mit uns über das Feld unsres Lebens zu gehen, nun verwandelt sich der Freund in den Feldherrn, der uns zuruft: Vorwärts! Marschieren, aber nicht nur marschieren, sondern Fechten!

Wir haben in unserm Unterricht oft und viel von diesem guten Kampf des Glaubens geredet, wir haben gesehen, wie das nichts Leichtes und Selbstverständliches ist, ein Jünger Jesu zu sein, wie wir's da zu tun bekommen mit Feinden und Schwierigkeiten aller Art, mit der Sünde, vor Allem mit unsrer eigenen und der der andern, mit dem Unglück, mit der Langeweile und Eintönigkeit des Lebens, mit dem Gefühl unsrer innern Schwäche. Das sind alles Dinge, die in der Zukunft an keinem von euch ganz fehlen werden, und wenn ihr euch darüber freuen dürft, dass ihr berufen seid zum ewigen Leben, so sollt ihr euch auch klar sein darüber, dass ihr berufen seid, kämpfend in das ewige Leben einzugehen.

Dass dem so ist, das würden euch eure Eltern und jedermann, der schon etwas Erfahrung vom Leben und vom ewigen Leben hat, bestätigen können. Ich will jetzt nichts ins allgemeine über diese ungeheure Frage reden, sondern nur zwei Dinge euch zur Überlegung und Beherzigung in Erinnerung rufen.

Das Erste ist eine Regel über die Art, wie man den Feind findet. Das ist im Krieg eine sehr wichtige Frage. Es ist schon manche Schlacht verloren gegangen, nicht weil man geschlagen wurde, sondern weil man den Feind nicht fand und ins Blaue hinauslief. Und so ist schon mancher im Kampf des Glaubens und des rechten Lebens verunglückt, nur weil er nicht merkte, was ist eigentlich das Hindernis, mit dem ich's zu tun habe. Er rostete innerlich ein, er kam zu keinem Frieden der Seele und zu keinem erfreulichen Verhältnis zu den Menschen und wusste nie recht: wo fehlt's? Er suchte den Fehler bei Gott oder beim Schicksal oder bei den Menschen oder bei den Umständen, und nun kämpfte er wohl und schlug um sich, aber er glich dem Ritter Don Quichote von der spanischen Sage, er kämpfte gegen Windmühlen, während er gegen seinen Feind zu kämpfen glaubte.[7] Seht, jeder Mensch ist in seinem Lebenskampf eine Zeitlang ein solcher Don Quichote und mancher bleibt es sein Leben lang. Ich will euch sagen, wie man darüber hinweg kommt: Indem man die Regel befolgt, den Feind so nahe als möglich bei sich selbst zu suchen. Solange du meinst, Gott sei schuld oder die Mitmenschen oder dies und jenes daran, dass es bei dir inwendig nicht stimmen will, solange marschierst und kämpfst du ins Blaue hinein, du wirst nur müde werden. Dagegen wird die Sache ungemein praktisch und einfach, wenn du einmal gemerkt hast, dass der Feind und das Hindernis unendlich nahe bei dir selber ist, dass du sie nicht außer dir suchen musst, sondern drinnen in dem verborgenen Labyrinth deiner eigenen Stimmungen und Neigungen. Da sitzt ein anderer Mensch vor dir selbst sozusagen: der will faul sein und oberflächlich und liederlich, der wehrt sich mit einer Kraft gegen den Anfang des Glaubens in dir, wie kein äußeres Hindernis sie hätte. Ja, er mag von außen gestärkt werden durch schlechten Umgang oder schlechte Lektüre z. B., und diese Verstärkung musst du ihm dann abschneiden; aber die Hauptsache ist doch immer, dass er selbst will, nämlich faul sein und all das andre; und wenn etwas bekämpft und geschlagen werden muss, dann ist's dieser Andre in dir, den du ja ganz gut kennst. Sieh ihm ins Auge, lerne ihn so recht kennen in all seinen Eigenschaften, mit all den Hinterlisten, die er anzuwenden weiß, und der Kampf des Glaubens ist bereits zur Hälfte gewonnen. |

---

[7] Vgl. M. de Cervantes Saavedra, *El ingenioso hidalgo Don Quijote de la Mancha* (1605/15), dt. unter dem Titel: *Der sinnreiche Junker Don Quijote von der Mancha*, übers. von L. Braunfels, München 1956, dessen Titelheld vor allem aufgrund dieses Kampfes gegen die Windmühlenflügel zum «Sinnbild des weltfremden Kämpfers für das Gute und Edle, der an der harten Wirklichkeit scheitert», wurde (Büchmann, S. 293).

Das Zweite, was ich euch sagen wollte, ist die Regel wie man den Feind, wenn er gefunden ist, besiegen kann. Die Regel ist wieder sehr einfach, und sie lautet: angreifen! Das hat schon der große Napoleon so gemacht[8] und, wenn's gegen den bewussten Gesellen in eurem Innern geht, dann soll jeder von euch ein kleiner Napoleon sein, der sich vom Feind nicht aufsuchen und angreifen lässt, sondern der ihn aufsucht in seinen Schlupfwinkeln und sich daran macht, ihm den Meister zu zeigen. Das habt ihr ganz sicher auch schon gemerkt, dass es einen großen Unterschied ausmacht, ob ihr euch z. B. sagt: wir wollen sehen, ob ich heute Nachmittag faul oder fleißig sein werde, oder ob ihr euch sagt: Ich weiß wohl, dass da einer in mir ist, der jetzt gerne faul wäre, aber daraus wird nichts, da gibt's nichts zu sehen und abzuwarten, sondern ich werde jetzt nicht faul sein. Das Erste heißt: sich angreifen lassen, und ihr wisst, wie es herauskommt. Das Letztere heißt angreifen, und so gewinnt man die Schlacht. Oder es macht einen großen Unterschied, ob ihr denkt: ich habe diese oder jene dumme oder schlechte Neigung, aber es ist ja noch lange kein Laster, und bis dahin kann man sie gewähren lassen. Es ist dann noch Zeit genug, sich zu wehren. Das heißt, sich angreifen lassen, und so bekommt man Schläge. Das Andere und Bessere wird sein, die Neigung anzugreifen, bevor sie ein Laster geworden. Und nun wendet das an auf alle Seiten jenes andern Menschen in euch, der der eigentliche Feind des Glaubens ist. Packt ihn bei seiner Gleichgiltigkeit, *bevor* Stumpfsinn daraus geworden, packt ihn bei seiner Gedankenlosigkeit, *bevor* Lieblosigkeit daraus geworden, bei seiner Gefallsucht, *bevor* sie zur Eitelkeit ausgewachsen ist. Erklärt der Beschränktheit den Krieg, bevor sie Zeit gefunden, sich zur Selbstsucht, der Mutter aller Sünden, auszuwachsen. Seht ihr, das heißt Angreifen, und ich glaube, wenn ihr diese Regel befolgt, so ist dann der Kampf des Glaubens auch zur andern Hälfte gewonnen.

[8] Napoleon Bonaparte hatte auf Barth schon von früher Kindheit an Eindruck gemacht: Seine «grundlegende und oft wiederholte Lektüre galt Niemeyers ‹Heldenbuch›, einer blutrünstigen Schilderung der Kriege gegen den nicht genug zu verurteilenden ‹Buonaparte› aus dem Jahre 1818» (Lebenslauf Barths vom 27.3.1927, geschrieben für das Münsteraner Fakultätsalbum [Abschrift: KBA 11016]). Gemeint ist: Chr. Niemeyer, *Heldenbuch. Ein Denkmal der Großthaten in den Befreiungskriegen von 1808–1815*, Leipzig 1818³. Vgl. Busch, S. 27.

So, meine lieben Freunde, das war's, was ich euch heute noch einmal sagen wollte. Ihr sollt jetzt mit dem «Ja» eures Bekenntnisses in die Gemeinde der erwachsenen, bewussten Jünger Jesu aufgenommen werden. Seht und versteht ihr, was das heißen will? Seht ihr das Ziel, das ewige Leben, zu dem ihr berufen seid? Seht ihr den Meister, der uns den Weg zu diesem Ziel vorangegangen, der uns den Weg dahin aufgetan hat? Seht ihr den Kampf und seine Aufgabe, der euch bevorsteht, wenn ihr diesen Weg mit ihm gehen wollt? Ich habe euch das Alles nach bestem Verstehen *zeigen* können, das *Sehen* selbst konnte ich euch nicht abnehmen, und so kann ich euch auch heute die Antwort und den Entschluss nicht abnehmen, wo es sich darum handelt, ob ihr selbst sehet und sehen wollet.

Gott, der ein Gott der Wahrheit ist, wolle in dieser Stunde eure Herzen erleuchten und er, der Gott der Kraft, wolle mit euch sein, wenn ihr nun zu uns tretet auf den Weg, der der Weg ist zum Vaterhaus.

Amen.

Lieder:

Nr. 171: «Liebster Jesu, wir sind hier» von T. Clausnitzer, Strophen 1–3 (RG 159; EG 161).

Nr. 250: «Wenn ich ihn nur habe» von Fr. von Hardenberg, Strophen 1.2.4.

Nr. 294: «Mir nach! spricht Christus, unser Held» von J. Scheffler, Strophen 1 u. 7 (RG 812, 1.6; EG 385, 1.6).

Lesungstext: Mt. 25,14–30

67

Römer 8,14–16

*Welche der Geist Gottes treibt, die sind Gottes Kinder. Denn ihr habt
nicht einen knechtischen Geist empfangen, dass ihr euch abermal
fürchten müsstet, sondern ihr habt einen kindlichen Geist empfangen,
durch welchen wir rufen: Abba, lieber Vater! Derselbige Geist gibt
Zeugnis unserm Geist, dass wir Gottes Kinder sind.*

Liebe Freunde!

Wir wollen heute zusammen reden von der Frage, wie man den
heiligen Geist als eine sichere und gegenwärtige Tatsache in seinem
eigenen Leben erkennen kann. Ich halte das für eine sehr dringende
und wichtige Frage. Wir haben sicher Alle das Gefühl, dass es sich
beim heiligen Geist um eine sehr schöne und große und wünschens-
werte Sache handle. Wir haben hoffentlich Alle vom Pfingstfest wieder einmal den Eindruck mitgenommen, dass da nicht von einem religiösen Gedankending die Rede gewesen sei, sondern von dem, was
für alle Menschen das Höchste und Beste ist, vom Inhalt, von der
Wahrheit, von der Kraft des Lebens, für die wir bestimmt sind und die
zu uns kommen wollen. Aber wenn wir auch jenes Gefühl und diesen
Eindruck haben, so ist doch eine doppelte Gefahr da. Entweder die,
dass uns der heilige Geist oder eben dies Höchste und Beste in unserm
Leben zu einem bloßen Erinnerungswesen wird, zu einer Größe der
Vergangenheit. Wir denken dann wohl eben an den «Geist der ersten
Zeugen», an das enthusiastische Feuer der Liebe und der Überzeugung, das in den Aposteln und ihren Genossen gebrannt.[1] Wir bewundern die Macht, die durch die Worte und durch die Taten und
durch das Blut jener Menschen so Großes in der Welt ausgerichtet,
aber wir bewundern sie von Weitem. Sie ist für uns vielleicht heiliger

---

[1] Vgl. die Eingangszeilen der ersten beiden Strophen des Liedes von K. H.
von Bogatzky: «Wach auf, du Geist der ersten Zeugen, / der Wächter, die auf
Zions Mauern stehn», und: «O dass dein Feuer bald entbrennte, / o möchte es
doch in alle Lande gehn» (GERS 162; RG 797; EG 241).

Geist, aber nicht lebendiger Geist und nicht unser Geist. So ist das Höchste und Beste im Leben für viele Menschen ein bloßes Erinnerungswesen. Sie blicken zurück wie auf das verlorene Traumland ihrer Kindheit, auf die Momente, wo ein Stück ewiger Wahrheit und Schönheit ihnen innerlich nahe war, wie etwas aus dem Leben anderer Menschen in das ihrige hinüberleuchtete wie die Lichter eines vorbeifahrenden Schiffes. Aber sie reden davon, indem sie anfangen: es *war* einmal. Der heilige Geist scheint nicht mehr gegenwärtig, und er scheint darum nicht mehr ihr Besitz zu sein.

Die andre Gefahr besteht darin, dass uns der Geist oder das höchste Lebensgut eigentlich ein etwas Anderes ist, als ein Ideal, als eine schöne Hoffnung für die Zukunft [gilt]. Auch so wird er uns zu einer Art Märchenland, nur dass es diesmal nicht hinter uns, sondern vor uns liegt. Man muss sagen, dass gerade die Pfingstlieder unsres Gesangbuchs zu dieser in ihrer Einseitigkeit gefährlichen Betrachtungsweise in gewissem Sinn anleiten. Es ist gewiss ein herrlicher Ton, auf den sie alle gestimmt sind, diese Ausschau auf das, was in unsern Seelen *werden* soll, dieses:

> Komm, o komm du Geist des Lebens,
> Wahrer Gott von Ewigkeit,
> Deine Kraft sei nicht vergebens,
> Sie erfüll' uns jederzeit.
> So wird Kraft und Licht und Schein
> In den dunklen Herzen sein.[2]

Und es sind zweifellos edle und reine Gemüter, deren innerm Wesen Goethe Ausdruck gegeben hat, als er jenes berühmte: Süßer Friede, komm, ach, komm in meine Brust![3] niederschrieb. Und doch hat's etwas Bedenkliches und Krankhaftes, wenn dieses: Komm, ach

---

[2] Strophe 1 des Liedes «Komm, o komm, du Geist des Lebens» von H. Held (GERS 148; RG 509; EG 134 [Z. 5 jeweils: «So wird Geist und Licht und Schein»]).

[3] «Wandrers Nachtlied» von J. W. von Goethe (1776 / Erstdruck 1780; Berliner Ausgabe, Bd. 1, 1965, S. 68):

> Der Du von dem Himmel bist,
> Alles Leid und Schmerzen stillest,
> Den, der doppelt elend ist,
> Doppelt mit Erquickung füllest,

komm! in dieser oder jener Form das Letzte ist, was wir zu sagen haben. Denn es ist sicher eine große Sache um das Sehnen, Träumen, Wünschen und Trachten, und man möchte den allermeisten Menschen mehr davon wünschen, als sie in der Regel haben, aber, aber leben kann man doch nicht von Idealen und Sehnsüchten, sondern nur von Wirklichkeiten. Verlegen wir unser Leben in die Hoffnung, in die Zukunft allein, dann ist die Gefahr aufs Neue ungeheuer naheliegend, dass der Geist aufhört, lebendiger Geist zu sein, dass er tatsächlich wertlos und unfruchtbar bleibt für uns.

Ich meine, wir Alle kennen mehr oder weniger genau diese *beiden* Gefahren. Wir schwanken in unsern höchsten Gedanken und Gefühlen zwischen dem Erinnerungswesen und dem Kultus des Ideals. Geist oder das höchste Gut stehen hinter uns oder vor uns, aber sie leben nicht in uns, wir wissen wenigstens nicht sicher davon. Das gibt dann die matten und bei tieferen Menschen wehmütigen Pfingstgedanken, die in die Frage auslaufen, ob denn dem, wovon da die Rede ist, auch eine tatsächliche Wahrheit entspreche. Und noch mehr: Das gibt dann die Lebensstimmung der Unruhe und Friedlosigkeit, die wir bei so Vielen und zu gewissen Zeiten so deutlich bei uns selbst beobachten. Denn nur der kennt die rechte Ruhe und den rechten Frieden, der nicht erst in die Vergangenheit und Zukunft schweifen muss, um zu sehen, was Geist und Leben ist, sondern der von diesen Dingen mit festem Griff etwas unter Händen hält, und wäre es noch so wenig.

Wir wollen uns heute von Paulus sagen lassen, wie das ist, wenn man vom Geist Gottes nicht bloß etwas gehört und auch nicht bloß etwas geahnt und gehofft hat, sondern wenn man etwas davon unter Händen hat, als sichere und gegenwärtige Tatsache. Die triumphierenden Worte vom Geist Gottes, der uns zu Gottes Kindern macht, haben ihren besondern Sinn, wenn man sie im Zusammenhang des wunderbaren achten Kapitels des Römerbriefs liest. Wir wollen sie heute rein für sich zu uns reden lassen.

Ach, ich bin des Treibens müde!
Was soll all der Schmerz und Lust?
Süßer Friede,
Komm, ach komm in meine Brust!

Und da muss uns vor Allem schon Eines frappieren. Wir denken daran, wie wir mit unsern höchsten Gedanken zwischen Erinnerung und Hoffnung hin- und herschwanken, wie ich eben sagte. Und nun stellen wir das Pauluswort daneben, das so Schlag auf Schlag vom Geist als von einer gegenwärtigen, jetzigen, tatsächlich bestehenden Realität redet. Der Geist Gottes *treibt* euch! Ihr *seid* Gottes Kinder! Ihr *habt* den kindlichen Geist empfangen! Wir *rufen*: Abba, lieber Vater! Sein Geist *gibt* Zeugnis unserm Geist! Es ist schön, wenn man vom Geist Gottes sagen kann: «es war einmal», im Leben der Menschheit und in meinem eigenen. Es ist noch schöner, wenn man ihn anruft: Komm, o komm, du Geist des Lebens.[4] Aber besser als Beides ist das, was Paulus sagen kann, nämlich, dass er *da* ist. Und das Beste von Allem ist vielleicht das, dass er seinen Christen in Rom so unbedenklich schreibt: *ihr* habt den Geist empfangen, *ihr* seid Gottes Kinder. Mir scheint, sie haben nichts vor uns voraus, und wir dürfen das *ihr* auch auf uns beziehen. Und darum wollen wir jetzt gar nicht lange suchen und fragen, wie das zugehe, dass wir den Geist empfangen – das dürfen wir ruhig Gott überlassen –, sondern uns gleich jenen, an die der Apostel schrieb, fröhlich sagen lassen, dass etwas von diesem Geist, und wäre es noch so wenig, tatsächlich in unserm Leben vorhanden und wirksam ist. Wir wollen jetzt einfach auf einige Merkmale dieser Tatsache achten. Fassen wir sie genau ins Auge, so wird sich ein Jedes selbst sagen können, woran es bei ihm vielleicht noch fehlt und worin es bei ihm vielleicht anders werden müsste. Aber das Erste und das Letzte soll sein, dass der Geist und das Leben nicht in der Ferne der Vergangenheit und Zukunft, sondern in uns und bei uns sind.

* * *

Das erkennen wir erstens daran, dass wir vom Geist Gottes *getrieben* werden. Welche der Geist Gottes *treibt*, die sind Gottes Kinder, sagt Paulus. Es hat mit diesem Treiben und Getriebenwerden seine eigentümliche Bewandtnis. Wenn Goethe in dem vorhin genannten Gedicht ausruft: «Ach, ich bin des Treibens müde»[5], so denken wir gleich,

---

4 Siehe oben, Anm. 2.
5 Siehe oben, Anm. 3.

dass das mit dem Treiben des Geistes Gottes nichts zu tun haben kann. Man kann in gewissem Sinne das ganze Leben ein solches «Treiben» nennen. Wir stehen drin im Treiben des Geschäftslebens und unsrer täglichen Arbeit; da sind wir wohl tätig aus eigenem Willen und Antrieb, aber schließlich doch nur wie eine Art Figuren auf einem großen Schachbrett oder wie ein Rad an einer Maschine, das seine bestimmten Umdrehungen zu machen hat. Wir sind abhängig, wir werden getrieben. Und wieder stehen wir getrieben und abhängig drin im Verkehr mit den Menschen. Ihre Gesinnung, ihr Geschmack, ihre Neigungen und Leidenschaften bestimmen und bedingen auch unser Leben, oft mit unsrem Willen, oft ohne und oft gegen ihn. Wir werden nicht nur äußerlich, sondern in unsrer innersten Lebens- und Charakterentwicklung getrieben und gestempelt durch das Milieu, in dem wir leben. Und wieder sind wir auf den allermeisten Punkten unsres eigenen Daseins, wo wir nur mit uns selbst und unsrer Natur zu tun haben, nicht Treibende, sondern Getriebene. Wir gehorchen dumpfen Instinkten, die uns führen, wohin wir nicht wollen [vgl. Joh. 21,18]. Wir unterliegen bis in unser intimstes Seelenleben hinein Ordnungen und Gesetzen, an die wir vielleicht gar nicht denken und die doch gelten. Wir müssen täglich und stündlich beobachten, wie wir unter dem Einfluss, vielleicht unter der Herrschaft der Macht stehen, die wir ja auch in der gewöhnlichen Sprache «Trieb» nennen. – |

So heißt's in allen Beziehungen: Wir werden getrieben. Was fehlt daran? Warum seufzen wir, wenn wir daran denken? Warum ist das etwas Anderes als das Treiben des Geistes Gottes? Ich will's einmal ganz kurz so sagen: weil das «Treiben» des Lebens, in dem wir drin stehen, gar kein *wirkliches* Treiben ist, weil wir, indem wir ihm nachgeben, in keinem einzigen Fall sagen können: Ich *muss*! Es sind Notwendigkeiten da, aber es sind Notwendigkeiten des Zufalls und nicht innere Notwendigkeiten. Mein Leben verläuft in der Gleichförmigkeit der Arbeit, die nun gerade ich einmal zu tun habe, ich werde getrieben, Tag für Tag, ja freilich. Aber es ist für mich kein Müssen in diesem Getriebenwerden. Es könnte auch anders sein, ich könnte auch an einer andren Stelle ein andres kleines oder großes Rad sein. Dass gerade ich gerade so getrieben werde, ist eine Tatsache, die ich vielleicht hinnehmen muss, aber die ich doch nicht im Innersten als notwendig anerkenne. Es ist einmal so, aber es könnte auch anders sein. – Oder ich denke an das Treiben der Menschen um mich herum, das meinen Charakter bedingt, das mich treibt zu werden, was ich bin.[6] Ist's ein wirkliches Treiben, ein Müssen, dem ich da unterliege? Kann ich mit meinen so entstandenen Gesinnungen und Taten nachher auftreten und sagen: Hier stehe ich, ich kann nicht anders, Gott helfe mir, Amen![7] oder muss ich nicht, wenn ich an das Treiben des Milieus und dessen, was es aus mir gemacht, denke, sagen: Gott helfe mir, ich hätte auch anders gekonnt, hier sitze ich, Amen!? – Und wie steht's erst mit dem Getriebenwerden von den Mächten unsrer Natur, mit der Abhängigkeit von ihren unabänderlichen Ordnungen. Sicher, diese Mächte und die Ordnungen ihres Zusammenhangs sind da. Aber ist's notwendig, dass wir uns gerade so und nicht anders in ihre Gewalt begeben haben, dass gerade diese ihre Ordnungen an uns zur Anwendung kommen. Musste das so sein mit unserm Nachgeben, unsrer Unterordnung gerade in diesem Sinn? Liegt eine innere Notwendigkeit vor oder doch wieder ein Zufall? Heißt's nicht auch hier: ich hätte auch anders gekonnt? – |

Nicht wahr, solches Treiben und Müssen ist dir in der einen oder andern Form aus deinem Leben wohlbekannt und du seufzest darunter, aber weil du schließlich nicht mit Notwendigkeit getrieben wirst und musst, sondern durch Zufall, weil das «auch anders möglich!» im Hintergrund steht. Aber nun kann ich dir mit aller Sicherheit sagen, dass du ebenfalls aus deinem Leben auch ein ganz andres Treiben und Müssen kennst. Du hast schon Entscheidungen getroffen, bei denen

[6] Vgl. *Friedrich Schleiermacher's Monologen. Kritische Ausgabe*, mit Einleitung, Bibliographie und Index von Fr. M. Schiele (PhB 84), Leipzig 1902, S. 68f. (Kritische Gesamtausgabe, Abt. I, Bd. 12, hrsg. von G. Meckenstock, Berlin / New York 1995, S. 372f.): «Unmöglichkeit ist für mich nur in dem was ausgeschlossen ist durch der Freiheit in mir ursprüngliche That, durch ihre Vermählung mit meiner Natur. Nur das kann ich nicht, was dieser widerspricht: [...] Leb ich doch im Bewußtsein meiner ganzen Natur. Immer mehr zu werden was ich bin, das ist mein einziger Wille; [...].» In Barths Exemplar sind diese Sätze unterstrichen.

[7] Mit diesen Worten soll Luther auf dem Reichstag von Worms 1521 seine Widerrufverweigerung abgeschlossen haben: «Ich kann nicht anderst, hie stehe ich, Gott helff mir, Amen» (WA 7, 838,2–9). Vgl. dazu K. Müller, *Luthers Schlußworte in Worms 1521*, in: A. Harnack u. a. (Hg.), *Philothesia*. Festschrift für P. Kleinert, Berlin 1907, S. 269–289.

es dir mit aller Feierlichkeit, wie sie manchmal unsre Seele erfüllen kann, klar war: jetzt gibt's nicht zwei oder drei mögliche Wege, sondern nur den einen, und der eine ist der richtige. Bei denen es über dich kam mit schwerem, gewichtigem Ernst und doch mit dem höchsten innern Jubel, nicht: ich mag – und nicht: ich will – sondern: *ich muss*. Bei denen du unter einem Zwang standest, himmelweit verschieden vom Zwang der Verhältnisse und Menschen oder vom Naturzwang. Denn es war ein wirklicher Zwang, ein Treiben, das kein Ausweichen erlaubte, und zugleich empfandest du eben in diesem Zwang die höchste Freiheit, du handeltest nicht unter irgend einem Druck, sondern frei und selbstentschieden aus dir heraus. Ich wiederhole dir: dergleichen hast du schon erfahren. Besinne dich nur darauf! Und die Wirksamkeit, die du da erfahren hast, war die Wirksamkeit des heiligen Geistes. Denn wo der Geist wirkt, da fragt er nicht, da klopft er nicht an, da gibt's kein Zaudern und Fragen, sondern da treibt er, da kommt's vom Wählen zum *Müssen*.[8] Was meinst du, es könnte auch etwas Anderes gewesen sein, als gerade der Geist Gottes, was dich in solchen Moment und Zeiten getrieben und bewegt? Empfindest du solches Treiben und Müssen etwa in gleicher Weise bei den gleichgiltigen Entscheidungen des Alltags und des Menschenverkehrs oder gar, wenn du dich treiben ließest von deinen Trieben? Nein, nicht wahr, so steht's nicht. Das große Treiben und Müssen hebt sich rein und klar aus Allem hervor, was ihm ähnlich sehen mag; es ist Heuchelei und Selbstbetrug, wenn wir's mit Anderm verwirren. Denn es tritt da in unser Leben hinein, wo es um den guten Willen geht. Der heilige Geist treibt uns da, wo wir das Rechte tun. Es müsste nicht so sein, dass wir nur von einzelnen Momenten unsres Lebens solche Erinnerung bewahren, nur in einzelnen Momenten solches erleben. Die toten, geistlosen Zeiten dazwischen weisen uns ganz einfach darauf hin, dass wir nur zur Ausnahme guten Willens sind. Aber besser nur zur Ausnahme als gar nicht. Halte dich jetzt einmal an diese Ausnahme! Fass es fest ins Auge, was das war, als du getrieben wurdest, dass du nicht mehr anders konntest! Es brauchen keine Entscheidungen über Leben und Tod gewesen zu sein, die du da fälltest, vielleicht

---

[8] Die Betonung könnte angeregt sein durch H. Kutter, *Sie müssen! Ein offenes Wort an die christliche Gesellschaft*, Zürich 1904; Jena 1910.

waren's solche, die äußerlich zu den alltäglichen gehören. Aber es lag darin der Fortschritt von der Lüge[9] zur Wahrheit, von der Rücksichtslosigkeit zum Mitleid, von der Selbstsucht zur Selbstverleugnung. Wo du einen solchen Fortschritt gemacht hast an großen oder kleinen Punkten, da war's das Treiben, die unwiderstehliche Notwendigkeit des Geistes, die du dabei empfunden hast. Ich will heute nicht mehr sagen, als dass du dich daran erinnern und daran halten sollst als an ein Zeichen, dass du vom Geist nicht verlassen bist, dass er etwas Sicheres und Gegenwärtiges ist. Denn wenn du auch vielleicht jetzt wieder auf einer toten Strecke bist, es wirkt im Grunde doch etwas nach von der Kraft solcher Erlebnisse. Das Treiben des Geistes, die Notwendigkeit, die dich auf einen bestimmten Weg stellte, sie sind unverlierbare Bestandteile deines inneren Lebens geworden. Du kannst und sollst dich daran freuen, darauf zurückgreifen. Sie sind da, Geschenke Gottes, die weitere Geschenke verheißen.

*　　*　　*

Das zweite Merkmal für die Gegenwart des Geistes Gottes besteht in der *Furchtlosigkeit*. Das hängt mit dem ersten eng zusammen: Ihr habt nicht einen knechtischen Geist empfangen, dass ihr euch abermal fürchten müsstet. Wo der Geist wirkt in seiner treibenden, notwendigen Kraft, da lässt sich der Mensch nicht irre machen. Denn «sich fürchten» heißt «irre werden», heißt abweichen von der normalen Richtung unter dem Druck fremder Gewalten, wie die Nadel des Kompasses abweicht und irre wird, wenn ein Magnet in der Nähe ist. Das Leben unzähliger Menschen ist in diesem Sinn ein Leben der Furcht. Es sind Ansätze und Wirkungen da des Gottesgeistes, wenigstens scheint es so; denn sie kennen etwas von jener innern Notwendigkeit in ihrem Denken und Handeln. Und *doch* kann es der Gottesgeist in seiner Realität noch nicht sein, *doch* scheint er sich mindestens von ihnen wieder zurückzuziehen. Denn der innern Sicherheit fehlt die äußere. Die Nadel des Kompasses weist nach Norden, aber sie lässt sich stören durch den Magneten. Es ist der innere

---

[9] Vor «Lüge» steht im Mskr. ein infolge der Lochung der Seite nicht zu entzifferndes Wort.

Fortschritt da vom Dunkel zum Licht, von der Trägheit zur Liebe, aber der Fortschritt ist beständig bedroht. Sie lassen etwas Fremdes hineintreten zwischen sich und ihre Ziele. Sie möchten wohl, aber sie können nicht, weil sie Angst haben, weil sie das Treiben des Geistes nicht ernstnehmen, nicht fortsetzen in ihrem eigenen Wirken. Ich meine, wir kennen auch diesen Zustand Alle. Man kann sich fragen, ob man daraus schließen muss, dass der Geist gar nicht da ist, weil der Geist und die Furcht sich nicht vertragen, oder ob wir's mit einer Entwicklungsstufe zu tun haben, ob wir das Verhältnis verstehen müssen, wie es im ersten Johannesbrief geschieht, wo es heißt, dass, wer sich fürchtet, nicht völlig ist in der Liebe, dass aber die völlige Liebe die Furcht austreibe [vgl. 1.Joh. 4,18]. Es wird wohl das Eine wie das Andre wahr sein. Den Geist haben und sich fürchten, irre sein, sich abtreiben lassen, das geht im selben Moment unmöglich zusammen. Aber wenn wir auf unser Leben als Ganzes sehen, dann zeigt es uns freilich das Bild einer Ablösung und Entwicklung von der Furcht zum Geist, dann steht's allerdings so, dass die Liebe oder der Geist erst völlig werden und die Furcht austreiben muss.

Halten wir hier das Eine fest! Wo der Geist ist, da treibt er. Da ist der Zufall ausgeschaltet und die Notwendigkeit an die Stelle gesetzt. Die Furcht aber konnte ja nichts Anderes sein als ein neues Eingreifen[10] des Zufalls, ja, sie würde darin bestehen, dass wir recht eigentlich mit Wissen und Wollen den Zufall in unser Leben eingreifen lassen, dass wir uns mit klarer Erkenntnis, dass es anders sein müsste, bestimmen lassen durch die Verhältnisse, durch die Menschen, zuletzt und zuoberst durch uns selbst, statt die treibende Macht des Geistes ernst zu nehmen, wie ich vorhin sagte. Der Geist schließt die Furcht aus, weil er ein treibender, ein notwendiger Geist ist. Wir wollen das nun so anwenden, dass wir wieder sagen: Wo ein Mensch die Erfahrung macht von der rechten Furchtlosigkeit, da macht er eben damit die Erfahrung des Geistes. Und so wird die Furchtlosigkeit das andre Erkennungsmerkmal für die Gegenwart und Sicherheit des Geistes. Wieder sage ich dir: Du kennst aus deinem eigenen Leben nicht nur Momente und Zeiten der Furcht, sondern Momente und Zeiten der

[10] Im Mskr. wohl während des Schreibens von «Einschreiten» zu «Eingreifen» korrigiert.

Furchtlosigkeit. Halte fest, pflege und erneure, was dich da bewegt, und der Geist wird dir mehr sein als eine Erinnerung und mehr als eine Hoffnung. –|

Wo der Geist ist, da fürchtet man sich nicht mehr vor dem, was man die Verhältnisse nennt, vor dem Zusammentreffen der Umstände, die unser äußeres Leben gestalten. Es gibt Menschen, die einen förmlichen Gottesdienst mit ihnen treiben, indem sie davon denken und reden, als wären sie eine selbständige Macht. Man lässt die Wahrheit und die Liebe nicht restlos reden und wirken um der Furcht willen. Das wird anders, wo der Geist ist. Für den Geist gibt es keine Verhältnisse als eine zufällige, fremde, äußere Macht, sondern er schafft die Verhältnisse. Das ist dir und mir schon so ergangen. Uns standen die Umstände feindlich, hindernd entgegen. Da fürchteten wir uns nicht, da sagten wir uns, dass es eine höhere Notwendigkeit gebe als die der Umstände, da griffen wir zu und durch unser Denken und Handeln mussten die Umstände werden, was sie sind, Diener und Instrumente des Geistes, die sich nach seinem Treiben richten und nicht umgekehrt. –|

Wo der Geist ist, da fürchtet man sich nicht vor den Menschen. Es ist eine erbärmliche Sache zu sehen, wie die Menschen sich untereinander und voneinander irremachen lassen, wie sie das Treiben und die Notwendigkeit hintanstellen und unterdrücken aus Rücksichten, die sich gern als Rücksichten der Liebe verkleiden und die doch nichts Anderem als der Angst entspringen, der Angst vor den Worten und Gedanken, der Angst vor der Klugheit oder Dummheit der Andern. Wie unendlich viel Gutes ist abgebrochen und zerbrochen worden durch die Furcht vor den Menschen. Das hört auf, wenn der Geist da ist. Denn für den Geist sind auch die Menschen mit ihren Worten und Gedanken, mit all ihrer Klugheit und Dummheit nicht etwas Fremdes, Äußeres, Zufälliges. Der Geist, der uns treibt, ist der Geist Gottes des Vaters, der ein Vater ist über *alle* seine Kinder. Da muss sich die Furcht in Liebe verwandeln, da wird diese Liebe hier fest und dort weich die Menschen zu nehmen und in Dienst zu stellen wissen. Da können die Menschen nicht mehr hindern, sondern sie müssen fördern, da schwindet das Erbärmliche, Kleine, Gehässige in ihrem Leben untereinander und das Große und Fruchtbare bleibt übrig. Das hast du auch schon erfahren, diese Furchtlosigkeit, und wenn du sie erfahren hast, so hast du eben den Geist erfahren. –|

Und nun gibt's noch eine Furcht, und das ist vielleicht die gefähr-lichste. Es ist die Furcht vor sich selber. Wenige Menschen kennen sie. Die Meisten fühlen sich sicher, wenn die Verhältnisse und die Andern sie nicht mehr beunruhigen. Ich sage: wohl denen, die die Furcht vor sich selber kennen! Denn die erst wissen, wo das große Hindernis ihres Lebens sitzt. Und doch gilt's: wo der Geist ist, da muss auch dieses Hindernis verschwinden, da fürchtet man sich nicht mehr vor sich selber. Und wieder gilt's: das haben wir schon erfahren. Denn wir haben's schon erfahren, wie das ist, wenn die Schwachheiten und Mängel unsres Innern, vor denen wir Angst haben, zugedeckt werden durch die große Kraft eines guten Willens, wenn uns unsre Sünde vergeben und unsre Missetat weggenommen wird, wenn wir aufat-mend das Alte ablegen und ein neues Leben anfangen dürfen. Das heißt furchtlos werden gegenüber sich selbst, und wo *diese* Furcht-losigkeit ist, da zuletzt und zuoberst dürfen wir die Gegenwart des Geistes finden und festhalten.

*   *   *

Aber noch ist nun von dem Kern und Stern dessen, was Paulus über den Geist sagt, nicht[11] die Rede gewesen. Es ist der Geist, der uns treibt und der uns furchtlos macht, das hörten wir. Aber wenn das Alles wäre, was zu sagen ist, dann könnte man ebenso gut die Äste und den Blätterschmuck eines abgehauenen Baumes rühmen. Wir könn-ten das Alles bewundern und rühmen, aber wir könnten und müssten dazu den Gedanken sagen, ob die gegenwärtige Herrlichkeit des Le-bens im Geist nicht ebenso vergänglich sei wie die des abgehauenen Baumes.

Und nun wollen wir uns in der Tat sagen lassen, dass zu den ge-nannten Erkennungszeichen noch ein Drittes hinzukommen muss. Wo der Geist ist, da *rufen wir Gott an als lieben Vater*. –

Wir rufen ihn an. Denn das Treiben und die Furchtlosigkeit wären in der Tat eine vorübergehende Illusion, wenn dem Baum die Fähig-keit fehlte, seine Wurzeln in die Tiefe zu erstrecken und da Nahrung

---

[11] Mskr.: «noch nicht»; das überzählige «noch» wurde vom Hrsg. gestri-chen.

und Kraft zu gewinnen. Das Leben manches Menschen sieht bis aufs Letzte der Art des Geisteslebens ähnlich. Er kennt ein großes Sollen und Wollen, er übt es mit einer großen Tapferkeit; es fehlt doch nur gerade das, was das Sollen zum Müssen, das, was die Tapferkeit zur Furchtlosigkeit macht. Er betet nicht. Ich will das, was ihm fehlt, so beschreiben: er steht dem Leben und seinen Aufgaben und Leiden gegenüber als einer fremden Sache. Er packt es an, gewiss, mit großem Drang und großem Mut, aber er packt es an, wie man einen Feind anpackt. Dieser Fehler rächt sich. Das Leben ist nicht zu fassen als etwas Anderes, Fremdes, als etwas, was uns gegenübersteht. Ja, vielleicht einige Jugendjahre lang [mag] man die Sache so ansehen. Es ist die Stimmung des Prometheus, der sich den Göttern mit gekreuzten Armen gegenüberstellt.[12] Das geht eine Zeit lang an, wie eine abgeschnittene Pflanze eine Zeit lang grünen und blühen kann im Wasserglas. Wenn dann aber das Leben fortgehen soll, so muss ein Neues hinzukommen, das Einpflanzen in die fruchtbare Erde für die Pflanze, das Gebet für den Menschen. Wer betet, der steht dem Leben nicht mehr gegenüber. Er kennt keine Feinde und Gewalten und Hindernisse mehr. Denn *im* Leben weiß er den herrschenden Gott verborgen, und mit diesem Gott ist er in Verkehr getreten, ihn und seinen Willen sucht er, ihn und seinen Willen nimmt er auf in sein Inneres, und so hat er mit Gott das Leben auf seiner Seite:

> Es kann ihm nichts geschehen
> Als, was Gott hat ersehen
> Und was ihm selig ist.[13]

[12] Die den Göttern gegenüber auf Eigenständigkeit und Konfrontation ausgerichtete Haltung des Prometheus und der Menschen, denen er der griechischen Mythologie nach das Feuer gebracht hatte, kommt zum Ausdruck im Gedicht «Prometheus» von J. W. von Goethe (Erstdruck 1785; Berliner Ausgabe, Bd. 1, 1965, S. 327f.), das Barth hier vor Augen gestanden haben mag. Vgl. aus Strophe 2: «Ich kenne nichts Ärmeres / Unter der Sonn als Euch, Götter»; Strophe 5: «Ich Dich ehren? Wofür? / Hast Du die Schmerzen gelindert / Je des Beladenen? / Hast Du die Tränen gestillet / Je des Geängstigten? / Hat nicht mich zum Manne geschmiedet / Die allmächtige Zeit / Und das ewige Schicksal, / Meine Herrn und Deine?»

[13] Aus Strophe 3 des Chorals «In allen meinen Taten» von P. Fleming: «Es kann mir nichts geschehen, / als was er hat ersehen / und mir selig ist» (GERS 263; RG 676; EG 368).

Das heißt Gott anrufen. Und wenn du so Gott anrufst, dann hast du den heiligen Geist gegenwärtig, mehr brauchst du nicht. Dieser Gott aber ist ein *lieber Vater*. Die herrschende Gewalt, die im Leben verborgen ist, ist nicht eine Naturmacht von blinder Logik, sondern die Gewalt der Liebe, die schafft und sucht und erhält, was das Ihre ist. Da ist das Suchen unsres Gebets kein blindes Tasten, sondern ein sicheres Gesuchtwerden, dann kann es beim Finden keine Enttäuschung geben, sondern immer nur reiche Entdeckungen, da wird Gott aus einem fernen zu einem nahen Gott.

Und nun? Hast du auch davon schon etwas gesehen in deinem Leben? Ich sage: ja, das hast du. Du hast schon solche Wurzeln ausgestreckt in die Tiefen des Lebens, vielleicht scheu und unbewusst und doch nicht wirkungslos, du hast da schon etwas gefunden von der Macht der Liebe, die uns zum Bilde ihrer Gottheit gemacht hat.[14] Ich will Halt machen. Besinne dich selbst auf Alles das, was in dir redet und Zeugnis ablegt vom Wirken des Geistes. Gewahrwerden heißt hier Besitzergreifen. Sehen heißt hier nehmen. Aber ich will dir noch etwas hinzusagen. Was du selbst vom Geist gesehen und erfahren, das hat seine Schranken. Hättest du nur das, so möchtest du am Ende an seiner Gegenwart und Sicherheit doch irrewerden. Ich möchte dir darum nicht raten, auf den heiligen Geist, den du in deiner Brust trägst, deine Gewissheit zu bauen, dies Fundament könnte weichen. Sondern geh einmal den Anfängen des Geistes, die in dir sind, nach, verfolge die Linien ins Große und Vollkommene, dann begegnest du der Person Jesu Christi, in der die Fülle des Geistes war. Das tiefe Müssen, die große Furchtlosigkeit, das Gebet des Kindes zum Vater, das waren die Fundamente seines Lebens. Es sind die starken, großen Linien seines Bildes. Von ihm her ist der Geist ausgegangen und zu uns gekommen, und wieder wüsste ich keine bestimmtere und nachdrücklichere Bürgschaft für die Wahrheit des Geistes als sein Bild.

Ob bei uns ist der Sünden viel,

Bei ihm ist viel mehr Gnade.[15]

---

[14] Vgl. den Liedanfang «Liebe, die du mich zum Bilde / Deiner Gottheit hast gemacht» von J. Scheffler (GERS 242; EG 401).

[15] Aus Strophe 5 des Liedes «Aus tiefer Not schrei ich zu dir» von M. Luther (GERS 214; RG 84; EG 299 [jeweils: «Bei Gott ist viel mehr Gnade»]).

Halte beides zusammen, das wird das Beste sein, das in dir selbst Erfahrene und das an Christus Angeschaute. Denn es dürfte gerade vom heiligen Geist das Wort gelten: wer da *hat*, dem wird *gegeben* werden [Mt. 13,13 u. ö.]. Ich wünsche dir, dass du durch das Haben *und* durch das Empfangen zur Gewissheit kommst, denn dass wir das Eine *und* das Andre erleben, das heißt dann *wirklich* leben.

Amen.

Lieder:
Nr. 10: «Lobe den Herren, o meine Seele» von J. D. Herrnschmidt, Strophen 1.3.6 (RG 99, 1.3.7; EG 303, 1.3.8).
Nr. 151: «O Gott, o Geist, o Licht des Lebens» von G. Tersteegen, Strophen 1–3 u. 6–7 (RG 510 [Textabweichungen]).

Lesungstexte: Joh. 3,1–9; Mt. 8,23–27; Lk. 22,41–46

68

Abschiedspredigt

Matthäus 10,26–27

*Es ist nichts verborgen, das nicht offenbar werde, und ist nichts heim-
lich, das man nicht wissen werde. Was ich euch sage in der Finsternis,
das redet im Licht; und was ihr höret in das Ohr, das predigt auf den
Dächern.*

Meine lieben Freunde!

Das Wort Jesu, das wir eben gehört, ist vor Allem eine *Aufforderung*, die an uns ergeht, ein Aufruf zu froher, tapferer Mission unsres
Glaubens, zum Bekennen und Vertreten und Verbreiten dessen, was
uns inwendig höchste Wahrheit geworden ist. Man könnte ihren Sinn
kurz so zusammenfassen: Was drinnen in dir lebt, musst du draußen
den Menschen kundgeben. Es ist in anderer Form derselbe Befehl des
Herrn, den alle Missionsarbeit auf ihre Fahne geschrieben hat: Gehet
hin in alle Welt und verkündet das Evangelium aller Kreatur! [Mk.
16,15] Und es ist die Aufforderung, die die treibende Kraft ist auch in
der Arbeit des evangelischen Pfarrers. Offenbar werden lassen, was in
uns verborgen ist, die Leute wissen lassen von den heimlichen Tatsachen des Lebens aus Gott und mit Gott, so gut wir's können, Zeugnis
geben von dem, was in uns lebt, das ist unsre Pflicht und unsre Aufgabe. Aber ich möchte weder von der besondern Aufgabe des Missi-
onars noch von der des Pfarrers reden, die in diesem Jesuswort gestellt
ist, sondern von der Aufforderung, die es an ausnahmslos Jedes von
uns zu richten hat. Ein Missionar und Pfarrer ist ja im Grunde jeder
Christ, vor Gott gibt es den Unterschied nicht zwischen solchen, die
auf, und solchen, die unter der Kanzel sind. Da hat Jedes Teil an dem
Recht und an der Pflicht, das Evangelium zu verkündigen, denn da ist
Jedes verantwortlich für den Nächsten, für die Seele des Nächsten.
Was drinnen in dir lebt an Gottesgeist, das musst du draußen den
andern Menschen kundgeben – das ist nicht ein besonderes Amts-

programm, sondern das ist das christliche Lebensprogramm für jedermann.

Nichts Selbstverständliches hat Jesus mit dieser Aufforderung ausgesprochen. Wir Alle ohne Ausnahme müssen über einen gewissen Graben hinweg, wenn wir nicht nur verstehen, sondern uns aneignen wollen, was das heißt: Was ich euch sage in der Finsternis, das redet im Licht, und was ihr höret in das Ohr, das predigt auf den Dächern. Es hat manchen Menschen gegeben mit einer reichen und tiefen Lebensanschauung, mit großem Vermögen und Fähigkeiten auf diesem oder jenem Gebiet gerade des geistigen Daseins, mit einem großen Besitz an Gewissheiten und Kräften, die sein Leben schön und froh machten, aber von diesem Bedürfnis nach Mitteilung verspürte er nichts. Was er hatte, das war von der Art, dass es nur von ihm selbst und vielleicht von einigen Auserwählten verstanden und genossen werden konnte, nicht aber Etwas, was ihn von selbst trieb und drängte, es jedermann zu sagen, damit es jedermann helfe. So gab es im Altertum Geheimreligionen und Geheimweisheiten mit schönen und sinnreichen Gebräuchen und Gedanken, aber es war eben bei all der Herrlichkeit das Wörtchen Geheim- davor. Es war nicht eine Freude, die allem Volke widerfahren soll [Lk. 2,10], sondern eine Freude für die Eingeweihten. Und so gab es und gibt es noch heute Unzählige, die sind reich an schönen Gedanken und Gefühlen, an Einsichten und Lebensmöglichkeiten, es fehlt nur das Eine: sie haben keine Lust, mit dem, was sie haben, ans Licht und auf die Dächer zu gehen, mit ihrem geistigen Besitz Pfarrer und Missionare zu werden. Sie sind Aristokraten des innern Lebens, sie sind glückliche Besitzende,[1] aber nicht glückliche Gebende, sie sind noch diesseits des Grabens. Die Aufforderung Jesu ist ihnen nicht selbstverständlich, sondern erstaunlich und oft ärgerlich.

Und nun wollen wir uns gar nicht einbilden, dass wir mit unsrem Christentum *nicht* zu diesen Menschen und in diese Richtung gehörten. Sondern wir wollen es uns nur klar machen, dass Jesu Aufforderung etwas gewaltig Großes und Schweres von uns verlangt. Es ist

---

[1] Von «glücklichen Besitzenden» (beati possidentes) spricht der römische Rechtsgrundsatz, nach dem Besitz als solcher geschützt ist; vgl. zum Herkommen auch Büchmann, S. 314.

uns natürlich, und es ist nicht nur natürlich, sondern recht und notwendig so, dass wir uns von Gott zunächst in die Stille, in die Verborgenheit führen lassen. Ich glaube nicht, dass der tiefe Einblicke in die Geheimnisse Gottes und des Lebens geworfen hat, der sofort anfängt, jedermann mit seinen Erlebnissen zu haranguiren[2]. Wenn Gott bei uns einkehrt, sei es, dass er uns ein Ziel zeigt oder dass er uns eine Kraft schenkt, dann ist das eine Wirkung von so unaussprechlicher Art, dass unser Bedürfnis *stille zu sein* viel größer sein muss als das Bedürfnis zu reden. Die Demut vor Gott muss uns zu Zeiten den Mund verschließen, wenn wir Gott wirklich kennengelernt haben. Es muss uns vorkommen wie eine Entweihung, das Verborgene offenbar werden zu lassen, weil wir uns unfähig fühlen, es würdig zu tun. Es ist etwas daran, dass Gottes Wort an uns zunächst in die Finsternis und nicht ans Licht gehört. Und auf der andern Seite ist es sicher, dass es uns in die *Einsamkeit* führt, wenn es recht ist. Denn wenn Gott unser Auge erkennen lässt und unsern Arm stark macht, dann ist das ein Geschenk der überraschendsten Art, durch das wir uns ohne unser Wollen aus den Reihen der andern Menschen herausgehoben fühlen. Wir haben damit etwas Besonderes, Einzigartiges erfahren, das Allerpersönlichste in uns ist erwacht, wir fühlen es dankbar, dass Gott nicht nur geredet, sondern gerade zu uns geredet hat. Wieder müsste es uns vorkommen wie eine Entweihung, unsern Besitz an Andre preiszugeben, von denen wir ja beinahe bestimmt annehmen müssen, dass sie es nicht verstehen können. Und wieder ist etwas daran, dass wir das Wort Gottes ins Ohr gesagt bekommen, dass es schlecht auf den Markt passt [vgl. 2.Kor. 2,17] und dass es gerade Gottes unverdiente und einzigartige Gnade zu sein scheint, die uns zu geistigen Aristokraten macht. – |

Das Alles hat nun auch Jesus in seinem Recht und in seiner Notwendigkeit gekannt und anerkannt. Durch sein Wort: denn er hat uns ausdrücklich aufgefordert: Wenn du beten willst, so gehe in dein Kämmerlein und schließe deine Türe zu und bete zu deinem Vater im Verborgenen! [Mt. 6,6] Und vielleicht noch mehr durch sein eigenes Vorbild. Er ist ein stiller Mann gewesen, der die Geheimnisse des Himmelreichs nicht an die große Glocke hängte und der es die Leute

---

[2] Veraltet für: «anreden», «feierlich ansprechen» (franz.: haranguer).

merken ließ: Gott ist wunderbarer und herrlicher, als ich oder irgend ein Mensch aussprechen kann. Und er ist im Grunde seines Wesens auch immer ein einsamer Mann gewesen, nicht ein populärer Redner und Anführer, sondern ein Wanderer, der seinen eigenen Weg ging, dessen tiefster Charakterzug in dem Wort zum Ausdruck kam, dass niemand den Vater kenne denn nur der Sohn [Mt. 11,27].

Ist's nicht gerade die Art des Geistes Gottes und des Geistes Jesu, dass er uns zurückhält diesseits des Grabens, zurückhält von dem Gehorsam gegen die Aufforderung: Redet im Licht! Predigt auf den Dächern! Ich antworte: jawohl, das ist die Art des Geistes Gottes und Jesu. Gerade wenn wir etwas Ernstes und Großes und Feierliches erlebt haben, fällt es uns Allen zunächst schwer, davon zu reden, und es muss uns schwer fallen. Aber diese Zurückhaltung kann nicht das Letzte sein, sondern sie ist nur die eine Hälfte der Sache. Wenn Gott zu uns geredet hat, dann müssen wir erst schweigen, aber dann müssen wir auch anfangen zu reden, und erst damit kommt Gottes Werk in uns zur Vollendung. Es ist nichts von Gott in uns verborgen, das nicht offenbar werde, und ist nichts von Gott heimlich in uns, das man nicht wissen werde. Würde es *nicht* offenbar, würde kein Anderer davon wissen, so wäre das ein Zeichen, dass es überhaupt nicht da war. Es wäre eine Selbsttäuschung und vielleicht ein Selbstbetrug. – |

Denn das Wort Gottes, das an uns ergeht und uns ermutigt, auf den Weg stellt und vorwärts trägt, es gleicht dem Weizenkorn in der Ähre. Es muss im Verborgenen wachsen, aber wenn die *Reife* da ist, dann sprengt es die Schale, und was heimlich war, wird offenbar [vgl. Mk. 4,26–29]. Was Jesus seinen Jüngern von dem Reden am Licht und vom Predigen auf den Dächern gesagt, das hat er von der Zeit ihrer Reife gesagt. Die ist nicht gekommen vor den Tagen, da sie ihn haben leiden und sterben und auferstehen sehen. Dann aber ist sie gekommen. Denn in jenen Tagen sind sie reif geworden. Im Angesicht des Kreuzes Christi ist es ihnen klar geworden, was es auf sich habe mit dem Reiche Gottes, mit dem Regiment des Gottesgehorsams und der Menschenliebe. Sie erkannten Jesus als den Helden, als den Erlöser, als den König, sie erkannten, dass *sein* Weg *ihr* Weg zu Gott sei. Und seit dieser Erkenntnis, durch die sie reif wurden, wäre es eine Unwahrheit und Feigheit für sie gewesen, zurückzuhalten und zu verbergen, was in ihnen lebte. Das Verborgene drängte sie unwiderstehlich zur Offenbarung. Ich glaube, dass es auch in unserm innern Leben einen Punkt der Reife gibt, wo wir wie Paulus sagen müssen: Wehe mir, wenn ich das Evangelium nicht predigte [1.Kor. 9,16], wo wir über aller Scheu vor unsrer eigenen Unwürdigkeit und vor der Verständnislosigkeit der Andern hinweg reden *müssen* von dem, was in uns ist. Einfach darum, weil das, was in uns ist von Gottesbesitz, uns selbst zu groß wird, weil uns etwas aufgegangen ist, was viel zu mächtig ist, als dass es bei uns bleiben könnte. Das Wort Gottes in seiner Wahrheit und Güte und Schönheit kann nicht bei uns bleiben, wenn es wirklich bei uns ist. Ist es in uns reif geworden, dann muss es auch hervorbrechen, um zu Andern zu gehen. Da hat dann die Scheu vor uns selbst und den Andern ihre Zeit *gehabt* und ein Neues ist an ihre Stelle getreten. Das Neue ist die *Liebe*. Die Liebe besteht darin, dass wir Andern helfen wollen. Hier wird der Graben sichtbar, über den wir hinweg müssen. Das Reifwerden bedeutet, dass die Liebe die Macht wird in unserem Leben. Vorher können wir von Gott und mit Gott das Höchste erfahren haben, es kann uns im Leben das Schönste aufgegangen, wir können innerlich Besitzer einer großen Welt von Wahrheit und Klarheit geworden sein, es fehlt doch dieser Erfahrung die Vollendung, wir sind dann wohl reich, aber noch nicht reif, wir können dann mit Menschen- und Engelzungen reden, wir können alle Geheimnisse und alle Erkenntnisse wissen und doch *nichts* sein [vgl. 1.Kor. 13,1f.]. Denn es ist das Geheimnis Gottes und das Geheimnis des Lebens, dass wir erst dann *etwas* sind, wenn wir überströmen von dem Vielen und Wenigen, das in uns ist, um etwas zu sein für die Andern. |

Wieder denken wir daran, wie es den Jüngern Jesu gegangen ist. Auch ihnen war einst das Reich Gottes ein schöner Besitz und Genuss gewesen, um den man streiten und konkurrieren kann, wer weiter obenan sein dürfe [vgl. Lk. 14,7f.]. Da lernten sie am Kreuze Jesu eine Gesinnung kennen, die es nicht für einen Gewinn ansah, Gott gleich zu sein [Phil. 2,6], sondern die auch den höchsten Besitz aufs Spiel setzte, die den Frieden, das Glück und die Ruhe und Alles daran wagte, den Andern zu helfen. Das war Liebe, was sie da kennenlernten. Es ging davon etwas auch auf sie über. Sie mussten jetzt von sich selbst sagen: Die Liebe Christi dringet uns also! [2.Kor. 5,14] Wir müssen helfen, wie Christus geholfen hat. Wir müssen überwinden, was noch in uns lebt an Furcht vor unsrer eigenen Unvollkommenheit und an Furcht vor dem blinden Unverstand der Juden und Heiden. Wir müssen es überwinden – nicht um unser selbst, sondern um der Liebe willen. Meine Freunde, seht ihr, da ist uns der Weg vorgezeichnet, den wir zu gehen haben. Jesus sagt uns: redet im Licht! Predigt auf den Dächern! Da mag es uns zunächst wohl zu Mute sein, dass wir antworten möchten wie der Ölbaum in jener Fabel des Alten Testaments: Soll ich meine Fettigkeit lassen, die beide, Götter und Menschen, an mir preisen, und hingehen, dass ich über den Bäumen schwebe? [Ri. 9,9] Aber dann muss unsre Einsicht wachsen und uns höher führen. Unser inneres Leben muss reif werden und nach außen wirken. Und die Liebe muss uns anleiten, unsern *Frieden* Andern mitzuteilen, auch auf die Gefahr hin, unsre *Ruhe* zu verlieren. Da können Eltern und Kinder, Freund und Freund, Gotte und Götti[3] nicht mehr nebeneinander hergehen, als wäre das Höchste im Leben etwas, dessen man sich zu schämen hat. Da muss ihr Zusammenleben im Gegenteil immer mehr ein Offenbarwerden des Verborgenen, ein Bekanntwerden des Heimlichen sein. Da müsste jeder in seinem Kreise und in seiner Weise ein Seelsorger, ein Verkündiger des Evangeliums werden. Da müsste die Liebe Christi aber auch einen jeden hinaustreiben über seinen engern Kreis, es müsste aus der gegenseitigen Gleichgiltigkeit und aus der Gleichgiltigkeit den höchsten Dingen gegenüber ein gegenseitiges und gemeinsames Suchen werden. Es müsste das entstehen in Wahrheit, was vorläufig erst als Gedankending und auf dem Papier besteht, eine christliche Gemeinde, christliche Gemeindearbeit und christliches Gemeindeleben.

✳ ✳ ✳

Es muss! Es müsste! Es müsste das, was drinnen in uns lebt, draußen den Menschen kundgegeben werden. Das ist die Aufforderung, die aus dem Worte Jesu an uns ergeht, an uns Alle ohne Ausnahme. Aber es ist mehr darin als eine Aufforderung. Es ist eine *Verheißung* darin, eine Versicherung, ein Geschenk. Ja, genau genommen ist das Geschenk, das in diesem Wort ausgesprochen ist, das Erste und Wich-

---

[3] Schweizerdeutsch für: Patin und Pate.

tigste. Es heißt nicht nur: es müsste sein! sondern es heißt zuerst und hauptsächlichst: es ist! Nicht nur: es soll geschehen! sondern: es geschieht! Das Erste ist das herrliche Gesetz, das Jesus in allem Leben erkennt: Es ist nichts verborgen, das nicht offenbar werde, und ist nichts heimlich, das man nicht wissen werde. Das ist eine allgemeine Ordnung, die der Bestätigung durch uns nicht erst bedarf. Sondern es ist nur eine Anwendung auf uns, wenn es jetzt heißt: Redet auch ihr im Licht, was ich euch in der Finsternis sage, und predigt auf den Dächern, was ihr ins Ohr höret. Das Eine folgt aus dem Andern. Es handelt sich nicht darum, dass wir gegen die Natur, einem schweren Zwang folgend, aus uns herausgehen, sondern es handelt sich darum, dass wir uns einordnen *dürfen* in die Lebensbewegung von innen nach außen, dass wir eintauchen *dürfen* in den Strom der Offenbarung.

Es ist eine herrliche Sache, dass wir glauben können an dieses *Dürfen* und an diese allgemeine Ordnung des Lebens, von der wir bloß ein kleiner, unbedeutender Teil sind. Wir haben das nötig. Denn gerade, wenn wir die Forderung Jesu verstanden haben, wenn wir uns reif fühlen und wenn die Liebe uns drängt, Andre es merken zu lassen, Andren es mitzuteilen, was uns innerlich bewegt und hebt und selig macht, dann ist es oft so unendlich deprimierend, mit den Hindernissen zu kämpfen, die man uns von allen Seiten entgegenstellt. Wir möchten etwas überströmen lassen von Gottesgeist auf die Andern. Wir reden ihnen vom Vertrauen auf den Vater, der die Seinen freundlich führt, wir möchten sie hinleiten auf den tiefen Ernst und die hohen Aufgaben des Lebens, wir möchten ihr Gewissen schärfen, ihr Herz reif und rein, ihren Verstand hell machen, wir möchten das Alles, weil wir selbst auf diesen Wegen Frieden gefunden und weil wir die Andern dieses Friedens teilhaftig machen möchten. Aber sowie wir heraustreten mit dem, was in uns ist, so begegnen uns auch mit starrem, feindseligem Blick Mächte, die der Macht des Gottesgeistes direkt entgegenstehen. Da ist das Misstrauen dem Leben gegenüber, das in Allem nur das Widerwärtige und Unerfreuliche finden will, da ist die Oberflächlichkeit, der nichts schrecklicher ist als die Zumutung, das Leben ernst zu nehmen, da ist jene sittliche Zweideutigkeit, die mit der Rechten das Gute und mit der Linken das Böse tun zu können meint, da ist die geistige Verlotterung, die es als höchste Wohltat empfindet, wenn sie sich nicht mehr vom Fleck bewegen muss, da ist der moralische Stumpfsinn, der das Nichtssagende interessant und das Banale wertvoll findet. Ich sage, diesen Mächten begegnen wir, wenn wir so oder so das Evangelium verkündigen möchten, und nun steht's so, dass diese Mächte auftreten und sagen: *Wir* sind die eigentliche Welt- und Lebensordnung. *Wir* sind's, die am Licht des Tages und auf der Straße gelten. *Wir* beherrschen das Geschäftsleben und den normalen Verkehr der Menschen. Solche Zusammenstöße haben wir alle schon erfahren. Und wir haben dann auch wohl erfahren, wie es uns dabei erging. Wie traurig und alleingelassen und unnütz wir uns vorkamen mit dem, was uns innerlich Wahrheit geworden, was wir in der Seele empfangen hatten. |

Gerade in einer Stadt wie Genf, wo neben den edlen und guten auch die gemeinen und schlechten Regungen des Menschen sich mit größter Deutlichkeit und Lebhaftigkeit äußern können, muss einem oft der Gedanke kommen, ob dann nicht Gott und die Güter des innern Lebens, ob nicht die Gesinnung und der gute Wille, das Vertrauen und die Ernsthaftigkeit, die Reinheit und das klare Denken Dinge seien, die bloß in die Finsternis gehören, wo man sich allerlei Schönes und Gutes ins Ohr sagen kann, während da draußen in der Wirklichkeit eben jene anderen Mächte das große Wort führen. Vielleicht nimmt dieser Widerstand der stumpfen Welt die Form eines offenen Kampfes an, so dass wir deutlich das Gefühl haben: hier heißt es anpacken und losschlagen, ohne zu zaudern. Vielleicht stehn wir einer trägen, klebrigen Masse von Gleichgiltigkeit gegenüber, bei der wir schwer haben zu unterscheiden, ob's formlose Faulheit oder bewusste Feindschaft ist. Aber immer ist er da, dieser Widerstand, so oder so, und wenn jetzt bloß aufs Neue die Aufforderung an uns erschölle, zu reden, zu verkündigen, zu geben, zu verbreiten, zu leuchten für die Andern, dann möchte es uns wohl auch manchmal naheliegen, uns wie der Prophet flau unter einen Wacholder zu setzen und zu seufzen: Es ist genug [1.Kön. 19,4], ich kann nicht, es kommt doch bei Allem nichts heraus. Das liegt nahe, sage ich.

Aber nun ist es eben eine herrliche Sache, dass es nicht bloß heißt: Redet, prediget, wirket! Sondern dass ohne uns und über uns jene Lebensbewegung, jener Offenbarungsstrom da ist und fließt, in dem wir einfach als ein Tropfen mitfließen dürfen. Als eine allgemeingiltige Tatsache hat Jesus es hingestellt, dass das Verborgene offenbar werden *muss.* Vielleicht hat auch er daran gedacht, wie das reife Weizenkorn die Schote sprengt, oder an den wunderbaren Vorgang, durch den Tiere und Menschen zum Leben kommen. Jesus hat tiefen Sinn gehabt für die Natur und ihre beziehungsreiche Herrlichkeit, die gerade in der Notwendigkeit ihres Geschehens zur Entfaltung kommt. Oder hat er an die Tätigkeit des Bergmanns gedacht, der Salz und Eisen und edle Metalle aus der Tiefe der Erde hervorgehen lässt? Oder denkt er an das Seelenleben des Menschen, der Erlebnisse und Eindrücke in sich aufnehmen kann, um sie für Jahre scheinbar zu begraben und doch sind sie in ihm und wirken in ihm und müssen eines Tages wieder offenbar werden in ihrem Wesen und in ihren Folgen? Oder daran, wie im Leben, in der Geschichte der Menschen und Völker unterein-ander gewisse Beziehungen und Eigentümlichkeiten im Verborgenen da sind, oft unbekannt und missverstanden und doch unaufhörlich auf der Oberfläche wirksam, wie eine Quelle auf der Oberfläche eines stillen Bergsees? All diese und manch andre Beobachtungen aus Na-tur und Geisteswelt mag Jesus gemacht haben; sicher hat er die Regel erkannt, die ihnen allen zu Grunde liegt, und er hat sie erkannt und genannt nicht als ein trockenes Naturgesetz, nicht als einen weltlichen Grundsatz, der für das Reich Gottes bedeutungslos wäre, sondern als eine frohe, begeisternde Erkenntnis, die in ihrer Weise gerade ein Schlüssel ist zu diesem Reich Gottes. |

Es ist nichts verborgen, das nicht offenbar würde! Froh und be-geisternd war für Jesus diese Erkenntnis, weil er es durchschaute, dass das Verborgene, das offenbar werden muss, letzten Grundes immer das Echte, das Große, das Gute ist. Das Verborgene, das offenbar wird in der Natur, das ist immer das Leben, und wo Leben ist, da muss es auch offenbar werden, da muss es irgendwie fruchtbar und nutzbar werden in dem ungeheuren Haushalt des All-Lebens. Und wieder ist's im Zusammenleben der Menschen schließlich das Gute und Brauchbare, das in irgend einem Sinn Tüchtige, das sich behauptet und durchsetzt, das vom Dunkel zum Lichte dringt, und wo etwas wirklich Tüchtiges und Gutes ist, da dringt es auch durch. Dieser Vorgang mag oft dunkel und kompliziert sein, er ist doch so wirklich, als das Leben wirklich ist, und nun weist Jesus uns einfach darauf hin und sagt: seht da! Das ist die allgemeine Lebensordnung. Dürft ihr und wollt ihr euch dieser Ordnung entziehen? Es ist nichts Verborgenes, das nicht offenbar werde, wollt und könnt ihr um der Hindernisse willen den Schatz des Wortes Gottes verborgen in euch lassen? Es liegt zugleich etwas Beruhigendes und etwas Anfeuerndes in diesem: es *muss* das Verborgene offenbar werden. Es befreit uns auf der einen Seite von der törichten Angst, als ob der Sieg Gottes abhängig wäre von uns und unsrem Tun. Es sagt uns: Was liegt an dir, du kleines Menschlein? Gott geht seinen Weg ohne dich, das Verborgene wird offenbar mit oder ohne dein Wirken und Reden. Sei du froh, wenn du wirken und reden *darfst*, wenn du dich dem Gange Gottes anschließen *darfst*! Auf der andern Seite ist gerade dies beruhigende: «du darfst» der höchste Antrieb. Wenn es denn in allem Leben Gesetz und Ordnung ist, dass das Verborgene zum Lichte drängt, wer möchte da zurückbleiben?

Wach auf, wach auf, du Menschenkind,
dass dich der Lenz nicht schlafend find.[4]

Da verliert man den Respekt vor jenen Mächten und Gewalten, die sich den Kundgebungen des Geistes widersetzen wollen, vor der akuten Feindschaft wie vor der schleichenden Gleichgiltigkeit. Da wird man die Sünde in der Welt ernst nehmen, aber man wird nicht mehr vor ihr die Waffen zu strecken wagen, weil man von vornherein weiß, dass es nichts, gar nichts gibt, was den Sieg Gottes schließlich hindern könnte. Wer da sagen wollte: ich kann nicht mehr, es kommt doch nichts heraus dabei, der würde selbst auf die Teilnahme an der siegreichen Lebensbewegung verzichten, der würde sich selbst geistig unter die Toten rechnen. Als ein Geschenk Gottes lehrt es uns also Jesus verstehen, dass wir auswirken und ausstrahlen *dürfen*, was in uns ist.

$$* \quad * \quad *$$

Aber gerade wenn wir nun dieser Gewissheit nachgehen, dass das Verborgene offenbar werden *muss*, dann entdecken wir schließlich in Jesu Wort einen Ton, der uns zu noch ernsteren und tieferen Über-

---

[4] Aus Strophe 3 des Liedes «Der Frühling naht mit Brausen» von K. Klingemann (Melodie: F. Mendelssohn-Bartholdy; u. a. in: *266 Volks-, Trink- und Wanderlieder. Vollständiges Textbuch*, hrsg. von H. Hartmann, Stade [1891], S. 50): «Drum wach, erwach, du Menschenkind / Dass dich der Lenz nicht schlafend find.»

legungen leiten muss. Was drinnen, in der Seele, lebt, muss draußen, im Licht des Tages, bei den Menschen, in den Verhältnissen, mit denen wir's zu tun haben, zur Geltung kommen. Es ist nichts heimlich, das man nicht wissen werde… Was sagen wir dazu, wenn das nun tatsächlich geschieht, wenn das, was in uns ist, draußen zur Geltung kommt, wenn das Verborgene offenbar und das Heimliche bekannt wird? Wir sagten, dass es nach allgemeiner Ordnung schließlich das Gute und Tüchtige sei, das sich im Leben durchsetzt und zur Geltung bringt. Das ist gewiss so. Aber es ist ein Endziel. |

Wie steht es mit der Gegenwart? Und hauptsächlich: wer sagt uns, ob wir gerade berufen und fähig sind, das Gute ans Licht zu bringen, ob wir nicht vielleicht zum Abfall des Lebens gehören, ob Gottes Sieg sich nicht vollzieht über unsre Köpfe weg, so dass er uns links liegen lässt. Wahrhaftig, es kann uns ein Wort des *Gerichtes* werden, dies Wort vom Offenbarwerden des Verborgenen. Oder ist es nicht eine Erfahrung von erschütternder Schwere, wenn mit dem bisschen Guten, das in uns ist, auch all unsre Schwachheit und Halbheit und Unkraft und Unwahrhaftigkeit unaufhaltsam an den Tag kommt. Wir handeln und schaffen, wie wir aus innerer Notwendigkeit müssen, aber gerade dabei werden uns die Schranken unsres Könnens klar. Wir wirken, wie der Geist es uns heißt, aber wir erfahren es, wie der Geist uns zugleich verurteilt, wir werden gewahr, dass neben dem heiligen Geist auch mancher andre recht unheilige Geist uns treibt und aus uns redet. Wie oft ist es uns so ergangen: indem wir auf andre zu wirken unternahmen, wurden wir uns der eigenen Unvollkommenheit und Sünde bewusst. Der Gletscher im Gebirg, der sich langsam bewegt, gibt freilich das reine kalte Bergwasser von sich, aber auch Geröll und Geschiebe. Und so muss das Verborgene unsres innern Lebens freilich offenbar werden, aber mit dem Göttlichen, das von uns ausgeht, redet und wirkt aus uns auch das Menschliche, Allzumenschliche[5], an dem weder wir selbst noch Andre noch Gott Freude haben können. Ja, wenn wir das Wort Jesu von dieser Seite ansehen, so bekommt es den Charakter eines Urteilsspruchs, vor dem wir vergehen müssen und der uns das Andre, was auch darin liegt, die Aufforderung und die

---

[5] Vgl. den Titel der Schrift von Fr. Nietzsche, *Menschliches, Allzumenschliches. Ein Buch für freie Geister*, Chemnitz 1878.

Verheißung, vergessen machen könnte. Denn es muss den nachhaltigen Zweifel in uns wecken, ob wir denn je der Aufforderung nachkommen können und ob denn die Verheißung wirklich *für uns* gelte.

Aber nun wollen wir auf ein Letztes achten. Gewiss, Gott ist unser Richter, und er richtet uns vielleicht nie so scharf, wie dann, wenn er uns zu seinen Boten und Mitarbeitern macht. Aber er ist ein gnädiger Richter. Er will nicht den Tod des Sünders, sondern dass er sich bekehre und lebe [vgl. Hes. 18,23], dass er von seiner Gnade lebe. Gerade unser Jesuswort ruft uns schließlich aufs Eindrücklichste zurück zu Gottes Gnade.

Ja, wenn wir auf das sehen müssen, was wir aus uns selbst haben, dann müsste es sich zuletzt einfach anhören wie eine Drohung, wenn uns gesagt wird: Die Sonne bringt es an den Tag.[6] Aber nun heißt es: *Was ich euch sage* in der Finsternis, das redet im Licht. Das verändert unsre Situation. Da hören wir, dass wir etwas in uns haben, das ist besser als wir selbst. Gewiss, mit unsren eigenen Kräften und Fähigkeiten sollen wir ans Licht. Das ist das Handwerkszeug, das Gott uns mitgegeben für's Leben, für den Bau des Reiches Gottes. Aber nun steht's gerade so: solange wir sie betrachten und gebrauchen als unsre *eigenen* Tugenden, solange werden uns jene Beschämungen und Niederlagen nicht erspart bleiben. Denn indem wir sie zum Vorschein bringen, kommen auch jene unsre *eigenen* Schwächen und Fehler zum Vorschein. Hier darf und muss nun das Neue einsetzen, die Gnade, die uns frei macht von der Furcht vor uns selbst. Wir haben etwas in uns, das ist nicht unser eigen. Und gerade das ist's, was aus uns heraustreten, was offenbar werden soll, weil es das Beste in uns ist. Wir haben etwas in uns von einem Wort Gottes, das *Jesus* uns gesagt, von einem Leben, das von *ihm* her stammt. Hier stoßen wir auf Felsboden. Alles Andre, was in uns lebt: Gewandtheit, Beredsamkeit, Schönheitssinn, Gelehrtheit, es *kann* etwas Gutes sein, es *kann* aber auch etwas sehr Ungutes sein, je nachdem wir es gebrauchen. Es ist nichts Sicheres, Zuverlässiges, nichts, das uns Gewissheit gibt, dass Gottes Le-

---

[6] Titel und Kehrreim einer Ballade von A. von Chamisso, 1827 gedichtet nach dem Motiv des in die Sammlung der Gebrüder Grimm aufgenommenen Märchens «Die klare Sonne bringts an den Tag» (vgl. H.-J. Uther, *Handbuch zu den Kinder- und Hausmärchen der Gebrüder Grimm. Entstehung – Wirkung – Interpretation*, Berlin 2008, S. 256f.).

bensverheißung auch für uns Gültigkeit hat. Wohl aber haben wir etwas Sicheres und Zuverlässiges in dem kleinsten Stück vom Geiste Jesu, das in uns lebt. Wenn du etwas in dir spürst von seinem stillen Gottesgehorsam und von seiner schlichten Menschenliebe, dann bist du berufen zum Verkündiger des Evangeliums. Es ist dann das in dir verborgen, das offenbar werden soll. Fürchte dich nicht, freue dich! Ich aber bete zu Gott, dass er auch durch mich etwas unter euch habe offenbar werden lassen von Worten, die nicht aus meinem, sondern aus Christi Geist kommen.

Amen.

Lieder:

Nr. 174: «Gott ist gegenwärtig» von G. Tersteegen, Strophen 1.5.6 (RG 162, 1.4.5; EG 165).

Nr. 224: «Such', wer da will, ein ander Ziel» von G. Weißel, Strophen 1.2.4 (RG 276; EG 346).

Nr. 163: «Eine Herde und ein Hirt!» von Fr. A. Krummacher, Strophen 2.3.6.

Lesungstext: Mt. 13,1–23

69

Safenwil, Sonntag, den 9. Juli 1911
(4. nach Trinitatis)

Antrittspredigt

Johannes 14,24

Das Wort, das ihr höret, ist nicht mein, sondern des Vaters, der mich gesandt hat.

Liebe Freunde!

Ich habe mich lange gefreut auf den Augenblick, da ich euch nun anreden darf als *meine* Gemeinde, da ich vor euch treten darf nicht mehr als ein Fremder, sondern als *euer* Pfarrer. Der Augenblick ist nun gekommen, und wir wollen hoffen und es uns von Gott erbitten, dass wir Alle immer mit Freude auf den Anfang, den wir heute machen, zurückblicken dürfen. Es liegt für mich unendlich viel Großes und Schönes in dem Bewusstsein von dem persönlichen Verhältnis, das jetzt zwischen uns anhebt. Es liegt darin, dass ich nun nach langen Jahres des Wechsels und der Wanderschaft in eurer Mitte wieder eine *Heimat* und ein freundliches Heim gefunden habe. Dass ich wissen darf: hier kann und soll und will ich nun zu Hause sein. Ihr kennt das gewiss aus eigener Erfahrung, dass es ein ganz anderes Leben ist, wenn man einen solchen Ort gefunden hat, wo man sich nicht nur vorübergehend aufhalten will, sondern wo man hingehört. Das ist mir jetzt zuteil geworden. – Und nun sehe ich hinein in all die Augen, die jetzt auf mich gerichtet sind, in die alten und die jungen, und die sagen mir schon jetzt: du gehörst nun zu uns, in unsern Kreis von Interessen und Sorgen, von Leiden und Freuden hinein als unser Nachbar und Mitbürger. Willst du auch unser *Freund* sein? Und da antworte ich euch nun mit Freuden: ja, das will ich. Ich habe bis jetzt nur Wenige von euch persönlich kennengelernt, aber ich kann euch schon jetzt sagen, dass ich euch gern habe und dass ich euch meinerseits bitte, meine Freunde zu werden. Ich möchte, dass ihr recht bald das Gefühl bekommt, dass im Pfarrhaus nicht ein fremder Mann wohnt, sondern Einer, der herzlich Anteil nimmt an Allem, was euch bewegt, und der im Ernst einer der Eurigen werden möchte. – |

Aber es handelt sich noch um Größeres in der Beziehung zwischen euch und mir, die heute ihren Anfang nimmt. Euer Vertrauen hat mich hieher berufen zur *Arbeit*, und die Arbeit, die ihr mir anbefehlt, ist von allen menschlichen Arbeiten vielleicht die höchste und schönste, aber auch die schwierigste und die am Meisten innere Anstrengung erfordert. Ich soll euer Freund und Berater werden nicht nur in einem äußern Sinn, sondern gerade in den höchsten Angelegenheiten des Lebens. Es soll sich zwischen uns nicht um Geld und Gut handeln und auch nicht bloß darum, dass wir in persönlicher Neigung und Eintracht miteinander auskommen, sondern darum, dass das Reich Gottes zu uns komme, wie wir im Unser Vater beten. Das Reich Gottes ist die Ernsthaftigkeit, die Wahrheit, die Liebe, die Gerechtigkeit in den Menschenherzen, in den Häusern und Familien, im öffentlichen Leben. Es ist das Allergrößte und Wichtigste im Leben des einzelnen Menschen wie im Leben der Völker, dass dies Reich Gottes bei ihnen Fortschritte mache. Und nun bin ich dazu berufen, in eurer Mitte ein Handlanger dieses Fortschritts zu sein. Ich bin stolz auf diese Aufgabe, und ich freue mich darauf, sie in Angriff zu nehmen. Ihr sagt mir heute, – eure Augen sagen es mir, und es sagen es mir die muntern Stimmen eurer Gesänge –: Komm! Lass uns immer wieder etwas hören von großen Gedanken in den kleinen Sorgen des Lebens! Zeig uns etwas, was uns Freude und Kraft gibt nicht nur für den Sonntag, sondern für die Tage und Stunden der Arbeit, für die Zeiten, wo wir uns innerlich leer und traurig fühlen. Hilf uns sorgen für unsre Seelen, damit unser Leben schon hier ein ewiges Leben werde, damit das Grab in unserm Dasein nicht das letzte Wort habe. Sei vor Allem unsern Kindern und jungen Leuten ein Führer und Wegweiser und Genosse, der sie versteht in ihren guten Anlagen und auch in ihren Fehlern, in ihren Bedürfnissen und in ihrer Sehnsucht und der sie wiederum verstehen lehrt, was sie verstehen müssen: Gott und die Welt und die Menschen und das Leben. Ich danke euch, liebe Freunde, dass ihr mich zu dieser Arbeit bei euch berufen habt, und ich bitte euch, mir mit eurem Vertrauen und eurem Interesse entgegenzukommen. – |

Ich kann euch noch eins sagen: Ich freue mich über diese Stunde, weil ich heute definitiv und selbständig eintrete gerade in *die* Arbeit, in die Lebensstellung, durch die ich mich durch meine *Überzeugun-*

gen berufen weiß. Es gibt heutzutage manche Arbeit, die geschätzter, ehrenvoller und einträglicher ist als gerade die eines evangelischen Pfarrers. Viele gehen mit Achselzucken daran vorüber und viele mit feindseligen Worten. Auch von ernstgesinnten Menschen kann man die Meinung vertreten hören, dass die Zeit der Kirche vorüber sei. Ich weiß das Alles. Ich verstehe auch die Motive derer, die so denken. Ich habe ihre Zweifel an dem Wert unsres Amtes auch durchgelebt. Ich denke noch jetzt, dass es viele Wege zu Gott und zum rechten Leben gibt *außer* Pfarrer und Kirche. Und doch bin ich mit Überzeugung Pfarrer geworden, weil ich erkannt habe, dass es bei allem Wechsel der Zeiten und der Anschauungsweisen ein ewiges Wort Gottes gibt, das uns hinweist auf ein Reich, das nicht von dieser Welt ist und das doch gerade *diese* Welt erleuchten und erfüllen will mit seinem Glanze [vgl. Joh. 1,9f.; 2.Kor. 4,6]. Dies Wort Gottes ist weder alt noch modern, man kann davon nur sagen, dass es wirksam und fruchtbar ist. Das ist mir zur Gewissheit geworden, und weil ich weiter gesehen habe, dass es nötig ist, die Menschen deutlich und verständlich und ausdrücklich an dies Gotteswort zu erinnern, deshalb bin ich Pfarrer geworden. Ich bitte euch, mir auch darin Vertrauen zu schenken, dass ich euch nicht von Gott rede, weil ich einmal Pfarrer bin, sondern dass ich Pfarrer bin, weil ich von Gott reden *muss*, wenn ich mir selber, meinem bessern Ich, treu bleiben will. Ich möchte euch bringen, was mir selber Wahrheit geworden ist. Ich möchte euch Ziele zeigen, die mir für mein eigenes Leben bedeutungsvoll geworden sind. Und ich möchte euch hinweisen auf eine Hilfe, an die ich selber gelernt habe und immer noch lerne, mich zu halten.

✻   ✻   ✻

Aber ich möchte nicht länger von mir und meinen heutigen Gefühlen reden. Es ist etwas Großes um das persönliche Verhältnis zwischen Gemeinde und Pfarrer. Ich trete mit Freude und Genugtuung hinein in dies Verhältnis und in die Arbeit, die es mit sich bringt. Aber mir und euch möchte ich dabei von Anfang an das vorhalten, was unser Meister von sich selbst und seiner Arbeit gesagt: *Das Wort, das ihr höret, ist nicht mein, sondern meines Vaters, der mich gesandt hat.* Es ist gut, dass wir uns das vorhalten können.

Müsste ich denken, dass ich in meinem eigenen Namen und Auftrag hier stehe, dann hätte dieser Tag für mich nichts Frohes, sondern etwas ungeheuer Bedrückendes und Entmutigendes. Ist es mir doch so schon zu Mute, wie einem armen Mann zu Mute wäre, dem man einen gewaltigen Goldschatz in seine kleine Hütte brächte mit dem Auftrag, ihn würdig und sicher aufzubewahren. Er fühlt mit Stolz und Freude das Vertrauen, das man ihm schenkt, aber er fragt sich mit Bangen im Stillen: wo soll ich hin damit? Werden meine Augen wachsam und meine Hände stark genug sein? So spüre ich, gerade wenn ich an die Größe und Schönheit meiner Aufgabe denke, das Gewicht der Verantwortung, das mir damit auferlegt wird. Eure Augen sagen mir: wir erwarten etwas von dir. Was wirst du uns bringen? Wirst du erfüllen, was wir von dir denken? Und nun brauche ich bloß neben diese Verantwortlichkeit das zu halten, was ich bin und weiß und kann, um sehr bescheiden zu werden. Welche Gottestiefe des innern Lebens müsste ein Mensch haben, der das wäre, was ein Pfarrer sein sollte?! Wie reich müsste er sein an innern und äußern Erfahrungen, an Erkenntnissen und Gefühlen, wie stark im Denken, wie mannigfaltig in seinem Empfinden, wie energisch und umsichtig in seinen Entschlüssen!! Ganz von selber kommt da die Frage: Wie steht's? und die Antwort: es steht nicht gut und es kommt nicht gut, wenn's jetzt auf dich und deine guten Eigenschaften ankommt. –|

Aber nun hat es eben etwas Erlösendes, dass ich das auch sagen darf: Das Wort, das ihr höret, das ich rede, die Arbeit, die ich tue, ist nicht mein, sondern des Vaters, der mich gesandt hat. Das will sagen: ich habe euch etwas Größeres und Besseres zu bringen als meine Person. Ich habe in meinem bisherigen Leben, durch meine Erziehung und durch mein Studium etwas empfangen, von dem ich weiß, es ist unendlich viel wichtiger als Alles, was ich etwa aus dem Meinigen hinzutun kann. Was ich durch Gottes Güte empfangen habe, das möchte ich euch nur weitergeben, so fasse ich mein Amt auf und bin froh, dass ich es so auffassen darf. Denn nun kann ich mit froher Zuversicht an meine Arbeit gehen trotz dem Druck der Verantwortung, den ich spüre. Ich weiß, dass ich etwas zu geben habe, das ist groß und genügend für euch, auch wenn ich manchmal klein und ungenügend sein werde. Ich weiß, dass das Wort Gottes wirksam ist, auch wenn ich manchmal herzlich unwirksam sein sollte. Es gehört zu den schönsten Erfahrungen meiner bisherigen Berufstätigkeit, dass ich in diesem oder jenem Fall einem Menschen dazu helfen durfte, besser zu werden, als ich es bin. Ich möchte auch hier in eurer Mitte weder der Priester sein noch der Prophet, der kraft seines Amtes Gott näher stünde als die Andern und den Andern das Heiligtum auf- und zuschlösse. Es sind Viele unter euch, die durch ihre Erfahrungen und Erlebnisse Gott näher stehen als ich. Mir ist's genug, wenn ich Gottes Instrument und Sprachrohr sein darf, das wohl manchmal undeutlich tönen wird; lasst es euch nicht anfechten, die Stimme ist Gottes Stimme. Wenn ich es nicht recht mache, macht er es recht, er kann auch ein schlechtes Instrument zum Guten brauchen. Das ist die Zuversicht, mit der ich heute mein verantwortungsvolles Amt übernehme.

Aber nun darf und soll es auch auf euch angewendet werden, liebe Freunde: Das Wort, das ihr höret, ist nicht mein, sondern des Vaters, der mich gesandt hat. Wenn ich heute vor euch trete und euch um euer Vertrauen bitte und um euer Interesse, dann handelt es sich da nicht um meine Privatsache. Sondern meine Bitte lautet in andern Worten so: Lasset euch versöhnen mit Gott! [2.Kor. 5,20] Gott hat euch durch mich etwas zu sagen, und zwar das Allergrößte, dass Er euch lieb hat und dass ihr euch untereinander lieb haben dürft. Und was Gott euch da zu sagen hat, das sollt ihr hören. Vielleicht hört ihr's lieber anderswo als in der Kirche und aus anderem Munde als dem meinen, darauf kommt es nicht an, wenn ihr's nur hört. Aber ignorieren dürft ihr's nicht, denn das wäre euer eigener Verlust. Ihr könnt mich ignorieren, vielleicht geringschätzen, ihr könnt euch stoßen an den Fehlern, die ich sicher machen werde, ihr könnt sagen, die Art, wie ich rede und unterrichte, genüge euch nicht, das Alles nehme ich euch nicht übel, sondern begreife euch, und Gott tut es auch. Aber eins sollt ihr bei alledem: ihr sollt euch klar sein, dass ihr mich ablehnen könnt, nicht aber das Wort, das ich euch zu bringen habe, eben darum, weil es größer und besser ist als ich selbst, weil es nicht mein Wort ist, sondern das Wort des Vaters, der mich gesandt. Mit dem Pfarrer kann man fertig werden, aber mit Gott kann man nicht fertig werden. Hört nicht auf mich, sondern hört auf Gott, der durch mich zu euch reden will. Etwas werdet ihr immer brauchen können von dem, was ich euch zu sagen habe, auch wenn euch manches Andre nicht gefällt. Es geht uns manchmal so, dass gerade solche von unsern Worten wirksam sind, bei denen wir kaum etwas Besonderes gedacht und beabsichtigt. Das sind dann deutlich genug Worte des Vaters gewesen, die durch unsern Mund gegangen sind zu seiner Verherrlichung, nicht zur unsern. Ich wünsche euch von Herzen, dass ihr solche Worte von mir hören möchtet, und ich bitte euch, *darauf* und nicht auf mich aufmerksam zu sein. Dann könnt auch ihr euch auf unsre gemeinsame Zukunft freuen. – |

Ich möchte das schließlich auch denen ans Herz legen, die von vornherein meiner Person freundlich entgegenkommen oder die es tun werden. Das freut mich, wenn es der Fall ist. Aber ich möchte, dass auch sie sich vornehmen, weniger auf mich als auf das zu achten, was ich zu bringen habe, weniger auf den Boten als auf die Botschaft. Es hat schon viel edles Streben mit Enttäuschungen und Niederlagen geendet, weil man es anders gemacht hat. Und sicher wird nichts Großes in der Welt erreicht, wo man nicht lernt, es auch unabhängig von den Menschen, die es uns vielleicht zuerst gezeigt, aufzusuchen. Denn von Allem, was wahr und recht und schön ist, gilt es, dass es nicht Menschenwort ist, nicht etwas persönlich Beschränktes, sondern Wort des Vaters, der seine Kinder bloß sendet in seinem Auftrag, nicht sie zu Herren der Andern macht. Denkt daran, liebe Freunde, dass es sich in unserm neuen Verhältnis um Gott handelt, nicht um mich, um das Fortschreiten unsrer Wahrheitserkenntnis, um die Verfeinerung unsres Gerechtigkeitssinnes, um das Wachsen unsrer Liebe, um die Erfahrung und Vertiefung unsres Lebens. Daran wollen wir zusammen arbeiten. Denkt daran, ihr werdet dadurch euch Enttäuschungen ersparen, wenn ich vielleicht nicht bin, was ihr von mir erwartet, und ihr werdet mich damit zur Arbeit anspornen wie durch nichts Anderes. Denn auch das habe ich bereits erfahren dürfen: Nichts macht uns fleißiger und treuer, als wenn wir eben das Gefühl haben können, dass die Leute nicht uns und unsre Freundschaft suchen, sondern jenes Größere und Bessere, das aus uns redet, jenes Wort der Wahrheit aus unserm Mund, das nicht unser ist, sondern dessen, der uns gesandt.

* * *

Und nun ist dies Wort der Wahrheit, das ich euch zu bringen habe, das *Wort des Vaters*. Für mich, der es zu geben, und für euch, die ihr es zu empfangen habt, hängt Alles davon ab, dass dem so ist. Was ich euch zu bringen habe, sind nicht die verstandesmäßigen Erkenntnisse der Wissenschaft. Was dazu nottut, das bringt euch die Schule, und ich freue mich, an einen Ort zu kommen, wo man Eifer und Interesse hat für diese wichtige Einrichtung.[1] Aber es gibt keine einzige Erkenntnis des Verstandes, die uns das Wort des Vaters ersetzen könnte. Und eben darum denke ich euch nicht ausgeklügelte Theorien über Gott und Welt zu bringen. Sie können wahr sein oder nicht wahr, alt oder modern, man kann darüber streiten und sich verständigen, aber sie machen uns nicht sicher, frei und froh. Wir hören sie, aber wir fühlen uns dabei nicht besser und reiner, sie schenken uns vielleicht Ruhe, aber nicht Frieden, sie machen uns vielleicht Mut, aber sie schenken uns nicht Kraft. Sie sind nicht das Wort des Vaters.

Sondern das Wort des Vaters ist die Antwort auf eine Frage, die in keiner Schule und in keinem Kurs behandelt wird und die doch das Tiefste unsres Wesens bewegt, ob wir's wissen oder nicht. Auf die Frage: Was muss ich tun, dass ich selig werde? Oder anders ausgedrückt: Wie mag es zugehen, dass mein Leben aus einem Schatten, aus einem Rauch und Wind[2] zu einem lebendigen, schönen, guten Leben wird? Das ist die Frage des Kindes. Sie ist in jedem von uns verborgen. Wir können sie zuschütten, halb oder ganz. Sie bleibt doch da. Und auf diese Frage des Kindes ist nun eine Antwort des Vaters da und das

---

[1] «Durch das neue Schulhaus», so G. A. Fischer in einem Brief an Fr. Barth vom 23.3.1911 (KBA 12050), in dem er diesem von der für seinen Sohn in Frage kommenden Gemeinde berichtete, war Safenwil – und das wird man als Beleg für die hohe Wertschätzung werten dürfen – sogar «ein wenig in Schulden geraten». Die Kosten für das 1910 fertiggestellte Haus hatten 184 000 Franken betragen; vgl. *Kirchen- und Dorfgeschichte von Safenwil*, im Auftrag der Kirchenpflege zusammengestellt von R. Hilfiker-Schudel, Safenwil 1966, S. 39.

[2] Vgl. die Schlusszeilen des Sonetts «Auff den Sontag deß Ewigen Messiae/ oder Judica, Joh. 8» von A. Gryphius (Erstdruck 1639; ders., *Gesamtausgabe der deutschsprachigen Werke*, hrsg. von M Szyrocki / H. Powell, Tübingen 1963, Bd. 1, S. 200):

> Es ist das Leben selbst! mein Leben ist nur Noth.
> Ein Schatten/ Rauch vnd Wind/ ein tausendfacher Tod:
> Mein Sterben aber nichts/ als in den Himmel schreiten.

ist's, was ich euch zu bringen habe, sie ist das Größere und Bessere, das aus mir nun zu euch reden soll.

Die Antwort des Vaters ist keine Erkenntnis und keine Theorie. Sie ist Leben. Und das Leben ist in dem Menschen Jesus Christus. Indem wir seine Jünger werden, indem wir seinen Geist in unsre Herzen einziehen lassen, indem wir an ihn glauben, wird unser Leben lebendig, schön und gut. Er ist wie ein älterer Bruder über unsre Erde gegangen, um ein solches Leben unter uns zu pflanzen. Das Wort ward Fleisch und wohnte unter uns und wir sahen seine Herrlichkeit, eine Herrlichkeit als des eingeborenen Sohnes vom Vater [Joh. 1,14]. Das ist's: Christus hat uns die Herrlichkeit des Vaters gezeigt und zugänglich gemacht. Weil wir ihn kennen, wissen wir, dass wir frei und froh sein dürfen, weil wir einen lieben Vater haben. Wir dürfen vertrauensvoll und tapfer durchs Leben gehen, weil er es auch getan hat. Er weist uns unsre Heimat an in der unsichtbaren Welt des Geistes, und doch ist er es gerade, der uns diese sichtbare Welt zu einem schönen Vaterland macht. Er lehrt uns ergreifen und festhalten das wunderbare verborgene Gut der eigenen Seele, und doch ist er es gerade, der uns unsre Seele verlieren heißt um der Brüder willen [vgl. 1.Joh. 3,16], der uns den Weg weist zu einem Sozialismus, der erst seines Namens wert ist. Er ist in seinem Kreuzestod und in seiner Auferstehung die Offenbarung des großen Geheimnisses, dass Gottes Liebe und unsre Liebe leiden muss, um wirksames ewiges Leben zu werden.

Seht, liebe Freunde, dieser Mensch Jesus Christus ist das Wort des Vaters, das ich euch zu sagen habe. In die Tiefe und in den Reichtum und in die Kraft seiner Person und seines Geistes wollen wir uns zusammen versenken; das ist das einzige Programm, das ich euch vorzulegen habe. Ich lade euch ein, dabei zu sein. Nicht um meinetwillen, sondern um Gottes willen. Um euretwillen. Menschen kommen und gehen. Pfarrer haben ihre starken und ihre schwachen Seiten. Aber das Wort, das ihr von uns höret, ist nicht unser, sondern des Vaters, der uns gesandt hat. Es kommt aus der Ewigkeit und es bleibet in Ewigkeit.

Ich habe während zwei Jahren in der Stadt Johannes Calvins gelebt und auf seiner Kanzel gepredigt.[3] Ich möchte, dass wir auch unsre

---

[3] Das «Auditoire», neben der Kirche St. Pierre gelegen, wurde seit 1903 als

hiesige gemeinsame Arbeit im Geiste dieses großen Zeugen der Wahrheit beginnen. *Ehre sei Gott!*[4] Das soll unsre Losung sein. Wenn sie von Herzen kommt, dann dürfen wir heut mit Freuden anfangen. Amen.

Lieder:

Nr. 294: «Mir nach, spricht Christus, unser Held!» von J. Scheffler (RG 812; EG 385).

Nr. 237: «Wie schön leucht't uns der Morgenstern» von Ph. Nicolai (RG 654; EG 70).

Predigtstätte der deutschen reformierten Gemeinde in Genf benutzt; vgl. O.Br. 1909–1935, S. 3.
    [4] Mit «LAUS DEO» beschloss Calvin sein Hauptwerk: Inst. IV,20,32; CR 30, col. 1117/1118.

70

Lukas 11,1

Und es begab sich, dass Jesus an einem Ort war und betete. Und da er aufgehört hatte, sprach seiner Jünger einer zu ihm: *Herr, lehre uns beten,* wie auch Johannes seine Jünger lehrte.

Liebe Freunde!

Jesus betete. Seine Seele lebte davon. Sie konnte nicht auf der Oberfläche des Lebens bleiben. Sie musste mit Gott reden. Jesus hat mit Gott geredet, wie vor ihm und nach ihm Keiner. Darum konnte Gott durch ihn zu den Menschen reden und darum redet er durch ihn noch heute zu uns.

Beten heißt Einkehr halten bei dem verborgenen Gott. Und darum ist Beten das Gegenteil von der Oberflächlichkeit, die sich nur an das Sichtbare hält und die darum den Meinungen und Leidenschaften des sichtbaren Lebens das Regiment überlässt. Beten heißt, in die Tiefe gehen, und Beten heißt: sich regieren lassen von jener Macht, die in der Tiefe verborgen ist. So hat Jesus gebetet. Er hat das sichtbare Leben gekannt, wie wir auch. Er hat gegessen und getrunken und geschlafen, er hat sich gefreut und getrauert, er hat nachgedacht und sich gefragt, – wie wir auch. Aber er blieb in alledem nicht hängen, wie wir es tun. Er betete. Er suchte und fand hinter Allem immer wieder die verborgene Gottestiefe, die das Leben groß und schön macht und ohne die das Leben leer und fad ist. Er redete mit dem Vater, er fragte ihn und er erhielt Antwort. Ununterbrochen hat er innerlich mit ihm geredet, es gab nichts in seinem Leben, was diesen Verkehr hätte unterbrechen können. Was Paulus einmal an die Christen in Thessalonich schrieb: Betet ohne Unterlass! [1.Thess. 5,17], das hat Jesus getan. Seine Worte und seine Taten machen uns alle den Eindruck, dass sie betend gesprochen und vollbracht worden seien. Sie haben gleichsam alle noch eine heimliche Rückseite, und diese Rückseite, die nicht jedermann sieht, war das Gebet Jesu.

Ununterbrochen war dies Gebet. Jesu Leben selbst ist Gebet gewesen, Suchen des Vaters, Reden mit ihm, Jasagen zu dem, was sein Wille war. Und doch hat er einzelne besondere Stunden gehabt, in denen er auch in besonderer Weise gebetet, den Vater gesucht, mit ihm geredet hat. Die Kraft Gottes wohnte in ihm und doch hat er sie immer wieder gesucht und erbeten. Er sah sie nicht als einen Besitz an, der selbstverständlich ist und nicht mehr erworben werden muss,[1] sondern er zog immer aufs Neue aus, sie zu finden, sie sich schenken zu lassen. Ich glaube, das ist die Erklärung des Geheimnisses, warum diese Kraft so reich war bei ihm. Wir haben ja sicher Alle auch schon gebetet und von Gott eine Antwort empfangen, wir fühlten uns dann wohl auf einer Höhe unsres innern Lebens. Aber dann war's, als ob der schöne Ton, der in uns angeschlagen war, langsam verklänge, als ob der Strom, der anfangs in uns rauschte wie ein Bergbach, anfinge zu schleichen, um schließlich zu versanden wie der Rhein in Holland. Es konnte nicht anders sein. Der Ton wiederholte sich nicht, der Strom bekam keine weiteren Zuflüsse, wir hörten auf zu beten. Wir meinten zu besitzen und darüber verloren wir. Wir dachten, unser Leben sei jetzt tief und göttlich, und darüber kamen wir wieder auf die Oberfläche und sehr ins Menschliche hinein. Das war anders bei Jesus. Er hatte die Fülle, aber er suchte immer wieder, und darum wurde ihm gegeben [vgl. Mt. 7,7]. Wenn er einen Tag lang Gott gedient, vertrauend und gehorsam, dann suchte er des Abends seine Ruhe nicht anderswo, sondern wieder bei Gott. Er lebte und wirkte für Gott und mit Gottes Hilfe und er wurde doch nicht müde, immer wieder die Hände aufzutun, um Gottes unermessliche Gaben nur zu empfangen. Weil es so stand bei ihm, ist der göttliche Ton in ihm nie verklungen und der göttliche Strom in ihm nie verrauscht. Jene Abendstunden und Morgenstunden, in denen er in die Einsamkeit zu Gott ging, die waren für ihn wie Brunnenstuben[2]. Da sammelte er die Gedanken und Erfahrungen des Tages zu großen einheitlichen Bildern, da prüfte er die Stimmungen und Gefühle, die er tagsüber erlebt, da durchdachte er noch einmal seine Taten und Worte und vollbrachte im Geiste das Geschehene noch einmal. Und dann raffte er das Alles zusammen, das

---

[1] Vgl. oben, S. 163, Anm. 5.
[2] Einfassungen von Quellen zur Gewinnung von Trinkwasser.

Große und das Kleine, das Sichere und das Unsichere, das Frohe und das Traurige, wie ein Schnitter die Garben des reifen Korns zusammenrafft, und so brachte er es vor den Gott der Weisheit, des Rechts und der Liebe. Fragend: Vater, ist es dein Wille gewesen so? Dankend: Vater, *du* hast vollbracht, was ich vollbracht habe. Flehend: Vater, wirke ferner in mir und durch mich nach deinem Wohlgefallen. |

Die griechische Sage erzählt von dem Riesen Atlas, der nur seine Mutter, die Erde, zu berühren brauchte, um immer aufs Neue in Jugendkraft dazustehen.[3] So berührte der betende Jesus in jenen Stunden die Quelle, aus der sein inneres Leben geflossen war, er kehrte ein in den stillen Grund der Ewigkeit, und indem er einkehrte, empfing er Ewigkeitswahrheit und Ewigkeitsschönheit in seinen Gedanken und Entschlüssen, der Sohn Gottes suchte den Vater, und indem er suchte, hatte ihn der Vater des Lichts und der Wahrheit schon gefunden. Jesu Gebet war nicht ein Werk, nicht eine Leistung, nicht ein Opfer, wie es das bei uns so oft ist, wenn wir beten, um Gott zufriedenzustellen oder um dies oder jenes von ihm zu verlangen. Wenn Jesus betete, so wartete er nicht erst auf eine Erhörung, die erst hintendrein hätte kommen müssen. Sondern sein Gebet war bereits seine Erhörung. Das Gnadengeschenk Gottes war das Gebet selbst. Und darum waren Jesu Gebetsstunden die Brunnenstuben für sein Leben.

* * *

Von einer solchen Stunde ist in unserm Text die Rede. Der Vorgang, den er erzählt, ist so einfach wie möglich: Jesus war an einem Ort und betete. Und da er aufgehört hatte, sprach einer seiner Jünger zu ihm: Herr, lehre uns beten!

Liebe Freunde, ich glaube, das ist das Allergrößte, was ein Mensch von einem andern verlangen kann: lehre mich beten! Denn es braucht zu dieser Bitte ein unendlich großes Vertrauen zu diesem Andern. Wir

---

[3] Hier liegt eine Verwechslung vor. Nicht Atlas, sondern Antaios ist in der griechischen Mythologie der Sohn der Gaia (und des Poseidon), dem die Berührung mit seiner Mutter, der Erde, immer neue Kraft verlieh. In den Kämpfen, zu denen er alle aufforderte, die in sein Land kamen, konnte er deshalb nicht besiegt werden. Vgl. I. Becher, Art. «Antaios», in: *Lexikon der Antike*, hrsg. von J. Irmscher in Zusammenarbeit mit R. Johne, Leipzig 1990[10], S. 39.

werden uns in den meisten Fällen zu befangen und unfreudig fühlen zu einem solchen Wort. Denn die Menschen sind ganz selten, denen wir es zutrauen, dass sie uns beten lehren könnten. Wie müsste das ein Mensch sein, der zugleich den Schlüssel zu unserm Herzen besäße *und* den Schlüssel zum Himmel, ein Mensch, der zuerst unsre Seele zu finden wüsste und dann mit unsrer Seele zusammen den lebendigen Gott, ein Mensch, zu dem wir eine tiefe aufrichtige Liebe empfänden und vor dem wir zugleich einen großen inwendigen Respekt hätten. Solche Menschen kommen uns im Leben nur ganz selten vor. Wir begegnen Manchem, der uns viel wert wird, der uns lehrt, wie wir uns durchs Leben kämpfen, wie wir mit den Menschen fertig werden, wie wir die Zufriedenheit lernen können. Aber wer ist uns so viel wert und wer tritt uns so nahe, dass er uns beten lehren könnte? |

Wir Pfarrer sollten für die Andern solche Menschen sein. Dann wird unser Amt ein Amt von göttlicher Größe, wenn es uns geschenkt wird, da und dort einem Menschen die Türe aufzutun zu jenen Tiefen des Lebens, die sich uns im Gebet erschließen. Aber die Fähigkeit dazu wird uns eben nicht mit dem Amte übertragen. Mancher hat das Amt, und er hat nie einen Andern beten gelehrt, und mancher hat kein Amt, aber Hunderte und Tausende sind ihm dankbar dafür, dass er sie beten gelehrt hat. Die Liebe und den Respekt, die zu solcher Vertrauensstellung gehören, können wir nicht von euch fordern um unsres Amtes willen; es muss auch da von selber kommen, *wenn* es dazu kommt, dass das Herrliche eintritt und eine Gemeinde oder doch Viele in ihr von ihrem Pfarrer das Gefühl hat: er lehrt uns beten. Einzigartig ist da die Stellung der Mutter zum Kinde. Wohl ihr, wenn sie es weiß und wenn sie sie zu brauchen weiß. Sie darf ihren Kleinen zum ersten Mal die Hände falten, sie darf sie lehren, die ersten schwachen Gedanken zum Vater im Himmel [zu] erheben. Da übt sie ein Priesteramt, dem keines zu vergleichen und in dem sie durch keinen anderen Menschen zu ersetzen ist. Wohl dem Menschen, der so mit dem Erwachen seines Geistes auch das Beten gelernt, dessen Augen von Anfang an nicht nur das Leben, sondern das ewige Leben gesehen haben.

Und nun hat Jesus bei seinen Jüngern diese seltene und große Vertrauensstellung eingenommen. In einer Stunde, da er selbst eben gebetet hatte, kommt einer von ihnen, offenbar im Auftrag der Anderen, und bittet ihn: *Herr, lehre uns beten.* Indem Jesus betet, gewinnt er jenes höchste und tiefste Vertrauen der Andern, so dass sie ihn angehen: Lehre uns auch beten. Das zeigt uns das Gebet Jesu von einer neuen Seite. In seinem Gebet empfing er nicht nur selber Kraft, sondern es ging davon eine Wirkung aus auf die andern Menschen. Wenn Jesus betete, dann bekamen die Andern den Eindruck: da möchten wir auch dabei sein. Wir werden uns diesen Eindruck gewiss nicht äußerlich vorstellen wollen. Jesus hat nicht zur Schau gebetet, auch nicht vor seinen Jüngern. Nicht sein Händefalten und nicht sein Gesichtsausdruck und nicht die Bewegung seiner Lippen hat die Andern gewonnen, denn Keiner hat sie gesehen. Jesu Gebet war einsam, wie er es auch den Seinen anbefohlen: Wenn du beten willst, so gehe in dein Kämmerlein [Mt. 6,6]! Aber wenn Jesus aufhörte zu beten, wenn er zurückkam zu seinen Freunden, dann begann die Wirksamkeit seines Gebets. Er kam von Gott her in solchen Augenblicken, das sagt uns Alles. Von Moses wird erzählt, dass sein Angesicht geleuchtet habe wie die Sonne, als er vom Berg Sinai herunterstieg, wo er die Herrlichkeit des Herrn gesehen hatte. Aber es heißt auch, er habe sich dann das Gesicht verhüllen müssen, um das Volk nicht zu blenden [vgl. Ex. 34,29–35]. Von Jesus hören wir Größeres: Wenn *er* von Gott herkam, dann fühlte man sich nicht geblendet und erschreckt, sondern angezogen und eingeladen, dann brach man in die Bitte aus: Herr, führe uns auch zu Gott, Herr, lehre uns beten!

Es lohnt sich, darüber nachzudenken. Wie ist das zugegangen? Ich glaube, je einfacher wir es uns denken, umso besser. Die Jünger spürten Jesus an, wo er herkam, und das machte ihnen Freude, auch dahin zu gehen. Es macht einen Unterschied aus, ob man vom Markt herkommt oder von einer Lustbarkeit oder von einem Streit mit Andern oder von einer einsamen Stunde der Unzufriedenheit – oder ob man Augenblicke des Gebets hinter sich hat, wie Jesus sie erlebte. Wir spüren das den Menschen sofort an, an ihren Worten und Bewegungen, an ihren Augen sogar. Ich möchte, ich hätte einmal in Jesu Augen sehen dürfen, wenn er aufgehört zu beten. Ich wollte, ich könnte, statt darüber zu reden, euch in diese Augen sehen lassen. Denn diese Augen hatten im Gebet das ewige Licht gesehen und nun ging ein Widerschein davon aus, dem sich keiner entziehen konnte. In seiner Seele war der reine Gotteston aufs Neue angeschlagen, und der zitterte nun nach, glockenklar, und wer ihn hörte, dem war es, als ob die Heimat ihn grüße. In ihm rauschte der Strom göttlichen Lebens, neu angeschwellt in der Stunde des Gebets, und dieser Strom musste nun über die Ufer treten und alles Land fruchtbar machen. Etwas Siegreiches und Überwältigendes muss in solchen Augenblicken von Jesus ausgegangen sein. Er war bei Gott gewesen und hatte ihm dargebracht, was ihn bewegte, um zu enden mit der Bitte: dein Wille geschehe! So war sein Wille eins geworden mit Gottes Willen. Denk dir einmal, du könntest dasselbe von dir sagen! Meinst du nicht auch, dass dein Benehmen und Reden dann die Andern ergreifen würde? Er war bei Gott gewesen, um ihm zu danken. Ja, wer gedankt hat von Herzen, der verbreitet um sich eine stille Atmosphäre des Friedens, die unwillkürlich wohltut. Er war bei Gott gewesen, um die rechte Weisheit zu holen. Musste da nicht in seinen einfachsten Worten eine Überlegenheit und Zielbewusstheit zum Vorschein kommen, die die Andern stutzig und staunig machen konnte, weil sie ihnen fehlte. Gerade in diesen Augenblicken mochte es den Jüngern zu Mute sein, auf die Knie zu fallen und auszurufen: nicht nur: mein Herr! sondern: mein Gott! [vgl. Joh. 20,28] Denn was ist Gott und göttlich, wenn du es nicht bist, Christus, in deiner Menschheit. In diesen Augenblicken wurde er ihnen aus dem bloßen Lehrer zum Meister und Herrn, und er wurde es, weil er gerade in diesen Augenblicken sich gebeugt unter den Meister und Herrn, der über uns Allen ist. Er konnte sie führen, weil er sich selbst hatte führen lassen. Er konnte ihr höchster Vertrauter werden, weil er selbst wusste, was höchstes Vertrauen ist. Er konnte sie beten lehren, nachdem er selbst beten gelernt hatte. Etwas ganz Wundervolles tut sich hier vor uns auf: Je besser wir unsere Hände öffnen zum Empfangen, zum Nehmen aus den Händen Gottes, desto mehr werden unsere Hände gefüllt für die Andern. Es war nicht eine zwecklose Merkwürdigkeit, eine Privatangelegenheit, dieser Gebetsverkehr Jesu mit Gott, durch den ihm solche Reichtümer geschenkt wurden. Sondern da war Gottes Liebe wirksam, der will, dass allen Menschen geholfen werde [1.Tim. 2,4]. Jesus hat gebetet, um die Andern beten lehren zu können, er hat Gott gesucht, um ihn den Andern zu zeigen, er hat den Gotteston erklingen lassen, um die Andern zu wecken, er hat den Gottesstrom rauschen lassen, um die Felder der Andern zu befruchten. Es offenbart sich hier das Geheimnis der Liebe, die nicht das Eigene will, das Geheimnis der Selbstlosigkeit Jesu. Des Menschen Sohn hat auch nicht *gebetet*, damit er sich dienen lasse, sondern damit er diene und gebe sein Leben zum Lösegeld für Viele [Mt. 20,28].

⁎   ⁎   ⁎

So wollen wir zum Schluss noch darauf achten, was das heißt: *Lehre uns beten!* und was es auf sich hat mit der Erfüllung dieser Bitte. Was wollten die Jünger, als sie ihm diese Bitte vorbrachten? Zunächst wollten sie damit nichts Anderes, als dass Jesus ihnen die rechten Worte vorsage, durch die man zu Gott sich wenden müsse. Sie hatten von den Jüngern Johannes des Täufers gehört, dass der den Seinigen solche rechten Worte vorsagte, und es schien ihnen nun begehrenswert, auch solche Worte zu haben. Es mag uns vorkommen, dass das eine recht äußerliche Art war, die Sehnsucht auszudrücken, die bei dem Gebet Jesu in ihnen erwacht war. Bei dem, wonach sie Verlangen bekommen hatten, bei dem Verkehr Jesu mit Gott, da waren doch die Worte das Geringste. Und doch hat Jesus ihre Bitte verstanden. Und doch war diese Bitte im Grunde eine tiefe und warme. Sie wollten nicht eine Zauberformel von Jesus, um sie dann leicht und gedankenlos herplappern zu können. Sie wollten, dass er ihnen mit seinen Worten eine Brücke baue. Es geht uns auch oft so. Wir spüren das Wehen des Geistes, wir sind ergriffen und erweckt, wie dort die Jünger Jesu, aber was uns fehlt, das sind die Worte, und erst wenn wir die Worte haben, werden wir auch des Geistes sicher und froh. Gerade in den höchsten Dingen ist das rechte Wort für die Sache oft wie ein Anker, durch den wir erst unserer Sache auch *sicher* werden. Wer uns das rechte Wort gibt, der gibt auch uns das Größte, was ein Mensch dem Andern geben kann. – |

Das hat Jesus verstanden. Wir würden vielleicht an seiner Stelle den bittenden Jünger angefahren haben: Was willst du mit meinen Worten? Wenn du den Geist nicht hast, so helfen sie dir nichts! Jesus hat die Menschen besser begriffen als so. Er hat ihnen ohne Zögern die rechten Worte gegeben, er hat sie beten gelehrt, wie sie es wünschten. Die rechten Worte waren das Unser Vater, das wir alle kennen. Er hat der Sehnsucht damit einen Weg, eine Leiter, eine Brücke gebaut, und wie unendlich Viele sind seit jenem Tag diesen Weg gegangen und ans Ziel gekommen. Wir wollen an den nächsten Sonntagen in unseren Predigten diesen Gebetsworten Jesu nachgehen. Sie sind mehr als bloße Worte. Der Geist ist darin, der lebendig macht [Joh. 6,63; Röm. 8,2]. Denn Jesus selbst ist darin. Indem er seine Jünger beten lehrte, da war jedes der Worte, das er brauchte, wie eine gewaltige Hand, die die Hörer ergriff und nach oben riss. Er zog sie mit hinein in die Erfahrung seiner eignen Seele. Er übertrug seine innere Bewegung auf sie. Er sagte ihnen nicht: So müsst ihr's machen, um dann mit gekreuzten Armen daneben zu stehen, sondern mit ihnen zusammen suchte und fand er jetzt Gott. Es war, wie wenn er seine Seele hätte einziehen lassen in ihre Seelen, wie wenn er sich selbst in sie hinein verpflanzt hätte. Wenn er anhob: Unser Vater, der du bist in dem Himmel! [Mt. 6,9], dann war's den Andern: jetzt lebe nicht ich mehr, sondern Christus lebt und lebt in mir [vgl. Gal. 2,20]. So hat Jesus die Seinen beten gelehrt. So wolle er auch uns lehren. Er hat sie gesucht mit einer großen Liebe und er hat ihnen das Beste mitgeteilt, was er hatte, sich selber.

So wollen auch wir das Unser Vater zusammen verstehen. Jesu Worte sind es, und Jesus wird uns auf Schritt und Tritt der Schlüssel dazu sein müssen. Er ist es, der uns zu Gott führt. Und wir wollen uns von ihm führen lassen, wir haben keinen bessern Führer. Wir wollen unser Beten zu Gott reinigen und verklären lassen von seinem Geist, hier in der Kirche und jeder in seinem Hause. Wir wollen uns anschließen an jene Bitte des Jüngers und mit ihm sagen: Ja Herr, *du* bist der rechte Beter, wir haben das Zutrauen zu dir, lehre *du* uns beten!
Amen.

Lieder:
Nr. 43: «Morgenglanz der Ewigkeit» von Chr. Knorr von Rosenroth (RG 572; EG 450).
Nr. 151: «O Gott, o Geist, o Licht des Lebens» von G. Tersteegen (RG 510)

Matthäus 6,9a (I)

Unser Vater im Himmel!

Liebe Freunde!

Das Unser Vater ist das Vorbild jedes rechten Gebetes. Als ein solches Vorbild hat es Jesus seinen Jüngern gegeben, als sie ihn baten: Herr, lehre uns beten [Lk. 11,1]![1] Seine Meinung war nicht, dass nur diese seine eigenen Gebetsworte das richtige Gebet seien. Aber wenn wir richtig beten wollen, dann müssen wir es tun im Sinn und Geist Jesu. Und wenn wir das möchten, dann werden uns auch die Worte, die Jesus gebraucht, immer wieder wichtig und vorbildlich. Das gilt bereits von jedem Wort der kleinen Anrede, mit der sein Gebet anfängt: *Unser Vater im Himmel!* So müssen wir lernen beten, an Gott denken, unsere Seele erheben, Ewigkeitskraft suchen. Denn schon diese kleine Anrede ist mehr als eine bloße Reihenfolge von Worten, sie ist wie das ganze Gebet ein *Weg*, und zwar ein guter Weg. Wir können gleich im Voraus dreierlei sagen über diesen Weg. Erstens, dass er kurz, zweitens, dass er schön ist, drittens, dass er direkt ans Ziel führt. – |

Es gibt Menschen, die lieben in Allem das Lange und Weitschweifige. Sie meinen, sie machen eine Sache besser, wenn sie sie recht umständlich in Angriff nehmen, mit vielen Worten und Formalitäten. So verkehren sie dann nicht nur mit Ihresgleichen, sondern auch mit Gott, es geht auch in ihrem Innern umständlich und schwerfällig zu, wenn ihre Seele sich einmal erheben möchte zur Rede mit Gott. Sie wollen Gott Ehre antun mit feierlichen Gefühlen und Worten, und da ist dann die Gefahr so groß, dass sie Gottes Antwort gar nicht hören über all dem Schönen, was sie anzubringen haben, oder dass sie sie, wenn sie sie hören, nicht ernst nehmen, weil sie vorher ihre eigenen Gefühle und Worte schon zu ernst genommen haben. Darum schnei-

---

[1] Vgl. oben, S. 206–213, die Predigt vom 16. Juli 1911.

det Jesus alles Feierliche und Umständliche ab und führt uns einen *kurzen* Weg zu Gott. Es ist auch hier der Beste: Unser – Vater – im Himmel. Wir werden heute sehen, dass damit gerade das gesagt ist, was wir brauchen, nicht mehr noch weniger. Wenn wir Gottes Tor aufsuchen mit dem Schlüssel dieser Worte, wenn wir sie nicht nur sprechen, sondern beten, dann geht das Tor auf. Sie sind kurz, aber es steckt in ihrer Kürze *mehr* als in ganzen Büchern: Kraft und Salz und Reichtum, und es ist wichtig, dass uns Jesus auf einen *kurzen* Weg zu diesen Dingen führt, denn damit hat er sie auch dem einfachsten Menschen zugänglich gemacht, auch dem, der von allen komplizierten Gedanken und Gefühlen nichts weiß, weil er über der Last und Not des Lebens nicht dazu kommt. Aber auch der Tiefsinnigste und Feinfühligste wird bei diesen kurzen Worten nicht zu kurz kommen. – |

Denn wir können gleich hinzufügen, dass der Weg des Gebetes Jesu ein *schöner* Weg ist. Schön ist das, was unsern Sinn auf das Große und Wesentliche führt. Jesu Anrede an Gott ist schön und erhebt uns schon darum. Die Gebete der Heiden sind meistens schon deshalb nicht schön, weil sie bereits in der Art, wie sie Gott anreden, den menschlichen Geist nicht auf das Große führen, sondern auf allerlei kleine, unwesentliche Gedanken. Bei Sonne und Mond, bei Tieren und Pflanzen bleiben da die Gefühle stehen. Es ist aber auch das Gebet so mancher Christen unschön, weil der Gott, zu dem es gerichtet ist, so gar nichts Großes hat. Könnte man das Bild belauschen, das so mancher Beter sich im Stillen von Gott macht, dann wäre es beim Einen das Bild eines großen Korporals, dem man nur mit Zittern und Zagen naht, beim Andern das Bild eines großen Kaufmanns, mit dem man vorsichtig seine Geschäfte zu machen versucht, beim Dritten das Bild eines großen Zahlmeisters, vor den man hintritt mit dem selbstverständlichen Gefühl, man habe nur zu fordern, um zu kriegen, was man verdient habe. Das Alles sind unschöne, kleine, unwesentliche Vorstellungen von Gott. Jesus hat uns eine bessere gegeben. Wenn wir zu Gott beten und nicht nur reden, wie er es uns gelehrt hat, dann steht vor dem Auge unseres Geistes das Bild eines großen Gottes. Denn es gibt nichts Größeres in unserem innern Leben als die Fülle von Beziehungen, an die uns das Wort «*Vater*» erinnert. Vater sein heißt wirksam sein in schöpferischer Liebe. Denn es ist die Liebe, die schon die Menschen Vater werden lässt. Und diese Liebe schafft Leben nach dem wundervollen Gesetze der Natur. Und sie bleibt wirksam, wenn nun ein Mensch zur Welt geboren ist: Vater und Kind gehören zusammen. Es erfüllt der Vater in der Erziehung des Kindes seine größte und wichtigste Lebenspflicht, und was in ihm lebt an großen Gedanken und Regungen, das überträgt er auf das Kind, damit es wieder die Erfüllung sei von dem, was er selbst angestrebt und vielleicht nur teilweise erreicht. So ist es ein schöner Weg, ganz abgesehen von allem Andern, wenn Jesus uns zu Gott als dem Vater führt. Das Gefühl des Großen und Wesentlichen muss uns erfüllen, indem wir dieses Wort aussprechen. |

Und so steht es auch mit dem andern: mit dem Zusatz: unser Vater *im Himmel*. Wie das Wort «Vater» an das reichste und schönste Gefühl unseres Herzens appelliert, so das Wort Himmel an den erhabensten, umfassendsten Eindruck unserer leiblichen Augen. Es erinnert uns an die Unendlichkeit der Welt, in der wir leben, an das unausdenklich, geheimnisvoll Große, das all unser Dasein umgibt. Der Himmel ist das Bild dessen, der war und ist und sein wird. Seine Sterne reden vom unerschöpflichen Reichtum, dessen Grenzen wir auch nicht zu ahnen vermögen, seine Sonne von Licht und Wärme, die alles Lebens Quelle ist. Schauen wir den Himmel, so wird das Kleine klein in uns und das Große groß. Die Anrede: Vater im Himmel aber vereinigt das Schönste, was wir innerlich, mit dem Schönsten, was wir äußerlich kennen. Sie regt uns an zu tiefen Gedanken und Empfindungen schon durch ihre Form. – |

Aber sie ist mehr als eine schöne Form. Der Weg, den sie uns führt, ist kurz und schön, aber noch wichtiger ist, dass er *direkt* und mitten ins Ziel geht. Es gibt Gebetsworte und Gebete, die vielmehr von Gott ab- als zu Gott hinführen. Es ist absolut nicht gleichgiltig, ob wir unsere Seelen zu dem finstern Schicksalsgott des Mohammed erheben, ob unser Gott im Grunde unser eigenes Menschenwesen ist, wie es bei den alten Griechen war, oder ob an die Stelle Gottes in unserem Herzen die Jungfrau Maria getreten ist. Sicher ist in jedem aufrichtigen Gebet dieser Art etwas von wirklicher Erhebung zu Gott enthalten, aber es sind eben die richtigen Umwege, und demgemäß wird die Erhebung, wird der Erfolg, der uns im Gebet zuteilwerden soll, abgeschwächt und verdunkelt. Denn wie der Gott ist, den wir anrufen, so ist das Gebet, mit dem wir es tun, so ist dann auch der Zustand der

Seele, in [den] uns das Gebet versetzt. Ist unser Bild von Gott verzeichnet und schlecht, dann wird es auch mit uns nicht gut stehen. Und darum ist es etwas Großes, dass wir schon in der Anrede des Unser Vater ein *gutes* Bild Gottes haben, dass wir direkt und ohne Ablenkung, sondern mit sicherer Bestimmtheit gleichsam in Gottes Herz hineingeführt werden, indem wir beten: Unser Vater im Himmel! Das heißt Gott recht erkennen, wenn wir ihn erkennen als den *Vater*, als *unsern* Vater und schließlich als den Vater, der *im Himmel* ist. Nur vom ersten soll am heutigen Sonntag die Rede sein. Was hat uns Jesus damit zu sagen, dass er uns beten lehrt: *Vater!?*

*   *   *

Ich glaube zweierlei: Er wollte uns zeigen, Gott muss man *zutraulich* und Gott muss man *folgsam* begegnen. So begegnet ein rechtes Kind seinem rechten Vater. So lässt sich Gott von uns finden und so bleibt er in unsrer Nähe.

Wenn ein Mensch zu Gott das *Vertrauen* hat, dann heißt das vor Allem, dass er an eine *Ordnung* glaubt in der Welt und im Leben und dass er weiß: diese Ordnung ist Gottes Ordnung. So fängt für das Kind das bewusste Leben damit an, dass es die elterliche Lebensordnung anerkennt: vorher war und ist es noch ein kleiner Wilder. Und so fängt für den Menschen die Gotteserkenntnis an mit der Erkenntnis, dass Gottes Wille im Leben waltet, dass das Leben und wir selbst von Gott geschaffen sind. Das meinen wir zuerst, wenn wir Gott mit: Vater! anreden. Es gibt so unendlich Vieles, was uns in diesem Vertrauen irremachen kann, was uns den Eindruck erwecken mag, als wäre es vielmehr der Zufall und die Unordnung, die das Leben regierten. Wir sehen schon im Leben der Natur so viel Widriges und Gewaltsames. Warum muss das Wetter den einen Sommer zu feucht sein und den anderen zu trocken, wie wir's jetzt dicht hintereinander erlebt haben?[2] Warum gibt es so viel Tod und Verderben in der Tier- und

---

[2] Im Juni 1910 kam es infolge starker Niederschläge während der gerade einsetzenden Schneeschmelze zu einer bis heute in der Schweiz in einem solchen Ausmaß nicht wieder eingetretenen Hochwasserkatastrophe am Bodensee, am Walensee, am Zürichsee und am Vierwaldstättersee, bei der in den anliegenden Städten enorme Schäden angerichtet wurden. Aufgrund der an-

Pflanzenwelt, so viel Sinnlosigkeit und Grausamkeit? Und dann die Unordnung im Leben der Menschen untereinander. Warum die wunderlich-ungleiche Verteilung von Reichtum und Armut, von Gesundheit und Krankheit, von Glück und Unglück, von Klugheit und Torheit sogar? Warum das blinde Schicksal, das manchmal über unser Leben zu kommen scheint wie eine große Straßenwalze, alles erdrückend und gleichmachend? Warum die Dummheit und Bosheit der Menschen, warum die Ungunst der Verhältnisse, warum unsre eigene Unfähigkeit, sie zu bemeistern? Ja, warum! Da müssen wir nun anfangen mit dem Vertrauen zu Gott, indem wir uns fest daran halten: es ist trotz allem eine Ordnung in der Welt. Das will nicht sagen, wir müssten auf all diese Fragen nun plötzlich eine Antwort geben und den lieben Gott verstehen können, warum er es so macht in der Welt und nicht anders. Solche Antworten und Erklärungen sind oft schrecklich künstlich und unbefriedigend, und das beweist nur, dass wir nicht dazu berufen sind, Gott von oben in den Kopf zu sehen, sondern in kindlichem Vertrauen seine Hand zu ergreifen. Aber *das* können wir und das ist besser als alle Antworten auf unsre: Warum? Von der Ordnung Gottes wissen wir sozusagen gar nichts außer dem kleinen Stück davon, das er in unsere Herzen geschrieben hat. An das müssen wir uns halten. Das wissen und kennen wir. Es lautet: Du sollst ernsthaft sein! Du sollst recht tun! Du sollst deine Mitmenschen lieben, nicht für dich leben, sondern für sie. Du sollst frei und froh und aufrecht sein und die Andern auch dazu machen! Da müssen wir nur das Vertrauen fassen und das Stück Weltordnung, das wir sicher kennen, auch anerkennen und ergreifen, damit Ernst machen zuerst für uns. Das ist das Erste, womit wir unser kindliches Zutrauen gegen Gott bewähren können. Und wenn wir das tun, dann ist's wunderbar, wie er uns weiterhilft, Zutrauen zu fassen auch zu der Ordnung, die im Leben, in der Welt verborgen ist. Wenn Gottes Ordnung in unserm Innern aufgerichtet ist, da kommt sie vor unseren Augen auch in der

haltenden großen Niederschlagsmengen gab es auch im Herbst noch erhebliche Einbußen bei der Ernte und der Weinlese. Vgl. Art. «Das Hochwasser vom Juni 1910», in: Schweizerische Bauzeitung, Jg. 55/56 (1910), Heft 26, S. 356; Art. «Die wirtschaftlichen Verhältnisse in der Schweiz im Jahr 1910/11», in: Appenzeller Kalender, Jg. 191 (1912), S. 2f.
Zur großen Dürre des Jahres 1911 vgl. unten, S. 394, Anm. 1.

Welt zum Vorschein, ehe wir es nur ahnen. Wer in seinem innern Leben das Rechttun und die Liebe an die erste Stelle gesetzt, der kann nicht mehr aufbegehren wegen Wind und Witterung, denn er weiß, dass sie und der Profit, der damit zusammenhängt, es nicht wert sind, dass unsre Seelen sich der Unzufriedenheit hingeben. Wer gelernt hat [zu] verzichten und Wünsche und Triebe zu unterdrücken um einer bessern Regung willen, den wundert es nicht so sehr, wenn auch im Leben der Natur viel scheinbar sinnloser Tod und Untergang sich zeigt; es muss das weniger Gute dem Bessern Platz machen. Es gilt auch da in gewaltiger Weise die göttliche Weltordnung der Selbstverleugnung, des Todes um des Lebens willen. Wer in seiner Seele erfasst, was das heißt, Mitmenschen haben, und wozu das so ist, der kann sich nicht mehr quälen mit der Frage: warum sind sie so böse und dumm und schlecht, denn er kennt die Antwort, die freilich keine Antwort ist: sie sind so, damit sie durch mich besser werden können. So ist's überall die Gottesordnung in unserm Innern, die uns die Gottesordnung in der Welt erkennen lässt. Es heißt Vertrauen fassen zu dieser Ordnung, und ihr wisst nun, wo dies Vertrauen anfangen muss: nicht außen, sondern innen. So führt uns das Zutrauen zum Folgsamsein und das Folgsamsein wieder zum Zutrauen. Eins ist nie ohne das Andre, und in Beidem erkennen und finden wir Gott als unsern Vater.

Das Zweite ist dann, dass wir Gottes Ordnung nicht nur erkennen, sondern dass wir *Freude* daran haben und Freude an Gott. Auch das gehört zum rechten Gottvertrauen und Gottesgehorsam, und wieder gibt es ohne Vertrauen und Gehorsam keine rechte Freude. Wir sollen uns nicht bloß abfinden mit unserm Leben und mit der Welt in dem Gedanken: es muss sein so, sondern es muss uns aufgehen, dass das Leben herrlich ist. Wir sollen uns nicht bloß durchschlagen, sondern wir sollen innerlich Reichtümer gewinnen rechts und links. Wir sollen nicht bloß des Vaters Willen erkennen und anerkennen, sondern wir sollen den Vater lieb gewinnen. Denn was ist das, wenn wir grämlich und verbittert dastehen, traurig über unser Schicksal und über die Welt. Es gibt Menschen, die haben unendlich Schweres zu tragen, in ihrem Leben; ich getraue mich nicht, ihnen zuzureden, fröhlich zu sein; ich weiß nicht, ob ich's selbst könnte in ihrer Lage; ich habe selbst noch wenig sehr Trauriges erlebt und kann nicht aus eigener Erfahrung reden. Aber dafür habe ich schon andre Menschen kennengelernt, die haben auch sehr Schweres, die haben das Schwerste getragen und tragen es noch – aber nun sagen sie nicht nur: Gott weiß warum!, wie ich auf einem Grabstein in unsrem Friedhof gelesen habe, sondern sie sagen: Gott hat es *gut* gemacht. Es ist *recht* so. Sie haben Freude an Gott und seinem Willen. Auch das ist wieder ein Zutrauen, denn sie haben den Augenschein gegen sich, das Glück lacht ihnen nicht, die Welt scheint ihnen gar nichts mehr zu bieten, Gott scheint sie vergessen zu haben. Und doch haben sie Freude. Und das Zutrauen, das sie damit an den Tag legen, es ist wieder begründet in einem verborgenen Folgsamsein. Sie haben einen jahre- und jahrzehntelangen Kampf gekämpft, nicht mit den Menschen, nicht mit der bösen Welt, sondern mit sich selbst, und am Ende dieses Kampfes hieß es: Wenn ich nur dich habe, so frage ich nicht nach Himmel und Erde [Ps. 73,25]. Solcher Gehorsam war ihnen dann der Zugang zu der Freude, die ihnen jetzt aus den Augen sieht. – |

Schließlich wissen wir Alle davon zu sagen, wie es ist damit. Gott macht uns unendlich viel Freude, jedem von uns. Manchmal ist es, als überschütte er uns förmlich mit seinen Gaben, so reiht sich eins ans andre von schönen Erlebnissen, die uns zu danken geben, die uns reich machen, die uns Aufgaben stellen, die uns einen Schritt vorwärts führen. Wir möchten oft am Liebsten rufen: Halt ein! Womit habe[3] ich das verdient, dass es mir so gut geht, dass du es so unerwartet gut mit mir machst? Vielleicht müssten wir viel mehr diese Empfindung haben, vielleicht macht uns Gott *beständig* unendlich viel Freude, aber wir sehen sie nicht, weil unsre Augen verdorben sind. Ich glaube, dass es in der Tat so ist. Um Freude zu haben an Gott und an der Welt, dazu muss die Freude schon in uns sein. Ohne das können wir erleben, was wir wollen, es lässt uns kalt, wir haben keine Freude daran. Wenn die verborgene Freude in uns da ist, dann fängt die Freude am Leben an. Dann bekommt aber die Welt ein anderes Gesicht, wie dieselbe Landschaft ganz anders dreinsieht am Morgen und am Abend. Wir fangen an, das Gute zu sehen in der bösen Welt, das Bedeutungvolle im Gleichgiltigen, das Schöne mitten im Hässlichen, die Wahrheit mitten im Irrtum. Wir fangen an, Freude zu haben an der Welt und an den Menschen. Und wieder ist diese innere Freude, die uns die äußere

---

[3] Mskr.: «ich habe»; Streichung des überzähligen «ich» durch die Hrsg.

verschafft, nichts Anderes als ein Folgsamsein gegen Gott. Ist unsere Seele auf ihn gerichtet, und wenn sie auch nur erst damit angefangen hätte, dann fängt die Welt an, beseelt und lebendig und farbig und schön zu werden, vielmehr: wir fangen an zu sehen, uns zu freuen über das, was längst schon war. Indem wir den Vater lieben, erkennen wir, was unendlich viel größer ist als unsre Liebe, die Liebe des Vaters. Das ist die rechte Freude, wenn wir es innerlich nachsprechen: Lasset uns ihn lieben, denn er hat uns zuerst geliebt [1.Joh. 4,19][4].|

Aber dann müssen wir noch eine Stufe höher. Es kann nicht bei der Erkenntnis und der Liebe bleiben. Es ist die Art jedes Vaters, dass er dem Kinde seine Art mitteilen möchte. Er möchte, dass das Kind ihn nicht bloß versteht und bewundert, sondern dass es *ihm gleich werde.* Das ist nun auch die Art der Vaterliebe Gottes. Sie ist eine wirksam ergreifende Liebe, und wir können gar nicht anders zu ihm gehen, als indem wir willens sind, uns von ihm ergreifen zu lassen. Andernfalls wäre unsre Gotteserkenntnis und unsre Gottesliebe doch wieder eine Täuschung. Sehet, welch eine Liebe hat uns der Vater erzeiget, dass wir seine Kinder heißen [1.Joh. 3,1], dass wir seiner Art werden dürfen. Wieder ist eine Macht da, die uns daran hindern, die uns den Vater verleiden möchte. Wir spüren in uns Regungen der Selbstsucht, der Oberflächlichkeit, der Gier, und diese Regungen führen uns hinab von der Gleichheit mit der reinen, tiefen, gütigen Art Gottes. Es ist der größte Feind, der sich auf der höchsten Stufe erhebt, die Sünde. Wer unter uns ist fertig damit? Und so müsste sie von Rechts wegen eine Schranke sein, die uns trennt von Gott, es müsste uns auf dieser höchsten Stufe und also im Grund überhaupt unmöglich werden, Gott als unsern Vater anzusehen. Unser Gebet müsste aufhören, bevor es angefangen, weil wir uns gar nicht als Gottes Kinder fühlen dürften.

Nun müssen wir zum Schluss an das denken, was wir schon das letzte Mal gehört, dass Christus seines eigenen Gebetes Erfüllung gewesen ist.[5] Er konnte nicht bloß die Seinen ermuntern zu sprechen: Unser Vater, sondern er konnte unter sie treten mit der Sicherheit:

---

[4] Revidierte Ausgabe der Luther-Bibel von 1892; in neueren Ausgaben heißt es: «Lasst uns lieben, [...].»
[5] Siehe oben, S. 208.

Wer mich siehet, der sieht unsern Vater [Joh. 14,9]. Er ist als unser Bruder zu uns gekommen, um uns des Vaters gewiss zu machen. Denn er stärkt in uns das Vertrauen, dass Gott etwas von uns wissen will, trotz unsrer Sünde, und er festigt uns im Gehorsam, der die Sünde überwindet. Er hat das Wort «Vater» für uns zu einem Jubelruf gemacht, weil er selbst den Vater gesehen, weil er ihn erfahren und erlebt hat, indem er zutraulich und gehorsam war. Und so wird das der Anfang und das Ende unsres Lebens sein müssen, dass wir ihm ähnlich werden. Es ist *sein* Geist, der unserm Geiste Zeugnis gibt, dass wir Gottes Kinder sind [Röm. 8,16].

Amen.

Lieder:

Nr. 7: «Wunderbarer König» von J. Neander, Strophen 1–3 (RG 161; EG 327).

Nr. 278: «Gott ist getreu!» von E. Liebich, Strophen 1–3 u. 5–6 (RG 689 [nur Strophen 1–3]).

Matthäus 6,9a (II)

Unser Vater im Himmel!

Liebe Zuhörer!

Gott ist gegenwärtig![1] haben wir eben gesungen. Und: Gott ist gegenwärtig! heißt auch die Freudenbotschaft, die wir heute aus unserm Textwort entnehmen wollen. Es soll uns aus der kurzen Anrede, die Jesus gebraucht hat, heute nur das Wort «*unser*» beschäftigen. Es wird gerade genug darin sein für eine Woche. «*Unser Vater!*» wenn wir das von Herzen beten, dann wissen und erfahren wir's, dass Gott nicht nur ein weiser, liebender, uns führender Vater ist, sondern gerade *unser*, dein und mein Vater. Dann erfahren wir, dass zwischen ihm und uns eine direkte persönliche Beziehung besteht. Er ist der Vater, er der herrliche Gott der Ordnung, der Freude und der Kraft, und wir zwei, du und ich, sind seine Kinder. Er ist gegenwärtig. –

Du denkst vielleicht: das habe ich oft gehört, das ist mir nichts Neues mehr, das sagt mir wenig. Wenn du das denkst, so antworte ich: das mag wohl sein, dass du das schon oft gehört hast. Aber hast du's dann auch verstanden? Und hast du dann auch Ernst gemacht damit? Sieh, wenn wir genauer zusehen, müssen wir sagen, dass den meisten Menschen nichts so bitterlich fehlt, wie gerade das: ein Gott, der wirklich *ihr* Vater wäre, ein Gott, der ihnen gegenwärtig wäre. An andern Göttern leiden wir keinen Mangel. Die Menschen beten unzählige Götter an und gar nicht bloß Götzen, sondern schöne und große Götter. Es fehlt ihnen immer nur gerade Eines. Es wird Keiner von ihnen ganz und wirklich *unser* Gott, es bleibt ein Graben zwischen ihnen und uns, es sind keine gegenwärtigen Götter, und vielleicht zeigt es sich gerade daran, dass es falsche Götter sind, oder doch nur Stufen, durch die wir zu dem einen wahren Gott gelangen müssen, der *unser* Gott ist.

[1]   Lied von G. Tersteegen (GERS 174; RG 162; EG 165).

So gibt es Menschen, die haben sich ein *Ideal* gemacht. Man versteht unter diesem Fremdwort das Bild, das sich einer im Stillen entwirft von dem Lebensziel, das er erreichen möchte. Das besteht für den Einen darin, dass er wirksam sein möchte in einem möglichst großen Kreis, seine Kräfte entfalten in einer breiten Tätigkeit, vielleicht als Geschäftsmann, vielleicht als Politiker in Gemeinde und Vaterland. Das besteht für den Andern vielmehr darin, dass er im kleinsten Kreis seiner Familie Liebe empfangen und Liebe geben möchte. Den Dritten führt sein Ideal in die Einsamkeit, das sind die stillen, tiefen Naturen, die ohne Geräusch und Aufhebens den Schönheiten des Lebens nachgehen, denen ein gutes Buch oder eine schöne Landschaft mehr sagt, als ihnen irgend ein Mitmensch sagen und sein könnte, die ein doppeltes Dasein führen, und die schönere Hälfte ist die, von der kein Anderer weiß. Das sind so einige Ideale, denen man nachgehen, an die man *glauben* kann. Ich brauche absichtlich diesen Ausdruck. Denn es spielen solche Lebensziele, die wir uns im Stillen zurechtmachen, im Leben vieler Menschen genau die Rolle des lieben Gottes. Wir richten unser ganzes Leben darauf ein, ihnen näher zu kommen. Sie begleiten unsre Gedanken und Gefühle bei der Arbeit und in der Ruhe. Bei ihnen suchen wir Trost, wenn es uns nicht gut geht, und sie sind unsre höchste Freude. Es ist mancher im Glauben an ein solches Ideal gestorben. – |

Wir wollen dazu vor Allem sagen: gäbe es nur mehr unter uns, die sich solche Ideale machen und ihnen nachgehen. Der lebendige Gott ist oft gerade denen am Nächsten, die scheinbar andere Götter anrufen. Aber nun wollen wir auch sagen, warum wir uns freuen, einen Gott zu haben, der größer und schöner ist als die schönsten Ideale. Darum, weil das Götter sind, die uns immer nur von ferne grüßen. Sie sind uns nicht gegenwärtig, sie erfüllen uns wohl mit Sehnsucht, aber nicht mit Kraft. Wir können sie nicht anreden: *unser* Gott! *mein* Gott! Ich bin sicher, es sind auch unter uns solche, Männer und Frauen, die ein solches Ideal von Arbeit und Wirksamkeit, von Freundschaft und Liebe, von Schönheit und Erkenntnis in sich tragen. Je älter sie sind, umso besser werden sie verstehen, was ich meine: solchen Göttern fehlt das trauliche «unser», mit dem wir Gott anrufen möchten. Ein deutscher Dichter, der auch etwas davon erfahren in seinem Leben, hat es einmal erschütternd dargestellt, wie wir aufsehen zu einer Welt voll herrlichen, edlen, reinen Lebens, wie wir selbst uns denken möchten, wandelnd droben im Licht, als Wesen, deren selige Augen blicken in stiller ewiger Klarheit. Aber wir sehen bloß *auf* zu dieser Welt – sie *ist* nicht unser, wir *sind* keine solchen Wesen: uns ist gegeben, auf keiner Stätte zu ruhen, es schwinden, es fallen die leidenden Menschen blindlings von einer Stunde zur andern, wie Wasser von Klippe zu Klippe geworfen, jahrlang ins Ungewisse hinab![2] Zwischen uns und den Zielen, die wir sehnsüchtig von Ferne bewundern, treten die Schicksale unsres Lebens, die unsre schönsten Träume zerstören oder so wenig davon übriglassen. Dazwischen treten die Menschen, die uns unsere Ideale verspotten und widerlegen, deren Widerstand und deren Stumpfheit sich wie ein Bleigewicht an unser Streben hängt. Dazwischen tritt unsre eigene Unfähigkeit, jenen Zielen nahezukommen, unsre Energielosigkeit oder unser irrtümlicher Eifer. Und so haben wir unsere Ideale und wir haben sie doch nicht. Wir sehen hinein in eine schöne Gotteswelt, aber wir wandeln nicht droben im Licht. Wir haben einen Gott, aber er ist nicht *unser* Gott.

Andre Menschen gibt's, die reden und sagen viel von *Glück* als von dem, was das Höchste sei im Leben: das Glück des Besitzes und das Glück des Genusses. Und wenn sie's auch nicht sagen, so ist doch ihr Glück ihr Gott. Je nachdem es groß oder klein ist, je nachdem steigt und fällt auch der Barometer ihrer Seele. Sie verlangen nur Eines, an

---

[2] Vgl. Fr. Hölderlin, *Hyperions Schicksalslied* (Erstdruck 1799; Sämtliche Werke, hrsg. von Fr. Beißner, Bd. 1, Stuttgart 1946, S. 260):
> Ihr wandelt droben im Licht
> [...]
>
> [...]
> Und die seligen Augen
> Blicken in stiller,
> Ewiger Klarheit.
>
> Doch uns ist gegeben,
> Auf keiner Stätte zu ruhn,
> Es schwinden, es fallen
> Die leidenden Menschen
> Blindlings von einer
> Stunde zur andern,
> Wie Wasser von Klippe
> Zu Klippe geworfen,
> Jahr lang ins Ungewisse hinab.»

der Sonnenseite des Lebens zu sein, wo man viel Geld verdient und wo man dies Geld dann auf eine anständige und erfreuliche Weise wieder braucht. Es leben unzählige Menschen so, als wäre das Glück wirklich der höchste Gott. Warum ist das ein Aberglaube? Darum, weil wir Alle es aufs Handgreiflichste erfahren müssen, dass dieser Gott nicht *unser* Gott, dass er kein gegenwärtiger Gott ist. Ihr habt alle die Zigeuner gesehen, die in den letzten Tagen durch unser Dorf gekommen sind. Das waren arme Menschen, über deren Dasein man das Wort schreiben könnte: «wir haben hier keine bleibende Stadt» [Hebr. 13,14], Leute, die nichts besitzen, obwohl sie beständig am Erwerben sind, Leute, die keine Heimat haben, die an all dem, was uns schön und gut und nötig vorkommt im Leben, wandernd vorüberziehen, ohne es je zu besitzen. Ihr habt ihnen vielleicht mitleidig, vielleicht verächtlich nachgesehen und gedacht: Gut, dass ich kein Zigeuner bin, dass ich meine Felder habe und mein Haus und mein Guthaben auf der Bank. Aber sieh, in Wirklichkeit ist all das, was wir so «Glück» zu nennen pflegen, Zigeunerglück, nur, dass wir's vielleicht etwas länger festzuhalten wissen, nur dass wir etwas länger bleiben dürfen bei unsern Häusern und Feldern und Geldern, etwas länger verweilen bei unsern Genüssen. Weiter müssen wir auch. Eine Heimat bietet selbst das größte Glück dieser Art auch uns nicht. Auch von unserm Glück heißt es: wir haben hier keine bleibende Stadt! und: es ist nicht *unser* Gott. Denn an allem, an was wir unser Herz hängen können,[3] ist nichts, was dem großen Zerstörer alles Glücks, der *Zeit*, endgiltig Widerstand leisten könnte. Mit tödlicher Sicherheit kommen und gehen die Tage und Jahre, und wie ein Bergbach auch das festeste Gestein untergräbt und vermischt und zerbröckelt, so tragen sie davon, was sie uns einst gebracht an Besitz und Freude. Sei's, dass sie uns wieder wegnehmen das Glück, an das wir uns klammerten, sei's, dass sie uns selbst hineinstoßen in Lebensstrecken hinein, wo kein Glück mehr ist, und schließlich durch die Pforte des Todes hindurch, durch die wir kein Glück mitnehmen können. Sicher ist: es bleibt uns nicht. Es mag da sein, wie es für den Zigeuner auf Stunden

---

[3] Vgl. aus der Erklärung des Ersten Gebots im Großen Katechismus M. Luthers: «Worauf Du nu (sage ich) Dein Herz hängest und verlässest, das ist eigentlich Dein Gott.» (BSLK, S. 560,22–24; vgl. BSLK.NE, S. 932,2f.).

da ist, aber dann muss es weiter oder wir müssen weiter. Es kommt für uns alle die Stunde, da diese Götter aufhören, *unsre* Götter zu sein, und was gehen sie uns dann an?

Und wieder gibt's Menschen, die haben ihren Gott in einem *andern Menschen* gefunden. Es ist ihnen einer über den Weg gegangen, von nahem oder von weitem, und wie sie ihn sahen, da erwachte und rief es ihnen: Da! so zu sein wie der! das ist das Leben! Und von da ab begannen sie innerlich sich zu bewegen immer um diesen Andern herum wie es Trabantensterne gibt, die um die Planeten kreisen. In ihm sahen sie die Erfüllung ihrer tiefsten Wünsche und Gedanken, von ihnen erwarteten[4] sie Alles, was ihnen selbst noch fehlte. O es ist etwas Wunderbares um ein solches Finden, um eine solche Begegnung, um einen solchen Anschluss an einem Andern, in welchem uns etwas Größeres, Besseres, Reicheres entgegentritt als das, was wir in uns selbst spüren. Und wie es manchen geben mag, dem der Gedanke an Gott verloren geht über seinem Ideal oder über seinem Glück, so mag's schon Mancher gedacht haben: was bedarf ich Gottes, da ich einen Menschen habe, der mir Alles geworden ist: Gesetz und Ermutigung und Segen und Trost und Kraft? So hat schon Mancher gedacht, und es ist vielleicht der *edelste* und *schönste* Irrtum, der gerade in diesen Gedanken liegt. Aber ein Irrtum ist es doch, und wie er der edelste ist, so ist er vielleicht zugleich der schwerste und schmerzlichste. Wir können es ertragen und überstehen, wenn unsre Ideale uns schwankend werden und zerrinnen, wenn unser Glück kommt und vorübergeht wie ein Schatten an der Wand. Aber wenn wir an einem Menschen irre werden, der uns einst Alles gewesen ist, das sind von den Schmerzen, die nie ganz mehr verheilen. Und doch ist gerade *das* Etwas, was das Leben eines Jeden von uns mit sich bringt, dass Leute, die uns Propheten Gottes, wo nicht Götter gewesen sind, uns enttäuschen. Dass wir gewahr werden: Oh nein! Er ist auch menschlich, allzu menschlich.[5] Er mag besser sein als manche Andre, aber seine Fehler hat er auch. Wir mögen ihn dann wohl auch fernerhin lieben und ehren, aber das, was er uns vorher war, kann er uns jetzt nicht mehr sein, es ist uns etwas verloren gegangen, und wenn er in

---

[4] Mskr.: «erwarten».
[5] Vgl. oben, S. 194, Anm. 5.

unserm Gefühl wirklich die Stelle Gottes eingenommen hatte, wenn er zu unsrer letzten Instanz geworden war, dann geht uns mit ihm Alles verloren, dann reißt sein Sturz uns selber mit sich in die Ratlosigkeit und Unklarheit. Wir sind aber bei keinem Menschen davor *sicher*, dass nicht einst eine solche Enttäuschung eintritt, eine Ernüchterung, wo wir sehen: die Vollendung, die ich ihm zumaß, besitzt er nicht. Sehen wir wohl zu, wie uns diese Enttäuschung treffe. Sie kann überwunden werden. Sie kann uns weiterführen und besser und reicher und reiner machen. Aber nur dann, wenn wir eine oberste Instanz, einen höhern Thron kennen, einen Gott, zu dem wir sagen können: *unser* Gott, *mein* Gott, auch dann, wenn der Trost und die Kraft *jedes* Menschen uns im Stich lässt.

Dieser Gott ist der Gott, den Jesus Christus als seinen Vater angerufen hat. Und wenn ihr mich fragt: wer ist dieser Gott und wie sieht er aus und wie findet man ihn?, so antworte ich auf das Alles mit dem Einen: Gott ist die Liebe [1.Joh. 4,16]. Denn als die Liebe hat uns Jesus Gott kennen gelehrt, nicht mit Worten, sondern durch sein eigenes Wesen und Leben. Indem die Menschen ihn ansahen und anhörten, indem sie dabei waren, wie er den Schlechten verzieh, den Schwachen auf die Füße half, den Unglücklichen Kraft gab, wie er schließlich dem Unverstand und der Bosheit der Menschen nachgab, um sie zu überwinden, wie er starb, um zu offenbaren, was Leben sei, wie die Menschen das Alles erlebten, da kam es über sie: Das Höchste und Beste in der Welt, das, was wir nötig haben, das, was unsre Sehnsucht ist und die Erfüllung unsrer Sehnsucht, das ist die Liebe. Gott ist nicht das schönste Ideal und Gott ist nicht das höchste Glück und Gott kann uns auch der beste Mensch nicht sein, aber Gott ist die Liebe, der wir bloß unser Herz zu öffnen brauchen, damit sie hineinströme und hindurchströme und weiterströme. Es gibt eine reine, feine Art geistigen Lebens, da lernt der Mensch die Augen auftun für das, was groß und schön ist in der Welt. Er sieht in der Natur und im Leben der Menschen Zeichen und Wunder, Dinge, die ihn besser und edler machen. Er empfängt etwas, er wird befreit von Schranken und Hindernissen, er wird getragen und unterstützt in allem Guten, zu dem er angelegt ist, er wird vorwärts getrieben und aufwärts zu Erkenntnissen und Fähigkeiten, zu einem Schaffen und Wirken, wie er nie zuvor es sich zugetraut haben würde. Und nun kann er das Alles nicht für sich behalten. Er ist so überwältigt von der Einsicht, dass das Beste, was er hat, ein Geschenk ist, dass er weiterschenken muss an Andre den Reichtum, den er selbst empfangen. Jetzt nimmt sein Leben eine neue Gestalt an. Er lernt, sich selber zu vergessen über dem Größeren, das jetzt in ihm lebt; das Kleinliche, Beschränkte, das uns Allen vorher anhaftet, verliert sich. Man spürt ihm an: sein Leben hat Sinn bekommen, die mit ihm zusammenkommen, sehen sich erstaunt an, sie spüren: der will etwas von uns. Aber er will uns nicht brauchen für seine Zwecke, er will nicht uns anspannen vor seinen Pflug oder seine Kutsche, wie wir Menschen uns so oft behandeln; der sucht jetzt wirklich einmal nur uns selbst; der möchte unsre Seele gewinnen nicht für sich selbst, sondern für das größere, bessere Leben, das er selbst kennengelernt. Er möchte uns zeigen und offenbaren und einflößen das Beste, was in ihm ist. Er möchte uns das erfahren lassen, was er selbst erfahren hat. Er möchte uns auf die Höhe führen, wo er selbst steht. Und dafür ist ihm kein Mittel zu kostbar und keine Anstrengung zu groß. Er lässt sich nicht müde machen durch die Umstände. Er lässt sich nicht abschrecken durch unsre Unfähigkeit aufzunehmen, was er uns geben möchte. Er lässt sich auch nicht zurückstoßen durch unsern Widerwillen, ja durch unsern Hass. Er überwältigt uns, indem er uns sieht, wie wir ihn fliehen. Er lässt sich kreuzigen, um uns zu zeigen, dass es ihm ernst sei mit uns. Und so findet er uns nicht, weil wir herrliche, tugendreiche Leute wären, sondern trotzdem wir das Gegenteil sind, einfach indem er uns eine Übermacht und Herrlichkeit sehen und erleben lässt.

Diese seine reine, geistige Art ist die Liebe. Und *diese Liebe ist Gott in der Welt*. Alles andere geht vorüber. Die Liebe bleibt. Alles Andre kann nicht unser eigener, dauernder Besitz sein. Die Liebe schafft in uns etwas Unvergängliches. Denn sie entspricht unsrer allertiefsten und ursprünglichsten Anlage. Unsre Götter, auch die größten und schönsten, werden nie ganz *unsre* Götter, den Gott, der die Liebe ist, können und dürfen wir anreden: *unser* Vater im Himmel, denn die Liebe vergeht nicht und veraltet nicht und enttäuscht nicht. Sie lässt sich nicht untergraben und irre machen und vernichten, sie *bleibt*, auch wenn die Ideale und das Glück und die guten Menschen uns im Stiche lassen. Wo sie ist, da sehnt sich der Mensch nicht nur, da *besitzt* er. Wenig vielleicht. Aber er hat an dem Wenigen, das er von *diesem* Gott hat, mehr als von dem Reichtum aller Scheingötter.

Aber wenn Jesus uns gelehrt hat, diesen Gott anzurufen: Unser Vater im Himmel!, dann hat er damit mehr getan, als uns gesagt: Seht, so ist er! Er ist der Gott, der uns gegenwärtig ist und bleibt, der uns nicht untreu wird! Nicht eine neue Anrede an Gott, sondern ein neues Gebet zu ihm hat er uns gebracht, eine neue Art, ihn zu suchen. Achten wir darauf, dass es nicht heißt: *Mein* Vater!, sondern: *Unser Vater* im Himmel. Liebe Freunde, die meisten von uns, auch die guten und aufrichtigen Christen, sind gewohnt zu beten: *mein* Vater im Himmel, auch wenn sie es nach den Worten anders tun. Sie verkehren mit Gott auf ich und du, und sie denken, dass es Alles ist, wenn sie da in ihrer Seele recht tiefe und herzliche Erfahrungen mit ihm machen. Ob nicht manches im stillen Kämmerlein verborgene Ungenügen und Unbefriedigtsein vom Beten hierin seine[6] Ursache hat? Ob nicht die merkwürdige Härte und Unfreundlichkeit manches sehr eifrigen Beters herkommt von dieser Abweichung vom Gebete Jesu? Wollen wir wirklich beten, wie Jesus gebetet hat, dann heißt's eben nicht: *ich* und du, sondern *wir* und du, dann heißt's: *unser* Vater, dann treten wir nicht vor Gott als Privatpersonen und in unsern Privatangelegenheiten, sondern als Bruder und Schwester von vielen Andern in den Angelegenheiten eines Reiches, in dem all diese Andern gleichberechtigte Bürger sind.

Und das heißt dann ganz einfach, dass der Geist, in dem wir den Gott der Liebe anrufen und suchen, wieder kein anderer uns sein kann als die Liebe. Der innere Sinn, in dem wir vor Gott treten, kann nicht ein enger kleinlicher sein; wir können nicht vor Gott treten mit der Zumutung: Gib *mir* das und das, lass *mir* das und das erspart bleiben, hilf *mir* dazu und dazu! Die Liebe sucht bei Gott etwas Anderes. Die Liebe sieht Aufgaben in der Welt, sie sieht Fortschritte, die das Gute bei den Menschen machen sollte, sie erkennt Lücken und Fehler und Unvollkommenheiten in ihren Erkenntnissen und Fähigkeiten. Und nun tritt sie vor Gott und sagt nicht: Vater, hier bin ich!, sondern: Vater, sieh, hier *sind wir*. Wir mit unsern Bresten und Bedürfnissen, *wir* mit unsrer Sehnsucht und Schwachheit. Vater, hilf *uns*! Und nun mache mich, wenn du willst, zu einem bescheidenen Werkzeug, uns allen zu dienen, zu einem Werkzeug in deiner Hand. Ich bitte nicht

[6] Mskr.: «ihre».

etwas für mich, sondern für die, die neben mir stehen als meine Brüder, für die ich mich verantwortlich fühle, die ich lieb habe. Vater im Himmel, *unser* Vater, lass deine Liebe auch durch mich walten auf Erden.

So betet die Liebe. So sucht und findet sie die ewige Liebe Gottes. Und wo sie betet, o da werden die Herzen weit und die Geister hell. Da eröffnet sich unser Sinn für die Pflichten, die wir haben unserm Nachbar gegenüber, da verschärft sich das Gewissen für das Gebot der Liebe, dem es gilt nachzuleben im häuslichen Kreise und draußen auf dem Feld und in der Werkstatt. Da fließt in unser Handeln ein neuer Geist, der Geist, der jeden Einzelnen auf den andern verweist als auf seinen Bruder, dem er helfen und den er führen soll, der Geist, der uns untereinander verbindet wie mit starken Ketten, der die Familien, die Gemeinden, die Völker zu Gemeinschaften des höhern Lebens verbindet. Es *könnte* uns nicht anders gehen, es *müssten* diese unheuren Folgen unser Gebet begleiten, wenn wir einmal Ernst machen würden nur mit dem Wörtchen *unser* in diesem Gebet, das wir alle kennen. *Unser* Vater im Himmel! Der Geist dieses Wortes «unser» ist es, den wir nötig haben. Es ist der Geist des gewissen Besitzes, weil es der Geist der Liebe ist.

Amen.

Matthäus 6,9a (III)

Unser Vater im Himmel!

Liebe Freunde!

Heute wollen wir miteinander darüber nachdenken, was Jesus uns hat sagen wollen, indem er Gott den Vater *im Himmel* genannt hat. Das ist ein Gegenstand, der besonders gut passt in diese Jahreszeit, in der wir Alle nun so oft schon ausgesehen haben nach dem Himmel, was er uns wohl bringen werde. Und es ist ein Gegenstand, der auch gut passt zu unserm heutigen Gottesdienst. Haben wir doch für heute unsere Kirche leer stehen lassen und sind hinausgegangen, hier im grünen Wald unter freiem Himmel Gottes Wort zu hören.

Was will das sagen: unser Vater *im Himmel*? Manche werden uns antworten: das will heutzutage gar nichts mehr sagen. Wir sind darüber hinaus, im Himmel einen Gott zu suchen. Sie denken an das Wort jenes Astronomen, der gesagt hat, er habe mit seinem Fernrohr den ganzen Himmel durchforscht und keinen Gott gefunden.[1] Sie sagen uns, das sei ein gemütlicher Irrtum früherer Zeiten gewesen, sich den Himmel so vorzustellen wie die Zimmerdecke in einem Haus: im ersten Stock wohnen die Menschen und im zweiten der liebe Gott. Mit diesen Gedanken sei es vorbei, seit wir im Weltall etwas besser Bescheid wüssten. Wer mir heute so oder ähnlich antworten

---

[1] Vom französischen Mathematiker und Astronom Joseph de Lalande (1732–1807) wird diese Legende in verschiedenen Kontexten und Interpretationen erzählt; vgl. etwa W. Steiger, *Kritik des Rationalismus in Wegscheiders Dogmatik*, Berlin 1830, S. 26: «Wenn ein atheistischer Astronom, wie *Lalande*, in seiner Blindheit gestehen mußte, vergebens den ganzen Himmel mit seinen Teleskopen durchspäht, und nirgends Gott gefunden zu haben, […]»; I. Gräfin Hahn-Hahn, *Maria Regina*, Bd. 1, Mainz 1865³, S. 174: «Aber auch die Weltseele ist der Welt entschlüpft und nichts übrig geblieben als die Materie, seitdem die Erforschung der Natur, ihrer Kräfte und ihrer Gesetze eine sehr bewunderte Schule bildet, die es sich zur Aufgabe macht, die Schöpfung von der Offenbarung abzulösen, […], um mit dem Astronomen Lalande zu erklären: ‚Ich habe den Himmel durchsucht und nirgends die Spur Gottes gefunden.'»

würde oder wer im Stillen so denkt, dem würde ich jetzt sagen: ich dank dir, dass du mich aufgeklärt hast. Ich wusste zwar diese Dinge auch schon. Ich denke mir den lieben Gott auch nicht als einen Mann, der auf einem Thron da oben in der blauen Luft sitzt, wie man es etwa auf alten Bildern sehen kann, und ich denke auch nicht, dass er in einem zweiten Stockwerk wohnt oben an den Sternen. Und nun bete ich trotzdem, wie Jesus es getan: Unser Vater *im Himmel*! Ja, was gilt's, ich habe gegen das alte kindliche Bild von Gott, der wie ein König auf den Wolken thront, viel ernsthaftere Einwendungen als du. Du meinst: das kann nicht wahr sein, weil du oder dein Schullehrer einmal in ein Fernrohr geguckt habt. Dagegen könnte man immer noch sagen, dass auch das beste Fernrohr uns noch nicht den millionsten Teil des Himmels übersehen lässt. |

Ich habe etwas viel Schwerwiegenderes zu sagen: Wenn ich das Leben des Herrn Jesu lese oder die Geschichte des Paulus oder die von Luther und Calvin, oder auch wenn ich mich in die Werke etwa von Goethe vertiefe, dann habe ich den starken Eindruck, dass der Gott, von dem diese Menschen geredet haben, nicht ein Gott sein kann, der in weiter Ferne von ihnen in einem obern Stockwerk der Welt wohnt, sondern dann merke ich, dass Gott bei ihnen, in ihnen gewesen ist. Sie spürten sein gegenwärtiges, nahes Wirken, weil sie etwas von seinem Geist hatten. Ihnen wäre es einfach lächerlich vorgekommen, ihn mit einem Fernrohr da oben zu suchen, weil sie aus tiefster Erfahrung wussten, dass er nur da drinnen zu uns redet und von uns zu finden ist. Den Unvergleichlichen unter ihnen, Jesus von Nazareth, nennen wir ja gerade deshalb Gottes Sohn, weil er Gott nicht mehr wie die andern und wie wir erst suchen musste in fernen Himmelsräumen, bei andern Menschen oder gar in Büchern, sondern er war bleibend bei ihm und in ihm, Jesus konnte sagen: ich und der Vater sind eins [Joh. 10,30]. Aber auch wenn ich von der kleinen bescheidenen Erfahrung sprechen darf, die ich selbst mit Gott gemacht, muss ich sagen, was wir am letzten Sonntag ausgeführt: Gott ist ein gegenwärtiger Gott, er wohnt nicht über den Sternen, sondern er lebt im Pulsschlag unseres Herzens, in den Regungen unseres Gewissens, im Fortschritt unserer Erkenntnis, im Strom unseres Gefühls. Entweder wir erfahren ihn hier oder gar nicht. *Da* muss er uns ermuntern, Gesetz geben, trösten, strafen, richten und heilen oder wir wissen nichts von ihm. Stünde es so, dass

Gott im Himmel wohnte und wir auf Erden, dann gäbe es gar keine Religion; denn darin besteht die Religion, dass Gott auf Erden, bei den Menschen wohnt, *in* den Menschen. So hätten wir einen starken Grund, stärker als Alles, was die Naturwissenschaft uns sagen könnte, uns aufzulehnen gegen dieses «im Himmel». Es hat zu allen Zeiten gerade innig und tiefsinnig Gläubige gegeben, die es getan haben. Wir könnten dann den Ausdruck, den Jesus gebraucht hat, nicht auslegen und anwenden, sondern wir müssten sagen: er hat ihn gebraucht, weil es zu seinen Zeiten üblich war, sich Gott im Himmel vorzustellen, oder weil er sich darin den Leuten anpasste. Für uns hat es nichts mehr zu sagen. Es ist ein bloßes Wort geworden, dieses «Vater im Himmel». Ich sage noch einmal: Wir wollen das nicht tun, wollen ja nicht zu rasch aburteilen. Wir könnten sonst etwas Kostbares verlieren. Es ist die tiefste Wahrheitserkenntnis ausgesprochen gerade in diesem merkwürdigen Zusatz: Vater im Himmel. Wir wollen zusammen versuchen, sie zu entdecken.

*   *   *

Dazu darfst du freilich nicht auf eine Sternwarte gehen, um da mit dem Fernrohr Gott zu suchen im Himmel. Das ist darum ein törichtes Unternehmen, weil du mit dem Fernrohr wohl Sterne wahrnehmen kannst, aber nicht den Himmel und darum auch nicht den Vater im Himmel. Der Himmel gehört ja nicht zu den Dingen im Unendlichen, die man sehen kann, sondern der Himmel ist selbst das Unendliche. Das Sehen und Rechnen und Begreifen hört auf, wenn wir vom Himmel reden, obwohl er scheinbar ein Ding ist wie ein anderes, das in unserm Auge sich spiegelt. Nicht zu sehen, zu schauen gilt es, wenn du den Himmel wahrnehmen willst. Wie es der Dichter Paul Gerhardt in seinem Morgenlied gesagt hat: «*Schaue* den Himmel mit meinem Gesicht …»[2] Du musst lernen, den Himmel zu schauen, dann wird dir auch der *Vater* im Himmel nicht fern sein. Sieh, um das zu lernen, würde ich dir raten, einmal in den Wald zu gehen, wie wir es heute getan haben, aber dann geh ganz allein. Nimm alles mit, was dich

[2] Aus Strophe 1 des Liedes «Die goldne Sonne» von P. Gerhardt (GERS 42; RG 571; EG 449).

innerlich beschäftigt: die Sorge um Familie und Vermögen, das Verlangen nach diesem oder jenem Glück, den jahrzehntealten Streit mit dem Nachbar und den Kummer über jenen Menschen, der dir das Leben schwer macht. Nimm das Alles mit und vergiss ja nichts. Und nun lege dich einmal auf den Rücken unter die hohen Tannen und sieh über dich und höre gut zu! Was siehst du und was hörst du? Dein Blick geht den mächtigen Stämmen entlang und folgt ihnen bis hinauf zur Krone, die sich weit, weit oben mit der Krone des Nachbars berührt. Unwiderstehlich, wie Pfeile zeigen sie aufwärts; wie klein kommst du dir da bereits vor, wie geringfügig neben diesen alten sicheren Gesellen. Und nun geht dein Blick weiter, die Tannen selber leiten ihn, und es ist dir, wie wenn du durch das Geäst hindurch führest zu einem mächtigen Saal. Du musst deine Augen gewöhnen daran. Er ist viel, viel größer, als es auf den ersten Blick aussieht. Sieh, wie unendlich hoch die kleine weiße Wolke über den Tannen steht, und über der Wolke geht's immer weiter, immer höher. Lass nicht ab, hinein zu sehen, auch wenn das Auge sich verliert und müde wird. Und dann schließe die Augen und hör, wie es da droben über dir rauscht und webt in den Kronen, wie all das Geäst Stimme bekommen zu haben scheint und sich vereinigt zu einem Chor, der tönt wie die ferne Brandung des Meeres. Der Wind geht über den Wald und spielt darauf wie auf einer mächtigen Harfe. Du hörst sein Sausen wohl, aber du weißt nicht, von wannen er kommt noch wohin er geht [Joh. 3,8³]. Sieh, *dann* hast du das Unendliche gehört und gesehen, geahnt, ergriffen, geschaut; und nun kehre von alledem zu dir selber zurück, zu deinen Angelegenheiten und Gedanken, die du mitgebracht hast. Kommt es dann nicht vor Allem über dich: wie klein, wie unendlich klein bin ich mit alldem, was mich bewegt und aufregt. Wie verschwindend geringfügig sind meine Angelegenheiten gegenüber dem Leben der unendlichen Welt, in die ich eben einen kleinen Blick getan. Und dann schämst du dich vor dem blauen Dom, der da oben aufgerichtet ist, du schämst dich, weil er so groß ist und du so klein; es kommt dir vor, als hätten deine Sorgen und Begierden so gar keine Daseinsberechtigung mehr, es ist, wie wenn sie erdrückt werden von der Ewigkeit, in die du hineingesehen. |

³ Nach der revidierten Ausgabe der Luther-Bibel von 1912; in neueren Ausgaben: «[...] aber du weißt nicht, woher er kommt und wohin er fährt».

Aber das ist noch nicht Alles. Die Hauptsache kommt erst. Besinne dich, was übrig bleibt in deinem Innern, wenn du dich mit der Unendlichkeit verglichen hast: Hast du etwas vorzubringen, von dem du hier im Angesichte der Ewigkeit aufrichtig sagen und denken könntest: es ist eine wichtige, dringende Sache? Nicht wahr, da hält das Allermeiste *nicht* stand: deine Sorgen und deine Wünsche bedeuten gar wenig in dem großen Haushalt der Welt, sogar dein gutes Recht, auf das du pochst gegenüber den Andern, und dein begründeter Kummer, sie werden so kleinlich und unbedeutend, wenn du sie an das Licht des Himmels bringst. |

Aber nun hast du etwas Anderes in dir, und das hält stand. Du hast dir einmal dein gutes Gewissen bewahrt in der Stunde der Versuchung, Du bist einmal tapfer gewesen, als es galt, Stand zu halten gegen die Mehrheit der Andern. Du hast einmal ein Opfer gebracht um einer guten Sache willen. An diese Dinge denkst du jetzt auch, nicht um dich damit vor dir selber zu rühmen, du denkst vielmehr daran zurück wie an Etwas, das dir geschenkt worden ist. Aber du hast hier einen festen Punkt in deinem Leben, etwas, das dir nicht klein und verächtlich wird, nachdem du die Ewigkeit zu dir hast reden lassen, etwas, das bleibt auch im Angesicht des Himmels. Und was da in dir ist, das ist nicht eine bloße Erinnerung; es ist ein lebendiger Same für die Zukunft. Du spürst den kräftigen Antrieb in dir, deine Pflicht zu erfüllen, an dem Platz in der Welt, wo du hingestellt bist, dich verlangt im tiefsten Herzensgrund danach, Liebe zu erweisen einem andern Menschen um der Liebe willen, du hast den ernsten Willen, deine Person und deine Kraft einzusetzen, damit das Gute und Rechte in der Welt einen Schritt vorwärts gehen. Und nun sieh, was da in dir lebt, das ist ja auch etwas Unendliches, Ewiges. Je ernster du es damit nimmst, je größer der Platz ist, den es bei dir einnimmt, desto mehr gleicht es dem Himmel in seiner Erhabenheit. Du spürst hier wie dort: da handelt es sich um etwas *ganz* Großes, vor dem ich selbst *ganz* klein bin. Gegen die majestätische Macht, die da in meinem Geist eine wenn auch noch so kleine Wohnung aufgeschlagen, gegen sie kann ich ebenso wenig aufkommen wie gegen die Majestät des Himmels, in dessen unendlichen Räumen meine Augen sich verirren und dessen Winden meine Ohren lauschen, ohne zu verstehen. |

So hat schon der Philosoph Kant diese beiden Ewigkeiten miteinander verglichen: «Zwei Dinge», hat er gesagt, «sind es, die das Gemüt mit immer neuer Ehrfurcht erfüllen: der gestirnte Himmel über mir und das moralische Gesetz in mir.»[4] Aber warum sollen wir denn dabei bleiben, Beide so nebeneinander zu stellen, bloß miteinander zu vergleichen, als ob sie nichts miteinander zu tun hätten, die Ewigkeit des Himmels über uns und die Ewigkeit der Pflicht, der Liebe, und der Selbstverleugnung in uns. Steht's nicht vielmehr so, dass eine die Erfüllung der andern ist? Sieh, die Größe des Himmels, die du ahnend anschaust, sie zwingt dich beinahe, dich zu besinnen auf das, was groß ist im innern Leben, groß zu werden, *auch du!* Und wenn du jetzt unterwegs bist, das Große in dir zu erkennen und groß zu werden, dann erfüllt dich wieder die Größe der Welt, des Himmels mit Jubel und Entzücken. Vorher hat sie dich erdrückt und klein gemacht, weil du selber klein warst. Jetzt befreit sie dich und lässt dich dankbar sein dafür, dass du groß sein darfst in einer großen Welt. Der Himmel, seine Unendlichkeit ist dir jetzt nicht mehr etwas Feindselig-Erschreckendes, nicht mehr etwas Beschämendes, sondern sie ist dir etwas Vertrautes geworden, etwas Nahes und Eigenes. Du kennst den Himmel aus deinem eignen Leben, du weißt, was das ist: die unendliche Sehnsucht nach den Zielen eines köstlichen Daseins, das unendliche Streben und Arbeiten, um diese Ziele zu erreichen, die unendliche Kraft, die uns durchströmt, wenn wir ehrlich arbeiten, die unendliche Güte, die uns zu sich zieht.

Verstehst du's jetzt, warum Jesus Gott den «Vater *im Himmel*» genannt hat? Sieh, jetzt können wir es verstehen in einem guten und tiefen Sinn.

* * *

[4] Vgl. I. Kant, *Kritik der praktischen Vernunft* (1788), Akademie-Ausgabe, Bd. 5, Berlin 1908/13, S. 1–164, dort S. 162: «Zwei Dinge erfüllen das Gemüth mit immer neuer und zunehmender Bewunderung und Ehrfurcht, je öfter und anhaltender sich das Nachdenken damit beschäftigt: *der bestirnte Himmel über mir und das moralische Gesetz in mir.* Beide darf ich nicht als in Dunkelheiten verhüllt, oder im Überschwenglichen, außer meinem Gesichtskreise suchen und blos vermuthen; ich sehe sie vor mir und verknüpfe sie unmittelbar mit dem Bewußtsein meiner Existenz.»

Das heißt zuerst: Gott steht über uns in unendlicher ewiger Größe und Überlegenheit. Das hat schon der Psalmsänger gewusst, als er vor tausenden von Jahren dem nachsann, was uns heute beschäftigt: «Wenn ich sehe die Himmel, deiner Hände Werk, den Mond und die Sterne, die du bereitet hast: Was ist der Mensch, dass du seiner gedenkest, und des Menschen Kind, das du dich seiner annimmst?» [Ps. 8,4f.] Wir haben einen Gott, der sich unser annimmt, aber wir sollen und wollen seine Herrlichkeit mit Ehrfurcht verehren und ihn nicht klein machen, weil wir auch klein sind. Unendlich wie der Himmel, der sich über uns wölbt, ist seine *Macht*. Es ist bald ausgesprochen: Gott ist allmächtig. Aber das ist etwas, was erfahren und angeeignet sein will. Auch das Böse steht unter Gottes Macht. Wenn Jesus uns beten heißt: Vater im Himmel! Allmächtiger Gott!, dann meint er, dass wir Gottes Macht nicht nur erleiden, sondern freudig uns ihr unterstellen sollen. Hier fängt die Ehrfurcht an. Wir müssen es alle Tage spüren, dass unser Können und Vermögen seine Grenzen hat. Werden wir es begreifen, dass es die Macht Gottes ist, die uns Grenzen steckt? Wir Alle kennen Lebenslagen, in denen wir vor Aufgaben gestellt sind, die scheinbar hoffnungslos über unsre Kraft gehen. Werden wir es begreifen, dass wir in der Kraft Gottes Taten tun sollen? |

Aber Gott ist nicht nur die überlegene Macht über unserem Leben. Wie der Himmel höher ist als die Erde, so sind seine *Gedanken* höher denn unsre Gedanken [vgl. Jes. 55,9]. Es hat Mancher schon kapituliert vor der Macht Gottes, aber die Gedanken Gottes sind ihm fern geblieben. Der Mohammedaner ist ein glühender Verehrer der Allmacht Gottes, aber er dringt nicht ein in die Tiefe seiner Gedanken. Er macht Gott zu einem Menschen, und zwar zu einem kleinlichen, beschränkten Menschen. Wir müssen erkennen, dass die Gedanken Gottes unendliche Gerechtigkeit sind, unendliche Liebe, unendliche Selbstlosigkeit. Beten wir mit Jesus zum Vater im Himmel, so beten wir zu einem Gott, der Gewaltiges von uns fordert, weil er das Gewaltigste und Schönste ist, das wir uns denken können. Ehrfurchtsvoll sollen wir uns bewusst werden, wozu wir bestimmt sind, vollkommen zu werden, wie unser himmlischer Vater vollkommen ist [vgl. Mt. 5,48].

Und nun steigt Gottes Überlegenheit noch eine Stufe höher, unerreichbar hoch scheint seine Herrlichkeit vor uns zu stehen, aber indem sie unerreichbar hoch geht, steigt sie zu uns nieder und macht uns der Herrlichkeit teilhaftig. Du hast vielleicht verstanden und erfasst, dass Gottes Macht unendlich ist wie der Himmel und seine Gedanken hoch wie der Himmel. Du fügst dich mit Wissen in seinen Willen und du strebst ehrlich danach, zu erfüllen, was er von dir fordert. Aber nun musst du Bekanntschaft machen mit der Tatsache, dass wir Menschen auch bei den besten Absichten so leicht und immer wieder den Weg verfehlen. Mit unsern Absichten möchten wir wohl auf den Himmel zu, aber nun mischt sich wieder die Erde in unsre Absichten. Unsre Gerechtigkeit verderben wir, indem wir eingebildet werden wie die Pharisäer zur Zeit Jesu. Unsre Liebe gleicht nicht der Liebe Gottes, sie wählt und verteilt ihre Gaben parteiisch und ist vielleicht doch wieder bloß versteckte Selbstliebe. Und indem wir uns selbst verleugnen wollen, wie Jesus es von uns verlangt, verlieren wir uns selbst, wir werden haltlos und oberflächlich und weichmütig vor lauter Streben, uns selbst zu opfern, hinzugeben. Das ist die Verwirrung, die wir Menschen immer wieder anrichten auch in dem besten Leben. Und da heißt es nun noch einmal und zuhöchst an Gottes Überlegenheit, an seine überlegene *Liebe* [zu] glauben und sich daran zu halten. Wir dürfen nicht stehen bleiben bei dem Gedanken: ich bin ja ein ehrlicher Streber, ich will ja das Gute und nichts Anderes. Wüssten wir nichts Anderes als das, so würden wir dünkelhafte Geschöpfe, die sich über sich selbst der schlimmsten Täuschung hingeben. Denn wir mögen noch so himmlisch gesinnt sein, es ist zu viel Erde dabei, als dass wir ehrlich sagen könnten: Ich will *nur* das Gute. Und wenn wir nun die Täuschung bemerkten und wüssten nichts Größeres als unsere eigene Tugend und Strebsamkeit, dann wäre das Ende eine große Hoffnungslosigkeit, ein resigniertes Zurückziehen, eine welt- und selbstverdrossene Müdigkeit. |

Wir haben aber etwas Größeres: Gott ist der Vater im Himmel, und wir dürfen es zu unsern Gunsten auslegen, was Jesus von ihm gesagt hat: er lässt seine Sonne scheinen über Gute und Böse und lässt regnen über Gerechte und Ungerechte [Mt. 5,45]. Gott ist größer als unser Herz [1.Joh. 3,20], als unsere Tugend und unser Streben, das ist vielleicht das Größte, was wir an ihm haben. Die Länder und Meere haben ihre Grenzen, der Himmel hat keine Grenzen. So hat unsre Liebe und Güte ihr sehr bestimmtes Ziel. In Gottes Liebe und Güte findet sich weder Ziel noch Ende. Er ist beständig und rein, auch wenn wir unbeständig und unrein sind. Und nun dürfen wir zweierlei erfahren: Gott braucht auch unsre Schwachheiten und Fehler, um uns vorwärts zu helfen. Die Juden haben in missverstandenem Glaubenseifer den Herrn Jesum verworfen und gekreuzigt, und gerade dieser furchtbare Irrtum hat der Liebe Gottes dienen müssen. Und vielleicht haben wir Alle schon Etwas davon erfahren, wie uns unsre Fehler oft förmlich zu Stufen wurden auf der Treppe, die nach oben führt. Das ist Gottes Güte, dass es so ist. Aber das heißt nun nicht, dass Gott unsre Fehler und Schwachheiten haben will. Wenn er sie uns nachsieht, wenn er sie uns sogar zum Besten dienen lässt, dann ist das das beste Zeichen dafür, dass sie verschwinden müssen. Gottes überlegene Liebe will von unserem Leben Besitz ergreifen. Wir sollen selbst überlegene Menschen werden. Wir dürfen es. Wir können es, weil uns in Jesus Einer begegnet, der uns dazu Vertrauen und Mut gibt. Wenn wir ihn kennen, wenn wir in ihn hineingesehen haben, dann steht Gott nicht mehr hoch über uns in seiner Herrlichkeit, dann ist er bei uns. Er ist dann aus dem Himmel zu uns gekommen, und wir sind zu ihm in den Himmel versetzt.

Amen.

Matthäus 6,9b

Dein Name werde geheiligt!

Liebe Freunde!

Den Namen Gottes haben wir in unsern letzten Betrachtungen kennenzulernen versucht. Gott *heißt* das, was er *ist*: *Vater, unser* Vater im *Himmel.* Unter uns Menschen dient der Name dazu, den Einzelnen kenntlich zu machen, von Andern seinesgleichen zu unterscheiden. An den Namen eines Menschen erinnern wir uns, indem wir an ihn denken; seinen Namen brauchen wir, wenn wir etwas von ihm sagen; mit seinem Namen reden wir ihn an, wenn wir etwas von ihm wollen. Leider haben die Namen unter uns nicht mehr den Sinn, den sie ursprünglich hatten. In alten Zeiten bezeichneten sie genau und unmissverständlich den oder jenen bestimmten Menschen. So haben alle unsre Vornamen so gut wie die Familiennamen einmal einen Grund und Sinn gehabt in irgendeiner Eigenschaft bestimmter Menschen. Dann wurden sie allgemein und gedankenlos gegeben wie unsre Vor- und Taufnamen oder sie vererbten sich auf ganze Familien und beide Mal verloren sie den ursprünglichen genauen Sinn. Man weiß nicht mehr, wer gemeint ist, wenn man sie ausspricht. Will man einen bestimmten Menschen damit bezeichnen, dann muss man schon eine Art Übernamen[1] hinzufügen, wie es ja gerade in unserm Dorf üblich ist, und es entsteht dann im Grunde ein neuer Name. – |

Der Name des Gottes, zu dem Jesus Christus uns führt, ist von vornherein gegen alle Verwechslungen und Missverständnisse geschützt. Er heißt: *Unser Vater im Himmel!* Entweder man kennt die-

---

[1] Übernamen sind Beinamen, die eine Person nach körperlichen, geistigen, charakterlichen Merkmalen oder Ereignissen aus ihrer Lebensgeschichte für ein bestimmtes Umfeld eindeutig kenntlich machen, besonders dann, wenn es in diesem Umfeld mehrere Personen mit gleichen Vor- und Familiennamen gibt. Üblich waren und sind sie in engen Gemeinschaften, etwa eben in Dörfern wie dem damaligen Safenwil oder auch in studentischen Verbindungen.

sen Namen nicht oder man kennt ihn, und dann kennt man auch sofort den, der damit gemeint ist. Einen Zweiten dieses Namens gibt es nicht. Denn man kann nur *Einen* kennen als unsern Vater im Himmel. So hat der Name Gottes, den uns Jesus auf die Lippen gelegt, von vornherein etwas an sich, was ihn von allen Menschennamen unterscheidet. Und wir haben auch Alle das Gefühl, dass es immer etwas Einzigartiges ist, wenn wir *diesen* Namen denken und aussprechen oder wenn wir mit diesem Namen den anreden, der damit gemeint ist. – |

Aber nun heißt uns Jesus auch ausdrücklich und als erste Bitte von allen Gott anrufen: *Dein Name werde geheiligt!* Das kann uns stutzig machen. Denn wir denken: dieser Name *ist* heilig, wir brauchen nicht erst darum zu bitten, dass er's werde. Oder ist es nicht ein heiliger Name: *unser Vater im Himmel?* Wozu das Gebet um das, was schon da ist: dein Name werde geheiligt? Darauf hat schon Martin Luther in seinem kleinen Katechismus die kurze und gute Antwort gegeben. Zur Erklärung dieser Bitte sagt er dort sehr schön und tiefsinnig und einfach: *Gottes Name ist zwar an ihm selbst heilig, aber wir bitten in diesem Gebet, dass er bei uns auch heilig werde.*[2] Gerade so erklärt er bei den folgenden Bitten: Gottes Reich kommt ohne unser Gebet, Gottes Wille geschieht ohne unser Gebet, Gott gibt Brot auch ohne unsre Bitte, *und doch* sollen wir um alle diese Dinge bitten, denn nur indem wir beten, werden die großen Taten der Liebe Gottes auch gerade *in unserm* Leben wirksam.[3] Es ist also wirklich so, wie es uns eben zu unserm Erstaunen zu sein schien: Gottes Name *ist* heilig, Gottes Reich *kommt*, sein Wille *geschieht* – ohne[4] unser Gebet, wir brauchen nicht erst darum zu bitten: es ist schon da. Und wir können uns nicht genug darüber freuen, dass dem so ist. Wenn Einer z. B. vor den Richter geht mit der Bitte: lass mir Gerechtigkeit widerfahren in dieser oder jener Sache, dann tut er's, weil er weiß: der Richter ist der Mann, der auch ganz abgesehen von meiner persönlichen Bitte dazu da ist, Recht Recht sein zu lassen. Wüsste er's anders, dann würde er nicht vor diesen Richter gehen. Oder du wendest dich mit der Bitte

---

[2] Vgl. BSLK, S. 512,28–30; BSLK.NE, S. 874,11f..
[3] Vgl. BSLK, S. 513,7–9.20–22.39–42; BSLK.NE, S. 876,4f.13f.; S. 878,4–6.
[4] Im Mskr. doppelt unterstrichen.

um Hilfe in irgend einer Sache an deinen Nachbar. Das tust du, weil du weißt: der Nachbar ist auch ohne meine Bitte von vornherein hilfsbereit gesinnt. Indem ich ihn um Hilfe bitte, klopfe ich nicht Nusskerne aus einem harten Stein, sondern ich weiß, dass das, was ich suche, da ist, bevor ich es suche. Und wenn du zum Arzt gehst mit der Bitte, er möchte deinen zerbrochenen Arm einrichten, oder zum Schuster, er möchte deine Schuhe flicken, dann tust du's, weil du zum vornherein, und bevor du fragst, weißt: das sind die Leute, die zerbrochne Arme einrichten und Schuhe flicken, weil sie's gelernt haben, weil sie dazu da sind. Wüsstest du's anders, du würdest mit deiner Bitte nicht zu ihnen gehen. Und so ist's bei allen Bitten, die Menschen aneinander richten. Wir wissen: der Andre tut's, was wir bitten geschieht auch ohne unsre Bitte. Der Richter lässt das Recht gelten, der Nachbar hilft, der Arzt heilt, der Schuster flickt, lange bevor wir bitten, und gerade deshalb wenden wir uns an sie. *Und doch* bitten wir. Warum? Wir bitten, dass das, was ohnehin geschieht, auch *bei uns* geschehe, dass der Richter gerade in unserm Fall erkläre, was Recht und Unrecht sei, dass der Nachbar gerade uns seine freundliche Hilfe zuteilwerden lasse und dass der Arzt und der Schuster gerade an uns tun, was seines Berufes ist. Ein Bitten besteht immer darin, dass ich zum Andern sage: Tu *mir*, was du ohnehin tust. Zur Erfüllung braucht's also immer zweierlei: dieses «ohnehin» *und* die Bitte. Wenn du deine Wiese wässern willst, braucht es auch zweierlei: erstens, dass ohnehin ein Bach oder Teich da ist, zweitens, dass du einen Zufluss zu deiner Wiese machst. Eins nicht ohne das Andre. Und so steht's nun auch bei unserm Gebet zu Gott. Was wir bitten, erfüllt sich ohne unser Gebet. Aber wir bitten, dass es sich bei uns erfülle. Gottes herrliche Taten geschehen fortwährend – das ist der Bach oder Teich. Aber nur indem wir beten geschehen sie auch in unserm Leben – das Gebet ist der Zufluss, der das Wasser auf unsre Wiese leitet. Wir werden bei allen Bitten des Gebetes Jesu finden, dass es so ist.

So auch bei der Bitte: Dein Name werde geheiligt. Ja, es ist so: Gottes Name ist an ihm selbst heilig. Auch ein oberflächlicher Mensch kann es schwerlich ohne einen ehrfürchtigen Schauder denken und aussprechen: Unser Vater im Himmel! Aber wie ist es denn? Ist Gott unser Vater, so sind wir seine Kinder, so wird ebenso viel darauf ankommen, dass sein Name auch bei uns heilig sei. Es ist auch unter Menschen Mancher ein Ehrenmann, aber ob sein Name in Ehren bleibt, das hängt von seinen Kindern ab. Ein Name kann seinen guten Klang behalten durch viele Generationen hindurch, er kann ihn aber auch verlieren durch *einen* ungeratenen Sohn. So ist der gute Name des Vaters Ehrensache nicht nur des Vaters, sondern gerade der Kinder. Auch wir sind Träger eines guten Namens, des Namens unsres Vaters im Himmel. Wir sind durch unsre Taufe, durch unsre Erziehung, durch unsre Lebenserfahrungen dazu geführt worden, dass wir seine Kinder heißen dürfen. Jetzt wird es darauf ankommen, ob wir unserm Namen, der der Name Gottes ist, Ehre machen. Das ist wahrhaftig unsre eigene dringende Angelegenheit, obwohl Gott schon selber für seine Heiligkeit sorgt. Und darum hat es seinen guten und klaren Grund, wenn wir beten: Dein Name werde geheiligt! Ich würde diese Bitte etwa so ausdrücken mit andern Worten: Unser Vater im Himmel! *Lass uns dessen wert sein, dass wir Deine Kinder heißen dürfen!*

✳   ✳   ✳

Wir können schon den Namen unsres menschlichen Vaters auf zweierlei Weise *wert* halten oder *nicht* wert halten. Erstens mit unsern Worten. Zweitens mit unserm Leben. Von den *Worten* wollen wir zuerst reden. Was heißt denn das, einen Namen mit Worten wert halten oder heiligen? Offenbar doch soviel als: ihn nie anders über unsre Lippen bringen, als wie es dem Träger dieses Namens zukommt. Es heißt also einfach: diesen Namen mit Wahrhaftigkeit und nicht in Lüge gebrauchen. Ein Sohn, der den Namen seines Vaters zu Unrecht mit einer leichtsinnigen oder sträflichen Tat in Verbindung bringt, der entheiligt den Namen seines Vaters, denn er lügt. Ein Sohn, der betrügerisch Schulden macht auf den Namen seines Vaters, entweiht ihn, denn auch da ist eine Lüge im Spiel. Ein Sohn, der ein schlechtes und unnützes Leben decken will mit dem Gedanken: mein Vater heißt ja so und so, der entheiligt dessen Namen, denn auch er lügt. In all diesen Fällen wird der gute Name vorgeschoben für etwas, das nicht gut ist. Der Vater wird durch eine offenkundige Lüge seines Sohnes als Einer hingestellt, der er gar nicht ist. So verliert sein Name, er wird entheiligt. Und gerade so machen es nun Unzählige, die Gottes Kinder heißen dürfen. Sie entheiligen seinen Namen, indem sie durch eine Lüge Gott hinstellen als einen, der er gar nicht ist. Da sind vor Allem die, die Gottes Namen oberflächlich und *gedankenlos* in den Mund nehmen. Ich denke an Alles das, was Jesus als Plappern bezeichnet hat [vgl. Mt. 6,7]. Da redet man von Gott und redet doch nicht von ihm. Es gibt so viele Gebete und fromme Redensarten, mit denen es so steht; man spricht sie, aber man denkt und erfährt nichts dabei. Und doch spricht man sie immer wieder. Aus solch plapperndem, gedankenlosem Frommreden ist auch das Fluchen hervorgegangen. Das heißt Gottes Namen entheiligen. Denn unser Vater im Himmel ist Leben, und wo man seinen Namen braucht, ohne dass das innere Leben da ist, da entheiligt man seinen Namen, weil man damit lügt, und wenn man noch so fromm zu sein denkt dabei. Gottes Namen heiligen in seinen Worten, das heißt *ernsthaft* von ihm reden. Der Name Gottes darf nicht zu viel über unsere Lippen gehen. Es ist nicht ein Zeichen von besonderer Frömmigkeit, sondern von fehlender Tiefe, wenn man's nicht lassen kann, hinten und vorne beständig vom «lieben Gott» zu reden. Den Namen eines toten Götzen mag man 100 000 Mal nennen und meinen, etwas Gutes damit zu tun, unser Vater im Himmel verträgt es nicht, wie alles wahrhaft Große es nicht erträgt, dass man zuviel davon redet. Reden wir aber davon, nennen wir Gottes Namen, dann müssen wir selbst und die Andern das Gefühl haben, dass damit etwas Besonderes geschehe. Es muss etwas innerlich in uns zittern vor Ergriffenheit dabei, es muss unser Wort klingen nicht nur wie ein ehrfurchtsvoller Anruf, sondern wie ein Gelöbnis der Treue und der Arbeit. So kommt es dem zu, der den Namen Vater im Himmel trägt. So heiligen wir seinen Namen. –|

Eine andre Art, Gottes Namen zu entheiligen, ist die *unfreudige Art* von ihm zu reden. Es gibt viele Menschen, die nehmen es wohl recht wichtig und ernst, wenn sie von Gott reden, aber fast hätte ich gesagt: sie nehmen es *zu* ernst damit. Sie machen, sobald von Gott und Religion und Kirche auch nur von Weitem die Rede ist, ein feierliches, böses Gesicht und meinen, es müsse so sein. Sehr oft sind das gar nicht die, die auch in ihrem Leben so ernst und zurückhaltend sind, sie leben im Übrigen wie Andre auch oder sogar heiterer als Andre, aber für den lieben Gott ziehen sie gleichsam immer ein schwarzes Kleid an. Ja, was soll denn das? Heißt das nicht auch, aus Gott etwas ganz

Anderes machen, als er ist? Heißt das nicht, seinen Namen entheiligen, wenn wir ihn nie anders als mit einem traurigen Gesicht aussprechen? Gott ist doch der Vater, der uns lieb hat, der uns *Freude* macht, und da sollen wir auch Freude an ihm haben, und das muss sich zeigen, wenn wir von ihm reden. Wenn du nicht weißt, was das heißt, dann schlag einmal dein Gesangbuch auf und nimm die Lieder von Paul Gerhardt vor, etwa so eins wie «Sollt ich meinem Gott nicht singen!»[5] oder: «Geh aus mein Herz und suche Freud, in dieser schönen Sommerszeit.»[6] *Das* heißt Gottes Namen heiligen; *so* müssen wir's auch machen. Wir können z. B. damit anfangen, indem wir hier in der Kirche etwas kräftiger und freudiger unsre schönen Choräle singen, als es gewöhnlich geschieht. Und nicht so langsam, ein Choral ist kein Trauermarsch, und Gott hält es nicht mit den Griesgrämigen, sondern mit den Freudigen. – |

Aber nun müssen wir eine Stufe höher steigen. Gottes Name wird entheiligt überall da, wo man ein *Menschenmaß* aufrichtet über das, was von Gott gelehrt oder nicht gelehrt werden solle, überall da also, wo man über Andre richtet, weil sie nicht die gleichen Gedanken über Gott haben wie der, welcher richtet. So hat man vor einigen Wochen in Preußen einen Pfarrer, der von seiner ganzen Gemeinde verehrt wurde wegen seiner geistlichen Wirksamkeit, abgesetzt, weil er von Gott nicht mehr so lehre, wie man es in Preußen für richtig hält.[7] Ich glaube nicht, dass solches Richten und Absetzen, ob es nun im Großen oder Kleinen geschehe, verträglich ist mit Gottes Heiligkeit. Denn es wird auch da, oft in bester Meinung, Gott Gewalt angetan, er wird klein und eng gemacht, während er doch groß und weit ist wie der Himmel. Gottes Name wird als Buchstabe gebraucht, während er gebraucht sein will als Geist und Wahrheit. Wer Gottes Namen heiligen will in seinen Worten, der kann nicht der Knecht eines Buch-

---

[5]   GERS 3; RG 724; EG 325.
[6]   GERS 57; RG 537; EG 503.
[7]   Der Kölner Pfarrer Carl Jatho (1851–1913) wurde am 23. Juli 1911 aufgrund seiner kritischen Haltung gegenüber dem überkommenen Bekenntnis nach dem am 16. März 1910 für die altpreußische Union erlassenen Kirchengesetz betr. das «Verfahren bei Beanstandung der Lehre von Geistlichen» (AKED 59 [1910], S. 265) dienstentlassen. Vgl. M. Wolfes, Art. «Jatho, Karl Wilhelm», in: RGG⁴ IV, Sp. 392.

stabens sein und noch weniger andre zu solchen Knechten machen wollen; der dringt ein in die Tiefen des Geistes des Herrn; der erkennt, dass, wo der Geist des Herrn ist, da ist *Freiheit* [2.Kor. 3,17]. Die Freiheit ist das Gegenteil von Menschenmaß. Wir haben Freiheit, weil unser Gott so überschwänglich reich und mannigfaltig ist. Er hat jedem von uns etwas Besonderes zu sagen, je nach seinem besondern Charakter, seinen Erfahrungen und Lebensumständen. Und darum will er vor Allem, dass jeder aufrichtig sei und sich von Niemandem, wer es auch sei, das Heft korrigieren lasse. Er ist der Gott der Wahrheit und kann uns nur brauchen, wenn wir zuerst und zuletzt wahr sind mit uns selber. Sonst sind wir seine wahren Kinder nicht. Und so gehört die Freiheit hinzu zum Heilighalten seines Namens. – |

Ernsthaftigkeit, Freude, Freiheit haben wir genannt, aber das Höchste und Größte kommt erst. – Gottes Name ist dann heilig in unsern Worten, wenn sie aus der *Liebe* kommen. Darin ist alles Übrige enthalten. Und wenn's am Übrigen fehlt, so kommt es daher, dass es im Grunde an der Liebe fehlt. Gott ist die Liebe [1.Joh. 4,16], das predigt uns jedes Wort in seinem Namen, den wir nun kennengelernt haben. Und da erhebt sich nun sofort die Frage: Warum nimmst du den Namen dieses Gottes in den Mund? Was willst du damit? Das kann die mannigfachsten Gründe haben. Bei manchen ist's das, dass sie sich damit Ruhe schaffen möchten vor ihrem eigenen Gewissen, sie hoffen Seelenfrieden zu finden, wenn ihr Mund göttliche Worte spricht. Ja, so einfach ist das nicht. Es hat schon Mancher geredet und geredet von Gott, und es ist nicht besser geworden in seinem Innern. Dem Freiherr von Münchhausen, der sich an seinem eigenen Zopf aus dem Sumpf ziehen wollte,[8] wird es schwerlich gelungen sein, und wer

---

[8] Vgl. G. A. Bürger, *Wunderbare Reise zu Wasser und Lande, Feldzüge und lustige Abenteuer des Freiherrn von Münchhausen, wie er dieselben bei der Flasche im Zirkel seiner Freunde selbst zu erzählen pflegt,* (Erstdruck: 1786) Frankfurt/Main 1976, S. 53f.: «Ein andres Mal wollte ich über einen Morast setzen, der mir anfänglich nicht so breit vorkam, als ich ihn fand, da ich mitten im Sprunge war. Schwebend in der Luft wendete ich daher wieder um, wo ich hergekommen war, um einen größern Anlauf zu nehmen. Gleichwohl sprang ich auch zum zweiten Male noch zu kurz und fiel nicht weit vom andern Ufer bis an den Hals in den Morast. Hier hätte ich unfehlbar umkommen müssen, wenn nicht die Stärke meines eigenen Armes mich an meinem eigenen Haarzopfe, samt dem Pferde, welches ich fest zwischen meine Knie schloß, wieder herausgezogen hätte.»

nur von seiner eigenen Sehnsucht zehrt, wird nicht satt werden. Aber nun versuch es einmal, von Gott zu reden, ohne an dich zu denken, suche ihn den Andern zu bringen, zu zeigen, lebendig zu machen. Sieh, damit heiligst du seinen Namen, denn das entspricht seiner eigenen Art: lieben, helfen, sich öffnen. So handelt Gott an uns. So sollen wir von ihm reden. –|

Andre gibt's, die reden von ihm, weil sie selbst in der Welt kein Glück gehabt und weil sie's nun auch den Andern versauern möchten. Das gibt dann jenes unfreudige Christentum, von dem wir sprachen. Solche Menschen mögen oft in tiefem Ernst von Gott reden. Aber ist ihr Ernst auch *heiliger* Ernst? Heiligen sie den Namen Gottes? Reden sie so von ihm, wie es seiner Art entspricht, oder wird er unter ihren Händen, in ihrem Munde ein finsterer, unfreundlicher Tyrann? Seht, wenn uns Gott heilig ist, dann reden wir so von ihm, dass wir Freude um uns verbreiten. Gott ist die Liebe [1.Joh. 4,16], und die Liebe denkt nicht zuerst ans Verleiden, sondern ans Schenken. So auch wir, wenn wir seinen Namen in den Mund nehmen. –|

Und wieder Andre sind, die reden von Gott, aber sie tun es aus einer versteckten, aber gründlichen Eitelkeit. Es tut der Selbstliebe so wohl, es hebt die Person so prächtig heraus, wenn man zu andern Leuten von dem reden darf, was das Höchste ist im Leben. Es liegt etwas so Angenehmes in dem Gefühl, sich selbst mit Gott auf die eine Seite zu stellen und die ganze übrige Welt auf die andre. Aber eine Heiligung des Namens Gottes ist das Reden nicht, das aus diesem Gefühl kommt. Es kann sehr schön und sehr fromm sein, aber es ist nicht das, was Gott braucht. Denn wenn ich mit Menschen- und mit Engelzungen redete und hätte der Liebe nicht, so wäre ich nichts [1.Kor. 13,1]. Es sind vielmehr die Geister des Messens und Abwägens und Richtens der Andern, die aus diesem Gefühl kommen. Gottes Geist ist ein anderer. Wo *er* wirklich ist, da vergisst man seine eigene Person, da denkt man nur daran: wie kann ich den Andern etwas sein, da ist man ganz von selber frei und unbefangen, da braucht man den Namen Gottes, wie er gebraucht sein will, nicht um ein selbstgefälliges Spiel damit zu treiben, sondern um den Andern damit ein Evangelium, eine frohe, helfende, erlösende Botschaft zu bringen.

Was sollen wir jetzt noch besonders davon reden, dass Gottes Name nicht nur in unsern Worten, sondern in unserm *Leben* geheiligt werden soll. Als ob das Eine möglich wäre ohne das Andre! Als ob man von Gott würdig reden könnte, ohne seiner würdig zu *sein*. Ernsthaftigkeit, Freude, Freiheit, Liebe – das sind die Dinge, die nicht nur in unsern Worten liegen müssen, sondern in unsern Herzen und in unserm Tun, wenn Gottes Name bei uns heilig sein soll. Liegen sie nicht in unserm Herzen, so liegen sie sicher auch nicht in unsern Worten.

Und nun können wir zum Schluss noch etwas Näheres sagen über das merkwürdige Wort «heilig» und «heiligen». Es haben auch die Juden zur Zeit Jesu gebetet: Dein Name werde geheiligt! Aber es hatte einen tief verschiedenen Sinn, ob sie es beteten oder ob Jesus es tat. Wenn sie es taten, dann bedeutete es so viel als: man muss Respekt haben, man muss feierlich und gewichtig werden, man muss Umstände und Zeremonien machen, wenn man das Wort «Gott» ausspricht. Sogar für das Schreiben des Wortes hatten sie allerlei Heimlichkeiten erfunden, um nur ja eine Entheiligung zu verhindern. Und so denken es sich wohl auch noch manche Christen, als ob das die Heiligkeit des Namens Gottes sei, dass er nur mit besondern Betonungen und in besonderer Feierlichkeit von uns gebraucht werde. – |

Der Sinn Jesu ist ganz ein anderer. Ihm kommt Alles an auf den Geist und die Meinung, in der wir von Gott reden. Ihm kommt es überhaupt auf den Geist und die Meinung an, die in uns leben. Es gibt einen Geist und eine Meinung, die heiligen Gott, weil sie seiner würdig sind, und einen andern Geist und eine andre Meinung, die entheiligen ihn, weil sie ihn zur Lüge machen. Was wir nötig haben, um vor Gott zu bestehen, das sind nicht die heiligen Worte, sondern das ist der heilige Geist, der Geist der Zucht und der Kraft und der Selbstlosigkeit [vgl. 2.Tim. 1,7], der von Gott redet, ohne dass ein Wort über unsre Lippen kommt, der von Gott redet, während wir an der Arbeit sind oder bei Tische sitzen, während wir unsre häuslichen Pflichten tun oder während wir mit guten Freunden zusammen sind. Wenn wir diesen Geist haben, sind wir Gottes Kinder und seiner würdig [vgl. Röm. 8,14]. Dann ist sein Name heilig bei uns. Denn dieser Geist ist *sein* Geist. Aber eben weil es sein Geist ist, müssen wir bei ihm selbst darum bitten und suchen. Und unser Suchen kann nicht vergeblich sein: er hat uns Jesus gegeben und gezeigt, damit er uns heilig macht, wie es den Söhnen des himmlischen Vaters zukommt. *Er muss uns* anleiten, zu suchen und zu finden, worum wir bitten: Dein Name werde geheiligt! Dein guter Geist der Ernsthaftigkeit, der Freude, der Freiheit, der Liebe, er erfülle unsre Herzen und reinige unsre Lippen! Amen.

75

Safenwil, Sonntag, den 20. August 1911
(10. nach Trinitatis)

Matthäus 6,10a

Dein Reich komme!

Liebe Freunde!

Die Bitte: Dein Reich komme! ist die größte und wichtigste unter den Bitten des Unser-Vaters. Jesus lebte und arbeitete und starb für nichts Anderes als für das Eine, dass Gottes Reich komme, und wir können uns auch nicht ernstlich denken, dass er um etwas Anderes zu Gott gebetet hat als darum, dass sein Reich komme. Wenn er gelegentlich und auch im Unser-Vater noch um andere Dinge gebetet hat, so sind das doch nur andre Worte für dieselbe Sache. Das Gebet um das Kommen des Gottesreichs war der Strom, in den alle seine andern Gebete schließlich einmündeten. Und was für Jesus gilt, das gilt auch für alle die, die seine Jünger und Nachfolger sein möchten. Er hat nicht nur sein eigenes, sondern *unser* Lebensprogramm ausgesprochen in dem bekannten Wort: Trachtet am Ersten nach dem Reiche Gottes und nach seiner Gerechtigkeit, so wird euch Solches Alles zufallen [Mt. 6,33]. Sollen wir am Ersten danach trachten, so sollen wir auch am Ersten darum beten. Es gibt für unser äußeres und inneres Leben, für unser Leben in der Welt und für unser Leben in Gott nichts anderes, woran uns mehr gelegen sein könnte, als das, worum wir bitten, wenn wir es Jesus nachsprechen: Dein Reich komme!

Aber eben weil das so ist, scheint es mir ein ganz unmögliches Unternehmen, über dies Wort eine Predigt zu halten, was man so unter einer Predigt versteht, es auszulegen, zu erklären und anzuwenden. Es ist zu groß dazu, denn es ist einfach Alles darin. Man könnte es gerade so gut unternehmen, Gott auszulegen und zu erklären oder das Leben oder das Christentum. Man würde dabei dastehen wie Einer, der das Meer mit der hohlen Hand ausschöpfen wollte.[1] Man könnte

---

[1] Im Hintergrund des hier verwendeten Bildes steht die über Augustin vielfach und in verschiedenen Varianten erzählte Legende, nach der ein Junge,

ein Jahr lang Predigten halten und anhören nur über dieses kleine Wort, und man würde zum Schluss merken, dass man gerade einen kleinen Anfang von Auslegung und Erklärung fertiggebracht hat. Wer die Bitte: Dein Reich komme! versteht, der versteht das Evangelium, und wer sie nicht nur versteht, sondern zu beten versteht, wie sie gebetet sein will, der ist ein echter Jünger Jesu, denn in dieser Bitte hören wir den Herzschlag unsres Meisters. Aber wer wollte vom einen oder andern sagen: ich bin so Einer?! Und so steht jetzt dieses Wort vor mir wie ein mächtiger ungefüger Felsblock, wie ihr solche in unsern Bergen alle schon gesehen habt. Es kann keine Rede davon sein, dass ich in dieser Stunde so einfach mit einigen Erklärungen hinaufklettere und euch mit hinaufklettern lasse. Es könnte uns dabei Hören und Sehen vergehen.[2] Und doch steht's fest, dass wir hinauf *müssen*, nicht in dieser Stunde, aber in unserm Leben. Denn man kann schließlich gerade sein Leben damit ausfüllen, es durch Nachdenken und Erfahrung verstehen zu lernen, wie das ist, wenn das Reich Gottes kommt, und es versuchen zu lernen, darum zu beten. Es führen nämlich schon Wege hinauf auf den Felsblock, von allen Seiten sogar. Je mehr wir uns die Sache vertiefen, desto andächtiger und feierlicher wird uns zu Mute angesichts des überwältigenden Reichtums verschiedenartiger, oft entgegengesetzter Beziehungen und Wahrheiten, die in dem kleinen Wort beschlossen liegen. Aber die Sache steht so, dass jeder seinen eigenen Weg entdecken und gehen muss, und das ist eine Lebensaufgabe und ein Lebensinhalt. Was wir heute tun können, das soll nur darin bestehen, dass wir einander in einigen Worten aufmerksam machen auf die verschiedenartigen und entgegengesetzten Wege, die nach demselben Ziel laufen, dass wir versuchen eine Ahnung zu bekommen von dem Reichtum, der sich in diesem Worte uns anbietet. Da muss dann jeder selbst ergreifen und verstehen: welches ist in dieser Mannigfaltigkeit *mein* Weg?

der am Strand das Meer mit einer Muschel ausschöpfen wollte, ihm die Augen dafür geöffnet habe, dass dies Unterfangen nicht weniger aussichtsreich sei als das Wesen Gottes ergründen zu wollen; vgl. G. Wenz, *Filioque. Kontexte einer Kontroverse*, in: ders., *Grundfragen ökumenischer Theologie. Gesammelte Aufsätze*, Bd. 2 (FSÖTh 131), Göttingen 2010, S. 242–309, dort S. 242, Anm. 1.

[2] Redewendung im Sinne von: jemand ist sehr überrascht, versteht gar nichts mehr, ist wie betäubt; vgl. Röhrich III, S. 738.

*   *   *

Dein Reich komme! Wenn wir das von Herzen beten, dann müssen wir es vor Allem immer wieder empfinden wie einen Schnitt, der in unsre Gedanken und Interessen und Gefühle hinein gemacht wird. Von einer ganzen Menge von Dingen in unserm innern Leben heißt's da: sie sind etwas Anderes als Reich Gottes, sie müssen zurücktreten, verschwinden. So haben schon die alten Christen so gebetet: Es komme dein Reich, es vergehe die Welt![3] Für Jesus selbst lag ein scharfer Gegensatz in diesem Gebet. Er dachte an die Reiche dieser Erde, an das Römerreich, das in aller Herrlichkeit damals dastand, und an das Weltreich, das wenigstens in den Köpfen der Israeliten lebte. Das waren oder sollten sein Reiche, die ihre Größe hatten in dem, was sichtbar ist, in der Macht der Waffen und des Geldes, in der Schlauheit und Rücksichtslosigkeit, im Reichtum und Wohlleben. In dieses ganze Bild hinein machte Jesus einen Schnitt, wie ich sagte. Er findet die ganze Idee eines solchen Weltreiches ärmlich, klein, menschlich-allzumenschlich,[4] er wendet sich von den Menschen ab und zu Gott hin, um ihn anzurufen: *Dein* Reich komme. Etwas von dieser Abwendung müssen wir auch erfahren, wenn wir mit ihm leben wollen. Wir Alle stecken drin in einer dicken Atmosphäre von irdischen Gedanken. Es sind Gedanken an unser Vorwärtskommen, an unsren Verdienst, an unser Selbstgefühl, auch an unser Wohlsein und Vergnügen. Wenn's jetzt heißt: Dein Reich komme, dann bedeutet das: dass das Alles zurückbleiben muss, weil es etwas Größeres gibt. Gott braucht der Mensch, aber Gott wohnt nicht im Sichtbaren. Wollen wir ihn haben, so müssen wir hinaus über das Sichtbare. Alle Herrlichkeit der Erde, alles Glück des Lebens kann uns das Eine nicht ersetzen, was nottut. Was hülfe es dem Menschen, wenn er die ganze Welt gewönne, und nähme doch Schaden an seiner Seele? [Mt. 16,26] Gott ist Geist [Joh. 4,24], und sein Reich ist das Reich des Geistes. Als Geist muss es zu uns kommen und das Sichtbare überwinden. Die Menschen sollen aufhören, für ihren Leib und für ihre Seele zu sorgen als für zwei getrennte Dinge. Die Gefahr ist zu groß, dass sie dabei zwei Herren

---

[3] Vgl. Didache 10,6 (vgl. oben, S. 9, Anm. 7).
[4] Siehe oben, S. 194, Anm. 5.

dienen [vgl. Mt. 6,24] und keinem recht; sondern sie sollen *nur* noch für ihre Seele sorgen. Was gilt das Auswendige neben dem Inwendigen, was der Körper neben dem Geist, was die Welt neben Gott? Paulus hat einmal von den irdischen Dingen gesagt, er habe sie alle für Kot erachtet, auf dass er Christum gewinne [vgl. Phil. 3,8]. Die Stimmung eines Menschen, der ums Kommen des Gottesreiches betet, wird keine andre sein können. Jesus selbst ist es gerade so ergangen. «Mein Reich ist nicht von dieser Welt» [Joh. 18,36] – solange wir kleben an den Dingen, solange kommt also auch dies Reich nicht zu uns. Vielleicht gefällt uns das nicht, vielleicht ist uns das zu schroff und radikal, aber ändern können wir's nicht. Solange uns die Welt nicht vergeht, kommt das Reich nicht zu uns. – |

Und nun folgt aus demselben Gebet Jesu scheinbar der genaue Gegensatz. «Dein Reich komme!» beten wir. Ja, wissen wir denn auch, was wir damit sagen? Die meisten Christen, gerade die ernsthaften und eifrigen, gerade die, welche es begriffen haben, dass die Welt vergeht mit ihrer Lust [1.Joh. 2,17], sie denken sich die Sache gewöhnlich umgekehrt. Sie beten nicht: «Dein Reich komme!», sondern: lass mich oder uns in den Himmel kommen! Ja, das ist sehr zweierlei. Wenn's darauf ankäme, dass der Mensch in den Himmel, ins Reich Gottes kommt, dann wäre die Entwicklung eines rechten Menschen die, dass er diese Welt und Erde, die Arbeit und den Beruf und die andern Menschen immer hinter sich lasse als ein schlechtes Tal des Jammers, als Dinge, die des Verstehens nicht wert. «Wo findet die Seele die Heimat, die Ruh ... Nein, nein, hier ist sie nicht, die Heimat der Seele ist droben im Licht.»[5] Wir haben gesehen: das hat sein Recht: das Reich

[5] Vgl. Strophe 1 des Liedes «Wo findet die Seele die Heimat, die Ruh» von Fr. L. Jörgens:

> Wo findet die Seele die Heimat, die Ruh?
> Wer deckt sie mit schützenden Fittichen zu?
> Ach, bietet die Welt keine Freistatt mir an,
> Wo Sünde nicht herrschen, nicht anfechten kann?
> Nein, nein, nein, nein! Hier ist sie nicht;
> Die Heimat der Seele ist droben im Licht!

Abdruck u. a.: *Lieder zur Ehre des Erretters! Vereinslieder des Blauen Kreuzes (Schweizerausgabe)*, Bern (1908[9]) 1924[14], Nr. 80; *Evangelisches Gesangbuch für Rheinland und Westfalen*, Dortmund o. J. [Ausgabe 1908; 1915; 1921], Anhang: Geistliche Lieder, Nr. 43.

Gottes ist *sein* Reich, ein Reich des Geistes, es ist nicht von dieser Welt. Aber wir wollen vorsichtig sein und nicht sagen, dass das letzte Wort sei, dass man recht verächtlich von der Welt denke und rede. Wie denn? Beten wir nicht: Dein Reich *komme*?! Komme zu uns in unsre Welt, auf diese Erde, zu uns Menschen? Ist das nicht unendlich viel größer und herrlicher, als dass wir in den Himmel kommen? Es steht nicht so, dass Gottes Reich irgendwo in der Ferne liegt, und wir hätten nach ihm zu pilgern, sondern es steht so, dass es zu uns kommt. Gottes Reich ist ja nicht ein Land, das an seiner Stelle bleibt, sondern eine Herrschaft, wie die eines Königs, ein Machtbezirk, der sich ausdehnen und wachsen, der zu uns kommen kann. Und er kommt wirklich, und zwar zu uns, in unser Leben hinein. Nicht das ist unser Lebensziel, dass wir aus diesem Leben entrückt werden, sondern dass Gottes Reich in dies Leben hinein dringe, dass dies unser Leben selbst ein Stück Gottesreich werde. Wir wollen es uns recht klarmachen, was das heißen will. Viele Christen, denen es sehr ernst ist, denken sich das so, es müsse in ihrem Leben, im Leben der Menschen überhaupt eine gewisse Parzelle von Reich Gottes sein. Sie denken beim Reich Gottes an die Werke der innern und äußern Mission, an christliche Unternehmungen und Bestrebungen aller Art, an die Pflege des geistlichen Lebens in Kirche und Versammlungen.[6] Das sind ihnen die Dinge des Reiches Gottes, während nebenan die Dinge der Welt liegen. Ich glaube doch: da ist noch nicht Ernst gemacht mit dem *Kommen* des Gottesreichs. Kommen heißt, dass es durchdringt, wie das Salz im Scheffel Mehl [vgl. Mt. 13,33], dass also gerade die Welt, gerade das Gewöhnliche, Alltägliche, Ungeistliche und Äußere Reich Gottes wird, gerade das!! Das ist noch nicht das Kommen des Reiches Gottes, dass ein Mensch fromme Gedanken hat, dass er in die Kirche oder Kapelle[7] geht oder dass er für die Mission arbeitet oder einen Beitrag

---

[6] «Versammlungen» meint die neben dem oder im Gegenüber zum Gemeindegottesdienst stattfindenden Versammlungen der pietistischen Gemeinschaft (s. auch die nachfolgende Anm.).

[7] «Kapelle» steht hier für den Versammlungsraum der pietistischen Gemeinschaft und wurde von Barth synonym auch für diese Gemeinschaft als solche verwendet: «Merkwürdigerweise machen z. Z. auch die Kapellenleute gegen mich mobil» (Bw. Thurneysen I, S. 325). Vgl. E. Busch, *Karl Barth und die Pietisten. Die Pietismuskritik des jungen Karl Barth und ihre Erwiderung* (BEvTh 82), München 1978, S. 47f., Anm. 78.

gibt. Sondern da kommt das Reich Gottes, wo einer fleißig und treu in der Fabrik seine Arbeit tut, wo einer sich zusammennimmt seinen Gewohnheiten und Leidenschaften gegenüber, wo einer Freude und Frieden verbreitet in seiner Umgebung. |

Und das ist das Kommen des Reiches Gottes, um das wir beten sollen, dass unser Volk und unsre Regierungen Sinn und Kraft finden zu einer gesunden, vom Geist gegenseitiger Opferwilligkeit getragenen Politik, dass die Fabrikanten lernen, sich verantwortlich [zu] fühlen für Seele und Körper ihrer Arbeiter, und dass die Arbeiter lernen, sich solidarisch zu fühlen nicht nur mit den Gliedern ihrer Klasse, sondern mit dem Volk als Ganzem und den nationalen Verpflichtungen, die für Alle da sind. Das ist das Kommen des Reiches Gottes, wenn man Vernunft annimmt in den scheinbar belanglosen Dingen des Haushalts, wenn die Mütter die Pflicht empfinden, ihre arbeitenden Kinder nicht nur zu ernähren, sondern recht zu ernähren, wenn die Väter es versuchen, die Kinder nicht nur zur Arbeit anzuhalten, sondern ihnen an der Arbeit Freude zu machen. Das ist das Kommen des Reiches Gottes, wenn die Leute Sinn bekommen für edles Vergnügen gegenüber dem gemeinen, das den Menschen schlecht macht, wenn ihnen die Augen aufgehen für den Unterschied von schön und hässlich, wenn sie Geschmack bekommen und Gefühl für das, was groß und klein ist, wertvoll und wertlos in dem, was man ihnen bietet an Bildern und Büchern und Liedern. Das Alles sind weltliche Dinge, ich weiß es und wiederhole: Die Welt vergeht, wenn das Reich Gottes kommt. Und doch ist auch das Andre wahr: Das Reich Gottes schwebt nicht über der Welt wie der Geist Gottes nach dem Bericht der Bibel am Anfang über den Wassern schwebte [Gen. 1,2], sondern es kommt in die Welt, in *diese* Alltagswelt; es macht uns frei vom Alltag, um uns dem Alltag zurückzugeben, es macht uns los vom Gewöhnlichen, um uns gerade am Gewöhnlichen Freude zu machen. Es weist uns ganz auf den Geist, aufs Unsichtbare, damit die ganze Kraft des Geistes dem Sichtbaren zu Gute komme. Wenn das Reich Gottes kommen soll, dann heißt das: denk an deine Seele, an Gott und sonst an gar nichts Anderes! Aber wer das ernstlich tut, der erfährt, was ein tiefsinniger Gläubiger einmal so ausgedrückt: Das Ende der Wege Gottes ist die Leiblichkeit![8] Eine Seele haben heißt, einen hei-

---

[8] Vgl. Fr. Chr. Oetinger, *Biblisches und emblematisches Wörterbuch* (1776),

ligen Leib haben. Gott dienen heißt, ein rechtschaffener Mensch in dieser Welt sein. Im Geist leben heißt, am Stoffe arbeiten. So ist das Reich Gottes zugleich das Allergeistigste und das Allermateriellste, was man sich denken kann. Es sind verschiedene Wege, wenn wir die eine oder die andere Seite der Wahrheit ins Auge fassen, aber sie führen zum selben Ziel.

*   *   *

Und nun muss ich noch einmal Nachdruck darauf legen, dass wir beten: Dein Reich komme! Nicht wir kommen, sondern Gott und sein Reich kommen. Ein Ausleger dieses Wortes hat sehr richtig gesagt: es handelt sich nicht um eine Bewegung von unten nach oben, sondern um eine Bewegung von oben nach unten.[9] Wir Alle ohne Ausnahme sind weit davon entfernt, es recht zu verstehen, wie wahr das ist. Wir müssten wieder lernen, so anschaulich zu denken, wie Jesus und seine Zeitgenossen es taten. Wenn sie beteten: Dein Reich komme!, dann dachten sie nicht bloß etwas, sondern sie *sahen* etwas, sie sahen das himmlische Jerusalem, die Stadt Gottes mit den 12 Thronen von Perlen droben in den Lüften, bereit, sich herniederzusenken, wenn seine Zeit da wäre [vgl. Apk. 21,2.21]. Das war ein «Kommen», das der Erwartung wert war, wenn einmal diese ganze Herrlichkeit kam, wirklich auf Erden kam, so dass die Menschen nichts zu tun

Bd. 1: *Text*, hrsg. von G. Schäfer (Texte zur Geschichte des Pietismus, Abt. VII: Friedrich Christoph Oetinger, Bd. 3/1), Berlin 1999, S. 223: «Leiblichkeit ist das Ende der Werke Gottes, wie aus der Stadt Gottes klar erhellet.» Der Satz wird aber auch in der von Barth genannten Version («Wege» statt «Werke») zitiert: vgl. etwa C. A. Auberlen, *Die Theosophie Friedrich Christoph Oetinger's nach ihren Grundzügen. Ein Beitrag zur Dogmengeschichte und zur Geschichte der Philosophie*, Zweite Ausgabe, Basel 1859, S. 33.155.516.

[9] Vgl. J. Weiß, *Die drei älteren Evangelien*, in: SNT I, Göttingen 1906, S. 28–484, dort S. 233: «In beiden Ausdrücken der Evangelien kommt diese letztere Beziehung stark zum Ausdruck, daß *Gott* seine Herrschaft *errichten* wird, daß das Reich vom *Himmel her kommt*. Damit ist ausgeschlossen sowohl die ethische Vorstellung, daß das Reich Gottes erst durch das Handeln der Menschen *entsteht*, wie die andre, daß das Himmelreich dauernd droben im Himmel *bleibt*, [...]. Der Begriff ist nicht von unten nach oben, sondern von oben nach unten gedacht.»

hatten, als durch offene Tore einzugehen zu ihres Herrn Freude [vgl. Mt. 25,21]. Solche farbenprächtigen Vorstellungen vom Reiche Gottes mögen manchem von uns zu kindlich und auch wohl zu materiell vorkommen. Ich will nicht mit ihm darüber streiten. Aber das möchte ich: ich möchte, wir hätten die kindlichen Gedanken aller Zeiten, und wir hätten dafür auch die klare Erkenntnis, die sich in solchen Gedanken ihren Ausdruck suchte, die Erkenntnis: Gott ist's, der schafft und wirkt, wenn sein Reich kommt, wir können nur dastehen und bekennen: Herr, wie sind deine Werke so groß und viel [Ps. 104,24]. Diese Erkenntnis fehlt uns: euch und mir auch. Wir meinen immer, das Reich Gottes sei das, was *wir* machen an guten und schönen Dingen, also z. B. *unsere* tiefen und richtigen Anschauungen über Gott und die Welt oder *unser* tugendhaftes Leben, *unsre* Bemühungen und Verbesserung der Welt und der Menschen oder gar, was das Gefährlichste ist: *unsre* christlichen Kirchen und Gemeinschaften. Und darüber geraten wir so tief hinein in die Unkraft und in das Unrecht. Wenn es uns nicht gut geht, dann verzweifeln wir am Leben überhaupt, wenn man uns widerspricht, dann meinen wir gleich, es mit Widerspruch gegen Gott zu tun zu haben, wenn es uns mit unsrer guten Meinung nicht gelingt, dann denken wir, das Gute sei überhaupt angefochten. Und so sind wir zugleich selbstbewusst und haltlos, zugleich borniert und unsicher, und dies kleinliche Wesen nennen wir dann wohl gar noch Reichsgotteswerk. Das wusste Jesus anders, und Paulus wusste es anders, und Luther und Calvin wussten es anders. Für sie gab es nur *ein* Reichsgotteswerk: das, welches Gott selbst treibt. «Gottes Reich kommt auch ohne unser Gebet», hat Luther ausgelegt,[10] und Paul Gerhardt hat es in Versen ausgedrückt:

Ihr dürft euch nicht bemühen
Noch sorgen Tag und Nacht,
Wie ihr ihn wollet ziehen
Mit eures Armes Macht.

[10] Vgl. die Auslegung der zweiten Bitte des Vaterunsers in Luthers Kleinem Katechismus (BSLK, S. 513,7–9; vgl. BSLK.NE, S. 876,4f.): «Gottes Reich kömmpt wohl ohn unser Gebet von ihme selbs, aber wir bitten in diesem Gebet, daß es auch zu uns komme.»

Er kommt, er kommt mit Willen,
Ist voller Lieb' und Lust,
All Angst und Not zu stillen,
Die ihm an euch bewusst.[11]

Wir können keine Freude haben am Reiche Gottes, solange wir nicht gelernt, Gott wirklich *kommen* zu lassen. Wir müssen daran glauben lernen, dass das Gute die Macht ist in der Welt, auch ganz abgesehen von unsrer Person. Dann wird unser Streben frei von der Selbstsucht und ihren Enttäuschungen, dann sind wir zugleich bescheiden und sicher. Wir wissen, dass es auf uns nicht ankommt und dass wir doch auf dem allerfestesten Boden stehen. Wir warten dann auch auf die Gottesstadt Jerusalem, die wir nicht zu bauen haben mit unsern Steinlein und unserm Mörtel, sondern die vom Himmel kommt [vgl. Apk. 21,2]. – |

Und nun müssen wir wieder den scheinbaren Gegensatz aussprechen, der sich bei diesen Gedanken notwendig erheben muss. Es ist wahr, und wir wollen uns fest daran halten: Gottes Reich kommt ohne uns, es ist an uns und unser bisschen Anstrengung nicht gebunden. Und doch gibt es nichts, was die Menschen mehr in Bewegung versetzen könnte, als wenn das Reich Gottes zu ihnen kommt. Wenn das Reich Gottes zu den Menschen kommt, dann heißt das nicht, dass ihnen mit gekreuzten Armen[12] etwas passiert, sondern das besteht ganz unmittelbar darin, dass jeder seinen besondern *Auftrag* bekommt. Dass das Reich Gottes kommt, das zeigt sich darin, dass die Menschen schaffen. Gerade weil Gott Alles allein macht, können die Menschen in seinem Reich nichts Anderes tun, als guten Willen zu bewähren an dem Platz oder Plätzlein, wo das Leben sie hingestellt. Denn Gott ist der große gute Wille in der Welt. Hat man das Vertrauen zu dieser Tatsache, da muss man sie auch in seinem Leben gelten lassen. Wo das Reich Gottes ist, da sind die Menschen an der Arbeit, und ich meine damit nicht irgend eine christliche Extraarbeit, sondern das, was ihr alle unter Arbeit versteht, das Werken in Haus und Feld und Fabrik, und wo es sei. Wo das Reich Gottes ist, da tut man alle diese

---

[11] Strophe 7 des Liedes «Wie soll ich dich empfangen» von P. Gerhardt (GERS 90; RG 367; EG 11).

[12] Vgl. oben, S. 181, Anm. 12.

Arbeit freudig und aus Herzensgrund. Denn man weiß, dass man sie im Dienst Gottes tut, des Gottes, dessen ältestes Gebot lautet: Seid fruchtbar und mehret euch und machet euch die Erde untertan! [Gen. 1,28] Gott allein *wirkt* und die Menschen sollen *schaffen*, so lautet das Gesetz des Gottesreichs. Wieder ist's ein Widerspruch, den wir damit aussprechen, aber der Widerspruch löst sich in der Erfahrung des Lebens. Es sind zwei Wege, die zum selben Ziel führen.

* * *

Und nun müssen wir auf noch Eines achten: Das Reich Gottes ist nicht da, sondern es kommt, es ist etwas *Zukünftiges*. Wenn wir beten: Dein Reich komme!, so sagen wir: lass deine glorreiche Zukunft Gegenwart werden. Unsre Augen sind dann vorwärts gerichtet, nicht auf das, was ist, sondern auf das, was werden soll in der Welt. Wer sein Neues Testament kennt, der weiß, dass alle seine Bücher voll sind von Zukunftsgedanken. Die Evangelien fangen an mit der Botschaft Johannes des Täufers: Das Himmelreich ist nahe herbeigekommen! [Mt. 4,17]. Und die Offenbarung des Johannes schließt mit dem Gebet: Amen, ja komm, Herr Jesu! [Apk. 22,20] Die ältesten Christen lebten in der beständigen heißen Erwartung dieses Kommens. Und wie ist gerade diese Erwartung ihnen eine Kraft gewesen, die sie antrieb, sich zu heiligen und treu zu sein mit dem, was Jeder empfangen. «Wachet und betet, denn Ihr wisset weder Tag noch Stunde, da des Menschen Sohn kommen wird!» [Mt. 25,13]. Es sind dann Jahrhunderte und Jahrtausende gefolgt, in denen die Christenheit diese Zukunftserwartung fast völlig verlernt hat, in denen sie wenigstens in ihrer großen Mehrheit sich mit der Gegenwart zufrieden gab. Wir haben das hohe Vorrecht, in einer Zeit zu leben, die vielleicht mit mehr Verständnis als die meisten früheren wieder beten kann: Dein Reich komme! |

Die große sozialistische Bewegung hat es uns gezeigt, was das heißt: an die Zukunft glauben, wie das die Gedanken und die Arme der Menschen in Bewegung setzt, wenn man ihnen ein Bild vorhält mit der Verheißung: Das soll Wirklichkeit werden.[13] Was würden wir

---

[13] Den Gedanken einer Vergleichbarkeit der Ziele von sozialistischer Bewegung und Christentum führte Barth im Dezember 1911 in einem Vortrag

für eine Christenheit sein, wenn wir lernten, Gott wieder in der Zukunft zu suchen als den, der uns *vor*steht. Wenn es mehr Sehnsucht gäbe in unsren Reihen, Sehnsucht nach dem Bessern im persönlichen und öffentlichen Leben, in Familie und Vaterland. Wir würden es dann auch erfahren, dass die Sehnsucht an sich selbst schon eine Kraft ist fürs Leben, das es etwas Größeres nicht gibt als den Willen zur Gerechtigkeit, zur Liebe, dass das Reich Gottes schon da ist, wo man ernstlich betet: Dein Reich komme! Oder war es etwa nicht da, als Jesus so gebetet hat? Hat er da Andern nicht gesagt: Ihr erwartet es, ihr stellt allerlei Überlegungen an über sein Kommen, aber so kommt es nicht, siehe, es ist in eurer Mitte [vgl. Lk. 17,21]! Das ist nun das Allermerkwürdigste und doch das Allersicherste: Gottes Reich, auf das wir warten, das ist schon da. Die Zukunft, nach der wir uns ausstrecken, sie ist bereits Gegenwart. |

Das war nun der vollkommene Widerspruch. Und doch ist es Wahrheit. Gottes Reich ist schon da in der Welt, weil Jesus schon da ist in der Welt. In ihm ist ein Stück Zukunft Gegenwart geworden, ein vorgeschobener Posten gleichsam im Feindesland. Und die zu ihm sich halten, die brauchen sich auch nicht mehr im Feindesland zu fürchten. Für sie ist die Zukunftsherrlichkeit des Gottesreiches bereits Gegenwart. Sie machen Erlebnisse, in denen sie im Gottesreich bereits mittendrin stehen, der Gehorsam Christi erfüllt sie, so dass sie Vertrauen bekommen zum Leben und durch Sorge und Leid hindurchgehen wie die Kinder. Die Liebe Christi dringet sie, dass sie nicht mehr anders können, als das Ihrige und sich selbst einzusetzen, um Andern einen Schritt weiterzuhelfen auf dem Weg zum Leben [vgl. 2.Kor. 5,14]. Der Friede Christi liegt in ihren Augen, so dass sie fähig werden, in der Schönheit der Welt, wie sie uns heute wieder einmal aufgegangen ist, die Herrlichkeit Gottes zu sehen. In solchen Erlebnissen ist das Reich Gottes da. Noch kennt ihr Leben auch andre Stunden, noch gibt es ungeheure Strecken darin, wo sie nur mit aller Kraft seufzen und beten können: Dein Reich komme! Aber sie selber haben geschmeckt und gesehen, wie freundlich der Herr ist [Ps. 34,9].

auf Einladung des Arbeitervereins Safenwil aus, der auch sonst viele Parallelen zur Gedankenführung dieser Predigt aufweist: K. Barth, *Jesus Christus und die soziale Bewegung* (1911), in: V.u.kl.A. 1909–1914, S. 380–409.

Liebe Freunde, zu diesen Leuten gehören wir Alle, Alle ohne Ausnahme. Das Reich Gottes ist mitten unter uns, so sicher etwas vom Geiste Jesu mitten unter uns ist. Er ist an Keinem von uns ganz vorbeigegangen. Jeder von uns darf wissen, dass er in einem kleinen Stück seines Geschlechts ist [vgl. Act. 17,28]. Und dieses kleine Stück von seinem Geist soll uns das Unterpfand sein für das Reich Gottes, das kommt. Wer da hat, dem wird gegeben werden [Mt. 13,12]. Und wo das Reich Gottes ist, da kommt es. Glaubst du das?

Amen.

76

Safenwil, Sonntag, den 27. August 1911
(11. nach Trinitatis)

Mt. 6,10b

Dein Wille geschehe auf Erden wie im Himmel!

Meine Freunde!

Es sieht auf den ersten Blick recht schwer aus, zu sagen, in was nun der Unterschied besteht zwischen dem Reich Gottes, von dem wir vor acht Tagen sprachen,[1] und dem Willen Gottes, von dem in der uns heute vorliegenden Bitte des Unser Vaters die Rede ist. Beide Male handelt es sich doch offenbar um die göttliche Lebensordnung, die bei uns herrschend werden muss und durch die wir freie und heilige Menschen werden. Es haben darum auch manche, die dies Gebet auslegten, darauf verzichtet, etwas Neues und Besonderes in der Bitte «Dein Wille geschehe!» zu finden. Ich meine nun auch: wenn wir der Sache auf den Grund gehen, so ist es eins und dasselbe, um das wir in beiden Fällen bitten: «Dein Reich komme» und «Dein Wille geschehe». Denn wenn Gottes Reich kommt, dann geschieht sein Wille, und sein Wille besteht darin, dass sein Reich komme. Und doch tun wir gut, auf das Besondere zu achten, das in den beiden Ausdrücken liegt und das uns auch etwas Besonderes zu sagen hat. Bei Gottes *Reich* denken wir, wie das Wort es nahelegt, in erster Linie an Gottes Macht. Wir suchen dann danach, wie wir es vor acht Tagen ausgelegt, dass diese Macht immer mehr die Macht auch in unserm Leben werde. Allein nun kommt Gottes Reich in unendlich vielen Fällen in einer verhüllten Weise zu uns, wenn ich so sagen darf. Wir spüren wohl Gottes Macht, wir fühlen uns in seiner Hand, aber es liegt noch eine bedenkliche Schranke zwischen ihm und uns. Es geschieht ein Erdbeben, eine Feuersbrunst, ein Eisenbahnunglück. Kein frommer, ja was sage ich, kein nachdenkender Mensch überhaupt kann daran zweifeln, dass ein solches Ereignis eine Handlung der Königlichen Macht Gottes ist. Und doch ist es uns ein dunkles Ereignis zunächst. Wir stehen und fragen: Warum musste es so sein? |

[1] Siehe oben, S. 251–262, Predigt Nr. 75.

Oder denken wir, wie es uns in unserm eigenen Leben so oft geht: wir stehen vor irgend einer Entscheidung, wo wir vor der Wahl sind, so oder so oder so zu handeln. Wie wir uns auch entschließen, wir wissen von vornherein: unser Entschluss ist in der Macht Gottes: er lenkt unsre Gedanken und das, was daraus folgt, nach seinem Wohlgefallen. Wir dürfen und sollen die kühne Zuversicht haben, dass Gott auch unsre bösen Gedanken und Taten braucht für sein Reich, zu irgendetwas Gutem, gerade wie ein geschickter Handwerker auch mit einem schlechten Werkzeug etwas Gutes machen kann. Und doch spüren wir deutlich: wir werden in solchen Augenblicken ins Dunkel, auf einen Abgrund zulaufen, wollten wir einfach mit den Achseln zucken und sagen: es ist gleichgiltig, wie ich mich entschließe, Gott macht ja doch Alles allein. Wir haben das dringende Bedürfnis, uns noch nach etwas Anderem umzusehen als nach der bloßen Gewissheit, dass Gottes Macht unser Leben regiert. – |

Da ist Jesus im Garten Gethsemane. Er hat einen Wunsch mitgebracht, den trägt er dort Gott vor. Der Wunsch lautet: Vater, ist es möglich, so lass diesen Kelch an mir vorübergehen! [Mt. 26,39] Gewiss kein Wunsch, dem Gottes Macht und Herrlichkeit hätte entgegen sein müssen. Und doch lag in diesem Wunsch noch eine Scheidewand, die ihn auf Augenblicke von Gott trennte. Es war noch eine Dunkelheit und *Zweideutigkeit* in seinem innern Leben, solange sein Gebet nicht höher stieg.

Und nun gibt es etwas Höheres, etwas Innerliches, Inniges, Persönliches, das die letzte Scheidewand zwischen Gott und uns zerbricht, das uns in die tiefe, bewusste Gemeinschaft führt mit ihm, und das ist, wenn sein *Wille* geschieht, nicht nur im Himmel, sondern auch auf Erden, nicht nur in der Gotteswelt überhaupt, sondern in uns. Gottes Reich kann längst zu uns gekommen sein, wir mögen in seiner Herrschaft längst drinstehen, aber wir tun's unbewusst. Wir gleichen Schlafwandelnden, die von einer freundlichen Hand ohne ihr Wissen geleitet und vor dem Fall geschützt werden. In diesem Fall sind wir Alle in unsrer Jugend. Da leben wir dank unsrer Erziehung im Gottesreich und seiner Ordnung bereits mitten drin, ohne uns Rechenschaft darüber zu geben. Und wie vielen Erwachsenen ist das Reich Gottes unmerkbar die Luft, in der sie leben und atmen. Recht zu sein und Liebe zu üben, tief zu empfinden und edel zu denken, das ist ihnen etwas Angeborenes, Selbstverständliches. Ich denke dabei gar nicht an irgendwelche Extra-Menschen, sondern an den Durchschnitt von uns Menschen wie wir sind, an das Gute, Reichsgottesmäßige, das jeder von uns in sich trägt. Dieses Erbteil haben die Meisten von uns unbewusst. Wir sind in einem kleinen Stück unsres Wesens Jünger Jesu, ohne es zu wissen. Das ist kein idealer Zustand. Es ist nie gut, wenn man eine Erbschaft, die man gemacht, in die Tasche steckt und damit einschläft. Sie könnte uns gestohlen werden. Aber gerade solche Schläfer sind wir mit unserm unbewussten Reichsgottesbesitz.

In diesen unsern Schlaf hinein kommt es nun wie eine Wecktrompete: *Dein Wille geschehe!* Es ist nicht genug, dass wir in Gottes Macht sind, es ist nicht genug, dass Gottes Reich irgendwie auch zu uns gekommen ist. Das Alles gibt uns erst dann Freiheit und Freude für unser Leben, wenn wir die Gesinnung Gottes begreifen und ergreifen, die in den Taten seiner Macht zu uns redet, wenn wir bewusst und freudig und selbständig nicht nur geführt und geleitet werden, wie er will, sondern tun und wollen, wie er will. Es muss da etwas mit uns geschehen, wie das Durchbrechen der Sonne durch die Wolken. Das verborgene Reich Gottes in der Welt und in unserm Leben muss sich enthüllen. Wir müssen klar werden, was Gottes Macht nicht nur im Allgemeinen, sondern gerade mit uns will. Das ist das Besondere, um das wir bitten, wenn wir sagen: Dein Wille geschehe! Wir möchten das Innere, das Persönliche, den Vorsatz und Gedanken, der in Gottes Reich waltet, zuerst verstehen und dann uns zu eigen machen.

✳   ✳   ✳

Zuerst ist's also ein *Verständnis*, das wir suchen, wenn wir bitten: Dein Wille geschehe! Wir stehen vor der Welt und unserm Leben. Aber wir verstehen sie nicht. Sie gleichen einem Buch, auf dessen Titel jemand das Wort «Gott» geschrieben hat. Das verstehen wir. Aber was dann weiter kommt, das wissen wir nicht zu deuten. Es ist in einer fremden Sprache geschrieben. Wir wissen nicht, was das Alles mit «Gott» zu tun haben soll, der auf dem Titel steht. Dunkel sind uns die Ereignisse, die wir erleben, schwierig die Entscheidungen, die wir fällen sollen, traumhaft und unbewusst sogar das Gute und Göttliche, das in uns selbst ist. Da müssen wir also vor Allem lesen lernen im Buche des Lebens.

Und jeder Lehrer wird uns sagen, dass man zum Lesenlernen nicht mit den schwierigen Buchstaben und Worten anfängt, sondern mit den leichten. Das wollen wir auch so machen. Wenn wir jetzt fragen: was ist der Sinn und Wille Gottes, der hinter den Ereignissen steckt?, dann wollen wir nicht zuerst an das Erdbeben von Messina[2] denken oder an die Eisenbahnkatastrophe von Müllheim[3] oder an die traurigen Unglücksfälle, die wir vor 14 Tagen in unsrer Nachbarschaft erlebt haben,[4] sondern einmal an etwas ganz Einfaches, dafür aber ganz Sicheres. Ihr habt Alle schon des Nachts zum Sternenhimmel aufgesehen. Ich weiß nicht, was euch dabei bewegt hat; vielleicht war es die Pracht des leuchtenden Firmamentes, vielleicht der Gedanke an seine Unendlichkeit, vielleicht der Schauder des Geheimnisses, der uns erfasst, wenn wir es versuchen zu ermessen: woher? wohin? seit wann? wie lange? das Alles. Ich denke jetzt an etwas Anderes. Was mich ergreift, das ist die unermessliche *Ordnung* und Regelmäßigkeit, die in dem Allem waltet. In dem ganzen Meer von Welten, in das wir da hineinsehen, ist keine Spur von Willkür, sie Alle kommen und gehen nach ewigen, ehernen, großen Gesetzen, jedes nach dem seinen: Fixsterne, Planeten und Monde, und sogar für das Erscheinen eines so verlorenen Gesellen wie des Kometen vom letzten Jahr[5] haben die Gelehrten die Regel gefunden, das Gesetz, über das er nicht hinaus kann. Ja, was sagt uns denn das Alles? Es sagt uns, dass eine Ordnung da ist in der Welt, sagt es uns in einer Weise, dass nicht darüber zu

---

[2] Am 28. Dezember 1908 zerstörte ein Erdbeben weite Teile von Messina und anderen Städten; dem Beben und dem darauf folgenden Tsunami fielen nach Schätzungen zwischen 70 000 und 100 000 Menschen zum Opfer.

[3] Am 17. Juli 1911 raste ein von Basel kommender D-Zug in Müllheim (Markgräflerland) in eine Baustelle; bei diesem Unglück starben 14 Menschen, 32 wurden verletzt.

[4] Vermutlich meint Barth die Brände, denen am 3. August 1911 in der Nähe des benachbarten Uerkheim drei Menschen zum Opfer fielen (vgl. unten, S. 400, Anm. 5), denn gegen Ende der Predigt benutzt Barth einen Brandfall als Folie, um das gegenüber Unglücksfällen solcher Art angemessene Verhalten zu beschreiben.

[5] Im Jahr 1910 näherte sich der Halleysche Komet der Erde sehr nahe an und war über Monate hinweg sichtbar. Nachrichten über giftige Stoffe im Schweif des Kometen, den die Erde am 19. Mai 1910 durchquerte, hatten zuvor viele Menschen verunsichert.

diskutieren ist. Hier ist nichts, was du erst «glauben» müsstest, du brauchst nur zu sehen. Die Welt ist nicht ein Zusammenhang des Zufalls und der Willkür, sondern ein festverschränktes Gefüge von Ursachen und Wirkungen, eine Bewegung in immer gleichen Bahnen. Du weißt, das gilt nicht nur von der Sternenwelt, sondern von der Natur überhaupt. Und nun stehst du unter diesen Sternen und inmitten dieser Natur. Kannst du noch immer nicht lesen? Verstehst du den Buchstaben nicht, den du gesehen hast und der «Ordnung» heißt? Durch Alles hindurch, was wirklich ist, geht die Ordnung und Regelmäßigkeit. Sieh, jetzt hast du bereits etwas vom Willen Gottes kennengelernt. Sein Wille ist nicht eine Laune, sondern er[6] ist Gesetz. Er ist nicht ein Gott der Unordnung, sondern der Ordnung [vgl. 1.Kor. 14,33].|

Versuch's einmal, mit Hilfe dieses Buchstabens, den du verstanden, weiter zu lesen in dem großen Buche des Lebens. Da sind jene Unglücksfälle vor Allem, die es uns so schwer fällt, mit dem Gedanken an Gott zusammenzubringen. Ja, ein Trost ist es sicher noch nicht, aber eine Gewissheit, an die wir uns halten wollen: Auch das Schwerste und Schrecklichste, was geschehen kann, geschieht nach der ewigen Ordnung und Gesetzlichkeit, die in Allem waltet. Gegen einen Zufall, wenn es einen gäbe, könnte man anstürmen und die Faust machen, vor der Ordnung werden wir Ehrfurcht empfinden, auch wo sie uns schrecklich ist. Und wenn du, wie wir's beschrieben, an Kreuzwegen des Lebens stehst und nicht weißt: soll ich links oder rechts gehen, muss da nicht die Ungewissheit schwinden, sobald du dir klar machst: Willkür und Laune wäre eine Sünde gegen die Grundverfassung der Welt, sobald du dich fragst: welches ist der Weg, den ich – nicht gehen kann und nicht gehen möchte –, sondern gehen *muss*, wie die Sonne ihre Bahn geht? –|

Aber du musst weitere Buchstaben kennenlernen in dem großen Buche des Lebens. Betrachte jetzt einmal die Vergangenheit der Welt und vergleiche sie mit der Gegenwart. Denk an das, was du etwa weißt von den Zuständen vor 100 oder 200 Jahren, oder an das, was du in der Schule gehört aus der alten Schweizergeschichte. Ganz unverkennbar drängt es sich dir dann auf, dass da ein *Fortschritt* da ist auf allen

[6] Mskr.: «sie».

Gebieten vom Groben zum Feinen, vom Niedern zum Höhern. Man kann darüber streiten, ob die Menschen besser geworden seien gegen früher, aber darüber kann man nicht streiten, dass wir bessere Maschinen haben als früher, dass wir mehr wissen als früher, dass man genauer, sorgfältiger denkt und arbeitet als früher. Das sind Tatsachen. Ist das nicht auch ein Buchstabe in dem unverständlichen Buche des Lebens, auf dessen Titel das Wort «Gott» steht? Ist's nicht auch etwas von dem Willen dieses Gottes? Und hilft dir dieser Buchstabe nicht Wörter entziffern, die dir vorher noch spanisch waren?[7] Vielleicht bist du einer von den eingeschlafenen Jesus-Jüngern, von denen, die unbewusst ein Stück Reich Gottes in sich tragen. Muss es dir nicht zu denken geben, dass die ganze Geschichte der Menschheit unwiderleglich einen Fortschritt, sei er, welcher er wolle, erkennen lässt? Heißt das nicht, dass dein Samenkorn wachsen muss, dass es bei dir im Kleinen gehen sollte wie bei der Menschheit im Großen: vom Groben zum Feinen, vom Guten zum Bessern? Und ist nicht das, was du von Jesu Art in dir hast, das größte Fortschrittsprinzip, weil es das Allerlebendigste ist, was man sich denken kann? – |

Aber es gibt auch etwas zu lesen und zu erkennen, das größer ist als die Ordnung und als der Fortschritt in der Welt. Und dazu brauchst du weder nach dem Sternenhimmel zu sehen noch in die Weltgeschichte. Achte einmal darauf: was ist's, das den Menschen schließlich das Leben möglich macht, das Leben in der Ehe z. B. oder das Leben in der Familie, im Geschäft, unter Freunden, das Leben in Gemeinde und Staat sogar? Viele sagen, es sei die Selbstsucht, das Leben nach den eigenen Gedanken, Wünschen und Gefühlen. In Wirklichkeit löst ein solches Leben das Leben auf. Keine Ehe könnte damit bestehen, kein Vater seine Kinder erziehen, keine gemeinsame Arbeit vollbracht werden, keine aufrichtigen Beziehungen unter Menschen andauern, ja, kein Volk und Land würde sich erhalten, wenn die Selbstsucht die Grundkraft im Leben wäre. Sondern alles Leben besteht darin, dass Einer sich einsetzt für Andre. Der Eine tut es damit, dass er seine Kraft der gemeinsamen Arbeit widmet, der Andre damit, dass er auf irgend etwas verzichtet, einen Anspruch nicht geltend macht, Wünsche nicht

---

[7]   Wenn einem etwas «spanisch vorkommt», hält man es für merkwürdig oder unverständlich; vgl. Büchmann, S. 121; Röhrich IV, S. 1493f.

äußert oder durchsetzt, die er sonst hatte. Das ist das wirkliche Leben. Es ist überall etwas von *Liebe* darin schon auf den ersten Blick, und wenn man genauer zusieht, ist die Liebe die starke Klammer, die Alles zusammenhält. Siehst du den Buchstaben und verstehst du ihn? Wie wäre es, wenn das die höchste Erkenntnis des Willens Gottes wäre? Wenn darin die Ordnung und der Fortschritt im Leben bestünden, dass wir Menschen Gemeinschaft untereinander haben, dass wir einander liebhaben? Ich glaube hier ist der Punkt, wo Jesus in Gethsemane vom Dunkel ans Licht gekommen ist. Wäre der Kelch vorübergegangen, das Leiden ihm erspart geblieben, so wäre das die Erfüllung *seines* Wunsches gewesen. Andern hätte er damit nicht geholfen. Er drang aber damals durch zu der Erkenntnis: ich muss den Andern helfen, und weil es sein soll durch Leiden, so geschehe dein Wille. Es ist die Liebe gewesen, die in ihm gesiegt hat.

✢   ✢   ✢

Liebe Freunde! Wer sich interessiert für die Frage: was ist der Wille Gottes, der hat noch immer Antwort gefunden. Man braucht bloß die Oberfläche des Lebens etwas anzuschürfen, wie wir es eben getan haben, so tritt das lautere Gold des Gotteswillens an das Licht des Tages. Ordnung, Fortschritt, Liebe habe ich genannt. Es ist lange nicht Alles. Wir könnten auf dieselbe Weise die Wahrheit, die Gerechtigkeit, die Schönheit, die Freiheit entdecken und so manche andre Züge, die zum Bilde des Willens Gottes gehören. Was wir nannten, mag für heute genügen. Es sagt jedem deutlich genug, worauf es bei dem Willen Gottes ankommt.

Aber nun kommt erst die Frage, die Hauptfrage: Was machen wir damit? Der begriffene Wille Gottes will ergriffen sein. Ich glaube, wir Alle leiden in irgend einer Weise darunter, dass wir den Willen Gottes wohl erkennen, aber nicht bei uns gelten, nicht in uns geschehen lassen. Es gibt keinen einzigen Menschen, dem nicht einmal irgend etwas aufgegangen wäre von den Zusammenhängen im Leben, die wir genannt haben, der nicht den einen oder andern Buchstaben erfasst hätte, der ihm den Sinn des Lebens oder den Willen Gottes deuten konnte. Aber daran fehlt es, dass wir diesen Willen bei uns zur Ausführung kommen lassen. Wir stehen daneben und weichen ihm aus, statt uns von ihm ergreifen zu lassen. Wir gleichen einem Menschen, der an einem Strome steht, dessen Wellen ihn sicher in ein schönes Land tragen würden, und ein Boot wäre auch da, er brauchte nur einzusteigen. Aber er steht und zaudert, er kann sich vom Ufer nicht trennen, er traut dem Boote nicht, er fürchtet die Bewegung der Wellen. Die Wellen kommen und gehen und schlagen ans Ufer – – – – So stehen wir neben dem Willen Gottes, nachdem wir ihn längst begriffen. Und es ist das große Herzeleid unsres Lebens, das wir so daneben stehen. Denn täuschen wir uns nicht: wer ihn einmal gesehen und verstanden hat, der kann an dem Halbdunkel, in dem er lebt, keine Freude mehr haben. Wer es *einmal* erfasst und eingesehen: im ganzen Weltall waltet Zucht und Ordnung, den peinigt es von da an, dass in ihm selbst die Laune, die Leidenschaft, die Stimmung, die Willkür waltet. Wie ein Ausgeschlossener kommt er sich vor im Reiche des Lebens. Wer es *einmal* begriffen hat, dass das Gute, das von unsern Eltern her fast unbewusst in uns lebt, kein toter Besitz sein darf, sondern wachsen und fortschreiten muss, den lässt der Gedanke nicht mehr in Ruhe; er wird misstrauisch gegen sich selbst, seine guten Seiten erscheinen ihm in einem andern Licht. Die kindliche Freude an sich selbst und seiner Tugend ist ihm verlorengegangen. Und wer *einmal* hinausgesehen hat über die Klostermauern der Selbstsucht in das Land der Liebe, der wird die Sehnsucht danach nicht mehr los. Es stört ihn in seinen schönsten Träumen und es verdirbt ihm die Stunden höchsten Genusses der Gedanke, dass er ein toter Ast ist, solange er innerlich so lebt, wie er es jetzt tut, dass die Menschheit vor 6000 Jahren schon zu Grunde gegangen wäre, wäre nicht immer wieder ein gesunder Stamm von Männern und Frauen dagewesen, die den Willen Gottes gelten ließen und Liebe übten. Es hilft uns nichts: wir richten uns zu Grunde, solange wir dem Willen Gottes gegenüberstehen, ihn bewundern und preisen, aber ihn nicht selber annehmen und tun.

Jesus hat gesagt: Dein Wille geschehe auf Erden wie im Himmel. Ja, im Himmel geschieht er, in der großen Gotteswelt geschieht er beständig, und es ist nicht so schwer, ihn zu erkennen. Aber das ist schwer, ihn auf Erden, bei uns geschehen zu lassen. Und das ist's gerade, worum wir beten. Aber dieses Beten muss ein innerer Vorgang sein, nicht ein bloßes Wort. Beten wir: Dein Wille geschehe!, dann heißt das, dass der Wille Gottes, den wir erkannt, in uns in Kampf tritt mit dem Willen von allerlei andern scheinbaren Gewalten. Es sind scheinbare Gewalten; es geht ihnen, wie es jetzt den Morgennebeln geht, wenn die Sonne ernsthaft darauf scheint: sie lösen sich auf, und man weiß nicht mehr, wo sie gewesen sind. Aber auflösen müssen sie sich. Damit geschieht dann der Wille Gottes. Da ist die scheinbare Gewalt der Natur, wie sie z. B. bei einem Brandunglück zum Ausdruck kommt. Ist es uns nicht, als ob da auch ein Wille, aber ein finsterer, zerstörender Wille am Werke sei? Seht, solche Gedanken verscheuchen wir, indem wir unser Herz in beide Hände nehmen und Gott anreden: dein Wille geschehe! deine Ordnung, deine Liebe triumphiere! Ja, und was heißt denn das nun Anderes in einem solchen Unglücksfall, als dass wir mit beiden Händen an die Arbeit gehen sollen, um die Wunden, die das Unglück geschlagen, zu verbinden. Ja nicht mit frommem Augenaufschlag daneben stehen, sondern zugreifen und helfen, dann geschieht Gottes Wille. –|

Eine andere scheinbare Gewalt sind die Menschen mit ihren Sitten, Gewohnheiten, Anschauungen und Vorurteilen. Es ist uns oft auch zu Mute, wie wenn wir's da mit einem einheitlichen Willen zu tun hätten, obwohl er zugleich in vielen Hunderten von Köpfen lebt, und dieser Wille ist oft so schrecklich eng und beschränkt. Aber es ist ein Wille, der sich auflösen muss, wenn wir ihm entgegentreten mit dem Gebet: Gott, *dein* Wille geschehe! Denn wer so betet, der trägt eine Macht im Busen, die stärker ist als alle Vorurteile. Auch da wird unser Gebet wieder am besten in der *Tat* bestehen, in einem Leben voll Wahrheit und Schönheit. Das steht dann im Meer der Reden, die die Leute führen, und der Hindernisse, die sie uns bereiten, wie ein Felsen. –|

Aber die größte scheinbare Gewalt, der größte Gegenwille gegen den Willen Gottes ist nicht außer uns, sondern in uns. Diese Gewalt heißt *Ich*. Wir kennen sie Alle. Wenn der Wille Gottes uns zur Ordnung, zum Gesetz anhält, dann lockt uns das Ich, es sei besser, nach Belieben zu leben. Wenn der Wille Gottes uns auf die Wahrheit weist, dann findet das Ich seine Freude darin, sich zu verkleiden vor sich selbst und den Andern. Wenn der Wille Gottes uns zur Arbeit treibt, so ist es dem Ich wohler in der Untätigkeit. Wenn der Wille Gottes sich offenbart als die Liebe, die Alles schafft und Alles leitet, so gibt das Ich dem kleinlichen Instinkt Recht, der die eigene Person zum Mittelpunkt der Welt macht. Wenn irgendwo, so heißt es nun hier:

Dein Wille geschehe! Wenn es irgendwo schwer ist, so zu beten, so ist es hier. Aber nirgends ist es auch so herrlich, wie wenn hier im innersten Heiligtum des Menschen der Gott des falschen, scheinbaren Willens vom Altar stürzen muss, um dem lebendigen Gott den Platz zu räumen. Da muss es nun freilich zu einem Kampf auf Leben und Tod kommen. Denn wir können den Willen Gottes überall gelten lassen, [dass] aber gerade in unserm Inwendigsten er an die Stelle von uns selbst treten müsse, das geht uns schwer ein. Hier sind die Nebel hartnäckig. Bei Manchen weichen sie erst, wenn es Mittag wird. Und wieder bei Manchen sind sie noch am Abend nicht verschwunden. Wer wäre fertig mit diesem Kampf? Seht, wir wollen ihn Alle aufnehmen an der Stelle, wo wir stehen. Bei dem Einen muss die Ernsthaftigkeit den Leichtsinn überwinden, beim Andern die Klugheit den Eigendünkel, beim Dritten die Aufrichtigkeit die Schlauheit, beim Vierten die Freundlichkeit den Starrsinn. Es ist immer derselbe Vorgang. Der Wille Gottes muss an die Stelle unsres Willens treten, der geschlagene Feind muss die Stadt verlassen und der Sieger durch das andere Tor einziehen. So sieht's aus, wenn Gottes Wille geschieht. Darum müssen wir bitten. Gerhard Tersteegen hat es in seinen wundervollen Versen beschrieben:

> Du durchdringest Alles!
> Komm mit deinem Lichte
> Zu berühren mein Gesichte!
> Wie die zarten Blumen
> Willig sich entfalten
> Und der Sonne stille halten:
> Lass mich so, still und froh,
> Deine Strahlen fassen
> Und dich wirken lassen![8]

Amen.

[8] Strophe 6 des Liedes «Gott ist gegenwärtig» von G. Tersteegen (GERS 174; RG 162; EG 165).

Lieder:

Nr. 42: «Die goldne Sonne» von P. Gerhardt, Strophen 1–3 (RG 571; EG 449 [dort jeweils: «Die güldne Sonne»; EG 449,3 mit Textabweichungen]).

Nr. 229: Ich habe nun den Grund gefunden» von J. A. Rothe, Strophen 1, 3 und 9 (EG 354; dort ohne Strophe 9)

77

Safenwil, Sonntag, den 10. September 1911
(13. nach Trinitatis)

Mt. 6,11

Gib uns heute unser tägliches Brot!

Liebe Gemeinde!

Mit dieser Bitte kommen wir nun so recht ins äußere, sichtbare Leben hinein. Das Wort «Brot» erinnert uns sofort an das, was die meisten Menschen aus guten Gründen Tag und Nacht beschäftigt, an die Sorge um ihren eigenen und ihrer Kinder leiblichen Unterhalt. Ich brauche wohl nicht erst zu sagen, dass Jesus damit nicht das Brot allein gemeint hat, sondern ebenso gut das, was aufs Brot und zum Brot gehört, ja noch weiter: das, was wir zum äußern Leben nötig haben überhaupt. *Luther* hat in seinem Großen Katechismus eine schöne Aufzählung gemacht von dem, was «tägliches Brot» sei. Er sagt dort, dazu gehöre,

> «dass uns Gott gebe Essen und Trinken, Kleider, Haus und Hof und gesunden Leib, dazu das Getreide und Früchte auf dem Felde wachsen und wohl geraten lasse. Danach auch daheim wohl haushalten helfe, frommes Weib, Kinder und Gesinde gebe und bewahre, unsre Arbeit, Handwerk oder was wir zu tun haben, gedeihen und gelingen lasse, treue Nachbarn und gute Freunde beschere etc. Item: Kaisern, Königen und allen Ständen und sonderlich unserm Landesfürsten, allen Räten, Oberherrn und Amtleuten Weisheit, Stärke und Glück gebe, wohl zu regieren und wider Türken und alle Feinde zu siegen; den Untertanen und gemeinen Haufen Gehorsam, Friede und Eintracht untereinander zu leben; und wiederum, dass er uns behüte vor allerlei Schaden des Leibes und der Nahrung, Ungewitter, Hagel, Feuer, Wasser, Gift, Pestilenz, Viehsterben, Krieg und Blutvergießen, teurer Zeit, schädlichen Tieren, bösen Leuten etc.»[1]

---

[1] BSLK, S. 680,45–681,20; vgl. BSLK.NE, S. 1096,11–23.

Wir können uns in diesem Sinn jeder nach seiner Lebenslage selbst ausmalen, was für *ihn* gerade das «Brot» bedeutet. Gemeint sind damit die äußern Dinge, die wir zum Leben nötig haben. Und nun sagt uns Jesus, dass wir uns an Gott wenden dürfen und sollen mit der Bitte: gib uns diese Dinge, die wir nötig haben!

Da stoßen wir nun gleich am Anfang auf eine merkwürdige Tatsache. Es gibt Christen, die beten zu Gott und die halten sich inwendig zu Gott so, als ob nur diese Bitte im Unser Vater stünde. Und es gibt andre Christen, die tun umgekehrt gerade so, als ob sie von dieser Bitte nichts wüssten. Beides führt auf *Abwege*, die wir vermeiden müssten.

Zuerst die, die heimlich oder offen nur das Eine zu beten wissen: Gib uns heute unser täglich Brot! Es ist ein großes Heer von Betern, das hieher gehört. Sie denken an Gott und sie rufen ihn an, weil sie ihn brauchen für ihr Leben, für Nahrung und Kleidung und Gesundheit, für Familie und Beruf. Wie mancher schlichte und aufrichtige Mensch lebt von jeher und ganz selbstverständlich in einem solchen «Brotverkehr» mit Gott. Seine Gedanken sind nun einmal Gedanken des äußern Lebens, und so ist ihm auch Gott ganz selbstverständlich der, der für das äußere Leben sorgt, von dem Alles herkommt, was wir nötig haben. Es liegt etwas Großes und Schönes in dieser Art, von Gott zu denken, das wollen wir vor Allem sagen. Vor Allem eine große Wahrhaftigkeit, die, so kindlich sie sein mag, nicht ohne Segen sein kann. Ein Mensch, der Alles abstellt auf das Gebet: Gib uns heute unser täglich Brot!, der ist auf alle Fälle ehrlich mit Gott, er macht sich nichts vor, wie es bei so Manchem, der geistlicher denkt und betet, die Gefahr ist, sondern er kommt schlecht und recht mit seinem wirklichen Anliegen, das aus seinem wirklichen Leben stammt, vor Gott. Gottes Ordnung ist es, dass wir zu leben haben auf dieser Erde mit ihren Pflichten und Aufgaben, ihren Bedürfnissen und Nöten. Gottes erstes Gebot an die Menschen hat auch die sichtbare Welt betroffen; es lautete: macht euch die Erde untertan [vgl. Gen. 1,28]! Da kann es ein tiefer, ernster Respekt sein vor dieser Gottesordnung und diesem Gottesgebot, dass ein Menschen erstens und vor Allem antwortet mit der Bitte: Gib mir, was du forderst! Gib uns unser tägliches Brot! |

Ich werde *nichts dagegen* sagen, wollte mir jemand erklären, er bete nur diese vierte Bitte, die andern seien ihm zu schwer, zu dunkel, zu unpraktisch vielleicht. Das aber leuchte ihm ein, dass man zu Gott ums tägliche Brot, und was dazu gehört, beten könne. Ich würde ihn nur fragen, ob er auch wirklich *bete*. Ich würde ihm sagen, dass diese eine Bitte reich und groß genug sei, um alle andern einzuschließen, dass es aber darauf ankomme, sie *recht* zu beten. Vielleicht würde er dann zur Einsicht kommen, dass es gut ist, dass im Unser Vater auch noch ausdrücklich andre Bitten dastehen als die ums Brot. Denn ich glaube nicht, dass unter den vielen Christen, die mit Gott im bloßen Brotverkehr stehen, zahlreiche sind, die es in einem großen und schönen Sinn tun, die also wirklich beten. Bei den Meisten fehlt es daran, dass sie im Grunde nicht beten, sondern betteln. Die Versuchung dazu ist zu groß, wo es sich um diese äußern Dinge handelt. Gebettelt statt gebetet ist es, wenn wir Essen und Trinken, Gesundheit und Wohlergehen bei Gott suchen statt Gott selber. Gott wird uns dann zu einem guten Mann oder zu einer freundlichen Macht, die dazu da ist, uns die Dinge zu verschaffen, die uns nützlich und erfreulich sind, statt dass wir nach jenen Dingen verlangen, um Gott damit näher zu kommen. Wir brauchen Gott, um unser Brot zu bekommen, statt dass wir das Brot brauchen, um unsern Gott zu bekommen. Beim Beten sucht man den Geber, beim Betteln die Gaben. Und das ist nun die Gefahr, die gerade bei dem schlichten Gebet vieler Menschen nahe liegt, dass sie aus dem Beten ins Betteln kommen. Es ist das wirklich eine Gefahr. Gott hat uns freilich in dieses sichtbare Leben gesetzt, und nach seiner Ordnung haben wir Bedürfnis nach den sichtbaren Dingen, und es gibt auch keinen andern Weg zu ihm als den, der hindurchführt durch die sichtbare, leibliche Welt. Aber eben, das Alles ist ein Weg, eine Treppe, und nicht das Ziel. Wer von Gott nicht mehr will, als dass er ihm dies gebe und ihm dort helfe, der bleibt auf der Treppe stehen, und das wollen wir nicht tun:

> Die Welt mit ihrem Gram und Glücke
> Will ich, ein Pilger, frohbereit
> Betreten nur wie eine Brücke
> Zu dir Herr, übern Strom der Zeit.[2]

---

[2] Strophe 3 aus dem «Morgengebet»: «O wunderbares, tiefes Schweigen» von J. von Eichendorff (*Von Wald und Welt. Gedichte und Erzählungen von Josef Freiherrn von Eichendorff*, hrsg. von W. von Scholz, 31.–40. Tsd., München / Leipzig 1910, S. 131).

Und der fromme *Tersteegen* hat einmal gesagt:

> Wer Gott aus reinem Herzen liebt,
> der meinet *keine Gaben!*[3]

Erst dann finden wir Gott, erst dann *beten* wir, wenn wir ihn selbst suchen, auch wenn wir ihn ums tägliche Brot bitten. Ich erinnere daran, dass wir es mit Gott aber nicht halten dürfen wie der Neger mit seinem Fetisch. Beten heißt nicht: Wünsche vorbringen, damit erniedrigen wir Gott zum Götzen. Ich erinnere aber vor Allem an eine Erfahrung, die wir Alle schon gemacht. Wir brachten Gott einen Wunsch vor, und die Erfüllung dieses Wunsches war wirklich das Höchste, was wir von Gott wollten. Wie ist es uns dann ergangen, wenn der Wunsch *nicht* erfüllt wurde? Wir standen da wie mit leeren Händen, enttäuscht, trostlos. Das Ende unsres Gebetes war eine trotzige Auflehnung gegen den, zu dem wir gebetet, oder eine kindischverärgerte Abwendung von ihm: Er hilft uns doch nicht! Das Beten verleidet uns, weil wir gar nicht gebetet haben. Wir sind Gottes müde, weil wir ihn noch gar nicht gesucht haben. So wollen wir den Abweg des Bettelns vermeiden, wenn wir es Jesus nachsprechen: Gib uns heute unser täglich Brot! Und ich denke, wir vermeiden es am besten, wenn wir darauf achten, dass vorher und nachher auch noch von andern Dingen die Rede ist.

Da gibt es nun jene andre Art von Christen, die hat das gut verstanden, dass Gott nicht dazu ist, um unsre Wünsche zu erfüllen. Es gibt solche, die es gerade heraus sagen: wir sollen Gott gar nicht kommen mit den Angelegenheiten unsres äußern Lebens. Wir brauchen es nun gar nicht mehr zu sagen, dass es eine sehr edle und hohe Gesinnung, eine tiefe Frömmigkeit sein kann, die so redet. Es sind die Menschen, die tief durchdrungen sind von der Wahrheit: Was hülfe es dem

---

[3] Beginn der Nr. 27: «Reine Liebe» im Abschnitt: «Der Frommen Lotterie» in G. Tersteegens Lied- und Gedichtband «Geistliches Blumengärtlein»:

> Wer Gott aus reinem Herzen liebt,
> Der meinet keine Gaben;
> Wird er getröst't, wird er betrübt,
> Gnug, wenn er Gott kann haben.

In Barths Exemplar ist dieses Gedicht – neben einigen anderen – angestrichen: *Gerhard Terstegen's geistliches Blumengärtlein inniger Seelen, nebst der Frommen Lotterie, nach den Ausgaben letzter Hand berichtigt und mit einigen Zusätzen versehen*, Stuttgart [1905], S. 419.

Menschen, wenn er die ganze Welt gewönne und nähme doch Schaden an seiner Seele [Mt. 16,26]. Ihrer Seele, ihrem inwendigen Leben denken sie nach, hier ist der Schauplatz der Kämpfe, in denen sie Gott nötig haben; ihn hineinzuziehen in die Sorgen des Alltags, in den Staub der Nahrungs- und Wohnungsgedanken, das würde ihnen vorkommen wie eine Entwürdigung. Ich würde auch solchen geistigen Christen nichts sagen zunächst gegen ihre Meinung. Ich würde ihnen nur das sagen: Besinnt euch einmal, ob ihr ernsthaft an eure Seele denken und für eure Seele beten könnt, ohne zugleich der äußern Dinge zu gedenken, ob ihr ein inneres Leben haben könnt getrennt von dem leiblichen, ob es einen Geist gibt ohne Körper und ob das nicht auch vom Geiste Gottes gilt? Ja, es ist wahr, die Welt ist wie eine Brücke zu dir, Herr, übern Strom der Zeit. Aber werden wir zu Gott kommen, wenn wir die Brücke *überhaupt* nicht betreten wollen? Und dann würde ich ihnen sagen, dass ihr geistiges Christentum seine schweren Gefahren hat so gut wie das materielle Christentum derer, die von Gott nur Brot verlangen. Wer wirklich nur in innern, geistigen Angelegenheiten beten wollte, der würde damit doch ein ganzes großes Gebiet seines Lebens Gott entziehen. Er würde eigenmächtig bestimmen: in meinem Innern, in meiner Seele, da habe ich es mit Gott zu tun, während er eben damit sein äußeres Leben gleichsam verödet ließe im Gedanken, es sei Gottes nicht würdig, ihn mit solchen Fragen zu behelligen. Sein äußeres Leben, all die Dinge, die dazu gehören und die doch keinem einzigen Menschen, auch dem allergeistlichsten nicht, ganz gleichgiltig sind. Da hat man dann die Natur mit der Gabel ausgetrieben, und nun kommt sie mit Gewalt wieder zurück.[4] Da haben wir uns in stillen Stunden versenkt in die Tiefen der Gottheit, und am Tag darauf kam's bei einer Geldsache zum Vorschein, dass wir viel versessener seien auf das Besitzen als mancher, der uns recht ungeistlich erscheint. Da war uns die Größe Gottes aufgegangen vielleicht auf einem Berg bei Sonnenaufgang oder am Waldrand des Abends, aber als wir zurückkamen, musste es der Nachbar erfahren, dass wir kleinlich gesinnt seien in irgend einer erbärmlichen, äußerlichen Frage. Oder wir hatten in der Kirche oder sonst in der Gemein-

---

[4]   Redewendung in Anlehnung an Horaz, Epistulae I,10,24: «Naturam expelles furca, tamen usque recurrit»; vgl. Büchmann, S. 346.

schaft der Christen etwas empfangen, was uns innerlich löste und befreite von einem Druck, der auf uns lag, Gott hatte unserer Seele etwas geschenkt, aber gleich darauf mussten wir wahrnehmen, dass wir unsre Sinne und Triebe weniger in der Gewalt haben als der erste beste Weltmensch. Ja, das Alles sind solche Erfahrungen mit dem äußern Leben, und wenn wir solche Erfahrungen machen, dann geht uns vielleicht doch etwas auf, dass es eine gute Sache ist, auch das äußere, materielle Leben, dem wir nun einmal nicht davonlaufen können, in die Hand Gottes zu stellen mit der Bitte, zu der Jesus uns anleitet: Gib uns heute unser tägliches Brot! Gewiss wollen wir nicht bei Gott betteln, gewiss wollen wir nicht einfach vor Gott hinstehen und verlangen: Gib mir dies und jenes. Aber darum *beten*, das ist eine andre Sache. Und das ist etwas, was wir nicht vernachlässigen, ohne uns selbst schwer zu schädigen.

Aber was heißt denn nun das: «*um etwas beten*», um unser tägliches Brot beten. Das heißt ganz einfach, dass wir unser tägliches Brot, und was dazu gehört, bei Gott suchen. Darin liegt Alles Übrige beschlossen. Wenn wir beten: Gib uns heute unser tägliches Brot!, so heißt das: wir möchten unser tägliches Brot aus deiner Hand empfangen! wir stellen auch unser äußeres, materielles Leben ganz in diese deine Hand. Wir bringen diese großen Fragen und Aufgaben: was sollen wir essen? was sollen wir trinken? womit sollen wir uns kleiden? [vgl. Mt 6,31] vor dich, damit du sie mit uns lösest.

Ein solches Beten ums tägliche Brot bedeutet dann vor Allem, dass eine tiefe *Ruhe* einzieht in unser Leben. Es gibt so manchen Menschen, der weiß seiner Lebtage nicht, was Ruhe ist; ich meine jetzt nicht die äußere, sondern die innere Ruhe und Sicherheit, die stetig ihren Weg geht in der Gewissheit: am Ende des Weges ist etwas Gutes. Speziell das moderne Erwerbsleben hat etwas Unruhiges, Hastiges, Flackerndes in die Gedanken von Unzähligen gebracht. Aber es ist im Grunde zu allen Zeiten so gewesen: schon Jesus redet von solchen, die sich «sorgen» um die Dinge des äußern Lebens [vgl. Mt. 6,25–34], und er meint damit die Leute, die denken, es komme besser mit dem Arbeiten und Verdienen, wenn man nicht nur arbeite, wie es recht ist, sondern sich auch noch beständig und nervös frage: wie wird es morgen und übermorgen und im nächsten Monat und übers Jahr gehen. Das ist die Unruhe, wie sie gar nicht nur den armen, sondern manchen reichen Leuten wohlbekannt ist. Denen Allen möchte man es herzlich wünschen, sie lernten die Bitte Jesu verstehen und mitbeten: Gib uns heute unser tägliches Brot! In diesem «*Gib uns!*» liegt gerade für sie ein ganzes Evangelium. Bis jetzt haben sie ihr Brot, und was dazu gehört, bei sich selbst gesucht, in der eigenen, flackernden, rastlosen Unruhe; nun werden sie an Gott gewiesen, der die ewige Ruhe ist. Damit wird das ganze Bild, das sie sich vom Leben machten, verändert. Das äußere Leben, mit dem wir uns abzufinden haben, es ist nicht ein starres, feindseliges Schicksal, mit dem wir zu kämpfen hätten, ungewiss, wie der Kampf enden wird. Sondern dies äußere Leben ist auch eine Welt Gottes. Wir treten nicht in eine andre Luft, wenn wir aus dem Leben unsrer Seele hinausgehen an unsre Arbeit und unter die Menschen. Wir brauchen hier nicht hastiger zu atmen und uns nicht zu überstürzen, sondern wir dürfen die Ruhe der Seele auf das Leben übertragen. Gott gibt uns! |

Und zwar gibt er uns unser *tägliches* Brot. Dieses Wort bedeutet: er gibt uns immer gerade das, was wir zunächst, für den kommenden Tag nötig haben. So ist es Ordnung in seiner Welt. Diese Ordnung gleicht einer Kette, in der ein Glied ins andre greift. Wir sollen nicht sorgen; wir sollen nicht die Glieder überspringen wollen, indem wir uns erfüllen mit den Gedanken an übermorgen, sondern wir dürfen freudig die Gegenwart in der Hand halten mit der Sicherheit, dass ihr eine Gotteszukunft nachfolgt. Aber wenn wir zu Gott uns wenden mit der Bitte: gib uns!, da[5] heißt das ganz selbstverständlich: dass wir *arbeiten* für das, was Gott uns geben soll. Beten und arbeiten gehört nicht nur zusammen, sondern Beides sind nur die zwei Seiten desselben Vorgangs. Wer betet, der arbeitet auch. Denn Gott ist ein Gott der Arbeit. Die Ruhe und Sicherheit, die wir in unserm Erwerbsleben haben dürfen, ist die Ruhe und Sicherheit des Menschen, der seine Pflicht tut. Denn es ist Gottes Ordnung so, dass wir unsre Bestimmung für dieses und das ewige Leben nicht anders erfüllen können, denn in der Tätigkeit, und diese Tätigkeit spielt sich im äußern, materiellen Leben ab. Menschen, die aus irgend einem Grund nicht arbeiten, gehen über kurz oder lang innerlich zu Grunde. Das kann man an Einzelnen beobachten, die sich unter diesem oder jenem Vorwand[6] als Vagabunden

[5] Mskr.: «das»; von den Hrsg. korrigiert.
[6] Die im Mskr. folgenden Worte: «der Arbeit entziehen und» wurden im

oder als Privatiers in schönen Häusern am Genfer See der Arbeit entziehen. Und man kann es sehen an ganzen Völkern, wie dem indischen, das durch eine reiche Natur jahrtausendelang den Zwang der Arbeit nicht kannte. Das Ende ist immer der innere Schlaf, das äußere, träumerische Verkommen. Und nun verstehen wir schon, dass die Bitte: Gib uns unser tägliches Brot! gar nicht nur in den Mund derer etwa gehört, denen es wegen ihrer Bedürftigkeit nahe liegt, solchen Wunsch auszusprechen. Der Sinn des Gebetes geht höher.

Wir Alle bitten Gott, er wolle uns unser Brot, unser Leben, unsre Existenz zuteilwerden lassen in der Weise, die vor seinem Auge recht ist. Wir stellen uns mit diesem Gebet ganz selbstverständlich in die Reihen der arbeitenden Menschen. Ja, wir suchen unser Brot, unsern leiblichen Unterhalt, aber suchen ihn bei Gott, und darum lautet unser Gebet mit anderen Worten so:

Gib, dass ich tue mit Fleiß,
Was mir zu tun gebühret,
Wozu mich dein Geheiß
In meinem Stande führet![7]

Aber sofort müssen wir noch weiter gehen. Suchen wir unser Brot bei Gott, dann muss es beim Erwerb, bei der Arbeit dafür, *göttlich* und *recht* zugehen. Man kann nicht beten: Gib uns unser täglich Brot! und dazu seine Arbeit liederlich und gewissenlos tun. Man kann nicht so beten und ein Vater oder eine Mutter sein, die ihre Kinder schon in frühen Jahren ausnutzen für das Geldverdienen, obwohl sie wissen müssen, dass sie ihnen damit Gesundheit und Lebenszeit verkürzen. Man kann so nicht beten und ein Fabrikherr sein, der seine Arbeiter durch niedrigen Lohn, lange Arbeitszeit und schlechte Arbeitsräume zu kurz kommen lässt und schädigt. Die ganze soziale Frage wäre gelöst, wenn die Kapitalisten und die Proletarier miteinander die Hände falten würden zu dem Gebet: Gib uns heute unser tägliches Brot!, denn mit diesem Gebet würden sie bekennen: wir wollen nichts Anderes verdienen und gewinnen, als was wir in Empfang nehmen dürfen als eine Gabe der göttlichen Gerechtigkeit. Wir wollen, dass

Blick auf ihre Wiederaufnahme am Ende des Satzes an dieser Stelle von den Hrsg. getilgt.
[7] Beginn der zweiten Strophe des Liedes «O Gott, du frommer Gott» von J. Heermann (GERS 32; EG 495 [jeweils «Befehl» statt «Geheiß»]).

Gott uns unser Brot gebe, und das besteht darin, dass es beim Brotverdienen recht zugehe oben und unten.

Und nun geht's noch eine Stufe höher. Es ist auffallend, dass in der Bitte, wie Jesus sie uns lehrt, zweimal das Wort *uns* vorkommt. Es heißt nicht: Gib *mir mein* tägliches Brot!, wie wir wahrscheinlich von uns aus gebetet hätten, sondern es heißt *uns* und *unser*. Und wenn wir's neben allem Andern jetzt auch noch mit diesen Wörtern ernst nehmen, so können wir wiederholen, was wir schon sagten: es könnte ein Mensch an diesem einen Gebet: Gib uns heute unser tägliches Brot! genug und über genug haben. Es führte ihn sicher zu Gott. Denn es liegt schließlich in diesem «*uns*» und «*unser*» das Größte und Wichtigste des christlichen Glaubensbekenntnisses. Zuerst das, dass alle Menschen untereinander zusammengehören, wie es schon die Anrede «*Unser* Vater» ausgesprochen hat. Es geht nicht an, dass wir aus unserm Leben eine Privatsache machen. Sondern was wir sind, das sind wir gemeinsam mit den Andern. Vielleicht ist es nirgends so nötig, das zu unterstreichen, wie da, wo es sich um das tägliche Brot handelt. In geistlichen Dingen glauben wir ja wohl gerne an Gemeinschaft und üben sie auch, so gut wir's können. Aber wo sind die Christen, die nicht beide Hände ausstrecken nach ihrem Brotkorb und ihrem Portemonnaie mit dem frohen Ruf: Das ist *meine* Sache!? Diese Art, die uns so selbstverständlich erscheint, wird uns nun gänzlich verleidet, wenn wir mit Ernst beten: Gib *uns unser* tägliches Brot! Denn damit sagen wir selbst und vor dem Angesicht Gottes, dass Brotkorb und Portemonnaie absolut nicht meine, sondern *unsre* Sache sind. Was *mein* ist, ist in Wirklichkeit *unser*. Was mir gehört, habe ich in Wirklichkeit durchaus nicht für mich, sondern für mich und die Andern. Wieder verändert sich das Bild des Lebens aufs Gewaltigste, wenn wir uns durchdringen lassen vom Sauerteig dieses Gebetes. Mit diesem selbstverständlichen «uns» sagt Jesus nichts Anderes, als dass die *Liebe* das Selbstverständliche sei nicht nur im geistlichen, sondern gerade im äußern, materiellen Leben. Wir können den Gedanken nicht weiter folgen, die sich hier eröffnen. Aber wir ahnen an dieser Stelle, wie das *eine* Gebet uns das Leben in Gott eröffnen würde, wenn wir es *einmal* recht beten würden.

Eines möchte ich zum Schluss sagen: Mit der Bitte: Gib uns heute unser tägliches Brot! treten wir vor Gott hin mit dem Anliegen: aus deiner Hand möchten wir empfangen, was wir für unser Leben in dieser Welt genießen, aus deiner Hand und anders nicht. Und Gottes Erhörung dieser Bitte besteht darin, dass er uns mehr gibt, als wir fordern, dass er uns unser ganzes äußeres, materielles Leben zu einer großen, reichen Gelegenheit werden lässt, ihn zu suchen und zu finden, Sicherheit zu gewinnen, tätig zu sein, Recht zu üben und Gemeinschaft der Liebe untereinander zu halten.

Etwas von dieser göttlichen Erhörung zeigt uns nun auch das Abendmahl, das wir heute und am kommenden Bettagssonntag zusammen feiern.[8] Brot und Wein essen und trinken wir, aber im Sichtbaren dürfen wir das Unsichtbare empfangen. Im Zeichen und Sinnbild der natürlichen Stoffe hat sich Christus seinen Jüngern angeboten und bietet er sich heute uns an. Möchten wir mit ihnen etwas empfangen von der Kraft, die uns gerecht und heilig macht. Und möchte das Abendmahl uns anleiten, *alles* Sichtbare, unser *ganzes* äußeres Leben zu verstehen als ein Geschenk aus Gottes Hand, in *Allem* Weltlichen den Ruf zu vernehmen, mit dem Christus den Seinen das Brot gereicht:

Das ist mein Leib, der für euch gebrochen wird [1.Kor. 11,24[9]]!
Amen.

[8] Nach älteren Kirchenordnungen in der Schweiz wurde das Abendmahl überwiegend nur an den hohen Festtagen im Jahr – Weihnachten, Karfreitag / Ostern, Pfingsten und am Bettag – gefeiert, aber auch die Praxis einer zusätzlichen, der Vorbereitung dienenden Abendmahlsfeier an den jeweils vorausgehenden Sonntagen war nicht unüblich (vgl. R. Pfister, *Kirchengeschichte der Schweiz*, Bd. 3: *Von 1720 bis 1950*, S. 99 u. S. 352). In Safenwil wurden solche zusätzlichen Abendmahlsfeiern am 4. Advent und am Sonntag vor dem Bettag gehalten (vgl. Predigten 1915, S. X).

[9] In der Fassung der von Barth benutzten revidierten Ausgabe der Luther-Übersetzung von 1892; in neueren Ausgaben steht «gegeben» statt «gebrochen».

78

Safenwil und *Kölliken*[1], Sonntag, den 17. September 1911
(14. nach Trinitatis)

Eidgenössischer Bettag[2]

Exodus 19,17

Und Mose führte das Volk aus dem Lager Gott entgegen, und sie traten unten an den Berg.

Liebe Freunde!

Wir sind hier versammelt als ein kleiner Teil der großen vaterländischen Volksgemeinde, die heute in allen Gauen der Heimat dem Ruf der Glocken folgt, um den einen großen, einfachen Gedanken sich wieder einmal ins Herz und ins Gewissen zu prägen, dass Gott waltet und walten soll im Schweizerland, dass er unser Gott sein will und wir sein Volk. Das ist der große Gedanke, den schon unsre Vorväter aussprechen wollten, als sie das Kreuz zum Zeichen ihres Bundes machten. Mit diesem Gedanken bewaffnet wie mit einem Arbeitshammer haben sie auf ihren Ratssälen und Zunftstuben und Schlachtfeldern das Schönste und Größte der Schweizergeschichte vollbracht. In allen ereignisreichen, entscheidenden Zeiten ist der Ruf nach «Gott im hehren Vaterland»[3] erschollen, bald als ein Ruf des Dankes und der

---

[1] Am Bettag fanden in Safenwil – wie in der damaligen Schweiz üblich (vgl. C. Stuckert, *Kirchenkunde der reformierten Schweiz* [Studien zur praktischen Theologie, 4/2], Gießen 1910, S. 92) – zwei Gottesdienste statt. Aus Briefen an seine Großmutter vom 15. September und an seine Mutter vom 18. September 1911 (KBA 9211.76; 9211.79) geht hervor, dass Karl Barth am Vormittag in Safenwil und am Nachmittag im benachbarten Kölliken predige, während im Safenwiler Nachmittagsgottesdienst sein Bruder Peter predigte, der in diesen Tagen zu Besuch bei ihm war.

[2] Der Eidgenössische Dank-, Buß- und Bettag wurde in der Schweiz 1832 per Tagsatzungsbeschluss als überkonfessioneller, staatlicher Feiertag eingeführt und wird am jeweils dritten Sonntag im September begangen.

[3] Aus der ersten Strophe des «Schweizerpsalms» von L. Widmer und A. Zwyssig (RG 519), seit 1961 provisorische, seit 1. April 1981 offizielle Nationalhymne der Schweiz.

Freude, wenn der Erfolg da oder die Gefahr überstanden war, bald als ein Ruf der Buße, der Selbstbesinnung und Reue, wenn der Hochmut und die Geldgier uns und unsre Machthaber auf ein totes Geleise oder in einen Sumpf geführt hatten, bald als ein Ruf des Gebets, der innern Erhebung, wenn die Schweizer innere Ruhe und äußere Kraft suchten bei dem, der Himmel und Erde gemacht hat [vgl. Ps. 121,2; 124,8].

Auch die neue Eidgenossenschaft hat sich diesen Gedanken zu eigen gemacht, indem sie über ihre Bundesverfassung das schlichte und doch so inhaltsreiche Wort setzte: Im Namen Gottes des Allmächtigen![4] Und wenn gute Schweizer aller Zeiten in die Höhe oder in die Tiefe gegangen sind mit ihrer Vaterlandsliebe, dann ist es ihnen gegangen wie einem der Größten, die wir gehabt, *Gottfried Keller*:

Beten will ich dann zu Gott dem Herrn,
Lasse strahlen deinen schönsten Stern
Nieder auf mein irdisch Vaterland![5]

Und mit diesem Gedanken: Gott für das Vaterland! und: das Vaterland für Gott! sind nun auch wir heute zusammengekommen, um Bettag zu feiern.

Aber nun soll dieser Gedanke nicht ein bloßer Gedanke bleiben und der Bettag nicht eine schöne Insel inmitten des übrigen Volkslebens. Sondern der Gedanke: «Gott im Vaterland» soll uns anpacken und soll zu einer Tatsache werden. Und die Fragen und Aufgaben, die der Bettag uns stellt, sollen uns hinausbegleiten in unser privates und bürgerliches Leben; Gott soll nicht bloß am Bettag im Vaterland sein, sondern alle Tage; wir wollen nicht bloß heute uns erheben zu großen und schönen vaterländischen Gefühlen, sondern es muss unser Aller Leben und Wirken im Vaterland groß und schön werden. Und gerade deshalb wollen wir uns heute vor den großen und schönen Worten in Acht nehmen. Die Versuchung dazu liegt so nahe bei allen patriotischen Anlässen. Aber wenn wir von Gott reden, dann müssen wir

---

[4] Gemeint ist die Bundesverfassung, die sich das Schweizer Volk am 12. September 1848 gab; das zitierte Wort blieb in allen Revisionen unverändert und findet sich auch in der aktuellen Bundesverfassung der Schweizerischen Eidgenossenschaft vom 18. April 1999 an der Spitze der Präambel.

[5] Aus Strophe 5 des Festlieds «An das Vaterland» von G. Keller (1846; in: G. Keller, *Sämtliche Werke in acht Bänden*, Bd. 2: *Gedichte*, Berlin 1958, S. 175).

aufrichtig und ernsthaft sein. Wovon wir heute reden, das muss morgen auch gelten und übermorgen auch. Denn Gott ist nicht ein Gott der Feste, auch nicht der Vaterlandsfeste, sondern ein Gott des Alltags. – |

Als Programm und Vorsatz und Maßstab für unser Leben als Schweizer – nicht bloß als «Bettagspredigt» – soll denn heute ein Bild aus uralter Zeit zu uns reden. Das Volk Israel wartet am Berg Sinai auf die Offenbarung der Herrlichkeit und des Willens Gottes. Das war ein Vorgang ähnlich dem, was wir heute tun. Gott wollte sich dieses Volkes annehmen, und dies Volk wollte Gottes Eigentum sein. Es war ein Bettag für Israel im tiefsten Sinn des Wortes. Die Bibel beschreibt kurz und gewaltig, wie dieser Tag angehoben hat: *Und Mose führte das Volk aus dem Lager, Gott entgegen, und sie traten unten an den Berg.* Wir wollen die Botschaft hören, die in diesem Bild aus alter Zeit an uns gerichtet ist.

✳   ✳   ✳

Mose führte das Volk aus dem Lager… Sollte Gott zum Volke Israel reden und zu ihm kommen, dann durfte das Volk nicht liegen bleiben in seinen Zelten und Schlafstätten, an seinen Herdfeuern und in seinen Viehhürden. Das alles musste dahinten bleiben. Vielleicht hatte es schon dort Manchem besser gefallen, das Lager nicht zu verlassen und gemütlich von Weitem zu erwarten, was Gott mit dem Volk wollte. Aber das war nicht der Sinn des Mose. Er wusste: wenn Gott redet und kommt, dann kann und darf der Mensch nicht sitzen oder liegen bleiben, dann muss er vorwärts, muss hinwegsehen lernen von dem Krimskrams seines täglichen Lebens, muss *hinaus aus dem Lager*, Gott entgegen.

Liebe Freunde! Wir wollen heute auch vor Allem dies: *hinaus aus dem Lager!* zu uns reden lassen. Wenn es uns ernst ist mit dem Gedanken: Gott im Vaterland!, dann muss auch bei uns vor Allem etwas zurückbleiben. Gott ist immer wieder etwas Neues für uns, und darum müssen wir, wenn es uns um ihn zu tun ist, immer wieder etwas Altes zurücklassen. *Bußtag* nennen wir den Bettag auch. Buße tun heißt eben: sich abwenden, sich umkehren und ein Neues denken und es ergreifen. Was ist das für eine Buße, die wir tun wollen, und was ist das Alte, das hinter uns bleiben soll? Die Proklamation des aargauischen Kirchenrates, die ihr vor acht Tagen gehört habt, weist darauf hin, dass es in unserm Volk neben vielen «braven, fleißigen Menschen» auch viele «Haltlose und Zuchtlose», ja, dass es Mörder und Brandstifter unter uns gebe.[6] Ich glaube aber nicht, dass es eine richtige Bettagsfeier ist, wenn wir uns heute hinstellen und über leichtsinnige Menschen und Verbrecher den Kopf schütteln mit dem frohen Gedanken: Gottlob, *ich* habe kein Haus angezündet! An solcher Buße hat Gott keine Freude. Denn Buße tut man nicht für Andre, sondern für sich selbst. Es heißt auch in unserm Text nicht, dass Mose die Halt- und Zuchtlosen aus dem Lager geführt habe, während die «braven, fleißigen Menschen» in ihren Zelten und bei ihren Kochtöpfen hätten bleiben dürfen. Sondern es heißt, dass Mose *das Volk*, also alle miteinander, die Brandstifter und die Braven aus dem Lager geführt habe. Das Lager war ihr gewöhnlicher, alltäglicher Aufenthaltsort. Da konnte und wollte Gott nicht mit ihnen reden; und darum mussten sie hinaus aus dem Lager. Da tun auch wir gut, jetzt nicht vor Allem an Verbrechen und grobe Unsitten zu denken, von denen hoffentlich die Meisten von uns frei sind, sondern uns zu fragen, wie es mit unserm Lager steht, in dem wir Alle wohnen, mit unsern gewöhnlichen, durchschnittlichen Gesinnungen und Gewohnheiten. Ob Gott *da* zu uns reden und zu uns kommen kann, ob wir mitten da drin sein Volk werden und sein können, oder ob es nicht auch uns Not tut, hinauszugehen aus dem Lager, hinter uns zu lassen eine Denk- und Lebensweise, wie sie durchaus nicht nur dem Verbrecher, sondern gerade uns «braven und fleißigen Menschen» eigen ist?

Hinaus aus dem Lager! Hinaus gerade aus dem, was das Durchschnittliche, fast Selbstverständliche unter uns ist! Denn wir können

---

[6] In der «Vernehmlassung» des aargauischen reformierten Kirchenrats zum Bußtag hieß es: «Wir wissen, daß viele Glieder unseres Volkes ernsthafte, brave, fleißige Menschen sind, die mit Gott und vor Gott zu wandeln sich bestreben; aber daß es auch viele Haltlose und Zuchtlose unter uns gibt, von welchen dem ganzen Volke Gefahr droht, das wird kein Einsichtiger in Abrede stellen.» Im Blick auf die «zahlreichen Brandfälle [...] diesen Sommer» hieß es weiter, es sei «besonders schmerzlich, zu denken, daß verbrecherische Hände einige dieser Unglücksfälle hervorriefen», und schließlich: «Mangel an innerem Halt und Gehalt, an Zucht und Weihe des Geistes – das scheinen uns Zeichen unserer Zeit zu sein» (Art. «Zeichen unserer Zeit», in: Zofinger Tagblatt, Nr. 212, 11.9.1911, [S. 2]).

Gott nicht sehen und ergreifen im Vaterland, solange noch immer das *Geldverdienen* die höchste Schweizertugend und das höchste Schweizergesetz ist. Muss es denn immer wahr bleiben, was in alten Zeiten das Ausland spottend von uns sagte: Ohne Geld keine Schweizer![7] Wo aber Geld zu verdienen ist, da sind die Schweizer für Alles zu haben!? Ja es ist bei uns auf einer ganzen Reihe von Gebieten selbstverständlich geworden, dass Gefühl und Recht und Ordnung in zweite Linie zu treten haben, sobald das Geld im Spiel ist. Um des Geldes willen, das die Fremden bringen, dulden wir noch immer an den großen Kurorten die Spielhäuser, diese Quellen einer faulen, oberflächlichen, liederlichen Gesinnung.[8] Um des Geldes willen stellen wir selbst an die schönsten Stellen unsres Heimatlandes plumpe Hotelgebäude und hässliche Plakate. Um des Geldes willen schämt sich mancher Geschäftsherr nicht, nur solche Angestellte aufzunehmen, die keinen Militärdienst tun und ihm deshalb keine Unkosten um des Vaterlands willen zuziehen. Um des Geldes willen lassen es – hier bei uns – Fabrikbesitzer und Eltern zu, dass Kinder von noch unter 16 Jahren elf Stunden des Tags in einem staubigen Fabrikraum arbeiten müssen, obwohl sie wissen könnten, dass das eine systematische Untergrabung der Gesundheit nicht nur dieser, sondern der ganzen folgenden Generation bedeutet. Um des Geldes willen… Ja was tun wir nicht noch Alles, wenn *das* in Frage kommt?! Und ich wiederhole: Da handelt es sich nicht um besondere Verbrechen, sondern um das, was uns eine ganz ehrbare Gewohnheit ist. Hinaus aus diesem Lager, in dem wir sitzen und liegen, hier wird uns Gott sicher *nicht* finden! – |

Ich denke weiter an das, was wieder ganz gewohnheitsmäßig und selbstverständlich als *Erholung* und Freude gilt bei uns. Wir Schweizer sind bekannt als ein festfreudiges, überhaupt als ein freudiges Volk. Aber wie feiern wir unsre Feste und an was haben wir Freude? Es fängt Manches an, besser zu werden auf diesem Gebiet, seit eine ener-

---

[7] In mehreren Sprachen verbreitetes Sprichwort, das auf die Zeit zurückgeht, in der viele Schweizer das Land verließen, um als sogenannte «Reisläufer» in fremden Armeen zu dienen, und es daher an vielen europäischen Höfen «Schweizergarden» gab. Diese waren für ihre Kampfkraft berühmt – aber eben auch dafür, sehr auf die pünktliche Zahlung ihres Soldes bedacht zu sein; vgl. Röhrich II, S. 528.

[8] Vgl. oben, S. 143–157, die Predigt vom 7. Mai 1911.

gische Bewegung gegen den Alkoholismus anfängt, ihre Früchte zu zeitigen,[9] seit der Kampf gegen schlechte Vergnügungen und schlechte Literatur mit starken Waffen aufgenommen worden ist.[10] Allein es ist

[9] Barth denkt wohl in erster Linie an die Tätigkeit des 1877 von Louis-Lucien Rochat (1849–1917) gegründeten Vereins des Blauen Kreuzes, der den Kampf gegen den Alkoholismus mit dem gegen die sozialen Probleme in der Schweiz verband; vgl. C. Stuckert, *Kirchenkunde der reformierten Schweiz* (Studien zur praktischen Theologie, 4/2), Gießen 1910, S. 127–129.

1885 wurden in der Schweizer Verfassung die Fabrikation und der Verkauf von «gebranntem Wasser» von der sonst gewährleisteten Freiheit des Handels ausgenommen (Art. 32bis / Art. 31), 1908 stimmte in einer Volksabstimmung die deutliche Mehrheit der Stimmberechtigten einem Absinth-Verbot zu, das 1910 Aufnahme in die Verfassung fand. Vgl. J. Grellet, Art. «Absinth», in: HBLS I, S. 71f.; R. Trechsel, Art. «Abstinenzbewegung», in: Historisches Lexikon der Schweiz, Bd. 1, Basel 2002, S. 68f.

Zu Barths eigenem Engagement im Blaukreuzverein vgl. oben, S. 94, Anm. 7, und unten, S. 377, Anm. 2.

[10] Barth denkt vermutlich an das Spielbankverbot, das im April 1911 – allerdings nur vorübergehend – auch in Genf durchgesetzt worden war (vgl. oben, S. 143, Anm. 1), und an Lesegesellschaften wie etwa die 1896 gegründete Pestalozzigesellschaft in Zürich, die durch Einrichtung von Lesesälen und Bibliotheken auch ärmeren Bevölkerungsschichten den Zugang zu guter Literatur ermöglichen und damit einen Beitrag zur Volksbildung und «im Schmutz- und Schundkampf gegen schlechte Lektüre» leisten wollten (R. Fassbind-Eigenheer, *Die Pestalozzigesellschaft in Zürich. Eine Institution im Dienste der Volksbildung – 1896 gegründet*, in: SAVK 91 [1995], Heft 1, S. 1–20, dort S. 8). Überhaupt aber war der Kampf gegen «unsittliche Literatur» wesentlich mit von der Schweiz ausgegangen: In Genf war bereits 1889 die «Association suisse contre la littérature immorale» gegründet worden, der deutschschweizer Zweigbund 1904, ein «Internationales Informations-Bureau gegen die unsittliche Literatur» 1893, ebenfalls in Genf (vgl. G. Jäger, *Der Kampf gegen Schmutz und Schund. Die Reaktion der Gebildeten auf die Unterhaltungsindustrie*, in: Archiv für Geschichte des Buchwesens, Bd. 31, Frankfurt/Main 1988, S. 163–191, dort S. 180). Was darunter – auch! – verstanden wurde, zeigt eine Notiz in der Zeitschrift «Frauenbestrebungen», Heft 10 (1910), S. 80: «Das Sekretariat des *Deutschen Zweiges des Schweiz. Bundes gegen die unsittliche Literatur* macht folgende Mitteilungen: Unser Vorstand richtete ein ernstes und warmes Gesuch an alle Kantonsregierungen der deutschen Schweiz, sie möchten doch der Schund-Kolportage-Literatur, den Volksverderbern ‹Nic Carter›, ‹Buffalo-Bill› und andern Erzeugnissen durch Gesetz und Polizei endlich ihr Gebiet verwehren.» An gleicher Stelle wurde gemeldet: «In Basel ist das Gesetz gegen die Schmutzliteratur angenommen, und es bieten dort die Väter desselben alle Garantie, dass es auch gehandhabt werde.»

nicht genug, dass diese und jene Auswüchse in unserm Volksleben bekämpft werden, unser Volk müsste von innen heraus einsehen und begreifen, dass so Vieles, was es jetzt für eine Freude ansieht, in Wahrheit keine Freude ist. Es ist in der Art, wie wir uns erholen, soviel Oberflächlichkeit und Stumpfsinn im Spiel. Wir sollten lernen, im rechten Sinn anspruchsvoller zu werden in unsern Freuden, ich meine: lernen an Dingen Freude [zu] haben, die nicht nur etwas kosten, sondern auch etwas Reelles sind. Ein zufriedener Schoppen des Abends ist noch lange nichts Reelles. Eine Kinematographenvorstellung ist in den allermeisten Fällen auch nichts Reelles. Und ein Feuilletonroman wie der, welchen das gelesenste Blatt unsres Bezirks[11] in der letzten Zeit seinen Lesern anzubieten wagte, ist erst recht nichts Reelles. Nicht von schlechten Dingen rede ich da, aber eben von wertlosen. Von denen sollten wir uns freimachen. Sollten unsre Freude in höhern Regionen suchen, die ja heutzutage Keinem mehr verschlossen sind. Sollten heraus aus dem Lager, in dem wir behaglich sitzen und liegen. Denn wenn es uns behaglich ist, so ist das noch lange kein Zeichen, dass Gott mit uns zufrieden ist. – |

Und heraus müssen wir aus der öden Schweizerkrankheit des *Selbstinteresses.* Ich wiederhole und unterstreiche: Das ist eine Krankheit, an der nicht ein paar Verbrecher und Zuchtlose leiden, sondern wir Alle. 22 Kantone zählt unser kleines Land,[12] es könnten aber auch 44 sein. Denn wir sind ein Volk, das ums Leben gern kleine und ganz kleine Interessenkreise bildet, die sich dann gegen alles Übrige mit

---

[11] Im «Zofinger Tagblatt», das hier wohl gemeint sein dürfte, war vom 1. Juli bis zum 9. September 1911 der Roman «Die weiße Lilie vom Gardasee» von Erich Friesen (laut W. Eymer, *Eymers Pseudonymen Lexikon. Realnamen und Pseudonyme in der deutschen Literatur*, Bonn 1997, S. 38, ein Pseudonym von Adele Boettcher [1861–?]) abgedruckt. Seit 12. September erschien dort «Eine Reise nach Australien» von Ib. Tschamper (nicht ermittelt). – Mit Blick auf den Gehalt und die Vielzahl ähnlicher Romane von Adele Boettcher (vgl. *Deutsches Literatur-Lexikon. Das 20. Jahrhundert*, hrsg. von W. Kosch u. a., Bd. 3, Zürich / München 2002³, Sp. 339f.) wird Barth bei seiner Bemerkung den erstgenannten Titel im Sinn gehabt haben.

[12] Eigentlich bestand die Schweiz 1911 aus 25 Kantonen; die sechs sogenannten Halbkantone (Appenzell Ausserrhoden und Innerrhoden; Basel-Stadt und -Landschaft; Obwalden und Nidwalden) sind bei der von Barth angewendeten Zählweise zusammengefasst.

einer ebenso lächerlichen als unheilvollen Beschränktheit abschließen. Früher sind's die Kantone gewesen, und der Kantönligeist ist von daher eine gemeineidgenössische Eigenschaft geworden, für die wir in ganz Europa bekannt sind. Heute sind es die verschiedenen Stände[13] geworden, die sich gegeneinander abschließen und [von denen] jeder wie mit Scheuläden versehen *seinen* Weg geht, als wäre es eitel Rauch und Phrase, was wir an vaterländischen Festen gern bekennen:

Wir wollen sein ein einig Volk von Brüdern![14]

Ich erinnere an das, was gegenwärtig an Gründen gegen die eidgenössische Versicherungsvorlage[15] aufgebracht wird. «Wir wollen nicht für Andre bluten», ist da der Grund aller Gründe. Und wir brauchen gar nicht bis in die eidgenössische Politik hinaufzusteigen, um zu bemerken, wie wir Alle dem Grundsatz huldigen: Ich mues für mi luege![16] Einige Wenige sind's überall, die an den gemeinsamen Aufgaben arbeiten, die doch Aller Sache sind. Wie ganz anders würde es mit diesen gemeinsamen Aufgaben vorwärtsgehen, wenn wir etwas mehr Ernst machten mit der schönen Devise: Einer für Alle, Alle für Einen.[17] Aber dazu müssten wir lernen, hinwegzublicken über unsre

---

[13] Es ist etwas unklar, was Barth hier meint. Durch die Entgegensetzung zu den Kantonen scheint es so, als seien hier eher die verschiedenen gesellschaftlichen «Stände» mit ihren unterschiedlichen Interessen gemeint. Andererseits ist der «Ständerat» seit der Bundesverfassung von 1848 die Kammer der Schweizer Bundesversammlung, die sich, von der Bevölkerungszahl unabhängig, aus je zwei Vertretern jedes Kantons (Halbkantone: je ein Vertreter) zusammensetzt.

[14] Fr. Schiller, *Wilhelm Tell*, erster Aufzug, zweite Szene:
Wir wollen sein ein einzig Volk von Brüdern,
In keiner Not uns trennen und Gefahr.

[15] Vgl. die zur Abstimmung am 4. Februar 1912 erschienene Informationsbroschüre: F. Buomberger, *Die schweizerische Versicherungsvorlage und ihre Gegner: das eidgenössische Kranken- und Unfallversicherungsgesetz gemeinverständlich dargestellt unter Bezugnahme der gegnerischen Einwürfe*, Zürich 1911.

[16] Schweizerdeutsch für: «Ich muss mich um mich selbst kümmern».

[17] Das Motto «Unus pro omnibus, omnes pro uno» wurde 1868 von der Schweizer Presse als Leitmotiv einer großen Sammelaktion verwendet, mit der den Opfern des «Jahrtausendhochwassers» geholfen werden sollte, das über 50 Todesopfer gefordert und besonders im Tessin schwerste Verwüstungen angerichtet hatte (vgl. Chr. Pfister, *Von Goldau nach Gondo. Naturkatastrophen als*

Gartenzäune so gut wie über unsere Kirchtürme. Das würde heißen: Hinaus aus dem Lager! Hinaus aus dem gewohnheitsmäßigen Trott unsrer Gesinnungen! Hinaus aus der engen Luft unsrer mittelmäßigen Bravheit, die nichts besonders Böses tut, aber auch nichts besonders Gutes! Hinaus aus dem Lager!

*   *   *

Aber nun wollen wir einen andern Ton anschlagen, der uns höher führt in unsrer vaterländischen Selbstbesinnung. «Mose führte das Volk aus dem Lager, *Gott entgegen*», sagt unser Text mit wundervoller poetischer Ausführlichkeit. Gott senkt sich hernieder vom Himmel auf den Berg Sinai, er kommt wie ein Mensch an einen Ort, oder besser, wie ein Gewitter über eine Gegend kommt. Und wie setzen sich die unabsehbaren Haufen Israels in Bewegung, Moses führt sie, Gott entgegen. Gott kommt zu seinem Volk, da kann sein Volk nicht anders, als zu seinem Gott kommen. Es liegt etwas Umwälzendes, Grandioses in diesem: *Gott entgegen!* Wenn das Lager verlassen ist, dann geht man Gott entgegen. Wenn man sich vom Alten abgewendet, dann greift man nach dem Neuen, das kommen will. Wenn man Buße getan, dann ist man reif für die Gnade, die uns sucht und findet. Tadeln und Klagen soll auch am Bettag nicht die herrschende Stimmung sein, sondern Arbeiten und Bessermachen. Es liegt eine Aufforderung und Verheißung vor uns in diesem «Gott entgegen!» unsres Textes.

Eine Aufforderung zuerst. Wenn wir die Geldgier, die platte Vergnügungssucht, das Selbstinteresse hinter uns gelassen, dann sollen wir uns zu Gott wenden. Es hat zu allen Zeiten Religionen und fromme Lebensweisen gegeben, die dem Menschen eigentlich nur zu sagen wussten, er müsse alles jenes Gewöhnliche, Weltliche, Ungute in sich zum Schweigen bringen und ersticken, aber damit hörte ihre

identitätsstiftende Ereignisse in der Schweiz des 19. Jahrhunderts, in: ders. / St. Summermatter [Hrsg.], *Katastrophen und ihre Bewältigung. Perspektiven und Positionen. Referate einer Vorlesungsreihe des Collegium generale der Universität Bern im Sommersemester 2003*, Bern / Stuttgart / Wien 2004, S. 53–78, dort S. 69f.), und gilt seitdem als inoffizieller Wahlspruch der Schweiz. Es umrahmt auch das Schweizer Wappen in der Glaskuppel des 1902 eingeweihten Berner Bundeshauses.

Weisheit auf. Sie machten gleichsam einen hohlen Raum, aber sie hatten keinen Inhalt dafür. Sie führten die Menschen aus dem Lager, aber sie führten sie bloß in die Wüste. Auch im katholischen und protestantischen Christentum hatte es manchmal diesen Anschein. Man verleidete den Menschen dieses und jenes, ohne ihnen etwas dafür zu geben. Wir wollen es nicht so machen. Für uns soll die Losung gelten: *Gott* entgegen! Dem Ewigen, Höchsten, Reinen, dem Vater der Lichter [vgl. Jak. 1,17] entgegen! Wahrlich, wenn wir ins Auge fassen, was das sagen will, dann muss uns Freude ergreifen über die große Aufgabe, über das reiche Programm, das vor uns liegt. Das Schweizervolk, das Gott entgegengeht!! Wird es das werden, was seine Besten ihm wünschen möchten? Wollen wir Gott entgegengehen, dann muss das vor Allem heißen, dass *Klarheit* und Wahrheit immer mehr durchbreche bei uns: Dass an die Stelle der Verworrenheit in unserm Denken das Licht trete. Dass die Vorurteile den ruhigen Einsichten Platz machten. Dass die Schlagworte und Phrasen verschwinden vor den hellen nüchternen Gedanken. Wir haben viel Intelligenz in unserm Volk, und wir haben viel Schulbildung; aber was wir nötig haben, das ist jene Klarheit, die die Intelligenz und die Schulbildung erst wertvoll macht. – |

Und wenn es klar geworden ist bei uns, dann müssen wir lernen, uns selber zu *erziehen*. Unser Leben – ich meine das Leben von uns einzelnen Schweizern – muss sich einrichten nach den klar erkannten Gesetzen des Lebens. Es soll die Frage nach dem, was tüchtig und groß ist, uns wichtiger werden als die Frage nach dem, was nützlich und angenehm ist. – Diese Selbsterziehung aber wird uns von selbst darauf leiten, dass das höchste Gesetz des Lebens das ist, dass wir *helfen* dürfen, dass wir als Starke für die Schwachen da sind, dass wir erst durch die Betätigung der Solidarität selbst etwas werden, dass über unserm einzelnen Leben turmhoch das Ganze, die Gemeinsamkeit steht, für deren Wohl, für deren Fortschritt wir verantwortlich sind. Seht, liebe Freunde, wenn wir diese Ziele sehen, dann sehen wir Gott, und wenn wir bewusst und tapfer diesen Zielen entgegen gehen, dann gehen wir Gott entgegen. Wir wollen uns heute Richtung und Kraft geben lassen, uns dazu aufzumachen.

Aber dieses «Gott entgegen» ist mehr als eine Aufforderung. «Entgegen» ist eine Verheißung, denn es bedeutet eben, dass Gott auch schon unterwegs ist. Ihr habt Alle diesen Frühling die Beschreibung gelesen vom Durchbruch des Lötschbergtunnels.[18] Wie da ein freudiger Schreck die Ingenieure und Arbeiter der Nordseite durchfuhr, als sie zum ersten Mal noch durch dicke Steinwände hindurch ganz leise die Bohrmaschinen und Sprengungen auf der Südseite arbeiten hörten. Das war eine Verheißung für ihre eigene Arbeit. Sie wussten: wir schaffen, aber die andern schaffen uns entgegen. Gerade das dürfen und sollen wir nun von Gott auch wissen. An einem Tag wie dem heutigen, da wollen wir auf einen Moment unsre Hacken und Maschinen ruhen lassen, um zu lauschen auf das Entgegenkommen Gottes auf der andern Seite des Berges. Nicht nur die göttlichen Aufgaben wollen wir heute sehen, sondern auch die göttlichen Tatsachen, die Tatsachen seines Kommens, denen wir entgegengehen. Wir Menschen und Schweizer sollen und dürfen dankbar sein für das, was Gott tut gerade in unsern Tagen. Es ist nicht wahr, dass es böse Tage, schlechte, finstere Zeiten sind, wie viele fromme Christen meinen. Wir leben in einer großen Gotteszeit. Denn alle die Gotteskräfte, die wir nötig haben, können sich heute viel freier und herrlicher entfalten als jemals vorher, und wir dürfen Gott einfach dafür danken, dass er tatsächlich diese Kräfte wirken lässt in einer Weise wie wenig frühere Zeiten es gesehen haben. |

Ich habe die *Klarheit* genannt als ein Lebensziel, das wir uns vornehmen sollen. Sie ist mehr als ein Lebensziel. Sie ist eine Macht, die anfängt Boden zu gewinnen in allen Schichten der Völker, auch unsres Volkes. Große gemeinsame Erkenntnisse werden Gemeingut, setzen sich durch und bekommen Geltung trotz Verworrenheit und Vorurteilen. So sind auch die *sittlichen* Grundsätze heutzutage in weitesten Kreisen sicherer geworden als früher. Ich könnte daran erinnern, dass wir es tatsächlich ernster nehmen z. B. mit Leben und Eigentum des Nächsten. Und nicht nur sicherer, auch feiner. Wir haben Grundsätze erst entdeckt, z. B. den der Abstinenz, über die vor 100 Jahren auch sehr ernste Leute noch gelacht haben würden. Heißt das Alles nicht, dass Gott kommt?! Und heißt es nicht auch, dass Gott kommt, wenn

---

[18] Der gut 14 Kilometer lange Lötschberg-Tunnel, der 1913 in Betrieb genommen wurde, bildet das Herzstück der Eisenbahnlinie zwischen Spiez und Brig; der Tunnel-Durchstich erfolgte am 31. März 1911.

wir die Bewegung verfolgen, die die Menschen heute aller Orten drängt zur *Gemeinschaft*, zur Organisation, zum Sozialismus, d. h. zum gemeinsamen Denken und Handeln? Ist diese Bewegung, die heute noch fast ausschließlich von den Arbeitermassen getragen wird und die die Solidarität zum Mittel wie zum Zwecke hat, ist sie nicht ein Stück Erfüllung des Willens Gottes, dessen Bedeutung weit über die Schranken des Arbeiterstandes hinausgeht und zu uns allen redet als ein lebendiges Gotteswort? Gewiss, es fehlt auch hier nicht an menschlichen Borniertheiten und Gewaltsamkeiten, aber wir wollen eben auf das Göttliche darin sehen, auf die großen Gedanken und Tatsachen, und wenn wir darauf sehen, dann spüren wir, dass wir nicht allein sind mit unsern Gedanken und Bestrebungen von Hilfe und Gemeinwohl, sondern dass Gott an der Arbeit ist, besser als wir es könnten. Dass er uns entgegenkommt, bevor wir uns nur aufgemacht. Wir schlagen dann auch wohl dankbar die Hände zusammen: «Herr, wie sind deine Werke so groß und viel, du hast sie alle weislich geordnet und die Erde ist voll deiner Güter» [Ps. 104,24].

*   *   *

Und sie traten unten an den Berg. Das soll uns das Letzte sagen, was wir mitnehmen wollen. Wir hören, dass Israel von ferne stehen und aufblicken musste zu Gottes Offenbarung. Naseweise, selbstgewisse Menschen sollten der majestätischen Herrlichkeit Gottes nicht zu nahe kommen, sie hätte ihnen sonst gefährlich werden können. Der Ort, wo wir stehen müssen, wenn Gott mit uns reden will, ist «unten am Berg». Und das zeigt uns, wie wir's zu machen haben, wenn wir Gott entgegen gehen. Wir sollen unten an den Berg treten, wir sollen *Ehrfurcht* haben, das ist's. Unsre Schweizerberge kann man besteigen und erklettern, die Berge Gottes hat noch keiner bezwungen, und wenn einer meinte, oben zu sein, so ist sein Übermut noch immer mit schweren Enttäuschungen bestraft worden.

Wenn wir vor Gott treten, dann müssen wir immer nach oben sehen. Denn Alles, was wir erkennen und anstreben an göttlichen Zielen, das ist größer und höher als wir selbst. Wenn es das nicht mehr wäre, so wäre es nicht mehr göttlich. Gerade das ist nun Quelle und Hauptsache von Allem, was wir nötig haben, dass wir lernen *aufsehen* zu Gott, zu etwas Größerem als wir selbst. Dieses Aufsehen ist die *Ehrfurcht*. Und sie ist's, die wieder wichtig werden muss im Schweizervolk. Wir sind in unserm Denken und Empfinden zu zuversichtlich, zu selbstgewiss, wir sind zu zufrieden mit unsrer Kraft und unsern Leistungen. Wir vergleichen uns gern mit andern Völkern und finden, dass der Vergleich zu unserm Vorteil ausfalle. Da ist's dann kein Wunder, wenn wir in Wirklichkeit oft zurückbleiben. Der rechte Stolz ist nur da möglich, wo die rechte Ehrfurcht ist, wo die Menschen in Demut erkennen: Die Aufgaben des Lebens sind riesengroß. Denn nur da packt man diese Aufgaben an mit dem Ernst und der Kraft, die dazu nötig sind. Wo man meint, es mit Spielereien zu tun zu haben, da bringt man auch nur Spielereien fertig.

Und nun seht: Darum predigen wir hier in der Kirche immer wieder das Evangelium von Jesus Christus, weil wir in Jesus Christus die Größe erkennen, zu der wir ehrfurchtsvoll emporblicken können. Hier steht Gott majestätisch, unerreichbar hoch vor uns. Hier ist seine Wahrheit, Gerechtigkeit und Liebe in einer Fülle, die uns erschaudern macht. Jesus Christus ist gekommen, um uns zur Ehrfurcht zu erziehen, weil die Ehrfurcht das ist, was wir nötig haben. Und wenn wir mit unserem ganzen Volk heute «unten an den Berg» treten, dann soll uns das heißen, dass wir uns sammeln um diesen Jesus, von dem auch wir Alles zu lernen und zu empfangen haben. An ihm können wir sehen, wie Gott ist, wie groß und schwer, aber auch wie schön und fruchtbar unsre Lebensaufgaben sind.

Ihr Männer und Frauen, Augen auf zu ihm, der [19]auch im[19] Kampfe des Lebens gestanden hat, aber hindurchgegangen ist, rein und siegreich, der das Vertrauen zu Gott und die Liebe zu den Menschen nicht verloren hat – seht, *das* ist Größe.

Ihr jungen Leute, seht, hier können wir lernen, was das heißt, ins Leben hineingehen mit einem Ernst, der nichts leicht nimmt, und doch mit einem Mut, der sich durch nichts erschrecken lässt. *Das* ist Größe.

Ihr Eltern und Lehrer, wenn ihr eure Kinder tauglich machen wollt zum Leben, dann führt sie zu diesem Mann, denn wenn sie's gemerkt

---

[19–19] Im Mskr. infolge eines Flecks weitgehend unleserlich und von den Hrsg. ergänzt.

haben, dass er größer ist als sie, dann haben sie die Stufen und die Maßstäbe, die sie fürs Leben brauchen.

Sie traten unten an den Berg... Gott sei Dank, dass wir unten an den Berg treten dürfen, auf dem das Kreuz aufgerichtet ist. O wenn doch von diesem Berge ein Rauschen und Wehen ausginge durch unser Land und Volk, die Schlafenden zu wecken und die verdorrten Gebeine lebendig zu machen [vgl. Hes. 37,1–14]! O wenn wir merkten, was zu unserm Frieden dient!

Komm, o komm du Geist des Lebens![20] Gib uns, was du uns befiehlst.[21]

Amen.

Lieder:

Nr. 83: «Zeuch an die Macht, du Arm des Herrn» von Fr. Oser, Strophen 1.4.5 (EG 377,1.4 [Textabweichungen]).

Nr. 82: «Himmelskönig, Gott der Gnaden» von M. Klotz, Strophen 7 u. 8.

[20] Anfang eines Liedes von H. Held (GERS 149; RG 509; EG 134).

[21] Vgl. A. Augustinus, *Confessiones* X,29,40; X,31,45; X,37,60 (CSEL 33, S. 256; 261; 272): «da quod iubes et iube quod vis»; vgl. auch aus Strophe 13 des Missionsliedes «Der Vater hat zum Schmerzenslohn / der Welt gegeben seinen Sohn» (A. Knapp, *Evangelischer Liederschatz für Kirche und Haus. Eine Sammlung geistlicher Lieder aus allen christlichen Jahrhunderten*, Bd. 1, Stuttgart / Tübingen 1837, S. 497f. [Nr. 1156]):

O Liebe, die du uns ersehn,
Mit Deinem Zeugnis auszugehn!
Gib uns zuvor, was du befiehlst,
Und dann gebiete, was du willst!

79

Matthäus 6,12

Vergib uns unsre Schulden, wie auch wir vergeben unsern Schuldigern.

Liebe Freunde!

An der Bitte des Unser Vaters, die uns heute vorliegt, können wir besonders deutlich wahrnehmen, was *beten* heißt. Wir haben es schon bei unsern bisherigen Auslegungen gesehen: Beten ist niemals bloß ein Reden mit Gott. Das wäre ein ganz überflüssiges und schädliches Tun. Überflüssig, weil Gott unser Reden nicht braucht, schädlich, weil wir dann meinen könnten, das sei's, was *wir* brauchten, dass wir mit Gott reden. Beten ist ein Reden mit Gott und ein Reden mit sich selber. Bei Gott suchen wir Kraft und Trost und Ernst fürs Leben, und bei uns selber machen wir Ordnung, damit unser Leben so aussehe, wie es einem Menschen zukommt, der jene Dinge bei Gott gesucht und gefunden hat. Wir können nicht zu Gott beten und uns selber stehen lassen, wie wir sind. Sondern das rechte Beten hat immer eine Seite gegen uns zu, und da geschieht auch etwas nicht nur auf der Seite gegen Gott zu, und nur wo das Beten in solcher Weise doppelseitig ist, ist es *rechtes* Beten, das zur Ehre Gottes dient und zu unsrer Erbauung. Wir können nicht beten: Dein Reich komme! [Mt. 6,10a], ohne zugleich mit allen Kräften am Kommen dieses Reichs mitzuarbeiten. Wir können nicht beten: Dein Wille geschehe! [Mt. 6,10b], ohne von ganzem freudigem Herzen Gottes Willen bei uns und durch uns geschehen zu lassen. Wir können nicht beten: Gib uns unser täglich Brot! [Mt. 6,11], ohne dass wir durch ruhige, treue, selbstlose Arbeit zeigen, dass wir unser täglich Brot wirklich aus der Hand Gottes empfangen.

Diese Art des rechten Betens kann uns an der heutigen Bitte besonders anschaulich werden. *Vergib uns unsre Schulden!* reden wir Gott an. *Wie auch wir vergeben unsern Schuldigern!* das sagen wir *ja* nicht zu Gott, als wollten wir ihm den Grund vorhalten, weshalb er uns vergeben müsse, sondern das sagen wir zu uns selbst. Es ist, als ob wir uns damit erinnern würden: Merk wohl auf, was du eben gebetet hast: vergib uns unsre Schulden! Wenn es dir ernst ist mit diesem Gebet, dann muss man das jetzt daran erkennen, dass du deinen Schuldigern auch vergibst. Nimmt man davon nichts wahr, so ist es das Zeichen, dass dein Gebet zu Gott *kein* Gebet war, sondern ein törichtes Geplapper in die Luft hinaus. Was du bei Gott suchst, das musst du *selbst* suchen. Die Vergebung, die du von ihm verlangst, muss für deine Seele nicht ein bloßes Wort sein, sondern eine Tatsache. Du musst *von Herzen* beten, und dies *von Herzen* bedeutet, dass das, was du von Gott erbittest, in deinem Herzen geschieht: die Vergebung der Schulden.

Aber das sind nun Alles schwere und große Worte, die wir in dieser Bitte aussprechen. Von Gottes Vergebung ist da die Rede, von unsern Schulden vor Gott, von unsern Schuldigern und von unserm Vergeben. Das sind Alles Dinge, die nichts weniger als selbstverständlich sind, und wir müssen wohl heute besonders gut nachdenken, wenn wir ein wenig in die Tiefe des Wortes eindringen wollen.

* * *

Wir wollen den Anfang machen mit dem Wörtlein in der Bitte, das uns allen am Nächsten liegt und das wir deshalb am Ehesten verstehen werden, das Wörtlein: *unsere Schuldiger*. Leute, denen wir etwas vorzuhalten haben, mit denen wir nicht zufrieden sind, gegen die wir vielleicht sogar schwere Klage im Herzen oder auf den Lippen haben, das sind «unsre Schuldiger». Jedermann hat solche Schuldiger. Und ihr wisst, wie gern wir uns innerlich mit diesen Leuten beschäftigen, wie gern wir von ihnen, über sie reden, obwohl sie uns so unangenehm sind, dass es eigentlich viel das Natürlichere wäre, uns nicht weiter mit ihnen zu beschäftigen. Aber nein, es ist, wie wenn ein geheimes Band uns mit ihnen verbände, dass wir nicht von ihnen loskommen, dass wir immer wieder daran denken, jedem neuen Bekannten davon erzählen müssen, wie es damals war vor so und so viel Jahren, als dieser oder jener uns dies und das gesagt oder angetan hat. Zwischen einem, der Geld schuldig ist, und seinem Gläubiger besteht auch ein solches geheimes Band. Der Gläubiger wird sich immer für den Andern interessieren. Warum? etwas vom Seinigen ist in den Händen des Andern, und selbst wenn die Rückzahlung aussichtslos geworden ist, wird der Gedanke an den Schuldner nicht aus seinem Herzen verschwinden. Wenn er seinen Namen nennen hört, wird es ihn aufregen, wenn er ihm auf der Straße begegnet, wird ein Schatten über sein Gesicht gehen, und wenn der Andre vielleicht längst tot ist, brummt und klagt es noch in seinem Herzen: der war mir schuldig und hat seine Schuld nie bezahlt. Es ist ein feiner Zug, dass Jesus solche Menschen, mit denen wir nicht zufrieden sind, gerade «Schuldiger» nennt, wie wir es in Geldsachen tun. Schuldiger will auch sagen, dass diese Leute uns etwas schuldig gewesen waren, dass sie aber ihre Schuldigkeit an uns nicht erfüllt haben. Da sind solche, die waren uns als unsre Mitmenschen mindestens schuldig gewesen, uns ruhig und sicher *leben zu lassen*, aber sie haben nicht einmal das getan; sie haben uns durch kurz und lang das Wasser abgegraben, das wir nötig hatten; sie haben den Gang unsres Lebens roh gestört durch ihre Ungeschicklichkeit oder ihre Bosheit, sie haben uns geschädigt an unserm Vermögen oder an unserm guten Ruf. Wir denken [bei] ihnen daran. Sie haben uns ihre doch wahrhaftig kleine Schuld nicht bezahlt. – |

Da sind Andre, von denen hätten wir mehr erwarten dürfen, sie wären uns schuldig gewesen beizutragen zum *Glück* unsres Lebens. Wer uns nahe steht oder nahe tritt, von dem dürfen wir mit Recht erwarten, dass er uns Freude und Sonnenschein ins Leben bringt. Das kleine Kind, das noch keine Enttäuschungen erlebt hat, hat eigentlich vollständig Recht, wenn es alle Leute so ansieht, als könnten sie gar keine andern Absichten haben als die, ihm Liebes und Gutes zu erweisen. Aber wie bleiben da die meisten Menschen zurück hinter dem, was wir von ihnen erwarten! Wir müssen merken, dass sie kalt ihren eigenen Weg gehen, ohne sich um das, was uns freuen würde, Gedanken zu machen, ja dass sie, wenn es darauf ankommt, unbedenklich uns die Freude verderben und unser Glück zertreten. Sie haben ihre Schuld nicht bezahlt. – |

Aber das Lebensglück und die Freude ist nicht das Höchste, und es gibt eine noch größere Schuld als diese. Es gibt Menschen, die wären uns schuldig, für unser inneres, *geistiges Dasein* zu sorgen; wir erwarten von ihnen nicht nur Freude, sondern ein großes Gut von geistigen Kräften. Sie sollen uns von einer niedern Stufe unsrer Erkenntnis, unsrer Bildung, unsres Glaubens auf eine höhere führen. Sie sollten uns verschlossene Türen auftun, sie sollen uns Führer sein auf die Berge des Lebens und Pfadfinder im Lande Gottes. Und nun erfüllen sie von alledem wenig oder nichts. Wir müssen entdecken, dass sie noch nicht weiter sind als wir selbst, vielleicht weniger weit, dass sie das Gut nicht besitzen, nach dem wir uns sehnen, oder dass sie nicht vermögen, es uns mitzuteilen. Wie manches Kind hat da zu Eltern und Lehrern aufgesehen als zu den Leuten, von denen es *Alles* erwartete an Liebe und Wahrheit und Recht, um seinen Geist und sein Herz zu nähren, aber die Nahrung ist ausgeblieben. Wie manche Frau hat ihren Mann verehrt (oder umgekehrt)[1] als ein Ideal von menschlicher Trefflichkeit, und das Ideal hat sich als eine Durchschnittsgestalt entpuppt, die Ehe wurde nicht der Himmel, von dem das Eine oder das Andre geträumt hatte. Und wie manche Gemeinde hat in ihrem Pfarrer einen Boten Gottes gesucht, einen Hirten und Seelsorger und Helfer, und als sie ihn näher kennenlernte, fehlte es hier und fehlte es da, am Glauben oder an der Liebe oder an der Hoffnung [vgl. 1.Kor. 13,13], er kann ihr nicht sein, was er sein sollte; er bleibt ihr schuldig, was er für sie tun sollte. Ich bekam dieser Tage einen Brief, in dem die Worte vorkommen: «wir müssen an unsre Pfarrer glauben können.»[2] Heißt das nicht, dass wir Pfarrer immer und ewig die Schuldiger der Andern bleiben werden, denn wo ist der, an den die Andern ohne Enttäuschung «glauben» könnten? Ja, es ist so in allen Beziehungen: jeder Mensch hat unendlich viele «Schuldiger», Leute, durch die er in diesem oder jenem Sinn enttäuscht und verkürzt worden ist. Und es bringt mancher sein Leben damit zu, sich über diese seine Schuldner zu beschweren.

Das Gebet Jesu zeigt uns nun gerade aus dieser Lage, in der wir Alle uns befinden, einen andern Weg. Die Bitte: Vergib uns unsre Schulden, die wir an Gott richten, hat eine Seite gegen uns zu, und die lautet: wie wir *vergeben* unsern Schuldigern. Wir wollen zuerst auf diese Seite gegen uns zu achtgeben. Wir sollen denen, die uns Ruhe, Freude und Förderung in unserm Leben schuldig geblieben sind, *vergeben,* diese Aufforderung an uns selbst sprechen wir im Gebet des Herrn aus. Was heißt nun dieses Wort, das in der Sprache des religiösen Lebens so

---

[1] Im Mskr. nicht eingeklammert.
[2] Liegt im KBA nicht vor.

wichtig ist, dieses *vergeben*? Man hat es oft mit dem andern Wort
«vergessen» zusammengestellt, redet von «vergeben und vergessen»
und denkt sich wohl, Beides sei eins und dasselbe. Das mag nun wohl
sein, dass unser Vergeben oft einfach im Vergessen besteht, aber dann
kommt das eben daher, dass wir oft sehr oberflächlich sind, denn das
Vergessen ist etwas Oberflächliches, fast könnte man sagen: etwas
Gemeines. Es ist fatal genug, dass wir durch Trägheit und Gleichgiltigkeit unsres Geistes so viel vergessen im Leben; wir würden uns
nicht so innerlich arm fühlen, wie es oft der Fall ist, wenn wir nicht
fünf Sechstel von Allem, was wir hören, sehen, empfinden und erleben, wieder vergessen würden. Jesus hat dem jedenfalls nicht das Wort
reden wollen. Vollends könnte er nicht der Meinung gewesen sein, wir
sollten unsre Schuldiger, die doch auch unsre Mitmenschen sind, vergessen. Das könnte uns am Ende noch passen. Es ist schon Mancher,
wenn ihn die Menschen so oder so enttäuscht haben, vergrämt abseits
gegangen, indem er etwa vor sich hin brummelte: Man het mirs au
wüest gmacht, jetz frog ich Niemeren me nüt no![3] Das wäre denn nur
so «Vergessen», wenn man die böse Welt damit bestraft, dass man ihr
nichts mehr nachfragt. So ziehen sich etwa enttäuschte Eheleute vor-
einander ins Schneckenhaus zurück, so straft man einen Pfarrer, der
einen enttäuscht hat, damit, dass man ihm aus dem Wege geht. So
lassen Kinder, die eine freudlose Jugend erlebt, ihre Eltern später oft
jahrelang ohne Nachricht. Man hilft sich gegen seine Schuldiger durch
Vergessen. Ich sage: das könnte uns passen. Aber *Vergeben* ist das
nicht. |

Im Gegenteil: wir müssen uns klar sein, dass wir schon mit der
Gleichgiltigkeit gegen unsre Schuldiger, geschweige denn mit jeder
Art handfesterer Rache an ihnen, *selbst ihr Schuldiger* werden. Damit,
dass *sie uns* Liebe, Freude, Förderung schuldig geblieben sind, wird
nicht aufgehoben, dass *wir ihnen* dieselben Dinge schuldig sind. Sie
sind unsre Mitmenschen so gut wie wir die ihren. Sie mögen an uns
verfehlt haben, was sie wollen, es hebt nicht auf, dass wir ihnen verpflichtet sind. Sind wir gleichgiltig gegen sie, so heißt das doch, dass
wir ihnen das Gute nicht zuteilwerden lassen wollen, das wir ihnen als

---

[3] Schweizerdeutsch für: «Man hat mir auch Böses getan, jetzt geht mich
niemand mehr etwas an!»

unsern Mitmenschen schuldig sind. Vergessen hieße direkt selbst schuldig werden. Vergeben ist nicht Vergessen. Vergessen ist immer eine Leichtfertigkeit. Das Vergeben dagegen ist etwas tief Ernsthaftes. Es fängt an mit der Wahrhaftigkeit, mit der ruhigen, bestimmten Einsicht, dass der Andre wirklich gefehlt hat, dass die Schuld tatsächlich da ist. Wer einem Andern eine Geldschuld erlässt, der anerkennt damit auch vor Allem, dass die Schuld wirklich besteht, sonst könnte man sie nicht erlassen. Es wäre ein Leichtsinn gegen uns selbst, würden wir es anders machen. Denn die Schuld des Andern ist ein Verlust, den er mir zugefügt hat, und diesen Verlust würde nur ein Unweiser vergessen. Und es wäre auch eine Lieblosigkeit gegen den Andern. Denn wenn er in Schuld und Fehler ist mir gegenüber, dann ist das das Zeichen, dass ihm selbst etwas fehlt, dass es bei ihm nicht steht, wie es sollte; darüber darf ich nicht hinwegsehen, ich *muss* vielmehr festhalten, dass es bei ihm fehlt. |

Und nun besteht das große Vergeben, von dem Jesus geredet und das er während seines ganzen Lebens geübt hat, gerade darin, dass wir in Gedanken zu unsern Schuldigern sagen: Du armer Mensch, du hast mir deine Schuld nicht bezahlt. Du hast mich gestört in meinem Leben. Du hast nicht daran gedacht, mich glücklich zu machen. Ich bin durch dich nicht besser und reiner geworden. Du armer Mensch, es muss schlimm mit dir stehen. Der Schaden auf deiner Seite muss viel größer sein, als den du mir angerichtet hast; denn Unrechttun ist der größere Schaden als Unrecht leiden. Du armer Mensch, ich will jetzt gar nicht mehr an deine Schuld denken, ich sehe nur, dass du in großem Schaden bist und dass es jetzt sofort *meine* Schuldigkeit ist, *dir* aus diesem Schaden herauszuhelfen. Die Vergebung ist die Umkehrung von allen unsern Begriffen. Bevor wir vergeben, betrachten wir immer nur den Verdruss und die Not, in die uns unser Schuldiger versetzt hat. Unsre Gedanken bleiben bei unsrer eigenen Person. Es können das Gedanken der gerechtesten Entrüstung sein über den Andern. Und doch sind es noch keine göttlichen Gedanken. Göttlich werden unsre Gedanken erst, wenn sie die Not bei dem finden, der uns in Not gebracht, den Schmerz bei dem, der uns quälte, die Schmach bei dem, der uns verhöhnte, wenn wir den Jammer entdecken, in dem nicht wir selbst, sondern unser Schuldiger drin steckt, und wenn wir nun sofort das Bedürfnis verspüren: der muss aus seinem Elend heraus. Das heißt *Vergeben*: Wenn Einer an mir gefehlt hat, dann muss ich erst recht meine Schuldigkeit an ihm tun, eben weil er gefehlt hat, hat er's bitter nötig. Ich wiederhole: Das ist eine Umkehrung von *allen* unsern Begriffen. In 99 von 100 Fällen handeln und denken wir nicht so. Ums Vergessen wär es uns zu Mut, vielleicht, aber nicht ums Vergeben. Es ist etwas Ungeheuerliches, was uns damit zugemutet wird. Wir sollen Feindseligkeit beantworten mit Freundlichkeit, Kälte mit Wärme, Lieblosigkeit mit Liebe, ungenügende innere Kraft mit umso größerer Anstrengung unsres Geistes. Jedes Mal gerade das Gegenteil von dem, wozu uns das natürliche Empfinden hinreißen möchte. Ungeheuerlich.|

Jawohl! Und doch ist's gerade das, was wir zum Leben unumgänglich nötig haben. Wir können nicht leben ohne zu vergeben. Wir sind umgeben von Schuldigern, von Menschen, die uns unendlich viel mehr sein sollten, als sie es tun. Sie sind es nicht, aus Schwäche, aus Unverstand, aus falscher Erziehung, aus Bosheit – das Alles sind Fehler auf *ihrer* Seite, das Leben vor uns her wimmelt von solchen Nöten und Fehlern. Ja, wozu sind wir denn da, wenn nicht dazu, solchen Nöten und Fehlern im Leben an unserm kleinen Teil abzuhelfen? Wozu sind wir nötig, wenn nicht die Not der Andern, unter der wir zu leiden haben, bei uns eine Kraft zum Bessermachen wird? Wir erfüllen unsre Bestimmung im Leben, indem wir unsern Schuldigern vergeben, d. h. indem wir ihnen entgegentreten mit dem festen Willen, nicht an uns zu denken, sondern an sie, an die tiefe Not, in der sie sich befinden, und mit dem festen Willen, dieser Not zu begegnen. So müssen Eltern die Not auf sich nehmen, die ihnen die Fehler der Kinder verursachen, ohne ihnen gram zu sein. So vergibt ein Freund dem Andern seine Schulden, so geht es zu zwischen den Gatten in einer rechten Ehe, eines trägt des Andern Schuld, um ihm zu helfen. Was für eine Macht könnte sie sein, unsre Vergebung, wenn wir sie frei walten ließen, statt sie zu unterdrücken in den meisten Fällen. Ein Lebensprogramm liegt in diesem Wort: wie wir vergeben unsern Schuldigern! Jeden Tag könnten wir nur anfangen mit seiner Ausführung und doch nie damit fertig werden. Immer neue Schuldiger könnten wir entdecken, denen wir etwas zu vergeben, etwas zu *geben* haben.

Aber nun brauchen wir das bloß so zu sagen und uns zu fragen, wie wir's bis jetzt mit der Ausführung dieses Programms gehalten haben, dann verstehen wir das Andre, das vorausgeht, die Bitte: *Vergib uns unsre Schulden!* Wir haben nicht bloß Schuldiger, sondern wir *sind* es selbst. Um uns davon zu überzeugen, müssen wir vielleicht nur einmal das Erste mit Überlegung aussprechen: *wie wir vergeben unsern Schuldigern.* Das wäre unser Lebensprogramm: an den Andern denken, seine Not verstehen, ihm helfen. Und da bleiben wir so erbärmlich dahinter zurück. Wie unendlich ungern raffen wir uns dazu auf, *an den Andern zu denken,* an den, der uns gegenüber gefehlt hat. Ja, *an* ihn denken wir, wie wir am Anfang gesagt, aber wir denken nicht *für* ihn, wir betrachten ihn von vornherein unter dem Gesichtspunkt unsres Interesses, statt uns zu fragen: wie geht es im Grunde diesem Mann oder dieser Frau? Sind sie auf gutem Weg oder in der tiefen Not? Wie mancher langjährige Streit wäre im Keime erstickt, wenn nur eine der Parteien sich zur Pflicht gemacht hätte, für die Andern zu denken. Aber wir haben es unterlassen und sind selbst schuldig geworden, schuldig vor Gott, der uns das Vergeben zur Pflicht gemacht. Die Not des Andern *verstehen,* darauf käme es weiter an, begreifen, dass der, der uns schädigt, selbst ein armer geschädigter Mann ist. Aber wo bleiben wir damit? |

Ich habe letzthin die Aufsätze gelesen, die eine hiesige Schulklasse angefertigt hat über das Thema: «Die Zigeuner». Ich muss sagen, dass ich geradezu erschrocken bin über den harten, selbstgerechten Geist, der mich aus den meisten dieser Kinderaufsätze angeweht hat. Da waren unzählige Worte der Entrüstung über das Vagabundieren und Stehlen der Zigeuner, aber auch kaum ein Tönlein Verständnis dafür, dass diese Leute mit ihrem unerfreulichen Leben tief zu bedauern sind. Nur von der Not, die die Zigeuner den Safenwilern machen, war die Rede, sonst von nichts. Was die Kinder geschrieben, das wird wohl auch den Erwachsenen nicht fremd sein. Was sollen wir dazu sagen? Herr, vergib uns unsre Schulden, denn wir haben unsern Schuldigern nicht vergeben! Und wie steht's mit dem *Helfen?* Ist die Hilfe unsre Antwort auf die Not, die man uns verursacht, oder ist's nicht in den meisten Fällen die feinere oder grobere Rache? Wir sind so gerecht in dem stolzen Bewusstsein, verletzt zu sein von den Andern, dass wir vor lauter Gerechtigkeit die größte Ungerechtigkeit begehen. Wir vergessen die einzigartige Gelegenheit, die Bestimmung unsres Lebens zu erfüllen. Statt den Menschen, die sich wider uns stellen, zu Hilfe zu kommen, stellen wir uns auch wider sie. Wenn sie uns schmähen, kanzeln wir sie ab, wenn sie uns verachten, verachten wir sie auch, wenn sie uns schlagen, schlagen wir sie wieder. Schuld erwidern wir durch Schuld. Wir tun nicht, wozu wir da sind. Herr, vergib uns unsre Schulden!

Und nun *vergibt uns Gott unsre Schulden*. Das ist das Größte, Alles Umfassende, was wir uns heute sagen dürfen. Auch *Gottes* Vergebung ist nicht Vergessen. Unser Versäumnis, unsre Härte, unsre hölzerne Gerechtigkeit, unser Nicht-Vergeben, das sind Tatsachen, über die Gott nicht mit einem milden Lächeln hinweggeht, als wären sie nicht. Sie *sind*, diese Sünden. Aber gerade weil sie sind, vergibt sie Gott. Gottes Vergebung besteht auch nicht *darin*, dass er uns die Strafe erlässt. Die innere Not, in die wir durch unsre Schuld kommen, kann nur verschwinden, wenn die Schuld selbst verschwindet. Aber gerade die Schuld selbst nimmt Gottes Vergebung von uns weg.

Wir dürfen die Erfahrung machen, dass wir nicht nur selbst Schuldiger sind, sondern Schuldiger, denen vergeben wird. Unter dem Kreuze Jesu Christi stehen die Kriegsknechte, die Schriftgelehrten und das Volk. Sie haben den Mann ans Kreuz gebracht, weil sie Angst vor ihm hatten. Wir wären wahrscheinlich auch auf ihrer Seite gewesen, wenn wir damals gelebt hätten. Und nun betet dieser Mann, und sein Gebet lautet: Vater vergib ihnen, denn sie wissen nicht, was sie tun! [Lk. 23,34] Von dieser Stunde an haben eine Anzahl von denen, die dabei waren, verstanden, was das sei: für Andere denken, für die denken, die unsre Schuldiger sind, sich um die Not derer sorgen, die uns Not machen, denen helfen, die uns hassen. Sie hatten in dieser Stunde Gottes Liebe kennengelernt, die Gottesliebe, die in Christus war. Sie sind als *andre* Menschen von dort weggegangen. Gott ist *ganz* Liebe, Gott ist *ganz* Vergebung. Die ihn kennen, wie ihn jene unter dem Kreuze Christi kennenlernten, die können nicht mehr los von ihm. Ein neues Wesen, ein neuer Trieb erfasst sie, ähnlich zu werden seinem Bilde. Gott vergibt ihnen ihre Schuld. Er nimmt sie weg von ihnen, er versetzt sie in einen neuen Lebensstand, in dem die Schulden vergeben sind und in dem man Schulden vergibt. Dazu kommen wir, wenn wir etwas von der Art erleben wie jene unter dem Kreuze

Christi, eine Offenbarung der Vergebung. Wir gehen oft jahrelang durchs Leben, ohne etwas so zu erfahren. Darum bitten wir: Vergib uns unsre Schulden! Dann lässt Gott auch uns etwas sehen und begreifen von der Größe und Schönheit des Herrn Jesus, der die Sünden vergibt, vielleicht an den biblischen Geschichten von ihm, vielleicht aber noch wirksamer durch Menschen, die von Jesu Sinnesart sind. Und dann geht etwas von seiner Sinnesart auch auf uns über. Wir spüren, wie unsre Schuld, unsre selbstsüchtige Hülle abnimmt, wie wir Freude bekommen daran, Andren zu vergeben, an andre zu denken, andre zu verstehen, andern zu helfen. Haben wir etwas von diesem innern Vorgang schon erlebt? Ist die Seite gegen uns zu unsres Gebetes in Ordnung gekommen? Heißt's bei uns wirklich:... wie wir vergeben unsern Schuldigern? Dann wird auch die Seite gegen Gott zu in Ordnung sein. Uns *sind* unsre Schulden vergeben. Denn das ist Gottes Vergebung, dass wir vergeben dürfen.

Amen.

Lieder:
Nr. 176: «Gottesruhe, Sabbatstille» von Chr. Fr. D. Schubart, Strophen 1–3.
Nr. 214: «Aus tiefer Not schrei ich zu dir» von M. Luther, Strophen 2 u. 5 (RG 83; EG 299).

Matthäus 6,13a

Führe uns nicht in Versuchung!

Liebe Freunde!

Das kann nicht gemeint sein mit der heutigen Bitte des Unser Vater, dass Gott uns die Bekanntschaft mit der Versuchung reinlich ersparen, dass er uns unversucht durchs Leben gehen lassen möchte. Das würde streiten mit einem andern Wort der Bibel, das lautet: Meine lieben Brüder, achtet es für eitel *Freude,* wenn ihr in mancherlei Anfechtungen fallet [Jak. 1,2]. Was ist denn das, eine Versuchung? Wir denken gewöhnlich nur das Eine: eine Gelegenheit, das Böse zu tun. Wäre das Alles, dann wär's in der Tat natürlich, Gott zu bitten: lass uns von solchen Gelegenheiten möglichst verschont bleiben, lass uns nicht in die Lage kommen, das Böse zu tun. Nun ist aber eine Versuchung ebenso gut und noch viel mehr eine Gelegenheit, das *Gute* zu tun. Eine Versuchung ist eine Prüfung, ein Examen, wie die Examen in der Schule. Und nun ist ein Examen freilich eine Gelegenheit, bei der man nichts wissen und durchfallen kann, aber doch ebenso gut eine Gelegenheit, etwas zu wissen und mit Ehren zu bestehen. Ein Schüler, der sich wünschen wollte, übers Examen krank zu sein, damit er sich drücken könne und nicht Gefahr laufe, Schande zu erleben, das wäre erstens ein Feigling und zweitens sicher kein guter Schüler; denn wer etwas weiß, der muss Freude daran haben, sich auf die Probe stellen zu lassen. Ein solches Sichdrücken vor dem Examen wäre es, wenn wir Gott bitten wollten, uns keine Versuchung erleben zu lassen, keine Gelegenheit, wo wir zur Entscheidung aufgefordert würden zwischen Gut und Böse. Solcher Entscheidung aus dem Weg gehen, das könnte uns freilich passen, aber wir wären dann auch Feiglinge und Schüler, aus denen nichts wird. Der Herr des Lebens denkt gar nicht daran, uns die Versuchung zu ersparen. Im Gegenteil, es ist gerade eine Tat seiner Liebe gegen uns, dass er uns Versuchungen erleben lässt. Denn ohne Versuchung keine Bewährung und ohne Bewährung keine Vollendung.

Wir sehen das aus der Tatsache, dass Gott gerade seine Auserwählten und Helden den Weg der Versuchung geführt hat. «Gott versuchte Abraham» heißt es, als der Gehorsam des Erzvaters auf die Probe gestellt wurde wegen der Opferung des Isaak [Gen. 22,1; vgl. Hebr. 11,17]. Im 26. Psalm betet ein alttestamentlicher Gläubiger: «Prüfe mich, Herr, und versuche mich» [Ps. 26,2]. Im ersten Kapitel des Hiobbuches lesen wir die merkwürdige Geschichte, wie Gott dem Satan Vollmacht gegeben habe, einen reinen, hochstehenden Mann durch Leid und Unglück zu versuchen [Hiob 1,6–22]. Und wie könnten wir denken, dass es ohne Gottes Willen geschehen sei, was uns die Evangelien erzählen, dass der Versucher auch zu Jesus Christus getreten sei [vgl. Mt. 4,3; Mk. 1,13; Lk. 4,2]. |

In all diesen Fällen zeigt sich uns die Versuchung nicht als etwas an sich selbst Böses und Widriges, so dass wir beten müssten: Lass uns nur nicht versucht werden!, sondern im Gegenteil als eine Stufe zu etwas Höherem, Besserem. In der Versuchung bewährt sich Abraham als der Knecht Gottes und wird würdig, der Vater vieler Völker zu sein. Durch die Versuchung hindurch muss Hiob, um zu erkennen: «Vom Hörensagen hatte ich von dir gehört, nun aber hat mein Auge dich gesehen» [Hiob 42,5]. Und die Versuchung musste selbst über den Heiligsten und Reinsten kommen, damit er nach den Worten des Hebräerbriefs wurde «ein Hohepriester, der Mitleiden haben kann mit unsern Schwachheiten, weil er versucht ist allenthalben gleich wie wir» [vgl. Hebr. 4,15]. In der Versuchung ist Wille Gottes, *guter* Wille Gottes. Das gilt auch für uns. Wir dürfen die Versuchung, wenn sie an uns tritt, nicht als ein Unglück ansehen. Sie ist eine *Frage*, die Gott an uns richtet. Mit solchen Fragen erzieht er uns und führt uns weiter, von einer Einsicht und Erfahrung zur andern, gerade wie ein Lehrer die Kinder von einem zum andern leitet durch Fragen. An dieses Weiterführen hat Jakobus gedacht, als er so hochgemut die Anfechtung «eitel Freude» nannte, daran auch jener Beter, der Gott bittet: versuche mich!

Aber was heißt es dann, wenn Jesus uns anleitet zu beten: *Führe uns nicht in Versuchung!* Ich glaube, Martin Luther hat ihn wieder richtig verstanden, wenn er in seiner urchigen[1] Weise auslegt: «Da bitten wir,

---

[1] Schweizerdeutsch für: «bodenständig, urtümlich».

dass wir nicht *hineinfallen* und *ersaufen*.»[2] Versuchung sollen und müssen wir erleiden. Es steckt ein Segen drin; aber wir sollen den Segen daraus nehmen und nicht zum Bösen Ja sagen. Wir sollen nicht hineinfallen. Gegen diese Gefahr wehren wir uns mit dem Gebet: Führe uns nicht in Versuchung! Wir wollen damit sagen: Lass uns das Examen *ehrenvoll* bestehen! Lass uns die *rechte* Entscheidung treffen: Lass uns die *gute* Antwort finden!

Wir müssen näher davon reden: von der Versuchung und vom Gebet, das die Versuchung überwindet.

＊　　＊　　＊

Die Versuchung ist eine Frage Gottes an uns, sagte ich. Die Frage lautet, ob wir seinen, den Namen Gottes heiligen wollen, ob wir arbeiten wollen am Kommen seines Reiches und uns ergeben darein, dass sein Wille geschieht [vgl. Mt. 6,9f.]. Und diese Frage stellt Gott nicht in Worten – wie er auch keine Antwort in Worten darauf erwartet –, sondern er stellt sie, indem er uns eine Gelegenheit gibt, wo wir das Gegenteil von alledem tun könnten. Diese Gelegenheit ist die Versuchung. Ich will einige Beispiele nennen:

Die Meisten von uns haben viel mit dem *Geld* zu tun. Ob sich's nun um viel oder wenig Geld handelt, ist gleichgiltig. Tatsache ist, dass man am Tage arbeitet, um Geld zu verdienen, und des Nachts daran denkt und davon träumt. Die Ursache ist sehr einfach: ohne Geld könnte man nicht leben. Daran ist nicht zu rütteln. In dieser von Gott so gewollten Tatsache liegt eine Versuchung, eine Frage an uns. Denn weil das Geld da ist und weil es so wichtig ist für unser Leben, eröffnet sich die Möglichkeit zu sagen: also sei nur das Geldverdienen mein einziges und höchstes Ziel im Leben. Alles Übrige, Geist und Liebe und Recht, kommt in zweiter Linie. Ich will mich nicht aufhalten mit anderen Dingen und ich will auch nicht wählerisch sein in der Auslese der Mittel, die ich brauche. Der Zweck heiligt die Mittel.[3] Ob ich dabei innerlich verrohe, ob ich den Sinn verliere für Gottes beste Ga-

---

[2] Auslegung der sechsten Vaterunser-Bitte im Großen Katechismus (vgl. BSLK, S. 687,34–36 [ohne Hervorhebungen]; BSLK.NE, S. 1104,31f.).

[3] Verknappte Zusammenfassung einer Regel der Macht nach Thomas Hobbes und Niccolò Machiavelli; vgl. Büchmann, S. 375.

ben, ob ich die Gesundheit und das innere Leben anderer Menschen gefährde, ob ich die heiligsten Pflichten verletze – das Alles ist gleichgiltig, wenn ich nur mit Hilfe meiner Ellenbogen zu meiner Sache komme. So denken und so handeln Unzählige. Das heißt in die Versuchung hineinfallen. Das heißt auf Gottes Frage die Antwort geben: Nein ich will nicht, was du willst! Die Versuchung war die Gelegenheit zu solcher Antwort.

Eine andre Versuchung: In jedem von uns leben die natürlichen *Triebe* unsres Leibes: der Trieb zum Essen und Trinken, der Trieb zum Schlafen und zur Bewegung und der mächtigste von allen, der Trieb, der Mann und Frau in der Liebe zusammenführt. Auch diese Triebe sind nun einmal einfach da. Man kann sie nicht wegleugnen, und wenn man's doch tut, zieht man sich selber so oder so seine Strafe zu. Aber nun ist auch diese Tatsache des Trieblebens, des Fleisches, wie der Apostel sagt [vgl. Gal 5,16 u. ö.], eine Frage Gottes an uns, denn da ist ganz zweifellos eine Gelegenheit, das Gegenteil des Willens Gottes zu tun. Man kann zu den Trieben wie zum Geld sagen: ihr sollt herrschen in meinem innern Leben. Ich will euch nicht leiten, sondern mich von euch leiten lassen. Das gibt dann die faulen, sinnlichen, selbstsüchtigen Menschen. Sie fallen hinein in die Versuchung, sie empfangen nicht den Segen, der darin verborgen wäre, sondern den Fluch. Sie werden arme Sklaven ihrer Neigungen und Begierden.

Eine Versuchung besonderer Art ist das *Unglück*. Nicht umsonst redet man von «Anfechtungen», wenn einem etwas Schmerzliches widerfährt. Denn da wird unsre Ruhe, unsre Seelenruhe meine ich jetzt, angefochten. Da wird in Frage gestellt, wie weit es her sei mit unsrem Charakter, unserm Gottvertrauen und unsrer Menschenliebe. Das Examen in den wichtigsten Fächern des Lebens kommt nicht in den guten Tagen, sondern in den bösen. Auch da kann man so unendlich leicht hineinfallen. Kann mürrisch werden oder mutlos, menschenverdrossen oder leichtsinnig. Krankheit und Sorge und Leid, das Alles sind Erlebnisse, die uns fast unwiderstehlich in diese Fehler hineinzutreiben scheinen.

Und endlich kommt die große Verführung an uns ganz einfach durch die *Menschen*, mit denen wir zusammen leben. Ich denke jetzt gar nicht an besonders böse Menschen, die sich eine Freude daraus machen, Andre absichtlich auf schlechte Wege zu leiten. Jeder Mensch hat etwas Verführerisches in sich, etwas, was die Gottesfrage an uns stellt, weil es uns Gelegenheit gibt, «Nein» zu Gott zu sagen. Denn jeder Mensch hat gewisse schlechte Eigenschaften, die unsre eigenen schlechten Eigenschaften förmlich herausfordern, wie wenn sie einander nötig hätten. Das Böse in uns erwacht beim Anblick des Bösen im Andern. Wenn einer schwindeln will, dann hat er z. B. die Dummheit der Leute nötig. So z. B. die verschiedenen Engländer, die jetzt in unsern Zeitungen – ich meine das «Zofinger Tagblatt» und den Lokalanzeiger – versprechen, uns gratis unsre zukünftigen Lebensschicksale zu eröffnen.[4] So können Menschen einander versuchen, indem sie auf die Torheit der Andern rechnen. Und so kann man hineinfallen, wenn man ein Tor *ist*. Hoffentlich ist das bei keinem Safenwiler der Fall! Es gibt nichts, durch das wir uns so beeinflussen ließen, im Guten und im Bösen, wie durch die andern Menschen. Sie brauchen dazu gar keine Inserate in Zeitungen zu machen, nicht einmal mit uns zu reden, sie brauchen nur zu leben um uns her, gleich wird ihre Art auch auf uns abfärben; wir lassen uns imponieren von ihnen, vielleicht in ganz falsche Bahnen lenken durch die Macht ihres Beispiels. Es hat schon Mancher sein Bestes preisgegeben: seine Pflicht und seine Überzeugung, nur weil er es nicht wagte, sie vor dem Nachbarn oder der Nachbarin zu behaupten, aus Furcht nicht vor ihren Gründen, aber vor ihrem Achselzucken und vor ihrem Lächeln. Dieser steckt uns an mit seiner Rücksichtslosigkeit und jener mit seiner Bedenklichkeit, dieser mit seiner Geschwätzigkeit und jener mit seiner Gleichgiltigkeit. Vielleicht sind es sonst Leute mit trefflichen Eigenschaften, aber gerade in den schlimmen liegt das Verführerische, das Auffällige, Ansteckende, das, worin die Frage Gottes liegt, die Examensfrage.

[4] Im KBA sind vier entsprechende Annoncen erhalten, die Barth ausgeschnitten und aufgehoben hat. Unter der Überschrift «Kann dieser Mann ihr Lebensschicksal voraussagen?» wurden von zwei verschiedenen Personen gegen Einsendung von Briefmarken eines bestimmten Wertes an Londoner Adressen «Rat in Geschäfts- und Heiratsangelegenheiten, über Freunde und Feinde, bei Veränderungen, Spekulationen, Liebesangelegenheiten, Reisen und allen Ereignissen im Leben» angeboten. Eine solche Annonce hatte Barth unmittelbar vor oder während der Ausarbeitung dieser Predigt im Zofinger Tagblatt, Nr. 229, 30.9.1911, lesen können.

Unser aller Leben ist voll von Versuchungen. Ist's nicht diese, so ist's jene. Anders sind die Versuchungen des Alten, anders die des Jungen, anders die des Reichen, anders die des Armen. Jeder Stand, jeder Bildungsgrad, jeder Charakter hat seine besondern Versuchungen. Es gehört auch zu dem unermesslichen Reichtum Gottes, dass die Aufgaben, die er seinen Kindern stellt, so unermesslich verschieden sind. Aber wer und was wir auch seien, wir sollen und dürfen es angesichts dieser Aufgabe Jesus nachbeten: *Führe uns nicht in Versuchung!*

Dieses Gebet bedeutet zunächst ganz einfach, dass wir *wachsam* sein wollen. Es ist mancher hineingefallen in böses, gottwidriges Denken und Handeln, weil er gar nicht wahrnahm, dass er's mit einer Versuchung zu tun hatte. Wer im Examen die Frage nicht hört und deshalb nicht antwortet, bei dem ist's soviel, als habe er sie nicht gewusst. Ich habe das Geld genannt als eine Versuchung. Ja, wie Mancher ist da, vielleicht auch unter uns, der gar nichts weiß von dieser Versuchung, bis er ihr eines Tages rücklings erlegen ist. Es gibt Menschen, die sich für sehr *gute* Menschen und Christen halten und es wohl auch in manchem Sinn sind, aber in Geldsachen sind sie ungemütlich, gierig, unbedenklich, zugreifig, und bei alledem merken sie gar nicht, auf welchem Weg sie sind. Sie haben die Frage Gottes überhört. Und wie ist's mit den schlechten Gewohnheiten, dem Trinken z. B., da kommt man in der Regel auch nicht hinein, weil man mit klarer Einsicht sich fürs Schlechte entschieden hätte, im Gegenteil: vielleicht unter sehr nobeln Gefühlen und Gedanken, in der Freude der Freundschaft etwa oder in der Begeisterung des Politisierens. Die meisten Trinker halten sich für tadellose Ehrenmänner. Das Trinken ist auch rücklings über sie gekommen, weil sie die Versuchung gar nicht erkannt. Oder es hat irgend ein Andrer oder eine Andre übel an dir gehandelt, dir Schaden zugefügt, dir wehgetan. Das ist eine Versuchung, ihm auch wehzutun. Aber du merkst gar nicht, dass es eine Versuchung ist. Ja, wenn man dich am Rockknopf fassen würde mit der Frage: ...wie auch wir vergeben unsern Schuldigern [Mt. 6,12], Ja oder Nein? dann würdest du antworten: Natürlich, *ja!* Aber die feine verborgene Frage Gottes, die in dem rohen Benehmen der Andern liegt, die überhörst du. Du fällst hinein und kommst ihm, wie er dir kommt. Es geht eben leider mit den Versuchungen nicht so zu, wie man es auf alten Bildern dargestellt findet, wo man den Heiligen Antonius in der Wüste sieht, umgeben von einer ganzen Schar wüster Teufel und Tiere, die von allen Seiten mit ihren Zähnen und Klauen nach ihm schnappen und an ihm zerren.[5] Das sollen die Versuchungen sein. Ja wenn's so wäre, dann wäre das göttliche Leben eine einfache Sache. Mit den Versuchungen, wo man auf erstem Schritt das Teufelsgesicht erkennt, kann man fertig werden. Aber es ist eben nicht so. Unsre eigentlichen Versuchungen, die schwersten Fragen Gottes an uns, sind immer da, wo wir sie *nicht* suchen. Und wenn wir jetzt beten: *Führe uns nicht in Versuchung!*, so wollen wir dabei vor Allem wachsam sein, uns nicht von der Versuchung suchen lassen, sondern ihr entgegengehen. Die Regel dabei wird wohl die sein, dass wir gerade bei unsern sogenannten starken Seiten am Aufmerksamsten sein müssen. Wer sich für besonders gescheit hält, der mag sich fragen, ob da nicht das kalte, kahle Selbstbewusstsein nahe vor seiner Tür liegt. Wer seine Stärke hat im Reden, der soll darüber nachdenken, ob er nicht mit seinen Worten Rauch macht, weil kein Feuer da ist. Wer ein Gefühls- und Stimmungsmensch ist, der sehe zu, dass er nicht krank werde an der Unklarheit und Willkür seiner Neigungen, die mit den schönen Gefühlen *gar* nichts zu tun haben. Und wer gar etwa denkt, seine Stärke sei die Frömmigkeit, der gebe Acht, ob er nicht in fataler Verwandtschaft sei mit den Pharisäern und Schriftgelehrten, denn bei denen war's *gerade* so [vgl. Mt. 23,18]. *Führe uns nicht in Versuchung!* Lass uns wachsam sein! Damit wir nicht hineinfallen! Denn

Unverhofft
Ist schon oft
Über viele Frommen
Die Versuchung kommen.[6]

Dann ist's aber auch sehr wichtig, dass wir mit diesem Gebet ein offenes *Bekenntnis unsrer Schwachheit* ablegen. Wenn wir die Versuchungen wirklich erkennen, jeder die Seinige, dann können wir

[5] Berühmt sind die Darstellungen von Hieronymus Bosch («Die Versuchungen des heiligen Antonius», um 1505/10) und Matthias Grünewald («Die Peinigungen des heiligen Antonius», um 1515 [Isenheimer Altar]).
[6] Aus Strophe 1 des Liedes «Mache dich, mein Geist, bereit» von J. B. Freystein (GERS 298; EG 387 bietet an dieser Stelle einen veränderten Text).

314

nicht selbstbewusst bleiben, können nicht stolz und froh sagen: damit will ich schon fertig werden. Sondern gerade weil wir es in den Versuchungen mit Gott selbst zu tun haben, gerade deshalb müssen wir uns in solchen Erfahrungen hüten vor seiner Majestät mit der Bitte: O Herr, lass uns nicht sterben! [vgl. Hab. 1,12] Denn das Selbstvertrauen hängt mit der Selbsttäuschung, von der wir vorhin sprachen, gar eng zusammen. Solange wir noch meinen, selbst fertig werden zu können, solange glauben wir noch an unsre «starken Seiten», solange sind wir gerade den größten und Hauptversuchungen unsres Lebens gegenüber nicht wachsam. Umgekehrt: wenn wir misstrauisch werden gegen uns selbst, dann gehen uns die Augen auf über die Größe der Aufgabe, dann nehmen wir unsre Lage ernst. Damit, dass wir so schwach und klein werden, werden wir fähig, uns nach Gott auszustrecken. Das Schwachwerden ist gerade das, was wir nötig haben; denn gerade darin und nur darin liegt die Kraft, die es zur Überwindung der Versuchung braucht. Wer sich schwach fühlt, der wird sich gerade darum zusammennehmen. Wir brauchen es förmlich, dass wir zur Erkenntnis unsrer Schwachheit geführt werden. Und das bekennen wir, indem wir Gott anrufen: *Führe uns nicht in Versuchung!*

Aber damit wird dann dies Gebet auch sofort zu einem unerschöpflichen *Kraftgewinn*. Wenn wir schwach sind, sind wir stark [vgl. 2.Kor. 12,10]. Was ist es denn Anderes, denn ein Anrufen der *Treue* Gottes! Wir wissen von ihm Beides, dass er uns als seine gehorsamen Kinder zu sich ziehen will und dass er uns Versuchungen schickt, die uns von diesem Gehorsam abzulenken drohen. Wir wissen Beides. Und wir wissen Beides nicht recht zu vereinigen. Wir stehen hier vor dem großen Welträtsel, dass Gott uns mit der einen Hand zu nehmen scheint, was er uns mit der andern gibt, oder dass er mit der einen Hand Gesetze schreibt und mit der andern uns in Lagen führt, wo wir fast sicher uns nicht nur versuchen, sondern verführen lassen zur Übertretung dieser Gesetze. So musste es wenigstens den alttestamentlichen Frommen erscheinen, die das Antlitz Gottes nur verhüllt kannten, nicht so, wie es uns erschienen ist im Antlitz Jesu Christi [vgl. 2.Kor. 3,12–18]. So wird uns die Sache immer vorkommen, wenn wir sie überdenken rein nach den Angaben unsrer Vernunft, ohne an Jesus, sein Leben und Sterben zu denken. Gottes beide Hände scheinen dann hoffnungslos zu streiten. – |

Aber nun haben wir eben das Bild Jesu vor Augen, der gelitten hat und versucht worden ist wie wir und eben darum denen helfen kann, die versucht werden. Es ist das Bild eines Siegers in der Versuchung von dem Erlebnis in der Wüste bis zu Gethsemane und Golgatha. Gerade wenn wir unsre eigene Schwachheit erkannt, leuchtet uns seine Größe ein. Und *jetzt* gewinnen wir Kraft in dem Gebet: *Führe uns nicht in Versuchung!* Denn das Bild Jesu verändert uns jenes zwiespältige Bild Gottes. Nein, das ist unmöglich, dass Gott uns so mit der einen Hand zu sich zöge und mit der andern von sich stieße. Er will uns zu sich ziehen und er will nur das! Das sagt uns Jesu Freundlichkeit zu den Menschen und Jesu Vertrauen zu seinem himmlischen Vater aufs Allerbestimmteste. Gott ist getreu![7] Aber das andre, was das Bild Jesu uns sagt, ist, dass Gottes Treue uns den Weg der Versuchung und des Kreuzes führt und dass wir diesen Weg gehen müssen und dürfen, weil es der Gottesweg ist. *Führe uns nicht in Versuchung!* beten wir auf diesem Weg. Lass deine Treue hervorleuchten aus den dunkeln Wolken! Stelle uns Fragen, die wir beantworten können! Lass uns nicht in die Irre gehen. Paulus hat diese Treue Gottes, an die wir uns wenden, gut erläutert, als er geschrieben hat: «Gott ist getreu, der Euch nicht lässet versuchen über euer Vermögen, sondern machet, dass die Versuchung so ein Ende gewinne, dass ihrs könnt ertragen» [1.Kor. 10,13[8]]. Gott hat uns in Jesus dieses Ende der Versuchung geschenkt. Wo sein Geist ist, da steht man nicht mehr schläfrig und hilflos vor den Gottesfragen der Versuchung, sondern man hat helle und klare Antworten zur Hand, die einem in Fleisch und Blut übergehen, je besser man sie verstehen lernt. Auf die Versuchungen des Geldes antwortet man dann: Der Mensch lebt nicht vom Brot allein [Mt. 4,4; Lk. 4,4]! Auf die Versuchungen der Sinnlichkeit: Du sollst anbeten Gott, deinen Herrn, und ihm allein dienen [Mt. 4,10; Lk. 4,8]! Auf die Versuchungen durch andre Menschen: Hebe dich weg, du meinst nicht, was göttlich, sondern was menschlich ist [vgl. Mt. 16,23]! Und wenn die Versuchung uns bis ans Herz greift, halten wir uns

---

[7] Titel eines Liedes von E. Liebich, der zu Beginn jeder der neun Strophen wieder aufgenommen wird (GERS 278; RG 689 [5 Strophen]).

[8] In der Fassung der von Barth benutzten revidierten Ausgabe der Luther-Übersetzung von 1892; in neueren Ausgaben findet sich eine modernisierte Textfassung.

daran, dass nicht unser, sondern Gottes Wille geschehen muss [vgl. Lk. 22,42]. Das ist der Geist Jesu im Kampf der Versuchung. Wo er ist, da kann man die Versuchung ertragen. Da gewinnt sie ein Ende. Und wenn das Ende da ist, sehen wir, dass Gott uns damit nicht hat plagen, sondern uns hat weiterhelfen wollen. Er legt uns eine Last auf, aber er hilft uns auch [Ps. 68,20]. Er führt uns nicht in Versuchung, sondern er lässt uns die Versuchung überwinden.

Amen.

Matthäus 6,13b

Erlöse uns von dem Bösen!

Liebe Freunde!

Wenn die Christen früherer Jahrhunderte das gebetet haben: Erlöse
uns von dem Bösen!, dann haben sie dabei ganz unbedenklich und
selbstverständlich an «*den* Bösen» gedacht, nämlich an den Feind
Gottes, den gefallenen Engel, den Geist aus dem Abgrund, an den
Satan oder Teufel. Heutzutage ist es eine missliche Sache geworden,
vom Teufel zu reden. In Predigten und religiösen Ansprachen wird er
nur noch selten und vorsichtig genannt. Wie ich gehört habe, hat
jüngst in einer schweizerischen Kirchenbehörde sogar eine Abstimmung stattgefunden darüber, ob der Teufel in einer amtlichen Druck-
schrift verkommen dürfe oder nicht. Manche Leute und Kreise haben
ihn förmlich abgeschafft, meinen Wunder, was sie damit für eine Hel-
dentat von Aufklärung vollbracht hätten, und merken nicht, wie sie
damit ihrer selbst spotten. Wieder Andre haben sich dann für den
Teufel zur Wehr gesetzt, als ob mit ihm die heiligsten Güter des Glaubens bedroht wären. Ich denke nicht daran, mich in eine Streiterei
darüber einzulassen. Wir haben hier Wichtigeres zu tun. Wohl aber
möchte ich erinnern an das, was Goethe, der auch ziemlich aufgeklärt
war, einmal über die Abschaffung des Teufels gesagt hat:

Er ist schon lang ins Fabelbuch geschrieben;

Allein, die Menschen sind nichts besser dran,

Den Bösen sind sie los, *die* Bösen sind geblieben.[1]

Es wird wohl so sein, dass es sich beim Bösen um eine Tatsache handelt, der man wohl in verschiedenen Zeiten verschiedene Namen geben kann, die aber als Tatsache nicht abzuschaffen ist. Ob man sagt:
der Böse oder *die* Bösen oder *das* Böse. Bös bleibt Bös, die Tatsache ist

---

[1] J. W. von Goethe, *Faust I*, V. 2507–2509 (Hexenküche); i. Orig. nicht hervorgehoben.

da, und so können wir mit oder ohne Teufel im Einklang mit den Christen aller Zeiten beten: Erlöse uns von dem Bösen!

Aber wer oder was ist denn nun dieser Böse oder dieses Böse, das wir damit meinen? Ich ging diesen Sommer einmal am Ufer eines Flusses und freute mich des schönen Morgens und der lieblichen Aussicht. Ich dachte eine schöne Stunde dort zu verleben. Aber kaum hatten die ersten Sonnenstrahlen die Luft etwas erwärmt, so erhoben sich aus den sumpfigen Ufern des Flusses unzählige Fliegen, umgaben mich in dichtem Schwarm, setzten sich mir ins Gesicht und auf die Hände und ließen mir keine ruhige Sekunde mehr, bis ich endlich zornig wegging. Wie ich da so mit diesen unverschämten Tieren kämpfte, kam es mir plötzlich in den Sinn, dass die Juden zur Zeit Jesu den Teufel *Beelzebub*, zu deutsch *Fliegenbeherrscher*, nannten [vgl. Mt. 12,24], und ich verstand auf einmal, wie treffend und sinnreich doch dieser Name war. Ja, da haben wir ein Bild des Bösen, wie es leibt und lebt, wenn wir es uns vorstellen wie einen Schwarm von Fliegen, der sich von allen Seiten zudringlich an uns heranmacht, der unermüdlich immer wieder kommt, der durch die Masse kleiner Belästigungen wirkt. Und wie die Fliegen mir an jenem Morgen die Stimmung verdorben haben – was mir freilich nicht hätte passieren sollen –, so verdirbt uns das Böse das Leben, indem es uns innerlich nie zur Ruhe kommen lässt. Es ist die Störung des schönen Morgens, es ist der Krieg im Frieden, der Tintenklecks in einem saubern Buche, es ist die scheinbar unermüdliche Nachtseite des Lebens, die uns dies Leben oft zu verleiden droht. Wir meinen oft zu Zeiten, es sei verschwunden, und zu andern Zeiten wohl gar, wir hätten es beseitigt und gefesselt, aber dann müssen wir nachher umso empfindlicher spüren, dass es lebt, oft gerade in unsern göttlichsten Augenblicken und Stunden, dass es lebt, überall und nirgends, in uns selber und in den andern Menschen, als der Feind Gottes.

Weil es so ist, darum redet auch das Gebet des Herrn offen und ehrlich von ihm: *Erlöse uns von dem Bösen!* Es ist gut, dass es offen und ehrlich genannt wird. Es wäre nicht gut, wenn wir beten würden für Gottes heiligen Namen, für sein Reich, für das Geschehen seines Willens, für das tägliche Brot aus seiner Hand, für die Vergebung der Schulden und den siegreichen Kampf mit der Versuchung [vgl. Mt. 6,9–13], es wäre nicht gut, so zu beten, ohne dabei der Tatsache zu gedenken, dass es eine Macht gibt in uns und den andern Menschen, die will die Erfüllung aller dieser Gebete aus Leibeskräften *hindern.* Es hat zu allen Zeiten wohlmeinende Menschen gegeben, die meinten es besser zu machen, indem sie gutmütig oder vornehm so taten, als ob das Böse gar nicht da wäre. Sie sagten den Andern eben, sie sollten nur Vertrauen haben zu Gott oder zu der Güte ihrer eigenen Natur, dann brauchten sie an das Böse gar nicht zu denken. Das kann sehr wohl-meinend und fromm gesagt sein, aber es steckt doch eine Täuschung dahinter. Jawohl, wir dürfen und sollen Vertrauen haben zu Gott und zu dem Guten, für das wir unsrer Natur nach angelegt und bestimmt sind, und wir dürfen in solchem Vertrauen dem Bösen trotzen. Aber dem Bösen trotzen, heißt nicht: tun, als ob es nicht da wäre, und das Vertrauen zu solchem Trotz gewinnt man nicht in gutmütiger und vornehmer Gleichgiltigkeit gegen den Feind, sondern im scharfen Kampf mit dem Feind. An diesen Kampf erinnert uns die letzte Bitte Jesu: Erlöse uns von Bösen!, die wir in seinem Gebet nicht vermissen möchten, gerade weil sie uns so menschlich und natürlich aus dem Herzen geredet ist.

Aber nun muss gleich noch etwas Anderes betont werden: Die Bitte: Erlöse uns von dem Bösen!, so wichtig und umfassend sie ist, ist von allen Bitten Jesu *die letzte.* Jesus hat also nicht angefangen: Unser Vater im Himmel! Erlöse uns von dem Bösen! Das ist wichtig. Es gibt viele Christen, bei denen fängt nicht nur das Gebet, sondern ihr gan-zes Christentum an mit diesem Gedanken. Und das gibt dann so ein merkwürdiges Christentum, das so anfängt. Ein Christentum, das aus lauter Angst vor dem Bösen besteht und aus lauter Kampf mit dem Bösen, als ob das unsre eigentliche Aufgabe in der Welt wäre, das Böse zu bestreiten, und nicht vielmehr die, uns des Guten zu freuen und das Gute aus allen Kräften zu verbreiten. Es ist ja so leicht begreiflich, wie man auf diesen irrtümlichen Weg gelangen kann. Man hat vielleicht auch einmal seine Zeit gehabt, wo man sich des Guten und Schönen freute als eines göttlichen Geschenkes und wo man ein Christ sein wollte, weil man Freude am Guten und Schönen hatte. Aber dann hat man Enttäuschungen durchgemacht: mit seinen eigenen Kräften, mit den andern Menschen, mit der Welt überhaupt, man hat das Böse kennengelernt, und nun verschob sich das Bild vom Leben, das man sich machte, immer mehr. Man wollte festhalten an Gott, aber die

Freude an Gott verseierte[2], wenn ich so sagen darf, man hatte nicht mehr Freude an Gottes guten Werken, sondern Freude am Kampf gegen das Böse, und um dieser seiner Freude willen war man jetzt Christ. Es gibt so Viele, die eine solche innere Entwicklung durchgemacht haben, und wenn die Bitte: Erlöse uns von dem Bösen! uns Allen aus dem Herzen kommt, so kommt ihnen *nur* diese aus vollem Herzen. Die Angst vor dem Bösen, der Kampf dagegen, die Flucht davor, das sind Angelegenheiten, die sie verstehen und bei denen sie dabei sind. Es ist ein Christentum, das vor Allem immer im Misstrauen besteht gegen alles mögliche Unrecht, das man meint wahrzunehmen in seinem eigenen Jammer, aber dann und erst recht auch bei den andern Menschen. Mit diesem Misstrauen plagt man dann sich selbst und die andern Leute, man ist unglücklich dabei und weiß doch nicht, wie sich davon befreien. Man betet: Erlöse uns von dem Bösen!, aber man vergisst, dass man diese Bitte nicht *allein* beten kann, dass sie sich nur erfüllt, wo man vorher rechtschaffen an Gottes Willen und Reich und ans tägliche Brot gedacht und darum gebetet hat. |

Muss ich erst noch sagen, warum dies Christentum nicht das rechte ist? Aus drei Gründen: man macht sich damit *erstens* die Sache viel zu leicht. Die Christen, die nur über das Böse in der Welt klagen und dagegen eifern können, das sind immer Enttäuschte, sagte ich. Sie sind irgendwie irre geworden am Guten in der Welt und bei den Leuten und in sich selbst, sie getrauen sich auch nicht mehr recht, an den Sieg des Guten zu glauben und dafür einzutreten. Und nun begnügen sie sich, sich über das Böse zu verdrießen. Sie fragen bei allen Menschen und allen Dingen, mit denen sie zu tun haben, zuerst: was ist ungut daran? Etwas Ungutes finden sie dann natürlich überall, und so gehen sie ärgerlich durch die Welt und meinen, Gott einen Dienst damit zu tun. Ich sage: Das ist das rechte Christentum nicht, weil man es sich dabei viel zu leicht macht. Es ist nämlich viel schwerer, für das Gute einzutreten als gegen das Böse zu kämpfen. |

---

[2] «Verseiern» ist eine heute nur noch wenig gebräuchliche mundartliche Abwandlung von «versiegen», «austrocknen». Zieht man den Umstand in Betracht, dass in Barths deutscher Schreibschrift einige Buchstaben nicht immer völlig eindeutig voneinander zu unterscheiden sind, könnte auch gelesen werden: «versauerte».

Zweitens aber ist die gewaltige Gefahr bei dieser Art die, dass man sich auf das Gröblichste täuscht über das Böse, gegen das man sich ereifert. Um das Böse zu erkennen, muss man zuerst gebetet haben: Dein Wille geschehe! Sonst passiert es uns, und das passiert uns sehr oft, dass wir als das Böse das bekämpfen, was nicht gerade unser Wille ist. 90 von 100 von allen Klagen, die wir über die «Bosheit» unserer Menschen führen, gehören hieher. Und weiter: wie viel von dem, was wir als böse ansehen in den Gedanken und Handlungen der Andern, würde ein ganz andres Aussehen gewinnen, wenn wir nicht das kindliche Vorurteil hätten, unsre kleinen Begriffe über Gut und Böse seien auch die Begriffe, die Gott davon hat. Wie kann man oft gerade ältere Leute klagen hören, wir lebten in einer bösen Welt, und das, was sie böse nennen, besteht doch nur darin, dass allerlei anders geworden ist seit 50 Jahren. *Anders*, als gerade du es gewohnt bist, ist noch lange nicht bös, *modern* z. B. ist noch nicht bös, und auch, was dir unbegreiflich ist, ist deswegen noch nicht bös.

Drittens und vor Allem aber täuscht man sich schlimm über sich selber, wenn man so das Unser Vater umkehrt und innerlich lebt vom Gegensatz zum Bösen. Denn wer kritisiert und bekämpft, der muss selbst auf einem festen Boden stehen. Und das tut der, der rechtschaffen betet um das, was in den vorangehenden Bitten des Unser Vater steht. Wer mit Gott geredet hat über all jene Dinge und wer darüber mit sich selbst geredet hat, der hat dann auch klare Erkenntnis des Bösen und weiß, was er meint, wenn er Gott bittet: Erlöse uns davon! Aber wer *nur* ans Böse denkt, der hat eben keinen festen Boden, um wahr und klar über das Böse zu denken. Sein Kritisieren und Kämpfen, so gut es gemeint sein mag, wird ihm zum Schaden. Denn nicht nur streitet er gegen Dinge, die vielleicht gar nicht böse sind, sondern er merkt nicht, dass die wirkliche Bosheit auf seiner Seite ist. Er sieht den Splitter in des Bruders Auge und wird nicht gewahr des Balkens in seinem eigenen Auge [Mt. 7,3]. Wir müssen ja nicht meinen, dass das damit anders werde, dass wir beim Klagen über das Böse und über die Bösen rasch hinzufügen: ich bin auch ein Sünder, wir haben alle unsre Fehler, usf. Das macht eine faule Sache nicht besser. Es bleibt dabei, dass wir nach Gottes Ordnung erst zuletzt um die Erlösung vom Bösen zu beten haben. Und das ist nicht nur eine Ordnung des Gebets, sondern eine Ordnung unsres innern Lebens.

Wenn wir gebetet haben um all das Gute, das Jesus uns bei Gott suchen heißt, wenn wir unsre Seele erhoben haben in die herrliche Welt, in die diese Bitten uns hineinblicken lassen, und wenn unsre Hände an der Arbeit sind, um das zu fördern, worum wir bitten, *dann* darf und soll über unsre Lippen der Seufzer kommen: Ach ja Herr, wir suchen wohl, was du uns schenken willst, und wir möchten es wohl in Empfang nehmen. Aber sieh, da[3] ist etwas, das hindert uns am rechten Sehen deiner Geschenke und hindert uns erst recht am Empfangen, und dies Hindernis ist das Böse. Das Böse lässt es nicht zu, dass dein Name bei uns geehrt werde, dass wir würdig seien, deine Kinder zu heißen. Das Böse lässt es nicht zu, dass dein Reich komme, dass dein Regiment Platz greife in unserm Leben. Das Böse ist da als ein Gegenwille, der es nicht zulässt, dass dein Wille geschehe auf Erden wie im Himmel. Das Böse tritt zwischen dich und uns, wenn du uns unser tägliches Brot geben willst, so dass wir essen, doch nicht satt werden, weil, was wir essen, nicht deine Gabe ist. Das Böse hindert uns, unsern Schuldigern zu vergeben, und weil wir nicht vergeben, haben wir auch keine Vergebung. Und das Böse lässt uns die Versuchung nicht bestehen, sondern in die Versuchung hineinfallen. Wir empfinden und erfahren gerade, wenn wir tief und ernstlich beten, dass eine Kraft und Macht da ist, die schafft *gegen* das Gebet, die ist vorhanden in uns und um uns oft wie ein verborgener Felsgrund, der den aufgehenden Samen an der Sonne verdorren lässt [vgl. Lk. 8,6], oft wie loderndes Feuer, das unsre Gedanken heiß und schwül macht, oft wie ein mächtiger Wasserstrom, der alles Andre mit sich fortreißt. Je tiefer wir eindringen in die Wunder göttlichen Lebens, desto aufdringlicher macht diese Kraft sich geltend. Herr, erlöse uns davon! Erlöse uns von dem Bösen!

Was ist böse? Wir wollen keine weitschweifige Beschreibung machen. Sondern wenn wir in kurzen Strichen das Bild dessen zeichnen wollten, was uns hindert an der Erfüllung unsrer Gebete, dann würde es etwa so aussehen: Dieses Hindernis ist vor Allem immer *Faulheit*. Um mit Gott zu leben, muss man aufstehen, muss heraus aus allerlei Gewohnheiten des Denkens und Handelns, und das nicht nur einmal, sondern immer wieder. Gegen dies Aufstehen wehrt sich etwas Zähes,

---

[3] Mskr.: «das».

Schleimiges in uns. Es will nicht mit, sondern es will liegenbleiben. Dieses Zähe, Klebrige ist das Böse. O wie oft haben wir es gespürt in unserm Innern, wenn es einen Schritt vorwärts gehen sollte mit uns, wie wir dann blöde die Augen aufschlugen, um sie gleich wieder zu schließen, weil wir zu faul waren. O wie oft kann man es spüren, wenn im öffentlichen Leben etwas Gutes sich durchsetzen möchte, vielleicht in Erziehungsfragen oder in hygienischen Dingen, vielleicht dass es sich um einen sozialen Fortschritt handelt oder um eine Vertiefung und Verfeinerung religiöser Ansichten. Da ist es doch so oft, wie wenn sich ein Riese in seinem Bett auf die andre Seite wälzte. Es ist, als ob man ein ungeheures Gähnen hörte durch alle Zeitungen und durch alle Gespräche der Leute: Lasst uns in Ruhe! In meiner Jugend hat man davon noch nichts gewusst und wir leben auch noch! Wir wollen nicht! Das ist die Faulheit. Und das ist das Böse, denn das ist der radikale Gegensatz vom Geist des Unser Vaters. Das ist der Teufel, wenn man's denn so ausdrücken will.

Zweitens ist das Böse immer *Lüge*. Mit Gott kann man nicht anders reden und leben denn in der tiefsten Wahrhaftigkeit. Man muss sich da ganz wahr und klar eingestehen, was er von uns will, und ganz wahr und klar sein in der Beurteilung der eigenen Kräfte. Aber mit dieser Wahrhaftigkeit braucht man nur einmal ernst gemacht zu haben, um zu erfahren, wie stark die Gegengeister sind in unserm Innern. Nach der Erzählung am Anfang der Bibel fing die Sünde des ersten Menschenpaares damit an, dass sie räsonierten: Sollte Gott gesagt haben? [Gen. 3,1] Damit war die Lüge da. Wir verändern den Willen, die Gebote Gottes solange, bis sie uns passen, und erfüllen sie dann mit der gewichtigen Gebärde des wahren Gottesdienstes. So haben die alten Israeliten Rinder geopfert und Feste gefeiert, statt Gerechtigkeit zu üben am Nachbarn [vgl. Am. 5,21–24]. So haben die Pharisäer zur Zeit Jesu die Hände gewaschen zur Ehre Gottes, statt der Witwen Häuser zu schonen [vgl. Lk. 11,37–39; 20,46f.]. So haben sich die Christen aller Zeiten ereifert für die reine Lehre des Glaubens, statt Liebe am Bruder zu üben. So haben wir heute ein Kirchenwesen, das immer noch überreich ist an allerlei geschäftlichen, formellen, juristischen, feierlichen Dingen, denen man den Gesamttitel: religiöses und kirchliches Leben gibt[4] und die doch mit dem Fortschreiten des

---

[4] In bestimmten Abständen wurde damals in einigen Kantonalkirchen, so

Geistes Gottes in der Welt nur auch gar nichts zu tun haben. Das sind Lügen. Und was sollen wir erst reden von den Lügen, die wir uns leisten, wenn es sich um uns selbst und unser Können handelt, wie wir das eine Mal fälschlich stark auftreten und das andre Mal fälschlich bescheiden, nur nie so, wie wir wirklich sind. Wie wir uns hinaufschrauben lassen in unserm Selbstvertrauen und dann wieder hinunter, statt stracks unsern Weg zu gehen, auf das Rechte vertrauend und für das Rechte schaffend! Das ist Lüge. Und das ist das Böse. Das ist *der* Böse. Jedenfalls das, was Gott entgegensteht. Denn Gott ist die Wahrheit.

Der dritte Zug im Bilde des Bösen ist der *Diebstahl*. In unserm Verhältnis zu Gott und den Menschen sind wir Alle Verwalter. Alles Gute, was wir haben können, haben wir nicht für uns selbst, nicht für unsern Privatgebrauch, sondern um damit zu helfen und zu dienen. Und nun besteht das Böse oder der Diebstahl darin, dass wir uns das von Gott Anvertraute aneignen, als wäre es unser. Das machen wir alle Tage, ohne uns viel dabei zu denken. Es gehört auch zu dem Bösen, das wir erst scharf erkennen, wenn wir uns den Blick und das Gewissen haben schärfen lassen für unsre Aufgaben, wie es eben im Unser Vater geschieht. Dann entdecken wir, wie wir dem lieben Gott ein kostbares anvertrautes Gut stehlen, nämlich die Zeit, wie wir Tag für Tag und Monat für Monat zubringen, ohne innerlich vorwärts zu kommen, ohne etwas Nützliches zu leisten. Das ist nicht nur eine Unterlassung, das ist Diebstahl, denn vor Gott ist jede Minute wertvoll. Es kann die Ewigkeit darin sein. Wir entdecken dann weiter, wie wir Diebe sind an den uns anvertrauten Gaben und Kräften. Jedes von uns hätte mit den seinen sein bestimmtes Pöstlein in der großen Haushaltung Gottes. Stattdessen lassen wir sie liegen oder wir brauchen sie,

---

etwa in Bern, ein «Bericht über das religiöse, kirchliche und sittliche Leben» veröffentlicht; vgl. C. Stuckert, *Kirchenkunde der reformierten Schweiz* (Studien zur praktischen Theologie, 4/2), Gießen 1910, S. 163. Zu den entsprechenden Berichten aus dem Aargau – im dafür von den Pfarrern zu beantwortenden Fragenkatalog war der Abschnitt «Religiöses und sittliches Leben» enthalten – vgl. V.u.kl.A. 1909–1914, S. 718, Anm. 3; V.u.kl.A. 1914–1921, S. 702–716.
Die Rede vom «religiös-kirchlichen Leben» o.ä. war jedoch im Blick vor allem auf Kasualien und sonstige kirchliche Vollzüge zeitgenössisch durchaus üblich und weit darüber hinaus verbreitet.

um damit Schaden zu stiften. Und wie sind wir erst Diebe an unsern Mitmenschen, die von uns vielfach so Großes erwarten und denen wir dann nur so wenig sind. Wie halten wir zurück mit der Liebe, die wir ihnen schuldig sind, und mit der Freude, die wir ihnen machen sollten. O wenn wir Alles herausgeben und verarbeiten und verwerten würden, was Gott uns hat zuteilwerden lassen in unserm Leben an Sonnenschein, an Erkenntnis, an ernsten Erfahrungen und an Erweisen seiner Freundlichkeit, wenn wir herausrücken würden mit unsern Schätzen, um unsre Brüder zu speisen und die Welt ein klein wenig besser zu machen, wie ganz anders würde es in unsrer Umgebung aussehen. Aber das tun wir eben nicht, wir halten zurück damit, wir leben so oder so für uns statt für Gott. Wir sind Diebe. Das ist das Böse. –

Ich will nicht *mehr* sagen zu seiner Beschreibung. Aus den Grundzügen, die ich genannt, folgt Alles Andre, das böse ist. Ich habe nicht besondere Fehler und Laster genannt, sondern einfach die Grundzüge, die wir aus unserm eigenen Leben kennen und die auch den Besten nicht fehlen. Sie sind nicht äußerlich sichtbar, aber innerlich wirksam. Es ist die innere Faulheit, die innere Lüge, es ist der Diebstahl, den keine Polizei fassen kann. Aber gerade weil sie innerlich sind, sind sie so folgenschwer. Gerade darum haben wir hier das Böse vor uns, das wir meinen, wenn wir Gott bitten: Erlöse uns von dem Bösen!

Die Erlösung von dem Bösen ist die Erfüllung all des Guten, um das wir vorher gebetet haben. Wir dürfen bei dieser letzten Bitte ja nicht denken, dass Faulheit, Lüge und Diebstahl einfach so aus unserm innern Leben verschwinden und einen leeren Raum hinter sich lassen sollen, etwa wie wenn wir mit Sack und Pack aus unsrer Wohnung ausziehen. Das Böse ist ein Feind, der nicht einfach abmarschiert, sondern der aus seiner Stellung hinausgedrängt werden muss durch einen stärkeren Gegner. Dieser stärkere Gegner ist das Gute, das in unser Leben eindringt, die Ehre Gottes, das Reich Gottes, der Wille Gottes, die Arbeit fürs tägliche Brot, die Vergebung der Schulden, der Sieg in der Versuchung. Wir haben jetzt in einer ganzen Reihe von Predigten davon geredet, wie man sich diese Kräfte aneignet und zunutze macht.[5] Die Erlösung vom Bösen ist nun die Rückseite von

<hr>

[5] Siehe oben, S. 241–283. 298–317, die vorangehenden sechs Predigten zu

alldem. Wenn all das geschieht und kommt, worum wir gebetet, dann geht das Böse. So ist diese letzte Bitte wie ein starker Strich unter alle vorhergehenden. Wir bekennen damit: Herr, es fehlt uns viel von dem, was wir erreichen sollten. Wir möchten wohl gehen, aber wir sind müde. Gib uns Kraft, die Müdigkeit zu überwinden! Erlöse uns von dem Bösen!

Die Erlösung von dem Bösen haben die Menschen nicht erlebt, solange ihnen bloß gesagt wurde: ihr sollt dies nicht tun und jenes lassen! Denn es ist böse! Da konnte der Feind wohl auf Augenblicke weichen, aber er kehrte wieder zurück in den leeren Raum, wenn die Drohung vorbei war. Da waren die Menschen abwechselnd einge-schüchtert und übermütig, wie man es bei den Kindern sehen kann in manchen Häusern, wo ungeschickt erzogen wird. Die Propheten Is-raels und die Philosophen Griechenlands sind den Menschen keine Erlöser geworden, so gewaltig sie mit dem Feind gekämpft haben. Die Erlösung vom Bösen haben sie erlebt, als sie einmal rein und un-zweideutig einen *guten* Menschen kennenlernten. Das hat gewirkt, mehr als alle Verbote und Drohungen. Das war die Erlösung durch Jesus Christus. In ihm spürten sie eine Kraft, die unaufhaltsam das Böse aus ihnen hinausdrängte. Das war so, weil er getrieben war nicht von der Angst und der Abneigung vor dem Bösen, sondern von der Liebe Gottes. Die Dunkelheit ist schlechterdings auf keine andre Weise zu vertreiben als dadurch, dass es Licht wird.

Meine Freunde! So wollen wir, wenn wir unter den Störungen des Bösen seufzen in unserm eigenen Leben und im Leben der Welt, nicht über das Böse klagen, sondern auf diesen Jesus sehen und ihn auf uns wirken lassen. Er ist das Licht, das die Dunkelheit bricht. Und wenn wir betend unsre Hände erheben um Erlösung vom Bösen, soll das heißen, dass wir diese Hände ausstrecken nach den Kräften des ewi-gen Lebens, dass wir sie durch uns hindurchgehen und zu den Men-schen reden lassen. Wir wollen es dann machen, wie Er es gemacht hat, wir wollen das Böse überwinden, indem wir das Gute tun. Dann

den Unser Vater-Bitten, die Barth – mit einer Unterbrechung durch die Bet-tagspredigt – seit dem 13. August 1911 gehalten hatte.

gehen wir der Erlösung entgegen. Und dann kommt der erlösende Gott uns entgegen.

Amen.

Lieder:

Nr. 39: «Aus meines Herzens Grunde», nach G. Niege, Strophen 1 u. 2 (RG 564; EG 443 [jeweils mit Textabweichungen]).

Nr. 234: «Aus irdischem Getümmel» von K. J. Aschenfeldt, Strophen 1–3.

Safenwil, Sonntag, den 15. Oktober 1911
(18. nach Trinitatis)

Matthäus 6,13c

Denn dein ist das Reich und die Kraft und die Herrlichkeit in Ewigkeit. Amen.

Liebe Freunde!

Das Unser Vater schließt mit einem Glaubensbekenntnis. Die Worte, in denen es ausgeschrieben ist: «Denn dein ist das Reich und die Kraft und die Herrlichkeit», stammen sehr wahrscheinlich nicht von Jesus selbst her. Denn in den ältesten Handschriften, in denen das Evangelium nach Matthäus uns überliefert ist, und auch im 11. Kap. des Lukasevangeliums fehlen sie. Das Gebet, das Jesus seine Jünger beten gelehrt hat, hat vermutlich geschlossen mit der Bitte: «Erlöse uns von dem Bösen» [Mt. 6,13b], die uns das letzte Mal beschäftigt hat. Aber die Worte: «Denn dein ist das Reich…» sind deswegen um nichts weniger schön und inhaltsreich. Jedenfalls in ältester Zeit schon haben die Christen das Bedürfnis gehabt, ihr Gebet in diesem Glaubensbekenntnis gipfeln zu lassen. Und ich glaube, auch wir haben jedes Mal, wenn wir es beten, das Gefühl, dass es gut ist an seinem Platze, dass es dem Ganzen des Gebets Ernst und Nachdruck verleiht, dass es einen Schimmer von Majestät und Heiligkeit über das Übrige ergießt, den wir nicht vermissen möchten. Es ziemt sich darum wohl und wird nicht umsonst sein, auch diesen Schlussworten des Gebets eine Predigt zu widmen.

Ich sage: sie sind ein Glaubensbekenntnis. Nachdem wir hilfe- und kraftsuchend zu Gott gegangen sind, nachdem wir unsre Seele erhoben haben zu ihm von der Anrede: Unser Vater! bis zu dem Seufzer: Erlöse uns von dem Bösen, nachdem wir betend wieder stark geworden sind für unser Leben, erheben wir nicht mehr bittend und verlangend, sondern anbetend, in stillem Sinnen und Schauen unsre Augen und Hände und bekennen: Ja, Herr, das Alles suche ich bei dir, denn dein ist das Reich und die Kraft und die Herrlichkeit in Ewigkeit. Amen! Man redet gerade in unsern Tagen wieder viel vom Glaubensbekenntnis, weniger bei uns als besonders in unserm Nachbarland Deutschland.[1] Man streitet sich darüber, ob überhaupt ein Glaubensbekenntnis nötig sei, und was für eines und mit welchen Mitteln es zu erreichen sei, dass alle Christen und alle Pfarrer besonders in ihrer Anschauung und Lehre mit dem Bekenntnis übereinstimmten. Während des ganzen Sommers hat es viel zu reden und zu schreiben gegeben, dass ein Geistlicher in Köln sogar abgesetzt worden ist, weil seine Lehre dem Glaubensbekenntnis widerspreche.[2] Und eben in diesen Tagen berichtet die Zeitung von einem neuen derartigen Prozessfall.[3] Das sind böse Geschichten! Was soll man dazu sagen? Ich meine, wir können gerade angesichts unsrer heutigen Textworte ruhig sagen, dass das Alles nicht vorkommen würde: das Streiten und das Anklagen und das Prozessführen um des verschiedenen Bekenntnisses willen, wenn man seinen Glauben in der Art bekennen würde, wie die alten Christen es an dieser und an andern Stellen des Neuen Testaments getan haben. Wenn man statt schwieriger theologischer Lehren über Gott und die Welt und Christus einfach das bekennen wollte, was aus übervollem, dankbarem Herzen hervorströmt, was unmittelbarer Ausdruck der inneren Erfahrung ist, was nur das Ergebnis und der Abschluss unsres Gebetes, unsrer Rede mit Gott ist. «Dein ist das Reich und die Kraft und die Herrlichkeit in Ewigkeit!» Könnte man einfacher und würdiger und umfassender seinen Glauben bekennen

---

[1] Gemeint ist der seit den 1870er Jahren schwelende «Apostolikumsstreit» um die Geltung der altkirchlichen Bekenntnisse in den deutschen Landeskirchen, aufgrund dessen 1910 in der altpreußischen Union das Kirchengesetz betr. das «Verfahren bei Beanstandung der Lehre von Geistlichen» (s. oben, S. 246, Anm. 7) erlassen wurde. Vgl. H.-M. Barth, Art. «Apostolisches Glaubensbekenntnis II. Reformations- und Neuzeit», in: TRE 3, 1978, 554–566, dort S. 560–562.

[2] Es handelte sich um Carl Jatho (s. oben, S. 246, Anm. 7).

[3] Der Dortmunder Pfarrer Gottfried Traub (1869–1956) hatte das oben, Anm. 1, genannte preußische Kirchengesetz kritisiert und sich mit Carl Jatho solidarisch erklärt (vgl. G. Traub, *Staatskirchentum oder Volkskirche. Ein protestantisches Bekenntnis*, Jena 1911). Darauf erhob der Berliner Oberkirchenrat am 11. Oktober 1911 nach diesem Gesetz Anklage auch gegen ihn. Das Verfahren gegen Traub endete 1912 mit dessen Amtsenthebung. Vgl. H.-M. Barth (Anm. 1); ChW 25 (1911), Sp. 1005f. 1053. 1075; M. Rade, *Traub abgesetzt*, in: ChW 26 (1912), Sp. 890.

als so? Ist es nicht wärmer und tiefsinniger als Alles, was in spätern Zeiten zum Glaubensbekenntnis geworden ist, auch das sogenannte apostolische Glaubensbekenntnis nicht ausgenommen? Und wäre das nicht ein Bekenntnis, in dem sich alle aufrichtigen Christen aller Parteien freudig zusammenfinden könnten?

Aber wir wollen dem nicht weiter nachsinnen, sondern uns nun sofort zu diesem gewaltigen Bekenntnis selbst wenden. Es hat uns viel zu sagen.

Überlegen wir zuerst, was das bedeuten will, wenn wir da so am Schluss aller unsrer Bitten plötzlich die Art der Rede wechseln, statt weiter zu beten, wie wir angefangen: Gib uns unser täglich Brot [Mt. 6,11]! Führe uns nicht in Versuchung [Mt. 6,13a]! Erlöse uns von dem Bösen [Mt. 6,13b]!, statt Gott weiter zu bitten: Tu dies und tu jenes!, auf einmal innehalten und Gott etwas sagen, was er sicher selber weiß: Dein ist das Reich und die Kraft und die Herrlichkeit! An die Stelle der Bitte tritt die Anbetung. An die Stelle des Verlangens tritt das Verehren. Alle unsre Wünsche, auch die höchsten und besten, treten zurück, und jetzt richten wir unsre Augen auf Gott selbst. Da gibt es nichts mehr zu verlangen und zu wünschen, da gibt es nur noch die dankbar demütige Anerkennung: Dein ist Reich und Kraft und Herrlichkeit! Ein besonderes tief gehender Schriftausleger, der fromme *Bengel*, hat diesen Wechsel in der Rede des Gebets gewiss richtig aufgefasst, wenn er ihn etwa so erklärt: Bei allen Bitten des Unser Vater sollen wir natürlich unser Auge auf Gott selbst richten, mit all unserm Beten ihn ehren und verherrlichen wollen.[4] Aber wenn wir uns dann fragen: tun wir das auch wirklich? dann müssen wir uns gestehen: ach nein! Daran fehlt gar viel. |

Wir ehren und verherrlichen Gott mit unserm Gebet, so gut wir es eben können als Leute, die auf der Wanderschaft sind, die noch im Kampfe stehen. Wir beten wohl: *Unser Vater im Himmel!* Aber wir

---

[4] Vgl. J. A. Bengel, *Gnomon Novi Testamenti, in quo ex nativa verborum vi simplicitas, profunditas, concinnitas, salubritas sensuum coelestium indicatur*, Ed. Tertia, per filium superstitem E. Bengelium quondam curata tertio recusa adjuvante J. Steudel, Tübingen 1850, S. 57: «...ipsa oratio etiam citra doxologiam, summam laudis divinae imbibit. Nam sanctificatur et glorificatur a nobis eo ipso coelestis Pater, dum ut Pater coelestis invocatur, dum tantae res ab Ipso uno petuntur, dum omnia ab Ipso solum referuntur.»

sind noch nicht, was das Gebet ausspricht: Gottes Kinder, Brüder und Schwestern untereinander, Bürgen des Himmels. Wir beten schon: *Dein Name werde geheiligt!* Aber es fehlt diesem Gebet so empfindlich die Heiligkeit des Beters. Wir bitten: *Dein Reich komme!* Aber ist es uns bei diesem Beten nicht vielmehr um das zu tun, was *uns* als göttlich und recht vorkommt, als um das Reichsgesetz Gottes? *Dein Wille geschehe auf Erden wie im Himmel!* Aber wie müssen wir uns immer wieder schämen, wenn wir sehen, wie wir auf Erden unsern eigenen Willen tun, obwohl wir wissen, dass im Himmel nur der Wille Gottes gilt. *Gib uns heute unser tägliches Brot!* Ja, aber wenn wir dann doch so tun, als ob er es uns nicht gäbe, als ob wir es uns auf eine Weise nehmen müssten, bei der andre Menschen und unsre eigene Seele zu kurz kommt? *Vergib uns unsre Schulden!* Das wäre wohl gut, wenn es uns ernst ist, wenn wir unsre Schulden erkennen und wenn wir Sehnsucht tragen, sie uns vergeben zu lassen. Wenn! *Führe uns nicht in Versuchung!* Das würde heißen, dass wir wachsam sind und auf unsre schwachen Seiten Acht geben. Aber wer ist wachsam genug? *Erlöse uns von dem Bösen!* Aber wenn wir nun in unserem Leben so viel und so viele Ecken und Strecken wahrnehmen, in denen wir vom Bösen gar nicht erlöst sein wollen, weil wir es lieb haben!? Ich meine, wenn wir unser Gebet aufrichtig ansehen, auch unser ernstes, eindringliches Gebet, dann müssen wir sagen: es ist noch lange nicht die Verherrlichung Gottes darin, die wir ihm schuldig sind. Es ist eine Verherrlichung, so gut es eben geht, und es geht sehr oft nicht gut, sondern schlecht. Wir beten recht krüppelhaft und machen Gott wenig Freude damit. Und nun wollen wir bloß bedenken, dass unser Gebet die Seele unsres Lebens ist. Wie unser Gebet, so unser Leben. Es ist auch im Leben der allermeisten Menschen viel Gutes und Edles, Vieles, was auf Gott hinweist und auf Gott hinstrebt, gerade wie all die Bitten des Unser Vater auf Gott hinweisen und hinstreben. Aber es ist kein vollkommenes Streben, es ist so viel Halbheit und Schläfrigkeit und Beschränktheit und Unwahrhaftigkeit darin. Wir laufen wohl, aber wir laufen nicht bis ans Ziel, wir kämpfen wohl, aber wir kämpfen nicht recht [vgl. 2.Tim. 2,5], wir arbeiten, aber wir arbeiten nicht anhaltend.

Was sollen wir machen, wenn wir merken, dass *unser Leben*, unser Streben nach der Wahrheit und nach dem Guten überhaupt, *nicht genügt*, nicht vollkommen ist? Ich glaube, im Licht dieser Frage müssen wir das Glaubensbekenntnis am Ende des Unser Vater auffassen. Was sagen wir zu den Unvollkommenheiten unsres Betens und unsres Lebens? – |

Viele Menschen gibt's, die sagen überhaupt nichts dazu. Aus dem einfachen Grund, weil sie gar *nichts davon gemerkt* haben. Diese glücklichen oder unglücklichen Leute sind sehr viel zahlreicher, als man so meint. Zu gewissen Zeiten unsres Lebens haben wir Alle zu ihnen gehört oder gehören noch zu ihnen. Gewiss, wir sind schnell bereit zuzugestehen: jeder Mensch hat seine Fehler, ich habe auch meine Fehler! Solches Zugeständnis beweist gar nichts. Denn wehe dem, der uns auf einen bestimmten Punkt hindeutend sagen würde: *hier* hast du *diesen* Fehler gemacht. Da wehren wir uns mit Händen und Füßen, und daran, an diesem Zappeln und Sträuben gegen jeden bestimmten Vorwurf, zeigt es sich, dass wir zu denen gehören, die nichts gemerkt von ihrer Unvollkommenheit, die ein schlechtes Gehör haben für die falschen Töne, die sie zur Ehre Gottes hervorzubringen meinen. O es gibt nichts Fataleres, als wenn man schlechte Musik macht und nicht merkt, dass sie schlecht ist (Βλικκ ναχ δεϱ Οϱγελ[5]). |

Und nun denken wir uns einmal, wie wir das Unser Vater beten, wenn wir zu diesen Nichts-Merkern gehören. Es kann übrigens auch ein anderes Gebet sein, auch eines, das uns aus freiem Herzen kommt. Nicht wahr, da zählen wir Gott auf, was wir von ihm haben möchten für unsre Seele und unsern Leib; da erheben wir uns zu tiefen Gedanken und großen Versuchen und nun soll unser Gebet zu Ende gehen. Was tun und was denken wir nun? Haben wir da nicht Alle schon gedacht: das Alles, Herr mein Gott, wollest du nun geben, *denn* ich habe nun gut gebetet. Mit der Kraft unsres frommen Gebetes glauben wir Gott gewonnen zu haben. Und wie unser Gebet, so unser Leben. Weil uns niemand etwas vorwerfen kann, denken wir, auch innerlich tadellos zu sein. Weil wir im Ganzen immer brav gewesen sind, vermuten wir, auch Gott werde uns als brav anerkennen. Weil wir vielleicht in irgend einer guten Sache Energie entfaltet haben, kommen

---

[5] «Blick nach der Orgel». Die in griechischen Buchstaben geschriebene «Regieanweisung» für ihn selbst ist wohl als Anspielung Barths auf die Qualität des Orgelspiels in der Safenwiler Kirche zu verstehen.

wir uns als starke Kämpfer Gottes vor. Ich bin ein rechter Mensch, Gott ist zufrieden mit mir, *denn* ich habe mich angestrengt und das Meinige getan. Dieses *denn* ist das Kennzeichen des Nichtmerkens. Des Nicht-Merkens gegenüber dem Mangel unsres Gebets und unsrer Anstrengung. – |

Es gibt nun Andre, die merken recht gut. Sie haben das dumpfe Gefühl oder die klare Einsicht, dass an ihrem Leben und auch an ihren Bemühungen, das Gute und Rechte zu tun, Vieles fehlt. Aber nun helfen sie sich auf eine geradezu wunderbare Art: Oh, sagen sie, «es isch öppene jede nid grad wiener sott, en Engel bin i au nid, aber ma ka nid me als mache und der Herrgott wird wohl es Isähe ha!»[6] Mit solchen Versicherungen hilft man sich dann über die Beunruhigung hinweg, die einem das Merken eigentlich verschafft hat. Man sieht und erkennt seine Unvollkommenheit, aber man zuckt die Achseln dazu, es werde wohl nicht so bös sein. Man macht es etwa so wie jener Knecht im Gleichnis von den anvertrauten Pfunden, der so trostlich vor seinen Herrn tritt, um ihm das eine Pfund, das [er] erhalten, zurückzugeben, das er, statt es zu vermehren, im Schweißtuch vergraben hatte. Hier hast du dein Pfund wieder [vgl. Lk. 11,20]! So betet man den Schluss des Unser Vaters «Erlöse uns von dem Bösen, *denn* besser als so können wir's ja doch nicht!» Und wieder ist das Leben wie das Gebet. Man sieht recht wohl, wie es hier fehlt und dort, wie man da mehr Verständnis zeigen und dort mehr Kraft anwenden müsste, aber nein, man wünscht seufzend: könnte ich doch meinem guten Herzen folgen, *denn* jetzt werde ich leider durch die Umstände daran verhindert. Könnte man doch das und jenes besser machen, *denn* wir bringen es doch nicht fertig. Wieder so ein *denn*! Das *denn* des Leichtsinns diesmal am Ende unsres Betens und Strebens.

Da wollten nun offenbar die ältesten Christen weder das Eine noch das Andere, weder die Selbstzufriedenheit noch den Leichtsinn. Sie wussten, wie leicht auch unser eifrigstes Beten und Streben dazu ausartet. Und darum haben sie dem Gebet des Herrn einen Schluss beigegeben, bei dem unser Beten und Streben überhaupt aufhört, in dem

---

[6] Schweizerdeutsch für: «Es ist wohl jeder nicht gerade so, wie er sein sollte, ein Engel bin ich auch nicht, aber man kann nicht mehr als machen, und der Herrgott wird wohl ein Einsehen haben.»

wir unsre Wanderschaft gleichsam unterbrechen, um in Gott auszuruhen. Noch ist unser Leib unterwegs im Suchen Gottes, im Ringen nach dem Guten, im Kampf gegen das Böse, aber unser Geist schwingt sich beflügelt voraus und wartet unser am Ziele, zeigt uns, dass das, was wir suchen, Wahrheit und dass es erreichbar ist. Wir haben gebetet und wir beten noch, *denn* – nun kommen wir auch mit einem kräftigen *denn*! – *denn* dein ist das Reich und die Kraft und die Herrlichkeit in Ewigkeit. Amen! Da reibt man sich nicht die Hände über sein frommes Gebet, und da zuckt man nicht die Achseln über sein schlechtes Gebet. Da denkt man überhaupt nicht mehr an das, was man selber getan, sondern man blickt nach oben, man freut sich über sein Gebet, weil man sich über Gott freut! Diese Freude an Gott bricht hervor in dem Bekenntnis: «Dein ist Reich, Kraft und Herrlichkeit in Ewigkeit»!

Man könnte vielleicht dasselbe mit noch einfacheren Worten so ausdrücken: Denn *du* bist Gott! Der Nachdruck liegt auf dem Worte *du*. Das ist das gewaltigste Erlebnis auf dem Gebiet des innern Lebens, wenn uns dieses *du* aufgeht. Das *Ich* ist von Anfang an da, das braucht nicht erst aufzugehen. Das Ich ist auch dabei, wenn wir beten, auch wenn wir fromm beten, es ist dabei, auch wenn wir uns Mühe geben im Leben, auch wenn wir nach den höchsten Zielen streben. Es mischt auch in unsre klarsten Gedanken, unsre lobenswertesten Entschlüsse, unsre feinsten Gefühle einen Tropfen, den wir vielleicht gar nicht bemerken oder mit Bewusstsein übersehen. *Andre* bemerken ihn umso besser. Beim Einen ist's ein Tropfen Eigensinn, beim zweiten ein Tropfen Eitelkeit, beim dritten ein Tropfen Beschränktheit. So lange unser inneres Leben beherrscht ist von dem Ton: *ich* denke, *ich* will, *7ich* fühle*7*, *ich* empfinde, *ich* bin der Mittelpunkt von all den Anstrengungen und Erlebnissen, dann sind die beiden genannten Gefahren: die Selbstzufriedenheit und die leichtsinnige Gleichgiltigkeit fast unvermeidlich. Das erstere droht, wenn das Ich noch ein naives Kind ist, das zweite, wenn es seine Erfahrungen mit dem Leben gemacht hat. Da ist es nun die gewaltige befreiende Erfahrung, wenn uns aufgeht: nein, *nicht ich, du*! Was *ich* bin, denke, tue, fühle, empfinde, es ist nur etwas wert, weil *du* dabei bist. Aber weil du dabei bist, deshalb

---

7–7 Mskr.: «ich *fühle*»; von den Hrsg. angeglichen.

ist es etwas wert: denn du bist Gott! Oder ich will dieselbe Erfahrung noch anders beschreiben: Göttliches und Menschliches wogen in unserm Innern ungeschieden durcheinander. Wir wissen selbst nicht, was davon halten. Das Göttliche in uns sucht nach Gott, seiner Heimat, aber das Menschliche hat auch seine Heimat und hält uns unten. Wir könnten nicht bestimmt sagen, wie es sein soll. Aber dann können wir es eines Tages sagen. Wir haben gelernt, Gott *du* zu nennen. Von allen Möglichkeiten haben wir die eine [zu] ergreifen, Gott Knechte zu werden. Wir lassen hinter uns, was nicht zu ihm passen würde und bekennen: denn *du* bist Gott! Nicht *ich*, *du!* Ich in Allem nur durch dich!

Das Evangelium sagt: *Dein* ist das *Reich* und die *Kraft* und die *Herrlichkeit*. Mit diesen Worten wird Gott beschrieben, den wir auf der Höhe unsres Gebets still anschauen dürfen. –|

Dein ist das *Reich*. Da bekennen wir: alle Ordnung im Leben, die ist Gottes Ordnung, die ist sein Königsgesetz. Wenn wir beten und wenn wir arbeiten in der Welt, dann tun wir das doch bewusst oder unbewusst, um die großen Ordnungen des Lebens zu erfüllen: Du sollst den Herrn deinen Gott lieben von ganzem Herzen [Mt. 22,37]! Im Schweiße deines Angesichts sollst du dein Brot essen [Gen. 3,19]! Liebe deinen Nächsten nun wie dich selbst [Lev. 19,18; Mt. 22,39]! Das sind so die Lebensordnungen, die wir Alle kennen. Aber wenn wir uns nun so Mühe geben mit ihnen, wenn wir beten und arbeiten um sie, dann haben wir doch wohl Alle schon die Erfahrung gemacht, dass sie uns auch zweifelhaft werden können. Vielleicht haben wir zu Zeiten auch das Unser Vater schon so gebetet, dass wir innerlich bei jeder Bitte am Liebsten ein Fragezeichen gemacht hätten. So sehr war unser Vertrauen zu jenen Ordnungen erschüttert. In solchen Zeiten kann uns gerade der Schluss des Unser Vater zu Hilfe kommen, der uns anleitet, den Gedanken, ob *wir* Vertrauen haben zu den Gesetzen des Lebens, einmal ganz beiseite zu lassen und uns nur das Eine klar vor Augen zu halten: es sind *Gottes* Gesetze. *Dein* ist das Reich! Ob es uns gefällt oder nicht, gleichviel, jene Ordnungen sind da und gelten. Sie gelten, auch ohne dass wir ihnen zustimmen! Das ist eine harte Erkenntnis, wenn uns das so aufgeht, aber wie lösend und befreiend kann sie dann wirken. Dann erst, wenn uns das aufgeht: unser Arbeiten, unsre Mühe, unser Ernst, die haben einen Wert, der nicht von uns abhängt. – In unserm guten Denken und Handeln, da vollzieht sich nur das große Gesetz, das in aller Welt und allem Leben gilt; erst, wenn uns das so aufgeht, bekommen wir wieder das Zutrauen zu unserm Beten. Herr, wir suchen und lieben das Reich des Lebens und seine Ordnung, denn *dein* ist das Reich.

Und *dein* ist die *Kraft!* Was für ein wunderbares Wort, wenn man es so allein nimmt! Wieder stehen wir vor der Unvollkommenheit unsres Betens und Strebens. Leugnen wollen wir sie nicht, gleichgiltig sein dagegen auch nicht. Ja, was wollen wir denn, wenn unsre Energie auf allen Punkten nicht genügt, wenn wir einem Ballon gleichen, der zu wenig Steigtrieb hat? Dann wollen und sollen wir hinübersehen von uns zu Gott. Gewiss, bei uns fehlt es, aber bei ihm fehlt es nicht. Gott ist die ungeheuerste Energie, die wir uns denken können, und wenn wir jetzt zurückblicken auf uns selbst, auf unsre kleine Kraft und Energie, dann dürfen wir zu Gott sagen: sie ist *dein!* Es gibt keine größere innere Erholung, als wenn wir so das Unsrige zurücklegen in die Hände dessen, der es uns gegeben. Mit Zins und Zinseszins kommt es alsbald zu uns zurück. Unsre hilflose Kraft zum Guten verdoppelt und verdreifacht sich, wenn wir einmal erkannt: nicht mein, sondern *dein* ist diese Kraft. Wenn wir einfach aufschauen, was Gott tut und vollbringt.

Und dein ist die *Herrlichkeit.* Herrlichkeit ist etwas Schönes, Leuchtendes. So müsste unser Beten und Leben beschaffen sein. Aber daran fehlt's vielleicht am Allermeisten, auch wenn wir Gottes Ordnungen und Gottes Kraft erkannt haben. Wir sind vielleicht brav und wohlgesinnt und tun unsre Sache, aber von der Herrlichkeit des Lebens verspüren wir wenig, und auch die andern Menschen sehen nicht so aus, als wären ihnen in uns Gottes Sonnenstrahlen begegnet. Und das plagt uns. Ich glaube, es leiden viel mehr Menschen als man denkt darunter, dass es in ihrem Leben so gar nichts Herrliches, Schönes, Leuchtendes gibt, trotz ihrem Beten und Anstrengen. Ihnen sagt der Schluss des Unser Vater: Denk jetzt einmal gar nicht an dein Beten und Anstrengen: sieh jetzt nur einmal hinüber zu Gott. Was siehst du? Ja, nicht wahr: *da* ist Herrlichkeit. Wenn es bei uns oft hässlich und klein zugeht, so ist in seinem Wollen und Wirken Schönheit und Größe. Und nun versuch es einmal, auszuruhen in dieser Schönheit und Größe, ohne gleich zu denken, ob dein Leben auch so sei, auch solchen Eindruck mache. Lass Gottes Herrlichkeit still auf dich wirken, das ist das Allerbeste, was du tun kannst. Bekenne es mit aller Inbrunst: *Dein* ist die Herrlichkeit! so wirst du's erleben, dass sie auch deinem Leben nicht auf die Länge fernbleibt.

Dein ist das Reich und die Kraft und die Herrlichkeit! Da gewinnt unser Gebet Schwung und Tiefe, wo es redet in der Gotteserkenntnis. Da wird unser Arbeiten und Kämpfen in der Welt erfolgreich trotz unsrer Schwachheit, wo wir hinsehen auf die Tatsachen der Gotteswelt, die da sind, lange bevor wir uns aufgemacht haben. *Gerhard Tersteegen* und die christlichen Denker, die ihm nahestanden, pflegten zu reden von der *Überlassung* an Gott, die die Höhe des Gebetes sei.[8] Ich glaube, das ist richtig. Aber diese «Überlassung» besteht nicht in einer inhaltsleeren Gedankenlosigkeit, wie es in den Werken Tersteegens manchmal den Anschein hat, sondern in der stillen, aber gedankenvollen Anschauung Gottes, seines Reiches, seiner Kraft, seiner Herrlichkeit. Statt dass wir uns selbst ansehen, unser Leben und unser Arbeiten, sehen wir Gott an. Nicht in der leeren Luft, sondern so, wie er sich uns gezeigt hat in Jesus Christus. Da haben wir Gottes Gesicht vor uns. Reich und Kraft und Herrlichkeit begegnen uns nirgends so wie in ihm. Und wenn sie uns in ihm begegnen, dann bekommen wir auch die Freudigkeit hinzuzufügen: in Ewigkeit. Amen! «In Ewigkeit» heißt: *es gilt,* und «Amen» heißt: *wahrhaftig!* Möchten wir auch, dass es bei unserem Beten und Arbeiten heiße: *es gilt, wahrhaftig!,* dann müssen wir es nicht selber sagen wollen, sondern es uns sagen lassen von Gott.

Amen.

Lieder:
Nr. 10: «Lobe den Herren, o meine Seele» von J. D. Herrnschmidt, Strophen 1–3 (RG 99; EG 303).
Nr. 31: «Ach bleib mit deiner Gnade» von J. Stegmann, Strophen 1.3.4.6 (RG 342; EG 347 [Textabweichungen]).

[8] Vgl. etwa die Lieder «Völlige Überlassung der Seele an Gottes Willen» und «Völlige Überlassung an Gott» von G. Tersteegen (Lieder Nr. 19 und 85 in: *Gerhard Tersteegen's geistliches Blumengärtlein inniger Seelen, nebst der Frommen Lotterie, nach den Ausgaben letzter Hand berichtigt und mit einigen Zusätzen versehen,* Stuttgart [1905], S. 246–248. 364).

Lukas 9,51–57

Es begab sich aber, da die Zeit erfüllt war, dass Jesus sollte hinweg-
genommen werden, nahm er die Richtung gerade aus auf Jerusalem,
und sandte Boten aus vor sich her. Die gingen hin und kamen in ein
Dorf der Samariter, um für ihn Herberge zu bestellen; und *sie nahmen
ihn nicht auf, weil er in der Richtung nach Jerusalem zog.* Da das die
Jünger Jakobus und Johannes sahen, sagten sie: Herr, *willst du, dass
wir Feuer vom Himmel herunter kommen und sie verzehren heißen,
wie es Elias machte?* Er aber wandte sich um und schalt sie und sagte:
*Wisset ihr nicht, welches Geistes Kinder ihr seid? Des Menschen Sohn
ist nicht gekommen, das Leben der Menschen zu vernichten, sondern
es zu retten.* Und sie zogen in ein anderes Dorf.

Liebe Zuhörer!

Diese Samariter auf ihrem Dorf, von denen das Evangelium erzählt,
waren einfältige Menschen. Ich meine jetzt «einfältig» nicht in dem
Sinn, wie wir es hoffentlich Alle sind, also im Sinn von aufrichtig und
ehrlich und einfach. Sondern ihre Einfalt war Torheit und *Beschränktheit*, und in dem Sinn wollen wir *ja* nicht einfältig sein. Wir wollen
sehen, in was ihre Beschränktheit bestand. Eines Tages gegen Abend
kam ein Mann in ihr Dorf und verlangte den Ammann[1] zu sprechen.
Der Samaritische Bauer, dem er das sagte, machte aber gleich ein unfreundliches Gesicht; denn aus der Sprache des Fremden hörte er, dass
er aus Galiläa komme und also ein Jude sei. Die Juden und die Samariter waren damals nicht gut aufeinander zu sprechen, und zwar,
wie es leider oft vorgekommen ist, aus religiösen Meinungsverschie-
denheiten. Sie verehrten zwar beide Gott mit dem gleichen Namen,
aber nicht am gleichen Ort und auf dieselbe äußere Art, sondern die
Juden auf ihre Weise im Tempel zu Jerusalem und die Samariter auf
ihre Weise in einem Tempel auf dem Berge Garizim. Wegen dieser

---

[1] Schweizerdeutsch: «Gemeindevorsteher».

Verschiedenheit lebten sie auf gespanntem Fuß zusammen, und darum machte jener Bauer an jenem Abend ein unfreundliches Gesicht, als er den Fremden zum Ammann führte. Der hatte dort folgenden Auftrag zu bestellen: Ein Lehrer mit Namen Jesus von Nazareth sei mit einer großen Gesellschaft von Freunden und Gefährten auf der Reise nach Jerusalem. In einer Stunde oder zwei werde er in dies Dorf kommen. Ob da nicht einige Bürger wären, die genug Platz und guten Willen hätten, den Reisenden in ihren Häusern Nachtquartier zu geben gegen ein bescheidenes Entgelt. Dieses Ansinnen war in alten Zeiten nichts Außerordentliches und in dem sonst so gastfreien Morgenland erst recht nicht. Aber dieser Gemeindeamman blickte nun nicht eben gastfreundlich drein. Er ließ den Boten erst lange stehen, um mit den Nachbarn zu reden. Dann kam er zurück, allein, und sah zum Fenster hinaus, wie Einer der etwas Unangenehmes zu sagen hat und nicht damit heraus mag. «Ist's abgemacht?» fragte der Bote Jesu von Nazareth. «He[2] nein», antwortete der Ammann, «wir haben gesinnet, wir wollten von dem neuen nichts wissen!» «So? und warum denn nicht?» «He, ihr habt doch gesagt, dass ihr nach Jerusalem wollet, in den Tempel, ans Fest vermutlich. Das haben wir hierzuland nicht gern. Warum kommt ihr nicht mit uns auf den Garizim? Dort betet man Gott an, wie es recht ist. Wisst ihr was? Geht ihr ins nächste Dorf, vielleicht, dass man euch dort aufnimmt.» «Aber es ist gleich Nacht und der Weg noch drei Stunden.» «Ja das ist eure Sache, es heißt euch ja niemand nach Jerusalem gehen!» – So wiesen die Samariter den Herrn Jesum ab, und so zeigten sie, dass sie einfältige, beschränkte Menschen seien. Sie hörten: es sind Juden, und: sie gehen nach Jerusalem, und da war es für sie schon fertig. Wer diese Fremden auch sonst sein mochten und was ihre Art und ihre Absichten – sie waren gerichtet in den Augen der Leute vom Samariterdorf. Geht weiter, wir wollen nichts mit euch zu tun haben. Das ist die Beschränktheit, und sie ist unendlich oft der Feind Jesu und der Feind Gottes gewesen.

Beschränkte Leute machen es immer wie die Samariter dort. Sie sehen an einer Sache irgend etwas Äußerliches, was ihnen Misstrauen einflößt, sie hören das Wort «Jerusalem» oder ein anderes Wort und dann schlagen sie die Hände über dem Kopf zusammen: E b'hüetis[3],

[2] Schweizerdeutsch etwa im Sinn von: «also».
[3] Schweizerdeutsch für: «Ach, [Gott] behüte uns!»

davon wollen wir nichts wissen. Und wenn's der Herr Jesus wäre, der nach Jerusalem will, sie schließen ihm die Türe zu und sagen: Jerusalem gefällt uns nicht, geh ins nächste Dorf! – Für Viele besteht das Äußerliche an einer Sache, der sie misstrauen, schon darin, dass sie ihnen *neu* ist. Wenn sie sagen können: man hat es nie so gemacht, dann ist ihnen das Grund statt aller Gründe, um sie abzulehnen. Wie es gewisse Tiere machen sollen, wenn sie zum ersten Mal durch das neue Scheunentor sollen, so geht es ihnen, wenn man ihnen mit etwas Ungewohntem kommt: sie scheuen und wollen nicht weiter. Und wie oft ist man misstrauisch gegen ein Unternehmen, nur weil einem die *Menschen* nicht passen, die dabei sind. So, der und der macht's? sagt man etwa und zuckt die Achseln, z. B. dieser Fremde, einer, der gar nicht von Safenwil ist, was will jetzt der herkommen und etwas davon verstehen! Das kommt nicht gut. Oder man sagt: was der? oder die? weiß man nicht von seiner Mutter oder Großmutter gar Erschreckliches zu erzählen! Nun, das kann nichts Rechtes sein, was der jetzt will. Und genügt es nicht manchmal, dass uns die Nase eines Menschen nicht gefällt, um ein Misstrauen gegen ihn zu haben? Aber die *Worte,* die leidigen Worte sind es doch am Allermeisten, die auf die beschränkten Menschen so wirken wie eine Vogelscheuche. Bei den Samaritern war es ja auch nur das Wort Jerusalem, das sie geschreckt hat. Für manche Menschen hat das Wort «*Kirche*» einen solchen Klang. Sie denken dann gleich an Heuchelei und Finsternis und Pfaffen und solche schrecklichen Dinge. Aber das ist eben beschränkt, so zu denken! Andre bekommen einen Schreck, wenn sie das Wort «*freisinnig*» oder «Reformer» hören; sie stellen sich dabei etwas ganz Schändliches vor und gehen solchen Leuten in weitem Bogen aus dem Wege. Wieder Andern geht es gerade so mit dem Worte «Pietisten» oder «*Stündeler*»[4]. Da müsse eine Werkerei dahinter sein, meinen sie ganz selbstverständlich, auch wenn sie nie in einer Stunde gewesen sind. Und wie stellten viele Leute sich einen *Sozialdemokraten* vor als einen bösen Aufrührer gegen Gott und Menschen, der Alles niederreißen und womöglich ausplündern wolle. O ich bin sicher, es gibt im

[4] Anderes Wort für «Pietisten», das sich auf deren Bibelstunden bezieht, die sie neben dem kirchlichen Gottesdienst halten. Vgl. auch oben, S. 145, Anm. 10.

Kopf von jedem von uns mehr als ein solches Scheunentor oder Wort, bei dessen Anblick oder Anhören wir bereits scheuen und bocken, obwohl wir uns nie genauer überlegt, was dahinter stecken könnte. Solange wir noch eine solche Abscheu nach dieser oder jener Seite in uns herumtragen, solange gehören wir auch noch in die Gesellschaft der beschränkten Samariter, von denen geschrieben steht: *sie nahmen ihn nicht auf, weil er nach Jerusalem zog.*

*　　*　　*

Aber nun begeben wir uns in Gedanken zu Jesus, der da mit seinen 70 oder mehr Jüngern auf das Samariterdorf zuzog. Sie waren gewiss müde vom weiten Gehen und hofften nun auf eine gute Herberge. Da kommt ihnen am Eingang des Dorfes der Bote entgegen, den sie ausgesandt. Er winkt schon [von] Weitem: «nicht weiter! hier kommen wir nicht an!», und er erzählt die ganze trübselige Geschichte den Vordersten des Zuges. Es gibt eine Störung, einen Halt. Einige werfen sich unmütig ins Gras, nachdem sie gehört, worum es sich handelt, andre stehen und ballen die Fäuste, wieder andre umringen den Boten, um noch einmal von ihm zu hören, was die Samariter gesagt. Jesus allein hat sich seitwärts auf einen Stein gesetzt und sieht mit einer stillen Freudigkeit auf dem Gesicht in das abendliche Land mit seinen vollen, satten Farben hinaus. Aber es achtet in diesem Augenblick keiner auf seinen Gesichtsausdruck. Ein unzufriedenes Murmeln geht durch die Reihen der Leute, die da in der Dämmerung auf der Landstraße stehen. Plötzlich lösen sich zwei von ihnen ab und gehen auf den einsamen Jesus zu. Jakobus ist es und Johannes, das Brüderpaar, Söhne des Zebedäus. Ihnen ist ein Gedanke gekommen; den müssen sie Jesus mitteilen. War's nicht gerade in dieser Gegend gewesen, wo in grauer Vorzeit der König von Samaria zweimal fünfzig Soldaten ausschickte, um den Propheten Elias zu fangen, und wo dieser Elias in der Kraft Gottes Blitz und Donner fallen ließ vom Himmel, die die zweimal 50 verschlangen [vgl. 2.Kön. 1,9–15]?! O, denken sie, der Moment ist gekommen, zu zeigen, dass hier mehr ist als Elias. Und sind nicht diese ungastlichen Samariter die passenden Nachfolger jener Prophetenmörder? Und noch bevor Jesus sich umgewandt, um zu sehen, wer mit ihm reden wolle, hat es der feurige Johannes schon herausgesprudelt: *Herr, willst du, dass wir Feuer vom Himmel fallen lassen und sie verzehren heißen, wie es Elias machte?* |

Ich muss vor Allem gestehen, dass mir dies Wort Freude macht. Die andern Jünger kommen und schimpfen unterirdisch, bei den Söhnen des Zebedäus kommt es sofort zu einem Ausbruch. Es ist Zug und Schwung in diesen Leuten, es sind keine Blindschleichen, sondern Menschen mit Temperament und Charakter, die auch in ihrem Zorn nicht ins Kleinliche gehen. Feuer vom Himmel! das scheint ihnen das Geeignete für solch beschränkte Leute wie die Samariter. Wir brauchen uns bloß etwas in sie zu versetzen, um ihre Seelenregung zu verstehen und bis zu gewissem Grad auch schön zu finden. Es war doch jedenfalls nicht bloß die Erregung darüber, dass sie um ihr Nachtquartier kamen, die sie nach den Blitzstrahlen des Elias rufen ließ. Ich will nicht sagen, dass dieser Grund nicht *auch* dabei war. Wenn wir zornigen Geistes sind, auch wenn es um des Rechtes willen geschieht und auch wenn wir Johannes oder Jakobus heißen, dann mischen sich solche niedern Gründe oft gar wunderlich in die höhern. Aber wenn wir jetzt davon absehen wollen, so war es, wir dürfen das bestimmt aussprechen, eine *heilige Entrüstung*, die diese Jünger bewegte. |

Sie hatten jetzt ein Jahr lang oder mehr in der Gesellschaft Jesu gelebt und hatten da einen Mann kennengelernt, der gerade von aller Beschränktheit und Engigkeit der Gesinnung so gründlich frei war. Hatte er sie nicht angeleitet, ihre Gedanken abzulenken von den kleinen menschlichen, ängstlichen Unterscheidungen, von den Scheunentoren und Worten? In ihren Ohren klang noch das kühne Wort: Es kommt die Zeit, da ihr weder auf dem Garizim noch zu Jerusalem werdet den Vater anbeten, sondern wo die wahrhaftigen Anbeter ihn im Geist und in der Wahrheit anbeten werden [Joh. 4,21.23]. Sie dachten an die Stunde, wo ihnen Jesus gleichnisweise gerade einen Samariter hingestellt als Bild der werktätigen Liebe zum Nächsten, die keine Volks- und Religionsgrenzen kennt [vgl. Lk. 10,25–37]. Sie hatten an Jesu Hand Blicke getan in eine freie, schöne Gotteswelt. Es war ihnen aufgegangen, wie groß das Leben wird, wenn man die Angst vor den Worten verliert. Wer weiß, es war vielleicht auch bei ihnen früher anders gewesen. Zwei Jahre zuvor hätten sie vielleicht auch noch mit Unverstand geeifert, wie es jetzt die Leute im Dorf vor ihnen taten.

Aber jetzt waren sie eben frei und weitherzig geworden. Sie hatten Jesu Art vor Augen, und als nun plötzlich das Benehmen der Samariter kam, konnten sie es nicht erbärmlich und schändlich genug finden. War es nicht unerhört gegenüber dem, der so weit über ihrem zänkischen kleinen Abweisungsgrund stand? Waren sie, die ihn so gut verstanden, nicht berufen dazu, mit einem Wunder dreinzuschlagen, dass den beschränkten Menschen darüber Hören und Sehen verging? O wenn wir bei einem guten Meister etwas gelernt haben, dann zeigt sich das bei den meisten Menschen vor Allem darin, dass sie gegen Alle mit Feuer und Schwert losfahren, die es anders machen als der Meister. Ganz besonders geht es einem so, wenn man Freiheit und Weitherzigkeit gelernt hat, wie es bei jenen Jüngern der Fall war. Da ist schon Mancher aus einem Fanatiker der Beschränktheit flugs zu einem Fanatiker der Freiheit geworden. Man kann's nicht mehr begreifen, dass Andre noch so eng und unverständig sein können, während man selbst gelernt hat, über die trennenden Zäune hinwegzusehen, und man würde es den Andern am Liebsten durch die Polizei verbieten lassen zu sein, wie sie sind. So ist's schon manchem Sohn gegangen, der aus der freien Luft der Fremde ins Vaterhaus zurückkam. Er findet Alles, die Ansichten und Bräuche so klein und borniert, und wenn er's den Leuten nicht gerade sagt, so denkt er's doch:

Ich find euch noch, wie ich euch sah,

Ein Andrer bin *ich* wieder da.[5]

So ist's manchem jungen Lehrer gegangen, der vom Seminar[6] zurückkommt mit der Einsicht, dass das mit den sieben Schöpfungstagen in der Bibel nicht so einfach sei, wie er sich's bis jetzt gedacht, und mit andern ähnlichen aufgeklärten Meinungen. Was, ihr beschränkten Leute wisst das noch nicht? hat er gesagt und ist in Eifer gekommen, und wenn er aus guten Gründen nicht hat Feuer regnen lassen, so hat er doch jedes Schulkind wissen lassen, dass dies und jenes nicht wahr sei, was es bis jetzt geglaubt, und hat große Verwirrung angerichtet in den Köpfen. – |

---

[5] J. W. von Goethe, *Faust II*, 2. Akt, V. 6725f. (Hochgewölbtes enges gotisches Zimmer).

[6] Lehrerseminare waren damals in der Schweiz die Ausbildungsstätte für Primarlehrer (Klassen 1–9), die nach dem Besuch der Sekundarschule in einem erst zwei-, dann dreijährigen Kurs das «Patent» zu ihrem Beruf erlangen konnten.

Und ich will einmal von mir selber reden. O wie sind wir als Studenten mit geschwollenem Mut von den Universitäten Deutschlands[7] zurückgekehrt, wo uns quirlige, scharfsinnige Männer zu neuen tiefen Anschauungen des Evangeliums angeleitet haben durch ihre Persönlichkeit und durch ihre Forscherarbeit, die uns zur Nachahmung anregte. Ja, da meinten wir auch, wir müssten nun unsre erst gewonnene Einsicht vor Allem dadurch bewähren, dass wir auf Alle, die die Dinge etwas anders nahmen als wir, mitleidig heruntersahen oder aber einen großen Streit mit ihnen anfingen. –|

Es liegt sicher etwas Natürliches und Berechtigtes in solchem Eifer. Es ist ja einfach der Eifer des Kämpfenden, dessen, der seiner Sache noch nicht so recht sicher ist und der darum meint, jetzt vor Allem recht um sich schlagen zu müssen, um sicher zu werden. Das war's gewiss auch bei Jakobus und Johannes. Sie wünschten *Feuer regnen zu lassen* über die Beschränktheit der Samariter, weil sie ihrer eigenen Freiheit noch nicht so ganz sicher waren. Wer ganz in der Freiheit atmet und lebt, der hat es nicht mehr nötig, gegen die Unfreiheit zu tosen und aufzubegehren. So weit waren sie noch nicht. Ihre Empörung ist so recht das Zeichen davon, dass sie noch Schüler und Lehrlinge waren. Und das zeigt sich noch deutlicher in dem, was sie hinzufügten: Wir wollen es machen, *wie Elias es machte*. Ein Ausleger hat zu dieser Stelle bemerkt: «Wir ahmen die Heiligen am Liebsten darin nach, worin wir es nicht sollten.»[8] Das würde ich nun nicht gerade so sagen, aber so ist's sicher richtig: Wir ahmen die großen Männer am Liebsten in ihrem Dreinschlagen, in ihrem Schelten und Verurteilen nach. Es gibt manchen evangelischen Christen, der von unsern Reformatoren nicht viel Anderes zu sagen wüsste, als dass sie der katholischen Kirche gehörig am Zeug geflickt haben. Es gibt eine ganze große Klasse von Gläubigen, die kennt den Herrn Jesus fast auch nur

[7] An deutschen Fakultäten zu studieren war damals für viele Schweizer Theologiestudenten üblich; Barth hatte zwischen 1906 und 1908 an den Theologischen Fakultäten in Berlin, Tübingen und Marburg studiert.

[8] Vgl. J. A. Bengel, *Gnomon Novi Testamenti, in quo ex nativa verborum vi simplicitas, profunditas, concinnitas, salubritas sensuum coelestium indicatur,* Ed. Tertia, per filium superstitem E. Bengelium quondam curata tertio recusa adjuvante J. Steudel, Tübingen 1850, S. 284: «Ibi libentius imitamur sanctos, ubi non debemus.»

als den großen strengen Richter und Verurteiler, und wie sie sich Christus denken, so machen sie es selber. Es ist so wunderbar süß und erhebend, auch wenn man kein Elias ist, wenigstens dreinzuschlagen mit Worten und Taten wie ein Elias oder doch seine Kampfpositur anzunehmen. Wir vergessen dabei zwar, dass, wenn zwei dasselbe tun, es nicht dasselbe ist.[9] Aber darin zeigt sich eben, dass wir noch Schüler und Lehrlinge sind. Das ist nichts Schlechtes. Im Gegenteil: es ist etwas Prächtiges, so ein Schüler zu sein, der noch kämpfen und noch dreinschlagen muss für seine Erkenntnisse. Wir wollen uns also nicht schämen, mit Jakobus und Johannes verwandt zu sein. Manchem wäre es zu wünschen, er *wäre* es überhaupt!

*   *   *

Aber nun *wendete sich Jesus um*, heißt es, und sah den Beiden in die Augen. Das muss ein Blick gewesen sein, der sie da getroffen hat! Ein Blick, der eben noch die Schönheit der Welt und durch die Welt die Schönheit Gottes in sich aufgenommen hatte. Die Jünger Johannes und Jakobus glaubten eben noch, mit ihrem Wunsch nach Blitz und Donner in sehr hohen oder tiefen Gedanken und Gefühlen sich zu bewegen. Das ist ihnen gewiss vergangen, als sie die Augen Jesu auf sich gerichtet sahen. Die kamen aus einer Welt der Majestät und des Friedens, aus der man nur lächelnd auf alles menschliche Kämpfen und Bekämpfen heruntersehen kann. Das erkannten sie gewiss, noch bevor Jesus den Mund geöffnet. O das tut uns gut, wenn manchmal mitten in unserm Streiten und Kritisieren solche Augen uns treffen und uns verwundert fragen: Sag, was treibst du da eigentlich? Meinst du im Ernst, das sei etwas Großes und Wichtiges, was du da tust? Willst du jetzt nicht aufhören mit deinem kleinen Tosen und Protestieren gegen dies und das?

Aber Jesus hat nicht nur mit den Augen geredet damals. Es heißt: *er schalt sie.* Diesen Ausdruck müssen wir nicht zu schwer nehmen. Es ist gemeint: er wies sie zurecht. Und da hat er ihnen die Worte gesagt,

---

[9] Auf Terenz, *Adelphoe* V,3,37f. zurückgehendes Sprichwort: «Duo cum idem faciunt, [...] hoc licet impune facere huic, illi non licet.» Vgl. Büchmann, S. 327.

die wir Alle, wenn es uns ums Kämpfen und Kritisieren zu Mute ist, uns immer wieder vorhalten und im Notfall vorsagen sollten: *Wisset ihr nicht, welches Geistes Kinder ihr seid? Des Menschen Sohn ist nicht gekommen, das Leben der Menschen zu vernichten, sondern es zu retten.*

Seine Jünger sollten *einen andern Geist* haben als den Geist des Kampfs, der Widerlegung, des Gerichts, sagt Jesus zuerst. Er bezeichnet diesen Kampfgeist nicht als etwas Schlechtes. Er weiß, dass es der Geist der Propheten des alten Bundes ist, dass die Jünger sich nicht mit Unrecht auf Elias berufen haben. Er weiß auch, dass es auf dem Wege der Wahrheit ohne ein kräftiges Nein-Sagen, ohne Protest und Entrüstung auf einer gewissen Strecke gar nicht weiter ginge. Hat er nicht selber den Tempel gereinigt von den Taubenkrämern und Geldwechslern [vgl. Joh. 2,13–17]? Das Alles weiß er. Der Geist des Kampfs ist auch ein Geist, auch ein Geist Gottes. Aber der Geist der Jünger Jesu soll ein *andrer* Geist sein, sagt er. Das Streiten gegen die Beschränktheit und gegen den Irrtum, die ganze Empörung des Freiheitsbewusstseins, sie sind eine untere Stufe des Geistes, auf die man hinuntersieht als auf etwas Überwundenes, wenn man Jesus nachfolgt. Für Jesus war es wirklich etwas Überwundenes. Einem Menschen zu zürnen, weil er es nicht verstehen wollte, dass Gott Geist und Wahrheit sei [vgl. Joh. 4,24], das hat er nie fertig gebracht, nicht, weil er zu wenig frei dachte, sondern weil er *zu frei* und groß dachte. Jesu Jünger waren Toleranzfanatiker, das gibt es nämlich auch – gerade das war er selbst nicht. Er war tolerant auch gegen die Intoleranz. Auf diese höhere Stufe wollte er die Seinen mitziehen, als er ihnen sagte: Wisset ihr nicht, welches Geistes Kinder ihr seid?

Wir wollen sehen, warum sie höher ist. Schon darum, weil das Bestreiten und Kritisieren *leicht,* aber eben darum wohlfeil ist. Man meint zuerst ein großes Werk damit zu tun, wenn man so Alles über den Haufen wirft, Alles in Frage stellt und vernütigt[10]. Man kann große Reden halten und Bücher schreiben, in denen man nichts tut, als Feuer regnen zu lassen auf alle möglichen beschränkten und böswilligen Leute und Standpunkte. Ich kann das darum sagen, weil ich selber in frühern Zeit oft so gepredigt habe, dass ich den Leuten gar

---

[10] Schweizerdeutsch für: «(verbal) heruntermachen, zunichtemachen».

gut zu sagen wusste, was sie *nicht* glauben sollten, wenn's aber an das gehen sollte, was sie denn glauben sollten, da ging mir der Atem aus. Das ist mir bald verleidet. Ich sah, dass Feuer regnen leicht ist. Die beste Kur für alles radikale und aufklärerische Wesen ist, wenn man die Leute beim Rockknopf nimmt und sie fragt: jetzt sag mir einmal deutlich nicht, was du *nicht* willst, sondern was du *willst*, dann können wir weiter reden. Erst von da an wird der Radikalismus und die Aufklärung etwas Gutes und Fruchtbares. Vorher sind sie Kinderspiel. Ich habe darum etwas gelächelt, als ich jüngst in der Arbeiterzeitung die Gründe las, die man als Agitationsmittel brauchen will für die kommenden Nationalratswahlen. Es waren alles Gründe, bei denen ein *Nicht* die Hauptsache war: Wir wollen dies nicht und jenes nicht...[11] Ich glaube, Nein-Sagen ist eine zu leichte Politik.

Weiter aber: es ist ein höherer, ein anderer Geist nötig für den Jünger Jesu als der Geist des Streites, weil das Streiten und Bekämpfen *nichts besser macht* in der Welt. Ja vielleicht das, dass es mich stärker und gewisser macht in der eigenen Überzeugung. Aber wenn das der Nutzen der Sache ist, dann müssen wir uns selbst sagen, dass diese Überzeugung in etwas Höherm bestehen muss als wiederum in einem Nein-Sagen gegenüber diesem und jenem. Wer nicht über das Nein-Sagen, das Bestreiten und Bekritteln hinauskommt, der kann wohl die Leute vor den Kopf stoßen und große Verwirrung anrichten unter den Beschränkten und Irrenden, die er bessern wollte, aber sehr wahrscheinlich erreicht er dann gerade das Gegenteil: er stößt sie in die

---

[11] Im Wahlkampf der Sozialdemokraten, der von innerparteilichen Richtungskämpfen geprägt war, spielte die Einschätzung gegenüber dem die Politik damals dominierenden Freisinn, von der Unterstützung der Bauernschaft abhängig zu sein und dementsprechend die Politik zu gestalten, eine wichtige Rolle bei dem prinzipiellen Vorwurf, dass «die in Behandlung stehenden sozialpolitischen Vorlagen [...] ständig verschlechtert» würden (*Die Wahlen in den Schweizerischen Nationalrat 1848–1919. Wahlrecht, Wahlsystem, Wahlbeteiligung. Verhalten von Wählern und Parteien. Wahlthemen und Wahlkämpfe*, bearb. von E. Gruner, Bd. 1, 2. Teil [Helvetica Politica. Ser. A, Vol. VI/1B], Bern 1978, S. 777–779, Zitat S. 778). Die «eigentlichen Wahlthemen» der SP waren: «Schneckengang der Sozialgesetzgebung, ungebändigte Teuerung zugunsten einer reichen Minderheit, aber zum Nachteil der breiten Massen, einseitige Verwendung der Bundesgelder für militärische Zwecke und Verhinderung einer gerechten Wahlgesetzgebung» (a.a.O., S. 775).

Beschränktheit nur noch tiefer hinein. Dadurch ist noch selten jemand klüger geworden, dass man ihn vor den Kopf gestoßen hat. Das sollten wir immer bedenken, wenn wir uns berufen fühlen, Andre klüger zu machen.

Aber schließlich macht man nicht nur nichts besser, sondern *Vieles schlimmer* damit, dass man auf der untern Stufe, auf der Eliasstufe des Gottesgeistes stehen bleibt. Damit kommen wir schon zu dem andern, was Jesus gesagt hat: *Des Menschen Sohn ist nicht gekommen, das Leben der Menschen zu vernichten.* Jawohl, darum handelt es sich. Daran haben Johannes und Jakobus gar nicht gedacht, als sie zu Ehren der Freiheit Feuer regnen lassen wollten. Eine schöne Freiheit, die damit endigt, dass die, [die] nicht frei sein wollen, vom Blitz erschlagen werden müssen! Aber daran denken wir sehr oft auch nicht. Wir machen es gern, wie es jener Christenmensch tat, der am Fenster stand und eine Frau, die unten arbeitete, fragte: Kann auch das Wort Gottes einem Menschen schaden? Nein, antwortete sie; da warf er ihr eine schwere, messingbeschlagene Bibel auf den Kopf und zeigte, dass das Wort Gottes in eines Narren Hand großen Schaden anrichten kann. So ist mit dem Nein-Sagen und Kritisieren, so nötig es oft ist, schon großer Schaden angerichtet worden. Man verletzte nicht nur Irrtümer und Torheiten, sondern tiefe, aufrichtige Empfindungen; man prallte mit seinem Angriff gegen etwas Schönes und Gutes, das in einem Menschenherzen war, und verdarb es; man vernichtete edle Güter, Glauben, Pietät, Selbstvertrauen, Kindlichkeit und hatte nichts Besseres an den Platz zu tun. Der Platz blieb eine rauchende Trümmerwüste. Oder es erzeugte das Streiten und Kritisieren den unguten Geist der Auflehnung gegen Alles und Jedes, und die Menschen verdarben in unfruchtbarem Aufbegehren, in haltloser Zweifelsucht.

Darum hebt sich von diesem Geist des Feuerregnens klar und bestimmt ab die höhere Stufe, der *andere Geist* Jesu und seiner rechten Jünger. Wo es Feuer regnet, da wird zuletzt immer Leben vernichtet. Des Menschen Sohn aber ist gekommen, *Leben zu retten.* Das will dieser Geist, dass allen Menschen *geholfen* werde, auch den Beschränkten, den Unfreien, gerade ihnen. Jesus sah an jenem Abend weit hinweg über die Borniertheit der Samariter. Er denkt nur an eins: auch in ihnen ist Leben, das muss gerettet werden. Weil dieser Gedanke bei ihm oben ist, darum kommt für ihn der Vorschlag der Jünger nun auch gar nicht in Betracht. Hat man je einen Menschen dadurch gerettet, dass man ihn erschlagen hat? Nein, wenn Einer sich der Wahrheit entgegenstellt, dann ist das nur ein Zeichen dafür, dass er sie nötig hat. Nicht strafen, helfen! Das ist der Sinn Jesu. Nicht schelten, besser machen! Das ist der Weg der Wahrheit.

Ich möchte nun noch kurz darauf hinweisen, wie Jesus diesen Sinn bei den Samaritern betätigt hat. Wir könnten erwarten, dass er sie aufgesucht, vielleicht mit ihnen disputiert habe. Wir würden es wahrscheinlich so gemacht haben. Wir hören von Jesus nichts Derartiges. Sondern: *sie zogen in ein anderes Dorf.* Jesus betätigt seine rettende Liebe gegenüber diesen beschränkten Geistern dadurch, dass er an ihnen vorübergeht, vorwärts! Wie mögen sie ihm nachgesehen haben in jenem Dorf, als er nun bei einbrechender Nacht hindurch zog mit seiner Schar, als ob nichts geschehen wäre. Als der eine oder andere ihm in das innerliche, friedliche, ernste Gesicht sah, als sie dann daran dachten, dass sie diesen Wanderer hatten aufhalten wollen um eines Wortes willen, das ihnen anstößig war. Und nun ging er an ihnen vorüber, er und seine Freunde. *Sie zogen in ein anderes Dorf!!* Man könnte eine neue Predigt halten über dieses kleine Wort, könnte zeigen, dass die Beschränktheit überwunden wird dadurch, dass die Wahrheit ohne unsern Willen weitergeht. Wenn Jesus weitergeht, in ein andres Dorf, zu andern Menschen, wenn er da Aufnahme findet und Wunder tut, dann gehen uns die Augen auf. Aber wir können dieses Thema heute nicht mehr behandeln. Nur ein Bild aus dem Leben haben wir heute betrachten wollen. Wir haben gesehen, wie das ist, wenn wir beschränkt sind. Und wie das ist, wenn wir gegen andre beschränkte Menschen Blitze schleudern wollen. Und wie das ist, wenn Jesus uns den Blitz wieder aus der Hand nimmt, hoffentlich noch bevor wir Unheil angerichtet. Das ist eine alte Geschichte. Aber sie kommt alle Tage vor.

Amen.

Lieder:
Nr. 35: «Dir, dir, Jehovah, will ich singen» von B. Crasselius, Strophen 1–3 (RG 243; EG 338 [jeweils mit Textabweichungen]).
Nr. 303: «Komm ins Reich der Liebe» von E. G. Woltersdorf, Strophen 1.4.5.

84

Lukas 9,57–58

Und da sie ihres Wegs dahin zogen, sprach einer zu Jesus: *Ich will dir folgen, wo du hingehst!* Und Jesus sagte zu ihm: *Die Füchse haben Gruben und die Vögel des Himmels Nester, aber des Menschen Sohn hat nicht, da er sein Haupt hinlege.*

Liebe Zuhörer!

Als Jesus mit seinen Jüngern über Land zog, da kam er einmal an einem schönen Bauernhaus vorbei.[1] Es hatte ein großes Strohdach, das bis an den Boden ging, so dass die, welche darunter wohnten, sich geborgen fühlen konnten bei Regen und Schnee wie unter einer Pelzkappe. Es hatte eine Scheune und einen Stall, denen man es ansehen konnte, dass etwas darin war. Es hatte an den Wohnzimmern blitzblanke Scheiben und unter den Fenstern standen Blumentöpfe, Geranien und Nelken, einer am andern, die dem Ganzen ein gar freundliches Ansehen gaben. Und wenn man einen großen Schritt nahm und dann auch einen über die hohe Schwelle der Haustüre und der guten Stube, dann kam man in einen Raum, da war es heimelig, denn da gab es einen großmächtigen, Vertrauen erweckenden Kachelofen mit schönen Sprüchen daran. Da waren handliche, solide Bänke und Stühle, die zum Sitzen einluden, da tickte in der Ecke in einem Verschlag eine gemütliche alte Wanduhr. Es war eine rechte «Heimat», wie man im Bernbiet sagt, dieses Bauernhaus. Und vor dem Hause stand der Mann, dem diese Heimat gehörte, der Bauer, und sah immerfort den Weg hinunter, denn er wartete darauf, dass der Herr Jesus hier vorbeikomme. Wartete auf den großen Augenblick, den er sich seit vielen Wochen und Monaten in seinem Geist vorgestellt, wo er vor diesen Jesus treten und ihm sagen wollte: Halt! ich habe deine Worte

---

[1]   Mit der folgenden Beschreibung des Hauses stellt Barth seinen Zuhörern das Bild eines typischen alten Berner Bauernhauses vor Augen, wie es sie auch um Safenwil herum gab.

gehört, die du gesagt hast auf dem Berg, als die große Volksmenge da war, und ich habe es gesehen, wie du den Schriftgelehrten und den andern großen Leute entgegengestanden bist, ohne dich zu fürchten, die da meinen, Alles zu wissen und allein fromm zu sein; ich habe es aber auch gesehen, wie du freundlich gewesen bist mit den Kindern und wie du der kranken Frau so herzlich zugesprochen hast, dass ihr Fieber von ihr gewichen ist. Das Alles und noch mehr habe ich gehört und gesehen. Jetzt habe ich mir einen Vorsatz gemacht: Ich will jetzt auch so leben, wie du lebst. Ich will versuchen, die Welt mit deinen Augen anzusehen, an Gott zu denken mit deinen Gedanken und gegen die andern Menschen gesinnt zu sein nach deinem Sinn. Du sollst mein Meister sein, und ich will bei dir in die Lehre gehen, denn ich habe Zutrauen bekommen zu dir. Solches dachte der Mann, dem das schöne Haus gehörte. |

Und nun sah er den Herrn Jesus wirklich den Weg hinaufkommen, der an seinem Hause vorbei führte, und hinter ihm gingen zu zweien und dreien und vieren seine Jünger und Freunde. Und wie Jesus zuoberst angelangt war, stand er einen Augenblick still, wie man es etwa macht, wenn man gestiegen ist, und wie er so stand, da kam der Bauer hervor, der da gewartet hatte, und vergaß im selben Augenblick Alles, was er sich Schönes gedacht und zu sagen vorgenommen hatte, und konnte nur das kurze Sätzlein hervorbringen: *Ich will dir folgen, wo du hingehst!* Alle seine Gedanken und Vorsätze kamen ihm zu umständlich und auch zu wenig mächtig vor, als er sie in Worten über die Lippen bringen sollte vor den Ohren dessen, der da vor ihm stand. *Folgen*, das war Alles, was er wollte und was er sagen konnte. Das eine Wort kam von Herzen. Man hat oft gesagt, dieser Mann sei leichtsinnig und oberflächlich gewesen, sein Wort zeige, dass er zu viel Selbstvertrauen gehabt habe. Ich glaube das nicht. Es war diesem Mann ernst mit dem, was er wollte. Es hat lange gebraucht bei ihm, bis der Entschluss da war. Und er hat auch wohl gemerkt, dass es nichts Leichtes und Selbstverständliches sei, was er sich da vorgenommen, dieses «Folgen». Er hat schon daran gedacht, dass dabei möglicherweise Dinge kommen könnten, die schwer und unerfreulich sind, dass es an Orte hingehen könnte, die einem nicht gefallen. Aber dann hat er diese Bedenken überwunden, die Freude an Jesus und die Tapferkeit des guten Willens hat es gewonnen in ihm: *Wo du hingehst*, da will ich dir folgen. – |

Wir wissen ja nichts Näheres, was für Erlebnisse und Erfahrungen diesem Entschluss im Leben dieses Mannes vorangegangen sind, ob es für ihn natürlich und gegeben war, sich Jesus anzuschließen, weil er schon vorher mit Eifer und Freudigkeit nach dem Guten gestrebt hatte, oder ob es ein Mensch war, den vielleicht etwas gut zu machen in seiner Vergangenheit, den die Reue und das Verlangen nach etwas Besserem zu Jesus trieb, oder ob es Einer war, der von Jesus war aufgeweckt worden aus dem Schlaf der großen Gleichgiltigkeit, in dem so viele Menschen sich befinden, und der von jetzt an nicht[2] nur brav sein, sondern auch wissen wollte, wozu er auf der Welt war. Aber wie dem auch sei, es ist etwas Feines und Schönes, wenn ein Mensch solchen Entschluss fasst. Nicht jeder wird gerade solch einen Kernschuss[3] tun wie jener Mann vor seinem Haus, der sich nichts mehr und nichts weniger vornahm, als Jesus zu folgen und ihm ähnlich zu werden. Der ging gleich aufs große Ganze. Ein Anderer fasst vielleicht nur den bescheidenen Vorsatz, eine schlechte Gewohnheit abzulegen oder bei irgend einer guten Sache mitzumachen oder etwas tiefer über dies und das nachzudenken, was er bis jetzt oberflächlich nahm, oder in einer bestimmten Richtung Rücksicht zu nehmen auf die Gedanken und Gefühle anderer Menschen. |

Ich sage, das ist immer etwas Feines, wo es zu einem solchen Entschluss kommt. Da soll man nicht gleich kommen und kritisieren: Ist's ihm wohl auch Ernst? Wird er's wohl auch durchführen können? Traut er sich nicht zu viel Einsicht und Tatkraft zu? Mit solchem Misstrauen ist schon mancher gute Entschluss vergiftet und ums Leben gebracht worden. Sondern wenn man so etwas sieht bei einem Menschen, dann soll man vor Allem *Freude* daran haben. Der Moment oder die Stunde eines solchen Entschlusses gleicht einer Geburtsstunde. Er hat etwas Hoffnungsvolles, Verheißendes. Wenn's bei *einem* Menschen im Guten einen Schritt vorwärtsgeht, dann geht's mit dem Guten in der Welt überhaupt einen Schritt vorwärts. Und wenn der noch so klein wäre und wenn er vielleicht in der Ausführung noch viel kleiner würde als im Vorsatz, er ist vor Gott etwas wert. Er ist das Leben, das in jedem Vorsatz verborgen ist. Und wohl uns, wenn

---

[2] Das im Mskr. stehende doppelte «nicht» wurde von den Hrsg. getilgt.
[3] Ein Schuss, der sein Ziel genau trifft.

wir immer wieder vor Gott hintreten und vor unsre Aufgaben, wie jener Mann vor Jesus hintrat mit dem ernsten Wollen: Ich will dir folgen, wo du hingehst!

* * *

Aber nun bekam jener Mann eine Antwort. Zuerst lange keine. Jesu Augen gingen zuerst lange hin und her zwischen dem, der vor ihm stand, mit leuchtendem, vertrauensvollem Gesicht, und dem freundlichen sauberen Haus da, und es brauchte es ihm Keiner zu sagen, dass das Haus dem Mann gehöre, der ihm folgen wollte. Und jetzt kam seine Antwort, die war Alles Andre, als was der Frager erwartet hatte, die kam wie aus fernen Himmeln her, wie wenn Jesus sie nicht zu ihm, sondern zu sich selbst gesprochen hätte: *Die Füchse haben Gruben und die Vögel des Himmels Nester, aber des Menschen Sohn hat nicht, da er sein Haupt hinlege.* Es tut uns gut, wenn wir uns zuweilen gerade mit solchen Worten Jesu wie dieses beschäftigen, die uns so unverständlich, so fremd, so hart und kalt beinahe anmuten. Hatte Jesus auf den schönen Vorsatz, auf das willige Vertrauen, das ihm der Mann entgegenbrachte, nichts Anderes zu erwidern? möchten wir fragen. Wäre es nicht schöner gewesen, er hätte ihn bei der Hand genommen, vielleicht gar an sein Herz gezogen und ihn als Freund und Gefährten vor Gottes Angesicht willkommen geheißen? Hat er nicht selbst ein andres Mal gesagt: Wer zu mir kommt, den will ich nicht hinausstoßen? [Joh 6,37] und ist das, was er hier tut, nicht ein gerade ein solches «Hinausstoßen»? Unerträglich will es uns fast vorkommen, wie Jesus da das schöne Feuer der Begeisterung löscht. Wir Alle ohne Ausnahme würden an seiner Stelle anders gehandelt haben. –

Meine Freunde! Wir würden eben dadurch gezeigt haben, dass wir nicht Jesus sind. Ja, er steht fern und hoch über uns, das kann uns ein solches einfaches Wort aus seinem Mund besser zeigen als Alles, was man im Lauf der Jahrtausende über seine göttliche Würde gesagt hat. [4]Aber nun wollen wir uns in dieses Wort recht zu vertiefen suchen, dann merken wir, dass seine Überlegenheit nichts Kaltes und Fremdes ist. Was göttlich ist, das ist auch freundlich. Was groß ist, das muss auch Liebe sein. Nein, hinausstoßen wollte Jesus jenen Mann ganz sicher nicht. Im Gegenteil, wenn wir's recht ansehen, so liegt die stärkste, eindringlichste Einladung in seinen Worten.[4] Da war einer, der hat ein schönes Haus, eine gemütliche Heimat, er wusste so recht, was es heißt: zu Hause sein. Und der will nun zu Jesus gehören. Sofort erkennt Jesus mit dem scharfen Blick der Liebe, was der nötig hat, damit sein Wunsch in Erfüllung gehen kann. Du willst mir folgen? Denn, sagt er ihm und blickt zu dem Haus hinüber, *ich* bin nirgends zu Hause. Die Füchse und die Vögel und alle Tiere haben eine Stätte, wo sie hingehören, *ich* habe eine solche Stätte nicht. *Ich* bin *heimatlos!* Heimtlos ist uns ein schreckliches Wort, und doch ist es ganz sicher, dass Jesus hier das schreckliche Wort ausgesprochen hat: Ich bin heimatlos. Und das werden wir ja wohl Alle verstanden haben, er wollte nicht bloß sagen: *ich* bin es, sondern: wer mir folgen will, der muss es auch sein. Du willst mir nachfolgen? Dann musst du heimatlos werden, das ist der Weg dazu! Das war die Antwort Jesu.

Jesus war nirgends zu Hause. Das war das Geheimnis seines Lebens und seiner Kraft. Als die Leute von Kapernaum ihn einmal bewegen wollten, bei ihnen zu bleiben, antwortete er ihnen: ich muss auch *andern* Städten das Evangelium verkündigen vom Reiche Gottes! [Lk. 4,43] und ging weiter. Er konnte, als seine Mutter und seine Brüder draußen standen und nach ihm fragen, antworten: Wer ist meine Mutter und meine Brüder? [Mt. 12,48] Er antwortete, als man seine israelitische Vaterlandsliebe auf die Probe stellen wollte, mit dem gelassenen Wort: Gebt dem Kaiser, was des Kaisers ist! [Mt. 22,21] Jawohl, das Alles zeigt eine ganz erstaunliche Gleichgiltigkeit gegen Alles, was wir uns bei dem Wort Heimat denken. Und doch ist's in Wirklichkeit nicht Gleichgiltigkeit. Jesus ist nirgends zu Hause, weil er ein größeres Haus sein eigen nennt. Er geht von Kapernaum weg, weil es anderswo zu tun gibt. Er fragt so kalt scheinbar: Wer ist meine Mutter und meine Brüder?, weil er sagen kann: wer Gottes Willen tut, der ist mein Bruder und meine Schwester und meine Mutter. Er kann Israel in des Kaisers Macht lassen, weil er den höheren Patriotismus hat, es in Gottes Hand zu wissen. Immer gibt er etwas auf: Heimat, Verwandtschaft, Vaterland, nicht weil er es gering achtet, sondern weil er sich die

---

[4-4] Im Mskr. auf einem nachträglich aufgeklebtem Stück Papier geschrieben, unter dem vom ursprünglichen – nicht mehr entzifferbaren – Text an einer Stelle noch Teile zu sehen sind.

Spannkraft bewahren will, um es in einem viel höhern Sinn wieder-zugewinnen. Jesus war rastlos. Er musste weiter und immer weiter. Er kannte keine Schranken. Sein Wirken hat von vornherein etwas End-loses, Ewiges. Das fällt uns auf, stößt uns vielleicht sogar ab, weil es mit *unserm* Wirken sich gewöhnlich nicht so verhält, weil wir sehr wohl Schranken kennen, Schranken der Bequemlichkeit, der Gemüt-lichkeit, der Sentimentalität auch. Er legt nirgends sein Haupt hin mit dem Bewusstsein: hier bin ich, hier bleib ich. Er bleibt nirgends, ihn hemmen keine Orte und Formen und Kreise. Er ist heimatlos, weil die Ewigkeit seine Heimat ist.

Man versteht das Wort von den Füchsen und den Vögeln oft so, als habe Jesus da mit einem gewissen Mitleid mit sich selbst konstatiert, dass es ihm schlimmer gehe als den Tieren, dass er nirgends zu Hause sei. Ich glaube, davon kann keine Rede sein. Es ist nichts Weinerliches, sich selbst Beklagendes in diesem Wort, nun auch *gar* nichts. Es ist ein Ruf des Stolzes, des Triumphes, es ist ein selbstbewusstes Wort. Dem *Fuchs* seine Grube! Dem *Vogel* sein Nest! Dem *Tier* einen Ort, wo es ist und bleibt! Des *Menschen Sohn* hat einen solchen Ort nicht! Das ist sein unendlicher Vorzug vor dem Tier, dass er unterwegs sein, dass er nur in der Ewigkeit zu Hause sein darf. Mitleid? Wahrhaftig, wenn da etwas von Mitleid drin ist, dann ist's nicht Mitleid mit sich selbst, dem Heimatlosen, sondern mit denen, die wie Fuchs und Vogel enden in einer Höhle, in einem Nest, statt unverdrossen ihren Trab weiterzu-setzen.

Heinrich Jung-Stilling hat ein Buch geschrieben, das fängt an mit dem berühmten Wort, das auch an seinem Wohnhaus in Marburg zu lesen ist: *Selig sind die, die Heimweh haben, denn sie sollen nach Hause kommen!*[5] Das ist mit andern Worten genau dasselbe, was Jesus wollte. Die sich zu Hause fühlen in einer Fuchshöhle oder in einem Vogelnest, die kommen nicht nach Hause, sie haben sich *zu früh* zu-

---

[5] Heinrich Jung-Stilling (1740–1817) war seit 1787 Professor für Finanz-und Staatswissenschaft, seit 1792 Prorektor an der Universität Marburg; sein Wohnhaus, das Barth von seiner Marburger Studien- und Assistentenzeit 1908/09 bekannt war, lag an der Hofstatt 11, an dem eine Gedenktafel mit diesem Spruch angebracht ist. Der Satz steht auch am Anfang des Romans: H. Jung-Stilling, *Das Heimweh und der Schlüssel zu demselben*, fünf Theile in zwei Bänden (Sämmtliche Schriften, Bd. 4 u. 5), Stuttgart 1836, Bd. 1, S. 9.

frieden gegeben. Selig sind die, die Heimweh haben! Die mir nachfolgen, das sind die, welche sich nicht zu Hause fühlen, sondern nach
Hause möchten.

Ich glaube nicht, dass Jesus mit diesem Wort den Mann veranlassen
wollte, seine schöne Heimat mit dem Strohdach und den sauberen
Scheiben zu verkaufen und zu verlassen. So ist er oft verstanden worden, aber der wörtlichste Gehorsam ist nicht[6] immer der beste. Auch
verleiden wollte er ihm seinen Besitz nicht, und er will auch uns nichts
verleiden, wenn wir einen solchen Besitz unser eigen nennen. Aber
das wollte er ihm sagen: Wenn du von jetzt an zu mir gehörst, dann
kann auch das schöne gemütliche Haus nicht mehr deine Heimat sein,
und wenn du dein Leben lang drin wohnen bliebest. Du bist kein
Fuchs und kein Vogel, du darfst dich nicht zufrieden in deine Höhle
oder dein Nest begeben und da bleiben, sondern du musst von jetzt an
unruhig und rastlos sein mit mir, musst mir suchen helfen nach der
ewigen Heimat Gottes. Dein Haus und Alles, was du hast, ist nicht
dein eigen, sondern was dein eigen ist, das musst du erst entdecken.

Vielleicht denkt der Eine oder Andre, wenn's das sei, dann sei die
Nachfolge Jesu eine unpraktische Gefühlssache. O meine Freunde,
gerade das Gegenteil: das ist das Allerpraktischste und Greifbarste
von der Welt, wenn einer das Heimweh hat und darum nicht mehr in
einer Höhle oder einem Nest daheim sein will. Die die Welt vorwärts
gebracht haben, das sind immer die gewesen, die sich in den *Verhältnissen,* in denen sie lebten, heimatlos fühlten, die nach besseren Verhältnissen strebten. Es gibt so viel Leute, die man greifen und ein
wenig schütteln möchte: sei jetzt nicht immer so zufrieden mit Allem
um dich her!! soviel Dummheit und Lüge und Ausbeutung gibt's da,
und du erlaubst dir, dabei ruhig zu bleiben? Auf! Es darf eben nicht
Alles so bleiben, wie es ist! Des Menschen Sohn soll sein Haupt nicht
getrost aufs Kissen legen, sondern sinnen und trachten und nicht
müde werden, wie man die Welt besser machen könnte. Das sind auf
Reisen die schrecklichsten Langweiler, die immer absitzen wollen,
und das sind im Leben die unbrauchbarsten Menschen, die Alles immer in der Ordnung finden und erst dann etwas zu reklamieren haben,

[6] Mskr.: doppeltes «nicht» an einem Zeilenübergang; von den Hrsg. gestrichen.

wenn man ihnen an ihr eigenes liebes Interesse geht. Wenn wir dem Nationalrat, den wir heute wählen,[7] einen Wunsch auf den Weg geben dürfen, so wäre es der, er möchte ein Parlament werden von Leuten, die sich in unseren derzeitigen Verhältnissen nicht zu Hause, sondern heimatlos fühlen. Dann würde er etwas Rechtes schaffen, dann hätten wir ein Parlament von Gottes Gnaden. |

Aber ich glaube weiter: wir dürfen uns auch bei den *Menschen* unsrer Umgebung nicht daheim, innerlich daheim fühlen. Wir dürfen uns nie zufrieden geben mit dem, was ein andrer uns sein kann, uns seiner Führung blindlings überlassen, statt selber Pfade zu suchen. Es dürfte das wohl besonders häufig bei Frauen der Fall sein, dass sie ihr eigenes Leben verlieren an ihren Mann, statt auch ihm gegenüber heimatlos zu bleiben, selbständig nach der *ewigen* Heimat zu suchen. Wir dürfen das um unsrer selbst willen nicht tun, denn auch wenn wir den besten Führer hätten, hier gibt es kein Finden, dem nicht eigenes Suchen vorangegangen wäre. Wir sind es aber auch dem andern schuldig, ihn nicht allein vorangehen zu lassen; denn er braucht unsre Kraft so gut wie wir die seine. Wenn wir uns von den Menschen unsrer Umgebung bestimmen lassen, dann mag ihnen das zwar sehr schmeichelhaft sein, in Wirklichkeit nehmen wir ihnen damit etwas. Nur wer sich *nicht* daheim fühlt unter den Menschen, nur wer etwas Eigenes, Höheres aufsucht in ihrer Mitte und sich nicht imponieren und unter Moden und Gewohnheiten spannen lässt, nur der kann den Menschen etwas sein. – |

Die dritte Heimat, die nicht unsre Heimat sein darf, sind *wir selbst.* Wir sollen nicht mit uns selber zufrieden werden. Wenn wir's doch

---

[7] Die Wahl zum Nationalrat, dem Teil der Bundesversammlung, in dem die Schweizer Kantone ihrer Bevölkerungszahl entsprechend vertreten sind, erfolgte wie immer bis 1919 nach dem Mehrheitswahlrecht, was entscheidend zum Erfolg der Freisinnig-Demokratischen Partei beitrug, deren Kandidaten es erneut gelang, im Nationalrat die absolute Mehrheit (115 von 189 Sitzen) zu stellen. Im Aargau errangen sie 8 von 12 Sitzen. Vgl. *Die Wahlen in den Schweizerischen Nationalrat 1848–1919. Wahlrecht, Wahlsystem, Wahlbeteiligung. Verhalten von Wählern und Parteien. Wahlthemen und Wahlkämpfe,* bearb. von E. Gruner, Bd. 1, 2. Teil (Helvetica Politica. Ser. A, Vol. VI/1B), Bern 1978, S. 784; zum Wahlergebnis im Aargau vgl. a.a.O., Bd. 3: *Tabellen. Grafiken. Karten* (Helvetica Politica. Ser. A, Vol. VI/3), S. 306f. Vgl. auch Art. «Nach dem Wahlkampfe», in: Zofinger Tagblatt, Nr. 254, 30.10.1911, [S. 1].

tun, so heißt das, dass wir uns in eine Fuchshöhle oder Vogelnest verkriechen. Gerade hier erkennen wir ganz besonders deutlich, dass Jesus jenen Mann wirklich nicht hat abschrecken wollen von seiner Nachfolge, sondern dass er ihm dazu den Weg gezeigt hat. Man soll sich in seinem inneren Leben nicht zu Hause fühlen. Das ist ein unendlich großes Kapitel. Wie mancher fühlt sich zu Hause in seinem Gewissen, und sein Gewissen sieht auch so aus wie ein Bauernhaus mit einem Strohdach, wie eine Pelzkappe, unter der eben gar mängs[8] Platz hat! Und ein anderer hat sein Heimetli[9] in seinen Gefühlen. Da beguckt er oder sie sich gar wundergern, wenn der Wind so hübsche kleine Wellen wirft auf den Gewässern unsrer Stimmungen. Auch wenn man Freude hat an seinen eigenen Gefühlen, dann sind sie *sicher* kein schöner kleiner Alpensee, sondern ein Dorfweiher, in dem die Frösche quaken. Und wieder ein Anderer hat irgend eine Idee im Kopf, eine Beleidigung vielleicht, die ihm vor zehn Jahren widerfahren, bei der er nun stehen geblieben ist und die er hütet und pflegt, als wäre sie etwas Kostbares. O weh! Des Menschen Sohn sollte weitergehen, statt bei solchen Dingen sein Haupt niederzulegen. Ich weiß schon, das ist das Allerschwierigste, um das es sich hier handelt. Wir sind gewohnt, die Menschen in ihrem Wert danach zu beurteilen, ob sie uns Recht geben oder nicht, ob sie's mit uns halten oder nicht, ob sie uns «helfen» oder nicht, wie man sagt. Wer uns Recht gibt, wer's mit uns hält, wer uns «hilft», den haben wir gern. Hier aber kommt's gerade darauf an, dass wir uns selbst *Unrecht* geben, es *nicht* mit uns selbst halten, *nicht* uns selbst helfen. Das gibt einen bösen Krieg, wenn wir mit uns selbst Streit anfangen, wenn wir uns selbst sagen: ich bleib jetzt nicht bei dir, ich reise jetzt ein Haus weiter! Und doch ist gerade dies Allerschwierigste das Allerkostbarste für uns. Wenn wir uns vornehmen, keinen Tag unser Haupt niederzulegen in dem Häuslein unsres Gewissens, unsrer Gefühle, unsrer Ideen, sondern immer wieder ein wenig weiter zu wandern, *dann* kommt's gut mit uns. Jawohl, wir sind dann heimatlos, wir sind beständig unzufrieden mit uns selbst. Aber das ist ja ganz gut, das ist ein Zeichen, dass wir doch noch etwas Gemeinsames mit Gott haben, denn Gott ist auch unzufrieden mit

---

[8] Schweizerdeutsch für: «manches».

[9] Abgeleitet vom schweizerdeutschen «Heimet»: «kleiner Bauernhof».

uns!! Mir ist's wenigstens schon oft so gegangen, dass ich mit nichts mehr zufrieden war bei mir selbst als mit meiner Unzufriedenheit über mich selbst. *Diese* Unzufriedenheit ist die Quelle alles Guten. In ihr erfahren wir die Gnade Gottes. Und unsre Heimat ist das Heimweh.

Du möchtest gern wissen, wie es weiter gegangen ist zwischen Jesus und jenem Menschen? *Ich will dir folgen, wo du hingehst!* hatte er gesagt. *Des Menschen Sohn hat nicht, da er sein Haupt hinlege!* das antwortete Jesus Christus. Ich muss dir gestehen, dass ich nicht weiß, wie es weiter geht. In der Bibel steht es nicht. Aber *du weißt es!* Hast du mich verstanden?

Amen.

Lieder:

Nr. 41: «Wach auf, mein Herz, und singe» von P. Gerhardt, Strophen 1.2.7.8 (RG 568; EG 446 [jeweils Textabweichungen])

Nr. 227: «Himmelan geht unsre Bahn» von B. Schmolck, Strophen 1–3.

85

Safenwil, Sonntag, den 5. November 1911
(21. nach Trinitatis)

Reformationsfest

Lukas 9,59–60

Jesus sprach zu Einem: Folge mir nach! Der aber sagte: Herr erlaube mir, dass ich zuvor hingehe und meinen Vater begrabe. Aber Jesus sprach zu ihm: Lass die Toten ihre Toten begraben; du aber gehe hin und verkündige das Reich Gottes!

Liebe Gemeinde!

Der heutige Sonntag ladet uns nach altem Brauch dazu ein, der großen Erneuerung der christlichen Kirche im 16. Jahrhundert zu gedenken und uns dankbar und ernsthaft vor die Frage zu stellen, was es heißen will und was wir daran haben, dass wir Protestanten, dass wir evangelisch-reformierte Christen heißen dürfen.

Nicht darauf können wir es bei dieser Gedächtnisfeier abgesehen haben, in unsern Gedanken und Worten Krieg zu führen gegen Andersdenkende, gegen unsre Mitchristen von der römisch-katholischen Kirche. Daran würde uns in Safenwil schon die freundschaftliche Gesinnung gegen den Nachbar hindern, mit dem wir gewohnt sind, im täglichen Leben Hand in Hand zu gehen und dessen Glocken uns übers Tal und über die Grenze hinüber immer wieder sagen, dass auch dort Gott gesucht und gefunden wird.[1] Solches Streiten und Kriegführen von Konfession zu Konfession, von Kirche zu Kirche sollten

---

[1] In der Nachbargemeinde Walterswil-Rothacker, die schon zum Kanton Solothurn gehört, befindet sich eine römisch-katholische Kirche, und auch in Safenwil wohnten einige Glieder dieser Gemeinde. Mit Arnold Grolimund (1866–1940), der seit 1906 und bis 1918 katholischer Pfarrer dort war, pflegte Barth gerade in seiner Anfangszeit in Safenwil, in der er dort noch allein lebte, einen regen persönlichen Austausch. Gerade erst hatte er seinem Freund Fritz Zulauf davon berichtet (Brief vom 22.10.1911; KBA 9211.123): «Und wie würdest du erst glücklich sein über die Nachbarschaft eines lebendigen katholischen Pfarrers! (ich grenze nämlich ans Solothurnische) Mit dem komme ich sehr oft zusammen, er war schon drei Mal bei mir zum Nachtessen, und wir

wir aber auch sonst immer mehr lernen bleiben lassen. Es hat seine Zeit gehabt. Unsympathisch und unfruchtbar sind die Versuche, die leider immer noch von Zeit zu Zeit gemacht werden, den Kulturkampf[2] zu erneuern und gegen Rom und den Papst eins[3] zu tosen und zu toben, besonders wenn sie von Leuten unternommen werden, die für katholische Frömmigkeit und katholische Weltauffassung auch nicht das geringste Verständnis haben. Ja, selbst wenn der Angriff von der Gegenseite kommt, wie es letztes Jahr war, als die Borromäusenzyklika des Papstes[4] die Persönlichkeiten unsrer Reformatoren in läppischer Weise verunglimpfte, selbst in solchen Fällen sollten wir Protestanten die Feineren und Vornehmeren sein, die nicht aus dem Wald

unterhalten uns ausgezeichnet, obschon fast immer polemisch. [...] So verschönern wir einander öfters das Zölibatsleben und geben unsern Gemeinden ein schönes Vorbild konfessionellen Friedens.»

[2] Der bekanntere und erbitterter geführte deutsche Kulturkampf war unmittelbar nach der Reichsgründung 1871 ausgebrochen und entzündete sich an den Maßnahmen, die Reichskanzler Otto von Bismarck gegen den politischen und gesellschaftlichen Einfluss der katholischen Kirche und besonders des Papstes ergriffen hatte: mit dem «Kanzelparagraphen» (1871) wurden Geistlichen solche Äußerungen verboten, die geeignet erschienen, den «öffentlichen Frieden» zu gefährden, dem Jesuiten-Orden wurde die Gründung von Niederlassungen in Deutschland verboten (1872), die Zivilehe wurde obligatorisch (1875, in Preußen schon 1874), und in Preußen wurde die geistliche durch eine staatliche Schulaufsicht ersetzt (1872). Im Hintergrund standen die traditionell kritische Haltung des Katholizismus gegen den Liberalismus, das vorherrschende Fortschrittsdenken und vor allem das 1870 auf dem ersten Vatikanischen Konzil verkündete Unfehlbarkeitsdogma, das als Anmaßung verstanden wurde. Wenig später und von den Ereignissen in Deutschland angestoßen kam es auch in der Schweiz zu ähnlichen Auseinandersetzungen, die hier wie dort zwar schon Ende der 1870er Jahre wieder abebbten, unterschwellig aber das Verhältnis zwischen katholischer Kirche und dem jeweiligen Staat auch darüber hinaus belasteten. Vgl. W. J. Mommsen, *Das Ringen um den nationalen Staat. Die Gründung und der innere Ausbau des Deutschen Reiches unter Otto von Bismarck 1850 bis 1890* (Propyläen Geschichte Deutschlands 7/1), Frankfurt/Main / Berlin 1993, S. 405–446; Th. Maissen, *Geschichte der Schweiz*, Baden 2010, S. 219–221.

[3] Im Sinne von «etwas»; vgl. DWb 3, Sp. 259.

[4] Vgl. oben, S. 39, Anm. 6.

schreien, wie man hineingeschrien hat.[5] Ich sage: wir wollen nicht streiten und anklagen gegen die römische Kirche. Ich sage das nicht, weil ich der oft gehörten Ansicht wäre: «katholisch oder protestantisch das ist ganz gleichgiltig, wenn man nur brav ist!» Nein, ich bin der festen Überzeugung, dass durch die Reformation nicht nur eine andere Sorte Kirche und Religion entstand ist, sondern eine höhere, bessere, überlegene Form des Lebens, des Gotteslebens. Aber gerade weil ich dieser Überzeugung bin, liegt mir das Streiten am heutigen Tag ganz ferne. Wenn man einer Sache sicher ist, dann hat man nicht nötig, Steine zu werfen. Die Wahrheit wird sich durchsetzen und wird es gewinnen in der Welt, weil sie die Wahrheit ist. – |

Wohl aber wollen wir Protestanten uns selber prüfen, ob *wir* unsres Namens wert sind, ob *wir* in unserm Fühlen, Denken und Tun fest stehen auf dem Boden der Reformation, ob es bei *uns* die Wahrheit, die wir bei Andern schmerzlich vermissen, gewonnen hat. Und wenn wir uns so prüfen, dann entdecken wir mit schmerzlicher Beschämung, dass wir am Reformationstag über und über genug mit uns selbst zu tun haben.

Ich will nur etwas ganz Äußerliches nennen: Was *wissen* die Meisten von uns über Protestantismus und Reformation? Am letzten Sonntag habe ich unsern Kindern, 160 an der Zahl, die Frage gestellt: Was versteht man unter der Reformation? und habe *keine* Antwort bekommen, bis zuletzt ein Knabe die Hand aufhielt und sagte, die Reformation sei «ein Religionskrieg» gewesen!![6] Ja, und wenn man an einer Versammlung von Erwachsenen die Frage stellen würde: was ist der Unterschied von evangelisch und katholisch, würden da nicht die Meisten sagen: Wir Evangelischen beteten nur Gott an, während die Katholiken noch die Jungfrau Maria und die Heiligen dazu nehmen? und was dergleichen oberflächliche Antworten mehr sind? – |

Aber wenn es sich da nur um eine Sache des Wissens und der richtigen Antworten handeln würde, dann könnte man ja sagen, das sei nicht so wichtig, und wenn man nicht gerade Pfarrer sei, habe man an Anderes zu sinnen. Das Wissen und die rechten Antworten sind's

---

[5] Wortspiel mit dem Sprichwort: «Wie man in den Wald ruft (schreit), so schallt es wieder heraus»; vgl. Röhrich V, S. 1691.

[6] Dies wird in der sogenannten «Sonntagsschule», dem Gottesdienst für Kinder, geschehen sein.

aber *nicht* allein und *nicht* in der Hauptsache. Katholizismus und Protestantismus bedeutet zwei grundverschiedene Arten des Lebens. Es liegt eine Welt, ein Abgrund zwischen beiden. Es kommt jetzt bloß darauf an, auf welcher Seite des Abgrunds man steht. Es ist mancher protestantisch getauft und erzogen und ist doch ein Katholik bis ins Mark seines Wesens hinein. Kein Wunder, wenn er dann nicht merkt, dass Beides sehr zweierlei ist! Ich sehe auf die Frommen und Eifrigen auf unsrer Seite und bemerke auf Schritt und Tritt: Gerade das, worin sie meinen, extra fromm zu sein in ihrem Leben, gerade das sind Ruinen *katholischer* Herrlichkeit auf dem Boden der evangelischen Welt. Ich sehe auch die Mittelmäßigen und Lauen bei uns und entdecke: ihre Stellung zu Christentum und Kirche gleicht zum Verwechseln der eines mittelmäßig-gleichgiltigen *Katholiken*. Ich sehe auch die, die aus irgend einem Grund meinen, dem lieben Gott oder doch dem Christentum aus der Schule laufen zu können, und siehe da: auch hier ist es *katholisches* Kirchentum und Christentum, das sie mit ihrer Opposition meinen, an dem sie sich reiben und gegen das sie revoluzzen, trotzdem sie mitten im Protestantismus leben. |

400 Jahre werden es nun bald sein, seit Luther seine 95 Thesen an die Tür der Schlosskirche zu Wittenberg geschlagen, und noch immer ist der römische Sauerteig wirksam, bei uns und *in uns* wirksam. Er steckt noch in uns Allen mehr oder weniger. Die Menschenseele ist von Natur katholisch, immer wieder bedarf es der Reformation, um sie von ihrer Natur zu ihrem Gott zu führen. Die Reformation ist nicht ein Ereignis der Vergangenheit, das wir heute feierten wie man etwa die Schlacht bei Sempach[7] feiert. Die Reformation ist ein ewiger Grundsatz und Gegensatz des innern Lebens, den wir immer wieder erleben und durchkämpfen müssen. Was? Du sagst, das sei ein gleichgiltiger Gegensatz! Wenn man nur brav sei? So? Hast du noch nie etwas gemerkt oder gehört von dem grundverschiedenen Gesicht, das ein Land und Volk mit der Zeit annimmt, je nachdem es katholisch oder protestantisch ist? Nichts gehört von der total andern Entwicklung in Kultur und Gesittung, die Länder wie Spanien, Italien und Frankreich durchgemacht gegenüber Deutschland oder England?

---

[7] Schlacht vom 9. Juli 1386, in der die Schweizer gegen die überlegene habsburgische Armee siegten (vgl. auch oben, S. 115, Anm. 1).

Würde ein Luther in Worms vor Kaiser und Reich hingestanden sein in dem Bewusstsein: hier stehe ich, ich *kann* nicht anders,[8] wenn es sich um Gleichgiltiges gehandelt hätte? Würde mir ein Katholik, den ich sehr schätze, noch jüngst gesagt haben: auf diese Lehre des Konzils von Trient[9] will ich leben und sterben, so sicher bin ich, dass sie richtig ist[10] – wenn es sich da um Dinge handelte, die geradeso gut auch anders sein könnten, «wenn man nur brav ist»? Seht, die Leute, die so reden: es ist Alles gleich,

Wir glauben all an *einen* Gott
Jud, Christen, Türk und Hottentott,[11]

das sind langweilige, unnütze Leute, denen es meist nicht sehr ernst ist. Wir wollen nicht zu ihnen gehören. Gewiss ist die Wahrheit Gottes immer noch größer als die Wahrheit Luthers *und* als die Wahrheit des katholischen Konzils von Trient. Wir aber wollen gegen das Stück Wahrheit, das *uns* anvertraut ist, nicht gleichgiltig sein, sondern fest und brav dazu stehen, in unserm Denken und noch mehr in unserm Leben. Gottes Sache wird es einmal sein, unsre Wahrheit zusammen zu bringen mit der Wahrheit, die er Andern anvertraut haben mag.

---

[8] Siehe oben, S. 175, Anm. 7.

[9] Von 1545 bis 1563 tagte in vier Sitzungsperioden das Konzil in Trient, das in Abwehr der reformatorischen Bestrebungen die in der römisch-katholischen Kirche gültige Lehre festschrieb und zentrale Teile besonders der reformatorischen Rechtfertigungslehre mit Anathemata belegte (vgl. DH 1500–1846; bes. 1551–1583).

[10] Hierbei könnte es sich um den oben, Anm. 1, genannten Arnold Grolimund handeln, über den Barth in seinem Brief an Fritz Zulauf (Anm. 1) schrieb: «Er ist strenger Anhänger der jetzigen *scharfen* Richtung im Katholizismus, sagte mir aber letzthin, er verfahre fortiter in re, suaviter in modo und darum könne er bei mir das Nachtessen einnehmen!!!»

[11] Seit dem späten 19. Jahrhundert, wohl in satirischer Verfremdung des Lutherliedes «Wir glauben all’ an einen Gott» (EG 183) geläufiger Spottvers. Vgl. etwa den Beginn der fiktiven «Rede des Bramanen Mozoomdoc beim Protestantenverein», mit dem die ökumenischen Bestrebungen des dem Altkatholizismus nahestehenden Ignaz von Döllingers aufgespießt werden sollten (in: Die Bremse. Satirisch-humoristisches Wochenblatt, Jg. 3 [1874], S. 341): «Wir glauben all’ an einen Gott, Jud’, Heide, Christ und Hottentot; das heißt von den Juden und den Indiern weiß man das gewiß, bei den Christen aber soll es einige geben, die gerade darum die *ächten* sein wollen, weil sie an *keinen* Gott glauben.»

*   *   *

Und so wollen wir uns denn heute von einem Worte Jesu zeigen lassen, was katholische Art des Denkens und Lebens ist und was unsre protestantische Art – *sein sollte.* (Die regelmäßig zur Kirche kommen, werden wissen, dass ich dies Wort nicht absichtlich für den heutigen Zweck ausgesucht habe, sondern nach den zwei letzten Predigten[12] heute ohnehin darüber geredet haben würde.) *Folge mir nach!* hat Jesus zu einem Menschen gesagt. Das ist das Allergewaltigste und Wichtigste, was zu einem Menschen gesagt werden kann. Man kann sagen, dass das einfach die Aufforderung ist: Fang jetzt an zu *leben!* Was du vorher so nanntest, dein Essen, Trinken, Schlafen, Arbeiten und Reden, das war noch gar nichts. Das Leben fängt erst an. Es besteht darin, dass man einen Zweck hat in seinem Dasein. Den hatte Jesus, denn er kannte den *Willen Gottes,* und darum konnte er sagen: Folge mir nach! Zum Leben gehört weiter, dass man wisse, was zu tun ist, um jenen Zweck zu erreichen. Das wusste Jesus, denn er wusste, dass Gottes Willen damit geschieht, dass *allen Menschen geholfen* wird [vgl. 1.Tim. 2,4]. Darum konnte er sagen: Folge mir nach! Mach's auch so! Zum Leben gehört schließlich ein großes Zutrauen. Man muss irgendwie wissen können, dass man Meister wird mit dem, was man verrichten soll in der Welt. Das wusste Jesus, denn er wusste, dass die ganze Welt mit Freud und Leid, Gesundheit und Krankheit und allem in der *Hand desselben Gottes* ist, der uns sagt, was wir in der Welt verrichten sollen. Darum konnte Jesus sagen: Folge mir nach! Du darfst dies Zutrauen auch haben. Ich sage: es ist etwas ganz Gewaltiges um diese Aufforderung, wie wir sie auch auslegen mögen. Es ist ein Gebot darin verborgen, das über alle Gebote hinausgeht, das uns ganz und gar in Anspruch nimmt. Einen Willen Gottes zu erkennen und anzuerkennen in unserm Leben, diesen Willen zu erfüllen durch Liebe zu den Brüdern, das Zutrauen zu haben, dass es so gut, dass es so das Beste sei, das ist ein erschütternd großes Gesetz, und wenn wir an den denken, der es ausgesprochen, der zum Menschen sagt: Folge mir nach!, an seine Überlegenheit uns gegenüber, dann kommt es uns

---

[12] Die Predigten zu Lk. 9,51–57 vom 22. Oktober (s. oben, S. 339–350) und zu Lk. 9,57f. vom 29. Oktober 1911 (s. oben, S. 351–360).

ernsthaft, furchtbar sogar vor, was er ein andermal gesagt: ihr sollt vollkommen sein, wie euer himmlischer Vater vollkommen ist! [Mt. 5,48] Es ist eine enge Pforte und ein steiler Weg, diese Nachfolge Jesu, und wenige sind es, die diesen Weg gehen [vgl. Mt. 7,14].

Auf diese Aufforderung hat nun jener Mensch geantwortet: *Herr, erlaube mir, dass ich zuvor hingehe und meinen Vater begrabe!* Das war eine durch und durch *katholische* Antwort, obwohl es dazumal noch keine katholische Kirche gab. Er hat etwas gespürt von dem gewaltigen Ernst, der in Jesu Wort lag: es war ihm, wie wenn eine mächtige Hand nach ihm griffe und ihn umgestalten wolle in seinem innersten Leben. Seiner Erkenntnis, seinem Willen, seinem Gefühl ist eine Aufgabe gestellt, er braucht nur Jesus anzusehen, der mit ihm redet, so weiß er, in was diese Aufgabe besteht: Aufwachen! Ernsthaft sein! Nicht für sich selbst leben, sondern für die Andern! Und in dem Allem ruhig und still sein! Eine unendlich einfache Aufgabe, aber unendlich schwer zugleich. Und im Angesicht dieser Aufgabe hat nun jener erste Katholik nicht Ja und nicht Nein gesagt, sondern: *erlaube mir, dass ich zuvor* – – noch eine andre Pflicht und Aufgabe erfülle, die auch gar schön und wichtig ist: Erlaube mir, dass ich zuvor hingehe und meinen Vater begrabe! Wer wollte bezweifeln, dass das an sich ein ganz schöner Gedanke, ja, eine selbstverständliche Pflicht kindlicher Pietät und Liebe war, an der auch Jesus seine Freude hätte haben können? Hat sich dieser Mensch mit seiner Antwort nicht als ein besonders Frommer ausgewiesen? Wie kommt Jesus zu dem schroffen Ausspruch: *Lass die Toten ihre Toten begraben?*

Wir müssen versuchen, in die Seele dieses Mannes hineinzusehen, wie Jesus es getan hat. Jawohl, es war eine schöne Pflicht, die er zuvor erfüllen wollte. Das wusste Jesus so gut wie wir. Aber warum kommt er gerade in diesem Augenblick, statt mit einem freudigen Ja zu antworten auf Jesu große Aufforderung, mit dieser halbverlegenen Bitte: *Herr, erlaube mir, dass ich zuvor…?* Liebe Freunde, dieser Mann brauchte das, was an sich etwas Schönes, Natürliches, Frommes ist, als *Ausrede* der Forderung Jesu gegenüber. Er spürte die Hand, die sich nach ihm ausstreckte, wie ich vorhin sagte, aber er hatte Angst davor, er hält sie gleichsam auf: Herr, erlaube mir, ich habe zuerst noch etwas zu tun, das auch gar wichtig ist! Etwas Schönes gewiss, aber doch etwas *Anderes*, nicht das Aufwachen und die Tätigkeit und das Vertrauen, das Jesus von ihm forderte: die stellte er zurück, zu späterer Erledigung. Erst muss ich ein frommer Sohn sein!

Das ist Katholizismus. Der Katholik hört die Botschaft und das Gebot Jesu so gut wie wir. Aber er antwortet darauf zunächst weder mit Ja noch mit Nein, sondern: Herr, erlaube mir, dass ich zuvor *hingehe und ein gutes Werk tue.* Jesus verlangt vom Menschen nur eins: Folge mir nach! Schenke mir dein *Herz!* Das ist das, was unsre Reformatoren den *Glauben* genannt haben. Der Katholik antwortet auf das Verlangen Jesu mit dem Hinweis auf einen Schwall von Verrichtungen und Werken. Es ist viel wirklich Gutes und Schönes darunter, zweifellos, gerade wie es auch schön war von jenem Mann, dass er seinen Vater begraben wollte. Aber wenn wir es mit der Forderung Jesu vergleichen, müssen wir sagen: es ist etwas *Anderes,* es ist nicht das, was er von uns will, ihm gegenüber sind diese guten und schönen Verrichtungen und Werte eine *Ausrede.*

Der Katholizismus lehrt seine Anhänger: Eine erste Christenpflicht ist der *Gehorsam* gegen die Kirche, die dasteht als die Repräsentantin der Überlieferung von zwei Jahrtausenden. Die Reiche der Welt, die Perioden der Kultur kommen und gehen, der Felsen Petri in Rom steht und wird bestehen, und die Pforten der Hölle sollen ihn nicht überwältigen [vgl. Mt. 16,18]. Hieher gehört, wer zu Christus gehört, denn hier ist zu hören, was immer, was überall, was für Alle rechter Glaube und rechtes Leben gewesen ist. Das ist ein großer und reicher Gedanke, und wir verstehen die, die sich dafür begeistern. Großes und Unvergängliches hat die römische Kirche mit diesem ihrem Autoritätsanspruch in alten Zeiten geleistet, und noch heute steht sie da wie eine wohldis[zi]plinierte Armee. Das Apostelwort: Ein Herr, ein Glaube, eine Taufe [Eph. 4,5] scheint sich in ihr glänzend erfüllt zu haben. Aber eins können wir nicht anerkennen: dieser Gehorsam ist nicht das, was Jesus gemeint hat, wenn er den Seinen zurief: Folget mir nach! Es mag etwas Schönes sein, wir wollen darüber heute nicht streiten, aber es ist etwas Anderes, es ist gegenüber der Forderung Jesu ein Ausweichen, eine Ausrede. Es ist ein «gutes Werk» und nicht der gute Wille, den Jesus von uns verlangt. Es sieht aus wie eine gewaltige Leistung zur Ehre Gottes, aber es ist in Wirklichkeit eine eigenmächtige Verwechslung des schwereren mit einem leichteren Gehorsam. Denn es ist leichter, einer Kirche sich zu unterwerfen, als

Gott! Es lebt noch sehr viel von diesem Christentum und Leben der äußern Autorität auch im Protestantismus. Immer wieder kommen Stimmen auch auf unsrer Seite, die unsern Glauben auf Worte und Lehren und Bücher gründen möchten. Schöne Worte und Lehren und Bücher, ganz gewiss. Aber das «Folge mir nach!» Jesu ist etwas Anderes. Und wenn wir auf irgend ein Schlagwort hören und schwören, wenn wir uns dieser oder jener Partei verschreiben mit Haut und Haar, wenn wir uns vielleicht in eine selbst gefundene Idee verbohren, ja, ist das etwas Anderes als das römisch-katholische Ausweichen gegenüber der Forderung Gottes, die uns eben nicht festlegen, sondern vorwärts treiben will?

Ich will einen andern Punkt herausgreifen: die katholische Kirche ist die Kirche des *Sakraments*. Vergebung der Sünden und Leben aus Gott erwirbt sich nach ihrer Lehre der Gläubige durch seine Teilnahme am Vollzug der heiligen Handlungen, vor Allem des Messopfers. Ich betone wieder: diese heiligen Handlungen haben Alle etwas Schönes und Sinnreiches. Die Messe im Besonderen ist für den, der sie verstehen kann, etwas Ehrwürdiges und Großes und Wahres. Wer Sinn hat für Formen und Symbole, wird sich immer wieder daran erfreuen, auch wenn er ein guter Protestant ist. Aber bei alledem ist es doch wieder die denkbar schwerste Verwechslung, wenn nach katholischer Lehre und Praxis Frömmigkeit und Messbesuch so ziemlich eins und dasselbe wird. Folge mir nach!, sagt Jesus. Herr, erlaube mir, dass ich zuvor in die Kirche gehe und meine Gebote verrichte!, antwortet der Katholizismus. Das heißt Ausweichen. Das heißt, etwas Gutes vorschützen, um sich dem Bessern zu entziehen. Haben *wir* das noch nie getan? Ist die Art ganz ausgestorben unter uns, die das Gewissen zu beschwichtigen sucht durch einen Besuch in der Kirche, um dann hinabzugehen[13]: Nun habe ich das Meinige getan? Dass die Kinder getauft werden müssen, das scheint noch immer den Meisten selbstverständlich. Aber warum ist es ihnen dann nicht auch selbstverständlich, diese Kinder später nach bestem Wissen und Gewissen zu Bürgern des Reiches Gottes, zu rechten Menschen zu erziehen. Das Eine ohne das andre ist katholische Sakramentsreligion. Steht's

---

[13] Die Kirche in Safenwil ist auf einem Hügel etwas oberhalb des Ortskerns gelegen.

nicht noch mit vielen unsrer Bräuche so, dass wir sie ausüben, um uns bequem einer größeren Pflicht entziehen zu können, noch dazu unter dem Schein der Frömmigkeit und Pietät? «Erlaube mir, dass ich hingehe und meinen Vater begrabe!» Ist nicht so oft gerade unsre Beteiligung an Beerdigungen ein stiller Ersatz für die schwerere Pflicht, die wir den Lebenden schuldig gewesen wären? Wünscht nicht Mancher dem Nachbar eine «gute Zeit», um ihn dann umso getroster in seinen Verlegenheiten sitzen zu lassen. Das ist katholisch gedacht und gehandelt. Man erledigt seine Pflicht, indem man einen schönen Brauch ausübt. Und so geht man an der Forderung Jesu vorbei.

Ein Drittes soll noch genannt sein. Der Katholizismus unterscheidet scharf zwischen den *guten Werken,* die von der Kirche angeordnet oder gebilligt sind, und dem Rest der übrigen menschlichen Verrichtungen. Nur die erstern sind *verdienstlich* vor Gott, während die übrigen gleichgiltig «weltlich» sind. Kommunionsbesuch, Beten, Bußübungen, Almosen sind verdienstlich, sind gute Werke. Wir wollen wiederum nicht streiten darüber, ob diese Dinge nun wirklich diesen Namen verdienen. Halten wir nur das eine fest: es wird hier ein Kreis bestimmter Handlungen als heilig bezeichnet, während die ganze übrige Welt, die Arbeit und Freude und Sorge dieses Lebens, im Halbdunkel der Gleichgiltigkeit, wenn nicht der Sünde liegt. So wird Jesu Forderung: Folge mir nach! abgeschwächt, auf einen kleinen Bezirk des Lebens beschränkt. Die Folgen dieser Verschiebung sind ungeheuer gewesen und reichen bis tief in den Protestantismus hinein. Fern vom Getriebe des Lebens, in den stillen Räumen des Klosters, im besten Fall in der Armen- und Krankenpflege streben der Mönch und die Nonne einem «geistlichen» Lebensideal nach, das die Welt lässt, wie sie ist. Selbst ein so guter Calvinist wie Gerhard Tersteegen war in diesem Stück völlig katholisch: die Welt war ihm nur ein Getöse, dem man entfliehen müsse![14] Und wie viele seiner Geistesverwandten gehen bis heute noch in dieser katholischen Spur, ohne es auch nur zu

[14] Vgl. etwa die fünfte Strophe aus Tersteegens Lied «Stille doch mein armes Herze / O du stilles Wesen du»:

> Meinen edeln Geist erlöse,
> Daß ihn nichts hinfort berühr,
> Was auch mag geschehen hier,
> Mach ihn von der Welt Getöse,

wissen. Und wie hat man doch noch bis tief in die Gegenwart hinein auch in der reformierten Landeskirche die Religion als ein Schmuckstück betrachtet, das man vom übrigen Leben möglichst fernzuhalten trachtete. Man respektierte die Kirche und den Pfarrer, aber unter der Bedingung, von ihnen in Ruhe gelassen zu werden in den Dingen des Lebens. Das war die katholische Trennung des «Geistlichen» und «Weltlichen». Und weiter: Ich bekam dieser Tage einen Bericht der Kulturgesellschaft[15] und sah mit Staunen und Bewunderung, wie viel in humanitärer Hinsicht bei uns geleistet wird. Und doch bin ich vielleicht nicht der Einzige, der sich im Stillen fragt: Warum steht's nicht besser, wo doch so viel getan wird? Steht's nicht vielleicht auch hier so, dass man allerlei Gutes tut, um das eine Bessere nicht tun zu müssen? Dass man herumdoktert an den Wunden, die die heutige Gesellschaftsordnung dem Volksleben schlägt, statt einmal zu verhindern, dass Wunden geschlagen werden. Was nützten die komfortabelsten Zuchthäuser und Alkoholheilanstalten, wenn derselbe Staat, der sie baut, der offizielle Protektor des Alkohols ist? Was nützen alle Sittlichkeitsbestrebungen und Volksbibliotheken, wenn man uns da-

Von Vernunft und Phantasei,
Und vom Reich der Sinne frei.
(*Gerhard Terstegen's geistliches Blumengärtlein inniger Seelen, nebst der Frommen Lotterie, nach den Ausgaben letzter Hand berichtigt und mit einigen Zusätzen versehen*, Stuttgart [1905], S. 295).

[15] Die Aargauer «Gesellschaft für Vaterländische Kultur» (überwiegend nur als «Kulturgesellschaft» bezeichnet) wurde 1811 im Haus des Literaten und Politikers Heinrich Zschokke gegründet. Sie war die erste ihrer Art in der Schweiz, und ihre Besonderheit war, dass sie moralische, wissenschaftliche und soziale Ziele gleichermaßen verfolgte und dementsprechend in «Fachklassen» (landwirtschaftlich, staatswirtschaftlich, naturforschend, historisch und eine Klasse für Gewerbe und Wohlstand) gegliedert war. Zugleich war man von Anfang an gewillt, durch Maßnahmen zur nachhaltigen Verbesserung der Lage der ärmeren Bevölkerung auch zur Linderung der sozialen Not beizutragen. Vgl. E. Zschokke, *Geschichte der Gesellschaft für vaterländische Cultur im Kanton Aargau, zur 50jährigen Gedenkfeier ihres Bestehens*, Aarau 1861, dort bes. S. 17–19. 36–39. – Dass Barth in den letzten Monaten des Jahres 1911 öfters auf die «Kulturgesellschaft» anspielt oder sie direkt erwähnt (vgl. unten, S. 393.410.416), könnte mit den großen Feierlichkeiten zu deren Jubiläum zusammenhängen, die kurz vorher stattgefunden hatten; vgl. Art. «Jahrhundertfeier der Kulturgesellschaft», in: Zofinger Tagblatt, Nr. 237, 10.10.1911, [S. 1].

neben mit zweifelhafter und schlechter Literatur überschwemmen darf? Was nützen alle Sanatorien und Krankenpflegerinnen, wenn ungesunde Fabrikräume immer neue Patientinnen produzieren dürfen? Heißt das Alles nicht, seinen Vater begraben wollen, um nicht Jesus nachfolgen zu müssen?

Seht, für dieses Vorschützen und Ausweichen hat Jesus nicht ein zu scharfes, sondern das zutreffende Wort gefunden, als er sagte: *Lasst die Toten ihre Toten begraben!* So schön und recht es ist, seinem Vater die letzte Ehre zu erweisen, wollte er jenem Mann sagen – wenn du dich hinter diese Pflicht verstecken willst, um die größere Pflicht nicht auf dich zu nehmen, dann gehörst du selbst zu den Toten. Tot ist der Eifer, den du an den Tag legst, tot das Gefühl, das du dadurch zu bewähren meinst, tot ist das gute Werk, das du verrichtest geschäftig, während ein größeres, besseres ungetan bleibt. Denselben Protest gegen das Tote in der Religion haben 1500 Jahre nach Jesus die Reformatoren erhoben. Sie durchschauten es, dass es einen Mangel an *Ernst* bedeutet, wenn man den Gehorsam gegen Menschen an Stelle des Gehorsams gegen den Gott setzt, der sich in Jesus Christus und in unserm Gewissen offenbart. Sie durchschauten es, dass es eine Verleugnung des innern *persönlichen Lebens* ist, den Verkehr mit Gott an den Vollzug einer äußern heiligen Handlung zu binden. Sie durchschauten es, dass es eine Preisgabe unserer eigentlichen *göttlichen Bestimmung* bedeutet, fromm statt fleißig, mildtätig statt sozial sein zu wollen. Auf diesen Protest gegen das Tote sind die Kirchen der Reformation aufgebaut. – |

Und doch nicht nur auf einen Protest, auf ein Nein, so wenig dort Jesus bei einem Nein geblieben ist. – – *Du aber gehe hin und verkündige das Reich Gottes.* Das ist das *Ja* der Reformation. Meine Freunde! Brauche ich erst noch auszuführen, dass der Protestantismus, wo er sich selber recht versteht, nie etwas anderes sein will als unmittelbarer Gehorsam gegen Gott, ein Gehorsam ohne Ausreden, Umwege und Flausen, ein Gehorsam ohne ein solches «zuvor», wie es die römische Kirche einschaltet?

Du aber gehe hin und verkündige das Reich Gottes! Das heißt, dass der Mensch in rückhaltlosester *Freiheit* die Hand Jesu ergreift, der ihm sein «Folge mir nach!» zuruft. Ein Gehorsam, der nicht Freiheit wäre, ein geschnürter, gezwungener Gehorsam wäre für Jesus kein

Gehorsam. Nicht durch ein Opfer des Intellekts und des Willens, sondern durch Aufrichtigkeit und Selbstbesinnung wird der Wille Gottes erkannt. Und wenn es nun an das Tun dieses Gotteswillens geht, dann muss alles zauberhafte Sakramentswesen zurückbleiben hinter dem *persönlichen innern Erlebnis* des Geistes Gottes, der in Jesus Christus – nicht in dem Christus einer noch so schönen Zeremonie, sondern in dem Christus des neuen Testamentes – zu uns redet. In der persönlichen Erfahrung und in dem persönlichen Tun des göttlichen Wortes geschieht das eine einzige gute Werk, das es gibt, geschieht der Wille Gottes. Und was ist schließlich dieser Wille Gottes? Dass ich fromm sei? Dass ich in einer idealen geistlichen Welt in den Wolken schwebe? Mitnichten, sondern das, was ich als Mensch und Christ soll, das ist *Helfen*, Helfen in dieser Welt. Dazu brauche ich nicht erst besondere gute Werke zu verrichten, sondern das ist *das* gute Werk, das ich in meinem Beruf, welcher Art er auch sei, das ich in meiner Familie, das ich als Bürger im Staat täglich erfülle, indem ich in all diesen Kreisen – nicht etwas Besonderes –, sondern meine Pflicht tue.

Wo ein Mensch frei und aufrichtig ist, wo er in persönlichem Erlebnis die Gnade Gottes empfangen hat und weitergibt, wo er hilft an dem Punkte, wo er hingestellt ist in dieser Welt – da geschieht der unmittelbare Wille Gottes, da wird sein Reich verkündigt.

Gott mache auch uns zu solchen Menschen, zu Protestanten im Geist und in der Wahrheit.

Amen.

86

Safenwil, Sonntag, den 12. November 1911
                              (22. nach Trinitatis)

                            Lukas 9,61–62

Und ein Anderer sprach zu Jesus: *Herr, ich will dir nachfolgen;* aber
erlaube mir zuvor, dass ich *einen Abschied mache* mit denen, die in
meinem Hause sind. Jesus aber sprach zu ihm: *Wer seine Hand an den
Pflug legt und siehet zurück, der ist nicht geschickt zum Reich Gottes.*

Liebe Freunde!
   Auch der Mensch, von dem unser heutiger Text berichtet, war sicher kein schlechter Mensch. Wir hören nicht, dass er einen besonderen Charakterfehler gehabt oder dass er sich in seinem Reden oder
Handeln ein Unrecht hatte zu Schulden kommen lassen. Vielleicht
hatte er sogar hervorragende Herzens- und Geisteseigenschaften, um
deren willen Andre ihn liebten und hochschätzten. Er war auf alle
Fälle so gut und rechtschaffen wie wir Alle. Ja, wir hören sogar ausdrücklich, dass er eine ideale gläubige Gesinnung an den Tag gelegt,
dass er sich zu einem Entschluss aufgeschwungen hat, bei dem *wir*
vielleicht noch lange nicht Alle angelangt sind: er ist vor Jesus hinge-
treten mit dem Bekenntnis: *Herr, ich will dir nachfolgen!* Das will
etwas sagen! Wieviel Faulheit und Irrtum und schlechter Wille muss
doch überwunden werden in einem Menschen, bis er soweit ist, um zu
erkennen: Dein Weg, Herr Jesus, ist der rechte, ich will dir nachfolgen!
Jener Mann *war* so weit. Wer weiß, er war darin weiter als wir Alle
miteinander. Er war ernsthafter und gründlicher entschlossen als wir.
Er hatte bessere Augen für die Herrlichkeit Jesu als wir und er hatte
ein größeres Zutrauen zu der Macht des Guten im Leben. Und nun
musste er trotz Allem aus Jesu Mund das Urteil entgegennehmen:
Nicht geschickt, nicht geeignet, nicht brauchbar, nicht tauglich *zum
Reich Gottes!*
   Jener Mensch war ein *Gemütsmensch,* das war sein Fehler, der ihm
dies Urteil zuzog. Wir denken oft, das sei etwas Schönes! Es gibt
solche, die sich förmlich damit rühmen: ich bin ein Gemütsmensch!
Vielleicht haben wir es auch schon als Entschuldigung gebraucht,

wenn man etwas von uns wollte, wenn man uns aufweckte und zur Ordnung rief: Ach lasst mich, ich bin eben ein Gemütsmensch! Ja, Gemüt ist wohl etwas Schönes, wenn man Herr seines Gemütes ist, wenn das Gemüt erzogen und gebildet ist. Aber o weh, wenn es *uns* in der Gewalt hat, wenn wir uns treiben und regieren lassen von Stimmungen und Gefühlen, die aus den Tiefen unsres Innern so emporsteigen wie die Dämpfe aus dem Krater eines Vulkans. Es ist das Jammervollste von der Welt, seinem Gemüt untertan sein zu müssen. Da sind wir dann heute lustig und morgen traurig, heute redselig und morgen verdrossen, heute arbeitseifrig und morgen träge, und das Alles nicht aus hellen klaren Gründen, sondern nur, weil wieder einmal aus dem Grundwasser unsres Gefühlslebens eine Luftblase aufgestiegen und auf der Oberfläche zerplatzt ist. O wir armen Gemütsmenschen! Wieviel schöne Gelegenheiten, etwas Gutes zu erkennen oder zu tun, verpassen wir, weil uns ein Gefühl im Wege ist. Wieviel Zeit und Kraft verbrauchen wir, um uns mit unsern Stimmungen abzugeben, uns darüber zu besinnen und sie Andern mitzuteilen. Wie fehlt es uns so oft an der Kraft zur Freude im wirklichen Glück und zur Standfestigkeit im wirklichen Unglück, nur weil wir unsre Kraft bereits in den nutzlosen Aufregungen und Kämpfen des Stimmungslebens aufgebraucht haben. Vielleicht sind wir bei dem Allem ganz erträgliche und brauchbare Leute, die etwas leisten, die Andern Kraft und Hilfe sind. Jawohl, das mag gern sein, aber es ist ein Manko da. Die Andern sehen es nicht, aber Gott sieht es und wir selbst sehen es. Wir sollen nicht nur erträglich und brauchbar sein im Leben, sondern unbedingt tüchtig und vollkommen. Wir sollten nicht bloß *etwas* leisten, sondern unendlich Großes leisten. Wir könnten Kraft und Hilfe ausströmen in unendlich viel reicherer Fülle. Wir sind es nicht, können es nicht, tun es nicht, weil uns unser Gemüt mit seiner dumpfen unterirdischen Gewalt hindert, uns ganz zu entfalten, weil unsre Stimmungen und Gefühle uns das Blut aussaugen, das wir dazu nötig hätten. Wir scheinen reich, aber wir sind arm, wir scheinen groß, aber wir sind klein, wir scheinen kraftvoll, aber wir sind schwach. Und darum sagt Gott zu uns Gemütsmenschen: Nicht geschickt zu meinem Reiche!

Es gibt allerlei Arten von solchen Gemütsmenschen. In dem Menschen, von dem unser Text erzählt, lernen wir nur *eine* von diesen

Arten kennen. Aber sie ist verbreitet genug, um uns lebhaft zu interessieren. Jener Mensch hatte sich entschlossen, ein neues Leben anzufangen. Er war innerlich willig geworden, Alles zu verlassen um Jesu willen. Nicht ohne Kampf war das bei ihm so gekommen. Er hatte gute Freunde und Hausgenossen, die sahen die Sache anders an, die sagten ihm, er solle sich doch das Leben nicht schwer machen mit ernsten Gedanken, er könne getrost leben und sterben auch ohne diesen Jesus. Sie erinnerten ihn an schöne Stunden, die er mit ihnen verlebt, und an Alles, was ihnen gemeinsam gewesen war. Sollte das Alles jetzt aufhören? Aber er war sich trotz ihres Widerspruchs und ihrer sauren Gesichter klar geworden darüber, dass ihre Art, ihr Treiben ihm nichts mehr sage, seit er etwas Besseres kennengelernt. Er hatte gesehen, dass er von ihnen getrennt war durch einen unsichtbaren, aber tiefen Abgrund. Entweder ihr geht jetzt den Weg mit mir, den ich gehe, oder ihr seid meine Freunde *gewesen*, ein Drittes gibt es nicht, das stand ihm fest und sicher. Ich will *dir* nachfolgen! sagt er zu Jesus, und so ist es seine ernsthafte Meinung.

Aber indem er so redet und denkt, kommt ihm sein Gemüt in die Quere. Ein schweres «Aber» hängt sich an seine Flügel. Ich will dir nachfolgen, *aber...* erlaube mir zuvor, *dass ich einen Abschied mache mit denen, die in meinem Hause sind!* Ein kleines Abendessen wollte er machen mit denen, die er bis jetzt gern gehabt, *zum letzten Mal* bei ihnen sein, aber doch noch einmal *so wie bisher,* noch einmal sie sehen, ihre Worte hören, ihren Händedruck spüren, nur noch einmal! In seinem Herzen sind die Freude am Herrn Jesus und die Freude an Allem, was er bisher erlebt, nebeneinander. Er ist nicht mehr unschlüssig, er hat gewählt zwischen beiden oder er meint doch, es getan zu haben. Er hat ja nur einen Wunsch, nun möglichst nett und fröhlich ins neue Leben hinüberzugehen. Das gute Alte noch einmal feierlich und ein klein wenig wehmütig ansehen und genießen und dann – – – dann rüstig hinein in das bessere Neue. War das nicht ein guter Plan? Ja, das war gut, das war echt menschlich! So machen es wir Gemütsmenschen. Wir haben eine Erkenntnis, einen Entschluss uns abgerungen, eine klare neue Überzeugung uns zu eigen gemacht, – da kommt die *Stimmung* über uns – wenn ich einen Ausdruck aus dem politischen Leben dafür brauchen darf, könnte man sie am Besten eine *konservative* Stimmung nennen. Da sagen wir zu uns selbst: Noch einmal will ich jetzt das Alte, hinter mir Liegende freundlich und gefühlvoll begucken und betasten, nur noch einmal, um ihm Lebewohl zu sagen – dann... *dann* sollt ihr aber sehen, was ich für ein Mann bin. Was ich *dann* mache, das mache ich gleich recht! So reden wir. So empfinden wir. So will es einer der mächtigsten Instinkte unsrer Natur. Zu Echternach am Rhein findet alle Jahre am Fronleichnamsfest eine Prozession statt, bei der die Teilnehmer in eigentümlich hüpfender Bewegung immer zwei Schritte vor und dann wieder einen Schritt zurückgehen.[1] Diese Echternacher Springprozession ist um ihrer Sonderbarkeit willen weit und breit berühmt. Aber im Grunde ist da nichts Sonderbares dabei. Wir tun dasselbe in unserm Gefühlsleben sehr oft, alle Tage vielleicht. Zwei Schritte vor! – Einen Schritt zurück! Ich will dir nachfolgen! – Aber erlaube zuvor, dass ich einen Abschied mache!

Ich will ein etwas grobes Beispiel nennen, das aber dafür jedem deutlich zeigen wird, worum es sich handelt. Es hat Einer den Vorsatz gefasst, das Trinken aufzugeben. Er ist sich völlig klar über alle Gründe, die für diesen Entschluss sprechen. Er hat nichts, gar nichts einzuwenden gegen Alles, was man ihm dafür sagt. Er ist willens, Temperenzler[2] zu werden. Morgen gleich will ich dran hin! sagt er. Aber heute Abend will ich mir noch ein Glas gönnen, fügt er rasch hinzu, um noch einmal zu probieren, wie es ist, und um den Kumpanen am Biertisch zu erklären, warum ich von jetzt an nicht mehr

---

[1] Die Tradition dieser Prozession, die jedes Jahr nicht an Fronleichnam, sondern am Dienstag nach Pfingsten im luxemburgischen Echternach stattfindet, ist in der heute noch ausgeübten Form erst seit dem 19. Jahrhundert bekannt, reicht aber bis ins Mittelalter zurück. Die üblicherweise mit dieser Prozession verbundene Vorstellung vom Vorwärts- und Rückwärtsspringen der Teilnehmer ist nirgends festgeschrieben und wurde nur vereinzelt geübt; vgl. A. Döring, Art. «Echternacher Springprozession», in: LThK[3] 3, Sp. 441; L. Senninger, *Über Ursprung und Wesen der Echternacher Springprozession*, in: *Willibrordus. Echternacher Festschrift zur 12. Jahrhundertfeier des Todes des heiligen Willibrord*, hrsg. von N. Goetzinger, Luxemburg 1940, S. 284–305.
[2] Menschen, die sich des Alkohols enthalten. In Safenwil war die Abstinenzbewegung besonders durch den «Verein vom Blauen Kreuz» (s. auch oben, S. 289, Anm. 9) vertreten, in den Barth am 24. September 1911 eingetreten war (im Brief an seinen Vater vom 21.9.1911 [KBA 9211.81] kündigte er diesen Schritt für den folgenden Sonntag an).

mitmache. Vielleicht, dass ich sie bei dem Anlass auch bekehre! Und so geht er «noch einmal» hin. Es ist nichts Schlimmes dabei scheinbar. Aber wer von uns glaubt an den Ernst seines Entschlusses? Glaubt auch nur der Mann selbst daran?

Etwas Anderes: Zwei Menschen haben Streit gehabt, jahrelang vielleicht, und einander Alles Böse nachgeredet und angetan. Das kommt vor in der Welt und in Safenwil besonders häufig, wie mir scheinen will. Nun kommt's dem einen von Beiden in den Sinn – ob von ihm selber, wollen wir nicht untersuchen –, Frieden halten wäre besser und christlicher. Er geht zum Andern: Wir wollen neu anfangen miteinander, wollen lernen uns zu vertragen und zu achten, aber... lass mich zuvor..., und während er noch vom Frieden redet und vom Fortschritt, den es jetzt geben soll, ist auch schon die konservative Stimmung in ihm erwacht. Es würgt ihn, es drängt ihn, er kann nicht anders, er muss dem Andern erst noch einmal gehörig die Meinung sagen, er muss gleichsam noch einmal Abschied nehmen von seinem alten Groll, ein Wort gibt das Andre, der Andre bleibt auch nicht stumm. Was meint ihr, wie wird der Friedensschluss endigen? Was meint ihr, ist es praktisch, sich zum Abschied erst noch einmal einen Fußtritt zu geben und dann mit der Friedenshand zu kommen?

Aber wir wollen höher steigen. Es gibt Menschen, die haben eine traurige Vergangenheit, ohne dass sie etwas dafür können. Vielleicht ist ihnen in ihrer Jugend ein schweres Unrecht zugefügt worden, das verfolgt sie wie ein böser Druck noch nach zehn und zwanzig Jahren. Sie könnten es jetzt gut haben, es ist niemand mehr da, der ihnen übel will, und sie selber haben wohl auch den guten Willen vorwärts zu gehen. Aber jedesmal, wenn sie sich dazu aufraffen, kommt ihnen wieder die alte dumpfe Erinnerung in die Quere. Ich will ja schon glücklich sein, aber erlaube mir, dass ich zuvor noch ein wenig an das Traurige denke, das ich erlebt habe. Da nehmen sie dann wieder und wieder Abschied von der Vergangenheit, stöbern an den alten Wunden umher und leben Alles noch einmal durch. Würde der Abschied wirklich ein Abschied sein? Nicht wahr, wir wissen, was wir davon zu halten haben, wenn wir schon solche bedauernswerten Menschen gekannt haben.

Aber es kommt auch vor, dass ein Mensch eine *schöne* Vergangenheit hinter sich lassen muss. Er hat vielleicht in irgend einer Beschäftigung, in irgend einem Bestreben oder in einer Freundschaft seinen Lebensinhalt gefunden. Da kommt er an eine Kreuzung seines Lebens. Er erkennt selber: was mir bis jetzt das Höchste war, so groß und schön es ist, es muss nun zurückbleiben, nicht weil ich es verschmähe, sondern weil ich jetzt etwas Anderes, *noch* Höheres kenne. Er ist entschlossen, das Opfer zu bringen. Aber bevor er es tut, kehrt er noch einmal dazu zurück, versenkt sich feuriger als je in die Wonne, auf die er verzichten will. Es ist sein gutes Recht. Aber wird so das Opfer wirklich gebracht werden? Oder wird es ihm durch den Abschied erst recht zum Bewusstsein kommen, dass er sich von den Gütern der Vergangenheit nicht trennen kann?

Jesus hat dieses Zurückkommen und Abschiednehmen, dieses Verweilen und Wiederholen des Vergangenen abgelehnt. Wer in dieser Neigung des menschlichen Gemüts gefangen ist, «der ist nicht geschickt zum Reiche Gottes». Das Zurückkommen auf das Vergangene, das Abschiednehmen davon hat nur einen Sinn, wo man das Vergnügen später wieder zu finden begehrt. Abschiednehmen heißt: wir wollen einander treu bleiben und uns nicht vergessen. Wenn Freunde oder Brautleute auseinander gehen, dann sagen sie: Auf Wiedersehen! und darum machen sie einen Abschied zusammen, und das ist schön und recht so. Aber wo ein Mensch dem Reiche Gottes entgegengeht, da will er doch dem Vergangenen gerade *nicht* treu bleiben. Er ist nicht von einem Ding zum andern übergangen, wie es das Leben eben so mit sich bringt, sondern vom Bösen zum Guten oder vom Guten zum Bessern. Ist es ihm aufrichtig ernst mit seiner Sache, dann hofft er, was vorüber ist, *nicht* wiederzusehen. «Das Alte ist vergangen, siehe es ist Alles neu geworden» [2.Kor. 5,17] – «Ich vergesse, was das dahinten ist, ich strecke mich aus nach dem, was vorne ist» [Phil. 3,13], das ist das Grundgesetz im Reiche Gottes. Ist es das aber, dann ist das Zurückkommen und Abschiednehmen vom Vergangenen eine Heuchelei, eine Lüge nach der einen oder nach der andern Seite: Entweder dieses «nur noch einmal» ist ein verstecktes, verdrücktes Geständnis, dass wir überhaupt lieber im Alten bleiben würden. Dann lügen wir, indem wir uns mit lauter Stimme zu dem Neuen des Reiches Gottes bekennen. Oder wir sagen: «Nur noch einmal», weil wir an das Alte gewöhnt sind und gleichsam noch einmal damit spielen wollen, ohne dass wir doch mit dem Herzen dabei sind. Dann lügen wir unsre eigene Vergangenheit an, und es gibt kaum eine gefährlichere Lüge als diese. Manchmal sind bei diesem Abschiednehmen auch beide Lügen miteinander vereinigt. |

Ich habe das in meinem eigenen Leben einmal erfahren: Es war mir fast gegangen wie dem Mann unsres Textes. Es war mir klar geworden, dass meine bisherigen Beziehungen zu gewissen «Freunden» mir fürderhin unmöglich sein würden. Ich ging andere Wege und hatte andre Interessen als sie. Ich wäre am Besten stillschweigend weggeblieben. Aber nachdem ich sie lange nicht mehr gesehen hatte, dachte ich: du willst noch einmal zu ihnen gehen zum Abschied, noch einmal der Ihrige sein wie vorher – und dann Schluss! Ich tat es, ich war noch einmal wie sie auch und wie ich früher gewesen, aber es wird mir immer erinnerlich bleiben, wie unsäglich fade ich mir an jenem Abend vorkam. Halb log ich damals gegen meine neu gewonnene Überzeugung, indem das, was ich meinen «Abschied» nannte, ganz einfach ein kleiner Rückfall in das alte Wesen war. Halb log ich gegen meine Vergangenheit, indem ich tat, als ob ich ihr noch angehöre, während ich doch innerlich, im Kern meines Wesens, längst weiter war. Es schüttelt mich noch jetzt, wenn ich an das leere, kohlige Gefühl denke, mit dem ich schließlich wegging. Es war die doppelte Lüge des Abschiednehmens am falschen Platz, die sich damit rächte.[3]

Jesus hat es sehr scharf, aber auch erfreulich und tröstlich klar gesagt, warum das Zurückgucken und Abschiedwinken nicht geht, wenn es sich um das Reich Gottes handelt: *Wer die Hand an den Pflug legt und siehet zurück,* der ist nicht geschickt zum Reiche Gottes. Mit diesem schönen Bild ist die Sache auf den rechten Boden gestellt. Auf das Reich Gottes zugehen, das heißt pflügen, heißt arbeiten, heißt schaffend vorwärtsschreiten. Könnte man bummeln ins Reich Gottes, dann könnte man auch zurücksehen, warum nicht? Arbeiten aber und

---

[3] Karl Barth bezieht sich hier wohl auf seinen «Abschied» von der Studentenverbindung Zofingia, in der zu seiner Zeit viel Alkohol getrunken wurde. In einem Brief an seinen Freund Fritz Zulauf vom 22. Oktober 1911 (KBA 9211.123) schrieb er darüber: «Der Alkoholgenuss in der Zofingia ist doch ein wüster Flecken in der Erinnerung, geht es dir nicht so? Überhaupt, was soll man eigentlich denken von den dort zugebrachten vielen, vielen Stunden? Der Ertrag geht doch nahe zusammen. Man *lebt* nachher […] von so *ganz* andern Dingen. Und dann war's *doch* manchmal wieder schön dabei.»

zurücksehen, das geht nicht zusammen. Da kann der gefühlvollste Widerspruch nicht dagegen ankommen. Wo es um das Reich Gottes geht, da ist Zurückfühlen und Zurücksehen ein Feind, denn da haben wir Alles vor uns zu suchen und unser Heil liegt im Vorwärtsstreben. Im Alten Testament ist dieser Gedanke in einer sinnigen Geschichte ausgesprochen: Lot, der Patriarch, verlässt, rechtzeitig gewarnt, mit seiner Familie die dem Untergang geweihten Städte Sodom und Gomorrha. Da kann es seine Frau nicht lassen zurückzugucken auf den Regen von Feuer und Schwefel, der die alte Heimat zerstört. Zur Strafe verwandelt sie sich in eine Salzsäule und muss nun ewig dort stehen und zurücksehen [vgl. Gen. 19,17–26]. Sie war gewiss auch ein Gemütsmensch! Aber so kann es uns gehen, wenn wir solche sind!!

Jesus nachfolgen heißt pflügen, heißt arbeiten. Wenn der Pflüger zurücksieht, dann steht der Pflug still. Während wir Abschied nehmen, kommen wir sicher nicht vorwärts. Wir wollen uns den günstigsten Fall denken. Wir haben nicht etwas Minderwertiges und Schlechtes hinter uns gelassen, sondern etwas Gutes, z. B. eine Gewohnheit, eine Beschäftigung, die uns lieb und teuer war. Wir haben darauf verzichtet, um mit freien Händen auf etwas Anderes zuzugehen, das uns jetzt noch wichtiger geworden. Aber dann kamen wir wieder auf das alte Gute zurück. Die alte Liebe wollte nicht rosten.[4] Vielleicht war an sich nichts Schlimmes dabei – aber *sicher* kamen wir unterdessen dem Andern, Wichtigern nicht näher. Der Pflug steht still, weil der Pflüger wieder seinen alten Göttern dient!!!

Aber das ist vielleicht noch der geringste Schade, wenn der Pflug bloß stillsteht. Das kann nachgeholt werden. Man kann aber pflügen und dazu zurücksehen, und der Pflug fasst nicht, er schneidet nur oberflächlich in den Boden, man tut *Scheinarbeit. Das* ist schlimm! Ich denke daran, wie Mancher meint, seinem Beleidiger zu vergeben, und der böse alte Groll ist doch noch da, weil er es nicht lassen kann, immer noch darauf zurückzukommen. Oder wie Mancher sich anstrengt, etwas zu schaffen in der Welt, aber er schaut zurück, er denkt an seine frühern Misserfolge, er traut seiner Kraft nicht mehr – sein Pflug fasst nicht, er schafft wirklich nichts Rechtes mehr!! Wie schrecklich ist es, wenn Kunst und Wissenschaft so oft von Leuten

---

[4] Sprichwort: «Alte Liebe rostet nicht»; vgl. Röhrich III, S. 964.

getrieben werden, die innerlich gar keine Freude an ihrer Sache haben, die sich viel lieber misstrauisch von Allem zurückzögen, wenn es anginge. Da wird Scheinarbeit geleistet. Da läuft der Pflug eben obenhin; es wird nichts damit gefördert.

Und es gibt etwas, das ist *noch* schlimmer. Der Pflug kann auch laufen und fassen, aber er läuft in großem Bogen nach seitwärts und rückwärts, vielleicht in die Steine und vielleicht in den Acker des Nachbars, weil der Pflüger zurückgesehen, statt vorwärts. Er hat *Pfusch*arbeit geliefert, und das ist das Ärgste. Die Prozession von Echternach kann man ja noch hübsch finden, denn mit: zwei Schritt vor! ein Schritt zurück! kommt man doch gemächlich vorwärts. Aber es passiert leicht, dass dabei die Verwechslung passiert: ein Schritt vor! zwei Schritt zurück! Man tut nicht nur keine Arbeit und nicht nur ungenügende Arbeit, sondern schlechte, schädliche Arbeit. Es steht schlimmer als zuvor. Wer mit einer schlechten Gewohnheit, z. B. dem Trinken, damit aufhören will, dass er ihr noch einmal nachgibt, der kommt sicher bei diesem Anlass tiefer hinein als je. So energisch er das Neue ergreifen wollte, so energisch wird er jetzt in Gedanken «nur noch einmal» in das Alte hineinlaufen – der Pflug geht im Bogen nach rückwärts! Wer sich von seiner traurigen Vergangenheit nicht trennen kann, sondern an jedem Wendepunkt seines Lebens die neue Strecke damit anfängt, dass er sich und Andren das Alte wieder ins Gedächtnis ruft, der verbohrt sich sicher bei diesen Anlässen tiefer und immer tiefer in seine Traurigkeit – der Pflug geht im Bogen nach rückwärts! Es ist nicht nur nicht besser geworden, sondern schlimmer!

Wir können innehalten. Jesus hat Recht. Durch das gemütliche Abschiednehmen werden wir zu Salzsäulen. Wer ins Reich Gottes gehen will und sieht zurück, der ist zu diesem Reiche nicht geschickt. Aber Jesus wollte uns auch mit diesem Wort nicht abweisen. Nicht einmal jenen Mann dort wollte er abweisen, so scharf die Antwort war, die er bekam. Ich sagte es schon: seine Schärfe ist Klarheit. Und Klarheit ist immer etwas Tröstliches. Jesus wollte uns auch mit diesem Wort anweisen, *wie wir es machen sollen*. Mit der konservativen Stimmung kommen wir nicht hinein ins Reich Gottes. Dabei muss es sein Bewenden haben. Die Stimmung: Ja – Aber!, der wir Gemütsmenschen uns so gerne hingeben, sie trägt nicht. Mit der Prozession von Echternach kommen wir nicht ins Reich Gottes. Darüber sind wir uns wohl heute klar geworden. Und jetzt wissen wir auch, was wir zu [tun] haben. Das, was in uns sich ereignen muss, ist ein Ja *ohne* Aber, ein Vorwärts *ohne* Zurück, eine Abreise *ohne* Händedruck. Du sagst: das ist ja gerade das Schwere, ein solches Ja ohne Aber!

Ja, hast du denn gemeint, es sei leicht ins Reich Gottes zu kommen? Amen.

Lieder:
Nr. 33: «Sieh, hier bin ich, Ehrenkönig» von J. Neander, Strophen 1–3.
Nr. 159: «Fahre fort, fahre fort!» von J. E. Schmidt, Strophen 1.4.6.

Lukas 12,13–15

Es sprach aber Einer aus dem Volk zu Jesus: *Meister, sage meinem Bruder, dass er mit mir das Erbe teile.* Er sprach aber zu ihm: *Mensch, wer hat mich zum Richter oder Erbschichter [1] über euch gesetzt?* und sprach zu ihnen: *Sehet zu und hütet euch vor dem Geiz; denn niemand lebt davon, dass er viele Güter hat.*

Liebe Freunde!

Wir wollen ja nicht damit anfangen, zu sagen, das müsse jetzt auch ein recht ungeistlicher Mensch gewesen sein, der da an Jesus gelangen konnte mit der Bitte: *Sage meinem Bruder, dass er mit mir das Erbe teile!* Wir hören nachher, dass er mit dieser Bitte abgewiesen wurde – aber nur ja keine Entrüstung und Geringschätzung deshalb! Im Gegenteil: wenn wir recht verstehen wollen, warum er von Jesus abgewiesen oder vielmehr auf etwas Besseres verwiesen wurde, dann müssen wir uns recht in ihn versetzen, dann muss er uns zuerst recht sympathisch und lieb werden mit seiner Bitte. Ich glaube, das kann uns durchaus nicht schwer fallen. Denn wir haben es Alle etwa schon so gemacht wie jener Mensch. Vielleicht war es bei uns nicht gerade ein Erbschaftsstreit, sondern irgend eine andre Sache, bei der wir unser Recht haben wollten. Irgend ein Nebenmensch war uns zu nahe getreten mit seinen Worten oder Handlungen: wir fühlten uns verletzt, zurückgesetzt, bedroht oder geschädigt, und da entstand ganz natürlich in uns das Bedürfnis, uns an einen Größern, Stärkern anzulehnen, bei ihm Schutz und Hilfe gegen den Bedränger zu suchen. So haben wir es gewiss Alle schon als Schulkinder gemacht: Herr Lehrer! der oder die hat mir etwas zu Leid getan, sagt ihm doch, dass er es nicht mehr tun soll! So haben wir es später gegenüber andern Personen gemacht, die zwar keine solche Macht hatten wie der Herr Lehrer

---

[1]   In der Fassung der von Barth benutzten revidierten Ausgabe der Luther-Übersetzung von 1892; in neueren Ausgaben heißt es: «Erbschlichter».

über die bösen Buben und Mädchen – aber wir gingen doch zu ihnen und sagten: Jetzt, was meint ihr dazu, was man mir angetan hat? Ist es nicht ein Unrecht und eine Schande, wie man es mir gemacht hat? Und wenn sie uns dann zustimmten und sagten: ja, es ist wahr, es ist schrecklich, dann fühlten wir uns wunderbar erhaben und gestärkt, es war uns, wie wenn uns das erlittene Unrecht nur noch halb so wehtue. Wir haben eben das Bedürfnis, uns *Recht geben zu lassen* von den Andern, und das sind uns dann die lieben Menschen, die uns[2] durch dick und dünn Recht geben. |

Ich kann Euch schon sagen, dass der Beruf eines Pfarrers vielleicht aus keinem Grund so schwierig ist als darum, weil alle Leute von einem verlangen, man solle ihnen Recht geben gegen diesen oder jenen Andern. Man kommt in ein Haus, tritt unten hinein und hört binnen kurzem: Eh, was sind das für böse Leute, die überoben[3] wohnen! Dann steigt man nach überoben und vernimmt: Es wäre Alles gut, wenn nur nicht die überunten wären, aber das ist eine schlimme, heuchlerische Gesellschaft! Da steht man dann auf der Treppe zwischen den beiden Familien und ist bös dran: Sage meinem Bruder, dass ich Recht habe – nein, dass *ich* Recht habe! Zwanzig Jahre müsste man in Safenwil gelebt haben, um sich richtig entscheiden zu können, und dann noch wäre man nicht sicher. O da ist man dann froh, dass Einer, der noch ein ganz anderer Pfarrer gewesen ist als unsereins, es fröhlich abgelehnt hat, darüber zu entscheiden, ob Hinz oder Kunz Recht hat. Aber davon wollen wir jetzt noch nicht reden. Ich wollte nur sagen: die Weise jenes Menschen, der wollte, dass Jesus ihm Recht gebe, sie ist etwas allgemein-menschliches, und wir sollen nicht über ihn schimpfen oder auch nur lächeln. Wenn Jesus heute nach Safenwil käme, er würde es vom Striegel bis zum Holz[4] und wieder zurück mit vielen hundert ganz ähnlichen Bittstellern zu tun bekommen. – |

Aber nicht nur, weil wir es auch so machen, sollen wir ihn begreifen. Es liegt in seinem Wunsch innerlich und verborgen etwas Schönes

---

[2] Mskr.: «uns Recht»; das im Satz überzählige «Recht» wurde von den Hrsg. gestrichen.

[3] Schweizerdeutsch: «überoben» steht für «oben» bzw. «oben drüber», genau wie im folgenden Satz «überunten» für «unten» bzw. «unten drunter».

[4] Ortsteile von Safenwil, die nach Südwesten bzw. Nordosten den Ortskern begrenzen.

und Berechtigtes. Etwas Gutes, das ihm selbst vielleicht unbewusst war, als er seinen Wunsch aussprach, und das auch uns unbewusst ist, wenn wir es ähnlich machen, und das trotzdem bei ihm da war und bei uns da ist. Er wollte Recht bekommen bei Jesus. Ja, wer nun gewohnt ist, bei den Menschen immer nur auf die minderwertigen Absichten und Gefühle zu achten, der kann freilich daraus machen, er habe eben nur mit Hilfe Jesu zu seiner Sache kommen wollen. Das wollte er freilich: Sage meinem Bruder, dass er das Erbe mit mir teile! Aber es steckte doch wohl noch etwas mehr dahinter als das mehr oder weniger eigennützige Verlangen nach dem Erbteil. Dass sein Bruder ihm das Seinige vorenthielt, das kränkte ihn, nicht nur weil es ihn persönlich schädigte, sondern weil es ganz abgesehen von seiner Person *nicht recht* war. Es wird uns wohl auch schon so gegangen sein. Wir hätten uns beruhigen und trösten können über dem Schaden, der uns zugefügt worden, aber was uns aufregte, das war das Gefühl, dass da *Unrecht* geschehen sei. Den Schaden hätten wir gern verschmerzt, aber gegen das Unrecht lehnten wir uns mit aller Macht auf. Ein berühmter Jurist hat diese Auflehnung den «Kampf ums Recht» genannt und hat in einer Schrift unter diesem Titel[5] gefordert, dieser Kampf müsse immer und überall durchgefochten werden bis aufs Letzte, auch wenn wir beim Nachgeben gar keinen Schaden hätten, so dürfe doch nicht nachgegeben werden, denn Recht müsse doch Recht bleiben. Diese Gesinnung nenne ich berechtigt und schön, obwohl sie im Leben fast überall mit andern, niedrigeren Motiven verbunden sein mag. Ich glaube, auch jener Mensch stand im Kampfe um das Recht und nicht nur im Kampfe um sein persönliches Interesse. Wäre es bloß das Letztere gewesen, dann würde er sich gewiss nicht gerade an Jesus gewandt haben. Er hätte sich ja von vornherein sagen müssen, dass Jesus bloß an dem Wunsch: ich will mein Geld haben! keine Freude haben würde. Es war gewiss etwas vom Bekanntesten an Jesus, dass er Geld und Geldeswert gering achtete als Schätze, die die Motten und der Rost fressen [vgl. Mt. 6,19] – was hülfe es dem Menschen, wenn er die ganze Welt gewönne [Mt. 16,26]!! Aber *da* müsste doch Freude und Anteilnahme von ihm zu erwarten sein, wo ein Mensch ums Recht stritt, um göttliches und menschliches Recht!? Meister, du bist ja der Lehrer

---

[5] R. von Ihering, *Der Kampf um's Recht*, Wien 1872; 1910[17].

göttlicher Gerechtigkeit, Meister, sage meinem Bruder, dass er das Erbe mit mir teile?! – |

Wir müssen diese Anrufung Jesu mit einem warmen, teilnehmenden Herzen miterleben. Es ist eine der tiefsten menschlichen Regungen, dass wir uns von Gott und von göttlichen Menschen möchten sagen lassen, dass wir Recht haben. Aus dieser Regung sind die ersten *Gesetze* der Menschen hervorgegangen. Sie empfanden es als unumgänglich notwendig, dass gleichsam ein Mund Gottes da sein müsse, der ihnen sage, wer Recht habe und wer Unrecht, unabhängig von der Gewalt und von der Willkür des Einzelnen. Da haben der König Hammurabi von Babylonien und Moses im Volke Israel und der weise Kong-Tse[6] in China und später Karl der Große im Frankenreich und die alten Eidgenossen in ihrem ersten Bundesbrief[7] die Ordnungen des gemeinsamen Lebens auf große Regeln gebracht, und jeder Bürger konnte von da an wissen: es ist jetzt geschrieben und verbrieft ein Gebot da, in dessen Schatten kann man sicher wohnen, denn es sagt meinem Bruder, dass er das Erbe mit mir teilen, dass er überhaupt meine ganz bestimmten Rechte respektieren soll. Wir haben in der vergangenen Woche viel gehört vom neuen schweizerischen Zivilgesetzbuch[8], und ich denke, alle, die den Vorträgen[9] gefolgt sind, werden mit mir Freude gehabt haben an der Beobachtung, dass das Recht darin gegenüber dem alten Zustand wieder große Fortschritte gemacht hat. Der Mund Gottes sagt darin deutlicher als zuvor, was Recht sei. Manche, denen bis jetzt nur in ungenügender Weise ihr Recht wurde, die Frauen vor Allem, können sich jetzt darüber freuen, dass dem Mitmenschen genauer gesagt wird, wie er sich zu verhalten

---

[6] Andere Transkription für Konfuzius.

[7] Gründungsurkunde der Alten Eidgenossenschaft von 1291, in der es neben dem Versprechen gegenseitigen Beistands und der Versicherung, sich nicht unter fremde Mächte beugen zu wollen, vor allem um rechtliche Regelungen bzw. den Schutz der Einzelnen vor Willkür im Fall von Auseinandersetzungen untereinander geht.

[8] Vgl. oben, S. 93f., Anm. 6.

[9] In der dieser Predigt vorausgehenden Woche waren «am Montag und Freitag» in Safenwil «Vorträge über das neue Zivilgesetzbuch» gehalten worden, die am darauffolgenden Donnerstag fortgesetzt werden sollten (vgl. Brief Barth an seine Mutter Anna Barth vom 21.11.1911 [KBA 9211.91]). «Leider», so Barth, war «der Redner nicht hervorragend» (ebd.).

habe, und so kann die Sicherheit des Lebens und damit die Freude daran größer werden als früher. Dieser Fortschritt und alle weitern, die wir hoffentlich noch machen werden, sind geboren aus jener innern Regung, der der Mann in unserm Text gegenüber Jesus Ausdruck gegeben: Sage meinem Bruder, dass er das Erbe mit mir teile! Diese Regung ist etwas vom Allergrößten in der menschlichen Natur. Unendlich viel Gutes ist daraus hervorgegangen, und auf den ersten Blick möchten wir wohl die Empfindung haben, sie sei wirklich das Allergrößte und Beste im Menschen. Und von jenem Mann könnten wir dann denken: Bravo! Das war ein vernünftiger Mensch, der zum Herrn Jesus ein praktisches, konkretes Zutrauen hatte.

*   *   *

Umso mehr werden wir dann gespannt sein auf die Antwort, die Jesus ihm geben wird. Wie schön wäre es gewesen, wenn er jetzt, wie etwa König Salomo glorreichen Angedenkens, den Erbschaftsstreit der beiden Brüder geschlichtet hätte durch einen Schiedsspruch, der durch seine Weisheit weit und breit bekannt geworden wäre [vgl. 1.Kön. 3,16–28]. Mose und Kong-Tse wären gewiss eine Antwort nicht lang schuldig geblieben, und wenn wir ein altes oder neues Zivilgesetz aufschlagen würden, würden sie uns über jenen Fall sehr bald und sehr einfach Auskunft geben. Warum hat es Jesus nicht getan? Warum stellt er sich nicht in eine Reihe mit all jenen großen Männern und gibt dem, der Unrecht leidet, Recht, besonders wo die Sache so einfach ist, wie es dort war? Wie würde jener Mann Freude gehabt haben, wenn er zu seinem Bruder hätte laufen können mit der Botschaft: jetzt hat mir Jesus Recht gegeben, und warte nur, wenn er dich trifft, wirst du hören, was du zu tun hast.

Ja, so etwas erwarten wir von Jesus. Aber nun enttäuscht er uns bitter, indem er zur Antwort gibt: *Mensch, wer hat mich zum Richter oder Erbschichter über euch gesetzt?* Das ist eine glatte Weigerung zu tun, was der Andre wollte, nämlich ihm Recht zu geben. Ich sage: das enttäuscht uns, und das umso mehr, je mehr wir annehmen müssen, dass es jenem Mann um sein Recht und nicht bloß um seinen Nutzen zu tun war mit seiner Bitte. Er gibt ihm nicht Recht, er erklärt: das geht mich nichts an, ich bin nicht Richter oder Erbverwalter. – |

Man hat Jesus diese Weigerung schon sehr übel genommen. Das nehmen die Menschen überhaupt sehr übel, wenn man zögert, ihnen Recht zu geben. Erst vorgestern beklagte sich jemand bitter bei mir über seine Verwandten und Hausgenossen. Und als ich dagegen nur ganz schüchtern einwandte, diese Letztern möchten doch wohl ganz so schlimm nicht sein, da sagte mir der Betreffende gleich im Tone tiefster Entrüstung: Ja, Herr Pfarrer, wenn Ihr *die* noch in Schutz nehmen wollt, – – dann sehe ich euch gar nicht mehr als Herr Pfarrer an! Sehr wahrscheinlich ist Jesus dort auch so abgesetzt worden, als er nicht tun wollte, was man von ihm erwartete. Mindestens hat das schöne Zutrauen jenes Mannes einen argen Stoß bekommen bei dieser Ablehnung.

Und wir stehen da in der Tat vor einer recht schweren Frage. Warum hat Jesus so unpraktisch seine Zeit damit verloren, vom Vater im Himmel und von den Lilien auf dem Feld zu reden [vgl. Mt. 6,26.28], statt ein kleines, aber göttlich vollkommenes Zivil- und Strafgesetzbuch zu erlassen, das für alle Zeiten gegolten hätte? Warum sagt er bloß: Liebe deinen Nächsten wie dich selbst [Mt. 22,39]!, statt genaue Regeln anzugeben, wie das zu machen sei? Der bekannte deutsche Politiker und Schriftsteller *Friedrich Naumann* hat einmal gesagt, es sei eine ernsthafte Anfechtung seines Zutrauens zu Jesus gewesen, als er nach Palästina gekommen sei und da den schlechten Zustand der dortigen Straßen und Wege gesehen habe.[10] Warum hat Jesus keine Anstrengungen gemacht, da verbessernd einzugreifen? Das kommt uns vielleicht kleinlich vor, und doch besteht die Frage auch für uns:

---

[10] Vgl. Fr. Naumann, «*Asia*». *Athen, Konstantinopel, Baalbek, Damaskus, Nazaret, Jerusalem, Kairo, Neapel*, Berlin-Schöneberg 1899², S. 114f. Über solche konkreten Eindrücke hinaus waren die Eindrücke dieser Reise für Naumanns weiteres politisches Engagement von entscheidender Bedeutung, stellte er doch fest (a.a.O., S. 115): «Ich habe vor der Palästinareise das Neue Testament mit dem Auge eines Deutschen für Deutschland gelesen, es gehört aber nach Galiläa. Nicht das Herz Jesu wird kleiner, wenn man sich ihn in Palästina denkt. Sein Herz ist die Liebe zu den Armen, der Kampf gegen die Bedrücker, die Freude am Erwachen der Unmündigen. Nur die Art, wie er seinem Herzen folgte, ist dem menschenfreundlichen Tun unseres Zeitalters ferner als wir dachten.» Vgl. P. Theiner, *Sozialer Liberalismus und deutsche Weltpolitik. Friedrich Naumann im Wilhelminischen Deutschland (1860–1919)*, Baden-Baden 1983, S. 49f.; V.u.kl.A. 1914–1921, S. 52f., Anm. 14.

warum hat Jesus so gar nichts getan zur Verbesserung der äußern Lage der Menschen? Warum hat er nicht ein Rezept gegeben zur Lösung der sozialen Frage, die doch schon damals vorhanden war? Warum hat er nicht einen Arbeiterverein gegründet oder einen Konsumverein, eine Haushaltungsschule oder einen Abstinentenbund?[11] Warum weist er es sogar in einer so kleinen Sache, wie es jener Erbschaftsstreit war, zurück, durch sein Urteil den Leuten einen guten Dienst zu tun? «Mensch, wer hat mich zum Richter oder Erbschichter über euch gesetzt?» Ja, soll das nun eine Antwort sein auf alle die Fragen und Bedürfnisse unsres äußern Lebens? Freunde und Feinde Jesu haben aus dieser Antwort schon mit scheinbar großem Recht den Schluss gezogen, ihm seien eben die äußern Dinge überhaupt *gleichgiltig* gewesen. Die Wiedertäufer zur Reformationszeit haben gesagt: Seht da, Jesus wollte vom Staat und seinen Rechtsordnungen, von der ganzen weltlichen Kultur nichts wissen. Heutzutage hört man das Wort besonders oft von solchen anwenden, die gegen die Sozialdemokratie und besonders gegen die Einmischung der Religion in die Soziale Frage reden. Seht da, sagen sie, Jesus weigert sich, zu entscheiden über Mein und Dein; die wirschaftlichen Fragen sind ihm gleichgiltig, ob Sozialismus oder Kapitalismus, darüber gibt *er* uns keine Auskunft. Und was die einen sagen, um ihn zu rühmen, das sagen die andern, um ihn zu tadeln: Er redet uns nur von der Seele und ihrem Leben, er ist kein Mann der Kultur und des Lebens, er lässt uns im Stich bei den Angelegenheiten, die uns am Meisten interessieren.

Was sollen wir dazu sagen. Jener Ruhm und dieser Tadel sind unangebracht. Die äußeren Dinge waren Jesus *nicht* gleichgiltig. Es hat vielleicht kaum einen Menschen gegeben, der so viel an die äußern Dinge gedacht hat wie Jesus. Aber er greift sie ganz anders an, als wir es gewöhnlich tun. Auch jene harte Antwort: Mensch, wer hat mich zum Richter oder Erbschichter über Euch gesetzt? wollte durchaus nicht sagen: Recht und Unrecht in Geldsachen, in äußern Sachen, das kümmert mich nicht: wohl aber war seine Meinung die: Seht, lieber Freund, ich nehme den Fall von einer ganz andern Seite, als du es haben möchtest. Als Richter oder Erbschichter rufst du mich an – das

---

[11] Bei dieser Aufzählung handelt es sich um Vereine und Einrichtungen, die es damals auch in Safenwil gab.

bin ich nicht, kann und will ich nicht sein, aber ich bin etwas Besseres. Du möchtest von mir hören, dass du Recht *hast,* mich beschäftigt vielmehr die Frage, ob du recht *bist.* Recht soll ich dir geben? Ja, weißt du denn, was recht ist? Ich will es dir sagen: Recht ist, wenn man sich vor dem Geize hütet, denn niemand lebt davon, dass er viele Güter hat. Wie stehst du dazu? – |

Ich sagte vorhin, die Antwort Jesu: Ich bin nicht Richter noch Erbschichter! habe etwas Enttäuschendes, weil sie aussieht wie ein Rückzug, wie ein Ausweichen. Mit dem, was Jesus hinzufügt, verändert sich das Bild: nicht mehr enttäuscht, nein *bedroht* müsste sich der Fragende nun fühlen. Er war gleichsam mit dem Schwert in der Hand angestürmt: Ich habe Recht, und Recht muss doch Recht bleiben – da nimmt Jesus ihm das Schwert aus der Hand und kehrt es gegen ihn selbst: Hast du wirklich Recht? Du weißt doch, dass Habsucht Unrecht ist?!

Es liegt etwas Großartiges, Majestätisches in dieser Wendung der Antwort Jesu. Hätte er dort wie Salomo ein weises Urteil gefällt zwischen den beiden Brüdern, dann wären wir vielleicht um eine hübsche Erzählung reicher, aber mehr wäre uns damit nicht geholfen. Nun aber hat Jesus mit seiner enttäuschenden und bedrohlichen Antwort allen denen, die Recht haben möchten, einen *ewigen* Weg gewiesen. Recht soll ich dir schaffen? Ja, wenn du bloß das meinst, dass man dir das Deinige zuspreche in diesem Streitfall, dann musst du zu andern Leuten gehen. Ist es dir aber ums Recht selbst zu tun, dann komm zu mir, sieh zu und hüte dich vor der Habsucht. Dann hast du sicher Recht. So ist Jesus vorgegangen. Jawohl, er hat Recht und Unrecht im Leben, im wirklichen Leben der Menschen erkannt und tief ernst genommen. Aber er hat sie *so* ernst genommen, dass er nicht dabei bleiben konnte zu urteilen: du hast Recht und du Unrecht, sondern er stieg tiefer und sagte: woher kommt Recht und Unrecht? Und da fand er, dass sie beide hervorgehen aus einem Zustand des innern Menschen, aus einer *Gesinnung*, können wir sagen. Ein guter Baum kann nicht schlechte Früchte bringen und ein schlechter Baum kann nicht gute Früchte bringen [Mt. 7,18]. Dem Baum hat Jesus seine Aufmerksamkeit gewidmet. Eine neue Gesinnung wollte er gründen unter den Menschen. Das war das Größere, das er zu sagen hatte gegenüber auch dem besten Richter, und weil er das Größere zu sagen hatte, weigerte er sich, des Richters Amt zu tun. In diesem Fall wollte er dem Ankläger sagen: du musst dich selbst ganz frei machen von aller Gier nach dem Besitz, von allem Behagen am Geld, dann hast du sicher Recht, sogar wenn der Bruder dir Unrecht tut! Machst du dich davon *nicht* frei, dann könntest du hundert Erbschaftsprozesse gewinnen und alle Güter der Welt damit, du würdest doch nicht Recht haben! Ein schlechter Baum kann nur schlechte Früchte bringen.

Können wir jetzt noch sagen, dass Jesus gleichgiltig gewesen sei gegenüber dem Recht und Unrecht in der Welt? Dass er sich der Aufgabe habe entziehen wollen, die Welt besser zu machen? Es braucht wirklich eine merkwürdige Verblendung, um so etwas zu behaupten! Was Jesus wollte, das war ja gerade die Grundbedingung einer bessern Welt. Was Jesus wollte, das waren die *bessern Menschen.* Ihr werdet Recht *haben,* sobald ihr recht *seid,* fangt nur einmal *damit* an!! Ist das ein unfruchtbares Gefühlswesen, wenn Jesus so forderte, kann man im Ernst behaupten, er hätte besser getan, uns ein christliches Erbrecht zu hinterlassen? Nein, das konnte er den Richtern und Gesetzgebern überlassen, da überlässt er es uns, immer neue und bessere Ordnungen des Lebens zu schaffen. Jesus gibt nicht Gesetze, aber er gibt, dass Gesetze gehalten und erfüllt werden; er schafft die Gesinnung, ohne die auch das beste Gesetz Papier und Druckerschwärze wäre. Oder ist es etwa nicht so? Redet nicht unser neues Zivilgesetzbuch gerade in den ersten Sätzen davon, dass jedermann in seinen Rechten und Pflichten *nach Treu und Glauben* zu handeln habe,[12] d. h. ehrlich, aufrichtig und in der besten Absicht?! Das ist eine Bestimmung, die sich in einem Gesetzbuch wunderbar genug ausnimmt, denn wie kann ein Gesetz Treu und Glauben vorschreiben? Aber dass es geschieht, zeigt nur, dass das Gesetz, das Recht eine Gesinnung im Menschen voraussetzt. Er muss recht *sein,* um Recht *haben* zu können.

Und was vom Recht und Gesetz gilt, das gilt nun auch von allem Andern, von dem, was man das Leben, die Kultur nennt. Ja, es sieht auf den ersten Blick so aus, als habe Jesus von dem Allem nichts

---

[12] «Jedermann hat in der Ausübung seiner Rechte und in der Erfüllung seiner Pflichten nach Treu und Glauben zu handeln» (*Schweizerisches Zivilgesetzbuch vom 10. Dezember 1907*, Art. 2, Abs. 1 [in Barths Exemplar ist «nach Treu und Glauben» unterstrichen]).

wissen wollen. Er hat wirklich keine Wege verbessert und keine Konsumvereine gegründet. Wenn er im Aargau gelebt hätte, so wäre er nicht Präsident der Kulturgesellschaft[13] geworden, er würde sich aber auch schwerlich an die Spitze der Arbeiterpartei gestellt haben, wie manche es sich vielleicht träumen. Von dem Allem würde er gesagt haben: wer hat mich dazu gesetzt?, wie er es jenem Mann sagte. Aber das heißt wahrhaftig nicht, dass Jesus allen Dingen dieser Art gleichgiltig oder gar missbilligend gegenüber stehe. Das gerade Gegenteil: Jesus schafft zu dem Allem die Grundbedingung: die rechten Menschen, die den Geist der Weisheit und der Kraft und der Liebe haben [vgl. 2.Tim. 1,7], um ihr Werk recht zu tun. Wo rechtes Leben und rechte Kultur geschaffen wird, da wird sie aus seinem Geist geschaffen. Kein Programm und kein Gesetz hat er uns hinterlassen, aber er hat uns das gegeben, was besser ist als das beste Programm und Gesetz: sich selbst, seine überwindende Zuversicht zum Leben, sein herzliches Verpflichtungsgefühl gegen die Menschen, seine Gewalt über das Böse. Das sind die Grundsäulen, auf denen sich das Leben aufbaut.

Wenn ich ihn nur habe, dann habe ich Recht. Dann habe ich auch die Welt.

Amen.

---

[13] Siehe oben, S. 371, Anm. 15.

Lukas 12,49

*Ich bin gekommen, dass ich ein Feuer anzünde auf Erden; und was
wollte ich lieber, denn es brennete schon!*

Liebe Zuhörer!

Feuer ist Leben und Bewegung und *Unruhe.* Feuer ist ja nicht ein
Stoff wie die Erde oder das Wasser, sondern Feuer ist ein Vorgang.
Wenn wir jetzt, wo die Tage kälter werden, einsam in unserm Zimmer
sitzen, dann ist's uns doch wieder, wir seien nicht einsam, denn im
Ofen ist ein Wesen, das führt neben uns sein eigenes merkwürdiges
Leben; das murmelt und plaudert und lacht vor sich hin bald laut und
bald leise, bald übermütig und bald bescheiden; das ist ein munterer
Geselle, der unverdrossen seine Arbeit tut, solange er auch nur das
Geringste zu arbeiten hat. Diese lebendige, plaudernde, arbeitende
Unruhe ist das Feuer. – |

Und wie offenbart es sich erst als Unruhe, wenn es nicht als Zwerg
auftritt, sondern als Riese, wenn ein Haus, wenn ein Wald im Feuer
steht, wie es im vergangnen Sommer so oft geschehen ist.[1] Ist es nicht,
als wolle es da den Menschen zurufen: Was? Ihr wollt arbeiten und
essen und trinken und Zeitung lesen und am Ende gar noch schlafen,
heute wie gestern? Heraus mit euch aus euren Häusern! aus euren
Betten und von euren Wirtstischen weg! Heraus! Ich bin da! Das
Feuer, es brennt, die große Unruhe ist losgebunden, und ihr sollt jetzt
auch einmal unruhig werden! – Und was sind alle Feuersbrünste, die

---

[1] Der Sommer 1911 war in ganz Mitteleuropa ausgesprochen regenarm: «In
der Epoche kühler Sommer blieb der heiße Dürresommer 1911 ein Einzelgän-
ger. Gebietsweise war er der *trockenste Sommer* seit Bestehen der Stationen»
(H. von Rudloff, *Die Schwankungen und Pendelungen des Klimas in Europa
seit dem Beginn der regelmäßigen Instrumenten-Beobachtungen [1670]* [Die
Wissenschaft, Bd. 130], Wiesbaden 1967, S. 172f.). – Die Trockenheit führte
schweizweit und auch in der Nähe von Safenwil zu zahlreichen Feuersbrüns-
ten, unter anderem in der Nachbargemeinde Uerkheim (s. unten, S. 400).

wir gesehen oder von denen wir gehört haben, neben dem ungeheuren Herd von flüssiger Glut, die das Innere unsres Erdballs füllt, auf dessen Hülle wir so sicher zu wohnen meinen? Die Rauchsäulen über dem Vesuv und über dem Ätna sagen es uns, dass da unter unsern Füßen ununterbrochen unendliche Bewegung ist, und auch wir sind ja in der vorletzten Woche wieder einmal recht unsanft an die nahe Gegenwart dieser feurigen Unruhe erinnert worden.[2] – |

Und nun hat Jesus Christus von sich selber gesagt: *Ich bin gekommen, dass ich ein Feuer anzünde auf Erden; und was wollte ich lieber, denn es brennte schon!* Wir fühlen schon an der Form und am Klang dieses Wortes etwas Unruhiges, Drängendes: es ist, wie wenn eine Flamme lodernd über sich selbst hinausschlägt: ich bin gekommen anzuzünden – wenn es doch nur schon brennte! Da spüren wir schon äußerlich die Bewegung, aus der dieser Gedanke Jesu geboren worden ist. Und wenn wir uns jetzt in seinen Inhalt vertiefen wollen, dann müssen wir vor Allem das heraushören: Jesus ist gekommen, *Unruhe* unter die Menschen und in die Menschen zu bringen. Das ist für uns Alle immer wieder eine neue Botschaft. Ja, was sage ich *neu*: eine *ärgerliche* Botschaft. Denn wir haben die Ruhe lieber als die Unruhe schon in unserm gewöhnlichen Leben: Wir lassen uns nicht gerne stören in unsern Gewohnheiten. Wenn Jemand kommt und uns nahetritt und unsre Gedanken und unsren Willen auf eine neue Bahn drängen möchte, dann weisen wir ihm äußerlich oder innerlich am Liebsten die Tür, indem wir ihn als Störenfried betrachten und behandeln: «Einst lebte ich so harmlos», denken wir gerührt, und wenn wir dem Andern auch nicht direkt widersprechen können, geben wir ihm doch zu verstehen, dass wir ihn sehr «ungemütlich» finden. So «ruheliebend» sind wir aber nicht nur in unserm Privatleben, sondern erst recht da, wo es sich um öffentliche oder doch gemeinschaftliche Einrichtungen und Gebräuche handelt. Wir wissen, wie schwer es ist in der Gemeinde oder in Vereinen aufzukommen gegen etwas, was einmal Gewohnheit geworden ist. Da hilft dann Einer dem Andern

---

[2]   Am Abend des 16. November 1911 gab es ein heftiges Erdbeben, das von der Innerschweiz bis nach Südbaden bemerkbar war. Vgl. L. Neumann / W. Deecke, *Das Erdbeben vom 16. November 1911 in Südbaden*, in: Mitteilungen der Großherzoglich Badischen Geologischen Landesanstalt, Jg. 7 (1912), Heft 1, S. 149–199.

kleben am Alten, und wenn nun Einer kommt mit scharfen, klaren Gedanken und Vorschlägen, dann ist's, als habe man in einen Ameisenhaufen gestochen, so rennen sie schon von allen Seiten herbei, um den Unruhestifter mit Vermittlungen und Kompromissen, wie man das nennt, womöglich unschädlich zu machen. Und wenn wir uns jetzt fragen: was erstreben und suchen wir eigentlich in unserm Leben, was ist unser Lebensideal?, müssen wir uns da nicht gestehen, dass wir im Stillen vor allem die Gemütlichkeit suchen? Dass das, was uns als das Schönste erscheint im Leben, ein stiller, ruhiger Dämmerzustand ist, in dem man vielleicht große Gedanken und Gefühle haben kann, aber nicht große Entschlüsse zu fassen braucht? Darum hat der Alkohol immer wieder so viele Freunde und Verteidiger, obwohl man seine Gefahren genau kennt, weil er wie kaum etwas Anders uns in jene ideale Gemütlichkeit, in jenen Dämmerzustand zu versetzen vermag, aus dem uns nichts mehr aufschrecken kann. Aber mit oder ohne Alkohol gibt es bei uns wie überall eine gewisse behäbige Mittelmäßigkeit, die es sich zum Lebensgrundsatz gemacht hat, das Ruhige nicht zu bewegen und sich selbst nicht aus der Ruhe bringen zu lassen. Diese Mittelmäßigkeit kann dann oft reden mit der Weisheit des Königs Salomo, sie hat für alles das, was sie «Übertreibungen» nennt, einen Dämpfer bereit, ein Achselzucken, ein Fragezeichen, und sie meint, mit alledem noch die Prophetin des wahren Glückes zu sein. |

Ich rede nicht von Andern, sondern von euch und von mir, meine Freunde, denn wir haben Alle etwas von dieser ruhigen Mittelmäßigkeit in uns. Und nun sind wir gewohnt oder doch sehr stark geneigt, auch die Religion [von] dieser Seite zu nehmen, als ein Ruhebänklein auf der bösen Wanderung des Lebens. Man hört gern Predigten, in denen es sanft und tröstlich und gefühlvoll zugeht. Man hat schon das Gleichnis gemacht: die Kirche und die Pfarrer müssten die Ambulanz, die Sanitätstruppe sein, die im sozialen Kampf der Gegenwart hin- und herlaufe und die Verwundeten verbinde.[3] Und wieder für Andere

---

[3] Das «Gleichnis» dürfte aus dem Umfeld der schweizerischen religiössozialen Bewegung stammen, aus der heraus zeitgenössisch die auf Neutralität in den wirtschaftlichen und sozialen Gegensätzen bedachte Position innerhalb der deutschen «Christlich-sozialen Bewegung» in diesem Sinne angegriffen wurde: «Dem Christentum bleibt ein Gebiet gewahrt. Es bleibt die Oase in der Wüste; es bedeutet Trost im Leben, Ruhe in der Bedrängnis, Hoffnung für die

ist Religion und Kirche ein stiller, heiliger Hain, in den man sich zeitweise flüchtet vor dem Getöse des wirklichen Lebens, um da vor geweihten Altären seine Seele sich erholen zu lassen. Aber so oder so: es ist die Ruhe und ja nicht die Unruhe, die man bei der Religion sucht. Das passt gut zu dem Lebensideal der Gemütlichkeit, von dem wir sprachen, es ist das zweite Stockwerk dazu, sozusagen.

Und nun sagt Jesus: Ich bin gekommen, ein Feuer anzuzünden, ich bin gekommen, Unruhe zu bringen. Es mag uns betrüben und ärgern, dass es so ist, aber es ist wirklich so. Wenn Jesus das Leben so gemütlich genommen hätte wie wir, hätten seine Jünger nicht den unbesieglichen Eindruck von ihm gehabt: du bist der Messias, der Christus, der Gesandte Gottes [vgl. Mt. 16,16 parr.]. Und wenn Jesus ein ruhiger Bürger gewesen wäre, so wäre er nicht ans Kreuz gebracht worden. Er nahm aber das Leben nicht gemütlich und er war kein ruhiger Bürger. Sondern er hat ein Feuer auf die Erde geworfen, wie es in unserm Text wörtlich heißt. – |

Er hat die Leute nicht in ihrer Art gelassen, sondern das Erste, was er ihnen zu sagen hatte, hieß: *Ihr müsst euren Sinn ändern!* In diesem Wort zeigte er sich so recht als Störenfried, als Einer, der uns im Innersten beunruhigt. Denn unser «Sinn» ist doch wohl unser Innerstes. Es fällt uns nicht schwer, uns in allerlei Äußerm zu verändern, wir lassen es uns sagen, dass wir da und dort anders denken und es anders machen könnten. Irren ist menschlich! sagen wir, und: jedermann hat eben seine Fehler. Das wussten und sagten auch die frommen Juden zur Zeit Jesu – aber: ändert euren Sinn! das war ihnen zuviel. Man kann seine Handlungs- und Denkweise verändern und verlassen, man kann sich eine schlechte Gewohnheit ab- und eine gute angewöhnen *ohne* Beunruhigung. Aber in seinem Innersten anders werden, das wäre Feueralarm, dann müsste man hervor hinter dem Ofen und von den vollen Schüsseln in die dunkle Nacht hinaus laufen. Da müsste man sich rühren und zugreifen, statt zu ruhen. – |

Ewigkeit. Aber es muß darauf verzichten, den ganzen, wilden Strom der Moderne zu lenken. Sein Gebiet ist außerhalb der Schlacht. Es pflegt die Verwundeten und sorgt für sie. Aber unter den Kämpfenden hat es nichts zu tun» (J. Matthieu, *Das Christentum und die soziale Krise der Gegenwart*, Basel 1913, S. 119f.).

Jesus hat aber auch die Verhältnisse und Umstände nicht so gelassen, wie sie waren. Er hat zu den Frömmsten von den frommen Juden «*Wehe euch!*» gesagt, als er sah, dass sie es mit Gott nicht ernst nahmen [vgl. Mt. 23,13 u. ö.]. Er hat aber auch einmal einen Strick genommen, um die Geldwechsler und Viehhändler aus dem Tempel Gottes zu treiben, den sie zu einer Räuberhöhle gemacht hatten [vgl. Joh. 2,15]. Wenn wir dabei gewesen wären, wir würden ohne uns zu besinnen gesagt haben: Das ist aber übertrieben! so streng muss man es nicht nehmen! Ja, Ruhe und Zufriedenheit hat Jesus dort den Leuten in der Tat nicht predigen wollen, sondern gerade mit der «übertriebenen» Forderung war es ihm ernst, dass Alles bei ihnen anders werden müsse. Wenn er den Tempel und die Synagogen in Brand gesteckt hätte, er hätte nicht mehr Unruhe machen können. – |

Jesus hat aber auch niemals auf ein Ziel hingewiesen, das einfach Ruhe und Gelassenheit gewesen wäre. Es ist nichts mit dem heiligen Hain, mit dem Ruhebänklein der Religion. Im Angesicht des Tempels hat Jesus das gewaltige Wort gesprochen, dass kein Stein auf dem andern bleiben werde, der nicht zerbrochen werde [Mt. 24,2]! Und dann hat er seinen Jüngern gesagt, wie das sein werde, wenn das Ziel der Welt und ihres Lebens nahe sei: Wenn ihr hören werdet von Krieg und Kriegsgeschrei ... [Mt. 24,6], wenn ihr sehen werdet den Greuel der Verwüstung ... [Mt. 24,15], wenn Sonne und Mond den Schein verlieren und die Sterne vom Himmel fallen werden ..., dann wird des Menschen Sohn kommen in den Wolken des Himmels mit großer Kraft und Herrlichkeit [Mt. 24,29f.]. Das sind mächtige Bilder, mit denen Jesus sagen wollte: seht, da geht's durch mit euch, wenn ich es gewinnen soll in der Welt. Da hinein weist er uns, in eine große, weltbewegende Unruhe, in der und durch die er doch schließlich als Herr und Meister sich offenbaren will. Und dieselbe Beobachtung machen wir, wenn wir auf die Beschreibung achten, die Jesus in der Bergpredigt von den Seligen gemacht hat als von denen, zu denen das Reich Gottes gekommen ist. Da finden wir keine «Insel der Seligen» beschrieben, wie etwa der Maler Arnold Böcklin sie dargestellt hat: kein friedliches Eiland mit dunklen Zypressen, die sich in einer ruhigen Meeresfläche spiegeln,[4] sondern da sehen wir mitten hinein in eine

---

[4] «Die Gefilde der Seligen» (1877) von Arnold Böcklin (1827–1901); das Gemälde befindet sich im Museum Oskar Reinhart in Winterthur.

Schlacht: Selig sind, die da geistlich arm sind [Mt. 5,3]! Selig sind, die da Leid tragen [Mt. 5,4]! Selig sind, die da hungert und dürstet nach Gerechtigkeit [Mt. 5,6]! Selig sind, die um Gerechtigkeit willen verfolgt werden [Mt. 5,10]! Das Alles sind nicht ruhige, sondern unruhige Zustände des innern Lebens, und gerade davor hat Jesus sein: Selig sind sie! gesetzt.

Wir dürfen nicht denken und sagen, dass das damals gewesen sei, dass wir jetzt in ruhigeren Zeiten lebten und dass auch unsre Religion sich danach richten müsse. Es steht vielmehr so, dass unsre Religion eine faule und dumme Sache ist, wenn sie das tut. Jesus ist nicht gekommen, ein Feuer anzuzünden auf Erden, um es dann wieder verlöschen zu lassen. Wo er ist, da müssen wir Menschen etwas erfahren von jener bis an die Wurzeln unsres Lebens gehenden Unruhe. Und man kann umgekehrt sagen: wo diese tiefe Unruhe ist in den Menschen, da ist auch Jesus und sein Geist, gleichviel ob sie seinen Namen kennen und ehren oder nicht. Wir wollen versuchen zu verstehen, wie diese Unruhe, die von Jesus her in der Welt ist, sich in unserm Leben zeigt und zeigen muss.

Zuerst darin, dass wir anfangen zu *erkennen*. Die Unruhe des Feuers ist ja auch vor Allem die Unruhe des Lichtes. Wo Jesus ist, da weiß der Mensch: wie? und wo? Da nimmt er Richtung und sagt sich: dorthin! Wenn junge Burschen und Mädchen sich sagen, dass sie ihr Leben sehr schlecht brauchen, wenn sie es zum Amüsement brauchen, dass sie sich innerlich vertiefen, dass sie etwas von der geistigen Welt kennenlernen, dass sie andern Menschen etwas nützen möchten – da ist Feuer vom Feuer Jesu. Wenn die Männer über ihrer Arbeit das Gefühl bekommen, dass sie mehr sein möchten als Stücke von Maschinen, wenn sie des Abends zu einem Buch greifen und nicht bloß zu einer Zeitung, wenn sie das Bedürfnis haben nach Anleitung und Aussprache über die großen Fragen des Lebens, wenn die Ideen sich regen in den Köpfen und die kleinen Fragen und Zänkereien des Alltags in den Hintergrund rücken – da ist Feuer Jesu. Und wenn die Alten, die dem Grab entgegengehen bei schwachem Körper, den Geist anfangen wirken und sich entfalten zu lassen, wie man es manchmal beobachten kann, wenn sie nicht nur zum Zeitvertreib, sondern ernsthaft anfangen, die tieferen Regungen der Seele zu pflegen und ihren Mitmenschen etwas davon zu Gute kommen zu lassen – da ist Feuer vom

Feuer Jesu. Ruhe ist das Alles nicht, im Gegenteil, es heißt da immer: heraus aus dem Gewöhnlichen, Selbstverständlichen, hinein in eine Richtung, über die man den Kopf schütteln kann, aber wer die Unruhe des Lichtes einmal erlebt und erfahren hat, der wird sie um die Ruhe der Dunkelheit nicht mehr preisgeben. – |

Nachdem uns Jesus zur Erkenntnis geführt, führt er uns zur *Un-zufriedenheit*. Das Feuer ist Unruhe, weil es zerstört, wie kein anderes Element zerstören kann. Da sind nun freilich Viele nicht gern dabei. Sie finden es unerfreulich und hässlich, unzufrieden zu sein, zu kämpfen, zu kritisieren, zu zerstören. Sie beklagen sich z. B. bitter über die Abstinenten, dass die immer nur zu nörgeln hätten und nichts Besseres in der Welt zu tun wüssten, als einem etwas Schönes wegzunehmen. Und gewöhnlich dieselben wissen auch gar viel Schlimmes zu sagen über die Sozialisten, die lauter Wühler und Hetzer seien und die sich besser still halten würden, als immer aufzubegehren. Ja, da möchte ich nun ein Gleichnis brauchen für die rechte und die unrechte Unzufriedenheit. Wenn wir über den Berg nach Uerkheim gehen, dann kommen wir da auf die Stelle, wo im letzten Sommer zwei Bauernhäuser verbrannt sind.[5] Auf dem Platz des einen ist noch jetzt Alles wie am Tage nach dem Brand, da liegt noch Alles, wie es ausge-

---

[5] Im Zofinger Tagblatt, Nr. 180, 4.8.1911, [S. 2], findet sich die folgende Notiz: «*Schöftland*. [...] Donnerstag nachmittags 1 Uhr ist unsere Gemeinde von einem schrecklichen Brandunglück betroffen worden. Im nahen ‚Pikardei‘ standen die beiden Häuser von Gebrüder Sommerhalder, Landwirte, und Fritz Graber, Mauser, lichterloh in Flammen. Die verhältnismäßig rasch zur Stelle geeilte Feuerwehr war total machtlos und konnte nur noch die Nachbargebäude retten bzw. schützen. Leider blieben die Brüder Fritz und Heinrich Sommerhalder in den Flammen, indem die beiden jedenfalls ein Mittagsschläfchen machten. Fritz Graber, der sein Vieh dem Elemente entreißen wollte, fand ebenfalls den Tod. Neben diesen drei Menschenleben blieben ferner noch 11 Stück Vieh in den Flammen. Infolge der großen Wassernot [...] war die sehr stark vertretene Feuerwehr [...] buchstäblich machtlos. [...] bei der jetzigen Dürre und dem großen Wassermangel greift das einmal entfesselte Element so rasch um sich, daß das Schlimmste eintreten kann.» (Die Hrsg. danken Herrn Dominique Baumann für den Hinweis auf diese Notiz). Vgl. auch die «Brandfallakten: Schöftland, Häuser Nr. 163 und 164 (3. August 1911)» (Staatsarchiv Aargau, CA.0001/0815/01). – Schon in seiner Predigt vom 27. August 1911 hatte Barth wohl diese Brände angesprochen (s. oben. S. 266 u. 271).

brannt und gefallen ist, es ist ein Bild der Vernichtung. Das ist die unrechte Unzufriedenheit. So sind die, welche nur das Schelten in der Kritik kennen. Auf dem Platz des andern Hauses erheben sich schon jetzt die Mauern eines neuen, bessern Gebäudes, das vor solchen Unfällen besser geschützt sein wird. Das ist die rechte Unzufriedenheit. Da wurde verbrannt und wieder aufgebaut. So ist's, wenn man unzufrieden ist, aber nicht nur das, man kann es auch besser machen, und man tut es. Das ist die Unruhe Jesu, die in dieser Unzufriedenheit waltet. Da verliert man die Freude an allerlei, was einem bisher das Höchste war, weil man bessere Freuden kennengelernt hat. Da wird man missvergnügt über das, was man den andern Menschen leistet und bietet, weil man zum Greifen deutlich erkannt hat, was man ihnen bieten *sollte*. Da verliert man aber auch die naive Überzeugung, dass die Welt so, wie sie ist, ganz in Ordnung sei, nicht nur, weil man ihre Fehler sieht, sondern weil man den Drang verspürt, in Gottes Namen Ordnung in der Welt zu schaffen. Da mögen Andre immerhin spötteln oder schimpfen, wir könnten bloß Neinsagen und Umstürzen. Wir sehen doch schon die Mauern des neuen Hauses auf der Brandstätte, und wenn die Andern sie auch sehen werden, dann sagen sie mit uns: Gut, dass der Brand gekommen ist und aufgeräumt hat. So ist das Leben des rechten Menschen ein Kampf gegen das Schlechte und Dunkle um uns und in uns.

Von der Erkenntnis und von der Unzufriedenheit aber führt uns Jesus weiter zur *Liebe*. Die Unruhe des Feuers ist Wärme. Und die Wärme ist das Größte und Beste an dem Feuer, das Jesus angezündet hat. Die Liebe will nicht zerstören, sie will nicht einmal erleuchten, sie will einfach schenken, geben, ausstrahlen. Wo ein Menschenkind von reiner Liebe erfüllt ist, da ist das eine Offenbarung des Herzens Jesu, denn Höheres wusste Jesus von Gott und göttlichen Dingen nicht zu sagen, als dass wir von jetzt an unsre Brüder lieben dürfen. Auch die Liebe ist freilich eine Unruhe und nicht etwa etwas Selbstverständliches. Man kann Liebe nicht haben, sondern nur erwerben. Besser: sie muss uns immer wieder geschenkt werden. Aber wo einem Menschen Liebe geschenkt wird, da ist Jesus der Spender, der die Liebe in die Welt gebracht hat. Wo ein Mensch anfängt, an seiner Umgebung Interesse zu nehmen, so dass die Andern für ihn lebendige, warm empfindende Wesen werden, mit denen er mitlebt und mitempfindet, statt dass sie ihm bloß so Schattenfiguren sind gegenüber der Teilnahme, die er sich selber widmet – da ist Feuer vom Feuer Jesu. Und wenn nun seine Handlungen Taten werden, die er nicht nur so tut, weil man in der Welt doch etwas tun muss, sondern die für ihn Notwendigkeiten sind, weil er in der Welt und für die Welt etwas ausrichten will, wenn sein Gehorsam gegen Gott aufrichtig ein Dienst an den Menschen wird – dann ist das wieder das Feuer Jesu, dessen Wärme zu strahlen beginnt. Und jetzt wird er mit seinem Wirken für die Welt und die Menschen verkannt und ausgelacht. Er findet keine Anerkennung, sondern man hält ihn für töricht und überspannt. Er aber arbeitet weiter und lässt sich nicht verbittern, weil er den Tag kommen sieht, wo der Segen, den er austeilt, die Welt überwinden wird – da ist die unruhige Liebe Jesu am Werk in ihrer ganzen Größe. Und wenn er jetzt den Tag nicht erlebt, den er kommen sieht, wenn er dem Widerspruch und Widerstand derer erliegt, denen er Gutes tun wollte, wenn er verkümmert und untergeht unter den Kleinlichkeiten der Welt, die er groß machen wollte, wenn er getreu geblieben ist bis zuletzt seiner Hoffnung und seinem Vertrauen, dann hat er die Liebe Christi erfüllt im Tragen seines Kreuzes. Denn die Liebe Christi erfüllt sich im Opfer, in der Hingabe, wie das Feuer in der Wärme sich selbst opfert und hingibt. Das Feuer verlöscht, aber die Wärme bleibt. Jesus stirbt, aber seine Wirksamkeit ist da, wir Alle spüren sie. Seine Getreuen kommen und gehen, sie wirken und werden wieder vergessen und doch haben sie erfüllt, was sie erfüllen sollten, sie haben das Kapital der Liebe in der Welt gemehrt, sie sind Gottes Mitarbeiter gewesen [vgl. 1.Kor. 3,9].

Ich möchte mit einem doppelten Gedanken schließen, meine lieben Freunde. Ich denke, wir haben gemerkt, dass uns Allen die Unruhe Jesu noch fehlt. Wir sind wohl vielleicht Christen, denken vielleicht viel an Jesus und reden von ihm. Aber gerade diese wichtige Art seines Geistes, die Unruhe, ist bei uns nicht zu spüren: wir sind gemütliche Leute und das Feuer sehen wir uns lieber von Ferne an. Unserm Erkennen fehlt es an der rechten leuchtenden Klarheit, unsre Unzufriedenheit ist nicht groß und scharf und ernsthaft zerstörend, unsrer Liebe mangelt die strahlende Wärme, die überwindet, um zu gewinnen. Das Alles fehlt uns, und darum muss Jesus uns zurufen: *Was wollte ich lieber, denn es brennete schon!* Darum haben wir Alle das große Anzünden noch vor uns.

Und dann müssen wir doch wieder sagen: nein, sie fehlt uns nicht, diese Unruhe Jesu. Wir haben von alledem, wovon wir geredet, schon etwas gespürt und erfahren: Wir haben uns losgerissen von alten Gewohnheiten und Gedanken und versucht, in eine andre Welt hineinzusehen. Wir haben aufgeräumt mit Fesseln, die uns drückten, sind unzufrieden und kritisch geworden gegen die Welt und gegen uns selbst. Wir sind eingetreten in den großen Kampf um das, was den Menschen frommt, und haben in diesem Kampf das Kreuz getragen auf unsre Weise vom kleinen Ärger bis zur tiefen seelischen Enttäuschung. Aber unter all dieser Unruhe haben wir vielleicht bis heute mehr *gelitten,* als dass es etwas Anderes gewesen wäre. Da darf vielleicht das Eine oder Andre von uns heute seine Unruhe anders ansehen lernen. Auch das Wort vom Feuer, das auf die Erde kommt, ist Evangelium, frohe Botschaft. Die könnte darin bestehen, dass uns gesagt wird, dass unsre Unruhe, ohne dass wir's wissen, Feuer ist vom Feuer Jesu. Dann dürften wir wissen, dass wir gerade mit dem, worunter wir leiden, seine Gefährten sind. Ja, und das *dürfen* wir wissen! Das große Anzünden liegt hinter uns, wir sind nicht mehr tot und starr, so gewiss wir unruhig sind. Jesus ist wirklich und wahrhaftig gekommen, um ein Feuer anzuzünden auf Erden. Dieses Feuer, das wir kennen, diese Unruhe, die in uns angefangen hat, sie ist die Ruhe des Volkes Gottes [vgl. Hebr. 4,9].

Amen.

Safenwil, Sonntag, den 3. Dezember 1911
(1. Advent)

Mission

1.Timotheus 2,4

Gott will, dass allen Menschen geholfen werde.

Liebe Freunde!

Der heutige Sonntag ist Missionssonntag. Auch unser Text fordert uns auf zum Interesse und zur Teilnahme an der Missionsarbeit. Ich muss euch vor Allem offen gestehen, dass ich diese Aufforderung in erster Linie auf mich selber beziehe. Ein Pfarrer muss immer in erster Linie sich selber predigen. Ich tue das aber heute in besonderer Weise. Denn es sind jedenfalls Viele unter euch, die weitaus das größere Missionsinteresse haben als ich. Ich beneide sie darum. Ich bin noch nicht so weit. Ich war bis jetzt innerlich zu sehr mit andern Dingen – *auch* mit guten Dingen beschäftigt, als dass mir die Verbreitung des Christentums unter den Heiden sehr ans Herz gewachsen wäre. Was ich bis jetzt darüber gelesen und gehört habe, hat mir nicht warm gemacht. Ich stehe der Sache, von der ich heute reden soll, etwas fremd gegenüber. Das empfinde ich als einen Fehler. Aber es ist so; ich muss ehrlich sein. Darum werde ich den Missionsfreunden in unsrer Gemeinde mit meiner heutigen Predigt kaum viel bieten können. Vielleicht wäre ich heute besser unter der Kanzel als auf der Kanzel. Aber dann denke ich wieder, es sind Andre da, denen es geht gerade wie mir. Sie sind aus diesem oder jenem Grund lau oder sogar gleichgiltig, ja abgeneigt gegen die Mission gestimmt. Die sollen mir heute besonders gut zuhören. Ich will ihnen Alles das sagen, was ich mir selber vorhalte, wenn ich an meine unbefriedigende Stellung zur Mission denke. Vielleicht helfe ich euch damit besser, als wenn ich von einem fertigen Standpunkt auf euch herunterpredigte. Gemeinsam *suchen* wollen wir nach den *Wegen*, die uns vielleicht auch einmal zu einer aufrichtigen Freude an der Mission führen werden.

Gott will, dass allen Menschen geholfen werde, heißt unser Text. Dass den Menschen geholfen werden soll, das ist wohl ein fester Punkt, in dem wir Alle einig sind, und ebenso darin, dass wir Alle dabei in irgend einer Weise mitwirken sollten. Die sind doch ganz selten, die es so einfach heraussagen: Die Menschen gehen mich nichts an, ich habe für mich selbst zu sehen! Sondern die Allermeisten haben das klare Gefühl, dass es eine Pflicht und eine Ehre ist, zu helfen in der Welt. Ich denke an Alles das, was die Post mir ins Haus bringt an Programmen und Berichten und Sitzungseinladungen und auch an Nachnahmen für die verschiedenen humanitären Anstalten und Werke und muss sagen: es wird viel getan, es ist viel guter Wille zur Hilfe unter uns. Ich denke an die soziale Bewegung, die ja auch vor Allem eine Regung der Hilfe, der Solidarität ist. Ich denke daran, wie man oft bei den einfachsten Leuten eine rührende Bereitschaft findet, einander zu helfen und beizustehen. An alledem haben wir alle Freude und spüren wohl die Notwendigkeit, dass wir auch irgendwie und irgendwo helfen sollten, wenn wir es bis jetzt noch nicht getan haben. |

Aber nun kommen Leute, die sagen uns: nicht nur eurem Nachbar, nicht nur den Armen und Kranken von Safenwil, nicht nur den vater- und mutterlosen Kindern im Bezirk Zofingen,[1] nicht nur den Taub- stummen in der Schweiz, nicht nur ihr Arbeiter untereinander sollt euch helfen, – sondern seht: da sind die Neger in Kamerun, da sind die Hinduvölker, da sind die Chinesen und Japaner,[2] die sind auch da, die haben euch auch nötig. Nicht nur euer Geld, sondern – was viel schwerer ist – euer Herz möchten wir haben für ein Werk, das darin besteht, auf den andern Seiten des Erdballs absolut fremde Menschen

---

[1]   Safenwil gehört zum Bezirk Zofingen im Kanton Aargau. Das Zofinger Waisenhaus existierte seit 1767; vgl. H. Suter, *Das Waisenhaus der Stadt Zofingen,* in: Zofinger Neujahrsblatt, Jg. 11 (1926), S. 3–34.

[2]   Die hier und im Weiteren häufiger genannten Beispiele Kamerun, Indien, China und Goldküste (heutiges Ghana) sind allesamt damalige Missionsge- biete der Basler Mission gewesen, zu der Barth schon vom Elternhaus her engen Kontakt hatte; einzig die Nennung Japans fällt aus diesem Rahmen und dürfte wohl mit dem später in der Predigt enthaltenen Beispiel japanischer Offiziere und Beamter zu tun haben.

zu Christen und rechten Menschen zu erziehen. Wenn man uns das sagt, dann zitieren wir gerne das schöne Sprüchlein:

Warum in die Ferne schweifen?

Sieh, das Gute liegt so nah![3]

Ja, so denken wir: Es gibt so viel Not und Elend bei uns, warum schickt man da Geld und Kleider nach Indien, statt es hier zu verwenden? Es fehlt so vielen Kindern bei uns an einer rechten, sorgfältigen Erziehung, warum baut man da Schulen an der Goldküste für die kleinen Neger, statt den kleinen Schweizern doppelte Mühe und Aufmerksamkeit zu widmen. Und wenn man dann die Leute zu Christen bekehren will, warum fängt man nicht lieber mit den getauften Heiden an, die in nächster Nähe erreichbar sind, statt mit Leuten, an die man erst nach einer dreiwöchigen kostspieligen Reise herankommt? Nicht wahr, meine Freunde, so oder ähnlich sieht das naheliegendste Bedenken aus, das wir zu erheben haben, wenn man unsre Hilfe will für die Mission, für die Heiden. Ich verstehe dieses Bedenken und habe es auch geteilt früher, aber ich muss mir dagegen sagen, dass es gar *nicht wahr* ist, dass die heidnischen Völker für uns in der *Ferne* sind. Das war einmal so: Vor 400 Jahren waren die Menschen in Indien und Japan für die Europäer so fremde, fabelhafte Wesen wie für uns heute die Bewohner des Monds, wenn es solche gibt. Darum ist z. B. den Reformatoren der Gedanke an Mission nur auch gar nicht gekommen. Noch vor 100 Jahren konnte Goethe sagen:

Wenn hinten, weit, in der Türkei,

Die Völker aufeinanderschlagen ...[4]

---

[3] Angelehnt an das Gedicht «Erinnerung» von J. W. von Goethe (Erstdruck 1769; Berliner Ausgabe, Bd. 1, S. 48):

Willst du immer weiter schweifen?

Sieh, das Gute liegt so nah.

Lerne nur das Glück ergreifen,

denn das Glück ist immer da.

[4] J. W. von Goethe, *Faust I*, V. 860–867f. (Vor dem Tor)

Nichts Bessers weiß ich mir an Sonn- und Feiertagen

Als ein Gespräch von Krieg und Kriegsgeschrei,

Wenn hinten, weit, in der Türkei,

Die Völker auf einander schlagen.

Man steht am Fenster, trinkt sein Gläschen aus

Und sieht den Fluß hinab die bunten Schiffe gleiten;

Das ist seitdem anders geworden. Die Erde ist kleiner geworden. Durch die Verkehrsmittel der heutigen Zeit, die Eisenbahnen, Schnelldampfer und Telegraphen mit ihrer ganzen immer vollkommeneren Technik sind uns die einst entfernten Länder näher gerückt worden. Wir wissen heute in aller Ausführlichkeit, was gestern in Peking geschehen ist. Wir reisen heute gemächlicher nach Kalkutta als früher nach Berlin. Wir sind in unserm täglichen Leben umgeben von Produkten jener «fernen» Länder. Jede Tasse Tee erinnert uns an den Chinesen, und jede Kaffeebohne sagt uns, dass es Neger gibt. Wir dürfen nicht sagen: sie gehen uns nichts an, sie sind zu weit weg. Sie sind durch das große Hin und Her des modernen Weltverkehrs tatsächlich unsre «Nächsten» geworden. Wenn es uns ernst ist mit dem Helfen, müssen wir auch ihnen helfen wollen. Aber wir können immerhin einmal zugeben, dass China und Afrika wenigstens für unser Gefühl immer noch recht weit weg sind. Das ändert nichts an unsrer Pflicht zu helfen. Ja, im Gegenteil: das gibt unsrer Hilfe erst Kraft und Schwung, wenn sie in die Ferne und nicht nur in die Nähe gehen muss. Die Hilfe in die Nähe hat oft so etwas Kleines, Selbstsüchtiges. Oder ist es etwa nicht selbstsüchtig und klein, was ich schon habe sagen hören: das Safenwiler Geld würde am Besten nur für Safenwil gebraucht werden, der übrige Bezirk könne für sich selbst sehen. Andre gehen in ihrer Hilfsbereitschaft etwas weiter, sie wollen ihr Geld gern dem ganzen Bezirk Zofingen zugute kommen lassen, aber ein Weiteres käme ihnen schon von Übel vor. Ist unsre Hilfe nicht oft fast ein wenig wie eine Versicherung? Wir geben, weil wir denken, dass wir auf allerlei Umwegen etwas davon haben werden. Da ist es doch etwas Kostbares, dass die Mission eine Hilfe verlangt in die Ferne, eine Hilfe, von der wir wirklich gar nichts haben. Es muss einem wirklich schon rein ums Helfen zu tun sein und um gar nichts Anderes, wenn man für die Mission das Herz und den Geldbeutel auftun will. Aber haben wir es dann nicht gerade nötig, dass wir zu solcher reinen Hilfe erzogen werden, dass wir hinaussehen lernen über den Bezirk unsres Kirchturms und sogar über den Bezirk Zofingen hinaus? Sind wir nicht recht unsichere Helfer, solange wir so beschränkte Helfer sind? Gott

Dann kehrt man abends froh nach Haus,
Und segnet Fried' und Friedenszeiten.

will, dass *allen* Menschen geholfen werde. Wir müssen auch wollen, dass *allen* Menschen geholfen werde, den Nahen und den Fernen; dann erst ist unsre Hilfe göttliche Hilfe. |

Und nun können wir gleich noch etwas sagen: Die Hilfe in die Nähe ist noch nie zu kurz gekommen, wo man jene reine, göttliche Hilfe in die Ferne wirklich geübt hat. Die sich beklagen darüber, dass man Geld nach China schicke, sind leider auch im Aargau nicht immer die Hilfwilligsten, sondern die gerne in China helfen sind gewöhnlich auch die, die das wärmste Herz für die Not im Aargau haben. Warum? Ihre Liebe ist weit und tief und schwungvoll geworden durch die Hilfe in die Ferne, und diese Kraft kommt der Hilfe in die Nähe zugute. Die Liebe ist eben das einzige Kapital, das wächst, indem man ausgibt! Ich glaube, es würde sogar dem Solidaritätsgefühl der Freunde von der Arbeiterschaft nichts schaden, wenn sie es einmal nicht nur Ihresgleichen zugutekommen lassen würden. Es besteht vielleicht ein sehr enger Zusammenhang zwischen der Mission und dem rechten sozialen Gedanken.

＊   ＊   ＊

Aber nun kann man sagen und sagt man: ja, die heidnischen Völker gehen uns etwas an, wir sind ihnen etwas schuldig, wir müssen ihnen helfen. Aber was wir ihnen bringen wollen, das ist nicht das, was die Mission ihnen bringt. Man müsste sie vor Allem *bilden*, ihnen die Errungenschaften unsrer heutigen europäischen Kultur mitteilen. Ist gerade das Christentum das, was sie nötig haben? Da müssen wir uns nun gut besinnen. Wir[5] hören: Gott will, dass allen Menschen *geholfen* werde. Hilft man den Leuten damit, dass man ihnen die europäische Kultur bringt? Ja und Nein. Wenn man bei der europäischen Kultur an Telegraphen, Automobile und Kanonen denkt, dann können wir fröhlich sagen: nein, das hilft keinem Chinesen und Neger, wenn man ihn mit diesen Dingen beglückt. Wir selber sind mit dem Allem zwar geschickter geworden, aber nicht besser. Die Technik hat im Gegenteil die Gefahr in sich, uns unfrei und ängstlich zu machen.

---

[5] Im Mskr. infolge der Überschreibung eines anderen Wortes kaum leserlich.

Die Maschinenarbeit bedeutet für viele Tausende eine Geistesabstumpfung sondergleichen. Und mit der Herrschaft der Maschinen hängt es ebenso sehr zusammen, dass wir ein so nervöses Geschlecht sind.[6] Da werden wir uns zweimal besinnen, bevor wir den Heiden unsre Maschinen bringen und ihnen sagen: *das* ist nun die Hilfe, die wir euch leisten wollen. |

Es hatte doch fast etwas Symbolisches an sich, als im Boxeraufstand vor zehn Jahren in China[7] und im Hererokrieg in Südwestafrika[8] die modernen Geschütze und Gewehre sich gegen die europäischen Ein-

---

[6] Die Rede vom «nervösen Geschlecht» oder vom «nervösen Zeitalter» war seit dem späteren 19. Jahrhundert weit verbreitet, um den besonderen Charakter des gegenwärtigen Befindens herauszustellen. Nach allgemeiner Auffassung waren es die «Nerven», die «bei den erhöhten Ansprüchen, die das gegenwärtige Leben der Kulturvölker an die geistige und körperliche Leistungsfähigkeit stellt, angegriffen werden und einer abnormen Reizbarkeit und leichten Erschöpfbarkeit verfallen. In den höhern Gesellschaftsklassen sind dabei die gesellschaftlichen Strapazen vielfach von großer ursächlicher Bedeutung, bei Lebemännern der gehäufte gesundheitsschädliche Lebensgenuß auf Kosten des Schlafes, ebenso aber tritt eine Schädigung des Nervensystems auch ein bei den Männern, denen eine schwere Berufspflicht, eine angespannte Geistesarbeit, ein rastloser Kampf ums Dasein mehr zugemutet hat, als Körper und Geist auf die Dauer ohne Schaden ertragen können» (Art. «Nervenschwäche», in: Meyers Großes Konversations-Lexikon, Bd. 14, Leipzig / Wien 1908[6], S. 528–530, dort S. 528).

[7] Im in Europa sogenannten «Boxeraufstand» erhoben sich 1900/1901 Chinesen gegen den europäisch-japanisch-amerikanischen Kolonialismus in ihrem Land und erzielten – u. a. mit erbeuteten modernen Waffen – zunächst beachtliche militärische Erfolge, wurden dann aber von einem 20 000 Mann starken Expeditionskorps, dem auch deutsche Truppen angehörten, niedergerungen. Den kriegerischen Handlungen fielen etwa 1000 ausländische und 2000 chinesische Soldaten zum Opfer, dazu eine hohe, unbekannte Anzahl von «Boxern» – aber weit über 100 000 Zivilisten.

[8] Im Jahr 1904 erhoben sich in Deutsch-Südwestafrika, dem heutigen Namibia, die Völker der Herero und Nama gegen die deutsche Kolonialherrschaft. Die Aufstände waren nur punktuell und kurzfristig erfolgreich; nachdem die wenigen Kolonialtruppen im Land Verstärkung aus dem Deutschen Reich erhalten hatten, wurden sie schnell niedergeschlagen. Als Vergeltung führten die deutschen Truppen bis 1908 einen Vernichtungskrieg gegen die aufständischen Völker, dem nach Schätzungen über drei Viertel der Herero und etwa 10 000 Nama zum Opfer fielen. Die deutsche Seite hatte insgesamt 1500 Tote zu beklagen.

dringlinge richteten: der Segen der Technik ist zweischneidig. Aber vielleicht wäre es schön, den heidnischen Völkern vor allem unser Wissen beizubringen? 6000 Missionare sind auf der ganzen Welt am Werke – würden 6000 Schullehrer nicht die bessere Arbeit tun? Ja, das wäre freilich schön – und die 6000 Missionare sind auch tatsächlich vor Allem Schullehrer, und wenn man in Kamerun vorläufig noch keine so schönen Schulhäuser mit Schulküche und Badeinrichtung baut wie in Safenwil,[9] so fehlt es nicht an gutem Willen dazu, sondern am Geld. Dass Volksbildung Volksbefreiung ist, dass weiß man in der Mission so gut wie bei uns im Aargau. |

Aber auf der andern Seite ist auch die Volksbildung, die durch Lehrer und Schule mitgeteilt werden kann, noch nicht *die* Hilfe, die die Menschen nötig haben, bei jenen fernen Völkern so wenig wie bei uns. Denn Wissen ist noch nicht Leben, Kenntnis ist noch nicht Bildung. Kultur des Wissens und der Kenntnisse haben die Inder und Chinesen gehabt, längst bevor die Europäer zu ihnen kamen. Sie können sogar mit einem gewissen Stolz auf uns heruntersehen: ihre Vorväter trieben Philosophie, Mathematik und Naturwissenschaft zu einer Zeit, als unsre Vorväter noch in hohlen Bäumen von einem Pfahldorf zum andern ruderten. Aber was ihnen fehlt, das ist die Kultur des Lebens und der innern Bildung. Die Wissenschaft hat die Chinesen nicht geschützt vor der Barbarei, wie sie in den Zeiten des Aufstands zum Vorschein kam, und die Inder nicht vor der träumerischen Trägheit, an der dieser Raum nun seit Jahrhunderten krankt. Haben wir ihnen nichts Besseres zu geben als unsre Wissenschaft, dann ersetzen wir bloß einen Firnis durch den andern. Das zeigt sich jetzt z. B. in Japan. Man hört von hohen Beamten und Offizieren, die völlig europäisch «gebildet» sind, wie man so sagt, und daneben ein Amulett tragen zum Schutz vor den bösen Geistern. Ein Götzenbildchen auf der Brust unter dem modischen Gehrock: Was soll man dazu sagen? Es erinnert Einen daran, dass die Zeitungen auch in unserm Kulturkanton[10] es immer wieder wagen, ihren Lesern seitenlange Inserate von Wahrsa-

[9] Zum damals neuen Safenwiler Schulhaus s. oben, S. 203, Anm. 1.

[10] Die vielfältigen Tätigkeiten der «Kulturgesellschaft» (s. oben, S. 371, Anm. 15) brachten dem Aargau die bis heute teils bewundernd, teils spöttisch gebrauchte Bezeichnung «Kulturkanton» ein; vgl. V.u.kl.A. 1909–1914, S. 717f., Anm. 1.

gern unter die Augen zu bringen.[11] Am Wissen mangelt es nicht, in Japan so wenig als bei uns. Aber das Wissen ist noch nicht *die* Hilfe zu einem fröhlichen, freien, klaren Leben. Das zeigt sich auch an beiden Orten. Jawohl, wir wollen ihnen unsre europäische Kultur bringen. Aber wir dürfen und wollen das Beste daran nicht vergessen. Das Beste daran ist nicht etwas Auswendiges, sondern etwas Inwendiges, nicht etwas Sachliches wie die Maschinen und Schulbücher, sondern etwas Persönliches. Das Beste in der europäischen Kultur ist der Geist Jesu, der die Menschen vertrauensvoll, tapfer und selbstlos macht. Ohne diesen Geist ist sie eine Totgeburt bei uns wie in Asien und Afrika. Wie man *mit* den Maschinen und *mit* den Schulkenntnissen ein rechter und im tiefsten Sinn brauchbarer Mensch wird, das[12] müssen wir den Völkern der andern Erdteile zeigen. Dazu müssen wir ihnen unsre Religion zeigen, müssen sie einführen in die Art inneren Lebens, die in uns selbst von Jesus angeregt worden ist. Diese Aufgabe hat sich die Mission gestellt. Sie will den Heiden helfen, indem sie ihnen unser Bestes, nämlich unser Innerstes, unsern Führer zu Gott recht deutlich zu zeigen versucht.

*   *   *

Aber nun kommt gerade an dieser Stelle noch ein Einwand: Diese sogenannten «Heiden» haben doch auch schon vorher selbst ein solches Bestes, Innerstes, sie haben selbst eine Religion. Es ist nicht gerade *unsre* Religion, aber sie ist ihnen sicher so lieb als uns die unsrige. Wundervolle Worte der Wahrheit haben auch Kong-Tse, Buddha und Mohammed gesprochen, nicht nur Jesus. Mit welchem Recht kommen wir und drängen ihnen etwas auf, was ihnen fremd ist? Wir sind tief durchdrungen von der Gesinnung, die aus dem berühmten Worte Friedrichs des Großen spricht: es müsse «jeder nach seiner Façon selig werden».[13] Wir sind seit Jahrhunderten gewöhnt an das friedliche Zu-

[11] Siehe oben, S. 312, Anm. 4.

[12] Mskr.: «dazu»; von den Hrsg. korrigiert.

[13] Randnotiz Friedrichs des Großen an den Immediat-Bericht des Geistlichen Departements vom 22. Mai 1740 betr. Katholische Schulen und Proselyten-Macherei: «Die Religionen Müsen alle Tolleriret werden und Mus der fiscal nuhr das auge darauf haben, das keine der andern abruch Tuhe, den hier

sammenleben der verschiedenen christlichen Konfessionen, und so ist es uns auch selbstverständlich geworden, auch das Christentum selbst als eine Religion neben andern zu betrachten. Wir sind tolerant, duldsam, wie man sagt. Wie passt die Toleranz zur Mission? und wie passt die Mission zur Toleranz?

Auf diese Fragen gibt es nun nur eine Antwort, und die lautet: *Gott will,* dass allen Menschen geholfen werde. Gott will! Woher wissen wir, dass Gott will, dass gerade wir den Andern gerade *unser* Bestes bringen sollen, um ihnen zu helfen? Wir müssen dieses «Gott will!» übersetzen. Wenn wir wollen, was Gott will, dann heißt es: *Die Liebe Christi dringet uns also* [2.Kor. 5,14]! Wenn wir rechte Christen sind, dann haben wir das Gefühl, etwas unermesslich Gutes und Schönes zu besitzen. Dieses Gute und Schöne kann aber nicht bei uns bleiben. Die Liebe Christi dringet uns, es weiterzugeben. Dazu brauchen wir gar nicht erst unsre Religion mit andern zu vergleichen. Wir brauchen andre Religionen durchaus nicht zu verurteilen. Wir gehen einfach davon aus, dass wir etwas Gutes haben und dass wir geben müssen, je mehr, desto besser. In diesem Bewusstsein geht die christliche Mission zu den Heiden. Das ist keine Unduldsamkeit. Unduldsamkeit und Liebe, die geben will, ist sehr zweierlei. Unduldsam sind vielleicht viel eher die Gleichgiltigen, die alle lassen wollen, wie sie sind: Katholiken, Türken, Juden, Buddhisten, Feueranbeter...! Es liegt etwas Verächtliches in diesem gleichgiltigen Gewährenlassen *allen* gegenüber, diese Verachtung ist die wahre Intoleranz, während die wahre Duldsamkeit darin besteht, dass man den Andern offen als Gegner erkennt, wie es die Mission tut, dass man ihn aber eben darum *ernst* und nicht gleichgiltig behandelt. |

Es ist aber auch damit nichts, als bringe die christliche Mission den Heiden etwas *Fremdes.* Schon der erste Missionar, der Apostel Paulus, hat seine Aufgabe so aufgefasst: Ich verkündige euch den, dem ihr unwissend Gottesdienst tut [Act. 17,23]! Er wollte sagen: es ist in eurer angestammten Religion ein Ahnen und Stammeln, ich will euch anleiten, dem Ausdruck zu geben. Jesus hat etwas merkwürdig Universales, Weltumspannendes. Gerade die tiefsten Gedanken aller Re-

mus ein jeder nach Seiner Fasson Selich werden!»; vgl. Büchmann, S. 430f., dort S. 431.

ligionen sind wie Wegweiser, die auf ihn und sein Evangelium hinzuweisen scheinen. Da hat nun die Mission die schöne Aufgabe, jedem Volk zu zeigen, wie es diesen Weg, seinen eigenen Weg, gehen kann. Sie will nicht zerstören, sie will nicht einmal etwas Fremdes einpflanzen, sie will einfach veredeln, sie will das vorhandene Gute sich zum Besten entwickeln lassen. Sie erkennt mit dem sichern Blick der Liebe das göttlich Wahre, das in jedem Volk, in jedem Gebet zu jedem Gott schlummert, sie holt es heraus und bringt es zur Gestaltung, indem sie ihm die Erfüllung vorhält im Leben Jesu von Nazareth. Chinesisches, afrikanisches, indisches Christentum werden immer etwas Besonderes, Eigenes bleiben, wie schon jetzt englisches, deutsches, schweizerisches Christentum immer etwas Eigenes, Besonderes sind, aber sie finden sich Alle in dem, der sie Alle geschaffen hat. Das weltumfassende Wesen Jesu zeigt uns, dass es wirklich wahr ist: *Gott will!* Durch uns, die wir Jesus kennen, soll allen Menschen geholfen werden. Das ist für uns nicht ein Vorzug, sondern eine Pflicht.

✳   ✳   ✳

Ich will es in zwei Punkte zusammennehmen, was über unsre Stellung zur Mission zu sagen ist:

Zuerst: Wir sind Besitzer von etwas unendlich Großem und Wertvollem. Wir kennen Jesus Christus. Wir haben aus seinem Wort oft Anregung und Kraft empfangen. Wir leben in einer Welt, die trotz allem Andersartigen ganz durchtränkt ist von seinem Geist, von seiner Art. Wir genießen die Früchte und Wirkungen seines Daseins. Wir gehen jetzt wieder in die Advents- und Weihnachtszeit hinein und werden da hoffentlich von Herzen singen und sagen:

Fröhlich soll mein Herze springen
Dieser Zeit, da voll Freud
Alle Engel singen ....[14]

Dann aber: Da sind ungezählte Menschen, zwei Drittel der Menschheit sind es noch heute, die haben und wissen von all dem Segen, von

---

[14] Beginn der Strophe 1 des Liedes «Fröhlich soll mein Herze springen» von P. Gerhardt (RG 400/401; EG 36 [in der zweiten Zeile jeweils: «da vor Freud»]).

all der Freude nichts. Sie leben in Furcht und Dumpfheit und Sünde. Sie können die ganze Welt gewinnen und nehmen doch Schaden an ihrer Seele [vgl. Mt. 16,26].

An diesen beiden Einsichten: unser Besitz und der Anderen Armut, entsteht die Arbeit der Mission.

Und durch diese beiden Einsichten hindurch führt der Weg, der uns zur Freude an der Mission führen wird.

Amen.

Johannes 8,52–56

Da sprachen die Juden zu Jesus:... *Bist du mehr denn unser Vater Abraham?... Was machst du aus dir selbst?* Jesus antwortete:... *Abraham, euer Vater, ward froh, dass er meinen Tag sehen sollte; und er sah ihn und freute sich.*

Liebe Zuhörer!

Das sind schwere, aufregende und schmerzliche Momente und Zeiten in unserm Leben, wenn das, was bisher unserm Herzen und Gefühl das Größte gewesen war, in den Schatten gestellt wird durch etwas *noch* Größeres. Ein solches Erlebnis haben die Juden gemacht in dem Gespräch mit Jesus, aus dem ich euch einige Worte vorgelesen habe. In ihren Herzen lebte bis dahin das Bild eines Mannes, in dem sie den Inbegriff eines gottwohlgefälligen Lebens verehrten. Dieser Mann war Abraham, der Stammvater ihres Volkes und der Ahnherr ihrer Religion. Noch heute wird es dem gläubigen Juden hoch und hehr zu Mute nur schon beim Klange der Worte: Abraham, Isaak und Jakob. Abraham insbesondere ist ihm der Held seiner innersten, heiligsten Gedanken, das leuchtende Vorbild der rechten Gottesfurcht und des rechten Wandels. Der Vergleich hinkt, aber man könnte sagen: Abraham ist ihm für seine Frömmigkeit, was uns Wilhelm Tell[1] und Arnold Winkelried[2] für die Vaterlandsliebe sind. Aber in diesem tiefen Respekt vor der teuren Gestalt der Vorzeit lag und liegt zugleich ein gutes Stück des israelitischen Selbstbewusstseins. Abraham ist «*unser Vater* Abraham». Wir sind seines Geschlechts und seiner Art: in diesem Gefühl sonnte sich der Jude in guten und bösen Tagen. Er wusste sich als etwas Besonderes, Überlegenes gegenüber den Andern, die einen solchen Ahnherrn nicht hatten. Gerade wie es z. B. bei uns im

---

[1] Legendärer Innerschweizer Freiheitskämpfer, Vorbild für Friedrich Schillers Drama «Wilhelm Tell» (1804).
[2] Vgl. oben, S. 115f., Anm. 1.

Aargau auch nicht bloß Respekt, sondern immer ein Stück Selbstbewusstsein ist, wenn man etwa von *unserm* Augustin Keller[3] oder von *unserm* Heinrich Zschokke[4] redet.

In diesem Gefühl fühlten sich die Juden verletzt oder bedroht durch die Worte Jesu: So jemand mein Wort wird halten, der wird den Tod nicht sehen ewiglich [Joh. 8,51]. Von Abraham war gar nicht die Rede gewesen. Jesus hatte kein Wort gegen ihn gesagt, nicht einmal seinen Namen genannt. Aber vielleicht war es gerade das, was die Juden erregte. Wie konnte man in Israel vom ewigen Leben reden, ohne des heiligen Vorfahren Erwähnung zu tun. Ja, war es überhaupt recht, war es nicht eine Gotteslästerung, ewiges Leben zu verkündigen anders denn mit der Begründung:... denn ihr seid Abrahams Kinder!? [vgl. Joh. 8,37] So jemand mein Wort wird halten...! Da war es ihnen, wie wenn ein Schatten über die Sonne ginge, wie wenn ein Fluss, der bisher ihre Mühlen getrieben und ihr Feld gewässert, plötzlich abgeleitet und ihnen genommen würde, wie wenn ihnen der feste Boden unter den Füßen weggezogen würde. Wenn Abraham abgesetzt war, dann waren sie es mit ihm. Wenn er nicht mehr das Höchste war, das man sich auf Erden denken konnte, dann war es auch mit ihrer eigenen Vorzugsstellung zweifelhaft bestellt. Ihr Ideal war bedroht. Und so kam es finster und grollend aus ihrem Innern hervor: *Bist du mehr denn unser Vater Abraham?... Was machst du aus dir selbst?*

Das ist nun ein recht menschlicher Vorgang. Wir haben Alle auch schon so gegrollt. Wenn auch nicht wegen Abraham, so doch wegen etwas Anderem, das uns bisher das Höchste, das uns bisher Ideal gewesen war und plötzlich vor einem noch Höhern das Feld räumen musste. Du hast vielleicht in einer großen, aufrichtigen Verehrung an einem anderen *Menschen* gehangen. Er ist dir jahrelang etwas gewesen, was dir kein Anderer war, du hast das Gefühl, er habe dir erst

[3]   Augustin Keller (1805–1883) war ein liberal-radikaler Politiker aus dem Aargau und jeweils langjähriges Mitglied des Großrats und des Regierungsrats des Kantons Aargau, des National- und des Ständerats (bei Letzteren 1857/58 bzw. 1871/72 deren Präsident); Keller war scharfer Kritiker der römisch-katholischen und Mitbegründer der christkatholischen Kirche.

[4]   Johann Heinrich Daniel Zschokke (1771–1848), Schriftsteller und Pädagoge, Mitbegründer der «Kulturgesellschaft» (vgl. oben, S. 371, Anm. 15).

deine Seele geschenkt, so sehr war er dir im Allerinnersten ein An-
sporn, eine Stütze, eine Kraft. Er hat dich auf eine höhere, bessere
Stufe deines Daseins, er hat dich einen Schritt näher zur Ewigkeit
geführt. Gott schenkt uns Allen immer wieder solche Menschen.
Aber jetzt kam ein Anderer in dein Leben hinein, du hast ihn zuerst
nicht beachtet, es fiel dir gar nicht ein, ihn mit dem ersten auch nur zu
vergleichen. Aber eines Tages hattest du die beiden doch verglichen,
ohne es zu wollen, und du konntest dir nicht verhehlen, dass dir der
neue Freund auch etwas zu bringen, auch eine Seele zu schenken hätte.
Aber der Alte, der dir bisher Alles gewesen war? Da kam dein Inneres
in eine große Unruhe und Betrübnis. Du fühltest deutlich: du warst
vor eine *neue* Stufe nach oben gestellt, du solltest einen weitern Schritt
der Ewigkeit entgegen tun. Du *musstest* es, wenn du dir selbst treu
bleiben wolltest. Aber war das dann nicht eine Untreue gegen den,
dem du so Vieles verdanktest? Warst du nicht durch hundert Bande
mit dem alten Freund verbunden wie der Baum durch seine Wurzel-
fasern mit der Erde? Und wer weiß, da hast du es auch versucht, dich
aufzulehnen gegen den, der dir jetzt die Hand geben und dich weiterführen wollte: Bist du mehr als der, dem ich bis jetzt gefolgt? Bist
du mehr als unser Vater Abraham? Was machst du aus dir selbst? – |

So kann es einem gehen, wenn man es erleben muss, dass die *Gedanken* und Ideen, in denen man selbst gelebt, an denen wir gearbeitet
und die uns gestärkt haben, vorübergehen und von andern abgelöst
werden. Das menschliche Geistesleben gleicht dem Wellenschlag am
Ufer des Meeres oder Sees. Da folgt eine Woge in gewaltigem
Schwung der andern, jetzt erhebt sie sich und überstürzt ihre Vorgän-
gerin, aber so mächtig sie rauscht, sie ist nicht die letzte. So folgen und
drängen und überstürzen sich die Gedanken und Anschauungen der
Menschen in[5] rastloser Folge. Aber es ist ein schmerzliches Gefühl,
auf der Höhe einer Woge zu stehen und dann gewahr zu werden, dass
hinter uns bereits eine neue, größere kommt. Da hat Einer vielleicht
vor 30 Jahren einen guten Gedanken, eine treffende Auffassung gehabt, z. B. in politischen Dingen. Man hörte auf ihn, er sang sein Lied
immer wieder und nicht nur er, sondern hunderte und tausende san-
gen es mit ihm. Aber nach 30 Jahren oder schon früher kam die

[5] Mskr.: «ist»; von den Hrsg. geändert.

nächste Woge, andre sangen ein anderes Lied und schon begannen die hunderte und tausende es mitzusingen. Es gibt Parteien, die noch vor wenig Jahrzehnten den kühnen, radikalen Fortschritt bedeuteten und die heute bereits gründlich altmodisch geworden sind und es nötig haben, immer wieder zu versichern, dass sie «voll und ganz» auf der Höhe der Zeit stünden. Das ist das beste Zeichen, dass es nicht mehr wahr ist. Man könnte Beispiele nennen für dieses Überholtwerden aus allen Gebieten des Lebens, aus der Technik, aus der Wissenschaft, aus der Kunst, aus der religiösen Gedankenwelt. Es ist ernsthaft und schmerzlich für lebendige Menschen, diese Erkenntnis zu machen, dass man nicht mehr auf der Höhe sei. Und da machen wir es dann Alle gern wie dort die Juden mit ihrem Abraham: Wir erinnern uns an all die Gründe und Erfahrungen, die, die uns dahin geführt haben, wo wir jetzt stehen, wir klammern uns mit einer gewissen mürrischen Verdrossenheit an das Alte und fragen zornig: was rüttelt ihr an dem, was sich bewährt hat? Wir sind seit 30 Jahren glücklich dabei gewesen. Wollt ihr's etwa besser wissen? Bist du mehr als unser Vater Abraham? Was machst du aus dir selbst? – |

So machen wir es aber überhaupt gern den Gedanken und *Lebenskreisen Anderer* gegenüber. Wir Menschen sind eine gar vielfältige Gesellschaft, wir leben so nebeneinander hin, ein Jeder in seinem Kreis oder Kreislein von Beschäftigungen und Interessen, zu denen wir durch unsre Begabung oder Lebenslage geführt worden sind. Da ist der erste Bauer und der zweite sozialistischer Arbeiter, der dritte Abstinent und der vierte Turner, der fünfte spielt auf der Geige und der sechste züchtet Bienen, der siebente hält sich zur Landeskirche und der achte geht in die Versammlung[6] – so hat jeder seinen kleinen Punkt, von dem aus er die Welt betrachtet, und in jedes Kopfe sieht sie wieder ein wenig anders aus. Das ist ganz in der Ordnung so, wenigstens sagen wir es, es sei in Ordnung. Und doch fällt es uns so schwer, die andern wirklich ihre Wege gehen zu lassen, obwohl wir gut einsehen, dass diese Wege auch gegangen werden müssen. Es kommt uns vor wie eine Art Beleidigung, wenn wir dem Andern zusehen, wie er so ganz in seinem Kreis befangen ist und tut, als ob der unsrige nicht da wäre. Er ist einseitig! sagen wir, weil er auf einer andern Seite des

---

[6] D. h. in die pietistische Gemeinschaft (vgl. oben, S. 255, Anm. 6).

reichen Lebens steht als wir. Er hat keine Interessen! sagen wir, weil er wirklich nicht die unsrigen hat. Ich denke daran, wie so mancher Lehrer der Arbeit des Pfarrers mit Misstrauen und Gleichgiltigkeit gegenüber steht, weil es sich da wirklich um Dinge handelt, die nicht auf dem Stundenplan auch der besten Schule unterzubringen sind.[7] Und gerade so stehen wieder manche Pfarrer den Lehrern gegenüber. |

Oder ich will ein Beispiel aus unserm Dorf nennen: Wir haben zwei Abstinenzvereine: im einen wird etwas mehr weltlich geredet, im andern etwas mehr geistlich.[8] Für beide Arten lässt sich viel sagen und beide tun eine gute Arbeit. Und doch fühlt man auf beiden Seiten, wie ich schon gemerkt habe, einen gewissen leisen Verdruss über die Andern, die es anders machen. «Dass die jetzt auch meinen, sie müssten etwas Besonderes haben», hört man von hüben und drüben. Und so geht es durch das ganze Leben. Überall und überall gibt es Zusammenstöße mit Andern, die uns zum Trotz etwas Neues oder doch etwas Besonderes wollen. Wir ahnen wohl auch meistens, dass diese Andern in ihrer Weise auch etwas Gutes, etwas Besseres vielleicht haben und vertreten; aber gegen diese Ahnung lehnt sich unser Selbstbewusstsein auf. *Mein* Abraham ist der rechte! ruft es von allen Seiten. Und darum fragen wir einander entrüstet: Willst du mehr sein als mein Abraham? Was machst du aus dir selbst?

*   *   *

Ich sagte, das sei nun recht menschlich gedacht und geredet. Menschlich *recht* und göttlich ist es darum nicht! Aus der zornigen Anrede jener Juden an Jesus schimmert neben dem verletzten Respektgefühl und dem verwundeten Selbstbewusstsein auch die *gestörte Trägheit*

[7] Möglicherweise ist dieses Beispiel veranlasst durch die Diskussion über das aargauische Schulgesetz, in der besonders die Frage des Religionsunterrichts die Gemüter erhitzt hatte: «Über diese Frage ist bei der ersten Lesung des Schulgesetzes im aargauischen Großen Rate bekanntlich eine lebhafte Debatte entstanden» (Art. «Religionsunterricht in der Schule», in: Zofinger Tagblatt, Nr. 250, 25.10.1911, [S. 1]).
[8] Neben dem «Verein des Blauen Kreuzes» wird es sich um den örtlichen Ableger des sozialdemokratischen Abstinentenbundes handeln, den es seit 1900 in der Schweiz gab (vgl. M. Kuratli, *Alkohol und Kapitalismus überwinden. Sozialistischer Abstinentenbund*, in: Neue Zürcher Zeitung, 28.3.2014).

ihres Geistes hervor. Ihre Verehrung für den Vater ihres Glaubens und ihre Freude darüber, seine Kinder zu sein, das waren große und schöne Gedanken, wohl uns, wenn wir solche haben! Aber es geht uns oft so, dass wir gerade über großen und schönen Gedanken *einschlafen*. Man ruht nie süßer, als wenn man sich gründlich für irgend ein Ideal begeistert hat. Ich habe das Gefühl, ihre Worte gegen Jesus tönen wie die eines Menschen, den man eben aus dem sanftesten Schlaf geweckt hat und der sich nun im Bett aufrichtet und dagegen protestiert: Bist du mehr als unser Vater Abraham? Was machst du aus dir selbst? Macht doch die Fensterladen zu, es blendet mich! Diese Trägheit hat eine tiefere Wurzel. Sie meinten, es sei genug, Abraham zum Vater zu haben. Ihr ganzes Verhalten spiegelt dies befriedigte: Es ist genug! Ich brauche nicht mehr! Sie waren sicher, aber sie waren auch untätig. Als sie Jesus reden hörten, da fühlten sie, dass sie entweder wieder tätig werden und sich bemühen oder aber in eine tiefe Unzufriedenheit, ein inneres Ungenügen verfallen müssten. Dagegen suchten sie sich zu wehren: du überhebst dich! Abraham ist mehr als du! Sie verstanden nicht, wozu ihnen Abraham gegeben war, sie brauchten seinen Namen als Schlummerkissen. Und das ist nun eine wichtige und folgenschwere Erscheinung im Leben von uns Allen: Wir verstehen, wozu uns das Große und Schöne im Leben gegeben ist. Wir lassen uns anregen und führen von Menschen, die uns etwas zu bieten haben. Wir vertreten mit Wucht die Überzeugungen, die wir einmal errungen haben. Wir wirken und denken rastlos in dem Kreise, der unsern Interessen und Fähigkeiten entspricht. Aber dann werden wir zufrieden und getrost, denken: hier bin ich, hier bleibe ich, weiter *geht's* nicht. Und weil wir es so bequem haben wollen, kommt es zu jenen Zusammenstößen und Schwierigkeiten, von denen die Rede war. Wir vertragen es nicht, dass unsre Ideale von Andern in den Schatten gestellt werden, weil wir selbst uns dadurch in [den] Schatten gestellt fühlen.

Für diese allgemein-menschliche Notlage, die bei jenen Juden nur besonders deutlich zum Ausdruck kam, hat nun Jesus ein wundervolles Wort gesagt, das uns recht in Fleisch und Blut übergehen sollte, obwohl es auf das erste Hören etwas merkwürdig klingt. Er hat ihnen auf ihre Beschwerde geantwortet: *Abraham, euer Vater ward froh, dass er meinen Tag sehen sollte; und er sah ihn und freute sich.* Abraham hat den Tag Jesu gesehen, und er hat ihn mit Freude gesehen. Was sollen wir uns dabei denken? Man hat das schon so erklärt: Abraham habe über die Jahrtausende hinweg wie mit einem Fernrohr gleichsam die Erscheinung Christi vorausgesehen.[9] Andre haben gesagt: Abraham habe in der Unterwelt oder im Paradies die Ankunft Jesu miterlebt.[10] Aber das sind etwas grobe Erklärungen, die uns eher Rätsel aufgeben als Rätsel lösen. Ich glaube, Jesus hat einfach daran gedacht, dass Abraham der Mann war, der sich rückhaltlos der Zukunft Gottes anvertraute. Gott sagt ihm: Gehe aus aus deinem Vaterland und von deiner Freundschaft in ein Land, das ich dir zeigen werde! [Gen. 12,1] und Abraham geht vorwärts, wie Gott es will. Gott sagt ihm in seinen alten Tagen: Deine Nachkommenschaft soll werden wie die Sterne am Himmel [vgl. Gen. 22,17], und Abraham sieht vorwärts auf das, was Gott ihm gezeigt hat. Gott sagt ihm schließlich: Nimm Isaak, deinen eigenen Sohn, den du lieb hast, und opfere ihn [Gen. 22,2], und Abraham wandert hinein in den dichten Nebel, bereit zu tun, was Gott ihn geheißen. Abraham glaubte dem Herrn, und das rechnete er ihm zur Gerechtigkeit [Gen. 15,6]. Dies Glauben aber war ein rastloses, unwiderstehliches Vorwärtsschreiten. Abraham ist nicht ein Bürger, sondern ein Pilger, wir finden ihn nirgends daheim, sondern auf der Fahrt, und gerade sein Unterwegssein ist sein Glaube. – |

Seht, das ist euer Abraham! wollte Jesus sagen. Ihr beruft euch auf ihn, ihr nennt ihn euren Vater und euch seine Kinder, um vor mir Ruhe zu haben. Aber wie, wenn Abraham ganz ein Anderer ist, als ihr euch denkt, wenn er selbst es euch gar nicht erlaubt, vor mir Ruhe zu

[9] Vgl. beispielsweise J. Chr. R. Eckermann, *Erklärung aller dunkeln Stellen des Neuen Testaments, in einer treuen Übersetzung, mit eingeschalteten Erklärungen*, Bd. 2: *Das Evangelium Johannis, die Apostelgeschichte und Paulus Brief an die Römer*, Kiel 1807, S. 79: «Abraham, euer Stammvater, würde sich sehr gefreut haben, wenn er meine Zeit erlebt hätte; […] Doch er sahe sie (im Glauben voraus, die Zeit, in welcher sein Glaube ein Seegen für die Menschheit ohne Unterschied der Völker werden sollte […]) […].»

[10] Vgl. etwa G. Chr. Knapp, *Biblische Glaubenslehre. Vornehmlich für den praktischen Gebrauch*, aus der hinterlassenen Handschrift unverändert hrsg. von H. E. F. Guerike, Halle 1840, S. 138: «[…] Jesus selbst sagt ausdrücklich, vgl. Joh. 8, 56., Abraham habe sich der *Erscheinung des Messias auf Erden gefreut*, und diese Zeit zu erleben gewünscht; er habe sie auch erlebt, nur nicht als Erdenbürger, sondern im Reiche der Seligen.»

haben?! Meint ihr, er, der sein ganzes Leben lang nur lauschte auf den Ruf Gottes, der ihn vorwärts führen möchte, er würde euch erlaubt haben, euch die Ohren zu verstopfen, euch dazu gar noch mit seinem Namen zu verteidigen, nur um nicht auch vorwärts zu müssen? Nein, ihr Leute, *der* Mann steht auf *meiner* Seite. So gewiss er vorwärts gesehen hat auf das, was Gott ihm zu zeigen hatte, so gewiss hat er auch mich gesehen, ohne mich zu sehen [vgl. Hebr. 11,27]. Und nicht ein Verdruss, sondern eine Freude war es ihm, vorwärts zu sehen, aufwärts nach der Reihe unendlicher Stufen, die zu Gott führen. Mein Tag, mein Werk, sie liegen nur in der Richtung, in die der Glaube Abrahams, sein großes Vertrauen und sein großer Gehorsam gesehen haben. Wer den Weg Abrahams zu Ende geht, der kommt zu mir. Was steht ihr und murrt. Abraham ward froh, dass er meinen Tag sehen sollte, und er sah ihn und freute sich!

Ich sagte, das sei ein wundervolles Wort. Denn es redet davon, wie Alles Göttliche, alle Offenbarung in der Menschheit zusammengehört, unter sich eine Einheit und Zusammenhang bildet. Die Einheit besteht darin, dass Gott die Menschen weiter und höher führt. Abraham ist die Weissagung, Jesus die Erfüllung. Ein neuer Dichter hat von dieser Einheit geredet:

Es ist ein Strom erflossen,
Der wallt gar tief und hell.
Gott selbst hat ihn ergossen
Aus seines Herzens Quell.
In Abrahams Gezelten
Begann sein stiller Lauf,
Rauscht nun durch alle Welten
Und höret nimmer auf.[11]

Aber die Adventsbotschaft dieses Wortes Jesu hat ihren ganz besondern Klang. Es will uns herausführen aus der Notlage, den Zeiten, in denen uns unser bisher Höchstes in Schatten und damit in Zweifel gestellt wird. Wir sehen, wie uns das so oder so Allen wiederfährt. Es gehört zum Leben. Und nun hören wir: aus dieser Notlage kann ein fröhlicher Advent, will sagen: eine Ankunft Gottes werden in unserm

---

[11] Strophe 1 des Liedes «Es ist ein Strom erflossen» von V. Fr. von Strauß (GERS 156).

Leben. Abraham *freute* sich, dass er meinen Tag sehen sollte. Was uns bisher das Höchste war und was uns dann als noch Höheres entgegentritt und ängstigt, das sind nicht feindselige Mächte, sondern Magnete, die einander anziehen. Das Alte und das Neue, das Eigene und das Fremde, sie gehören zusammen wie Abraham und Jesus zusammengehören. Was du hast an Schönem und Großem, was du meinst krampfhaft verteidigen und festhalten zu müssen – es ist ja gar nicht angegriffen und verletzt. Niemand tritt dir zu nahe. Im Gegenteil: Versteh dich doch nur selber recht: Ist nicht dein Bestes gerade eine Sehnsucht, eine Hoffnung, eine Aussicht auf noch Besseres?! Ist's nicht so, dass du dich im Grunde mit allen Fasern deines Wesens freust auf das, was dich jetzt schreckt, weil es deine Ruhe unterbricht? Lass doch diese Freude zur Entfaltung kommen, jetzt, wo der Tag da ist! Dir ist ein Mensch Großes gewesen, Alles gewesen, und nun kommt ein Anderer und will dich andre Wege führen. Du aber bist unwillig und willst dem Ersten nicht untreu werden. Denke doch nicht so! Abraham *freute* sich, dass er meinen Tag sehen sollte. Wenn dein Freund dir wirklich Großes gewesen ist und wenn du ihm wirklich treu bleiben willst, dann musst du jetzt weitergehen! Er führte dich auf die erste Reise, damit du die zweite erreichest. Lass jetzt der Weissagung die Erfüllung folgen! Du kränkst dich darüber, dass Andere jetzt andre Ideen und Überzeugungen vertreten als die, die du dir einst erkämpft, dass eine andre Strömung Geltung erlangt, ohne dass du im Stande bist zu widersprechen. Gräm dich doch nicht! Abraham ward froh, dass er meinen Tag sehen sollte! Das gute Alte hat noch immer dem guten Neuen die Hand gereicht. Die Welle, die dich überschlägt, vernichtet dich nicht, sie nimmt dich mit. Und wenn du in deinem kleinen Lebenskreis mit Verdruss wahrnimmst, dass Andre andre Kreise ziehen, dass das Menschenleben mannigfaltig und Manches dir fremdartig ist, dann denk an Alles das bei und in dir selbst, was ein Anfang, ein Vorsatz, ein guter Wille und eben darum etwas Unvollkommenes ist. Du kannst sicher sein: in den dir fremden Kreisen, die Andere ziehen, ist gerade das erfüllt, was dir noch fehlt. Die Harmonie ist da, ohne dass du es weißt. Abraham freute sich, da er meinen Tag sehen sollte. Jetzt lass doch das Aufbegehren gegen Andre und erfülle dich mit dem Adventsgedanken, dass Gott größer ist als du.

Das Leben von uns Allen könnte so schön und reich werden, wenn wir Jesu Wort verstehen und anwenden lernen wollten, dass wir Abraham nicht haben, um uns mürrisch und bequem seine Kinder zu heißen, dass uns gute Menschen, gute Gedanken, gute Fähigkeiten nicht gegeben sind, um dabei zufrieden und behaglich zu sein, sondern dass unser Bestes eine Erwartung ist. Abraham ward froh, dass er meinen Tag sehen sollte. Das Ziel ist nicht hinter uns, sondern vor uns. Was du besitzest an Idealen, das ist ein Notenblatt. Noten sind noch keine Musik. Wenn du sie in den Schrank legst, so wird keine Musik daraus. Aber wenn du dich in die Noten vertiefst, wenn du sie deinen Fingern oder deiner Stimme als Wegweiser dienen lässest, dann führen dich die Noten zur Musik. So musst du dir das, was du hast, zum Wegweiser dienen lassen zu dem, was du noch nicht hast. Das ist die Adventsbotschaft von der Weissagung und Erfüllung. Einmal heißt's dann auch von dir wie von Abraham: und er *sah* meinen Tag und freute sich. Und das ist dann die ewige Weihnachtszeit.

Amen.

Lieder:

Nr. 89: «Nun jauchzet all', ihr Frommen» von M. Schirmer, Strophen 1.4.5 (RG 365, 1.5.6; EG 9, 1.5.6).

Nr. 86: «Gott sei Dank in aller Welt» von H. Held, Strophen 1–4 (RG 369; EG 12).

Matthäus 11,2–6

Da aber Johannes im Gefängnis von den Taten Christi hörte, ließ er ihm durch seine Jünger sagen: *Bist du, der da kommen soll, oder sollen wir eines Andern warten?* Jesus antwortete und sprach zu ihnen: Gehet hin und saget Johannes wieder, was ihr sehet und höret: *Die Blinden sehen und die Lahmen gehen, die Aussätzigen werden rein und die Tauben hören, die Toten stehen auf und den Armen wird das Evangelium gepredigt; und selig ist, wer sich nicht an mir ärgert.*

Liebe Freunde!

Wir machen gern und fast gewohnheitsmäßig den Unterschied zwischen Menschen, die «gläubig», und Andern, die «ungläubig» seien. Man redet von «gläubigen» und «ungläubigen» Pfarrern und Lehrern; in Deutschland gibt es einen «Verband gläubiger Bäcker»[1], und auf der andern Seite hört man etwa von der ungläubigen Wissenschaft. Wenn man die Leute so reden hört und in manchen religiösen Blättern auch davon lesen muss, denkt man sich unwillkürlich, es sei etwas ganz Selbstverständliches und Leichtes, diese beiden Arten von Menschen, Gläubige und Ungläubige», voneinander zu unterscheiden, etwa so wie man eine Buche von einer Tanne unterscheiden kann. Wenn solche unter uns sind, die vielleicht auch meinen: ja, diese Unterscheidung sei wirklich etwas Leichtes, dann möchte ich sie jetzt fragen, ob sie *Johannes den Täufer* zu den Gläubigen oder zu den Ungläubigen rechnen würden? Ich meine, da könnte man für Beides

---

[1] In Nürnberg erschienen 1911/12 im ersten Jahrgang die «Mitteilungen für alle gläubigen Bäcker Deutschlands», hrsg. von der Bäckervereinigung des Christlichen Vereins Junger Männer. Einen «Deutschen Verband gläubiger Bäcker und Konditoren» gab es laut *Handbuch der Deutschen Evangelischen Kirchen 1918 bis 1949. Organe – Ämter – Verbände – Personen*, Bd. 1: *Überregionale Einrichtungen*, bearb. von H. Boberach / C. Nicolaisen / R. Pabst (AKIZ.A 18), Göttingen 2010, S. 419, erst seit 1913; gut möglich ist, dass dieser Verband Vorläufer gehabt hat, von denen Barth wusste.

ungefähr gleich viel anführen. Man könnte sagen: Er war *gläubig*, sonst wäre er nicht Johannes der Täufer gewesen, der dem Herrn den Weg bereitete, indem er Gottes Gericht ankündigte und das Volk zur Buße rief. Er wartete auf den, der kommen sollte, den Größern und Stärkern, wie es in den alten Schriften verheißen war [vgl. Mt. 3,3.11]. Er hat seinen Glauben bestätigt und besiegelt, indem er unerschrocken dem König Herodes die Wahrheit sagte und dafür nun als ein Märtyrer im Gefängnis schmachtete. Aber wird das alles nicht wieder umgestürzt, müssen wir nicht sagen: Nein, er war *ungläubig*, wenn wir hören, was ich vorgelesen habe, dass er, als nun Jesus in Galiläa auftrat und seine Taten weit und breit bekannt wurden, ratlos und verworren fragen ließ: Bist du, der da kommen soll, oder sollen wir eines Andern warten? Ist das nicht der Zweifel, wie er im Buche steht? Warum sagt er nicht freudig: Ja und Hallelujah, da der Größere und Stärkere, von dem er geträumt und von dem er geredet, nun wirklich da war?! Und welches von unsern beiden Urteilen soll nun gelten?|

Ich glaube, wir wollen ganz bescheiden vorläufig einmal annehmen, Johannes der Täufer habe eine Ausnahme gemacht, bei ihm sei jenes «Entweder-Oder» nicht am Platze, sondern wir müssten von ihm sagen: Er war *gläubig und ungläubig* zugleich. Jawohl, er war ein Gottesmann, wie keiner vor ihm. Jesus hat ihm das Zeugnis gegeben, er sei *mehr* als ein Prophet [vgl. Mt. 11,9]. Wenn es wahr ist, was in der Bibel an anderem Ort steht, dass der Glaube eine feste Zuversicht ist dessen, was man nicht sieht [vgl. Hebr. 11,1], dann hatte er einen gewaltigen Glauben, denn mitten in einer traurigen, gedrückten Zeit hat er zuerst die Fahne aufgepflanzt, die dann Jesus aufgenommen hat: das Himmelreich ist nahe herbeigekommen [Mt. 3,2 u. ö.]!, und mitten in der Wüste wollte er ein neues Israel sammeln, um es dem Herrn entgegenzuführen. Das war der Glaube, was ihn dazu trieb. Aber nun saß er im Gefängnis, auf der Bergfestung Machärus, jenseits des Jordans, und die Zeit wurde ihm lang und die Gedanken trüb. Er sah den Tod vor sich und von dem nahen Himmelreich noch keine Spur.

Wollst uns einen Tröster senden,
Herr, in dieser dunklen Zeit![2]

[2] Vgl. den Beginn der ersten Strophe des Gedichtes «Reformation» von

Da bekam er Besuch von seinen Freunden, die erzählten ihm, dass jetzt Einer da sei, der das Wort vom Himmelreich weitertrage, nicht in der Wüste sei er, sondern in den Städten am See bei den Fischern und niedern Leuten, der habe eine Kraft in sich, die Kranken gesund zu machen, wie es kein Arzt könne, der bringe die Verwirrten zurecht mit einem freundlichen Wort, der vollbringe Taten der Hilfe, wie sie kein Mensch gesehen. Vielleicht noch ein Jahr zuvor, als seine Augen noch schärfer waren, wäre Johannes freudig aufgesprungen: das muss der Verheißene, Erwartete sein, er hätte die Seinen fortgeschickt: geht ihm entgegen, bleibt bei ihm, wenn euch euer Leben lieb ist, jetzt ist das Himmelreich *da!* Aber so redete er nicht. Er blieb gedrückt und still, nachdem er einen Augenblick aufgehorcht – nein, das war der Ersehnte nicht. Johannes hatte Größeres erwartet. Er war enttäuscht. Kranke gesund machen? Armen Leuten von Gott reden? Das konnte der Messias Israels nicht sein. Würde der nicht auf den Wolken des Himmels erscheinen an der Spitze von zwölf Legionen Engeln zum Gericht über seine Feinde [vgl. Mt. 26,53]? Ein Prediger und Wundermann? Er kann's nicht fassen. Und doch ist er unruhig, er zweifelt auch an seinem Zweifel, er sieht in den Augen seiner Freunde einen so merkwürdigen Widerglanz von dem, was sie erlebt haben. Ob ihn die Erinnerung überkommt an Einen, der einst unter vielen hundert Andern an den Jordan gekommen war, um seine Taufe zu empfangen, und der dort einen unverlöschlichen Eindruck bei ihm hinterlassen hatte [vgl. Mt. 3,13–17]? Ob ihn der Gedanke erfasst, ein anderes Bild des Messias könnte das wahre sein, als das, das er sich gemacht? Wir wissen nicht, was in ihm vorging, aber er kann es trotz seiner Enttäuschung nicht lassen, den Freunden beim Abschied den Auftrag und die Frage an den Mann von Galiläa mitzugeben: *Bist du, der da kommen soll, oder sollen wir eines Andern warten?* Eine merkwürdige Frage das! Was sollte Jesus sich dabei denken? Was darauf antworten? Kann man einen Menschen fragen: bist du's, der meine Sehnsucht erfüllt, bist du von Gott gesandt? Was soll er da sagen? Johannes kümmerte sich nicht darum. Er war eben ein gläubiger Ungläubiger

E. Geibel (Erstdruck 1864; ders., *Werke*, hrsg. von W. Stammler, Bd. 2, Leipzig / Wien 1918, S. 179):
    Woll' uns deinen Tröster senden,
    Herr, in dieser schweren Zeit.

oder ein ungläubiger Gläubiger. Eine große Hoffnung lebte in ihm, daneben eine stille Betrübnis, dass der Jesus, von dem er hörte, nicht der Messias war, wie er sich ihn dachte, und schließlich ein stiller Zug zu eben diesem Jesus so, wie er war, den er sich nicht erklären konnte. Diese drei stritten in ihm.

Ist er wirklich eine Ausnahme? Kann man bei den andern Menschen deutlicher entscheiden, ob sie zu den «Gläubigen» oder zu den «Ungläubigen» » gehören, oder steht's nicht so, dass wir Alle etwas von der wunderlichen Mischung sind, die wir bei dem großen Gottesmann gefunden? Man hat jene Frage des Johannes: bist du, der da kommen soll, oder sollen wir eines andern warten? schon oft verglichen mit der Stellung unsrer Zeit Jesus gegenüber. Und es ist etwas daran. Es kann keine Rede davon sein, dass wir in einer ungläubigen Zeit leben. Die so etwas behaupten, trauernd oder frohlockend, die übersehen, dass der Glaube heutzutage nur vielfach ein ganz anderes Gewand angenommen hat, in dem sie ihn bei den Andern nicht mehr zu erkennen vermögen. Und doch ist er da, ja, ich getraue mich zu sagen, er ist größer und tiefer geworden, als er früher war. Wer es versteht, zu lauschen auf das, was unser Geschlecht bewegt, ohne gleich mit seiner eigenen Stimme darein zu fahren und sich so das Hören unmöglich zu machen, der wird neben vielen wirren und wüsten Tönen etwas hören von einem tiefen Drang nach *Aufrichtigkeit* und Wahrheit. Uns Menschen der neuen Zeit sind alle Formen und alle Formeln verleidet nicht wegen ihrem Inhalt, sondern weil sie Formen und Formeln sind. Wir fürchten nichts so sehr wie das Angenommene. Was gelten soll, muss eigen sein, und es muss lebendig sein. Kommt man uns mit alten Worten, selbst wenn es heilige Worte sind, so ergeht es uns wirklich, wie neulich jemand geschrieben hat: «Wir können sie kaum mehr hören vor Ungeduld.»[3] Ich glaube, dass das ein gesunder Zug unsrer Zeit ist. |

[3] Barth wird diese Wendung, die offenbar einen Gedanken von Artur Bonus aufnahm, kurz vor der Abfassung dieser Predigt in einem rezensierenden Artikel zu dessen Buch: *Vom neuen Mythos. Eine Prognose*, Jena 1911, gelesen haben, der am 14. Dezember 1911 in der «Christlichen Welt» erschien: «Bonus selbst sagt, daß wir bei den Zuständen, die der alte Mythos mit den Worten Schuld, Reue, Gnade, Erlösung bezeichnet, an der Quelle stehen. Was machen wir damit? Wir können diese vier Worte kaum noch hören vor Ungeduld» (O. Baltzer, *Die Religion der Zukunft*, in: ChW 25 [1911], Sp. 1194–1197, dort Sp. 1195).

Unser Geschlecht hat weiter bessere Augen bekommen für das, was *Schönheit* ist. Das hängt mit dem ersten zusammen: was für uns schön sein soll, das muss aufrichtig, das muss natürlich sein. Die Schönheit, die unsre Maler sahen, ist nicht eine gemachte Schönheit, sondern die Schönheit des wirklichen Lebens. Wenn ihr unsre Kirche und unser Schulhaus miteinander vergleicht, so habt ihr ein Bild der veränderten Empfindungsweise.[4] Ich hoffe, ihr habt auch das Gefühl, dass die Veränderung ein Fortschritt war. |

Damit hängt aber wieder zusammen, dass unsre Zeit einen verfeinerten Sinn für *Recht und Billigkeit* hat. Jawohl, auch das Unrecht und die Lüge sind gewachsen, aber in schnellerem Schritt sind ihnen das Verpflichtungsgefühl und die Hilfsbereitschaft vorangegangen. Es haben sich ja schon einzelne Stimmen vernehmen lassen, die Gesellschaft mache es dem Einzelnen *zu* leicht mit ihren Fürsorgemaßregeln und mit ihrer Milde in der Anwendung der Rechtsgrundsätze. Ich glaube nicht, dass man das schon sagen kann, aber es zeigt uns, in welche Richtung wir gehen. |

Und in dem Allem spüren wir eine große *Sehnsucht.* Wer am geistigen Leben auch nur ein wenig teilnimmt, der weiß, dass wir unsre Zelte abgebrochen haben und auf der Wanderschaft sind. Wir sind «Suchende», um ein vielgehörtes Schlagwort zu gebrauchen, nicht Sitzende und nicht Besitzende. Wir suchen nach neuem Leben, nach neuen Zuständen, wir haben unser Bestes in unsre Zukunft verlegt. Es ist Glaube da in unsren Tagen, auch bei denen, nein, *gerade* bei denen, die mancher «Ungläubige» nennen würde. – |

Und bei alledem ist unsre Zeit doch eine ungläubige Zeit. Auch wir stehen *Jesus* merkwürdig abwartend und zweifelnd gegenüber, gerade wie dort der Täufer. Es ist nicht, dass wir ihn nicht kennten. Wir kennen ihn recht gut sogar. Es hat kaum eine Zeit gegeben, in der in allen Kreisen so viel von Jesus die Rede war wie heute. Wir haben neue Wege gefunden und betreten, um ihn zu verstehen. Aber es wäre eine

---

[4] Barth konnte seine Abneigung gegen die Architektur der 1866 gebauten Safenwiler Kirche auch drastischer formulieren: «Die Kirche ist geradezu abscheulich, vor 50 Jahren gebaut, in einer Zeit, wo der gute Geschmack begraben war» (Brief an Fritz Zulauf vom 22.10.1911; KBA 9211.123). Das 1910 fertiggestellte Schulhaus weist eine dem Heimatstil verpflichtete Architektur auf.

große Selbsttäuschung, wenn wir behaupten wollten: wir treten freudig und bewusst in seine Fußstapfen. Im Gegenteil: wir stehen da mit unserer ganzen Sehnsucht und mit jenem stillen Zug, den wir zu ihm hin verspüren, aber wir halten zurück. Wir lassen uns sagen, wer Jesus war, was er wollte, wir betasten ihn hier und dort, er interessiert uns, wir erwärmen uns für dieses oder jenes Bild aus seinem Leben. Aber dann kommt es uns doch wieder vor, unsre Sehnsucht gehe in eine andre Richtung, wir fühlen uns enttäuscht und kreuzen die Arme.[5] Es geht uns wie dem Täufer: weil unser Glaube enttäuscht ist, bleiben wir ungläubig. Und dann reut es uns doch wieder halb und halb, wir strecken vorsichtig noch einmal die Fühler vor und fragen: bist du, der da kommen soll, oder sollen wir eines Andern warten? Bist du's, der unsre Sehnsucht erfüllt, oder müssen [wir] uns nach einem andern Meister umsehen? Wäre es nicht noch herrlicher, vielleicht ein Jünger Goethes zu sein oder ein Anhänger des Dichterphilosophen Friedrich Nietzsche? Ist nicht vielleicht die Musik das wahre Reich Gottes oder die Literatur oder die Wissenschaft? So haben viele unsrer Zeitgenossen nicht nur gefragt, sondern auch geantwortet. Was Jesus zu bieten hat, kommt ihnen spärlich vor. Ihre Wünsche und Gedanken gehen höher.

Was ich da von unsrer Zeit sage, gilt aber von allen Zeiten. Immer finden wir etwas, was uns freuen muss, etwas Gutes, das wir als Glaube bezeichnen dürfen. Und immer finden wir daneben jenes vorsichtige und etwas kühle Ausweichen gerade Jesus gegenüber. Oft genug hat es sich in pomphafte, göttliche Verehrung seiner Person gekleidet und war doch im Grunde das Ausweichen, der Unglaube, der vorsichtig fragt: bist du's auch? bist du's wirklich, dem wir mit Freuden dienen und folgen können? Und zuletzt kann man das wiederum nicht nur von allen Zeiten sagen, sondern auch von allen Menschen. Es ist immer Beides in ihnen beieinander, Glaube und Unglaube. Das merken wir, wenn wir an unser Verhältnis zu Jesus denken. Auch wenn wir ganz fromm sind, machen wir immer wieder die Entdeckung, dass Jesus anders ist als unsre Wünsche. Und dann erwacht in uns die Johannesfrage, laut oder leise.

5 Vgl. oben, S. 181, bei Anm. 12.

Aber nun kommt die Antwort Jesu. Ich sagte schon, sie habe ihm schwer fallen müssen, weil es sich da um etwas so Innerliches, Persönliches handelte. Und so kann es uns wohl begreiflich sein, dass er nicht mit einem runden, vollen *Ja* antwortet – Ja, ich bin der, der da kommen soll!, sondern das Interesse von seiner Person ablenkt auf seine Sache, auf das, was durch ihn geschieht. Sehet und höret! sagt er den Jüngern des Johannes, und dann zählt er auf, fast wie wenn es ihn nichts anginge: *Die Blinden sehen und die Lahmen gehen, die Aussätzigen werden rein und die Tauben hören, die Toten stehen auf und den Armen wird das Evngelium verkündigt!* Es war wirklich kein Ja auf die Frage des Johannes, sondern eine Aufforderung: Besinne dich, entscheide dich selber! Aber ich glaube nicht, dass wir diese Antwort nur aus dem mehr äußerlichen Grund erklären können, dass es unfein gewesen wäre, wenn Jesus die unfeine Frage des Johannes einfach mit Ja beantwortet hätte. Wir tun hier vielmehr einen tiefen Blick in die Seele des Meisters. Auf die Frage: wer bist du? antwortet er: *das mache ich!* Ja, nicht einmal: das mache ich, sondern: *das geschieht!* Er will nicht, dass das Interesse an seine Person geheftet werde, ja, man kann auch seine Person nicht anders verstehen, als indem man sieht, was durch sie gewirkt wird. Das hat man später oft vergessen, indem man an erste Stelle die Frage stellte: wer war Jesus?, statt vor Allem zu sehen, zu suchen: was wird geschaffen, wo er ist. Um Jesus zu erkennen, muss man seine Wirkungen, seine Wohltaten erkennen, ohne das kann man gar nicht über ihn reden.

Aber wir müssen uns weiter besinnen über diese Antwort. Versetzen wir uns noch einmal an die Stelle des gefangenen Johannes! Was haben ihm seine heimkehrenden Jünger nun auszurichten gehabt, als sie zu ihm zurückkamen? Eigentlich nur etwas, was er bereits wusste. Jesu Antwort war für ihn eigentlich nur eine Unterstreichung dessen, was ihm schon vorher zugetragen worden: Blinde sehen, Lahme gehen, Aussätzige waren rein! Das musste auch Jesus wissen. Was wollte er damit? Er wollte dem Feuergeist Johannes sagen: sieh, *gerade da* ist der Messias, wo all dem elenden, armen, benachteiligten Volk *geholfen* wird, wo Taten der *Liebe* geschehen. Du fragst, ob ich bin, der da kommen soll. Ja, da fragt es sich, wer der ist, den du erwartest! Wenn du einen waffenklirrenden König vom Himmel erwartest, dann bin ich's nicht – aber sieh dir jetzt noch einmal an, was du schon gesehen hast: hier werden unglückliche Menschenkinder in Glückliche verwandelt, hier geschieht ein großes Werk des Mitleids und der Bruderliebe in der Kraft Gottes. Ist das nicht besser und größer, als was du dir zusammengedacht hast? Solltest du nicht etwas Anderes erwarten, um dann auch etwas Anderes zu finden? – Wir wissen nicht, wie diese Antwort auf den Täufer gewirkt hat.

Wir wenden uns zu uns zurück. Die Antwort Jesu ist geeignet, auch in das Gewoge von Glaube und Unglaube in unserm Leben Ordnung zu bringen. Sie wirkt sichtend und läuternd auf uns. Ich sagte: wir haben eine starke Sehnsucht nach Wahrheit, Schönheit und Recht. Diese Sehnsucht ist unser Glaube. Wir stehen aber zögernd da und wissen nicht recht, ob wir Jesus folgen wollen, wir fürchten Enttäuschungen. Bist du, der da kommen soll? Da heißt es nun auch für uns kurzerdings: was erwartest du? Du kannst Manches erwarten, was du anderswo findest als bei Jesus. Aber hast du dir das Besondere, das Jesus zu bringen hat, schon angesehen?

Ja, was suchen und erwarten wir eigentlich? Wenn mir das das Höchste wäre, ein harmonisches, heiteres inneres Leben zu führen, möglichst reich an Anschauungen der verschiedensten Art, möglichst mannigfaltig, tief und umfassend, dann gestehe ich offen, dass ich mich nicht an Jesus, sondern an Goethe wenden würde, der als Lebenskünstler vielleicht das Höchste geleistet auf Erden. Wenn mir das das Höchste wäre, zu schwelgen im Bewusstsein meiner Persönlichkeit und ihres Rechts, mich zu sonnen in der Überlegenheit und Einsamkeit, die jede Seele allem übrigen gegenüber einnehmen kann, dann würde ich Nietzsche folgen, er hat uns gelehrt, wie man es macht. Ich könnte einen Menschen verstehen, der mir sagte: eigentlich brauche ich zur Erfüllung meiner Sehnsucht nichts als eine Geige und Ruhe. Mit diesen zweien will ich mir eine Welt aufbauen, die schöner ist als Alles, was man sonst nennen könnte. Und ich würde einen Andern verstehen, der zwischen zwei Reihen Büchern die gleichen oder ähnliche Gefühle erlebt. Wenn wir diese Erwartungen, wenn wir eine Sehnsucht dieser Art für das Leben haben, dann ist's begreiflich, dass Jesus uns etwas lau lässt, dass Andre uns mehr sein können als er.

Aber wir könnten auch eine Erwartung andrer Art haben. Unsre Sehnsucht könnte sein, nicht umsonst, d. h. nicht nur für uns zu leben, sondern etwas Schlechtes in der Welt gut, etwas Dunkles hell, etwas

Trauriges froh zu machen. Unsre Sehnsucht könnte sein, eine Lücke auszufüllen, eine Not zu lindern, ein Bedürfnis zu stillen, zuzugreifen und zu *helfen*. Was ich vorhin genannt, sind Alles ganz schöne Sachen, aber sie sind keine Hilfe, sie sind immer nur etwas für uns selbst. Wenn man das Leben von Goethe liest, hat man bei all seiner Geistesgröße den Eindruck, er habe auch gar abseits von den Nöten der Menschheit gelebt in seinem stillen Gartenhaus in Weimar. Ist das wirklich so vorbildlich? Was ich gegen Nietzsche habe, sind nicht die paar gotteslästerlichen Worte, die sich bei ihm finden – die muss man bei ihm nicht so schwer nehmen –, als dass sein Leben und seine Gedanken fast *ein* fortgesetztes Selbstgespräch gewesen sind, das gegen Ende immer verworrener wurde. In dieser Einsamkeit liegt eine Beschränktheit. Und so wäre ein Leben in der Musik sicher etwas Schönes, aber nichts *Hilfreiches*,... so Alles Andre, was man nennen könnte.

Es heißt in all diesen Fällen *wählen*, danach entscheidet sich unsre Stellung zu Jesus. Es gibt zwei Arten von Lebenszielen: bei der einen kommt es uns auf uns selbst an, bei der andern auf die andern Menschen. Bei der einen gleicht unser Leben einem zierlichen Springbrunnen, der sein Wasser in die Höhe steigen lässt, und seine Tropfen funkeln gar schön an der Sonne. Bei der andern gleicht es einem nüchternen Brunnen, an dem nichts weiter Interessantes ist, als dass die Menschen daraus trinken können. Was wollen wir sein? Darauf kommt es an, wenn wir Antwort wollen auf die Frage: bist du, der da kommen soll? Wenn uns das Helfen das Höchste ist, dann merken wir, dass wir den Heiland nötig haben. Dann stellen wir uns in seinen Dienst. Wenn uns die Liebe zu den Niedrigen – einfach zu allen denen, die Liebe nötig haben – das Größte ist, dann bekommen wir Empfänglichkeit für die Liebe Gottes, die in Jesus zu uns redet. Das ist dann die Zerstörung des gläubigen Unglaubens und des ungläubigen Glaubens.

Jesus hat zuletzt noch etwas hinzugefügt: Selig ist, wer sich nicht an mir ärgert. Das heißt: Selig ist, wer nicht von mir enttäuscht ist. Und wir können es jetzt auch deutlicher erklären: Selig ist, wer erwartet hat, was er bei mir findet!

Amen.

Lukas 2,10

Fürchtet Euch nicht! Siehe, ich verkündige euch große Freude, die allem Volk widerfahren soll.

Liebe Freunde!

Wir lesen an einem Ort in der Bibel, dass Jesus ein *Kind* zu sich gerufen und mitten unter seine Jünger gestellt habe, und dann habe er zu ihnen gesagt: es sei denn, dass ihr euch umkehret und werdet wie die Kinder, so werdet ihr nicht ins Himmelreich kommen [Mt. 18,2f.]. In der Weihnachtszeit sehen wir, wie wahr das ist. Als wir noch Kinder waren, da wussten wir, was das heißt: sich *auf* die Weihnacht freuen, und wenn sie dann da war, sich *über* die Weihnacht freuen. Es brauchte da so wenig, um uns glücklich zu machen. Der heilige Abend mit dem Tannenbaum war ein Tag im Jahr, mit dem sich kein zweiter auch nur von ferne vergleichen ließ an Wonne und Herrlichkeit. Und wenn man dann erwachte am andern Morgen, dann war die Weihnacht immer noch da. Ich weiß noch, wie ich mich da beim Aufstehen als ein reicher Mann fühlte, der mit seinem Geschick gar nicht zufrieden genug sein kann. Das wurde später anders. Der Weihnachtstag verlor das Meiste von seinem besonderen Glanz und trat ein in die Reihe der übrigen Tage. Wir sahen ihn kommen und dann wieder hinter uns liegen ohne jenes Gefühl einer ganz außerordentlichen Freude. Wir sind eben überhaupt nicht mehr fähig zu einer so warmen und heiligen Freude wie damals. Das ist schade! Ihr habt vielleicht auch schon den Wunsch gehabt: Könnte ich nur noch einmal als ein Zehnjähriger Weihnacht feiern! Wenigstens mir geht es so. Und weil das nicht sein kann, müssen wir schon zu den Kindern gehen, um die rechte Weihnachtsfreude zu sehen.

Und doch müsste das durchaus nicht so sein. Wir könnten und sollten als Erwachsene noch viel fröhlicher Weihnacht feiern denn als Kinder. Gerade die Hauptsache an der Weihnacht könnten wir ja viel besser verstehen als die Kinder. *Sie* freuen sich über den Baum und die

Lichter und die Geschenke, *wir* dürften uns über das Kindlein in der Krippe freuen, weil wir deutlich erkennen können, was wir an dem Mann haben, der aus diesem Kindlein geworden ist, weil wir verstehen können, wie herrlich und unentbehrlich für unser Leben das ist, was in Bethlehem geschehen ist. Davon wollen wir dann morgen reden. Heute wollen wir davon reden, wie man der Freude, der Weihnachtsfreude das Herz aufmacht, um sie wieder hereinzulassen. Es steht nämlich nicht so, dass wir sagen müssten: Ja, es wäre wohl schön, aber es geht nicht:

> Schön ist die Jugendzeit,
> Sie kommt nicht mehr![1]

Nein, *es geht*. Das Christkind steht bei jedem von uns draußen und möchte einkehren, sobald wir nur wollen. Es ist schon bei uns gewesen, und das ist kein verlorenes Paradies[2], das weit hinter uns liegt, sondern das kann und soll wieder geschehen, viel schöner und feiner als früher. Wir wollen uns darüber besinnen, wie man das macht, es wieder hereinzulassen.

※   ※   ※

---

[1] Vgl. die erste Strophe und den Refrain des Volksliedes «Schön ist die Jugend»:

> Schön ist die Jugend
> Bei frohen Zeiten,
> Schön ist die Jugend,
> Sie kommt nicht mehr.
> So hört' ich oft schon
> Bei alten Leuten,
> Und seht, von denen weiß ich's her.

Refrain: Drum sag' ich's noch einmal,
> Schön sind die Jugendjahr,
> Schön ist die Jugend,
> Sie kommt nicht mehr.
> [...].

[2] Wohl eine Anspielung auf: J. Milton, *Paradise Lost. A Poem Written in Ten Books*, London 1667; von den vielen deutschen Übersetzungen sei genannt: ders., *Das verlorene Paradies*, übers. von Fr. W. Zacharia (Collection Spemann, 151), Stuttgart 1883.

Die Weihnachtsbotschaft fängt an mit den Worten: *Fürchtet Euch nicht!* Ich glaube, darauf müssen wir achten, wenn wir sie mit rechter Freude aufnehmen wollen.

Von den Hirten auf dem Felde vor Bethlehem lesen wir: «Die Klarheit des Herrn leuchtete um sie, und sie fürchteten sich sehr» [Lk. 2,9]. Warum mögen sie sich nur gefürchtet haben? Da müssen wir schon in unser eigenes Leben hinein sehen, um das zu verstehen. Ja, die Weihnacht ist eine solche «Klarheit des Herrn», die unser Leben erleuchten möchte, wie die Lichter des Tannenbaums in einer dunkeln Stube leuchten. Die Weihnacht sagt uns, dass Gott etwas mit uns haben will, er, der allmächtige, ewige, reine, gütige Gott mit uns kleinen, kurzlebigen, widerspenstigen Menschen. Er will es mit uns halten. Er will zu uns gehören. Und darum sollen wir zu ihm gehören. Das Trübe, Halbdunkle, Borstige an uns soll vergehen, es soll liegen bleiben wie ein altes Kleid, und wir sollen dem großen, starken Zug zu einem aufrichtigen, bewussten, für uns und andere kostbaren Leben folgen. Die Weihnacht bietet jedem von uns ein solches Leben an, und sie fordert uns auf: jetzt nimm es auch. Denn sie redet uns von Jesus und zeigt uns damit den Ort und die Art, zu denen wir in unserm Leben auch kommen sollten. Das ist ihre Klarheit. Aber wenn uns diese Klarheit umleuchtet, wenn es uns in diesen Tagen hoffentlich Allen wenigstens im einen oder andern Moment deutlich wird, wohin es mit uns gehen sollte, dann wissen wir auch recht gut, warum der Engel den Hirten dort vor Allem sagen musste: Fürchtet euch nicht! |

Das ist nun freilich eine merkwürdige Furcht. Ich glaube, wir fürchten uns vor Allem vor der *Anstrengung,* die es uns kosten würde, ein rechter Mensch, ein Weihnachtsmensch zu werden. Wenn man jahrelang und vielleicht jahrzehntelang einen falschen Weg gegangen ist, vielleicht den Weg irgend einer Unaufrichtigkeit oder einer üblen Gewöhnung, ja, dann mag es uns wohl gemächlicher vorkommen, darauf weiterzugehen, als mit einem Mal etwas Anderes anzufangen, auch wenn wir unter dem Alten noch so leiden. Da ist Einer, der seufzt und keucht unter der Bürde seines Unglücks und macht sich und die Seinen nur *noch* unglücklicher damit. Nun ist die Weihnacht da, und auch für ihn würde es jetzt heißen: Freude! Lass dein Herz emporsteigen zu Gott! Was hindert ihn daran? Es ist ihm bei allem Jammer fast wohl geworden auf dem Weg des Unglücks, es wäre so unerhört, jetzt plötzlich mit etwas Neuem zu beginnen. Er fürchtet sich, seine Bürde abzuwerfen, obwohl er's könnte. Denn er fürchtet die Anstrengung. |

Andre sagen: Nein, ich fürchte nicht die Anstrengung, aber ich fürchte meine *eigene Schwäche*. Ich wollte mir wohl Mühe geben, ich sehe ja schon, was nicht gut ist und was besser werden sollte bei mir. Aber ich kenne mich selbst gut genug und weiß, dass ich nicht anders sein kann, als ich bin. Das ist eine merkwürdige Redeweise, und doch hört man manchmal so reden, und ich glaube nicht einmal, dass die, die so reden, in Wirklichkeit Ausnahmen sind. Wir haben Alle in unserm Leben gewisse Punkte, an denen es uns nicht fehlt an der Klarheit über das, was göttlich, und das, was menschlich wäre. Am Wegweiser mangelt es nicht, aber es mangelt am Gehen. Wir sagen uns laut oder leise: ja, *da* bin ich nun einmal empfindlich, *da* kann ich nichts machen, *da*gegen komme ich nicht auf – ich kann nicht stärker sein als ich selbst. Und da stehn wir dann an der Weihnacht da vor unsrer Schwachheit wie ein Kind, wenn es ein Geschirr zerbrochen hat, und sagen mit weinerlicher Stimme: Ich kann nichts dafür! Wir fürchten uns vor der Stärke unsrer Schwachheit. |

Noch Andre sind's, die haben Angst vor den *Leuten*. Sie sagen, ja, ich wollte mich wohl zu Gott halten, ich habe wohl etwas gespürt von seiner Wahrheit, ich merke, wie ernst es ihm ist und wie lieb er mich hat, aber [was] würden die Andern sagen, die Nachbarn und vielleicht die am Stammtisch, wenn ich mich das merken ließe! Ja, was würden die Leute sagen? Das ist ein Grund, der so viel Gutes in der Welt verhindert, Einer guckt auf den Andern, was der für ein Gesicht mache. Um es mit Gott zu halten, da müssten wir freilich zehn Schritt aus der gewohnten Reihe hinauslaufen und viele, *sehr* viele erstaunte Gesichter auf uns ziehen. Wir dürften das nicht scheuen. Aber wir scheuen es. Als die Klarheit des Herrn sie umleuchtete, da fürchteten sie sich sehr vor den Leuten. O wenn wir *davon* frei würden. Wie Mancher, der heute dem Andern ein schönes Weihnachtsgeschenk macht oder ihm doch eine Gratulationskarte schickt, würde besser tun, ihm zu versprechen: Hör mal, von jetzt an brauchst du dich vor mir nicht mehr zu fürchten. Ich will kein Gesicht machen, wenn du deinen eigenen Weg gehst, im Gegenteil, es soll mich freuen, wenn du das tust. Das wäre ein Weihnachtsgeschenk! |

Aber so oder so, wir müssen das Fürchten verlernen, wenn Gottes Freude bei uns einziehen soll an der Weihnacht. Ja, denkst du, das ist bald gesagt: Fürchtet Euch nicht! Die Anstrengung, die es da kostet, die Schwäche meines Charakters, die Haltung der andern Leute, die sind eben doch da! Ja, wenn ich es so gut hätte wie die Hirten von Bethlehem: wenn ein Engel käme vom Himmel und mir sagte: Fürchte dich nicht!, dann wollte ich es wohl glauben und danach tun. Nein, sage ich, denn die Hirten von Bethlehem hatten es nicht besser als wir, sondern weniger gut. Sie hatten einen Engel, der ihnen zusprach, sie hatten die himmlischen Heerscharen, die lobten Gott und sprachen: Ehre sei Gott in der Höhe und Frieden auf Erden und den Menschen ein Wohlgefallen [Lk. 2,14]! Und das war gewiss schön, aber wir haben etwas noch Schöneres. Den Jesus, dessen Geburt sie dort miterleben durften, den kennen wir *ganz*, wir wissen, was aus ihm geworden ist, uns hat sich seine Herrlichkeit in ihrer ganze Fülle erschlossen, und wenn wir sein Leben anschauen, das er auf dieser Erde gelebt, dann können wir nicht mehr sagen: das ist bald gesagt: fürchte dich nicht!, sondern dann brauchen wir uns wirklich und im Ernst nicht zu fürchten. Er hat uns gezeigt, was das ist: ein furchtloses, tapferes Leben. Er ist nie händeringend dagestanden: es geht nicht, sondern er ist an Alles herangetreten mit starker Hand und hat gemacht, dass es ging. Er hat die große Anstrengung gemacht, die es braucht, um mit Gott einig zu werden, er hat mit der Versuchung gekämpft und ist nicht schwach geworden, sondern hat es gewonnen, er hat es gewagt, es anders, ganz anders zu machen als die andern Leute, und am Ende seines Lebens ist er dagestanden als ein Sieger über Alles, was ihm hätte Angst machen können, und sein Name ist nach ihm ein Erkennungszeichen geworden für Tausende und Tausende, die im Kampf des Lebens auch gesiegt haben. Gibt dir das nicht den Mut, jetzt deine Furcht abzulegen? Macht es dir nicht Freude, in der gleichen Schlachtlinie zu stehen mit einem solchen Streiter? Sieh, wenn du nur ein ganz klein wenig verspürst von dieser Freude, dann darfst du es als Zeichen nehmen, dass eine Bresche, eine Lücke geschlagen ist bei dir, durch die die große Weihnachtsfreude einziehen kann. Lass sie wachsen, diese Lücke, vertiefe dich immer mehr in den Mut des Herrn Jesus, so wird auch *dein* Mut wachsen, und du wirst auf die Weihnachtsbotschaft antworten können, schüchtern zuerst und dann immer lauter: Ja, ich fürchte mich nicht.

Jetzt wollen wir nun auf etwas Anderes merken, was uns Erwachsenen helfen kann, das Christkind hereinzulassen. Wir lesen, der Engel
habe den Hirten gesagt: Siehe, ich verkündige euch *große* Freude! In
dem Wort *groß* ist etwas versteckt! Wenn du die rechte, innige Weihnachtsfreude verlernt hast, seit du nicht mehr ein Kind bist, liegt's
nicht daran, dass du nicht gewusst hast, mit dem Alter fortzuschreiten
von der *kleinen* zur *großen* Freude? Als du jung warst, war dir das
Christkind lieb, weil es Bescherungen brachte: den Weihnachtsbaum
und Äpfel und Nüsse und Zuckerbrot und andere schöne Dinge. Das
war *kleine* Freude. Sie war recht zu ihrer Zeit. Dann hättest du aber
weiterschreiten sollen, du hättest am Christkind selbst Freude bekommen sollen. Das hast du versäumt. Du warst zu sehr an die kleine
Freude gewöhnt, als dass du dich der großen hättest zuwenden können. Du erwartetest immer wieder Bescherungen. Gewiss keine Äpfel
und Lebkuchen mehr, es kam die Zeit, wo dir diese Bescherungen
weniger Eindruck machten. Aber du erwartetest, dass das Leben dir
andere Dinge in den Schoß lege: ein ungetrübtes, sorgenfreies Glück,
eine starke Gesundheit, Menschen, mit denen gut auszukommen sei,
eine stete Zufriedenheit inwendig. Das sind so die Lebkuchen von uns
Großen. Aber sie sind darum auch nur *kleine* Freude. Das können wir
daran merken, dass sie uns selten, sehr selten dauernd erhalten bleibt,
gerade wie das, was die Bescherungen den Kindern gebracht, nach
kürzerer oder längerer Zeit sein natürliches Ende findet. Und oft ist's
nicht nur so, dass diese kleine Freude wieder verschwindet, nachdem
sie eine Weile dagewesen, sondern sie stellt sich überhaupt nicht ein.
Da geht es uns uns dann, wie es manchen armen Kindern geht, die an
der Weihnacht hauptsächlich zusehen müssen, wie Andere etwas bekommen, und auf der Straße stehen und sich die Näschen platt drücken an einem Schaufenster, hinter dem die ihnen versagten Herrlich-
keiten aufgestapelt sind. Ja, solche arme Kinder sind wir Großen auch
manchmal. Die kleine Freude, nach der wir uns sehnen, wird uns nicht
gemacht, und dann sagen wir: ach was, es ist nichts mit der Weihnachtsfreude.

Wenn wir doch lernen wollten, die Augen auftun für die *große*
Freude, die uns an der Weihnacht für immer und für Jeden beschert

wird, wenn wir nur die Hände danach ausstrecken wollten! Ich sage: das muss gelernt sein, die *große* Freude zu erkennen und zu ergreifen. Man könnte einwenden: bei einer Freude kann es doch nichts zu lernen geben, die kommt eben und ist da, oder sie kommt nicht und ist nicht da. Ich antworte: doch, da gibt es etwas zu lernen, und da *müssen* wir sogar lernen. Man kann fortschreiten von kleinen zu großen, von niedern zu höhern Freuden. Ich will ein Beispiel nennen, das ihr Alle verstehen werdet. Es wird wenig Menschen geben, die nicht irgend eine Freude haben an der *Musik*. Unter denen sind eine große Menge, denen ist das Höchste und Schönste, was sie sich auf diesem Gebiet denken können, so eine recht kräftige, schmetternde Blechmusik. Wenn sie dann so mit den Füßen den Takt klopfen können, wenn es fast die Wände versprengt von der Gewalt des Tones, dann sind sie schon zufrieden. Andre stehen eine Stufe höher. Was ihnen gefällt, das ist vielleicht ein recht zügiges Vaterlandslied, etwa von einem Männerchor gesungen, oder eine von den muntern englischen Melodien, wie man sie im Blauen Kreuz[3] singen hört. Wenn sie da, so laut sie können, ins Tralala oder in den Refrain einfallen und eine Note gar rührend in die andre hinüberziehen können, dann sind sie im Himmel und denken, die Musik ist eine schöne Sache. Andre sind vielleicht schon in der Stadt gewesen und haben ein richtiges Konzert gehört mit Musikstücken, die wirklich Musik enthielten und nicht bloßen Klingklang, aufgeführt von Leuten, die ihr ganzes Leben der Kunst gewidmet haben. Aber auch da geht die Stufenleiter weiter vom Hohen zum Höhern zum Höchsten. Auch unter den berufsmäßigen Künstlern gibt's solche, die mit gröbern, und solche, die mit feinern und feinsten Mitteln auf die Hörer zu wirken versuchen, und unter den Komponisten, selbst unter den berühmten, hat der eine eine edle, der andere eine schöne, der andre aber eine große Seele in seine Musik gelegt. Das macht Unterschiede – für den, der sie zu hören weiß. Zunächst steht man vielleicht ganz unten an dieser Stufenleiter der musikalischen Freude. Wem bisher Blechmusik das Höchste gewesen ist, der wird sich bei einer Symphonie von Beethoven oder bei einem Oratorium von Bach langweilen, weil er da nicht mit den Füßen den Takt klopfen kann. Aber er braucht dabei nicht stehen zu bleiben. Er kann von der

[3] Siehe oben, S. 289, Anm. 9.

kleinen Freude vordringen zur großen und immer größern Freude. Das Mittel dazu ist sehr einfach, er muss bei der Musik nicht nur auf das Behagen achten, das sie ihm verursacht, sondern versuchen, das wirklich Schöne herauszuhören, er muss sich Mühe geben, in das Innere der Töne einzudringen. Dann wird er es bald herausbekommen, dass das Eine schön und das Andre noch schöner ist, er bekommt feinere Ohren für das, was man die Seele der Musik nennen könnte, ganz allmählich wird dies und das zurückbleiben, weil es ihm nicht mehr genügt, weil eine neue, größere Welt sich ihm aufgetan hat, die immer neue, *noch* größere Offenbarungen in sich hält.

Gerade so müssen wir es mit der Lebensfreude, mit der Weihnachtsfreude halten. Wir dürfen nicht genügsam sein und nur nach dem Kleinen verlangen, nach Glück und Gesundheit und Zufriedenheit. Das ist erst die Blechmusik! Solange wir nichts Besseres wünschen, so lang bereitet uns die Weihnachtsbotschaft nur Langeweile. Aber wir können uns etwas Besseres wünschen. Wir können nach der *großen* Freude des Lebens verlangen. Dafür müssen wir uns ganz wie bei der Musik feine Ohren, einen feinen Geschmack angewöhnen. Wir müssen versuchen, aus dem Klingklang unsres Lebens das wirklich Große, das, was Wert hat, das Schöne und Echte herauszuhören. Dabei machen wir dann sicher auch die Erfahrung, dass uns das Bisherige nicht mehr genügt, dass Allerlei, was uns bisher als das Beste erschien, zurückbleiben muss. Wir lernen uns fragen: ja, über *was* sind wir denn eigentlich glücklich und zufrieden oder über was möchten wir es sein? Gibt es nicht *noch* höhere Ziele, als die ich mir bis dahin gesteckt und die ich zu meinem Schmerz nicht einmal erreichte. Ist nicht ein absolut reines Gewissen *noch* besser als das, was man so Glück nennt, ist nicht Selbstbeherrschung *noch* besser als Gesundheit, ist nicht ein Leben, das Andern aufrichtig dienen will, *noch* besser als Zufriedenheit? O wenn wir einmal scharfe Augen und Ohren bekommen haben für dieses *noch* Bessere, wenn dann die große Sehnsucht, es zu besitzen, in uns erwacht ist, *dann* wird die Weihnachtszeit schön, dann merken wir auf, wenn es nun heißt: Siehe, ich verkündige euch *große Freude!* Denn dieses *noch* Bessere, die *große* Freude, die bekommen wir, wenn wir Jesus bekommen. Er gibt uns die Hand und führt uns auf die höhere Stufe, vom Kleinen zum Großen, sobald wir darnach Verlangen haben. Wenn wir dies Verlangen in uns aufkommen lassen – *das* wird eine Weihnachtsfreude werden!

＊　＊　＊

Aber wir sind noch nicht zu Ende. Die Hauptsache kommt zuletzt. Wenn wir hören: Weihnacht ist da! das Christuskind ist da, und wenn wir diese Verkündigung mit rechter großer Freude in uns aufnehmen möchten, dann müssen wir es uns durch und durch gehen lassen, dass diese große Freude *allem Volke widerfahren soll*. Das ist dort jenen Hirten auf dem Feld gesagt worden und heute wird es auch uns gesagt. Ich glaube, ohne diesen Gedanken an alles Volk, das *auch* Freude haben soll, gibt es keine rechte Freude. Die Weihnachtsfreude ist schon manchem verleidet, nicht weil er selbst sich vor der Klarheit des Herrn *gefürchtet* oder weil er nicht erkannt hätte, wie *groß* die Freude ist, die Weihnacht uns verkündigt, sondern weil er um sich gesehen und so viel Elend und Unglück und Irrtum und Unverstand in der Welt und bei den Menschen gefunden hat. Was soll's, wenn *ich* den Herrn Jesus in mein Herz und mein Leben aufnehme, wenn *ich* die große Freude erlebe, ein reinerer, tieferer, ernsthafterer Mensch zu werden, ist dann damit erfüllt, was die himmlischen Heerscharen gesungen: Ehre sei Gott in der Höhe und Friede auf Erden und den Menschen ein Wohlgefallen! Ist's nicht bloß ein Tropfen auf einen heißen Stein, wenn das bei mir und in meinem Hause geschieht, während nebenan und gegenüber und in der ganzen Welt der Jammer und die Ungerechtigkeit und die Lüge triumphieren?! |

Vor fünf Jahren erlebte ich gerade diese Tage vor Weihnacht in der Millionenstadt Berlin[4] und weiß noch, wie ich mich fragte, was die große Freude der Weihnacht für all die Hunderttausende bedeute, ob die Feiertage ihnen mehr brächten als ein womöglich noch schärferes Hervortreten der sozialen Unterschiede, ein womöglich noch größeres Aufschäumen aller großstädtischen Gemeinheit und Liederlichkeit. Könnte unsre Freude eine *große* Freude sein, wenn sie wirklich für all das Volk nichts bedeutete? Könnten wir uns heute der Weihnacht freuen, wirklich freuen, wenn wir annehmen müssten, dass das an der Fäulnis, an der Tyrannei und dem Blutvergießen, das wir auch in unsrer heutigen Welt miterleben müssen, nichts änderte? Können wir uns überhaupt freuen in unserm Leben, wenn wir an all das Un-

---

[4] Im Wintersemester 1906/07 studierte Barth dort; vgl. Busch, S. 50–52.

erfreuliche denken, was Andre zur gleichen Zeit erleben und tun? Fällt da nicht ein Gifttropfen in unsern Becher, der uns auch das Edelste und Schönste *verleiden muss?*

Meine Freunde, da sage ich nun: jawohl, in *diesen* Zweifel müssen wir sogar eintauchen, so tief wir können, und wer ihn noch nie erlebt, der weiß nicht, was Weihnachtsfreude, was Freude überhaupt ist. Die beste und tiefste Vorbereitung auf die Weihnacht besteht darin, dass wir lernen, die Augen auftun für Alles das, was nicht nur bei uns, sondern bei den Andern, was in der Welt anders und besser werden sollte, dass wir an die Tränen denken, die anderswo fließen, an das Unrecht, das anderswo geschieht, an den Irrtum, unter dem Andere leiden, an die Schuld, die Andere drückt. Mit dieser Frage im Herzen müssen wir Weihnacht feiern, dann ist uns die Weihnacht eine Antwort, die uns nicht leer lässt. Mit diesem Verlangen, dass allen Menschen geholfen werde, müssen wir zu Jesus treten, dann wird die Weihnachtsfreude von Jahr zu Jahr nicht kleiner, sondern größer werden. Denn darum nennen wir ihn den «Heiland», weil in seinem Evangelium das Heil, die Hilfe verborgen ist nicht nur für dich und mich, sondern für uns Alle. Ein so großer Herrscher wie er will mit einem großen, weit offenen Herzen empfangen sein. Ist es aber groß und weit geworden, haben wir *mit*gelitten mit der leidenden Welt und *mit*geseufzt mit der seufzenden Kreatur, dann sind wir reif für ihn, dann kann er auch bei uns geboren werden wie einst im Stall zu Bethlehem. Willst du's jetzt nicht wagen, die Weihnachtsfreude deiner Kindheit wiederzuentdecken, größer und reicher und vollkommener als die, die du verloren hast? Fang heute nur in einem kleinen Stück damit an, furchtlos zu werden, vom Kleinen auf das Große zu denken und, statt nur an dich selbst, an die Andern. Ich verspreche dir: dann darfst du heute Abend aufrichtig und von innen heraus einstimmen in das alte jubelnde Lied

O du fröhliche, o du selige
Gnadenbringende Weihnachtszeit.
Welt ging verloren, Christ ist geboren.
Freue, freue dich, du Christenheit![5]
Amen.

[5] Strophe 1 des Liedes «O du fröhliche» von J. D. Falk (RG 409; EG 44).

Weihnacht

Johannes 1,14

Das Wort ward Fleisch und wohnte unter uns, und wir sahen seine Herrlichkeit, eine Herrlichkeit als des eingeborenen Sohnes vom Vater voller Gnade und Wahrheit.

Liebe Freunde!

Ich komme mir verwegen vor, dass ich mich getraue, über diese Bibelstelle zu euch zu reden. Ich denke an den kühnen, Gott und Welt in ihren Höhen und Tiefen umfassenden Geist des Mannes, der diesen Gedanken gefasst und diese Worte geprägt hat. Ich denke an all das Große und Größte, was im Lauf der Jahrhunderte Unzählige beim Hören oder Lesen dieser Worte empfunden und erlebt haben. Ich denke an all das Treffliche, was die größten Geister der christlichen Welt in diesen Worten gefunden und den wechselnden Geschlechtern mitgeteilt haben, von Origenes, dem christlichen Philosophen im alten Alexandrien, bis zu Martin Luther und bis zu Dr. Friedrich Schleiermacher, dem Kirchenvater des Protestantismus am Anfang des 19. Jahrhunderts. Es gibt wenig Stellen in der Bibel, die so zu allen Zeiten und so sehr im Mittelpunkt des religiösen Nachdenkens gestanden sind wie gerade diese. Vor einer solchen Stelle lernt man bescheiden sein mit dem Wenigen, was man weiß, und dem noch Wenigeren, was man selbst schon innerlich erfahren und erlebt hat. Man steht davor wie vor einem hohen Berg, man setzt rüstig an, um ihn zu besteigen, aber während man schon die Spitze nahe vor sich zu sehen glaubt, kommt man um eine Ecke, und der Berg ist wie durch einen Zauberschlag unendlich viel höher geworden, als man dachte, die Wanderung fängt von vorne an. Ihr dürft also nicht von mir erwarten, dass ich meinen Text auch nur einigermaßen ausschöpfe, «auslege», wie man sagt. Ich kann euch nur ein kleines Stück zeigen von dem, was darin ist, das Stück, das ich eben zu sehen vermag. Ich bitte euch aber von vornherein, mir zu glauben, dass mehr darin ist, als ich euch sagen kann. Wer nachher das Gefühl hat, dass wir ein großes schönes *Geheimnis* von ferne angerührt haben, der hat mich am Besten verstanden.

Das Wort ward Fleisch und wohnte unter uns, und wir sahen seine Herrlichkeit. Ich will's versuchen, in möglichst einfachen Worten zu sagen, was ich davon verstehe: der Mann, der das geschrieben, wollte auf seine Weise sagen, was die *Weihnacht* für uns bedeutet. Er meint dasselbe, was im andern Evangelium heißt: Euch ist heute der Heiland geboren, welcher ist Christus der Herr [Lk 2,11]! Wir bemerken das in der Bibel öfters, dass die Wahrheiten des geistigen Lebens sich auf eine wunderbar mannigfaltige Weise ausdrücken lassen, und mit jedem neuen Ausdruck offenbaren sie uns eine neue Seite ihrer Schönheit. Wir wollen darum nie erschrecken, wenn wir neuen Ausdrücken über die göttlichen, höchsten Dinge begegnen, auch außerhalb der Bibel, sondern uns lieber fragen, ob sie nicht geeignet sind, uns in unsrer Erkenntnis und Erfahrung ein Stockwerk höher hinauf zu führen.

Statt: Euch ist heute der Heiland geboren! hören wir: *Das Wort ward Fleisch.* Dieser andere Ausdruck soll uns anleiten zu verstehen, was das bedeutet, dass der Heiland geboren wurde.

* * *

Wenn unser menschlicher Geist tätig ist, dann bildet er *Worte.* Wir sprechen sie nicht immer aus, aber wir denken sie. Es gibt kein Denken ohne Worte. Wenn es inwendig zu Worten kommt, dann denken wir. Ja, wir haben auch wogende Gefühle und Stimmungen in uns *ohne* Worte, aber wenn wir die hell und klar werden lassen wollen, wenn wir sie fassen wollen, dann müssen wir sie auch in Worte kleiden können. Jeder Lehrer kennt die Antwort gewisser Schüler: ich weiß es schon, aber ich kann es nicht sagen! Das ist ihm das sicherste Zeichen, dass der Schüler seine Sache eben *nicht* weiß. Wir erinnern uns gewiss Alle an gute Absichten, die wir hatten, aber wir wussten durchaus nicht zu sagen, *was* wir denn nun tun wollten. Hoffentlich haben wir daran gemerkt, dass unsre Absicht offenbar zwar gut, aber noch sehr unreif sei, und haben versucht, aus dem Unbestimmten ins Bestimmte zu kommen. Mir geht es z. B. regelmäßig so, dass ich beim Anblick eines Bibelwortes oder sonst die Predigt fix und fertig *spüre*, die ich am nächsten Sonntag halten will. Aber ich *spüre* sie erst. Wenn ich sofort damit auf die Kanzel sollte, könnte ich kaum drei Worte sagen und dann sofort Amen. Die Predigt ist da, und sie ist doch noch nicht da, denn ich muss erst die Worte dafür finden. Wie die Feuchtigkeit in der Luft Form annehmen muss in den Regentropfen oder in den Schneeflocken, so muss der Inhalt unsres innern Lebens Form annehmen in den Worten. Oder ein anderes Bild: was wir inwendig in uns haben, das ist wie der Marmorblock des Bildhauers. Wenn daraus ein Standbild werden soll, dann muss er mit Hammer und Meißel an die Arbeit gehen, um die Figur, die im Marmorblock gleichsam schlummert, zum Leben zu erwecken. Die Umrisse der Figur, die er herausarbeitet, sind die Worte, mit denen wir unser Inneres erst lebendig machen.

Ich denke, wir verstehen Alle, wie ungeheuer wichtig die Worte sind für uns. Unser ganzes geistiges Leben lebt von ihnen. Und doch sind sie noch nicht *das Wort*, das von jenem Evangelisten gemeint ist. Wir müssen jetzt eine weitere Beobachtung machen. Wir haben Alle schon die Erfahrung gemacht, dass wir mit unsern eigenen Worten nie ganz zufrieden sind. Ja, oft können wir auf Augenblicke, etwa im Gespräch, die Meinung haben: gerade so ist's, gerade so, wie ich es jetzt sage. Aber wir werden selten lange bei dieser Meinung bleiben. Wir wollten etwas Besseres, Größeres, Intimeres sagen, als wir gesagt haben, unser eigenes Wort genügt uns nicht, wir suchen nach einem höhern, bessern, zutreffenderen. Jedes Wort ist nur eine Sprosse auf einer Leiter und die Leiter ist unendlich. Unsere Erkenntnisse können immer noch genauer, unsre Absichten klarer und besser, unsre Anschauungen tiefer werden. Wir haben wohl Worte, aber wir haben nicht *das Wort*.

Es ist nun auf der einen Seite etwas ganz Herrliches, dass es so mit uns steht, dass wir uns bei jedem Schritt, den wir getan haben, sagen müssen: Ich bin noch lange nicht am Ende, dass wir bei Allem, was wir innerlich gefasst und gewonnen haben, erkennen müssen, dass wir noch viel mehr fassen und gewinnen könnten. Das sind die bedauernswertesten von allen Menschen, die da meinen, fertig zu sein und abschließen zu können. Wir leben davon, dass wir etwas *vor* uns haben, dass unser Geist eine Form annehmen möchte, die wir noch nicht erreicht haben. Das ist unsres Lebens Bestimmung, nach einem *ewigen* Ziel zu streben. Die Worte genügen uns nie, wir möchten *das* Wort finden. Auf den Stufen können wir nicht bleiben, wir möchten zuoberst sein. Mit dem, wozu wir unser Leben bis jetzt gestaltet, können wir nicht zufrieden sein, eine bessere Gestalt möchten wir aus dem Marmor herausschaffen. Diese Spannung und Rastlosigkeit ist das höhere Leben, und ich wiederhole: Unselig, wer nichts davon weiß! Ja, nicht alle wissen gleich viel davon. Bei Vielen ist der Pulsschlag dieses höhern Lebens ganz, ganz leise geworden, wie bei Scheintoten. Sie sehen wohl auch noch ab und zu aus nach dem Bessern, Höhern, aber sie sind bequem geworden, vielleicht, dass sie bald sagen werden: So, weiter will ich mich nun nicht beunruhigen! Andre stürzen sich mit großer Begeisterung vorwärts, aber sie werden bald müde und fangen an, langsamer zu werden. Es flimmert ihnen vor den Augen, wenn sie denken, wie viel von ihnen verlangt ist, wie unendlich hoch das Ziel steht. Und wieder Andre, die arbeiten rastlos und emsig, aber sie haben das ewige Ziel in einer falschen Richtung gesucht, sie sind in Gefahr, in eine Sackgasse einzulaufen, in der das Wort, das Ziel, das sie eigentlich meinen, nie und nimmer zu finden ist. Aber aus diesen *Vielen* ragen einige *Wenige* hervor. Die haben das Ziel, das Wort, nach dem wir suchen, mit einer überwältigenden Klarheit gesehen und können es nicht mehr vergessen. Sie tragen keine Scheuleder wie wir Andern, sie sind nicht kurzsichtig wie wir, sondern über alle Stufen hinweg sehen sie ahnungsvoll, was die Wahrheit wäre, was wir denken und was wir tun sollten, was wir empfinden sollten, um unsre Bestimmung zu erfüllen. Und obgleich sie Menschen sind wie wir, können und dürfen sie es nicht lassen, vor uns Andre, die wir so träg und leichtsinnig und verirrt sind in unserem Streben, hinzutreten und uns zurecht zu rufen: Auf, ihr Schläfer, vorwärts, ihr Müdegewordenen, halt, ihr, die ihr auf Holzwegen seid! Habt ihr vergessen, wohin ihr gehen müsst, wenn ihr leben und nicht tot sein wollt? Ist euer Geist lahm oder krank, dass ihr euch mit der Stufe begnügt, statt nach dem Gipfel zu wandern, mit den Worten, statt nach *dem Wort* zu suchen? Höret jetzt nicht Worte, sondern *das Wort*, das *Wort Gottes!* |

Und dann reden uns solche Menschen von dem, was sie, die Wenigen, gesehen und gehört haben, von der Majestät der ewigen Wahrheit, von dem lebendigen Gott, zu dem unsre Geister geschaffen sind und in dem sie erst Ruhe finden dürfen. Sie strafen und mahnen und trösten uns, sie weisen uns unablässig hin auf die Höhe, zu der wir berufen sind. Sie, die Wenigen, sind das wache Gewissen inmitten von uns Vielen. Wohl uns, wenn wir sie hören und uns die Augen reiben und aufstehen oder umkehren und sagen: Ja, ich komme. Das sind die *Propheten* Gottes, die uns so rufen. Sie Alle, von Mose bis zu Amos, von Jeremia bis zu Johannes dem Täufer, vom heiligen Franz von Assisi bis zu Schiller und Goethe, und mit ihnen die vielen gleich großen und kleineren Geister – wer wollte sie Alle nennen –, die der Menschheit neue Wege gewiesen haben, sie Alle waren gesandt, uns vom Wort zu reden, von unserm Ziel, das wir erstreben sollten. Unabsehbar ist die Zahl derer, die so den Andern, jeder in seiner Weise, die Fackel vorangetragen haben. Wir raffen uns auch immer wieder auf, ihnen zu folgen; wir spüren zu deutlich, dass sie Recht haben. Unser eigenes Gewissen antwortet auf den Anruf des ihrigen. Etwas Prophetisches lebt in jedes Menschen Brust. Etwas von dem Wort, dem großen Wort, ahnt ein jeder, und so *suchen* wir, die ganze Menschheit, unsre Führer voran.

Ich sagte, das ist etwas Herrliches, dass wir so suchen und streben dürfen, ins Ewige, in die Unendlichkeit hinein. Aber was uns im einen Moment als herrlich erscheint, das wird uns im andern zur drückenden Last, und ich glaube, diese letztern Momente sind zahlreicher. Jene Spannung und Rastlosigkeit des höhern Lebens kann uns dann zu einer Pein werden. Wir vergleichen das, was wir erreichen sollten, mit dem, was wir erreicht haben, und fühlen, dass wir zu kurz kommen. Wir sehen vom Wort Gottes auf unsre Worte und fühlen uns gerichtet in unsrer Beschränktheit und Armut. Es steht so hoch über uns. Wir fühlen uns so klein. O da brechen die merkwürdigsten Gefühle in uns los, wenn wir diese schmerzliche Entdeckung machen. Wir fangen an zu zweifeln, ob es auch wirklich was ist, dies ewige Wort Gottes, von dem die Propheten zeugen, das ewige Ziel, auf das sie uns hinweisen. Wir finden ein Behagen darin, misstrauisch zu werden gegen das Höchste im Leben, weil es etwas so Hohes und Fernes ist. Wir wenden uns gegen die Propheten, die uns davon geredet haben, wir nehmen sie aufs Korn: wie steht es denn mit Euch? Seid ihr mehr als wir? Und es macht uns Freude, wenn wir einen Flecken an ihnen entdecken können, der uns beweist, dass sie aus dem Erdenstaub auch noch nicht heraus sind. Da sieht man's wieder! Was braucht ihr uns zu stören? Ihr seid auch nicht besser als andre Leute. Ihr redet vom Wort Gottes, aber ihr habt es nicht in euch! So sagen wir, und dann fallen wir zurück in ein müdes Achselzucken: Es ist doch Alles umsonst: Streben nach dem Höhern, Suchen nach dem Wort des Lebens, kühne himmelstürmende Gedanken, gute Vorsätze – wir reichen doch nicht aus mit unsrer Kraft, wir sind allzumal Sünder, die Sterne stehn zu hoch, und wer weiß, ob wir nicht Irrlichtern gefolgt sind. Es hat schon Mancher hinzugesetzt: Lasset uns essen und trinken, denn morgen sind wir tot [1.Kor. 15,32; Jes. 22,13].

Meine Freunde, so ist es dem Wort Gottes, das in unserer Brust und in den Propheten zu uns redet, nicht nur einmal gegangen, sondern tausendmal, so geht es ihm immer wieder, so ist es ihm auch im Leben von uns Allen schon ergangen. Es drückte uns nieder, statt uns zu erheben. Es machte uns Angst, statt uns Freude zu bringen. Es trieb uns in die Oberflächlichkeit, statt uns in die Tiefe zu führen. Es war so schön und groß und machtvoll. Aber es war uns zu hoch. Es war immer nur ein Ziel, das uns ferne winkte. Aber zwischen ihm und uns fühlten wir einen Abgrund, den Abgrund unsres Unvermögens. Wir konnten nicht hinüber. Auch die Propheten nicht. Auch die guten Menschen nicht. Sie standen wohl am Rande und sahen heller und klarer als wir, wie es drüben war, und redeten uns davon. Aber hinüber kamen sie auch nicht. Sie waren auch Menschen, sie hatten auch ihre Fehler. Das freute uns, weil es uns scheinbar ein Recht gab, uns jetzt hübsch zu beruhigen und aufs Fliegen zu verzichten. Und doch schmerzte es uns, denn wir mussten uns sagen: Wozu das Leben? Wozu all der Schmerz und Lust? Wenn wir doch das Höchste, zu dem wir angelegt sind, nicht erreichen und erfüllen können. Wozu die Worte, wenn *das Wort* doch nicht für uns Menschen ist?

* * *

So, jetzt können wir die Weihnachtsbotschaft fassen und verstehen: *Das Wort ward Fleisch und wohnte unter uns!* Das heißt ganz einfach: Es gab einmal einen Menschen, der jenes Ziel erreicht hat. Das Ewige, Göttliche, das uns Allen vorschwebt, von dem uns unser Gewissen redet und auf das uns die Propheten, die alten und die neuen, hinweisen, es war nicht immer und überall ein bloßes schönes Ziel, eine kühne Hoffnung, sondern es hat in einem unsresgleichen sich erfüllt, es ist in einem Menschen Wahrheit geworden. Dieser Mensch war Jesus Christus. Und darum ist er unser Heiland und Helfer. Das hat Martin Luther gemeint, als der jene wundervoll kindlichen und doch so tiefen Verse schrieb:

> Des ewgen Vaters einig Kind
> Jetzt man in der Krippe findt;
> In unser armes Fleisch und Blut
> Verkleidet sich das ewge Gut.
>
> Den aller Weltkreis nie beschloss,
> Der liegt in Marias Schoß;
> Er ist ein Kindlein worden klein,
> Der alle Ding erhält allein.
>
> Das ewge Licht geht da hinein,
> Gibt der Welt einen neuen Schein;
> Es leucht't wohl mitten in der Nacht
> Und uns des Lichtes Kinder macht![1]

An diesem Gedanken kann man zweifeln, und man *hat* daran gezweifelt. Man kann einwenden: wieso soll das Wort Gottes, nach dem der Menschengeist sucht, gerade in Jesus erschienen sein? Wieso soll gerade *er* das Ziel erreicht haben und nicht ein Anderer der Großen, die die Menschheit gesehen hat? Wir wollen nicht streiten an der Weihnacht. Aber soviel können wir doch sagen: Wer so fragt: warum gerade Jesus? warum ist *er* des ewigen Vaters einig Kind?, dem hat das Gewissen noch nicht laut genug geschlagen. Vielleicht hat er sich das Ziel nicht hoch genug gesteckt. Vielleicht überschätzt er seine eigene Kraft, das Ziel zu erreichen. Die es *ganz* ernst genommen haben mit dem Wort Gottes, um es dann auch ganz ernst mit sich selbst zu nehmen, die haben es zu allen Zeiten dankbar verspürt, dass Jesus etwas Anderes sei als die andern Großen im Reiche des Geistes. Die Propheten Alle haben uns gesagt: *Du sollst* den Willen Gottes tun. Jesus hat ihn getan. Das war das Außerordentliche an ihm. Die Propheten haben uns gezeigt: so müsstet ihr leben, um ewig zu leben. Jesus hat

---

[1] Strophen 2–4 des Liedes «Gelobet seist du, Jesus Christ» von M. Luther (RG 392, EG 23).

wirklich so gelebt. Die Propheten sagten: Höret das Wort Gottes von eurer Bestimmung. Als Jesus unter die Menschen trat, da hörten sie das Wort nicht nur, sondern sie sahen es. Das heißt: Das Wort ward Fleisch. Das ist der Unterschied zwischen Jesus und uns, auch den Größten und Besten unter uns. Bei uns ist Wollen, was bei ihm Vollbringen war. Er steht jenseits des Abgrunds, der uns Angst macht.

Nein, das ist unrichtig gesagt. Er steht nicht jenseits, sondern er ist über den Abgrund zu uns gekommen. Das ist nicht das Größte und Wichtigste an der Weihnachtsbotschaft, dass Jesus so anders war als wir, sondern das, dass er wurde wie wir, damit wir etwas Anderes würden. Das Alles, was wir über den Abgrund, über die furchtbare Höhe unsres Lebenszieles gesagt haben, das soll ja gar nicht mehr gelten, weil das Wort Fleisch geworden ist. Wenn wir in Jesus einen unsresgleichen sehen, der das Ziel erreicht hat, dann soll uns das das Vertrauen wiedergeben, das wir verloren hatten. Wir sollen denken: wenn das so ist mit Gottes großen Forderungen an uns, dass ein Mensch sie wirklich erfüllt, dass er wirklich gekämpft und gesiegt hat, dann dürfen wir wieder Freude haben am Leben. Die Stimme unsres Geistes ist kein leerer Wahn, was uns die Propheten und Dichter und Denker sagen vom höhern Leben, zu dem wir vordringen sollen, das sind keine Luftschlösser. Alles, was sie sagen, hat sich wirklich in einem Menschen zugetragen. *Wir sahen seine Herrlichkeit, eine Herrlichkeit als des eingeborenen Sohnes vom Vater.* Wir glauben von jetzt an, weil wir wissen. Wir hoffen, weil wir gesehen haben.

Und nun ersteht vor unsern Augen ein neues Bild von der Menschheit. Wieder sehen wir sie vorwärts schreiten den Zielen ihrer Bestimmung entgegen. Wieder sehen wir Träge und Müde und Strauchelnde und Irrende und wieder die Propheten, die an der Arbeit sind, ihnen zu sagen, was sie *sollen*, was das Wort Gottes ist. Aber dieses ganze ungeheure Heer tappt nun nicht mehr im Nebel. Es ist nicht mehr angewiesen auf die Versicherung der großen Männer: dort, hinter den Wolken liegt das Ziel, sicher, sicher!, sondern jetzt ist das Wort Fleisch geworden und mitten unter ihnen. An ihrer Spitze geht Einer, der schon dort gewesen ist, wo sie hin sollen. Er ist die Verbindung zwischen hier und dort, zwischen Gegenwart und Zukunft. Und so schreitet dies Heer vorwärts, denn es weiß jetzt, dass es ankommen wird.

Meine Freunde! Stehen wir auch in den Reihen dieses Heeres? Wenn wir den Anschluss vielleicht verloren haben, dann kann die Weihnacht ein Anlass werden, ihn wieder aufzusuchen. Ich denke, wir haben es Alle immer wieder nötig. Und darum wollen wir es einander wünschen.

Amen.

Sylvester

Psalm 106,1

Danket dem Herrn; denn er ist freundlich, und seine Güte währet ewiglich.

Liebe Freunde.

Zum letzten Mal im alten Jahr sind wir heute hier beieinander. Noch einige kurze Stunden und dies alte Jahr gleitet hinunter in den Abgrund der Vergangenheit, aus dem keine Macht der Erde es zurückrufen kann. Wir Alle gleichen jetzt einem Kinde, das den schönen Batzen[1], den ihm die Mutter geschenkt, in einen Laden getragen hat, um sich damit zu kaufen, wonach sein Herz begehrt. Nur mit leisem Bedauern hat es ihn aus der kleinen, festgeschlossenen Faust hervorgegeben, aber dann ist es doch geschehen, und es sieht zu, wie er unwiderruflich in die Ladenkasse fliegt zu vielen andern schönen Batzen. Und jetzt guckt es seine andre Hand an, die das Päckli hält mit dem, was es sich gekauft hat. Das hat es nun für den Batzen! Was denkt es dabei? Was geht in ihm vor? Ja, wer so in ein Kinderherz hineinsehen könnte! Freut es sich über seinen Kauf? Wir wollen es hoffen. Aber vielleicht ist auch heimlich, ganz heimlich eine kleine Enttäuschung da, und es ist ihm: wenn ich nur meinen Batzen wieder hätte, ich wollte ihn eigentlich doch noch lieber anders verwenden! |

Ich sage: solch einem Kind gleichen wir heute. Wir haben auch etwas Schönes geschenkt bekommen, eine große Zeitspanne Leben, ein ganzes langes Jahr mit 365 Tagen. Und heute müssen wir es weggeben. Fort ist's! Wir fragen uns wohl auch: was haben wir nun für das Jahr, das weggegebene? Was ist der Ertrag, mit dem wir heute davongehen in ein anderes, neues hinüber? Da gibt's auch freudige und

---

[1] Historische, bis 1850 vor allem in der westlichen Schweiz geprägt Münze; vgl. A.-M. Dubler, Art. «Batzen», in: *Historisches Lexikon der Schweiz,* Bd. 2, Basel 2003, S. 69f.

enttäuschte Gesichter. Und die Sache ist ernsthafter als bei dem Kind mit dem Batzen. Der lässt sich ohne allzu große Schwierigkeiten wieder durch einen andern ersetzen. Es werden dem Kind, sogar wenn es arm ist, noch unzählige Batzen durch die Hände gehen, die es besser verwenden kann. Die ausgegebenen Jahre dagegen sind eine kostbare Summe, die ihre ganz bestimmte Grenze hat, von der wir nie wissen, ob sie schon erreicht ist, denn wir verwalten sie nicht selbst, und der Verwalter gibt uns keine Rechenschaft über den Stand des Vermögens, das uns noch bleibt; er gibt uns nur ein Jahr nach dem andern heraus, da hast du's! brauch's gut! Und wir Alle müssen uns sagen, dass wir heute vielleicht im Begriff sind, unsern Notpfennig, unser *letztes* Jahr auszugeben. Was haben wir dafür? Was haben wir damit gemacht? Ja, das sind Fragen, meine Freunde, die wohl kein Einziges unter uns so ganz fröhlich und ohne Bedenken zu beantworten wüsste. Da zieht in unsrer Erinnerung an uns vorüber Alles, was wir getan und nicht getan haben in diesem Zeitraum, und unser Gewissen hält uns vor, was wir hätten tun sollen. Da wird unser eigenes Herz zu unserm Richter und sagt uns: es ist nicht gut, was du da in Händen hältst für das ausgegebene, für immer verschwundene Jahr. Es genügt nicht, du hättest etwas Besseres dafür haben können. Du warst kein kluger Käufer! Gelt, jetzt reut es dich? Ja, sieh, jetzt ist's zu spät! Was du mit dem Jahr 1911 nicht gemacht, das bringt keine Ewigkeit zurück.[2] Du kannst allerlei nachholen im neuen Jahr, wenn dir Gott noch eins schenkt, aber die Zeit, die du nun im besten Fall zum Nachholen brauchen wirst, hättest du zum weitern Fortschreiten brauchen können. Du hast Zeit *verloren*, die gibt dir niemand wieder! So redet unser Herz zu uns, wenn wir es aufrichtig und ehrlich reden lassen. Die Frage: was haben wir mit unserm Jahr gemacht? macht den Sylvester zu einem ernsten, schweren Tag, wie es vielleicht kein zweiter im Jahr ist. Der 31. Dezember, der letzte im Jahr! Wir denken und sagen es leichthin. Und doch ist in diesen Worten etwas von dem Geräusch, mit dem man einen Sarg verschließt. In dem Klang der Glocken, die

---

[2] Vgl. die letzten Zeilen aus dem Gedicht «Resignation. Eine Phantasie» von Fr. Schiller (Erstdruck 1786; Sämtliche Werke, Bd. 1, München 1962[3], S. 130–133, dort S. 133):
    Was man von der Minute ausgeschlagen,
    Gibt keine Ewigkeit zurück.

uns vom alten ins neue Jahr hinüberläuten, ist etwas von dem Schall der Posaune des Weltgerichts [vgl. Apk. 8f.], das sich schon jetzt in uns Allen vollzieht. Und wer sehen will, der *muss* in diesen Stunden die geheimnisvolle Hand sehen, die auch in unserm Leben an die weiße Wand schreibt: Gezählt, gezählt, gewogen – und zu leicht erfunden [vgl. Dan. 5,25–27]! Dem Allem wollen wir uns nicht entziehen, wir wollen nicht sagen: es macht nichts! Sondern wir wollen uns diesen Gedanken durch die Seele gehen lassen wie ein scharfes Schwert. Besser ist's, unruhig ins neue Jahr zu gehen als schläfrig.

*   *   *

Und doch möchte ich heute eure Aufmerksamkeit nicht auf die Frage lenken: Was haben *wir* gemacht?, sondern auf die andere: was hat *Gott* gemacht? Ich möchte auch nicht sagen: nehmt euch in Acht! es ist ein ewiges Gericht Gottes da, inwendig in Euch, und das verurteilt euch heute, denn ihr habt ein Jahr verloren! Sondern ich möchte euch sagen: *Danket dem Herrn, denn er ist freundlich und seine Güte währet ewiglich!* Von der Güte Gottes möchte ich etwas sagen. Das tue ich nicht, um gleichsam von etwas Anderem zu reden, das uns angenehmer wäre; und nicht, um Euch anzuleiten, ein Scheuleder anzulegen, damit wir nicht mehr daran denken, wie ernst und gefährlich die Lage von uns Allen ist, sondern ich glaube, gerade wenn wir es *ernst* nehmen wollen mit unserm Leben, müssen wir an die *Güte Gottes* denken. Es hat Mancher den Gedanken: die Zeit geht um, und wir haben wenig, viel zu wenig erreicht und getan in unsrer Zeit! und er ist *doch* kein ernsthafter Mensch, er weiß *doch* nichts von der ganzen Majestät des göttlichen Richters. Ich werde nie vergessen, wie mir einmal in Genf ein Mann in seiner Schusterbude vormachte: Fliegen sind wir Menschen, Herr Pfarrer, Fliegen sind wir! Einen Tag lebt sie, zwei Tage, da sitzt sie an der Wand – klatsch – tot ist sie, aus und vorüber ist's mit uns. Das tönte überaus weise aus dem Munde dieses Schusters, aber er wollte mir damit beweisen, dass es eine Narrheit sei, an Gott und an das Gewissen zu glauben. Aus der Erkenntnis der Vergänglichkeit zog er den Schluss, das Wahre sei die Oberflächlichkeit und der Leichtsinn. Und so haben es Hunderte und Tausende gemacht. Aus dem Gedanken: morgen bin ich vielleicht tot, kann man sich die Lehre ziehen: also will ich heute essen und trinken [vgl. 1.Kor. 15,32; Jes. 22,13]. *Dieser* Gedanke führt uns noch nicht sicher in die Tiefe und ins Leben. Er kann uns wohl niederdrücken, aber nicht so tief, wie wir es nötig haben, um dann mit voller Energie wieder aufzustehen. Man kann sich selber gering achten und verurteilen und dabei immer weiter zurückkommen statt vorwärts.

Und darum wollen wir jetzt mit festem Blick auf das sehen, was *Gott an uns* getan hat im hinter uns liegenden Jahr. Und da wollen wir es nun ganz einfach so ausdrücken: Gott ist *freundlich* gewesen gegen uns. Und ich meine damit mehr als nur, dass er uns Allen ein ganzes langes *Lebensjahr geschenkt* hat, eine ungeheuer wertvolle Summe, die wir aufs Beste haben brauchen können. Das ist auch eine Freundlichkeit Gottes, gewiss! Aber es steht nun doch nicht ganz so, wie ich es vorhin sagte, dass Gott uns die Jahre bloß so in die Hand drückte wie ein Stück Geld: da hast du's! jetzt mach damit, was du kannst und willst. Wir dürfen die Sache von einem höhern Standpunkt aus ansehen. Gottes Freundlichkeit besteht darin, dass wir *nie allein* sein müssen, nie auf unsre eigene Kraft angewiesen in den Aufgaben und Schwierigkeiten des Lebens. Er gibt uns nicht nur die Zeit, sondern er hält auch unser Leben in dieser Zeit in seinen Händen. Er ist nicht ein Gott, der in unendlicher Ferne auf einem hohen Thron säße und uns Menschen mit Donnerstimme zuriefe: Auf! kommt zu mir! schlagt euch hindurch durch all die Gestrüppe und Irrwege, die es unterwegs gibt! vorwärts! vorwärts! So redet unser Herz zu uns, und es ist notwendig, dass es so ist und nicht anders zu uns redet, aber Gott ist größer als unser Herz [1.Joh. 3,20]: er redet nicht nur so. Sondern er ist bei uns und um uns auf jedem unsrer Schritte. Er umgibt uns hinten und vorne und auf den Seiten [vgl. Ps. 139,5] wie mit einem Kleid. Jawohl, wir sind wie Fliegen, wenn wir uns mit Gott und unsre Tage mit der Ewigkeit vergleichen. Aber was ist klein und groß, was sind Sekunden und Ewigkeiten vor Gott? Sollte vor Gott eine Fliege etwas Geringfügiges sein? Gott ist im kleinsten Gebilde seiner Schöpfung so gut wie in den Sonnen und in den Sternenwolken der Milchstraße. Das ist seine Freundlichkeit, dass er kein Atom keinen Augenblick allein lässt. Er lässt auch uns Menschen nicht allein. Er ist bei uns. Er ist auch im vergangenen Jahr bei uns gewesen.

Er war bei uns als die Kraft, die uns *vorwärts geführt* hat. In Allem, was wir erlebt haben, waren Wegweiser und Antriebe und Stützen und Zuflüsse verborgen, die uns helfen sollten, ihm näher zu kommen. In Allem, was uns begegnet ist, war ein mächtiger Zug zu Gott. Wir standen am Ufer eines gewaltigen Stromes, der unser Schifflein bereitwillig mitnehmen wollte. Oft genug standen wir taub und blind davor, merkten nichts und verstanden nichts. Aber der Zug zu Gott war doch da durch Gottes Freundlichkeit, und der Strom rauschte und schwoll und stieg über das Ufer und nahm unser Schifflein mit, ohne dass wir's wollten und wussten.

Ich denke und hoffe, es sind Viele unter uns, die auf diesen und jenen Tag im vergangenen Jahr mit einer herzlichen, durch keinen Nebengedanken getrübten *Freude* zurückblicken können. Wenn wir's genau nehmen, müssten wir sogar die große Mehrzahl der hinter uns liegenden Tagen zu *diesen* Tagen rechnen. Die allermeisten Menschen erleben viel mehr ruhige, frohe Tage als traurige. Wir sind vielleicht nur zu verwöhnt, so dass wir wegen einzelner schwerer Stunden und Tage gleich über harte Zeiten klagen. Aber aus der Menge von Tagen, da wir eines ruhigen Glücks genossen, ragen doch wohl bei Jedem einer oder wenige hervor, die uns etwas ganz besonders Schönes gebracht haben und um deretwillen wir das Jahr 1911 wenigstens zum Teil in einer guten Erinnerung behalten werden. Der eine hat vielleicht große freudige Wendungen seines äußren Lebens erfahren; er steht auf einem Punkt, an den ihn noch vor einem Jahr kaum die kühnsten Hoffnungen und Träume getragen hätten. Der Andre hat äußerlich nichts Besonderes erlebt, aber er hat innerlich eine neue Wegstrecke angetreten; er freut sich, weil er um eine Einsicht oder um einen Entschluss reicher ist als letztes Jahr. Der Dritte hat einen Menschen kennengelernt, durch den er tiefer ins Leben hineingeführt, durch den er reifer geworden ist. Seht, in all diesen Freuden, die wir erlebt haben, von den äußerlichen bis zu den in den Tiefen der Seelen verborgenen, war etwas von jenem Ziehen des lebendigen Gottes, der um uns, bei uns und in uns ist. Wir können von gar nichts, was uns Freude bereitet hat, sagen, dass wir selbst sie uns bereitet, oder gar, dass wir selbst sie uns verdient haben. Sondern es war Gottes helle Freundlichkeit, die sie uns gewährt hat. Gott wollte uns ermutigen, Gott wollte uns einen Stein aus dem Weg räumen, Gott wollte uns recht deutlich seiner Liebe versichern, er wollte uns füllen mit seiner Liebe, weil er Menschen voll Liebe nötig hat, um sein Werk in der Welt zu treiben. Er wollte uns fröhlich machen, weil er fröhliche Leute braucht in seinem Dienst. In jeder Freude, von der stillen Zufriedenheit des Mannes, der etwas Rechtes geschafft hat, bis zum Jubel des Kindes, das zum ersten Mal etwas gesehen von den Wundern des Weihnachtsbaumes, in jeder Freude war eine Absicht Gottes. Wenn du heute hier sitzest und bist vielleicht ein ganz klein wenig ein besserer Mensch, als du's heute vor einem Jahr warst, verdankst du es dann nicht diesen Absichten Gottes, die dir mit kleinen und großen Sonnenstrahlen das Jahr hindurch dies Besserwerden leichter gemacht haben? Wärst du auch soweit ohne Gottes Güte, die dich nicht losgelassen hat?

Aber Andre, und ihrer sind auch Viele, die haben ein Jahr des *Leides* hinter sich. Ich sehe das Eine und Andre hier vor mir, das weiß, an was es denken wird, wenn es die Jahrzahl 1911 hört. Wenn es zurücksieht auf den letzten Sylvester, dann ist's ihm, es habe seither verloren und nur verloren. Hier ist ein liebes Gesicht auf immer verschwunden aus dem Kreis der Hausgenossen, dort hat unverhofft die Krankheit Einzug gehalten, hier hat ein Mensch durch einen leichtsinnigen Schritt sein Leben verpfuscht und steht vor der Aufgabe, gut zu machen, was noch gut zu machen ist, dort ist Einer, der gemeint hat, er stehe, gefallen und muss mit einem geknickten Selbstbewusstsein das alte Jahr verlassen. Was für ein langer Zug von Verwundeten und Schwerverwundeten wäre das, wenn man sie Alle so sehen könnte, die heute mit einer leisen oder lauten Klage im Herzen vom Alten ins Neue pilgern! Und wie wenig ganz Gesunde würden übrig bleiben! Wissen wir nicht Alle von den Schatten zu reden, wie wir sicher alle von den Sonnenstrahlen wissen? Wo ist *hier* die Güte Gottes und seine Freundlichkeit gegen uns? Hat sie uns nicht so und so oft – und viele werden sagen: das ganze Jahr hindurch – allein gelassen in dunklen Tälern [vgl. Ps. 23,4]? |

Meine Freunde! Wenn wir an *diese* Seite des Lebens denken, dann müssen wir lernen verstehen, was das heißt: Deine Güte «währet *ewiglich*.» Gottes Güte ist *ewige* Güte. Das Wort «ewig» bedeutet zweierlei: *Gottes Güte hört nicht auf.* Sie gleicht nicht den Taten menschlicher Wohlmeinenheit, die einen Anfang und ein Ende haben, so dass wir sie beurteilen können: er hat mir wohl- oder wehgetan, er hat mir geschadet oder genützt. Das Wirken der Güte Gottes ist unendlich. Wir könnten uns Gott ohne diese Wirksamkeit gar nicht denken. Wir sehen immer nur ein Stück davon, wie wollten wir dann urteilen können: Gott ist unfreundlich, ungütig mit mir gewesen, wo wir doch die ganze Folge seiner Handlungen gar nicht zu übersehen vermögen? Gottes Güte ist auch im Unglück, sie ist auch auf der Schattenseite des Lebens, aber sie ist eine verborgene Güte, wir können sie auf dieser Seite gewöhnlich nicht verstehen. Damit hängt nun das Andre zusammen. Ewig ist göttlich. Gottes Güte ist ewig, heißt: *Gottes Güte ist nicht menschlicher Art.* Wenn wir das Wort «Güte» hören, denken wir daran, dass es uns *gut gehen* müsse. Aber das ist menschlich gedacht. Gottes Güte besteht darin, dass er uns zu sich zieht, dass er uns *gut werden* lässt. Und nun ist's merkwürdig, wie diese seine Absicht gerade im Unglück, im Leid, in den dunklen Tälern waltet. Er hat mancherlei Instrumente, um uns zu ziehen, wie er will. Wir dürfen die dunklen nicht verschmähen, als wären sie weniger göttlich. «Haben wir Gutes empfangen von Gott, und sollten das Böse nicht auch annehmen?» [Hiob 2,10] Da nimmt Gott dem Einen etwas Schönes aus der Hand, weil er ihm die Hand frei machen will, um etwas noch Schöneres ergreifen zu können. Da führt er einen starken, selbständigen Mann in die Schwachheit hinein, um ihn zu lehren, Gemeinschaft und Anschluss zu suchen bei den andern Menschen, auf die er bis jetzt selbstgenugsam heruntersah. Da zerschlägt er einem Dritten sein sicheres, bewusstes Wesen, um ihn dazu [zu] bringen, wieder ein unsicherer Schüler zu werden, aber ein Schüler, der etwas lernen will. Da ist immer die Güte Gottes am Werk. |

Aber ich nehme auch *das Böse* davon nicht aus. Gottes Güte können wir nicht messen mit unsern kleinen Maßstäben: Auch im Bösen, was wir getan und dessen wir uns heute anklagen müssen, auch im unterlassenen Guten und in den verpassten Gelegenheiten, auf die wir heute schmerzbewegt zurücksehen, auch in ihnen war Absicht Gottes. Er braucht das Böse, das wir tun, um uns gut werden zu lassen. Das können wir jetzt nicht verstehen, und wir dürfen uns nicht darauf berufen. Schon Paulus hat davor gewarnt, wir dürften nicht sagen: Lasset uns Böses tun, damit Gutes daraus werde [Röm. 3,8]! Aber wenn wir von der Ewigkeit aus unser Leben übersehen könnten, würden wir Gottes Leitung auch in unserm *Fall* erkennen und würden sagen: ich danke dir, dass du mich hast fallen lassen. Das Leben so manches Menschen, das abgeschlossen vor uns liegt, zeigt uns, dass die Wege Gottes nicht *gerade* sind, wie wir es uns denken. Er ist dabei, auch wenn Seelen verunglücken, weil manche Seele ohne das nicht zu ihm käme. Ich glaube, in einzelnen Augenblicken haben wir Alle das schon in unsrem eigenen Leben beobachten können. Gott ließ uns dem Feind unterliegen, weil wir die Stärke dieses Feindes einmal recht erkennen sollten. Er ließ uns mit unsern stumpfen oder hölzernen Waffen zu kurz kommen, damit wir ein anderes Mal mit geschliffenem Schwert in den Krieg zogen. Er ließ uns sogar in der Armee des Feindes kämpfen, damit uns so recht die Augen aufgingen darüber, wie dieser Feind seine eigenen Getreuen zu Grunde richtet. – |

Nein, wir dürfen und wollen nicht sagen: Wo bleibt die Güte Gottes?, wenn wir ein schweres, dunkles Jahr hinter uns haben, wenn wir mit trübem Mut und vielleicht mit beladenem Gewissen hinüber ins neue gehen. Gottes Güte währet ewiglich. Sie ist oft anders, als wir sie uns denken. Aber sie ist immer Güte. Sie hat uns, uns Alle, im vergangenen Jahr keinen Moment allein gelassen. Wir standen, ob fröhlich oder traurig, unter einer Fülle ihrer Einflüsse und Anregungen. In Allem, was wir erlebt haben, auch im Vergessenen, an das wir nie mehr denken, war eine Saat Gottes. Die liegt jetzt im Acker. Wir sehen sie kaum. Ein paar grüne Hälmlein ragen aus der Erde und sagen, es ist etwas da. An ein paar wenigen Punkten könnten wir ausdrücklich sagen: hier war Gott gütig mit mir und hier und hier, denn da bin ich besser geworden, näher zu ihm gekommen. Aber wir dürfen die Aussaat nicht nach den paar Hälmlein beurteilen. Es ist *viel* mehr da, als wir zu sehen vermögen: Unser vergangenes Jahr ist getränkt von der helfenden, fördernden, schöpferischen Gottesgüte. Sie schlummert in uns, und wir nehmen sie unbewusst mit hinüber ins neue.

An diese Gottesgüte wollte ich euch erinnern, liebe Freunde, heute, wo wir so viel Anlass haben, unserer eigenen Güte gegenüber zweifelhaft und bedenklich zu sein. Ich wollte euch sagen: seht, das ist etwas Großes und Feines, dass wir einen solchen Gott haben, der uns ein ganzes Jahr lang freundlich nachgegangen ist, während wir vielleicht ein ganzes Jahr lang dumm und bockig gewesen sind. Aber jetzt stelle ich auch das Andre dazu, das dazu gehört: *Danket dem Herrn!*

heißt das Andre. Wir sind reiche Leute. Gott hat ein ganzes Jahr an uns gearbeitet, um uns auf diese oder jene Weise zu sich zu ziehen. Wir sind ein Acker, in dem eine kostbare Saat verborgen ist. Da muss es nun unser ganz selbstverständlicher Dank sein, dass wir zu Gott gehen, dass wir die Frucht bringen, die von uns erwartet wird. Nicht unbewusst. Nicht im Schlaf. Sondern bewusst und freudig. Als der Knabe Samuel in der Stiftshütte zu Silo die Stimme Gottes hörte, die ihn rief: Samuel, Samuel!, da schlief er auch nicht weiter, sondern er antwortete laut und deutlich: Rede Herr! Dein Knecht hört [1.Sam. 3,9f.]! So wollen wir heute auch antworten, da Gott uns ein ganzes langes Jahr lang gerufen hat. Oder verachtest du den Reichtum seiner Güte, Geduld und Langmütigkeit? Weißt du nicht, dass Gottes Güte dich zur Buße leitet [Röm. 2,4]? Nein, nicht wahr, deutlicher als die Posaune des jüngsten Gerichts sagt uns der Gedanke an Gottes wirksame Güte, wie wir das alte Jahr schließen und das neue anfangen wollen. Wir wollen Gott danken, indem wir das werden, wozu er uns machen will.

Amen.

Lieder:
Nr. 63: «Durch Trauern und durch Plagen» von G. W. Sacer, Strophen 1.2.5.
Nr. 327: «Kommt, Brüder, lasst uns gehen!» von G. Tersteegen, Strophen 1.2.4.

REGISTER

I. BIBELSTELLEN

Die Seitenzahlen sind kursiv gedruckt, wenn es sich um einen
Predigttext handelt.

II. NAMEN

Unberücksichtigt bleiben Briefempfänger, Übersetzer, in Buchtiteln enthaltene Eigennamen, literarische Gestalten, Autoren der Predigttexte, Dichter, deren Lieder im Gottesdienst gesungen, aber nicht in der Predigt erwähnt wurden; Herausgeber sind nur dann berücksichtigt, wenn es sich um einen Literaturtitel ohne weitere Autorennennung handelt.

471

III. BEGRIFFE

Nicht jedes Registerstichwort findet sich auf jeder angegebenen Seite wörtlich, da synonyme oder verwandte Termini gelegentlich unter einem gemeinsamen Schlagwort zusammengefasst sind.

491

494